Bohnsack/Kranich · Erziehungswissenschaft und Waldorfpädagogik

# Erziehungswissenschaft und Waldorfpädagogik

## Der Beginn eines notwendigen Dialogs

Herausgegeben von Fritz Bohnsack
und Ernst-Michael Kranich

Beltz Verlag · Weinheim und Basel 1990

Über die Herausgeber:

Fritz Bohnsack, Jg. 1923. Studium der Anglistik, Germanistik und Philosophie in Hamburg. 1961–75 Assistent, Akademischer Rat und Oberrat, später Professor für Erziehungswissenschaft an der Universität Marburg. Seit 1975 Professor für Erziehungswissenschaft mit dem Schwerpunkt Schulpädagogik an der Universität – GHS – Essen.

Ernst-Michael Kranich, Jg. 1929. Studium der Naturwissenschaften (Biologie, Paläontologie, Geologie und Chemie) in Tübingen, Promotion über ein morphologisches Thema. Nach dem Studium 1955 bis 1962 Fachlehrer für den naturwissenschaftlichen Unterricht an einer norddeutschen Waldorfschule. Seit 1962 in der Lehrerbildung tätig als Leiter des Seminars für Waldorfpädagogik in Stuttgart.


Gedruckt mit Unterstützung der
Mahle-Stiftung, Stuttgart

CIP-Titelaufnahme der Deutschen Bibliothek

*Erziehungswissenschaft und Waldorfpädagogik* : der Beginn
eines notwendigen Dialogs / hrsg. von Fritz Bohnsack und
Ernst-Michael Kranich. – Weinheim ; Basel : Beltz, 1990
(Reihe Pädagogik)
ISBN 3-407-34050-8
NE: Bohnsack, Fritz [Hrsg.]

Lektorat: Peter E. Kalb

© 1990 Beltz Verlag · Weinheim und Basel
Satz: Satz- und Reprotechnik, 6944 Hemsbach
Druck und buchbinderische Verarbeitung: Druckhaus Beltz, 6944 Hemsbach
Umschlaggestaltung: Atelier Warminski, 6470 Büdingen 8
Printed in Germany

ISBN 3 407 34050 8

# Inhalt

Fritz Bohnsack und Ernst-Michael Kranich

# Einleitung

Der folgende Band entstand aus einer wohl nicht ganz alltäglichen Begegnung
zweier Gruppen von engagierten Pädagogen.

Seit März 1987 haben sich etwa zehn namhafte Vertreter der Waldorfpädagogik und gleichviel Erziehungswissenschaftler aus Hochschulen der Bundesrepublik, die der Waldorfpädagogik aufgeschlossen gegenüberstehen, zweimal
jährlich zu einem Erfahrungs- und Gedankenaustausch getroffen. Das Ziel war
ein „Brückenschlag" zwischen den – von der jeweiligen Tradition her unterschiedlichen – Positionen, also ein Aufeinander-Zugehen im Sinne der Gewinnung von mehr Verständnis des anderen, aber auch im Sinne von konstruktiver
Kritik.

Den Impuls zu dieser Initiative gaben vor allem zwei Entwicklungen: einmal
die gemeinsame Sorge um wachsende, teilweise auch ganz neue Probleme der
Schule in unserer Zeit, u. a. angesichts gesellschaftlicher Veränderungen und
weltweiter Bedrohungen; zum anderen die gemeinsame Sorge um eine sich
verschärfende Kritik an der zunehmend populären Waldorfschule, die teilweise
unsachliche oder denunziatorische Züge annimmt.

Gemessen an den gegenwärtigen Aufgaben kann Schule nicht das bleiben,
was sie bisher war, wenn sie nicht zunehmend zu einer anachronistischen Institution werden soll. Eine Kritik der Regelschule ist nur sinnvoll von einer
normativen Analyse und Bestimmung ihrer Aufgaben heute aus. Sie verlangt
unter anderem den Blick auf das, was durch alternative Ansätze bei uns und im
Ausland möglich ist. Umgekehrt ist eine isolierte Heraushebung von Mängeln
der Waldorfschule – bei Eingeständnis einzelner Vorzüge – mit der Empfehlung, Eltern sollten ihre Kinder nicht dort hinschicken, solange einseitig und
fragwürdig, als die Voraussetzungen solcher Beurteilung nicht reflektiert und
die Defizite der Regelschule mit bedacht werden.

Die Waldorfschule hat durch ihre von der Regelschule abweichende, nämlich
anthropologische Begründung, staatliche Bevormundung durch Selbstverantwortung und Selbstverwaltung ersetzt; sie ist von ihrer Konzeption her Freie
Schule. Dadurch besitzt sie Spielräume wie keine Regelschule und hat diese
seit Jahrzehnten auch pädagogisch zu eigenen Wegen wie kaum eine „freie"
Schule kirchlicher Prägung genutzt. Hier liegt, gerade auch für manche Nicht-
Anthroposophen unter den Erziehungswissenschaftlern, eine Hoffnung. Von
der Seite der Erziehungswissenschaft war daher u. a. die Frage aufzuwerfen:
inwieweit gelingt es den Waldorfschulen, bei ihren besonderen Voraussetzungen die heutigen Aufgaben aufzugreifen und pädagogisch zu beantworten.
Zum anderen besteht die Frage, inwieweit es erziehungswissenschaftlichem
bzw. universitärem Denken im Blick auf die Regelschulpraxis gelingt, ange-

sichts des Neuansatzes, der sich vielerorts regt, von bewährten Alternativen der Waldorfschulen zu lernen. Wir nennen hier nur das pädagogische Engagement der Lehrer, die Ganzheitlichkeit des Lernens, den von Goethe inspirierten Umgang mit der Natur, die alternative Leistungsbeurteilung und das „Schulklima".

Es geht aber auch um weitergreifende Probleme. Heute wird der Reduktionismus wissenschaftlicher Weltinterpretation in seinen Auswirkungen bemerkt. Dieser macht keineswegs vor den Toren der Schule halt. Im Gegenteil, seine Wirkungen werden in doppelter Weise zum Problem. Zum einen in verkürzten Auffassungen vom Menschen, in deren Folge das Gebiet von Unterricht und Erziehung nur allzu leicht von vornherein zu eng vermessen wird. Dann beeinflußt er, wenn er nicht durch neue wissenschaftliche Ansätze überwunden wird, als Unterrichtsstoff durch die vielen Jahre der Schulzeit die menschliche Entwicklung. Formen und Inhalt von Unterricht sind vor diesem Horizont kritisch zu betrachten. Eine Beschränkung auf das Bisherige wird zunehmend fatal. So war auch zu fragen: was leistet Schule, z. B. die Waldorfschule, in einer Situation, in der Wissenschaft ihre Vorläufigkeit viel entschiedener als bisher eingestehen muß.

Der vorliegende Band ist in fünf Teile gegliedert. Der erste sucht einige wesentliche Aspekte der heutigen Bildungs- und Schulsituation vor dem Hintergrund gesellschaftlicher Veränderungen und globaler Bedrohungen zu skizzieren. Damit soll ausschnitthaft die Problemlage angedeutet werden, mit der sich jede Bildungs- und Schultheorie, aber auch jede praktische Weiterentwicklung in staatlichen wie in freien Schulen auseinanderzusetzen hat. Das geschieht durch den einleitenden Beitrag von F. Bohnsack, der den allgemeinen Problemzusammenhang schildert – mit Ausblick auf Lösungsversuche der Waldorfschule. Hieran knüpft die Frage nach methodischen Zugängen zum Verstehen und zur Beurteilung der Waldorfpädagogik. Nach H. Paschen muß eine Beurteilung vergleichend von den Wirkungen verschiedener pädagogischer Konzepte ausgehen. Der Beitrag von Chr. Rittelmeyer schließt unmittelbar an und schlägt vor, Rudolf Steiners zum Teil so „fremde", weil vom Üblichen abweichende, Schriften und Vorträge „heuristisch", d. h. aus verschiedener Perspektive und mit experimentierender Erkenntnishaltung anzugehen. Er wählt dazu das Beispiel der „Wesensglieder" des Menschen und zieht Goethesche wie phänomenologische Verfahren heran. Hier setzt auch J. Kiersch an: er sucht – u. a. von Goethes Unterscheidung von Symbolik und Allegorie aus – mit Steiners Konzept der „lebendigen Begriffe" in zentrale Denkformen der Waldorfpädagogik einzuführen.

Der zweite Teil geht detaillierter auf die anthropologischen Grundlagen der Waldorfpädagogik ein. Die Bedeutung von Menschenbildern oder Anthropologien für die Grundlegung von Erziehung und Schule wird ja seit langem gesehen bzw. diskutiert. Den Waldorfschulen haftet vielfach das Odium an, sie seien brauchbare Praxis auf dubiosem Fundament. Während sonst heute nur klar begründete, verifizierbare Aussagen gelten, stoße man hier auf „rationalisierte Mystik". Nun gibt es aber nach Plessner im Menschen die Dimension der „Verborgenheit", den „homo absconditus". Sind Aussagen der anthroposophischen Pädagogik möglicherweise nur deshalb befremdlich, weil sie den Horizont des gegenwärtigen Forschungsinteresses überschreiten, nicht aber den menschlicher Wirklichkeit? Die Beiträge insbesondere dieses Teils suchen als Gegenstand ernsthaften Nachforschens darzustellen, was aus gewohnter erziehungswissenschaftlicher Perspektive zunächst als problematisch oder „mystisch" erscheint, und damit die Fragestellung der Erziehungswissenschaft und ihre Grundlagen zu erweitern bzw. vertiefen. Es wäre wünschenswert, daß die außeranthroposophische Anthropologie diese Fragestellungen aufgreift.

Die für diesen Band grundlegende Darstellung legt E. M. Kranich vor. Sie geht besonders auf die Dreigliederung in Leib-Seele-Geist und das Leib-Seele-Problem ein sowie auf Konsequenzen für eine Anthropologie der menschlichen Entwicklung. S. Leber knüpft hier an und entwickelt Rudolf Steiners Konzept der menschlichen Individualität. Chr. Gögelein sucht Waldorfpädagogik dadurch anschaubar, wahrnehmbar und befragbar werden zu lassen, daß er am Beispiel der Unterrichtsvorbereitung des Lehrers aufzeigt, wie hier nicht zweckrational Theorie auf Praxis angewendet, sondern situativ Lebensvorgänge durch Gedanken gestaltet werden. Der Beitrag leitet insofern schon über zum nächsten Teil.

In diesem wird nun konkreter Unterricht nach Waldorf-Prinzipien aus verschiedenen Perspektiven dargestellt. Nach einer – noch stark anthropologischen – Analyse der menschlichen Gedächtnistätigkeit aufgrund des heutigen Forschungsstandes öffnet O. Oltmann den Blick auf Gedächtnisbildung an Waldorfschulen. P. Buck legt dann das Spezifische des Chemie- und Physikunterrichts an Waldorfschulen dar, auf der Folie der aktuellen chemiedidaktischen Diskussion, welche – etwa im Gefolge Martin Wagenscheins – teilweise eine ähnliche Richtung einschlägt. W. Schad fragt nach Möglichkeiten einer Behandlung der Ökokrise angesichts der Verweigerung von Erwachsenen und Jugendlichen und zeigt spezifische – etwa an Goethe orientierte – Zugänge der Waldorfpädagogik auf. Ähnlich deckt E. Schuberth Möglichkeiten einer sozialen Bildung im Mathematikunterricht auf, durch ganzheitliche Zugänge an Stelle von fragmentierenden den Blick des Heranwachsenden für (auch soziale) Zusammenhänge zu öffnen und so – heute dringend nötig – alternative Denkweisen anzubahnen. Hierauf zielt auch ein zweiter Beitrag von W. Schad, der die Bedeutung Goethes für die Waldorfpädagogik, namentlich die der Goetheschen Naturbetrachtung und Kunstauffassung thematisiert.

Der vierte Teil fragt in einem doppelten Sinne nach der „Verfassung" von Schule. J. P. Vogel entwickelt als Jurist die Bedeutung, Implikationen und Möglichkeiten des Status der „Freien Schulen", auch für das öffentliche Regelschulsystem, als Bedingung der Möglichkeit größerer Varianz und „Schulvielfalt" in der Bundesrepublik. Chr. Lindenberg analysiert kritisch einige Probleme solcher Frei-Gabe in den Waldorfschulen. Und P. Paulig schließt den Bogen zur Problemanalyse im Eingangsbeitrag von F. Bohnsack durch eine sehr persönlich gehaltene Kritik an der „kinderschwierigen Staatsschule". Schließlich skizziert G. Herz an einigen Beispielen, inwieweit die Waldorfpädagogik bzw. die Praxis der Waldorfschulen innovativen Charakter hat und H. Chr. Berg stellt den Bezug der Waldorfpädagogik zur gegenwärtigen Bildungsdiskussion her.

Dieser Band behandelt aus dem weiten Feld, das sich zwischen Erziehungswissenschaft und Waldorfpädagogik entfaltet, nur wenige Teilgebiete. Die

Auswahl ist nicht nur durch systematische Gesichtspunkte, sondern auch durch den Kreis der Autoren bestimmt. Ihre Positionen sind – auch innerhalb der Gruppe der Waldorfpädagogen – keineswegs einheitlich, was von pauschalisierender Kritik von außen oft übersehen wird. Solche Differenzen blieben erhalten, obwohl alle Beiträge gemeinsam kritisch diskutiert wurden. Für die nun folgende Fassung zeichnet jeder Autor selbst verantwortlich. Insofern ist auch die Funktion der beiden Herausgeber eine begrenzte: sie tragen die Publikation als eine Frucht erfolgreicher Kommunikation und Kooperation.

In der Tat: hier waren und sind Waldorfpädagogen und Erziehungswissenschaftler im „Dialog". Aufgrund der verschiedenen Denktraditionen, aus denen beide kommen, ist es nicht verwunderlich, daß der intendierte „Brückenschlag" in den drei Jahren gemeinsamer Arbeit und Diskussion bislang nur ansatzweise erreicht wurde. Die Beiträge zeigen zahlreiche gegenseitige Bezugnahmen, Verflechtungen und Beeinflussungen, auch wenn eine gemeinsame Beantwortung heutiger Schulprobleme aus verschiedener Perspektive bisher noch offen ist. Dieser Versuch hat aber begonnen. Das Gespräch ist nicht abgeschlossen, der Arbeitskreis ist weiter auf der Suche, auf dem Wege. Und das Ende ist durchaus offen. Der vorliegende Band markiert an vielen Stellen solche Offenheit. Wenn er in diesem Stadium der Kommunikation und in dieser Form vorgelegt wird, so um auch in einer breiteren Öffentlichkeit einen kritischen Dialog anzuregen, der über die üblichen positionsversteifenden Stellungnahmen mancher Waldorfkritiker, aber auch über die Ablehnung oder Unkenntnis alternativer erziehungswissenschaftlicher Ansätze hinausführt.

Das bedeutet, den Autoren dieses Bandes liegt an einem kritischen Gespräch im ursprünglichen, nicht bloß negativen Sinne von „Kritik". Das setzt die Kenntnisnahme des Gegenstandes und der jeweils anderen Position voraus. Die bisherige Kritik an der Waldorfpädagogik hat vielfach aus Unkenntnis oder Vorurteilen geurteilt. Deshalb suchen vor allem die Beiträge aus dem zweiten Teil dieses Bandes erst einmal gewisse Kernanliegen und Grundpositionen verständlich zu machen, was im Blick auf den nicht-anthroposophischen Leser nicht leicht ist. Der Dialog erstrebt aber mehr als gegenseitiges Verstehen. Er fordert echten wissenschaftlichen Diskurs, in dem es keine vorgegebenen Wahrheiten und Positionen geben kann, sondern das gemeinsame Erkenntnisbemühen und den Weg, auf dem der eine auf den Beitrag des andern angewiesen ist. Das ist eine hohe Anforderung, die nach den bisherigen Erfahrungen aber keineswegs in das Gebiet der Utopie gehört.

Bei aller Vorläufigkeit des Gesprächsstandes hoffen wir, daß die folgenden Beiträge auch für den Leser die Bewegung spiegeln, die Schritte aufeinander zu, welche die dreijährige Diskussion und Zusammenarbeit der beiden Gruppen von Waldorfpädagogen und Erziehungswissenschaftlern vollzogen haben. Der bisherige Dialog hat nicht nur sachlich zunehmendes Verständnis, ebenso wie Achtung vor verbleibenden Andersartigkeiten bewirkt, sondern auch menschliche Nähe und Sympathia ermöglicht, ein Vorgang, den alle Beteiligten mit Staunen und Dankbarkeit wahrgenommen haben. Vielleicht darf man insofern die Entwicklung dieses Arbeitskreises als exemplarisch für das Entstehen einer Beziehungskultur ansehen, die in unserer Gesellschaft, auch in den Schulen und Hochschulen, noch weithin fehlt.

# Erster Teil:
# Inhaltliche und methodische Zugänge zur Waldorfpädagogik

Für ein Gespräch zwischen Waldorfpädagogik und Erziehungswissenschaft mag es verschiedene Anlässe und unterschiedliche Interessen geben, es muß aber, soll es fruchtbar werden, eine gemeinsame Basis oder Orientierung geben.

Für die letztlich praktisch orientierte Pädagogik können dies nur Aufgaben und Probleme im Hinblick auf ihre aktuellen Bedingungen und ihre Zukunft sein. Weder globale utopische Heilspläne noch bloße Theoriedebatten noch weltanschauliche Glaubenskämpfe können gemeinsame Fundamente eines Gesprächs schaffen, sondern pädagogische Sorge und Verantwortung, die ihren Anlaß aus der Praxis der Erziehung selbst ableiten.

Welche gemeinsamen Anlässe in der pädagogischen Gegenwart, speziell der Schule, gibt es nun für Waldorfpädagogik und Erziehungswissenschaft, die die Entwicklung eines Gesprächs zwischen ihnen notwendig erscheinen lassen?

Radikale Schulkritik, ungewöhnliche pädagogische Alternativen und distanziertes Interesse an der Waldorfpädagogik sind einerseits nichts Neues, andererseits aber ohne praktische Wirkung geblieben, so daß sie allein noch keinen Neuanfang begründen können. Auch die von vielen heute gespürten tiefgreifenden Veränderungen der natürlichen und technischen Umwelt und die daraus erhobenen Forderungen nach Umdenken und Bewußtseinsveränderung bieten wohl Anlässe, aber noch keine konkreten und realistischen Ansatzpunkte für das pädagogische Gespräch.

Die folgenden vier Beiträge dagegen markieren an der konkreten Erziehungspraxis orientierte Ansätze, von einer gemeinsamen Basis auszugehen und methodische Zugänge zu eröffnen.

Im Beitrag von Fritz Bohnsack ist dies die aktuelle Bewertung der Aufgaben und Probleme der Schule heute. Daraus stellt sich die Forderung, die anregenden und in einer siebzigjährigen Praxis entwickelten Formen, Inhalte und Methoden ernsthaft, d.h. kritisch und selbstkritisch als Impulse für zeitgemäße und zukunftsträchtige Antworten auf pädagogische Aufgaben zu prüfen.

Das, was Schule und Bildung nämlich vor allem in der Gegenwart brauchen, sind konkrete Anregungen zur Weiterentwicklung und Vertiefung der Praxis, zur Verfeinerung der Theorie. Das Gespräch zwischen Waldorfpädagogen und Erziehungswissenschaftlern soll auf dieser Basis Pädagogen praktisch anregen und theoretisch selbstkritischer machen.

Für eine gemeinsame Darstellung um der Schule willen muß allerdings erst einmal geklärt werden, welches gemeinsame Grundlagen sein können, welche Differenzen zu bestimmen und worüber und auf welche Weise Erkenntnisse zu gewinnen sind.

Die restlichen drei Beiträge behandeln daher zwei Aspekte des Problems gemeinsamer Grundlagen:

Für die Erziehungswissenschaft ist auch bei einem gemeinsamen Interesse an Schule überhaupt erst ein theoretischer Zugang dazu zu finden, die Aussagen der Waldorfpädagogik über ihre Grundlagen und ihre Praxis als erziehungswissenschaftlich relevante Erkenntnisse zu würdigen;

für die Waldorfpädagogik ergibt sich die Aufgabe, ihren Zugang exemplarisch an einem methodischen Beispiel zugleich waldorfpädagogisch unverfälscht und erziehungswissenschaftlich erkennbar vorzuführen.

Die drei Texte dieses Abschnitts ergeben so Übereinstimmungen, Differenzen und Ansatzstellen für die weitere Klärung.

Übereinstimmend und gemeinsame Arbeit ermöglichend ist der theoretische Ausgang von der pädagogisch-praktischen Konsequenz unterschiedlicher Formen und Inhalte des Wissens über Erziehung. Dies wird einerseits wissenschaftstheoretisch im Beitrag von Harm Paschen und heuristisch im Beitrag von Christian Rittelmeyer begründet, praktisch für die pädagogischen Konsequenzen der Begriffsbildung im Beitrag von Johannes Kiersch vorgeführt.

Offen bleibt allerdings, ob diese pädagogischen Rechtfertigungen von Zugängen zur Waldorfpädagogik schon ein sicheres Fundament für ein Gespräch darstellen. Das wird davon abhängen, welche Erkenntnisse diese Zugänge erbringen, welche praktische Bedeutung diese Erkenntnisse für beide Seiten haben werden. Entscheidend dafür wird der Vergleich der Grundlagen anderer Pädagogiken im Hinblick auf die jeweiligen Aufgaben, Leistungen und Wirkungen, Risiken und Kosten sein. Letztlich also die Antworten anderer Pädagogiken auf die von der Waldorfpädagogik gestellten pädagogischen Aufgaben und auf die von ihr praktizierten theoretischen und praktischen Methoden.

Fritz Bohnsack

# Aufgaben der Schule heute

## A. Einleitung

Die ungelösten Probleme unserer Gesellschaft heute, und diejenigen unserer Schule, sind beängstigend. Deshalb sollte jeder Versuch, neue oder alte, aber andersartige Wege zu finden, nicht als Bedrohung abgewiesen, sondern als Anregung aufgenommen, ja als Zuruf aus der gleichen Not empfangen werden.

Der folgende Beitrag will – aus der Perspektive gegenwärtiger erziehungswissenschaftlicher Diskussion – einige ungelöste Aufgaben der Schule heute ansprechen. Insofern tangiert er sowohl die Regel- wie die Waldorfschule.

Aufgaben *der* Schule heute? „Die" Schule ist eine Abstraktion. Jede Schule ist anders, und entsprechend sind auch ihre Aufgaben durch ihre historischen und politischen Bedingungen, ihre Umweltsituation und ihre Klientel spezifische. Dennoch lassen sich generelle Aussagen über Schulen heute machen. Im Bemühen um ein solches Allgemeines werde ich aus einer Fülle möglicher und wirklicher Aufgaben von Schule, und zwar unter dem Gesichtspunkt der Verantwortung von Schule heute und einer Erziehung zur Verantwortung, einige mir wesentliche hervorheben. Doch dabei wird das „Heute", bei allem Gegenwartsbezug, von überkommenen, ja „klassischen" Werten und Normen getragen.

Die Frage nach den Aufgaben von Schule ist nicht ablösbar von der nach ihrem „Wesen" und Entstehungsgrund, nach ihrem spezifischen Charakter als Institution. Beide Fragen sind sehr verschieden angegangen und auch beantwortet worden, was z. B. davon abhing, ob die Aufgabe der Schule primär am Kind, am Lehrer, an der Kulturüberlieferung oder an gesellschaftlich-politischen Interessen orientiert wurde.

Schon J. Dewey (1916, z. B. S. 9, 213; vgl. Bohnsack 1976, S. 425–434), später G. Geißler (1968) oder etwa G. Steindorf (1973, S. 43–46) vertreten die bekannte Position, Schule als Stätte planvoll-systematischer Lehre entstehe immer dann, wenn die kulturelle Überlieferung zu komplex geworden ist, als daß sie im unmittelbaren alltäglichen Zusammenleben der Generationen an den Nachwuchs weitergegeben werden könnte. Dadurch werde der jeweilige Lern-Inhalt, zu Lehrgängen geordnet, aus dem Leben herausgenommen.

Doch dieselben Autoren müssen darauf hinweisen, daß das „Leben" durch die jüngere gesellschaftliche, vor allem industrielle Entwicklung verarmt sei, das Stadtkind z. B. nicht mehr die Kuh, sondern den Supermarkt als Quelle von Milch erlebe, so daß Schule die für ihre sprachlich-begriffliche Lehre nötigen Voraussetzungen in Anschauung und eigener Erfahrung, die früher „das Leben" unmittelbar lieferte, jetzt selbst anbieten müsse, wenigstens in Form von Bildern des Gemeinten, z. T. auch von Real-Erfahrungen. Dasselbe gelte für künstlerische und musische, für soziale und sittliche Erfahrungen, welche heute als „Leben" (nicht als bloße Belehrung) in die Schule hineingenommen werden müssen. So entwickle Schule, ursprünglich vom „Leben" abgesetzt, nun notgedrungen selbst Formen eines „Schullebens".

Von diesem Ansatz her wird Schule also zunächst von der Aufgabe der Überlieferung von Kultur und dann von den Bedürfnissen der heutigen Jugend her definiert. M. Rang (1968) relativiert diese Deutung und interpretiert Schule weniger vom Schüler als vom Lehrer aus: Lehrer handelten wesentlich nicht als Beauftragte von Gesellschaft oder Eltern, sondern in eigener „Mission", aus einem Auftrag des Standes der „Geistigen" (also der Priester, Gelehrten, Ärzte etc.), zum „Leben" Distanz zu nehmen und gemeinsam mit ihren Schülern nach der Wahrheit, der theoria zu suchen. Und Rang nennt hier ausdrücklich die Waldorfschule als Beispiel.

Die Schau des „Geistigen" spielt sicher bei R. Steiners Ansatz von Erziehung, Schule und Lehrer-Sein eine zentrale Rolle. Aber konzipiert er Schule letztlich vom Lehrer i. S. Rangs oder vom Schüler her? Oder wie vermittelt er beides?

Die jüngeren Untersuchungen zur Sozialgeschichte des Bildungswesens haben gezeigt, daß Schule immer, und bis heute, zugleich als ein Mittel der Weitergabe von Privilegien, als Stabilisierung von Herrschaft fungiert hat (etwa Blankertz 1982, S. 181–210; Leschinsky/Roeder 1983; Herrlitz 1973, 1981). Soziologische Untersuchungen haben daher der Schule die drei bekannten Funktionen der Qualifikation, Selektion und Integration zugeschrieben (Herrlitz 1974; Fend 1974, 1976b, 1981). Doch Schule hat faktisch meist auch die kritische Urteilsfähigkeit gefördert, also zur „Emanzipation" und „Mündigkeit" beigetragen (Bohnsack 1981).

Der folgende Beitrag will nicht nach solchen oder anderen realen Funktionen von Schule in unserer Zeit fragen. Das heißt, er ist nicht fakten-, sondern normativ orientiert: Er zielt nicht auf die Aufgaben, die Schule heute wahrnimmt, sondern auf die, welche sie erfüllen *sollte*. Scheinbare Selbstverständlichkeiten wie die, daß Kinder z.B. in Schule das Lesen, Schreiben und Rechnen erlernen oder das Abitur erreichen, stehen daher nicht im Zentrum der Fragestellung dieser Arbeit. Vielmehr will diese hinweisen auf einige weithin ungelöste Probleme von Schule heute, die sich ergeben aus der spezifischen Notlage unserer Gesellschaft und Welt. Die Prämisse dabei ist nicht, daß Schule selbst eben diese Notlage lösen könnte. Wohl aber, daß sie die Aufgabe hat, die nächste Generation auf solche Lösungen vorzubereiten.

Die Arbeit geht dazu in drei Schritten vor: sie fragt in einem 1. Teil grundsätzlich nach den normativen Prämissen einer Aufgabenbestimmung von Schule – im Blick auf das lernende Subjekt oder/und auf objektive Gegebenheiten; sie analysiert in einem 2. Teil die Strukturen einer Erziehung zur Verantwortung; und sie weist in einem 3. Teil auf ungelöste Problembereiche der Schule heute hin. Dabei werden die spezifischen Lösungsversuche der Waldorfschule mehrfach in den Blick genommen.

# B. Aufgaben der Schule heute

## 1. Normative Prämissen einer Aufgabenbestimmung von Schule

### 1.1 Vorüberlegungen

Feststellungen über „Aufgaben der Schule heute" lassen sich auf verschiedenem Wege gewinnen: beispielsweise empirisch über Repräsentativbefragungen von Schülern, von Eltern, von Lehrern oder von Angehörigen bestimmter politischer Parteien. Da Aussagen über Aufgaben zugleich solche über Nicht-Aufgaben enthalten, also Wertsetzungen implizieren, erhebt sich die schwierige Frage, wie diese Werte aus der Subjektivität und Willkür befreit, d. h. wie sie objektiv begründet werden können. Die bloße Tatsache, daß amtliche schulische Lehrpläne und Richtlinien, über ministerielle Erlasse abgesegnet, eine allgemeine Gültigkeit beanspruchen, ist sicher keine ausreichende normative Legitimation. Die wissenschaftliche Begründung normativer Sätze ist bekanntlich schwierig, auch wenn man keinem positivistischem Wissenschaftsbegriff anhängt (Bohnsack 1981). Ich möchte im folgenden dennoch versuchen, an eine normative Begründung bzw. Entscheidung heranzuführen.

Die erste Frage ist, ob Schule primär dem Kind oder den „Objektivationen des Geistes", der Kultur verpflichtet ist. Derart als Alternative ist sie sicher falsch gestellt. Jede Erziehung muß den Lernenden bekanntlich dort abholen, wo er wirklich steht. Aber das „Abholen" impliziert schon, daß sie ihn dort nicht stehen läßt, sondern hinführt — ja, wohin? Zu sich selbst im Sinne der Ausfaltung der in ihm schlummernden Potenzen (vgl. Goethes Entelechie) oder eben zur Moral und Sitte einer Gemeinschaft, zur Musik eines Mozart, zur Sprache eines Goethe, zur Religiosität und inneren Freiheit eines Bonhoeffer? Auch in dieser Version ist die Alternative falsch.

„Die Kultur" bzw. „die Gesellschaft", zu der der Heranwachsende hingeleitet werden soll, ist keine uniforme Einheit. Sie ist nicht nur höchst vielfältig und komplex und kann daher heute von niemandem mehr umfassend beherrscht werden, so daß schon deshalb Auswahl nötig ist: sie enthält auch viele Momente, die anti-pädagogische Wirkungen haben könnten, die – nicht nur pädagogisch gesehen – alles andere als „Errungenschaften" sind. Das erkannte schon Rousseau und suchte seinen Emile von der Gesellschaft fernzuhalten. Schleiermachers Dialektik arbeitete mit der Komponente der Verbesserung. Und K. Mollenhauer formulierte vor einiger Zeit, der Pädagogik fiele „die Aufgabe zu, in der heranwachsenden Generation das Potential gesellschaftlicher Veränderung hervorzubringen" (1968, S. 66f.; im Original teilweise kursiv), was für ihn weitere Demokratisierung und Emanzipation bedeutete.

So unterschiedliche Pädagogen wie R. Steiner (in TB 667 [1920] 1988, S. 35–44), H. Nohl (1949, S. 124–145) oder J. Dewey (vgl. Bohnsack 1976, S. 459–528) forderten eine Autonomie der Erziehung. Die pädagogische Relation zwischen Erzieher und Zögling sollte, wenigstens relativ, frei sein von den Einflüssen der Wirtschaft, der Politik, der „gesellschaftlichen Mächte":

„In dieser Einstellung auf das subjektive Leben des Zöglings liegt das pädagogische Kriterium: was immer an Ansprüchen aus der objektiven Kultur und den sozialen

Bezügen an das Kind herantreten mag, es muß sich eine Umformung gefallen lassen, die aus der Frage hervorgeht: welchen Sinn bekommt diese Forderung im Zusammenhang des Lebens dieses Kindes für seinen Aufbau und die Steigerung seiner Kräfte, und welche Mittel hat dieses Kind, um sie zu bewältigen?"

Das heißt, das Kind ebenso wie die objektiven Kulturgehalte haben ihren eigenen Wert in sich. Aber in dieser Polarität und Spannung hat das „individuelle Moment" gegenüber dem „universalen" (Schleiermacher) „für den Erzieher den entscheidenden Ton zu tragen ...: er ist verantwortlich für das Subjekt" (Nohl 1949, S. 127f.; zur heutigen Diskussion der Unabhängigkeit der Schule vom Staat vgl. Berg 1980 u. Laaser 1981).

Die Bedürfnisse dieses individuellen Kindes in diesem Augenblick lassen sich nur situativ feststellen. Das gilt auch für die momentane Lern- und Aufnahmebereitschaft einer Schulklasse (vgl. Platzer 1983). Aber es lassen sich generellere Aussagen machen. R. Steiner hat einen 7-Jahres-Rhythmus der kindlichen und jugendlichen Entwicklung aufgestellt und daraus grundlegende Konsequenzen für die Erziehung gezogen. Ähnliches gilt für die spätere Entwicklungspsychologie bis Piaget. Es wäre zu prüfen, wieweit solche Phasierungen durch ethnische Differenzen (z. B. zwischen Westeuropa, Ostasien, Afrika) oder historische Entwicklungen relativiert werden. Das Verhältnis der Steinerschen und Piagetschen Entwicklungsstufen bedarf weiterer Klärung (vgl. Lindenberg 1981, S. 43–50). Vorgreifend muß hier die These aufgestellt werden, daß die freie – eventuell sogar staatsfreie (vgl. Steiner [1920] 1988) – Entwicklung der Anlagen und Kräfte des Heranwachsenden als Zielangabe nicht ausreicht, daß jeder Erziehungsvorgang (vgl. das obige Nohl-Zitat) objektiv-inhaltliche, etwa kulturelle und politische Vorentscheidungen voraussetzt (Strukturen einer Englisch-Stunde lassen sich nicht aus Anlagen oder Ich herleiten), ja daß solche Vorentscheidung, etwa in Form von Demokratie als Freigabe zur individuellen Besonderheit, eine Bedingung der Möglichkeit jener Kräfteentfaltung darstellt. – Im folgenden wird versucht, aus 1. „klassischen" Momenten unserer Bildungstradition, 2. globalen Bedürfnissen unserer Gegenwart und 3. Veränderungen in der heutigen Jugend eine normative Begründung für allgemeine Aufgaben der Schule heute zu gewinnen.

## 1.2 Bildung als traditionelle Aufgabe der Schule

Nach einer Zeit der Skepsis gegenüber dem traditionellen Bildungsbegriff wird dieser heute wieder von vielen Erziehungswissenschaftlern und Schulpädagogen als unaufgebbar betrachtet[1]. W. Klafki (1985) etwa weist auf die unüberholte Gültigkeit des klassischen Ziels der „Allgemeinbildung" für jede Schule hin. Er erinnert an die kritische Potenz dieser übergeordneten und zentrierenden Beurteilungskategorie „für alle pädagogischen Einzelmaßnahmen" bereits bei den Klassikern. Er versteht Bildung zentral als Selbst- und Mitbestimmungsfähigkeit, im engen Anschluß an Denker wie Humboldt und Schleiermacher auch als vernunftgeleitete Mündigkeit und Humanität. Wenn wir das in dieser normativen Orientierung sich ausdrückende Menschenbild heute als für uns gültig akzeptieren, so nicht aufgrund einer wissenschaftlich-exakten Herleitung oder logischen Deduktion – beides ist nicht möglich –, sondern aufgrund einer Wert*entscheidung:* wollen wir wirklich den mündigen Bürger, wollen wir wirkliche Demokratie?

Wenn diese Entscheidung positiv getroffen ist, so hat das allerdings gleichsam „logische" Konsequenzen, nämlich

1. eben für den Kampf um bestimmte Strukturen von Alltagsleben, Gesellschaft und Staat, die man heute „demokratisch" nennt;
2. für allgemeinste Ziel- und Aufgabenausrichtungen der Erziehung und Schule, die von den Klassikern im Begriff der „Mündigkeit" bereits angesprochen wurden;
3. von diesen allgemeinsten Zielorientierungen aus für entsprechende unterrichtliche Teilziele und -aufgaben, Methoden, Interaktionsformen (etwa was die Lehrerrolle und Mitbestimmung von Schülern anbetrifft).

Diese „Logik" vermag allerdings ebenso wenig eine lückenlose Herleitung von konkreten Unterrichtsstrukturen herzugeben (vgl. Bohnsack 1981, S. 251 f.) wie die Erkenntnis der inneren Gesetze und Bedingungen menschlicher Entwicklung, an der die Waldorfpädagogik ihren Lehrplan zu orientieren sucht.

*1.3 Globale Bedrohungen in schulischer Verantwortung*

Die Struktur von „Bildung" hat nicht nur den angedeuteten klassischen Kern, sondern sie nimmt mit den sich historisch wandelnden Erfordernissen der Gesellschaft und Welt veränderte Aufgaben in sich auf. W. Klafki spricht daher von „Schlüsselproblemen" der Gegenwart und Zukunft wie

– Friedens- und Umweltproblematik,
– „Möglichkeiten und Gefahren des naturwissenschaftlichen, technischen und ökonomischen Fortschritts",
– Nord-Süd-Gefälle, Arbeitslosigkeit etc. (1985, S. 21),
und er fordert deren Bearbeitung im Rahmen seines Konzeptes von Allgemeinbildung.

Chr.-J. Schröder und M. Huth (1987) sprechen geradezu von einer heute not-wendigen „Endzeitdidaktik": Die Menschheit befinde sich in der „historisch neuen Lage, sich selbst vernichten zu können". K. Klemm u. a. (1985, S. 138 f.) bezeichnen die Frage des Überlebens der Menschheit als „Grundproblem der gegenwärtigen historischen Epoche". G. de Haan (1982, S. 79 f., 104–112) macht deutlich, daß die Umweltzerstörung einen „radikalen Wandel" im Wirtschaftsdenken und gegenüber der wissenschaftlich-technischen Fortschrittsideologie erfordere. Die Vernichtung der Robben in der Nordsee ist ein Signal für die Zerstörung unser aller Lebensgrundlagen, die hilflos-verspätete Nicht-Reaktion der Nordsee-Anliegerstaaten ein Hinweis auf Not-Wendigkeiten der „Umerziehung":

Für das Lernen durch „Schocks" wie Tschernobyl wird es – so der Club of Rome (Botkin 1979) – in Kürze zu spät sein. Ich komme auf Konsequenzen für die Aufgaben der Schule im 2. Teil zurück.

Nicht nur die globale Situation der Menschheit – mit Auswirkungen bis in unseren Alltag – hat sich in den letzten 3 Jahrzehnten grundlegend verändert. Zugleich mit den objektiven Bedingungen haben sich die subjektiven des Lernenden gewandelt (zum folgenden vgl. Bohnsack 1987c). Ein genereller Wertewandel in der Bevölkerung der BRD seit etwa 1950 hat „Pflicht- und Akzeptanzwerte" (wie Disziplin, Gehorsam, Unterordnung) zugunsten von „Selbstentfaltungswerten" (wie Spontaneität, Ungebundenheit, Eigenständigkeit) zurücktreten lassen (nach Klages 1984). In den Familien hat sich der Erziehungsstil liberalisiert (Allerbeck/Hoag 1985, S. 65). Der Sozialisationseinfluß der Gleichaltrigen-Gruppen auf die Jugendlichen hat „enorm zugenommen" (a.a.O., S. 38f.; Hurrelmann u.a. 1985, S. 70–79). Mit der Vorverlegung eigener sexueller Erfahrungen beanspruchen und ergreifen Jugendliche für sich einen Lebensaspekt, der früher Erwachsenen vorbehalten war: statt des Gegenwartsverzichts und Sich-Aufbewahrens früherer Sexualmoral suchen, fordern und verwirklichen sie – so problemgeladen das sein mag – faktisch einen wichtigen Lebensausschnitt an Selbständigkeit und Gegenwartserfüllung. Das kann nicht bedeuten, daß Erziehung diese Fakten einfach zur Richtschnur ihres Handelns macht. Aber es fragt sich doch, welche veränderten Aufgaben sich mit dem Wandel ihrer Klientel der Schule stellen: Wieweit greifen bisherige Vorstellungen von der entwicklungsbedingten Abhängigkeit von Kindern und Jugendlichen von der Erzieher-Autorität nicht teilweise an derer heutiger Realität vorbei?

Analog mit der Peer-Group hat die Bedeutung der Freizeit gegenüber der Arbeit (und Schule!) für die Jugendlichen zugenommen. Perspektiven wie Atom- und Umweltbedrohung oder Arbeitslosigkeit haben besonders für Jugendliche die Zukunft eher düster erscheinen lassen (vgl. Fischer 1985, S. 116–118) und die Bereitschaft reduziert, auf gegenwärtige Sinnerfüllung zugunsten zukünftiger zu verzichten, was manchen traditionellen Auffassungen von Jugendzeit und Erwartungen von Schule als Vorbereitung für „das Leben" entgegenläuft. Kein Wunder, daß Jugendliche mit dieser „sehr viel unzufriedener" als vor 20 Jahren sind (Allerbeck/Hoag 1985, S. 78f.) und daß der unmittelbar für die eigene Person erlebte Sinn von Schule und Unterricht zurückgeht. Mit der abnehmenden Identifikation mit der Schule und mit der zunehmenden inneren Distanzierung gegenüber ihren Lehrinhalten, welche vielfach in der Regelschule nur noch als Zweck zum Zensurenerwerb benutzt werden, schwindet die Lernmotivation, nimmt wirkliche „Bildung" als existentielle Auseinandersetzung ab. Im 3. Teil komme ich auf Konsequenzen für die Unterrichtsgestaltung zurück.

## 2. Erziehung zur Verantwortung

Der angedeutete Wertewandel in Gesellschaft und Jugend hat nach H. Klages (1984, S. 28, 57) keinen generellen Rückgang der Leistungsbereitschaft, sondern deren Umgewichtung von „angestrengtem Arbeitsverhalten aufgrund äußerer Anforderungen" zur Leistungsfähigkeit bei „Verwirklichung individueller Sinnvorstellungen" mit sich gebracht. Damit verändert sich auch die

Verantwortlichkeit, zu der der Heranwachsende geweckt werden soll, von einer solchen der bloßen Pflichterfüllung zu einer solchen der existentiellen Betroffenheit. Und die Formen, in denen Schule zu solcher Verantwortung erzieht, müssen sich wandeln. Um diese neuen Aufgabenstellungen der Schule angesichts globaler wie subjektiver Veränderungen etwas weiter zu entfalten, gehe ich zunächst allgemeiner auf Grundstrukturen und -probleme einer Erziehung zur Verantwortung ein und suche diese darauf in den Bereichen der politischen und sozialen Verantwortung sowie derjenigen gegenüber der Natur und dem eigenen Ich zu konkretisieren.

*2.1 Allgemeine Grundstrukturen einer Erziehung zur Verantwortung*

Die Brockhaus Enzyklopädie (1974, S. 419 f.) definiert Verantwortung als „das existentielle Getroffensein vom Anspruch, der vom Guten und Wert auf seine Erhaltung oder Verwirklichung und vom Schlechten und Unwert auf seine Verhinderung oder Beseitigung ausgeht". Wenn wir diese Bedeutung von Verantwortung ernst nehmen – etwa im Blick auf die Umweltzerstörung –, so hat das harte, bislang weithin unrealisierte Konsequenzen für die Erziehung unserer Kinder und für die Aufgaben von Schule.

Die eigentliche Schwierigkeit der Schule heute wird jedoch erst dann deutlich, wenn wir mit D. Benner (1983 a, S. 45, 55) eingestehen, daß wir Erwachsenen (etwa in der Frage der militärischen Verteidigung) bislang weder über allgemein anerkannte Wertorientierungen noch über Lösungen verfügen, die den anstehenden Problemen gewachsen sind; so daß es in dieser Hinsicht „Erwachsene" – und d. h. auch Lehrer! –, die fertige Antworten geben könnten, eigentlich nicht mehr gibt, sondern beide Generationen gemeinsam um Antworten auf offene Fragen ringen müßten.

Doch Benner (1982) setzt noch genereller an und betont, daß eine Erziehung, die sich an der Würde des Menschen und d. h. an seiner Mündigkeit orientiert, „nicht-affirmativ" sein muß: sie habe als „negative" Erziehung im Sinne Rousseaus und Fichtes nicht dogmatisch Werte oder Moral, auch nicht als Wissenschaft fertige Forschungsergebnisse aufzuerlegen, sondern den Heranwachsenden zu einer „Selbsttätigkeit" zu provozieren und zu verhelfen, welche jene Wertbindung und Erkenntnis selbst produziert. Ganz ähnlich sieht R. Steiner den Erziehungsauftrag. Die Waldorfpädagogik zieht daraus allerdings zögernder als manche Kritiker der Regelschule die Konsequenz, unterrichtliche Belehrung und Lehrer-Zentriertheit zu ergänzen bzw. zu ersetzen durch schülerbestimmte Formen des problemorientierten und „entdeckenden" Lernens, wie sie (nach Vorgängern in der Reformpädagogik der Jahrhundertwende) heute wieder viel diskutiert werden. Die spezifische Offenheit waldorfpädagogischer Naturbetrachtung wird überzeugend dargestellt bei P. Buck und M. v. Mackensen (1988). Ich komme auf diese Zusammenhänge zurück.

Eine Vertiefung des Begriffes der Verantwortung und Erziehung zu ihr ermöglicht M. Bubers dialogischer Ansatz. Hier erscheint Verantwortung als Antwort auf die „Einmaligkeit" jeder Lebenssituation, ohne Absicherung durch Routinen oder Gewohnheiten oder zuvor gebildete Maximen. Solche Antwort geschieht vielmehr aus der „ganzen Substanz" der Person (1962, I,

S. 827f.), aus dem personalen Gespräch zwischen Mensch und Mensch, Tier, Pflanze, ja allem, was uns in der Welt personal begegnen kann:

„Echte Verantwortung gibt es nur, wo es wirkliches Antworten gibt. Antworten worauf? Auf das, was einem widerfährt, was man zu sehen, zu hören, zu spüren bekommt. Jede konkrete Stunde mit ihrem Welt- und Schicksalsgehalt, die der Person zugeteilt wird, ist dem Aufmerkenden Sprache" (I, S. 189).

Doch mit Bubers Konzept von „Begegnung" ergibt sich wiederum die von D. Benner angesprochene pädagogische Problematik: wie kann Erziehung, ein auch für Buber aus den übrigen Welt-Einflüssen auf den Heranwachsenden als bewußte, willentliche „*Auswahl* des Seins, die Auswahl des ‚Richtigen', dessen, was sein *soll*" (I, S. 119), herausgehobene Einflußnahme –, wie kann diese den Zögling zugleich zu sich selbst freigeben?

Die Unterscheidungen, mit denen Buber diesen Weg kennzeichnet, sind subtil (detaillierter Bohnsack 1961). Er weist nicht nur auf das Bedenkliche des *Redens-über* im Bereich des Sittlichen, sondern lehnt für Charaktererziehung als Kern des Erzieherischen die pädagogische „Absicht" ab, weil sie den Zögling zum Objekt macht und die Unmittelbarkeit des Erziehers und seiner Wirkung zerstöre: „Pädagogisch fruchtbar ist nicht die pädagogische Absicht, sondern die pädagogische Begegnung" (I, S. 820). Das aber bedeutet, daß der Erzieher durch die Substanz seiner Person, seines Verantwortens und Handelns (wir würden vielleicht sagen: durch sein gelebtes Vorbild), durch seine „Existenz" pädagogisch wirkt (I, S. 819). Das weist voraus auf die Bedeutung des „Schullebens" und „Schulklimas", wenn man nicht die Aufgabe der Erziehung zur Verantwortung zugunsten von fach- und prüfungsorientierter Wissensvermittlung in den Hintergrund treten läßt.

Eine letzte Dimension erhält Verantwortung bei Buber durch ihren Bezug auf Gott. Bubers Anthropologie unterscheidet „Es-Beziehungen" zur Welt (z.B. die Benutzung eines Werkzeugs, Materials, Tieres, Menschen) von „Du-Beziehungen". Diese sind, auch wenn sie sich auf einen Baum oder ein Tier richten, personal und haben religiösen Gehalt. Buber hat in seinen alttestamentlichen und chassidischen Schriften dargelegt, daß der Erzieher *diesen* Gehalt an Ver-Antwortung gegenüber der Welt und der Beziehung zu Gott nicht als Lehre und Belehrung und nur bedingt durch Worte weitergeben kann: er selbst, in seiner Person, wird zur Lehre; „in seinem alltäglichen Gebaren, in seinen unbetonten, unwillkürlichen, absichtslosen Handlungen und Haltungen, darin ‚wie er die Sandalen schnüre und löse'", stelle sich das an seiner Lehre dar, „was unaussprechlich ist, aber durch menschliche Existenz tradiert werden kann" (1963, III, S. 771), eben indem der Erzieher den Zögling „an seinem Leben teilnehmen" läßt. „Wahrheit" ist hier primär nicht „Inhalt einer Erkenntnis", sondern „menschliches Dasein", „man lebt sie, und man empfängt sie als Leben" (III, 886f.). Hierzu finden sich wiederum erstaunliche Parallelen bei R. Steiner.[2]

Ich vermute, daß die Problematik der Vermittlung dieser in mancher Hinsicht auch seherisch-prophetischen Dimension einer Erziehung zum rechten Gottes-Bezug mit jener in der Aufklärung wurzelnden Erziehung zur „Mündigkeit" als kritisch-rationaler Selbstbestimmung für das Lehrerkonzept der staatlichen Regel- ebenso wie der Waldorfschule von zentraler Bedeutung sein könnte: wie vermittelt sich etwa die Aufgabe einer frühzeitigen, langfristig handelnden Einübung in die wachsende Mit- und Selbstbestimmung des eigenen Bildungsprozesses mit dem üblichen lehrerzentrierten Unterricht der Regelschule oder dem Steinerschen Prinzip der „Nachfolge und Autorität" (Steiner [1907] 1987, S. 35; im Original kursiv) für das Jahrsiebt bis zum 14. Lebensjahr? Diese Frage bedarf weiterer Reflexion und Klärung. Das Problem ist dabei nur teilweise ein solches der Entwicklungsstufe, also des Lebensalters, in dem „Aufklärung", kritisches Urteil und „Mündigkeit" einsetzen sollen, und im übrigen eine Frage grundsätzlicher Konzipierung von „Autorität" – welche in der Schule (auch in der Grundschule!) keineswegs Lehrer-Zentrierung bedeuten muß. Auf die unterrichtsmethodischen Implikationen dieser Problematik komme ich zurück.

In dem Maße, so zeigte sich, wie Verantwortlichkeit als „existentielle" (und nicht bloß juridische i. S. von Pflichterfüllung) gefaßt wird, ist sie zwar nicht direkt durch Erziehung herbeiführbar, kann aber doch – da sie ja Mündigkeit voraussetzt – durch vielfältige Entwicklung von Sachkenntnis und Beherrschung von Fertigkeiten zur Urteils- und Handlungskompetenz gefördert werden. Doch Verantwortung resultiert nicht aus bloßer, abgelöster Information, zumal wenn sie für Zensuren gelernt wird, sondern nur, wenn das Kind Lerninhalte in einem ihm „zugänglichen Sinnkontext" kennenlernt und sie ihm „etwas *wert*" werden (Danner 1983, S. 276–278). Auch hier wäre ein Blick auf alternative Lehr-Lern-Verfahren der Waldorfschule lohnend. H. Rumpf (1986a, S. 87–97) hat gezeigt, wie das übliche, angeblich leistungsorientierte Stoff-Durchziehen der Regelschule zur Gleichgültigkeit gegenüber den Inhalten und damit zum Gegenteil von Verantwortung führt.

Bereits die Vermittlung von Sachkompetenz bedeutet also, daß das Kind erlebt, wie ausgewählt, vorgezogen und entschieden wird; d. h. es erfährt Werte und Maßstäbe. Wichtiger ist, daß es solche Normen als Bestandteil einer Ordnung erkennt, welche es mit seiner eigenen „sinnhaften Welt in Einklang" bringen kann (Danner 1983, S. 280). In einer Zeit zunehmenden „Sinndefizits" in unseren Schulen (Arbeitsgruppe Schulforschung 1980, S. 104f.) liegt gerade eine solche Einbettung des zu Erlernenden in persönliche Lebenszusammenhänge ebenso wie in das Sinnganze einer überindividuellen oder gar kosmischen Ordnung insbesondere im Fachunterricht der Regelschule weithin im argen. Spätere Beiträge dieses Bandes suchen darzulegen, inwiefern die andersartigen didaktischen Wege der Waldorfschule hier eine zeitgemäße Abhilfe schaffen.

Der „existentielle" Verantwortungsbegriff H. Danners scheint zu bestätigen, daß eine derartige „Sinn-Vermittlung" nicht einfach (etwa als Eingriff) „machbar" ist, sondern die zwar planvolle, aber „behutsame Freigabe" des Kindes zu eigener Verantwortlichkeit verlangt, zu aktivem „Mitwirken" als „mithandelndes Subjekt" (ibid., S. 269f.; im Original teilweise kursiv). Danner nennt solche Erziehung zur Verantwortung daher auch „Hilfe beim Sich-selbst-Finden als Person" (ibid., S. 273). Er erklärt Verantwortung zum „Sinn von Bildung" und bestimmt diese im Gefolge E. Wenigers als „Zustand, in dem man Verantwortung übernehmen kann" (ibid., S. 298f.).

Diese Bemerkungen zur allgemeinen Grundstruktur einer Erziehung zur Verantwortung seien abgeschlossen mit dem Hinweis, daß die viel beachteten 6 Stufen der sittlichen Erziehung nach L. Kohlberg und sein ursprüngliches Konzept der Einübung in die Beurteilung sittlicher Konflikte aufgrund der Kritik (vgl. Schweitzer 1980; Döbert 1987; Lind/Raschert 1987; Herzog 1988) später eine Modifikation erfahren haben in Richtung auf eine stärker handlungsbezogene Eingewöhnung in die „moralische Atmosphäre" und Lebensformen einer gelungenen Gemeinschaft („just community") und ihre „real-life"-Situationen, wie sie von Lehrern und Schülern in Versuchsschulen praktiziert wurden (vgl. Garz 1980, S. 95–97). Diese Entwicklung weist auf die im folgenden zu behandelnden Einzelbereiche einer Erziehung zur Verantwortung.

## 2.2 Erziehung zur Verantwortung in Einzelbereichen

Die drei Hauptdimensionen meiner normativen Begründung der Aufgaben von Schule heute, nämlich die „klassische" der Bildung zur Mündigkeit und Demokratie, die zeitbezogene der Verantwortung für unsere sozialen und globalen Probleme und die Orientierung an den Veränderungen der Jugend, sollen in den folgenden vier Abschnitten auf ihre pädagogischen Konsequenzen weiterverfolgt werden, wobei zunächst die politisch-sozialen Aspekte, darauf die Verantwortung gegenüber der Natur und schließlich diejenige gegenüber dem eigenen Ich zur Sprache kommen.

### 2.2.1 Erziehung zu politischer Verantwortung

Unsere Schulen proklamieren zwar Bildung, Mündigkeit und Verantwortung als Erziehungsziel, aber sie lassen kaum Mitentscheidung, Mitwirkung und Mitverantwortung der Schüler zu. Ihre Paradoxie – oder, wenn man so will, auch Naivität oder Verlogenheit – besteht darin, daß sie bis zum Schulabschluß in Unmündigkeit halten, aber Mündigkeit als Ergebnis erwarten.[3] Eine fatale Auswirkung dieses Widerspruchs sind die vielfältigen unerwünschten, antidemokratischen Lernvorgänge, die man als den „heimlichen Lehrplan" bezeichnet (vgl. Bourdieu/Passeron 1971; Richter/Vogt 1974; Zinnecker 1975; Tillmann 1976; Fend 1976b; Henke 1980; Bohnsack 1981, S. 264–269). Es gehört zu den wichtigsten Aufgaben der Schule heute, ihren „heimlichen Lehrplan" zu reduzieren.

Wenn Demokratie nach Dewey mehr als eine Regierungsform sein soll, nämlich eine Form des Zusammenlebens (1916, S. 101), dann beginnt sie „zu Hause", im alltäglichen Umgang der Erwachsenen und Kinder in Familie und Schule. Sie hat zu tun mit der Würde und d. h. auch Selbstbestimmung jeder Person. Diese darf zwar „eingesetzt" werden – etwa als Mitarbeiter, Angestellter, Arbeitnehmer (vgl. Bubers „Es-Beziehung") –, aber nicht ausgebeutet werden, selbst wenn sie dem zustimmt. Ausbeutung steht im Gegensatz zur Verantwortung. Die Relation des Ausbeutens durchzieht unsere gesellschaftliche und globale Realität – von der ehemaligen Behandlung von Kolonien und heutigen von Ländern der Dritten Welt, über die Abschöpfung von „Mehrwert" durch westliche Kapitalbesitzer oder Verteidigung von Privilegien durch östliche Parteifunktionäre, ferner die Ausbeutung und Zerstörung der Natur, bis hinein in die Ausbeutung von legalen oder geschiedenen Ehepartnern im

Haushalt oder Intimbereich oder als lebenslange Zahlungsinstanz. Auf die pädagogischen Folgen der Ausbeutung komme ich zurück.

Eine Erziehung zur Demokratie als zur Verantwortung richtet sich gegen Ausbeutung wie gegen unnötige Herrschaft. Unser Bewußtsein von den Gefahren politischer Manipulation ist geschärft durch die Erfahrung mit dem Nationalsozialismus. „Die Forderung, daß Auschwitz nicht noch einmal sei, ist die allererste an Erziehung" (Adorno 1972, S. 88). „Die Forderung, daß der nukleare Omnizid nie werde, ist die allererste an Erziehung" (Schreiner 1986, S. 196). Der Weg, dies zu erreichen, ist bislang weder klar noch von Einzelstaaten oder Menschheit eindeutig beschritten. Und die Verfahren einer Vorbereitung der nachwachsenden Generation auf solche Verantwortung durch Schule sind bisher alles andere als erprobt.

In einer Gesellschaft, welche weder die atomare noch die Umwelt- noch die Arbeitslosenproblematik gelöst hat, transzendiert die Erziehung zur Verantwortung die Entwicklung kritischer Urteilsfähigkeit und intendiert, altersangemessen, die Dimension des begründeten Ungehorsams.[4] Eine Schule, welche die eigene Gesellschaft nicht auch systematisch auf ihre Unzulänglichkeiten analysiert, wird ihrer Aufgabe in dieser Not-Zeit nicht gerecht. Doch dabei ergibt sich erneut die eingangs angedeutete Paradoxie, daß es angesichts solcher Probleme nur bedingt „Erwachsensein" als Erziehungspotential gibt und daß das gemeinsame Fragen und Suchen der älteren Generation und der Jugend angezeigt ist. Und die Paradoxie verschärft sich durch die Institutionalisierung von Lernprozessen zu Schule. Denn wie läßt sich die Kluft von Reden und Reflektieren, aus dem Schule traditionell vorwiegend besteht, zum Handeln, in und aus dem Verantwortung besteht, überbrücken?

Um die schulspezifische Versuchung zum folgen- und verantwortungslosen Reden-über zu reduzieren, hat die politische Bildung[5] seit längerem versucht, Formen der kritischen Aufklärung über Mißstände und ökonomische wie Herrschaftsstrukturen sowie der Analyse gesellschaftlicher Konflikte und des Übens der politischen Urteilsfähigkeit nach dem „Fallprinzip" mit Projektstruktur und hoher Schülerbeteiligung (vgl. Schmiederer 1971, S. 119–121) zu verbinden mit bzw. zu transzendieren auf *Aktionen*, welche etwa die Arbeitsbedingungen bei Fließbandproduktion in der Schule simulieren und so den Schülern Strukturen wie Entfremdung der Arbeit oder Lohnkonflikte direkt erfahrbar machen (vgl. Lüers 1971). Manche Waldorfschulen führen mit ihren Oberstufenschülern Praktika in Land- und Forstwirtschaft, Industrie und Sozialeinrichtungen durch, allerdings wohl kaum in jener politisierenden Absicht (vgl. Gögelein 1976; Kranich 1988, S. 206–210). Die Frage, wie 14jährige und ältere Schüler in gesellschaftspolitische Konflikte einbezogen werden können, ohne durch den Mangel an Handlungsspielraum frustriert zu werden (vgl. P. Buck in diesem Band), bedarf weiterer Klärung. „Einbezogen" sind sie eh', als jugendliche Mitglieder dieser Gesellschaft oft auch unmittelbar tangiert. Die Frage ist eher, wieweit Formen des Mit-*Handelns*, etwa beim Kirchentag, in Jugendgruppen, ökologischen Projekten oder gar Demonstrationen, auch in der Schule, über die von der Waldorfpädagogik angestrebte *Urteils*bildung hinaus, für diese konstitutiv sind. Der Lernprozeß, den S. Leber in seinem Beitrag aufzeichnet: von der Absicht über die Handlung bzw. Tat und das Üben zur Befähigung, z. B. im Verhältnis zum Du und zum Wohl der Gemeinschaft, scheint mir grundlegend für politisches und soziales Lernen.

Die das Verbalismus-Problem angreifende Lösung der „just community" Kohlbergs hat Dewey in seiner Versuchsschule schon um die Jahrhundertwende gesucht und teilweise gefunden (vgl. Bohnsack 1979, auch 1976). Die Diskussion des „schülerorientierten", „schülerzentrierten", „offenen" etc. Unterrichts der letzten zwei Jahrzehnte und die entsprechenden, z. T. auch in staatlichen Regelschulen erfolgreichen, Erprobungsversuche haben solche Traditionen aufgegriffen und zeitgemäß weitergeführt. Dabei wurden Verfahren der „Transparenz" des Unterrichts für den Schüler, seiner Mitwirkung an der Unterrichtsgestaltung, der Verlebendigung der Lerninhalte (z. B. durch Methoden des „entdeckenden" Lernens oder projektorientierten Unterrichts und der „Öffnung" der Schule zu Umfeld und Stadtteilbezug) sowie der Individualisierung und zugleich Sozialbeziehung von Lernprozessen (z. B. Schülerselbstdisziplin) entwickelt (vgl. Bohnsack u. a. 1984, S. 10–17, 394–402).

Ziel war dabei nicht nur die Überwindung des bloßen Redens-über zu größerer Nähe zum Handeln, sondern allgemeiner die eingangs von D. Benner geforderte Mitwirkung und wachsende Selbstbestimmung des Lernenden, hier bei der Verantwortung für seinen eigenen Lern- und Entwicklungsprozeß, so daß er diesen bei Schulentlassung „mündig" selbst steuern kann. Der Schüler soll vom Belehrungs-Objekt zum Lern-Subjekt werden. Die Waldorfpädagogik setzt das Subjekt-Sein des Lernenden früh und grundsätzlich an (vgl. den Beitrag von E.-M. Kranich). Ich-Entfaltung im Sinne von Hilfe bei der Selbstgestaltung des Individuums ist für sie *die* zentrale Aufgabe des Erziehers. Darin liegt eine Anerkennung der Autonomie des jungen Menschen. Der bildhafte Unterricht soll im 2. Jahrsiebt die Phantasie und Kreativität des Heranwachsenden fördern, was seine Aktivität und Beteiligung als Subjekt voraussetzt. Doch das bleibt bis zur Pubertät abhängig von der unterrichtlichen Führung durch den Lehrer. Erst dann setzt nach der Anthroposophie das selbständige Urteil als bewußte Zielsetzung an. Wieweit ist diese Zeitangabe Steiners heute noch haltbar?

Mit der zuvor angesprochenen Verantwortung für den eigenen Lern- und Entwicklungsprozeß ist aber noch eine andere Ebene gemeint, die sich etwa in der Form von Mit-Entscheidungen über Unterrichtsverläufe ausdrückt. Im Blick auf die Phasenlehre R. Steiners ergibt sich auch hier die Frage, wann dieser Prozeß einsetzen soll. Dewey begann damit in seiner Versuchsschule mit ersten vorsichtigen Anfängen in den Anfangsklassen, also mit 5- und 6jährigen! Die heutigen Einsichten in die Notwendigkeit langfristiger Entwicklung und Schulung von „methodischer Kompetenz" der Schüler, sowohl was die Sacharbeit (Arbeitsplanung, Materialbeschaffung und -auswertung etc.) wie was die Sozialfähigkeiten (Kooperation, gegenseitige Hilfe etc.) angeht, weisen in eine ähnliche Richtung. Der nächste Abschnitt geht auf diesen Aspekt näher ein. Geklärt werden müßte ferner, in welcher Weise eine frühere Mit-Verantwortung nicht neben oder statt stetiger Zunahme auch qualitativ-differenzierte altersspezifische Entwicklungsschritte bedingt (vgl. dazu auch L. Kohlbergs Stufen der sittlichen Entwicklung).

## 2.2.2 Erziehung zu sozialer Verantwortung

Die erwähnte schulische Paradoxie der Erziehung zur Verantwortlichkeit ohne Verantwortung kehrt unter dem Aspekt der Sozialerziehung wieder. D. Benner und H. Peukert (1983, S. 401) gehen noch weiter und weisen auf den Widerspruch zwischen ihren oben genannten Prinzipien moralischer Erziehung und der Unterwerfung unserer Gesellschaft unter das „Konkurrenzprinzip" mit der Folge der Ausklammerung interindividueller Verantwortung in der Schule und Bemessung des moralischen und Identitätswachstums „nach dem Durchsetzungsvermögen in Konkurrenzsituationen". Die Waldorfschule suchte von Anfang an, in dieser Hinsicht andere Wege zu gehen. Steiners politisch-soziales Konzept der „Dreigliederung" betont ja die Unabhängigkeit der Erziehung nicht nur gegenüber dem Staat, sondern auch gegenüber den Prinzipien der Wirtschaft (Steiner [1920] 1988). Ich greife das im 3. Teil unter dem Aspekt der Leistungsmessung wieder auf.

Auch die Versuche zum „sozialen Lernen" (vgl. Prior 1976, 1978; Prior/Oelkers 1982; Heursen 1983) reichen zurück bis in die Anfänge der Reformpädagogik und entwickelten sich zusammen mit dem wachsenden Bewußtsein von den Notwendigkeiten und komplexen Strukturen einer „Erziehung zur Demokratie" (vgl. Bohnsack 1976). Die Wurzeln der Gruppendynamik entstanden bekanntlich aus dem Bemühen deutscher Emigranten in den USA, Lehr-Lernprozesse zu finden, welche statt faschistischer demokratische Strukturen fördern (vgl. Lewin 1953; Weber 1972, S. 214). Die Führungsstil- und gruppendynamische Forschung hat seither höchst differenzierte Erkenntnisse über die Sozialbeziehungen in Kleingruppen, auch in Schulklassen, gewonnen. Und die entsprechende sozialpsychologisch-gruppendynamische Praxis hat Verfahren entwickelt und erprobt, wie man Beziehungsstrukturen und -prozesse beeinflussen kann, etwa Außenseiter integrieren, Autoritätsabhängigkeiten abbauen und Gruppenfunktionen auf die Gruppenmitglieder verteilen (vgl. einführend etwa Dieckmann/Royl 1972; Schwäbisch/Siems 1974; Baus/Jacoby 1976; Gudjons 1978; Fritz 1975, 1981).

Soziales Lernen als planvolle, langjährige Erziehung zu sozialer Verantwortung gründet auf solche Erkenntnisse und Erfahrungen und umfaßt z. B. Aspekte wie

- Sensibilisierung von Lehrer und Schülern für die Bedürfnisse, Nöte und Lernsituationen des einzelnen Schülers und der Lerngruppe (über die soziale Bedeutung des Fühlens vgl. Kranich in diesem Band);
- Transparenz und kritische Aufarbeitung der Beziehungsstrukturen, z. B. soweit sie die Identitätsentwicklung behindern (vgl. den „heimlichen Lehrplan"!);
- Befähigung von Schülern zur Übernahme von Gruppen- und Führungsfunktionen wie Koordination, Zusammenfassung, Ermutigung, Minderung von Spannungen etc. (vgl. Brocher 1967a, S. 137–142);
- Einübung der konkreten sozialen Kompetenzen und Fertigkeiten, welche nötig sind zur Kooperation, gegenseitigen Hilfe, zu einem akzeptierbaren Feedback etc. sowie zu Formen der Solidarität, welche das übliche Konkurrieren auf Kosten des Mitschülers überwinden, zugleich aber solche Formen

des Gruppenzwangs und Konformismus vermeiden, die Kreativität und Gruppenfortschritt blockieren.

Unter dem Gesichtspunkt der Entfaltung einer solchen „unterrichtlichen Beziehungskultur" (Messner 1983, S. 317) verändert sich die Lehrerrolle. Der Lehrer darf auf die heute anwachsende resignative Verweigerung, aggressive Zerstörung oder „völlige Abwesenheit positiver Beziehungen" zu den Lehrinhalten nicht mehr mit – aus seinen „Sicherheits- und Dominanzbedürfnissen" verständlichen – Ordnungs- und Sanktionsmaßnahmen reagieren, sondern muß versuchen, die zunehmenden Entfremdungserfahrungen der Schüler abzubauen durch ihre Einbeziehung, durch Spielräume für deren eigenständige Definition von Lernvorgängen, so daß der Unterricht „immer wieder in dialektischer Weise" (a. a. O.) in selbstbestimmtes Schülerhandeln übergeht.

„Störungen", Desinteresse und Schulverdrossenheit signalisieren Not, Vernachlässigung von Bedürfnissen oder drohenden Sinnverlust. Konflikte können, wenn sie nicht unterdrückt und tabuisiert werden, Anlaß zum Aufsuchen neuer Wege und Auswege sein, mit allen Konsequenzen in inhaltlicher, aber auch unterrichtsmethodischer Hinsicht (z. B. Abbau des „Lerngleichschritts" im Frontalunterricht durch stärker projektorientierte, „entdeckende" oder „offene" Lehr-Lernverfahren, so daß es Schülern erleichtert wird, sich mit Schule und Unterricht als den „ihren" zu identifizieren).

T. Brocher (1967 b) hat die deutsche Schule als „Schule ohne Sozialerziehung" bezeichnet. Er hatte dabei die staatliche Regelschule im Auge. Doch auch die Waldorfschule muß sich heute fragen, wieweit sich ihr traditionelles Konzept von Lehrerautorität und Ich-Entwicklung mit den Erfordernissen der planvollen Förderung einer Sozialerziehung, einer „unterrichtlichen Beziehungskultur" (R. Messner) zwischen *Schülern,* vermitteln läßt bzw. diese unterstützt oder behindert. Dabei ist allerdings zu berücksichtigen, daß die Auffassung von Autorität bei Anthroposophen heute ein breites Spektrum zeigt, dessen Unterschiede sich z. B. an Namen wie E. Gabert (1977) und H. Müller-Wiedemann (1984) festmachen lassen.

Im Anschluß an R. Steiners Feststellung, daß das *Spiel* der 9–12jährigen die Unabhängigkeit und autonome Urteilsbildung, das „Sich-los-reißen von der Autorität" der Erwachsenen vorbereitet, entwickelt H. Müller-Wiedemann (1984) ein Konzept des sozialen Lernens im Spiel, das um so wirkungsvoller sei, „je freier und weniger organisiert" (S. 71) das Spiel ist, je mehr es „in einem selbständigen Freiheitsraum unter Gleichaltrigen sich vollziehen kann" (S. 74). Dabei sei „die Abwesenheit eines Organisators" entscheidend, die Anwesenheit von Erwachsenen scheine „die Entwicklung dieses neuen partnerschaftlichen Lebensgefühls der Kindergesellschaft zwischen neun und zwölf zu verhindern". Allerdings sei das mit dieser „Einübung wichtiger Formen sozialen Verhaltens" in diesem Lebensalter verbundene Handeln nicht „schon völlig in die soziale Verantwortung und deren schicksalhafte Konsequenzen von Pflichten und Verpflichtungen eingeordnet" (S. 75). Und die „personale Gewissensbildung" bedürfe in diesem Alter der Erwachsenen. Wenn Müller-Wiedemann in einem späteren Kapitel diese Gewissensbildung als Entwicklung einer auf die reifere Lebenserfahrung des Erwachsenen gerichteten „sozialen Phantasie" ausführt, hat er offenbar eine gleichsam horizontale und eine vertikale Dimension sozialen Lernens angesetzt. Wenn er feststellt: Erwachsene seien „in der Spielsituation verpönt, und es wäre wünschenswert, daß unsere Institutionen diese Erfahrung fruchtbar machen würden" (S. 70), so fragt sich, welche Konsequenzen das für die Strukturen von Schule und Unterricht und die Lehrerrolle hat.

Das Spiel wird von Kindern als Ernst erlebt. Schule wird gleichfalls als Ernst erlebt. Spiel und Schule sind andererseits „Schonräume", die vor dem Ernst der vollen gesellschaftlichen Verantwortung schützen. Aber wo liegt die Differenz von Spiel und Schule? Zu welchen Teilen, in welcher „Mischung", sollen wir Schule und Unterricht vom „Bedürfnis des Kindes zwischen neun und zwölf Jahren nach Autonomie von Handlungserfahrung zur Sicherung seiner Identität" aus (Müller-Wiedemann 1984, S. 287) oder von der Autorität als „Öffnung auf schon gelebte Zukunft des Erziehers" und „Keimort einer neuen autonomen Identität" (S. 305 f.) aus konzipieren? Es ist wohl deutlich, daß das alternative „oder" so nicht haltbar ist, daß die „Gruppenmoral" unter Gleichaltrigen zwar zu einer „wesentlichen Einübung neuer sozialer Formen des Verhaltens" führen kann, aber der Ergänzung durch die Kommunikation mit dem „reifen Menschen" bedarf, die Kinder untereinander nicht leisten können (S. 302–304).

H. Müller-Wiedemann meint, für die Einübung in selbständiges Handeln „am Widerstand der Begegnung mit Welt" komme vor allem die handwerkliche und künstlerische Praxis der Schule in Frage. Die Waldorfschule realisiert das teilweise in Aktivitäten wie Gartenbau und Handarbeit, nicht in Eurythmie oder Sport. In Hauptunterricht und Sprachfächern dominiert die Beziehung zum Erwachsenen. Eine planvolle Entwicklung von Sensibilität für die Nöte, Bedürfnisse, Befindlichkeiten und Prozesse der Kinder untereinander, von „unterrichtlicher Beziehungskultur" (R. Messner) in der *Horizontalen* fehlt ebenso wie Ansätze zu jenem „selbständigen Freiheitsraum unter Gleichaltrigen" und Zurücktreten des Erziehers, die Müller-Wiedemann für das Spiel forderte. Klammert Schule damit nicht eine entscheidende, und tiefere Ebenen der „sozialen Phantasie" vorbereitende, Dimension des sozialen Lernens aus?

Konkreter fragt sich, wie vor allem die Jungen praktisch übend lernen sollen, nicht mehr den Stärkeren bewundernd nachzulaufen, sondern für den Schwächeren Partei zu ergreifen; daß – christlich gesehen – nicht die Helden und Herrlichen, sondern die Stillen und Unauffälligen die Großen sind; wie Schüler ihre Bedürfnisse nach störungsfreiem Unterricht selbst gegen Störer aus den eigenen Reihen durchsetzen können; daß letztendlich Disziplin im Unterricht nicht allein eine Angelegenheit des sich „durchsetzenden" Lehrers ist, so daß man dem weniger starken auf dem Kopf spielen darf, sondern auch eine Sache planmäßig erlernter Konfliktlösung und Selbstdisziplin der Gruppe. Die Verantwortungsbereitschaft und -fähigkeit und damit die soziale Selbstdisziplin der Schüler untereinander, für den anderen und für das Gelingen des Unterrichts, ist bislang in den meisten Schulklassen der Bundesrepublik kaum entwickelt, zu einer wirklichen „Beziehungskultur" entfaltet. Statt dessen werden vielfach Tugenden der Hemdsärmeligkeit, Einschüchterung, Schadenfreude und Isolierung von Außenseitern, wenn nicht der Brutalität entwickelt („heimlicher Lehrplan").

## 2.2.3 Erziehung zur Verantwortung gegenüber der Natur

Hatten die klassischen Ziele der Mündigkeit und Solidarität auf die Erziehung zur politischen und sozialen Verantwortung vorausgewiesen, so W. Klafkis „Schlüsselprobleme" der Gegenwart auf die Verantwortung der Schule angesichts sozialer Mängel wie der Arbeitslosigkeit und globaler wie der Atom- und Umweltbedrohung. Ich begrenze mich in diesem Abschnitt auf den letzteren Aspekt, wiewohl die Perspektive des nuklearen Omnizids (Schreiner 1986, S. 196) genau wie diejenige des Umwelt-Omnizids den Sinn jeglicher Erziehung aufheben würde und die Friedensproblematik, dieser ihrer wahrhaft „existentiellen" Bedeutung entsprechend, inzwischen bereits eine umfangreiche pädagogische Diskussion und Lösungsversuche und nicht zuletzt die breite Friedensbewegung ausgelöst hat.

Der Schock von Tschernobyl ist für die meisten verklungen, der Tod der Nordsee-Robben wird vergessen, wenn nicht bald die Wirtschaftsinteressen der Nordseebäder gegen diejenigen der abfallspendenden Industrie auftrumpfen. Und Schüler wehren sich heute schon, wie ihre erwachsenen Vorbilder, gegen die dauernde Berieselung mit Katastrophen-Prognosen. Chr.-J. Schröder und M. Huth fordern daher eine „Hedonistische Endzeitdidaktik", weil die pädagogische Voraussetzung für den Kampf gegen die Vernichtung das „Erkennen und Kultivieren von Lebensqualität", von Lebenssinn ist: „Um zu kämpfen, muß man das Leben lieben!" Und das bedeute, Schule als Last zugunsten „der genußvollen Selbststeigerung im Bildungsprozeß" zu überwinden (Schröder/Huth 1987). Das paßt merkwürdig gut zu den Ergebnissen H. Klages' zur Umgewichtung von „Pflicht- und Akzeptanzwerten" zu „Selbstentfaltungswerten".

Die heutige Diskussion zur „ökologischen Pädagogik" (vgl. Kleber 1985) intendiert viel mehr als „Naturschutz" i. S. von Reduktion von Schadstoffausstoß und Gewässerverunreinigung. Sie greift das seit Jahrhunderten in den heutigen Industriestaaten dominante Verhalten des Menschen zur Natur an, das in Naturwissenschaften und Technik kulminiert und auf die Beherrschung und Ausbeutung der Natur abzielt: für diese Haltung ist Natur nur „Objekt und Rohstofflieferant" (de Haan 1982, S. 109). Und die gleiche Gesinnungsart und Verhaltensmethode des Ausbeutens greife (so sahen wir bereits) auch auf den Menschen über, und selbst die Lernfähigkeit des Nachwuchses würde als Ressource der Ausbeutung begriffen (a. a. O., S. 99, 102 f.).

Die Konsequenzen, welche de Haan und andere aus dieser Problemsicht ziehen, umfassen mehr als das Aufgeben der Ideologie des naturwissenschaftlich-technischen „Fortschritts" und permanenten Wirtschaftswachstums samt entsprechend verändertem Konsumverhalten (a. a. O., S. 84 f.): sie fordern „ein neues Denken" (a. a. O., S. 109), „qualitativ neue Beziehungen zwischen den Menschen und zwischen Mensch und Natur" (a. a. O., S. 96, nach H. Marcuse), nämlich eine Ethik des „Respekts vor der Natur" und Anerkennung ihres „Eigenrechts" (a. a. O., S. 104). Wie es gelingen kann, eine solche „Ehrfurcht vor dem Leben" als „Ethik der planetarischen Verantwortung" (Kleber 1985, S. 1198) in Schule zu wecken, ist noch weitgehend offen. Die Regelschule kann hier sicher von der Waldorfschule lernen, wie die folgenden Beiträge zu zeigen versuchen.

Wenn de Haan (1982, S. 111) der Natur „Dialogfähigkeit" unterstellt, so erinnert das an Bubers „Du-Beziehung" zur Schöpfung. Und wenn er „die Sinne für die Verantwortung für den gesamten Naturzusammenhang öffnen" will (a.a.O., S. 109), so wäre genauer zu untersuchen, wieweit dies durch Ansätze wie die M. Wagenscheins (1965, 1988) oder die Naturbehandlung der Waldorfschule (vgl. Kranich 1979; Kiersch 1987; Schad 1982ff.) verwirklicht wird und in welcher Richtung heute, angesichts der „Endzeit"bedrohung, Weiterentwicklungen nötig sind.

Dem Lehrer erwächst damit eine bisher ungelöste Aufgabe: nämlich, als „Anwalt der Zukunft", für die Gefahren „offensichtlicher Naturzerstörung und wahrscheinlicher Weltvernichtung wachzurütteln", zugleich aber, als „Achter kindlichen Gegenwartslebens", dem Heranwachsenden die („hedonistische"!) Freude am Leben zu eröffnen und doch auf die in diesem „Augenblicksleben" immanenten „naturzerstörenden Momente" aufmerksam zu machen – wahrlich ein schwieriger „Balanceakt" (de Haan 1982, S. 86, 90)!

## 2.2.4 Erziehung zur Verantwortung gegenüber dem eigenen Ich

Die Kritik am Herrschafts- und Ausbeutungsdenken gegenüber der Natur und seinen Auswirkungen zielt nicht nur auf die äußere, sondern auch auf die innere Ökologie, die Gefährdung der Personalität des Menschen in einer Zeit technischer Überwucherungen seiner Humanität. Variationen dieser Sorge um den Verlust der Menschlichkeit zeigen sich schon bei den deutschen Klassikern (vgl. Litt 1955), später etwa bei M. Buber, der die zunehmende Verdrängung der „Du-Beziehung" durch „Es-Beziehungen" theologisch als „Gottesfinsternis" faßte (Buber 1962, I, S. 503–603). Jene Sorge bestimmt letztlich fast die gesamte heutige Schulkritik, scharfsichtig und treffend formuliert etwa in den jüngsten Veröffentlichungen H. Rumpfs (vgl. schon 1966, dann 1981, 1983a, 1986a, 1986b, 1987). Die Verantwortung, die sich damit aufdrängt, betrifft nicht nur die Menschheit allgemein oder im Nächsten und mein Verhältnis zu ihm, sondern eben auch das Verhältnis zum eigenen Ich.

Der klassisch-humanistische Ansatz, etwa bei Goethe (Wilhelm Meister), Schiller (Briefe über die ästhetische Erziehung) oder Humboldt, hatte die Aufgabe der Entwicklung aller Kräfte des Ichs als ästhetische ebenso wie sittliche Verpflichtung gesehen. Als Aufgabe der Verwirklichung des eigenen inneren Lebensplans (vgl. Goethes Entelechie) und Lebenserfüllung ist sie auch heute nachvollziehbar und etwa in der Weigerung der Jugend gegenüber der „Aufopferung des Moments" (Schleiermacher) gegenwärtigen Sinnerlebens zugunsten zukünftiger Gratifikation in Schule und Karriere lebendig.

Für H. Zdarzil (1985) finden alle Bildungsbemühungen der Schule ihre Einheit in der Entwicklung menschlicher Identität. Dieser Begriff ist vor allem von psychoanalytischer Seite zum zentralen Kriterium pädagogischer Verantwortung gemacht worden (vgl. etwa Erikson 1971). F. Wellendorf (1973) analysiert bis in Einzelheiten, wie schulische „Rituale" die „Übertragung" kindlicher Restprobleme von Lehrer und Schülern in deren schulische Interaktion fördern und durch Tabuisierung und Verdrängung erotischer wie aggressiver Bedürfnisse eine angemessene Identitätsentwicklung erschweren bzw. verhindern.

Verantwortung gegenüber dem eigenen Ich gewinnt damit die Dimension von Identitätsreifung als allmählicher kritischer Distanzierung nicht nur gegenüber solchen gesellschaftlichen Erwartungen und schulischen Tabus, sondern auch gegenüber dem eigenen Über-Ich, d. h. der inneren Instanz, welche möglicherweise gelungene Identitätsbalance und -entwicklung verhindert. Damit steht hier Verantwortung gegen die (übliche) Moral als „zwanghafte Verinnerlichung einer Autorität, die das Leben eines bedürftigen Wesens zu sichern vorgibt und gerade die Befriedigung seiner wesentlichen Bedürfnisse in Freiheit verhindert" (Benner/Peukert 1983, S. 395; im Anschluß an S. Freud).

Eine auch öffentlich anerkanntere Funktion hat die Erziehung zur Verantwortung gegenüber dem Ich in Bereichen wie Überwindung von Sucht- und Drogen-, aber auch von Konsum- und Medienabhängigkeiten. Sie alle lassen sich verstehen als Ausdruck jener „Rache des ungelebten Lebens" (E. Fromm), auf die H. v. Hentig (1976, S. 51) hinwies und die eher durch Lebensqualität, Lebensliebe und -freude (Schröder/Huth) als durch Verbote bekämpft werden kann. Lehrer pflegen gegenüber dem Rauchbeginn ihrer Schüler hilflos zu resignieren und auf den Einfluß der Gleichaltrigen zu verweisen. Das Motiv, erwachsen sein zu wollen, ist unübersehbar. Es würde nicht mit dem Nikotingenuß verbunden, wenn Erwachsene nicht das negative Vorbild geben würden. Beim heutigen Stand der medizinischen Erkenntnis über die Gesundheitsschäden des Rauchens ist dieses für jeden Erzieher, Eltern wie Lehrer, unverantwortlich. Das Rauchen ist Teil und Symptom der Zerstörung von Natur und mißachtet die Geschöpflichkeit des eigenen Körpers. Solange hier kein generelles Umdenken erfolgt, bleibt auch der Kampf um die Luft- und Gewässervergiftung aussichtslos.

Doch Schüler beginnen das Rauchen eben nicht nur aus Prestige und Anpassung, sondern – wie sie erklären – aus „Frust" und Verdruß. In beiderlei Hinsicht besteht ein Zusammenhang mit der Anpassung, die Schule bis in die Oberklassen fordert, mit der Rezeptivität und dem Mangel an Selbständigkeit, Ich-Stärke und Selbstverantwortung für den eigenen Entwicklungs- und Bildungsprozeß. Wenn Schüler mehr Befriedigung, mehr erfülltes Leben in der Schule (und natürlich auch außerhalb) erfahren würden, wäre die Versuchung zur Abhängigkeit von Süchten geringer. Aber auch die „Anpassung auf Rezept", die „Ruhigstellung" von Schulangst und -auffälligkeiten durch Medikamente und entsprechende neuerliche Suchtgefährdung würde nicht so rapide zunehmen (vgl. Voß 1987). Damit zeigt sich abermals, wie sehr Schule heute über prüfungsrelevantes Wissen hinaus zu Sinn-Stiftung verhelfen muß.


## 3. Ungelöste Problembereiche der Schule

Bei der Skizzierung von Aufgaben der Schule heute unter dem Gesichtspunkt einer Erziehung zur Verantwortung habe ich mich, wie angekündigt, im vorstehenden bereits konzentriert auf Aspekte, die weithin noch einer Lösung harren. Mit dem Ziel einer weiteren Konkretisierung will ich im 3. Teil solche Aspekte nach Problemfeldern geordnet gesondert behandeln.

## 3.1 Das Problem der Motivation

Bei allem Anknüpfen an den altersspezifischen und individuellen Lernmöglichkeiten des Schülers war es früher doch möglich, Unterricht wesentlich von den Erwartungen der Erwachsenen-Gesellschaft her zu konzipieren. Schulisches Lernen war vorwiegend ein Erfüllen von Forderungen. Diese Praxis wurde schon von den Reformpädagogen der Jahrhundertwende in Frage gezogen. Ich wies bereits auf die „Umdrehung" auf das Kind bei R. Steiner, H. Nohl oder J. Dewey hin. Doch das Problem hat sich inzwischen in mehrfacher Hinsicht weiter radikalisiert.

Einmal sind die überschaubaren Schulgemeinden, von denen diese Pädagogen noch ausgehen, durch Bürokratisierung, Verrechtlichung, Ökonomisierung und Schematisierung des Lehr-Lernbetriebs tendenziell zu Lernfabriken geworden. Das hat zwar in einem gewissen, allerdings fragwürdigen Sinne deren „Effektivität" gesteigert. Aber die Kosten sind unübersehbar.

H.-G. Herrlitz u. a. (1984, S. 57) stellen dem außerschulischen Lernen durch „Mitahmung und Nachahmung" in „Hier-und-Jetzt-Erfahrungen" des unmittelbaren Zusammenlebens der Generationen das institutionalisierte Schul-Lernen gegenüber: in „raumzeitlicher Distanz zur gesellschaftlichen Praxis" gehe die „Berührung mit den ‚Dingen'" verloren. Die „konkrete Wirklichkeit" werde durch „Zeichensysteme (Schrift und Zahl)" vertreten und symbolisch vermittelt. Lernen werde, „planmäßig organisiert und systematisiert", zur „Daueraktivität". An die Stelle der „Kurzmotivierung" an „Nahzielen" außerschulischer Lernprozesse treten Fernziele (wie Abitur, Wissensverwendung im Beruf) und verlangen „ein hohes Maß an *Fernmotivierung*". Die Lehrenden werden arbeitsteilig bürokratisiert, die Lernenden in Klassen, Räume, Stunden eingeteilt und in Massenlernprozessen mit Teilnahmezwang verwaltet (Herrlitz 1984, S. 58–60).

Ein Haupt-„Folgeproblem" dieser Art von Institutionalisierung ist der Motivationsverlust der Schüler, aufgrund ihrer „wachsenden Schwierigkeiten, Sinn im institutionalisierten Lernen zu sehen". Die Institution versucht, das Sinndefizit aufgrund der Abstraktion von unmittelbaren Erfahrungen und Bedürfnissen auszufüllen durch künstliche Motivation: das Zensuren- und Prüfungssystem soll inhaltliche durch formale Ziele und Motivationen ersetzen, was neue „Folgeprobleme" bringt, wie „Selbstwertbelastung" durch Konkurrenz und Versagensängste, ferner Entfremdung, Desinteresse, Disziplinstörungen, Aggressionen; zugleich die Gefahr, statt inhaltsbezogen „institutionsadäquat" zu lernen, nämlich Verhaltensweisen der Konformität und „institutionellen Entmündigung" (heimlicher Lehrplan!; a. a. O., S. 65–67).

Wenn Herrlitz u. a. (1984, S. 70) feststellen, „daß die skizzierten Folgeprobleme um so gravierender werden, je weiter der Prozeß der Institutionalisierung vorangeschritten ist", und Auswege in Richtung auf mehr Lebensnähe, Ganzheitlichkeit und soziales Lernen (wie im Projektunterricht) suchen, so wird deutlich, daß die „Folge"- letztlich *Grund*probleme einer *falschen* Institutionalisierung sind. Und das heißt, daß wir heute nicht prinzipiell hinter Schule als Institution (etwa zum Hauslehrer-Unterricht oder zur einklassigen Dorfschule) zurück können, sondern andere, pädagogische Formen der Institutionalisierung suchen müssen.

M. Prenzel und H. Schiefele (1981) haben darauf hingewiesen, daß die Motivationspsychologie Gefahr läuft, über der Analyse vorwiegend extrinsischer Lernmotive die Notwendigkeit der Wiedergewinnung inhaltlich-gegenstands-bezogener (intrinsischer) „Interessen" zu übergehen. Auf die Notwendigkeit und Schwierigkeit einer solchen Wiedergewinnung des persönlichen Interesses der Schüler an den Inhalten des Unterrichts und d. h. auch ihrer Identifikation mit Schule als „ihrem" Lern- und Lebensort (nicht bloß dem Lehr-Ort von Erwachsenen) wird heute von allen Seiten hingewiesen. Doch die Überwindung jener institutions-strukturell notwendigen Demotivation der Schüler, auf die auch N. Groddeck (1977, S. 186) hinweist, und der entsprechenden „Aufwands- und Ertragskalkulation" (Hurrelmann 1985, S. 94) im Umgang mit dem Goethe-Gedicht, der „strategisch-berechnende[n] und selektive[n] Art" des Verfahrens von Schülern mit Unterricht und Schule und ihren Ansprüchen (Hornstein 1983, S. 71) – diese Kur läßt sich nicht allein durch eine Rückkehr zu reformpädagogischen Schulmodellen erreichen.

Nicht nur die Schule als Institution hat sich inzwischen gewandelt. Th. Ziehe hat dargelegt, wie die Schule mit jener „Aura", welche ihre Widrigkeiten ertragen und ihre Lernanforderungen (fast) noch als sinnvoll erscheinen ließ, entscheidende, von der Gesellschaft gleichsam „gratis" gelieferte normative Voraussetzungen – wie die Anerkennung von Autorität, Bejahung von Bildung und Selbstdisziplin als Momente der Ich-Entwicklung und Identitäts-Findung – in den letzten zwei Jahrzehnten verloren hat (Ziehe 1984). Der Lehrer müsse diesen Verlust an (damals noch weithin selbstverständlicher) Lernbereitschaft heute ersetzen, indem er diese überhaupt erst herstellt durch Einbringen seiner Person („Beziehungsarbeiter") und Werben bzw. Kampf um das Schülerinteresse: das mache das Unterrichten heute so schwierig.

Die Sensibilisierung der heutigen Jugend gegenüber der „Aufopferung des Moments" (Schleiermacher), d. h. ihrer Gegenwart, auf die ich hinwies, läßt sich sicher nicht durch methodische Tricks des Interessant-Machens (an sich jugendferner) Lehrinhalte erreichen. Und die Konkurrenz mit dem Abenteuer- und Sensationsangebot des Fernsehens hat der Lehrer sowieso verloren. „Bildung" meinte immer etwas anderes. Das zu verwirklichen, ist heute schwer. Die Lehrer in der Regelschule erfahren das täglich und leiden darunter, wie zahlreiche Berichte belegen (vgl. Rumpf 1967; Klink 1974; Ermer 1975; Husmann 1975; Kuhlmann 1976; Gürge 1978; Bauer/Brucher 1982).

Die Lehrer der Waldorfschulen sind insofern glücklicher dran, als ihre Schüler meist aus pädagogisch besonders bewußten und motivierten Elternhäusern stammen. Wichtiger ist, daß sie seit Jahrzehnten versuchen, nicht im Blick auf äußerliches Wissen oder Zensuren, sondern auf Sinnerfahrungen von Wesentlichem zu unterrichten. Doch auch sie sehen sich heute – wenigstens in den Großstädten – mit Problemen der Unruhe, Unterrichtsstörung und frühzeitigen Autoritätskritik konfrontiert, die ihnen die Arbeit erschweren. Es ist daher anzunehmen, daß die Schwierigkeiten, die vordergründig als Motivationsprobleme erscheinen, in Wirklichkeit aber, wie angedeutet, in Problemen globaler und individueller (Arbeitslosigkeit) Zukunftsbedrohung und tiefgreifender Veränderung in den Lebens- und Wertgrundlagen der Gesellschaft wurzeln, auch die Waldorfschule soweit tangieren, daß das gemeinsame Suchen nach neuen Wegen, ja nach einer erheblich, wenn nicht in mancher Hinsicht radikal veränderten Schule sinnvoll wird.

Schulen sind bis heute, so zeigte sich, Organe der Selektion für unterschiedliche gesellschaftliche Status- und Einkommensgruppen. H. Schelski (1957, S. 18) sprach daher von Schule als einer „bürokratischen Zuteilungsapparatur von Lebenschancen". Der Besuch einer Waldorfschule mag pädagogisch gesehen ein Privileg sein, im Sinne einer „Zuteilung von Lebenschancen" ist er das sicher nicht. Der Ansturm auf diese Schulen und ihre rapide Ausbreitung durch Neugründungen aufgrund von Elterninitiativen muß also schon besondere Gründe haben. Einer ist die fehlende Selektion.

Die Waldorfschule ging bekanntlich aus einer Gründung für die Arbeiter und Angestellten eines Großbetriebes hervor. Sie hat bis heute als spezifische Form von „Gesamtschule" Kinder aller Leistungsfähigkeit, teilweise auch Behinderte, in einer Klasse zusammengehalten, von Jahrgang 1 bis 12 ohne Zensuren und Sitzenbleiben. Am Jahresende bekommen, je nach Alter des Schülers, dieser oder seine Eltern ein ausführliches Wortgutachten. Die Kritik, die von H. Ullrich (1986) und anderen dagegen vorgebracht wird, scheint mir wenig überzeugend. Denn sie berücksichtigt weder die für viele Schüler fatalen Wirkungen des Leistungssyndroms unserer Regelschule noch die Tatsache, daß Zensuren reine Vergleichsaussagen (meist nach der Gaußschen „Normalverteilung" einer Schulklasse), die Wortgutachten jedoch den Versuch darstellen, dem individuellen Schüler bzw. seinen Eltern auch inhaltlich etwas über seinen Lernfortschritt zu sagen. Daß das persönlich mehr trifft, im Guten wie im Bösen, liegt in der Natur dieser Zeugnisart, und daß hier Mängel, etwa hinsichtlich des „psychologischen Dilettantismus" des Gutachters (Ullrich 1986, S. 72 f.), offensichtlicher werden, ist naheliegend. Jedenfalls kann man nicht die „Sicht der [!] modernen Erziehungswissenschaft" (Wehnes 1987, S. 191) heranziehen, um die Wortzeugnisse der Waldorfschulen zu widerlegen: die Diskussion[6] und die Einführung der zwei zensurfreien Grundschuljahre deuten eher in die umgekehrte Richtung. Und der Hinweis, die individuellere und offenbar humanere Praxis des Wortzeugnisses sei von der Lehre Steiners und d. h. weltanschaulich bedingt, bringt solange wenig, wie der Vergleich mit den *in*-humanen Wirkungen der ideologischen Liaison von technischem Fortschrittsglauben, Hoffnung auf Wirtschaftswachstum und Bejahung des konkurrenzbestimmten Leistungsprinzips der BRD und ihrer Schule unterdrückt wird.

Die Problematik der üblichen Leistungsbeurteilung in der Schule ist seit Jahrzehnten international untersucht und diskutiert worden (vgl. Ingenkamp 1976, 1985). Sowohl der Mangel an Objektivität der Zensuren wie ihre Produktion unerwünschter, unpädagogischer Nebenwirkungen werden von Lehrern wie Öffentlichkeit immer wieder verdrängt, weil ihre Abschaffung aus gesellschaftlichen und institutionellen Gründen scheinbar unmöglich ist und der Zensierzwang ohne solche Verdrängung unerträglich würde.

Daß „Leistung" in Schule wie Gesellschaft sinnvoll und nötig ist (vgl. Gehlen 1974) und daß Lernleistung in der Schule aus pädagogischen Gründen festgestellt und beurteilt werden muß, wird allgemein anerkannt. Doch solche pädagogische Beurteilung wird zunehmend durch nicht-pädagogische Zwänge der Selektion und des Berechtigungswesens überfremdet. So heißt es, der „Prüfungs- und Benotungsbetrieb" weite sich aus; der Wert von Schülern werde von Lehrern, Mitschülern und Eltern verstärkt nach ihren Noten beurteilt; die in Zensuren meßbaren (und von Schulverwaltung und Gericht nachprüfbaren) Aspekte der Gedächtnisleistung dominierten, solche der Kreativität und kritischen Selbständigkeit hätten kaum Bedeutung; die Versuchung, fertige Ergebnisse als Wahrheiten mitzuteilen und abzufragen und den Prozeß ihrer Entstehung, ihre Vorläufigkeit und Relativität, die wissenschaftlichen Methoden geduldigen Herangehens und Überprüfens zu übergehen, nehme zu; das Konkurrieren würde gefördert, soziale Fähigkeiten der gegenseitigen Hilfe und Kooperation nicht entwickelt (vgl. Tröger 1981). Tiefer, vom anthroposophischen Konzept der Ich-Entwicklung aus, faßt H. Müller-Wiedemann die Gefahren des Leistungssyndroms (1984, z. B. S. 306; vgl. auch Fucke 1978).

Der fremdbestimmte Leistungszwang der Schule wird für viele Schüler zum Streß, der die körperliche und psychische Gesundheit gefährdet; Angst oder Erniedrigung bei Versagen beeinträchtigen das Bedürfnis nach Anerkennung und Sicherheit, die Lebens- und Leistungsfreude, also die Lebensqualität, und beschränken den Lernerfolg und damit die Möglichkeit der Selbstverwirklichung und Qualifizierung für künftige Aufgaben (vgl. Heid 1981, S. 740). Daß die Schulangst, detailliert und vielfach empirisch untersucht, komplexe Lernprozesse behindert, sei unbestritten (Schwarzer 1979, S. 9, 12). Die Differenz in der Selbsteinschätzung (Selbstvertrauen, Stabilität) zwischen erfolgreichen und erfolglosen Schülern nimmt vom 1. bis 8. Schuljahr empirisch nachweisbar stark zu, wobei 40% der Ursachen multivariant aus schulischen (nicht außerschulischen) Faktoren wie Leistungs- und Konkurrenzdruck erklärt werden: „Gelernte Hilflosigkeit" (a. a. O., S. 26−28)! Dabei geht die selbstbedrohende Wirkung vom *Vergleich* der Leistungen aus, und die Unterschiede zwischen den Schulformen (Schulangst in Realschule und Gymnasium höher als in Haupt- und Gesamtschule) werden durch solche zwischen Einzelschulen übertroffen. Das „Klima" der individuellen Schule ist also bedeutsam, d. h. die Einzelschule, das einzelne Lehrerkollegium und sein Reformwille haben − trotz aller gesellschaftlichen Zwänge − durchaus Korrekturmöglichkeiten (a. a. O., S. 123−126), ein wichtiger Gesichtspunkt für die Regelschule.

K. E. Grossmann und R. Winkel (1977, S. 21) stellen fest, daß die Schulangst in Waldorfschulen am niedrigsten ist. Die Angst vor schulischem Versagen mit seinen Folgen des Liebesentzuges der Eltern, des Anerkennungsentzuges der Lehrer und Prestigeverlusts bei Mitschülern kann − zum Dauerzustand geworden − „persönlichkeitszerstörende" Wirkungen haben. Denn der „Teufelskreis" Versagen − Angst − Versagen führt nicht nur zu nachlassender Leistung, sondern zu einem „negativen Lebensgefühl" (Wandel 1979, S. 20; im Original teilweise kursiv), so daß „Schule krank" macht (vgl. Voß 1987; Lempp/Schiefele 1987).

Die Diskussion des „heimlichen Lehrplans" hat die Erkenntnis der Diskrepanz von Selektion und Bildung insofern weitergeführt, als sie für die negativen Lernprozesse in der Schule eine systematische Erklärung vorlegt: diese von Lehrern wie Schülern weithin nicht durchschauten Prozesse, welche den proklamierten Bildungszielen der Schule wie „Mündigkeit" entgegenlaufen, bereiten den Jugendlichen auf die Unterdrückung seiner individuellen Bedürfnisse, auf Konformität und Leistungskonkurrenz und damit auf jene Erfordernisse in der Lebens- und Berufswelt vor, welche sich „im Produktionsprozeß als kapitalkonforme Arbeitstugend, im politischen Feld als loyale Einstellung gegenüber bestehenden Machtstrukturen" auswirken (Tillmann 1976, S. 95): der Schüler lernt, daß gute Zensuren knapp sind (Gaußsche Normalverteilung!), daß der gängige Leistungsvergleich daher notwendig Versager produziert und die Mitschüler als Konkurrenten behandelt werden müssen; er lernt, daß Unterrichtsinhalte nicht ihres Wertes für die persönliche Entwicklung und Bildung wegen, sondern als Mittel („Tauschwert") zum Zweck des Zensurenerwerbs und der Karrieresicherung beachtet werden müssen; daß die Heuchelei von Interessen oft eher zu diesem Ziel führt als echte Auseinandersetzung mit den Lerninhalten; daß die Verantwortung für ungleiche Chancen in Schule und Gesellschaft beim Individuum liegt, so daß sich gesellschaftliche Ungerechtigkeit legitimiert (Fend 1974, S. 196, 198–202; nach Bourdieu/Passeron 1971).

Der Preis, der für die Selektion in der Schule bezahlt wird, ist also hoch, zu hoch, wie viele meinen, zumal das Zensieren in seiner heutigen Form keine zuverlässige längerfristige Prognose, etwa über Eignungen im Studium oder am Arbeitsplatz, herzugeben vermag (vgl. Ziegenspeck 1979, S. 42). Die notwendige Entwicklung weist also in Richtung auf einen Abbau des Leistungs-Vergleichs und Ausbau von Verfahren der individuellen Rückmeldung. Im Juni-Heft 1987 der Zeitschrift „Neue Deutsche Schule" fordert die GEW in Nordrhein-Westfalen, auf der Grundlage von Erprobungen in klassischen Reformschulen (z.B. den Waldorfschulen) und gegenwärtigen Versuchen, die schrittweise Abschaffung der Noten über die ersten zwei Grundschuljahre hinaus. Gängige Argumente *für* die Notengebung werden widerlegt und dem individuellen Wort-Gutachten die Fähigkeit zugemessen, eine „genaue, schülerorientierte Beurteilung" mit positiver pädagogischer Wirksamkeit zu liefern.

Doch eine solche Reform der Leistungsbeurteilung in der Regelschule hat Voraussetzungen in der Schülerorientierung des gesamten Unterrichts und kann daher nicht am Anfang, sondern eher am Ende der Veränderungen stehen. Aber auch die Waldorfschule kann sich hier weiterentwickeln. Die Momente der „normativen" und „beschönigenden" Beurteilung können noch stärker zugunsten der „deskriptiven" und entwicklungsorientierten zurücktreten (vgl. Benner/Ramseger 1985). Die Individualisierung des Zeugnisses sollte auf einer solchen des Unterrichts, etwa durch innere Differenzierung, aufruhen und erfordert generell eine verstärkte Aufmerksamkeit und Sensibilisierung des Lehrers für den Einzelschüler, die wiederum eine Reduktion des „Lerngleichschritts" und dessen Ersetzung durch „schülerorientiertere" Methoden nahelegen.

### 3.3 Das Problem der „Monostruktur" der Unterrichtsmethode

Eine Untersuchung an der Fern-Universität Hagen (Hage 1985) zum „Methoden-Repertoire" von Lehrern der Sekundarstufe I hat die „Monostruktur" des üblichen Unterrichts der Regelschule bestätigt: 92% der Unterrichtszeit zielen auf Kenntniserwerb und intellektuelle Fähigkeiten; das gelenkte Unterrichtsgespräch ist die verbreitetste Methode und umfaßt etwa die Hälfte aller Arbeitszeit, die freie Diskussion 2%, Stillarbeit gut 9%, der Lehrervortrag 8%;

die Sozialform des Klassenunterrichts tritt zu 77% auf, die der Gruppenarbeit zu 7,4%, der Partnerarbeit 3%, Einzelarbeit 10% (a. a. O., S. 46–48).

Mit dieser Dominanz des lehrergeführten Lernens im Klassen-Block dominiert – wenigstens tendenziell – nach wie vor das Prinzip des „Lerngleichschritts" und läßt sich die Gefahr des im Vorgriff festgelegten frontalunterrichtlichen Scheingesprächs nicht abweisen, bei welchem die Schülerantworten im Extrem ähnlich dirigiert werden wie die geistlosen Regungen eines Marionettenensembles. Die Schulkritik der Reformpädagogen zu Jahrhundertbeginn scheint anzudeuten, daß der „heimliche Lehrplan" dieses Verfahrens schon damals Rezeptivität, Neugierverlust, Anpassung und Unmündigkeit und damit ebenso anti-humane wie anti-demokratische Tugenden förderte. Heute unterstützt diese Methode vielfach Demotivation, die erwähnte „kalkulatorische Haltung" und Bildungsverlust, wenn nicht Aggressionen und Zerstörungen.

Die „Monostruktur" der Methode mit ihrem Prinzip des „Lerngleichschritts" entspricht in ihrer Distanz zum individuellen Schüler der oben kritisierten Leistungsmessung. Beide sind auch, vom Lehrer aus gesehen, scheinbar arbeitsökonomischer – *ein* Grund für ihr Beharrungsvermögen. Doch die frühere und stärkere Selbständigkeit der Jugendlichen außerhalb der Schule, die die jüngste Entwicklung ergeben hat, spricht für die Reduzierung ihrer Unmündigkeit in der Schule. Mittlerweile liegen für alle Fächer Beispiele für eine planmäßige Heranführung der Schüler zur Mitbestimmung des Unterrichts vor (vgl. Wenzel 1987). Für diese Entwicklung spricht sowohl die Notwendigkeit einer Reduktion der wachsenden Schulverdrossenheit (vgl. Fend 1976a; Dietrich 1978; Böhme 1980; Bohnsack u. a. 1984) wie diejenige einer Einführung der Jugendlichen in demokratische Lebensformen. Während sich der zwischenmenschliche Umgang zwischen Lehrern und Schülern in den letzten Jahren, im Zuge der allgemeineren gesellschaftlichen Entwicklung, auf die ich hinwies, liberalisierte, hat der „Lerngleichschritt" der Unterrichtsmethode (militärische?) Züge einer vordemokratischen Ära bewahrt. Dagegen würde das Ernstnehmen der Person des Lernenden heute einschließen, daß der Lehrer von seiner Dominanz des Bescheid- oder die-Wahrheit-Wissens zurücktritt – das bedeutet nicht Aufgabe, sondern Veränderung seiner Autorität und pädagogischen Verantwortung – und auch im Lehr-/Lernprozeß gegebenenfalls unterschiedliche Interessen mit den Schülern „aushandelt": die methodische Kompetenz zu dieser interaktionalen Aufgabe müssen Schüler (wie Lehrer!) ebenso planmäßig lernen wie diejenige zur Bewältigung der *Sach*probleme eines zunehmend selbstgesteuerten Lernens (vgl. Beispiele bei Geppert/Preuß 1980; Wenzel 1987).

W. Schulz (1985) versteht Unterrichtsmethode „unter der Perspektive der Mündigkeit" als einen nicht vom Lehrer zu konzipierenden, sondern zwischen diesem und den Schülern zu vereinbarenden Lehr-Lernweg, der das Moment zunehmender Selbststeuerung und Kooperation der Schüler konstitutiv und konstruktiv enthalten muß. Je flexibler und „offener" dabei Verlauf und Ergebnis sind, desto eher können nicht nur Kompetenzen wie die Fähigkeit zur Selbststeuerung, sondern auch Kreativität und Erfindungskraft der Schüler aktiviert werden. Schon J. Dewey hat in seiner Laborschule (1896–1904) versucht, die Rezeptivität des üblichen Belehrens durch bewußte Entwicklung der Erfindungskraft der Schüler zu überwinden: 8jährige rezipierten nicht einfach das heutige Alphabet als „richtig", sondern erfanden („invented") zwei eigene Alphabete. 9jährige „erfanden" Teile der Webmaschine. 12jährige entwickelten in der Geometrie der Himmelskörper wenigstens vier Konstruktionen von Senkloten und „entdeckten" („discovered") die Konstruktion eines Winkels von 60°, die Winkelteilung und andere geometrische Verfahren (vgl. Bohnsack 1976, S. 254f.).

Dewey hat diese Kreativitätserziehung sogar auf den Geschichtsunterricht ausgedehnt (vgl. Bohnsack 1987b, S. 204). Wenn er so anscheinend längst vergangene und festgelegte Fakten nicht einfach rezipierend lernen ließ, sondern über die Phantasie und Problemlösefähigkeit der Schüler verlebendigte, hat er bereits vor fast einem Jahrhundert Wege gefunden, die heute von Pädagogen wie R. Messner (1985) kritisierte Erdrückung des Lernenden und seiner produktiven Geistigkeit durch die Macht wissenschaftlicher Ergebnisse einzudämmen und ihm zu Möglichkeiten identitätserhaltender „Neukonstruktion" seiner persönlichen Wirklichkeitsbezüge und Lebenswelt zu verhelfen. Auf das diesem Ansatz zugrundeliegende „genetische" Lernkonzept M. Wagenscheins sowie Analogien im Naturkundeunterricht der Waldorfschule wies ich bereits hin. Auch in diesem Bereich gibt es mehr Frage und Offenheit als Lösungen.

*3.4 Das Problem der Verlebendigung schulischer Lernprozesse*

Das Suchen heute nach neuen Möglichkeiten einer Verlebendigung schulischen Lernens als Ausweg aus der Motivationskrise hat eine ganze Reihe möglicher Lösungswege aufgetan. Dazu gehören so unterschiedliche und doch irgendwie zusammenhängende Aspekte wie die Überwindung der rigorosen Fächertrennung, der „übergangenen Sinnlichkeit" und Körperlichkeit und die Öffnung von Schule zur Gemeinde- bzw. Stadtteil-Umwelt.

Die Aufspaltung von Lebenszusammenhängen zu isolierten Fächern, Pensen und 45-Minuten-Häppchen ist auf ihre sinn-zerstörende Wirkung schon von den Reform-„Klassikern" wie Dewey kritisiert und durch langfristige, gesamtunterrichtliche Projekte zu überwinden gesucht worden. Der Epochenunterricht der Waldorfschule zeigt teilweise ähnliche Züge. Mit der „übergangenen Sinnlichkeit" hat H. Rumpf (1981), im Anschluß an N. Elias' „Prozeß der Zivilisation", den durch die naturwissenschaftlich-distanzierende Analyse fortschreitenden Verlust an Unmittelbarkeit in unseren Schulen kritisiert. Und er hat die planmäßige Entwicklung von Fingerfertigkeit, innen gesteuerter, sinnvoller Körperbeherrschung und auch Körperfreude – über Häkeln, Stricken, Feldbau- und Brotback-Epoche, Hausbau- und Forst-Epoche, Holz-, Metall- und Gartenarbeit (Rumpf 1983b) – an der Waldorfschule, hier der Hibernia-Schule, gepriesen: Solche langjährige eigenhändige Bearbeitung verschiedenster Materialien führe zu einer „basale[n] Vertrautheit", ja zu einem „Respekt" und einer „Sorgsamkeit", welche „in den Knochen" sitzen und dadurch zu einer ungleich tiefergehenden Umwelt- und Friedenserziehung führen könnte, als die bloße Vermittlung gedanklichen Wissens über die Umweltproblematik (Rumpf 1985, S. 220f.). Wir kehren damit zum Ausgang unserer Überlegungen, zur globalen Bedrohung menschlicher Lebensgrundlagen, zurück.

Wenn Schule auf die globale Verantwortung vorbereiten soll, muß sie manche Traditionen ihrer unterrichtlichen Isolation überwinden. „Schonraum" bleibt sie auch dann noch, indem sie den Heranwachsenden pädagogisch verantwortlich an die Bedrohungen nicht ausliefert. Aber die übliche Ver-Unterrichtung bzw. Ver-Schulung, womöglich noch im Blick auf die nächste Klassenarbeit, langt nicht zu. *Diese* Inhalte müssen dem Lernenden ganz anders begegnen. Was das für Fächer wie Deutsch oder Fremdsprachen heißen kann, wurde jetzt erneut in zahlreichen Beispielen vorgestellt (Gidion 1987; Edelhoff/Liebau 1988). Wenn eine Oberstufenklasse die Motive für ihre eigene literarische Produktion auf dem Jugendtreffplatz des Städtchens einsammelt, so ist das bereits „Öffnung von Schule".

Unter diesem Stichwort werden heute verschiedene Möglichkeiten einer Verlebendigung des Lernens zusammengefaßt. Über die Sinneinbettung des unterrichtlichen Lernens in weitere Zusammenhänge des „Schullebens" hinaus, sollen hier unmittelbarere Bezüge zu außerschulischen Erfahrungen geöffnet werden. Das liegt zugleich auf der Linie der Reduktion von Belehrung und Erweiterung von Erfahrung, die H. v. Hentig (1976, S. 51) – nicht zuletzt aufgrund der Ziele und Eindrücke in seiner Bielefelder Laborschule – heute vorschlägt: er begründet das, wie erwähnt, mit E. Fromms Hinweis auf die „Rache des ungelebten Lebens" als Ursache für die Unzufriedenheit und Zerstörungssucht unserer Zeit, auch in den Schulen.

„Öffnung von Schule" bedeutet dann allerdings mehr als das bekannte „Anknüpfen" des Unterrichts am inner- und außerschulischen Erleben der Kinder und Jugendlichen. Sie reicht auch weiter als die Hereinnahme außerschulischer Materialien und Arbeitsergebnisse (aufgrund von Interviews, Besuchen, Erkundungen, Praktika etc.) in den Unterricht: sie sucht – pädagogisch verantwortet – Erfahrungsmöglichkeiten mit Ernstcharakter und insofern durchaus mit einem gewissen Wagnis über eine Hinausverlagerung von Lernvorgängen in den Stadtteil und dessen Nutzung als Bewährungsfeld für schulisches Lernen. Am Ende solcher „Öffnung" kann Schule zum Freizeitzentrum für Jugendliche oder Kulturzentrum für die Gemeinde werden (vgl. Glöckel 1985; Thomann 1985; Zimmer/Niggemeyer 1986; Ramseger 1986).

Bemühungen der Regelschule in solcher Richtung sind im Fluß. Die Waldorfschule hat außerhalb des Unterrichts schon lange einen engen Kontakt zu den Eltern ihrer Schüler gehalten und z. B. zu den Sommerfesten, Weihnachtsbasaren und Klassenfahrten teilweise eine enorme Aktivität von Eltern erreicht. Es wäre zeitgemäß, solche „Öffnung" in einem gewissen Grade auch auf den Unterricht auszudehnen und nicht nur gelegentliche Elternbesuche zuzulassen, sondern generell die Gemeinsamkeit der Erziehungssorgen und -bemühungen auf das pädagogische Geschehen in Schule und Unterricht auszuweiten: dann wäre die Schulgemeinde einen weiteren Schritt verwirklicht. Auf die Bezüge zur Arbeitswelt, die manche Waldorfschulen seit langem ausgebaut haben, kann ich hier nicht näher eingehen (vgl. Gögelein 1976; Rist/Schneider 1977).

## 3.5  Das Problem staatlicher Bevormundung und Bürokratisierung

Bei der Behandlung der Motivationsproblematik habe ich auf die Neigung des Institutionalisierungsprozesses von Schule bereits hingewiesen, das Lernen zu fragmentarisieren, isolieren, schematisieren, zu ökonomisieren, bürokratisieren und zu verrechtlichen: es fiel das Wort von der „Lernfabrik". Ein bisher ausgespartes Moment ist die weitgehend zentralistische Schulverwaltung. P. Fürstenau hat schon 1969 darauf hingewiesen, daß die hierarchische vertikale Anordnungsstruktur traditioneller Staatsverwaltung für Einrichtungen mit einer Human-Klientel wie Krankenhäuser und Schulen nur bedingt angemessen ist und viel stärker durch horizontale kollegiale Selbstverantwortung vor Ort ersetzt werden müßte. Lehrer der staatlichen Regelschule klagen einerseits über die Behinderung ihrer pädagogischen Initiativen durch das dichte, für sie nicht mehr durchschaubare Netz behördlicher Erlasse und Anordnungen. Zugleich und partiell durch diese Bevormundung erklärbar machen sie mit Unterrichtsbeginn die Klassentür hinter sich zu und ziehen ihren traditionellen Unterricht durch. Dabei sind die eigenen Schwierigkeiten unter Kollegen weithin tabu.

Beides, das Gefühl mangelnder Autonomie und die mangelnde Kollegialität, sind Bedingungen, welche Innovationen erschweren oder verhindern. Wer die Sicherheit seiner Routine verläßt und neue Wege erprobt, braucht nicht die Anfeindungen, sondern die Rückendeckung wenigstens einiger Kollegen. Die Erwartung, durch Fortbildung einzelner Lehrer schrittweise die Praxis einer Schule zu verändern, ist daher im Schwinden. Die jüngste internationale Entwicklung zur schulinternen Lehrerfortbildung und „Organisationsentwicklung" von Schule wendet sich daher an das gesamte Kollegium, um dieses zur autonomen Selbstlösung seiner Probleme zu befähigen (vgl. Bolam 1982; Schmuck/Runkel 1984; Dalin 1986; Pieper 1986; Philipp 1987; Bohnsack 1987a; Landesinstitut 1988; Wenzel u. a. 1990). Die Vorgeschichte dieser Entwicklung reicht zurück bis zur schulinternen Lehrer- und Elternfortbildung in Deweys Versuchsschule um die Jahrhundertwende und die autonome Fortbildung der Waldorf-Kollegien.

Der Abbau staatlicher Hierarchien als äußerer Kontrollinstanz muß zusammengehen mit der Entwicklung von kollegialer Kooperation. Doch H. v. Hentig (1976, S. 77, 88) stellt fest, die meisten Kollegien heute seien „zerfallen, mißmutig, resigniert", geben den Schülern ein „negatives Vorbild", kein Beispiel für eine Kooperation, welche sich an verbindenden Werten und Zielen orientiert. Dieser in Regelschulen weithin fehlende kollegiale Konsens reduziert die Möglichkeiten nicht nur der Sozialerziehung der Schüler (deren „Einzelkämpfertum" spiegelt das der Lehrer!), sondern überhaupt die erzieherische Wirkung der Schule, aber auch – so ergeben empirische Untersuchungen (vgl. Fend 1986, S. 63–73, 84f.) – die Arbeitsplatz- und Arbeitszufriedenheit der Lehrer und ihre Bereitschaft zu Innovationen.

Die jüngste schulpädagogische Diskussion fordert daher mehr Spielraum für die Einzelschule, so daß diese ihre besondere Individualität, ihr spezifisches pädagogisches Profil entwickeln kann. „Schulvielfalt", in der BRD besonders von H.-Chr. Berg (Marburg) vertreten, ist sicher kein Selbstzweck. Aber sie ist eine Voraussetzung dafür, daß Eltern die für ihre Kinder geeignete Schule wählen können, daß eine Art gesunde „Konkurrenz", besser: ein Dialog von

Verschiedenheiten Anregungen und Fortschritt ermöglicht, daß die pädagogische Wirkung der Einzelschule zunimmt. Dazu gehörte eigentlich auch ein „Wahlkollegium" (so manche Gesamtschule wurde durch die Zwangs-Hinzuversetzung widerwilliger Lehrer in ihrem pädagogischen Elan kaputtgemacht).

Uniformität neigt zur Sterilität. Aber ein gewisser Basis-Konsens in Ziel- und Methodenfragen, der auch Kooperation ermöglicht, ist Bedingung für das Wohlgefühl von Lehrern und Schülern und für die Wiederaufnahme erzieherischer Aufgaben, für die Sinn-Stiftung, die Schule heute leisten muß. Th. Ziehe nannte das „Aura": man könnte es auch die „Weltanschauung" einer Schule nennen, wenn auch i. S. von Dialogfähigkeit, nicht Dogmatismus. In diesem Sinne müssen die meisten Regelschulen mehr kollegial-verbindende „Weltanschauung" entwickeln. Ihre innere Zerrissenheit zeigt nicht Neutralität, sondern Chaos. Sie im Sinne mancher Kritiker der Waldorfschule als „Pluralismus" zu sehen oder gar zu preisen, übersieht dessen pädagogische Kosten.

Die Kritik an der Waldorfschule als „Weltanschauungsschule" übergeht diese Zusammenhänge (vgl. Ullrich 1986, z. B. S. 226–231). Wenn die Waldorfschule als „Bekenntnisschule" bezeichnet wird, deren innere Zentrierung durch christliche Schulen nicht erreicht werde, so möchte man sagen: um so schlimmer für solche „freien" Schulen! Sie mögen zwar – etwa als katholische – eine gewisse christliche Atmosphäre liefern. Aber in ihrem Unterricht bleiben auch sie gebunden an die „Weltanschauung" des heute frag-würdig gewordenen naturwissenschaftlich-technischen Weltbildes und an das Leistungssyndrom dieser Gesellschaft, welches als Zensurensystem kaum weniger Versager und Schulängste produziert, als in der Regelschule. Hier wird offensichtlich die „Freiheit" von staatlicher Schulaufsicht zu wenig zu pädagogischen Alternativen genutzt.

Dennoch scheint mir eine Reduzierung der staatlichen Schulaufsicht in Richtung auf mehr Freiheit der Einzelschule heute nötig. Die dementsprechende Empfehlung des Deutschen Juristentages von 1981 wurde bisher von den Schulverwaltungen der Länder, unabhängig von ihrer politischen Färbung, nicht berücksichtigt. Der Jurist J. P. Vogel hat auf dem Saarbrücker Kongreß der Deutschen Gesellschaft für Erziehungswissenschaft (März 1988) festgestellt, daß die Möglichkeit reduzierter Schulaufsicht für Schulen in freier Trägerschaft juristisch grundsätzlich für alle Schulen, auch die staatlichen, gelte. Da eine solche Übertragung durch das Berechtigungswesen verhindert werde, müsse dessen Dominanz beschnitten werden. Damit tun sich gesellschaftliche Dimensionen der Schulmisere und ihrer Aufgaben heute auf, die über diesen Beitrag hinausweisen.

Mehr Autonomie des Lehrers und der Schule bringt nicht notwendig mehr pädagogische Qualität. Und die Mitbestimmung von Lehrern wie auch von Eltern kann für Lehrer- wie Eltern-Egoismen genutzt werden. Eine Beschränkung des staatlichen Schulmonopols und Ausbau der „freien" Schulen wie in anderen Ländern kann zu „Eliteschulen" für Privilegierte führen. Die bisherigen Erfahrungen mit den Alternativschulen der BRD sprechen allerdings dagegen. Die wenigstens moralisch höchst bedenklichen Praktiken der Unterbindung von Elterninitiativen durch staatliche Schulbehörden (vgl. v. Hentig 1985) sollten allerdings in Zukunft verhindert werden. Es ist Aufgabe einer demokratischen Gesellschaft, die Überzeugungen und Entscheidungen von Minderheiten zu schützen, soweit sie das Wohlergehen der Mitbürger nicht tangieren.

## C. Schluß

Im vorstehenden habe ich versucht, einen Überblick über Aufgaben der Schule heute zu entwickeln, der sich orientierte 1. an der keineswegs verwirklichten klassischen Idee einer Erziehung zur „Mündigkeit" in Demokratie, 2. an den gesellschaftlichen und globalen Bedrohungen des Überlebens der Menschlichkeit und Menschheit in unserer Gegenwart und 3. an wesentlichen Veränderungen im Denken und Verhalten unserer Jugend. Einige Konsequenzen aus diesen drei Begründungsdimensionen wurden in den Bereichen der Erziehung zu politischer, sozialer, ökologischer und auf das eigene Ich gerichteter Verantwortung gezogen. Schließlich habe ich versucht, solche Erziehung zur Verantwortlichkeit unter fünf Aspekten der Schul- und Unterrichtsarbeit einen Schritt weiter zu konkretisieren.

Der Rückblick auf das so entstandene Bild zeigt das Gewicht, die Größe, ja die kaum zu bewältigende Schwierigkeit der Aufgabe. Die Zeit verlangt nicht nur einschneidende Veränderungen im Denken und Handeln der Individuen, sondern eben solche in den Strukturen von Schule und Unterricht. Und solche Veränderungen sind schmerzlich. Denn sie bedeuten ein Verlassen des Gewohnten, damit auch des schutzgebenden Gehäuses, und sie verursachen Unsicherheit, Ängste und Widerstände.

Sind es Unsicherheiten, Ängste oder Machtansprüche, die die großen Kirchen heute bewegen, gegen eine beachtenswerte pädagogische Variante wie die Waldorfschule zu Felde zu ziehen? In einer Zeit derart ungelöster Probleme scheint mir Variantenreichtum, nicht die Bekämpfung von Außenseitern gefragt. Es ist nur zu nötig, daß diese unseren Regelschulalltag in Frage ziehen. Nur wenn die Einzelschule mehr Spielraum für den Versuch mit neuen Wegen und das Auffinden ihres individuellen Profils erhält, kann es zu dem heute lebens-notwendigen Dialog der Verschiedenheiten kommen. In diesem hat die Waldorfschule ein ernstzunehmendes Wort mitzusprechen.

Die Waldorfschule hat eine 70jährige Geschichte und Bewährung hinter sich. Sie ist heute gefragter denn je zuvor, was die – vom Elternwunsch diktierte – schnelle Folge der Neugründungen erklärt. Sie bietet Alternativen zur Regelschule, die sie für viele Eltern – in der überwiegenden Mehrheit Nicht-Anthroposophen – attraktiv machen. Daran sind nicht nur die von vielen Kritikern seit langem beklagten, aber offenbar schwer korrigierbaren, Mängel der Regelschule schuld: es sind positive pädagogische Qualitäten der Waldorfschule, die aufgeklärte Nicht-Anthroposophen bewegen, ihre Kinder dieser Schule anzuvertrauen, selbst wenn ihnen die Anthroposophie R. Steiners unverständlich und fremd oder manche Züge der Schule selbst weniger akzeptabel erscheinen mögen. Sie haben gewählt und entschieden. Diese Wahl und Entscheidung pauschal als uninformiert oder unaufgeklärt zu bezeichnen, zeugt schon von einem beachtlichen Maß an Arroganz bei manchen der Waldorfkritiker.

Der vorstehende Beitrag hat nicht nur „Aufgaben der Schule heute" entwickelt, sondern versuchte zugleich, von einer Position der universitären Schulpädagogik her auf die Waldorfpädagogik zuzugehen, sie zu verstehen und auf die eine oder andere offene Frage hinzuweisen. Damit soll Offenheit von beiden Seiten angeregt und gefördert werden. Angesichts der gegenwärtigen Situation sind Gespräch und Verständnis gefragt, nicht Denunziation der abweichenden Position des anderen. Und die gegenseitige Kritik von seiten der Waldorf- wie der Schulpädagogik muß konstruktiv angesichts gemeinsamer Probleme sein bzw. werden, was auf den Dialog des Verschiedenen, nicht auf Anpassung abzielt. Für beide Ausgangspunkte gilt das Wort Kierkegaards, kein Mensch sei so vollkommen, daß er die Wahrheit ist. Das zu lernen, bedeutet für alle Beteiligten einen noch recht langen Weg. Aber ich denke, er lohnt sich!

*Anmerkungen*

1 Vgl. etwa Ebert/Herter (1987); E. E. Geißler (1986); Gruschka (1987); Tenorth (1986); Heid/Herrlitz (1987); Klafki (1985, 1986); Menzel (1983, 1986).
2 Vgl. R. Steiner ([1924] 1987, 141f.): „Und in der zweiten Lebensepoche, zwischen dem Zahnwechsel und der Geschlechtsreife, kommen wir dem Kinde auch noch nicht bei, wenn wir ihm Moralgebote geben ... Beikommen können wir dem Kinde in diesem Lebensalter nur, wenn wir ihm gegenübertreten als eine selbstverständliche Autorität, wenn das Kind, ohne daß es abstrakt weiß, was Schönheit, Wahrheit, Güte und so weiter ist, in seinem Gefühl entwickeln kann den Impuls: In dem Lehrenden und Erziehenden steht vor mir verkörperte Güte, verkörperte Wahrheit, verkörperte Schönheit... Der Lehrende, der Erziehende selbst ist [!] das, was das Kind, ohne daß es viele Worte ausspricht, Wahrheit, Schönheit, Güte nennt, nennt mit den Offenbarungen des Herzens."
3 Vgl. D. Hargreaves (1983, 116): „You can only exercise responsibility if you have control over something, and the present structure of schooling doesn't allow pupils to have such power – or even the choice to say ‚no‘ to something. Teachers are very reluctant to concede this power."
4 Ich denke hier erneut an die Haltung eines D. Bonhoeffer. Der Moralbegriff der Waldorfpädagogik zeigt durchaus Züge einer Autonomie des Individuums gegenüber Umwelterwartungen. Auf die Frage H. Müller-Wiedemanns (1984, 291) komme ich im nächsten Abschnitt zurück: „In welchen Formen zwischenmenschlicher Erfahrung kann das Kind jene moralische, das heißt reflexive Intentionalität in der mittleren Kindheit erüben, die später gerade auch gegen [!] die Ordnungen von allgemeinen Regeln sich auch behaupten muß?"
5 Publikationen zur politischen Bildung und Erziehung sind kaum noch überschaubar. Übersichten und Einführungen in die gegenwärtige Diskussion finden sich etwa bei Rohlfes (1981), Kühn/Rohe (1981), Mannzmann (1983), Wulf (1983a), Giesecke (1986), Fischer (1987); mit besonderer Berücksichtigung der Friedenspädagogik bei Bast (1982), Wulf (1983b), Kultusminister NW (1983), Böge/Wilke (1984), v. Dick (1984), Reich (1986), Nicklas/Ostermann (1986) oder im Heft 6/1986 der Zeitschrift für Pädagogik; mit dem Schwerpunkt der modernen Technologien und Medienerziehung bei Spanhel (1986) und Dohmen (1986).
6 Vgl. H. v. Hentig 1982; Zeitschrift für Pädagogik, Heft 2/1985; Neue Deutsche Schule, Sonderbeilage zu Heft 11/1987. W. Schulz und K.-J. Tillmann (1987, 129) berichten aus der Max-Brauer-Schule in Hamburg die Erfahrung: „Berichtzeugnisse sind informativer, regen mehr die Selbststeuerung an und lassen den Leistungsvergleich mit anderen, der auf ‚gute‘ Schüler, nicht aber auf ‚schwache‘ motivierend wirkt, in den Hintergrund treten."

Adorno, Th. W.: Erziehung nach Auschwitz. In: Ders.: Erziehung zur Mündigkeit. Frankfurt (1966) 1972.

Allerbeck K./Hoag, W. J.: Jugend ohne Zukunft? München 1985.

Arbeitsgruppe Schulforschung: Leistung und Versagen. München 1980.

Bast, R.: Friedenspädagogik. Düsseldorf 1982.

Bauer, E.-M./Brucher, Chr.: Grundschultagebuch. Frankfurt etc. 1982.

Baus, M./Jacoby, K.: Sozialpsychologie der Schulklasse. Bochum 1976.

Benner, D.: Bruchstücke zu einer nicht-affirmativen Theorie pädagogischen Handelns. In: Zeitschrift für Pädagogik 6/1982, 951–967.

Benner, D.: Das Normproblem in der Erziehung und die Wertediskussion. In: Zeitschrift für Pädagogik. 18. Beiheft. Weinheim etc. 1983, 45–57.

Benner, D./Peukert, H.: Artikel „Erziehung, moralische". In: Enzyklopädie Erziehungswissenschaft, Bd. 1. Stuttgart 1983, 394–402.

Benner D./Ramseger, J.: Zwischen Ziffernzensur und pädagogischem Entwicklungsbericht. In: Zeitschrift für Pädagogik 2/1985, 151–174.

Berg, Chr. (Hrsg.): Staat und Schule oder Staatsschule? Stellungnahmen von Pädagogen und Schulpolitikern zu einem unerledigten Problem 1787–1889. Königstein 1980.

Böge, V./Wilke, P.: Sicherheitspolitische Alternativen. Baden-Baden 1984.

Böhme, D.: Programmierte Schulunlust. Frankfurt 1980.

Blankertz, H.: Die Geschichte der Pädagogik von der Aufklärung bis zur Gegenwart. Wetzlar 1982.

Bohnsack, F.: Das Problem der pädagogischen Absicht bei Martin Buber. Ein Beitrag zum Verhältnis von Methode und Begegnung in der Erziehung. In: Pädagogische Rundschau 1–2/1961, 47–56.

Bohnsack, F.: Erziehung zur Demokratie. John Deweys Pädagogik und ihre Bedeutung für die Reform unserer Schule. Ravensburg 1976.

Bohnsack, F.: John Dewey. In: Scheuerl, H. (Hrsg.): Klassiker der Pädagogik. Zweiter Band. München 1979, 85–102, 322–324, 345 f.

Bohnsack, F.: Ziele und Funktionen der Schule. In: Twellmann W. (Hrsg.): Handbuch Schule und Unterricht, Bd. 4.1. Düsseldorf 1981, 249–272.

Bohnsack, F. u. a.: Schüleraktiver Unterricht. Möglichkeiten und Grenzen der Überwindung von „Schulmüdigkeit" im Alltagsunterricht. Weinheim etc. 1984.

Bohnsack, F.: Schulentwicklung durch kollegiale Selbsthilfe – Neue Formen der Lehrerfortbildung in England. In: Boettcher, W./Bremerich-Vos, A. (Hrsg.): „Kollegiale Beratung" in Schule, Schulaufsicht und Referendarausbildung. Frankfurt etc. 1987a, 177–186.

Bohnsack, F.: Erfahrungsqualität im Unterricht. John Deweys Begriff „experience" und sein Beitrag zum „praktischen Lernen" in der Muttersprache. In: Gidion, J. u. a. (Hrsg.): Gestalten der Sprache. Deutschunterricht und praktisches Lernen. Weinheim etc. 1987b, 194–206.

Bohnsack, F.: Der Werte- und Verhaltenswandel in Gesellschaft und Jugend und seine Bedeutung für die Schule. In: Die Deutsche Schule 4/1987c, 421–429.

Bolam, R. (Hrsg.): School-Focussed In-Servise Training. London 1982.

Botkin, J. W. u. a.: Das menschliche Dilemma. Zukunft und Lernen. Wien etc. 1979.

Bourdieu, P./Passeron, J.-C.: Die Illusion der Chancengleichheit. Stuttgart 1971.

Brocher, T.: Gruppendynamik und Erwachsenenbildung. Braunschweig 1967a.

Brocher, T.: Schule ohne Sozialerziehung. In: Neue Sammlung, 7. Jg. (1967b), 429–435.

Brockhaus Enzyklopädie. 17. Aufl. 19. Bd. Wiesbaden 1974.

Buber, M.: Werke. Erster Band: Schriften zur Philosophie. München etc. 1962.

Buber, M.: Werke. Dritter Band: Schriften zum Chassidismus. München etc. 1963.

Buck, P./Mackensen, M. v.: Naturphänomene erlebend verstehen. Köln, 2. Aufl. 1988.

Dalin, P.: Organisationsentwicklung als Beitrag zur Schulentwicklung. Innovationsstrategien für die Schule. Paderborn etc. 1986.

Danner, H.: Verantwortung und Pädagogik. Meisenheim 1983.

Dewey, J.: Democracy and Education. New York 1916.

Dewey, J.: Education Today. New York 1940.

Dick, L. v.: Lernen in der Friedensbewegung. Weinheim etc. 1984.

Dieckmann J./Royl, W.: Der marginale Schüler. In: Die Deutsche Schule. 4–5/1972, 213–227, 289–302.

Dietrich, I. u. a.: Schulverdrossenheit. Königstein 1978.

Döbert, R.: Horizonte der an Kohlberg orientierten Moralforschung. In: Zeitschrift für Pädagogik 4/1987, 491–511.

Dohmen, G.: Der Begriff der „Bildung" und die modernen Technologien. In: Twellmann, W. (Hrsg.): Handbuch Schule und Unterricht, Bd. 8.2. Düsseldorf 1986, 711–725.

Ebert, J./Herter, J.: Neue Allgemeinbildung. Frankfurt 1987.

Edelhoff, Chr./Liebau, E. (Hrsg.): Über die Grenze. Praktisches Lernen im fremdsprachlichen Unterricht. Weinheim etc. 1988.

Erikson, E. H.: Identität und Lebenszyklus. Frankfurt 1971.

Ermer, R. G.: Hauptschultagebuch oder: Der Versuch, in der Schule zu leben. Weinheim etc. 1975.

Fend, H.: Gesellschaftliche Bedingungen schulischer Sozialisation. Weinheim etc. 1974.

Fend, H.: Schulinvolvement und Schulverdrossenheit. In: Ders. u. a.: Sozialisationseffekte der Schule. Weinheim etc. 1976 a, 436–460.

Fend, H. u. a.: Sozialisationseffekte der Schule. Weinheim etc. 1976 b.

Fend, H.: Theorie der Schule. 2. Aufl. München 1981.

Fend, H.: Gute Schulen – schlechte Schulen (Manuskript). 1986.

Fischer, A. u. a. (Hrsg.): Jugendliche + Erwachsene '85. Bd. 1. Opladen 1985 (Shell-Studie 1985).

Fischer, K. G.: „Krise" – „Misere" – „Elend": Politische Bildung heute. In: Zeitschrift für Pädagogik 4/1987, 547–564.

Fritz, J.: Gruppendynamisches Training in der Schule. Zur Theorie und Praxis der Interaktionspädagogik und des sozialen Lernens. Heidelberg 1975.

Fritz, J.: Methoden des sozialen Lernens. München, 2. Aufl. 1981.

Fucke, E.: Leistung und Leistungsbeurteilung in den Freien Waldorfschulen. In: Beckmann, H.-K. (Hrsg.): Leistung in der Schule. Braunschweig 1978, 74–99.

Fürstenau, P.: Neuere Entwicklungen der Bürokratieforschung und das Schulwesen. In: Ders. u. a.: Zur Theorie der Schule. Weinheim etc. 1969, 47–66.

Gabert, E.: Autorität und Freiheit. Das mütterliche und das väterliche Element. Stuttgart 1977.

Garz, D.: Zum neuesten Stand von Kohlbergs Ansatz der moralischen Sozialisation. In: Zeitschrift für Pädagogik 1/1980, 93–98.

Gehlen, A. u. a.: Sinn und Unsinn des Leistungsprinzips. München 1974.

Geißler, E. E.: Allgemeinbildung. In: Twellmann, W. (Hrsg.): Handbuch Schule und Unterricht, Bd. 8.1. Düsseldorf 1986, 24–33.

Geißler, G.: Die Situation der Schule in der Gegenwart. In: Röhrs, H. (Hrsg.): Theorie der Schule. Frankfurt 1968, 168–182.

Geppert, K./Preuß, E. (Hrsg.): Selbständiges Lernen. Bad Heilbrunn 1980.

Gidion, J. u. a. (Hrsg.): Gestalten der Sprache. Deutschunterricht und praktisches Lernen. Weinheim etc. 1987.

Giesecke, H. u. a.: Artikel „Lernbereich Gesellschaft". In: Enzyklopädie Erziehungswissenschaft, Bd. 3. Stuttgart 1986, 288–321.

Glöckel, H.: Ist der Begriff des Schullebens noch zeitgemäß? In: Twellmann, W. (Hrsg.): Handbuch Schule und Unterricht, Bd. 7.1. Düsseldorf 1985, 640–648.

Gögelein, Chr.: Schule und Arbeitswelt: Die Praktika in der Oberstufe. In: Bai, S. u. a.: Die Rudolf Steiner Schule Ruhrgebiet: Leben, lehren, lernen in einer Waldorfschule. Reinbek 1976, 186–209.

Groddeck, N.: Theorie schulisch organisierter Lernprozesse. Weinheim etc. 1977.

Grossmann, K. E./Winkel, R.: Angst und Lernen. Angstfreie Erziehung in Schule und Elternhaus. München 1977.

Gruschka, A.: Von Humboldt's Idee der Allgemeinbildung zur allgemeinen „Bildung im Medium des Berufs"! In: Die Deutsche Schule 2/1987, 156–173.

Gudjons, H.: Praxis der Interaktionserziehung. Bad Heilbrunn 1978.

Gürge, F. u. a.: Lehrertagebücher. Möglichkeiten und Grenzen der Arbeit mit Hauptschülern. Bensheim 1978.

Haan, G. de: Die ökologische Krise als Herausforderung für die Erziehungswissenschaft. In: Lenzen, D. (Hrsg.): Jahrbuch für Erziehungswissenschaft: Erziehungswissenschaft im Übergang – verlorene Einheit, Selbstteilung und Alternativen. Stuttgart 1982, 79–115.

Hage, K. u. a.: Das Methoden-Repertoire von Lehrern. Opladen 1985.

Hargreaves, D. in White, R./Brockington D. (Hrsg.): Tales out of School. Consumers' Views of British Education. London etc. 1983, 116–122.

Heid, H.: Streß in pädagogischer Betrachtung. In: Pädagogische Welt 12/1981, 735–742.

Heid, H./Herrlitz, H.-G. (Hrsg.): Allgemeinbildung. Zeitschrift für Pädagogik. 21. Beiheft. Weinheim etc. 1987.

Henke, J.: Aspekte des heimlichen Lehrplans in Schulbüchern. Frankfurt 1980.

Hentig, H. v.: Was ist eine humane Schule? München etc. 1976.

Hentig, H. v.: Das Beurteilungssystem der Bielefelder Laborschule. In: Neue Sammlung 3-4-5/1982, 238–260, 391–405, 481–502.

Hentig, H. v.: Wie frei sind Freie Schulen? Stuttgart 1985.

Herrlitz, H.-G.: Studium als Standesprivileg. Frankfurt 1973.

Herrlitz, H.-G.: Artikel „Schule – Schultheorie". In: Wulf, Chr. (Hrsg.): Wörterbuch der Erziehung. München etc. 1974, 506–509.

Herrlitz, H.-G. u. a.: Deutsche Schulgeschichte von 1800 bis zur Gegenwart. Königstein 1981.

Herrlitz, H.-G. u. a.: Institutionalisierung des öffentlichen Schulsystems. In: Enzyklopädie Erziehungswissenschaft, Bd. 5. Stuttgart 1984, 55–71.

Herzog, W.: Mit Kohlberg unterwegs zu einer pädagogischen Theorie der moralischen Erziehung. In: Neue Sammlung 1/1988, 16–34.

Heursen, G.: „Lernen, soziales". In: Enzyklopädie Erziehungswissenschaft, Bd. 8. Stuttgart 1983, 500–504.

Hornstein, W.: Die Erziehung und das Verhältnis der Generationen heute. In: Zeitschrift für Pädagogik. 18. Beiheft. Weinheim etc. 1983, 59–79.

Hurrelmann, K. u. a.: Lebensphase Jugend. Weinheim etc. 1985.

Husmann, I.: Glanz und Elend eines Schuljahrs. Notizen von 160 Deutschstunden. Stuttgart 1975.

Ingenkamp, K.: Zur Problematik der Zensurengebung. In: Biermann, R. (Hrsg.): Schulische Selektion in der Diskussion. Bad Heilbrunn 1976, 79–100.

Ingenkamp, K.: Erfassung und Rückmeldung des Lernerfolgs. In: Enzyklopädie Erziehungswissenschaft, Bd. 4. Stuttgart 1985, 173–204.

Klafki, W.: Konturen eines neuen Allgemeinbildungskonzepts. In: Ders.: Neue Studien zur Bildungstheorie und Didaktik. Weinheim 1985, 12–30.

Klafki, W.: Die Bedeutung der klassischen Bildungstheorien für ein zeitgemäßes Konzept allgemeiner Bildung. In: Zeitschrift für Pädagogik 4/1986, 455–476.

Klages, H.: Wertorientierungen im Wandel. Frankfurt etc. 1984.

Kiersch, J.: Umwelterziehung in der Waldorfschule. In: Callies, J./Lob, R. E. (Hrsg.): Handbuch Praxis der Umwelt- und Friedenserziehung. Bd. 2: Umwelterziehung. Düsseldorf 1987, 664–671.

Kleber, E. W.: Ökologische Pädagogik oder Umwelterziehung? In: Twellmann, W. (Hrsg.): Handbuch Schule und Unterricht, Bd. 7.2. Düsseldorf 1985, 1194–1210.

Klemm, K. u. a.: Bildung für das Jahr 2000. Reinbek 1985.

Klink, J.-G.: Klasse H 7e. Aufzeichnungen aus dem Schulalltag. Bad Heilbrunn 1974.

Kranich, E. M.: Die Formensprache der Pflanze. Grundlinien einer kosmologischen Botanik. 2. Aufl. Stuttgart 1979.

Kranich, E.-M.: Die Freien Waldorfschulen. In: Handbuch Freie Schulen. Reinbek 1988, 185–216.

Kühn, P./Rohe, K.: Theorie und Didaktik der politischen Bildung in der Bundesrepublik. In: Twellmann, W. (Hrsg.): Handbuch Schule und Unterricht, Bd. 5.1. Düsseldorf 1981, 500–508.

Kuhlmann, H.: Klassengemeinschaft. Über Hauptschüler und Hauptschullehrer und den Versuch herauszufinden, wann Schule Spaß machen könnte. Berlin 1976.

Kultusminister des Landes Nordrhein-Westfalen: Erlaß „Friedenserziehung im Unterricht" vom 1.3.1985.

Laaser, A.: Wissenschaftliche Lehrfreiheit in der Schule. Geschichte und Bedeutungswandel eines Grundrechts. Königstein 1981.

Landesinstitut für Schule und Weiterbildung: Erziehung und Erziehungsprobleme in Schule und Unterricht. Konzeption eines Schwerpunktprojektes zur schulinternen Lehrerfortbildung. Soest 1988.

Leber, St.: Die Waldorfschule – eine Weltanschauungsschule? In: Schroeder, H.-W. u. a.: Christentum. Anthroposophie. Waldorfschule. 3. Aufl. Stuttgart 1987.

Lempp, R./Schiefele, H.: Ärzte sehen die Schule. Weinheim etc. 1987.

Leschinski, A./Roeder, P. M.: Schule im historischen Prozeß. Frankfurt etc. 1983.

Lewin, K.: Die Lösung sozialer Konflikte. Bad Nauheim 1953.

Lind, G./Raschert, J. (Hrsg.): Moralische Urteilsfähigkeit. Eine Auseinandersetzung mit Lawrence Kohlberg über Moral, Erziehung und Demokratie. Weinheim etc. 1987.

Lindenberg, Chr.: Die Lebensbedingungen des Erziehens. Von Waldorfschulen lernen. Reinbek 1981.

Litt, Th.: Das Bildungsideal der deutschen Klassik und die moderne Arbeitswelt. Bonn 1955.

Lüers, U. u. a.: Selbstentfremdung und Klassenlage. München 1971.

Mannzmann, A.: Artikel „Unterricht: Politik". In: Enzyklopädie Erziehungswissenschaft, Bd. 9, Teil 2. Stuttgart 1983, 628–633.

Menze, C.: Artikel „Bildung". In: Enzyklopädie Erziehungswissenschaft, Bd. 1. Stuttgart 1983, 350–356.

Menze, C.: Struktur und Bedeutung der humanistischen Bildung. In: Twellmann, W. (Hrsg.): Handbuch Schule und Unterricht, Bd. 8.1. Düsseldorf 1986, 199–216.

Messner, R.: Neuordnung des Unterrichts. In: Enzyklopädie Erziehungswissenschaft, Bd. 8. Stuttgart 1983, 303–318.

Messner, R.: Zur Wiederbelebung eigenständigen Lernens. In: Rauschenberger, H. (Hrsg.): Unterricht als Zivilisationsform. Wien etc. 1985, 100–128.

Mollenhauer, K.: Erziehung und Emanzipation. München 1968.

Müller-Wiedemann, H.: Mitte der Kindheit. Das neunte bis zwölfte Lebensjahr. Eine biographische Phänomenologie der kindlichen Entwicklung. Frankfurt 1984.

Nicklas, H./Ostermann, Ä.: Artikel „Friedenserziehung". In: Enzyklopädie Erziehungswissenschaft, Bd. 3. Stuttgart 1986, 439–445.

Nohl, H.: Die pädagogische Bewegung in Deutschland und ihre Theorie. 3. Aufl. Frankfurt 1949.

Philipp, E.: Organisationsentwicklung als Schulerneuerung. Theorie, Methode und empirische Beispiele des Befragungs-Feedbacks (IFS-Werkheft 27). Dortmund 1987.

Pieper, A.: Verbesserung der Zusammenarbeit im Kollegium als Aufgabe einer systembezogenen schulpsychologischen Beratung. Entwicklung und Erprobung praktischer Formen von Organisationsentwicklung in der Schule. Frankfurt etc. 1986.

Platzer, K. R.: Motivieren oder Motivation aufdecken? Der subjektive Bezug zum Unterrichtsgegenstand. In: Breyvogel, W./Wenzel, H. (Hrsg.): Subjektivität und Schule. Essen 1983, 178–192.

Prenzel, M./Schiefele, H.: Leistungsmotivation in der Schule? In: Pädagogische Welt 8/1981, 485–491.

Prior, H. (Hrsg.): Soziales Lernen. Düsseldorf 1976.

Prior, H. (Hrsg.): Soziales Lernen in der Praxis. München 1978.

Prior, H.: Sozialformen des Unterrichts. In: Enzyklopädie Erziehungswissenschaft, Bd. 4. Stuttgart 1985, 143–159.

Prior, H./Oelkers, J.: Soziales Lernen in der Schule. Königstein 1982.

Ramseger, J.: Die Schule öffnen? Wieso? Für was? In: betrifft: erziehung 3/1986, 30–34.

Rang, M.: Die zentrale Aufgabe der Schule. In: Röhrs, H. (Hrsg.): Theorie der Schule. Frankfurt 1968, 183–194.

Rauer, W.: Zur Beurteilung von Schülerleistungen in den Freien Waldorfschulen. In: Lebendige Schule 2/1973, 75–78.

Reich, B.: Unterricht im Dienste des Friedens. In: Twellmann, W. (Hrsg.): Handbuch Schule und Unterricht, Bd. 8.1. Düsseldorf 1986, 225–234.

Richter, D./Vogt, J. (Hrsg.): Die heimlichen Erzieher. Kinderbücher und politisches Lernen. Reinbek 1974.

Rist, G./Schneider, P.: Die Hiberniaschule. Von der Lehrwerkstatt zur Gesamtschule: eine Waldorfschule integriert berufliches und allgemeines Lernen. Reinbek 1977.

Rolfes, J.: Politischer Unterricht in der Bundesrepublik Deutschland. In: Twellmann, W. (Hrsg.): Handbuch Schule und Unterricht, Bd. 5.1. Düsseldorf 1981, 487–499.

Rumpf, H.: Die administrative Verstörung der Schule. Essen 1966.

Rumpf, H.: 40 Schultage. Tagebuch eines Studienrates. 3. Aufl. Braunschweig 1967.

Rumpf, H.: Die übergangene Sinnlichkeit. München 1981.

Rumpf, H.: Die Schule, der Körper und das handgreifliche Tun. In: Neue Sammlung 6/1983a, 585–599.

Rumpf, H.: Lernen mit der Hand. In: Fauser, P., u. a. (Hrsg.): Lernen mit Kopf und Hand. Weinheim etc. 1983b, 87–92.

Rumpf, H.: Handgreiflich-praktisches Tun in der Schule. In: Edding, F., u. a. (Hrsg.): Praktisches Lernen in der Hibernia-Pädagogik. Stuttgart 1985, 215–222.

Rumpf, H.: Die künstliche Schule und das wirkliche Lernen. München 1986a.

Rumpf, H.: Mit fremdem Blick. Weinheim etc. 1986b.

Rumpf, H.: Belebungsversuche. Weinheim etc. 1987.

Schad, W. (Hrsg.): Goetheanistische Naturwissenschaft. 4 Bde. Stuttgart 1982ff.

Schelsky, H.: Schule und Erziehung in der industriellen Gesellschaft. Würzburg 1957.

Schmiederer, R.: Zur Kritik der Politischen Bildung. Frankfurt 1971.

Schmuck, R. A./Runkel, P. J.: The Handbook of Organization Development in Schools. 3. Aufl. Palo Alto 1984.

Schreiner, G.: Indoktrinieren für Frieden und Abrüstung? In: Die Deutsche Schule 2/1986, 189–200.

Schröder, Chr.-J./Huth, M.: Hedonistische Endzeitdidaktik. In: demokratische erziehung 12/1987, 15–21.

Schulz, W.: Methoden der Erziehung und des Unterrichts unter der Perspektive der Mündigkeit. In: Enzyklopädie Erziehungswissenschaft, Bd. 4. Stuttgart 1985, 53–73.

Schulz, W./Tillmann, K.-J.: Alternativen in der Max-Brauer-Schule – Eine Gesamtschule gestaltet ihre pädagogische Arbeit. In: Steffens, U./Bargel, T. (Hrsg.): Beiträge aus dem Arbeitskreis „Qualität von Schule", Heft 2. Wiesbaden etc. 1987, 125–152 (Hessisches Institut für Bildungsplanung und Schulentwicklung).

Schwäbisch, L./Siems, M.: Anleitung zum sozialen Lernen für Paare, Gruppen und Erzieher. Kommunikations- und Verhaltenstraining. Reinbek 1974.

Schwarzer, R.: Schulangst und Schulunlust in Gesamt- und Regelschulen (Manuskript). Aachen 1979.

Schweitzer, F.: Moral, Verantwortung und Ich-Entwicklung. In: Zeitschrift für Pädagogik 6/1980, 931–942.

Spanhel, D.: Neue Medien und Bildung. In: Twellmann, W. (Hrsg.): Handbuch Schule und Unterricht, Bd. 8.2. Düsseldorf 1986, 699–710.

Steindorf, G.: Einführung in die Schulpädagogik. 2. Aufl. Bad Heilbrunn 1973.

Steiner, R.: Die Erziehung des Kindes vom Gesichtspunkte der Geisteswissenschaft. Die Methodik des Lehrens und die Lebensbedingungen des Erziehens. Dornach 1987 (Taschenbuchausgabe Nr. 658).

Steiner, R.: Freie Schule und Dreigliederung [1920]. In: Ders.: Staatspolitik und Menschheitspolitik. Aufsätze über die Dreigliederung des sozialen Organismus 1919–1921. Dornach 1988, 35–44 (Taschenbuchausgabe Nr. 667).

Tenorth, H. E. (Hrsg.): Allgemeine Bildung. Weinheim etc. 1986.

Thomann, W.: Schulleben ökologisch – ein humanistisch-synthetisches Konzept. In: Twellmann, W. (Hrsg.): Handbuch Schule und Unterricht, Bd. 7.2. Düsseldorf 1985, 1211–1220.

Tillmann, K.-J.: Unterricht als soziales Erfahrungsfeld. Soziales Lernen in der Institution Schule. Frankfurt 1976.

Tröger, W.: Zur Problematik des Leistungsprinzips in der Schule. In: Pädagogische Welt 12/1981, 730–735.

Ullrich, H.: Waldorfpädagogik und okkulte Weltanschauung. Weinheim etc. 1986.

Voß, R.: Anpassung auf Rezept. Stuttgart 1987.

Wagenschein, M.: Ursprüngliches Verstehen und exaktes Denken, Bd. 1. Stuttgart 1965.

Wagenschein, M.: Naturphänomene sehen und verstehen. Genetische Lehrgänge (hrsg. v. Berg, H. Chr.), 2. Aufl. Stuttgart 1988.

Wandel, F.: Macht die Schule krank? Heidelberg 1979.

Weber, E.: Erziehungsstile. 3. Aufl. Donauwörth 1972.

Wehnes, F.-J.: Kritische Aspekte der Waldorfpädagogik. In: Scherer, G., u. a.: Anthroposophie und Waldorfpädagogik. Annweiler 1987.

Wellendorf, F.: Schulische Sozialisation und Identität. Weinheim etc. 1973.

Wenzel, H.: Unterricht und Schüleraktivität. Probleme und Möglichkeiten der Entwicklung von Selbststeuerungsfähigkeiten im Unterricht. Weinheim 1987.

Wenzel, H. u. a. (Hrsg.): Schulinterne Lehrerfortbildung. Ihr Beitrag zu schulischer Selbstentwicklung. Weinheim etc. 1990.

Wulf, Chr.: Artikel „Bildung, politische". In: Enzyklopädie Erziehungswissenschaft, Bd. 8. Stuttgart 1983a, 404–409.

Wulf, Chr.: „Friedenserziehung". In: Enzyklopädie Erziehungswissenschaft, Bd. 8. Stuttgart 1983b, 437–441.

Zdarzil, H.: Identitätsbildung und Schule. In: Twellmann, W. (Hrsg.): Handbuch Schule und Unterricht, Bd. 7.1. Düsseldorf 1985, 146–162.

Ziegenspeck, J.: Zensur und Zeugnis – ein Mängelbericht. In: Bolscho, D./Schwarzer, Chr. (Hrsg.): Beurteilen in der Grundschule. München 1979, 36–53.

Ziehe, Th.: „Ich bin heute wohl wieder unmotiviert …". In: Bohnsack, F. (Hrsg.): Sinnlosigkeit und Sinnperspektive. Die Bedeutung gewandelter Lebens- und Sinnstrukturen für die Schulkrise. Frankfurt 1984, 116–133.

Zimmer, J./Niggemeyer, E.: Macht die Schule auf, laßt das Leben rein. Weinheim etc. 1986.

Zinnecker, J. (Hrsg.): Der heimliche Lehrplan. Weinheim etc. 1975.

Harm Paschen

# Lernen von der Waldorfpädagogik?
# Zum systematischen Verhältnis
# von Erziehungswissenschaft und Waldorfpädagogik

## 1 Ignoranz, Abwehr, Kritik und Interesse

Zwischen der Erziehungswissenschaft und den von ihr vorgefundenen Pädagogiken besteht ein merkwürdiges, genauer ungeklärtes Verhältnis. Das extremste von ihnen ist vielleicht das zur Waldorfpädagogik.

Aufgrund des Doppelanspruchs der Erziehungswissenschaft, Wissenschaft und Pädagogik zu sein, d. h. Pädagogik wissenschaftlich zu betreiben, hat sie sich, verschärft durch die realistische Wende zum Verständnis einer Sozialwissenschaft, einerseits als Richterin über alle anderen, nicht erziehungswissenschaftlichen Pädagogiken aufgefaßt, andererseits selbst für die vielen unterschiedlichen Bereiche und Aufgaben pädagogische Programme entworfen. Weil sie aber für das Bildungswesen keine eigene praktische Verantwortung trägt, kann sie dieses nur kritisch zu beeinflussen versuchen durch Ausbildung, Gutachten, Verbesserungsvorschläge und kritische Entwürfe. Hierbei nimmt sie wissenschaftliche Autorität in Anspruch, muß aber zugleich pädagogisch Position beziehen.

Andere pädagogische Positionen als ihre, seien sie praktische oder theoretische Alternativen, reichern zwar ihr Reservoir an pädagogischen Ideen und Möglichkeiten an, müssen aber wie in der Historischen und Vergleichenden Erziehungswissenschaft kritisch daraufhin geprüft werden, ob man von ihnen erziehungswissenschaftlich etwas lernen kann, d. h. ob sie mit wissenschaftlicher Pädagogik vereinbar sind.

Dieses Geschäft kann allerdings keineswegs eindeutig und ohne Widersprüche betrieben werden, weil nicht nur in ihr selbst schon unterschiedliche Pädagogiken vertreten werden und das von ihr unabhängige Bildungswesen sowie gesellschaftliche Rahmenbedingungen zu beachten sind, sondern auch nicht, weil die zu lösenden pädagogischen Aufgaben Widersprüche erzeugen, das eigene Verhältnis als Wissenschaft zur Pädagogik unklar ist und nicht zuletzt die pädagogischen Mängel der eigenen, wissenschaftlich beanspruchten Pädagogik gespürt werden. Es kann daher nicht überraschen, daß zur Waldorfpädagogik weniger die Erziehungswissenschaft im Sinne herrschender Lehre ein einheitliches Verhältnis hat, sondern Erziehungswissenschaftler sich unterschiedlich zu ihr verhalten, wiewohl sie auf das Verhältnis Einfluß zu nehmen versuchen oder es autoritativ meinen vertreten zu können.

Obwohl im Hinblick auf die rund 80 Schulgründungen der Waldorfpädagogik seit 1970 ein starkes praktisches Interesse an ihr vorhanden sein müßte und in den letzten beiden Semestern an 16 Hochschulen 22 Veranstaltungen über sie[1] ein theoretisches Interesse zum Ausdruck bringen, urteilt H. Ullrich noch

1982: „Allein, die Erziehungslehre Rudolf Steiners stellt für die moderne Erziehungswissenschaft keine sachliche Herausforderung mehr dar, ..." (Ullrich 1982, S. 561), was ihn aber nicht davon abhielt, sich 1986 sehr gründlich und differenziert mit der Waldorfpädagogik kritisch auseinanderzusetzen und auch solche Urteile zu fällen: „Die Erfahrung auch der Freien Waldorfschulen, daß ein größeres Ausmaß an Selbstverwaltung der Schule auch das Engagement von Lehrern und Eltern beflügeln kann, sollte indes auch als Herausforderung an das staatliche Schulwesen aufgefaßt werden" (Ullrich 1986, S. 225). Genau diese Herausforderung gehört aber zur „Erziehungslehre" Rudolf Steiners und sollte sachlich nicht nur das staatliche Schulwesen, sondern auch die auf es so fixierte Erziehungswissenschaft interessieren.

Wenn es von der Waldorfpädagogik erziehungswissenschaftlich nichts zu lernen gibt und die alleinige Aufgabe darin gesehen wird, sie einer wissenschaftlichen Kritik zu unterziehen, dann werden zwei andere Aufgaben ihr gegenüber übersehen. Die Kritik verlangt zunächst eine angemessene Darstellung und eine erziehungswissenschaftliche Beachtung und Diskussion der von ihr gemachten pädagogischen Erfahrungen.

Wohl ist sie von der Erziehungswissenschaft wahrgenommen worden[2], aber die jahrzehntelange Beschränkung auf oberflächliche Beschreibungen exotischer Elemente (Epochenunterricht, Eurythmie etc.) und die in der Allgemeinen Pädagogik nie systematisch aufgenommenen Einzelarbeiten (z. B. Oppolzer 1959) kommen doch einer Ignoration ziemlich nahe. Bis in die achtziger Jahre fehlen im Unterschied zu anderen, weniger erfahrenen, aber ideologisch attraktiveren Pädagogiken interessierte und gründliche Untersuchungen, und die Waldorfpädagogik findet auch dort mit ihren Erfahrungen keine Erwähnung, wo es zumindest um ähnliche Probleme geht (Gesamtschule, Koedukation, Kritik am kognitiven, lernzielorientierten Unterricht), wo man erziehungswissenschaftlich doch viel hätte lernen und sich pädagogische Holzwege ersparen können. In der neueren erziehungswissenschaftlichen Kritik an der Waldorfpädagogik scheinen die Kenntnisse und Bemühungen umfassender und gründlicher, allerdings mehr den waldorfpädagogischen Schriften als ihrer Praxis gewidmet.

Und was haben nun die Kritiker erziehungswissenschaftlich aus ihrer Kritik über die Waldorfpädagogik oder von ihr gelernt? Sie scheinen zwar die praktische Waldorfpädagogik zu kennen, sei es als Lehrer, Teilnehmer von Sommerkursen oder Schülerin, ihre „Lehre" wird auch, soweit es für die Kritik notwendig ist, dargestellt, Quellen und Grundlagen wird nachgespürt, aber wir erfahren mehr darüber, wo die Waldorfpädagogik erziehungswissenschaftlichen Theorieansprüchen nicht entspricht, als daß wir erfahren, wie sie eigentlich pädagogisch zu verstehen ist, und vor allem nicht, an welchen pädagogischen Aufgaben und Problemen ihre Pädagogik eigentlich gemessen wird. Es scheint, als ob mit der theoretischen Abwehr diesen Fragen und dem waldorfpädagogischen Leistungen nicht mehr nachgegangen zu werden braucht, obwohl doch die angebliche Realitätsuntüchtigkeit ihrer Abgänger sprichwörtlich ist[3]. Zwar werden generell Methoden und Inhalte für unzeitgemäß gehalten, deren Bedeutung und Wirkung aber auch für die Entwicklung von Kompetenzen und Qualifikationen in der modernen Welt nicht untersucht.

Allerdings stehen geheime Faszination, persönliche Interessen und Verletzungen, Abwehr erzieherischer Ansprüche und metaphysischer Zumutungen

mehr zwischen den Zeilen dieser Kritiken, und daher scheint die Waldorfpädagogik vor allem als ein Ärgernis, als abzuwehrende Herausforderung der je
eigenen Pädagogik bzw. pädagogischen Verantwortung zu sein. Bei Ch. Rudolf
wird diese praktische Verantwortlichkeit dezidiert geleugnet[4], und so bleibt
offen, ob die Kritiker eigentlich die aus ihrer eigenen Wissenschaftlichkeit
folgende Praxis pädagogisch verantworten können.

Dieser praktischen Herausforderung wird theoretisch ausgewichen, die Waldorfpädagogen dürfen nicht als ernstzunehmende und das eigene Selbstverständnis gefährdende Konkurrenten in Frage kommen.

So wird eine eigentlich pädagogische Auseinandersetzung vermieden. Die
Waldorfpädagogik kann zwar nicht mehr übersehen, aber vor ihr kann gewarnt
werden, ihre Ansprüche können theoretisch abgewehrt, ihre Praxis wohlwollend gelobt, ironisiert oder entlarvt werden, ihre Lehre vor allem für wissenschaftlich nicht akzeptabel erklärt werden, man kann noch auf Belehrung der
Waldorfpädagogen hoffen oder überhaupt deren Ansprüche als unzeitgemäß
abwehren. Empirische Forschung findet auf jeden Fall nicht statt (man vergleiche nur die Millionen für die Gesamtschulforschung), aber auch nicht
Infragestellung des eigenen pädagogischen Selbstverständnisses.

Wenn nun trotzdem immer noch von Erziehungswissenschaftlern (zuletzt
O. Hansmann 1987) und von Waldorfpädagogen ein Beginn wirklicher Auseinandersetzung gefordert wird, dann muß offensichtlich noch einmal überlegt
werden, wie das Verhältnis der Erziehungswissenschaft zu „derartigen" Pädagogiken zu bestimmen ist und was sie von der Waldorfschule speziell und mit
welchem Gewinn lernen kann und vor allem, wie ein solches Lernen aussehen
kann. Denn Ignoranz, Abwehr und Kritik vor Verstehen, Erklären und Forschung bei gleichzeitigem Interesse und Angerührtsein sprechen ebensowenig
für ein systematisch geklärtes und auf praktische Erkenntnis gerichtetes Verhältnis wie theoretisch eindrucksvolle Abwehr ohne Diskussion der Leistungen
erziehungswissenschaftlicher Alternativen.


## 2. Erziehungswissenschaft und ihre Pädagogiken

Eine Erziehungswissenschaft, die sich nicht wirklich auf die Waldorfpädagogik
als wichtiges Beispiel für bestimmte, ihr fremde Pädagogiken einläßt, und zwar
vermutlich deswegen, weil sie dann auch ihre eigene Wissenschaftlichkeit pädagogisch in Frage stellen muß, verfehlt nicht nur ihre Aufgabe, der Waldorfpädagogik pädagogisch gerecht zu werden, sondern vergibt auch eine Chance,
eigene blinde Flecken aufzuklären und sich wichtigen pädagogischen Fragen zu
stellen.

Als Wissenschaft scheint sie mir verpflichtet, alle pädagogischen Aspekte,
Aufgaben und Ansätze nach ihrer pädagogischen Bedeutung wahrzunehmen
und ihre eigene Pädagogik im Spiegel anderer Pädagogiken selbstkritisch zu
betrachten.

Dies scheint ihr solange keine Schwierigkeiten zu bereiten, solange sie
meint, die von ihr untersuchten oder berücksichtigten alternativen Pädagogiken wären demselben Wirklichkeits- und Wissenschaftsverständnis verpflichtet oder, denn dies ist doch z. B. bei psychoanalytischer, kommunistischer,
kybernetischer oder existentialistischer Pädagogik zumindest wissenschafts-

theoretisch fraglich, stützten sich wenigstens auf eine gesellschaftliche Akzeptanz oder die einflußreicher Subkulturen.

Dies scheint nun bei der anthroposophischen Grundlage der Waldorfpädagogik nicht gegeben, und daher wenden sich Erziehungswissenschaftler primär[5] gegen diese in ihren Augen unakzeptablen Grundlagen.

Es scheint sich nur die Alternative zu stellen, entweder läßt man sich auf die Waldorfpädagogik wirklich ein, dann kann man nicht mehr kritisch und Wissenschaftler sein und wird Waldorfanhänger, oder man bleibt kritischer Wissenschaftler, dann kann man sie theoretisch nicht ernst nehmen und daher nicht wirklich verstehen und zustimmend darstellen bzw. von ihr etwas zu lernen hoffen.

Nun glaube ich, daß diese Alternative falsch ist wie auch die Sorge oder der Vorwurf, die Wissenschaftlichkeit bei einem Eingehen auf die Waldorfpädagogik aufzugeben.

Bei der historischen und systematischen Breite der Auffassungen über die Aufgabe der Erziehungswissenschaft läßt sich diese allgemein nur als Aufklärung über Theorie und Praxis fassen, keineswegs aber darin sehen, die richtige Theorie für die richtige Praxis zu finden. Erstens gibt es beides in diesem ausschließlichen Sinne nicht[6], zweitens sind die meisten der von ihr verwendeten Theorien keine eigenen, sondern aus anderen Disziplinen übernommen und unterliegen deren Ansprüchen an Wissenschaftlichkeit, und drittens besteht ihre Aufgabe nicht in Übernahme von Theorien, sondern in deren pädagogischer Evaluation.

Das bedeutet, um dies im Hinblick auf außererziehungswissenschaftliche Pädagogiken radikaler zu formulieren: die erste Aufgabe der Erziehungswissenschaft ist nicht die Auslese der richtigen Theorie, überhaupt nicht die Prüfung auf wissenschaftliche Wahrheit einer Theorie oder eines Konzeptes, sondern auf ihre pädagogische Wirksamkeit und deren aktuelle und problemspezifische Bedeutung. Darin liegt ihre eigene Fragestellung, den pädagogischen Zusammenhang von speziellen Theorien und Konzepten mit speziellen Praktiken und deren Wirkungen aufzuklären, die pädagogische Wahrheit von Konzepten zu untersuchen und angesichts von Problemen, Aufgaben, Zielen zu beurteilen, und dieses Wissen wissenschaftlich zu sichern und für die pädagogische Praxis bereitzustellen.

Hinsichtlich der Waldorfpädagogik bedeutet dies, erziehungswissenschaftlich nicht die wissenschaftliche Wahrheit der Anthroposophie (z. B. Reinkarnation) und ihrer pädagogischen Konzepte (z. B. Temperamentenlehre) zu beurteilen, sondern ihre pädagogische Verwendung und Wirksamkeit zu untersuchen und dies wissenschaftlich abzusichern.

Die erziehungswissenschaftliche Frage nach der pädagogischen Wirkung von Konzepten und deren systematischer Bedeutung gilt aber auch für die eigenen Konstrukte und deren theoretische Grundlagen, denn auch „Wissenschaftlichkeit" als Inhalt und Methode hat ihre pädagogische Wirkung, wenn sie über die wissenschaftlich ausgebildeten Lehrer und Pädagogen auf Kinder, Schüler, Jugendliche, Schwache und Starke, Introvertierte und Extrovertierte, Gesunde und Behinderte, Fertige und Unfertige trifft. Wissenschaftlichkeit der pädagogischen Orientierung, d. h. Orientierung des pädagogischen Handelns an jeweils für gültig gehaltenen Theorien, prägt ja wie jede andere Pädagogik zutiefst pädagogische Haltungen, Einstellungen, Interaktionen, Lehrmittel wie alle äußeren und inneren Arrangements, Gestaltung der Lernorte, Interpretationen der Adressaten, Ziel- und Wirkungsvorstellungen. Wenn man also streng unterscheidet zwischen einer erziehungswissenschaftlichen Untersuchung von Konzepten und ihren pädagogischen Wirkungen einerseits und einer an wissenschaftlichen Grundlagen orientierten Pädagogik andererseits, dann kann die Erziehungswissenschaft jede Pädagogik darstellen und untersuchen, unabhängig davon, ob ihr das jeweilige Theorieverständnis zusagt. Das bedeutet nicht, daß sie damit auch allen Wirkungen solcher Pädagogiken zustimmt; diese muß sie aber erst einmal untersuchen.

Erst dann sind Erziehungswissenschaftler frei davon, ständig ihre eigene Pädagogik mit der Darstellung anderer Pädagogiken zu vermengen, bzw. frei dazu, an ihnen ihr eigenes pädagogisches Schicksal zu messen. Dies gilt im übrigen nicht nur für die eigenen Konzepte insgesamt, auch innerhalb der unterschiedlichen psychologischen, wissenschaftstheoretischen, soziologischen Theorieansätze müssen die pädagogische Wahrheit, d.h. die Unterschiede der von ihnen vorgezeichneten Praxis und deren Wirkungen im Hinblick auf spezielle Probleme und Aufgaben untersucht und beurteilt werden.

Nicht die interne Wissenschaftlichkeit irgendeiner Theorie legitimiert nämlich ein pädagogisches Konzept, sondern seine pädagogische Leistung. Diese kann allerdings und muß von der Erziehungswissenschaft wissenschaftlich untersucht ebenso wie metatheoretisch reflektiert werden.

Im allgemeinen Sinne fordert die Waldorfpädagogik daher von der Erziehungswissenschaft, sich mit der pädagogischen Wirksamkeit von Konzepten auseinanderzusetzen und daher auch mit den von erziehungswissenschaftlichen. Im konkreten Sinne sind es die von der Erziehungswissenschaft nicht (mehr) behandelten Probleme und Aspekte, die ihren pädagogisch blinden Fleck ausmachen. Erst danach kann sie eigentlich versuchen, Waldorfpädagogik erziehungswissenschaftlich im Vergleich mit anderen Pädagogiken und im Hinblick auf systematische und aktuelle Probleme hin zu beurteilen.

## 3. Allgemeine Fragestellungen

Die Waldorfpädagogik nach diesem Verständnis von Erziehungswissenschaft wahrzunehmen, setzt also eine Doppelperspektive voraus: Die Wahrnehmung spezifischer Eigenheiten und der pädagogischen Differenzen[7] zwischen erziehungswissenschaftlichen und waldorfpädagogischen Konzepten. Daher sollte der vergleichende Blick nicht auf die Wissenschaftlichkeit oder Originalität der Konzepte gerichtet sein, aber auch nicht bei isolierten Auffälligkeiten (Eurythmie oder Epochenunterricht) hängen bleiben.

Im Zentrum der Betrachtung müssen zunächst die Unterschiede zwischen pädagogischen Orientierungen stehen, aus denen die pädagogischen Differenzen folgen und sich die Hinweise auf die von der Erziehungswissenschaft „übersehenen", von der Waldorfpädagogik aber gesehenen Phänomene ergeben.

In systematischer Hinsicht kann dabei die Waldorfpädagogik als Paradigma eines bestimmten Typs von Pädagogiken und als spezielle Variante dieses Typs gesehen werden, eine Unterscheidung, die für das erziehungswissenschaftliche

Lernen nicht gleichgültig ist. Die Erziehungswissenschaft kann so nicht den andersartigen Fragestellungen ausweichen, auch wenn sie andere praktische Antworten nach einer vergleichenden Diskussion ebenso interessant oder fruchtbarer findet.

Die sie wesentlich von der Erziehungswissenschaft unterscheidende und ihre Praxis bestimmende Orientierung der Waldorfpädagogik könnte man allgemein Geistigkeit nennen. Unbeschadet davon, wie sie anthroposophisch im Hinblick auf Mensch, Gesellschaft, Natur und Geschichte verstanden wird oder heute überhaupt noch verstanden werden will[8], führt sie zu charakteristischen pädagogischen Differenzen, für die die Erziehungswissenschaft möglicherweise kein Organ mehr hat.

Entscheidend für das systematische Lernen der Erziehungswissenschaft ist, daß sie in der Waldorfpädagogik auf eine entschiedene Orientierung dieser Art und ihre fast siebzigjährige Praxis trifft, die sowohl eine ganze Gruppe „spiritueller" Pädagogiken unter modernen Bedingungen repräsentieren kann, als auch als erfolgreiche Variante praktische Konsequenzen aufweist, die für Erziehungswissenschaftler angesichts ungelöster Aufgaben und Probleme pädagogisches Interesse beanspruchen können. Denn für das Geistige sind, wie immer man es verstehen will,[9] andere Gesetzmäßigkeiten anzusetzen und zu berücksichtigen als für ein empirisch-konstruktives Wirklichkeitsverständnis.

Aus dem anthroposophischen Verständnis folgen nämlich pädagogisch-praktisch relevante Maximen, die außerhalb der Grenzen einer wissenschaftlich-szientifizistisch orientierten Pädagogik bleiben:

- die grundsätzliche geistige Freiheit zur pädagogischen Organisation und Zielsetzung;
- die geistige Durchdringung und Gestaltung aller äußeren und inneren pädagogischen „Mittel";
- die geistesgeschichtlich zu verstehende Entwicklung der gesellschaftlichen und individuellen Welt.

Die erste Maxime ist für bestimmte pädagogisch-praktische Gestaltungen wichtig. Für die Erziehungswissenschaft ist vielleicht der daraus abgeleitete Gedanke eines freien, nicht staatlich organisierten Schulwesens der interessanteste. Die historische Weiterentwicklung der Staatsschule zu einer Schulvielfalt und grundsätzlichen Trennung von Staat und Schule (bei vielleicht bleibender Staatsaufsicht) ist der Erziehungswissenschaft bei allem häufig nur politisch orientierten Interesse an Alternativschulen ein immer noch fremder Gedanke[10]. Ihre Fixierung auf die Staatspädagogik, für die es ja historisch gute Gründe gab, läßt die freie Schule nur als Privatschule und diese eigentlich als ungerechtfertigtes Privileg ansehen. Schulvielfalt würde auch im Widerspruch zum Ideal nur einer richtigen Theorie stehen. So muß sie mehr oder weniger hilf- oder verantwortungslos Defizite und pädagogisch unausgeschöpfte Potentiale eines staatlich administrierten Bildungswesens in Kauf nehmen.

Freie Assoziationen von Schulträgern aus pädagogischem Willen, freier Gestaltungsraum für pädagogisch Interessierte, freie Pädagogenrekrutierung und Elternmitarbeit und damit pädagogische Selbsttätigkeit, Selbstverantwortung und Willensbildung werden so nicht nur als zusätzliche, sondern als grundlegende pädagogische Potentiale pädagogischer Sozialgestaltung übersehen bzw. systematisch nicht berücksichtigt. Ähnliche Anregungen aus anderem Geiste wie die der Kibbuzbewegung werden daher auch nicht grundsätzlich diskutiert.

Grundsätzliche Freiheit im Geistesleben bedeutet aber auch in der Zielsetzung Erziehung zur Freiheit, d. h. zunächst Entwicklung, Ausbildung und Stärkung aller Kräfte, die erst das Individuum instand setzen, seine geistigen Impulse zur Erneuerung der Welt zu verwirklichen, während dieses selbst frei, weil letztlich unbeeinflußbar bleibt. So verbinden sich für die Waldorfpädagogik „ethischer Individualismus" und „spiritueller Realismus" als pädagogische Orientierungen für individuelle Lebensaufgaben und menschheitliche Entwicklungen. Und sie bedeutet auch, pädagogisch ein Bildungsmedium zu finden und gestalten, in dem sich das Individuum in der Auseinandersetzung mit den gesellschaftlichen Mächten und objektivierten Kulturzwängen des Zu-Lernenden seine individuelle Freiheit bewahrt, entwickelt und stärkt, das Medium der ästhetischen Darstellung.[11] Zu dieser pädagogischen Bedeutung der Ästhetik hat die Erziehungswissenschaft heute, wiewohl von ihrer eigenen Tradition vorgegeben, keinen Zugang.

Die zweite Maxime verlangt eine umfassende und aufeinander bezogene Wahrnehmung und Gestaltung der äußeren Lernumwelt und der Bildung innerer Kräfte. Für die Erziehungswissenschaft kann hier deutlich werden, daß sowohl die Gestaltung der Architektur, der Klassenräume, des Schullebens ebenso pädagogisch orientiert sein muß wie die umfassende Beobachtung und Pflege der körperlichen, seelischen und geistigen Organe. Was der Erziehungswissenschaft für eine wirklich ganzheitliche Bildung und grundlegende Erziehung fehlt und was ihr die Waldorfpädagogik als Problem aufgibt, ist eine dafür notwendige, ganzheitliche Auffassung vom Menschen und den Bedingungen seines Werdens. Die theoretisch-wissenschaftliche Schwierigkeit, wenn nicht sogar Unmöglichkeit, die menschliche Ganzheit von Körper, Seele und Geist auch ganzheitlich zu fassen, verstellt manchem Erziehungswissenschaftler heute den Blick für die pädagogisch-praktische Bedeutung und Notwendigkeit derartiger Ansätze. Denn ebensowenig wie Entwicklung und Bildung eigentlich institutionell separiert von den konkreten sozialen Umwelten lebendig und vollwertig gefördert werden können, ebensowenig können ganzheitliche Entwicklung und Bildung ohne ganzheitliche und sozial bewußte Lebensformen gestaltet werden. In (auch inhaltlich) staatlich verantworteten Schulen können sie letztlich nur auf abstrakte staatliche Neutralität und wissenschaftliche Rationalität[12] zielen.

Wissenschaftlichkeit als Lebensform setzt einerseits andere Lebensformen voraus, andererseits kann sie keine alleinige Orientierung für alle sein. Auch für die dritte Maxime gilt, daß sie für die Erziehungswissenschaft weder inhaltlich zu füllen ist noch systematisch bedacht wird, aber doch von pädagogischer Bedeutung ist, die Geschichtlichkeit des Menschen. Zwar ist Geist pädagogisch unverfügbar, so will die Waldorfpädagogik ja auch nur „Inkarnationshilfe" leisten, aber das individuelle Schicksal ist doch geistesgeschichtlich eingebunden.

Individuell gesehen verlangt diese Maxime eine Entwicklungsgeschichte, die einerseits eine sorgfältige Beachtung der Bildungsgesetze von individuellen physischen, seelischen und geistigen Kräfte verlangt, eine Elementarbildung also, und andererseits in ihren besonderen Aufmerksamkeiten ausgerichtet werden muß auf die spezielle Bewußtseinslage der Moderne.

Das, was die Erziehungswissenschaft bis hierher an der Waldorfpädagogik interessieren müßte, ist systematisch nur aus ihrer Zugehörigkeit zur Klasse spiritueller Pädagogiken abgeleitet, also noch nicht auf ihre konkreten Inhalte bezogen. Allein schon ihre jahrzehntelange Praxis, zudem in einer modernen Industriegesellschaft, macht sie hierfür interessant.

Aber, und hieraus sind Desinteresse, oberflächliche Zurkenntnisnahme oder pädagogisch motivierter Widerstand bei Erziehungswissenschaftlern wohl ausgelöst, als spezieller Variante gilt für die an Geist orientierten Maximen der Waldorfpädagogik keine inhaltliche Beliebigkeit, weder in der organisatorischen Freiheit noch in der geistigen Durchdringung der Inhalte und Methoden noch in der geschichtlichen Orientierung von Entwicklung und Bildung. Hier ist vieles sprachlich, methodisch und in den Konzepten anthroposophisch.

Freie Schulen und Schulvielfalt, Erziehung zur Freiheit, ästhetisch befreiendes Lernen, Konzepte für Ganzheit, pädagogische Gestaltung der Lernumwelt, Organ- und Sinnespflege, Bildung und Entwicklung als geschichtliche Prozesse sind zwar für die Erziehungswissenschaft historisch und, wie Ansätze zu neueren Diskussionen zeigen, auch von aktueller Bedeutung, aber gerade die pädagogischen Konsequenzen ihrer konkreten Praxis lassen sich für viele Pädagogen nicht ohne Eingehen auf die anthroposophischen Grundlagen diskutieren. Weil sie diese ablehnen bzw. sich gar nicht erst auf sie persönlich einlassen wollen, können und wollen sie auch von der Waldorfpädagogik nichts lernen. Nach der sehr allgemeinen Antwort, was die Erziehungswissenschaft von ihr lernen könnte, bleibt doch systematisch die Frage bestehen, wie sie denn überhaupt inhaltlich von ihr lernen sollte, ohne sich selbst in Frage zu stellen.

## 4. Methodologie

Die erziehungswissenschaftliche Beschäftigung mit der konkreten waldorfpädagogischen Praxis, die einerseits oft pauschal gelobt, andererseits pars pro toto zur Abschreckung vorgestellt wird, fesselt sich selbst, wenn sie die pädagogische Bedeutung der Methodologie übersieht, vergibt sich damit vorschnell die Chance einer wirklichen Begegnung.

Zunächst überrascht ja überhaupt der Mangel an erziehungswissenschaftlicher Forschung zur Waldorfpraxis. Alle Kritiker[13] kritisieren die Konzepte, nicht deren pädagogische Wirkungen, abgesehen von einer empirisch nicht belegten Dogmatisierung („Erziehung zur Anthroposophie"). Aber auch bei der Kritik überwiegt die allgemeine methodologische Auseinandersetzung, es fehlen die Darstellung und Diskussion der konkreten Ableitungen für methodische, inhaltliche Entscheidungen, für Entwicklungs- und Bildungsprobleme und vor allem der Vergleich mit den entsprechenden erziehungswissenschaftlich empfohlenen Lösungen und deren Wirkungen.

Da dies aber wie erwähnt die eigentliche erziehungswissenschaftliche Fragestellung ausmacht (Wirkungen und Wirkungsformen als Grundlage für Entscheidungen zwischen alternativen Konzepten), wird die erziehungswissenschaftliche Frage nach den pädagogischen Differenzen zwischen methodischen

Orientierungen zur wesentlichen Voraussetzung für einen fruchtbaren Lernprozeß in der Auseinandersetzung mit der Waldorfpädagogik. Wir können ja
vermuten, daß es z. B. einen pädagogischen Unterschied ausmacht und von
unterschiedlicher Wirkung ist, ob ich Schülern auf der Grundlage eines fach-
psychologischen Tests oder einer lebendig angeschauten Temperamentenlehre
begegne, unabhängig davon, welche Grundlage als wissenschaftlicher angesehen wird. Da die Waldorfpädagogik gerade aus der anthroposophischen Reflexion der anthropologisch-pädagogisch-praktischen Bedeutung menschlicher
Wissens-, Lern- und Vermittlungsformen lebt,[14] überrascht nicht der waldorfpädagogische Widerstand gegen ihre Erforschung von außen mit sozialwissenschaftlichen Instrumenten (Test, Fragebogen, statistische Analyse). Andererseits führen die kritischen erziehungswissenschaftlichen Untersuchungen zwar
zu vielleicht nicht uninteressanten, aber doch eher wissenschaftstheoretischen,
psychologischen, historischen als pädagogischen Aussagen, solange ein metho-
dologischer Zirkel von Methoden der Unterrichtsfundierung und Methoden
der Unterrichtsforschung[15] besteht. Dabei werden diese Ergebnisse aber päd-
agogisch-strategisch zur Abwehr der Waldorfpädagogik eingesetzt, denn weder
ihre Methoden noch ihre Fragestellungen werden ebenso kritisch vergleichend
von ihren Autoren auf andere Pädagogiken (z. B. psychoanalytische) angesetzt.

Für die Erziehungswissenschaft scheint es mir am fruchtbarsten, wenn sie
sich zunächst vergleichend mit der Waldorfpädagogik beschäftigt. Ihre empirischen Leistungen, ihre Mittel, Ziele, Problem- und Situationsanalysen müssen dann jeweils mit denen anderer aktueller Pädagogiken vergleichend für
fachdidaktische, curriculare, organisatorische, bildungstheoretische und methodologische Aufgaben betrachtet werden. Daraus können systematische
Aussagen über die pädagogische Bedeutung der von ihr zugrunde gelegten
Konzepte gewonnen werden, schließlich und erst dann ihre gesamte Methodenorientierung pädagogisch beurteilt werden.

Erst wenn auf diese Weise die pädagogischen Differenzen, aber auch ihre
Gemeinsamkeiten und Ergänzungen beschrieben werden können, ist die Voraussetzung für eine, auch für die Erziehungswissenschaft wichtige pädagogische Diskussion geschaffen, welche Erkenntniswege und -mittel, welche
Fragestellungen für welche Aufgaben und Probleme, angesichts welcher Defizite pädagogisch notwendig, sinnvoll und fruchtbar, also erziehungswissenschaftlich akzeptabel sind.

Um also nicht in die für die Erziehungswissenschaft verheerende Falle zu
gehen, ihre Methoden seien pädagogisch neutral und dürften daher an alle
Pädagogiken ohne pädagogische Begründung angelegt werden, erscheint es
sinnvoll, bei den praktischen pädagogischen Differenzen anzufangen, um aus
ihren Leistungen Rückschlüsse auf die pädagogische Bedeutung der zugrundeliegenden Methodenorientierung zu schließen, also die Unterschiede hinsichtlich folgender Beispiele:

– analytisches oder synthetisches Arbeiten beim Einführen von Rechenoperationen ($3 \times 4 = 12$ oder $12 = ? \times ?$)
– kausal-analytisch orientierter Biologieunterricht oder Entwicklung ganzheitlicher altersgemäßer Vorstellungen
– lerntheoretisch begründete Informationsverarbeitung und Kompetenzschu-

lung oder entwicklungsgemäße Elementarbildung von Kopf, Herz und Hand
- wissenschaftlich rationalisierte Unterrichtsplanung oder künstlerisch individuelle Gestaltung
- Orientierung an theoretischen Konstrukten oder pädagogischen Impulsen
- staatliche Trägerschaft oder freie pädagogische Assoziationen
- primär sozialwissenschaftliche oder an Goethes Erkenntnismethode orientierte Lehrerausbildung

Es gilt, angesichts derartiger Differenzen die mit ihnen jeweils verbundenen Absichten zu vergleichen und ihre Erfüllung zu prüfen; eine Evaluation, die sicher klassische Meßkonstrukte und -verfahren problematisieren muß. Erst dann kann in eine erziehungswissenschaftliche Diskussion und Beurteilung der pädagogischen Valenz der zugrundeliegenden Anthropologien und ihrer Bedeutung für aktuelle pädagogische Aufgaben eingetreten werden. Pädagogische Probleme und Aufgaben stellen dabei für Erziehungswissenschaft und Waldorfpädagogik die gemeinsame Grundlage dar. Vor ihnen lassen sich auch die jeweiligen Ansprüche und Leistungen erkennen und vergleichen.

Im Sinne der Waldorfpädagogik beinhaltet das einen pädagogischen Anspruch an die Erziehungswissenschaft. Diesem Anspruch kann sie nur entsprechen, wenn sie angesichts ihrer eigenen pädagogischen Krisen[16] und aktuellen Aufgaben nicht nur programmatisch mit klassischen Mitteln neue Pädagogiken fordert (ökologische, systemische, Friedenspädagogik), sondern sich bei gleichen Fragestellungen insbesondere dem Lernfeld der pädagogischen Erfahrung der Waldorfpädagogik mit anderer bzw. erweiterter Methodologie öffnet. Mit Hilfe klassisch empirischer Konstrukte und Instrumente lassen sich vermutlich Unterschiede pädagogischer Wirkungen feststellen, aber zur Erfassung der von der Waldorfpädagogik behaupteten spezifischen Leistungen und Wirkungen ihrer Pädagogik sind qualitativ andere und feinere Instrumente notwendig[17]. Hier muß die Erziehungswissenschaft zunächst interessieren, wie überhaupt die Waldorfpädagogik und als was ihre Wirkungen und Leistungen kontrolliert.


## 5. Praktische Zugänge

Mit einem systematischen und vielleicht aktuellen Interesse der Erziehungswissenschaft und mit den Hinweisen auf Vergleiche der pädagogischen Wirkungen von Konzepten sind die Probleme in ihrem Verhältnis zur Waldorfpädagogik kaum theoretisch, schon gar nicht praktisch gelöst, sie sind lediglich gestellt.

Aus verschiedenen Gründen nämlich sind systematische Zugänge zur Waldorfpädagogik für die Erziehungswissenschaft nicht einfach. Wohl ließen sich empirische Untersuchungen ihrer Wirkungen mit denen anderer Pädagogiken im Hinblick auf gemeinsam erkannte Aufgaben und Probleme der Gegenwart vergleichen und bewerten, aber die waldorfpädagogisch angenommenen anthropologischen Wirkungsprinzipien wären damit noch nicht systematisch, d.h. nach pädagogischen Differenzen erfaßt, zugänglich.

Denn auch mit dem, was pädagogische Empirie allgemein heißen könnte, stellt die Waldorfpädagogik an Erziehungswissenschaftler besondere und relevante Ansprüche. Man könnte diese Empirie bei ihr als „geistige Praxis" beschreiben, zu der es keinen anderen, keinen bloß theoretischen oder bloß empirischen Zugang gibt als den praktisch-geistigen.

Für Erziehungswissenschaftler bedeutet dies zweierlei: Einerseits erschließt sich die Waldorfpädagogik nur dem, der in einem praktisch-pädagogischen Verhältnis zu ihr steht, weil es keine „Theorie" außerhalb der Praxis, nur Impulse gibt; andererseits erscheint umgekehrt in ihrer Sicht alle Erziehungswissenschaft auch als eine pädagogisch wirksame Praxis, die daraufhin befragt werden kann, wessen pädagogischen Geistes sie ist.

Die Rückfrage nach der pädagogischen Empirie erweist sich also als eine pädagogische Rückfrage nach der Praxis und den Geistesvorstellungen der Erziehungswissenschaftler und deren pädagogischen Wirkungen. Jeder erziehungswissenschaftliche Zugang zur Waldorfpädagogik ist dagegen, wie immer er auch theoretisch, methodologisch und institutionell objektiviert wird, Ausdruck einer persönlichen geistigen Praxis, deren Veränderungsmöglichkeiten lebenspraktische Grenzen gesetzt sind, aber für die sich auch öffnende Ansätze und Brücken ergeben.

Für vergleichende empirische Untersuchungen der pädagogischen Wirkungen sind erst noch die methodologischen Grundlagen zu entwickeln und die menschlichen Voraussetzungen zu schaffen. Für wenig aufschlußreich halte ich direkte Vergleiche auf theoretischer Ebene, wie etwa Feststellungen der Art, Piaget komme zu ähnlichen Aussagen in der Entwicklungspsychologie. Derartige „Ähnlichkeiten" verdecken eher die pädagogischen Differenzen als daß sie sie aufklären, zumal Piaget keineswegs erziehungswissenschaftlich repräsentativ oder unumstritten ist. Vergleiche dagegen mit Wagenscheins Didaktik und Goethes Naturverständnis sind eher als Brücken geeignet. Entscheidende Ansatzstellen könnten auch jene Problemfelder werden, bei denen Erziehungswissenschaftler eine unmittelbare pädagogische Praxis und Verantwortung haben (Pädagogenausbildung), gemeinsame Traditionen bestehen (Goethes Pädagogik)[18], wo der bildende Gehalt inhaltlicher und methodischer Entscheidungen zur Diskussion steht (Fachdidaktik) und dort, wo von den pädagogischen Wirkungen besonders viel und auf prägnante Weise erkennbar abhängt (Sonder- und Heilpädagogik). Über derartige Brücken und Zugänge besteht die Möglichkeit von Praxis und Erkenntnis fördernden Gesprächen, Diskussionen, Forschungen auf der Grundlage gemeinsamer pädagogischer Aufgaben und Probleme, die aber immer in beide Richtungen zu gehen haben.

Für die Erziehungswissenschaft ist die Waldorfpädagogik vor allem aufgrund ihrer langjährigen praktischen Erfahrung ein wichtiges Lernfeld, weil sie

– angemessen in Lehre und Forschung dargestellt werden muß,
– als aktuelles Beispiel einer in der Moderne praktizierten spirituell vertieften Pädagogik gelten muß,
– als Herausforderung wissenschaftlicher Pädagogik angesichts moderner, zukunftsweisender Aufgaben, vor allem im Hinblick auf
  – die Sozialgestalt pädagogischer Institutionen
  – die pädagogisch fruchtbaren Theorie/Praxis/Vorstellungen

– die geistige Orientierung von Entwicklung, Bildung, Didaktik und Methodik
interessant ist,
– als Anregung, zu ihrer Wahrnehmung und Erforschung angemessene Methoden zu entwickeln, verstanden werden kann.

Der letzte Punkt ist deshalb wichtig, weil die Erziehungswissenschaft als Wissenschaft verpflichtet ist, von ihr untersuchte Pädagogiken auf die jeweils von diesen erwarteten Wirkungen hin zu prüfen, zu erklären und zu beurteilen.

Besonders interessant ist dabei das Erklären, wenn die untersuchte Pädagogik wie die Waldorfpädagogik z. T. ihre Wirkungen mit anderen Konzepten erklärt als die Erziehungswissenschaft[19]. In diesem Fall muß diese ja zeigen, daß dieselbe Praxis mit denselben Wirkungen auch mit den von ihr zur Erklärung herangezogenen Konzepten oder Theorien geschaffen werden kann und sollte, wenn die Praxis gelobt, die „Lehre" aber abgelehnt wird. Obwohl dies bis heute nicht sichtbar ist, muß sie doch ihrerseits Fragen stellen, deren Klärung für die Waldorfpädagogik gleichermaßen eine Herausforderung darstellen:

– nach ihrem Wahrheits-, bzw. Falsifikationskriterium,
– nach dem Wirklichkeitsgehalt (Empirie) der von ihr behaupteten pädagogischen Wirkungen (z. B. für den Sprachunterricht),
– nach den vielleicht unerwünschten oder in Kauf genommenen Nebenwirkungen,
– nach den „Kosten" insgesamt[20] und den Bedingungen, unter denen sie geleistet werden können.

Derartige Fragen sollte die Erziehungswissenschaft sich und der Waldorfpädagogik nicht ersparen, und sie vergibt sich eine wesentliche Chance, für die Zukunft pädagogische Aufgaben, Fragen, Probleme und Aspekte zu bearbeiten, wenn sie von ihr und durch sie nichts lernen will.


*Anmerkungen*

1 So nach Vorlesungsverzeichnissen in: Augsburg, Bamberg, Berlin, Essen, Gießen, Hamburg, Hannover, Hildesheim, Karlsruhe, Kassel, Lüneburg, Münster, Osnabrück, Paderborn, Regensburg, Siegen (WS, SS 1988).
2 Die umfassende Übersicht liefern hierzu Herz und Schaeffer 1984.
3 Ch. Rudolf (1985) hält Waldorfschüler andererseits gerade für ausgesprochen lebenstüchtig, kritisiert dafür dies als übergroße Anpassung.
4 „Ich habe keine positive Alternative anzubieten, ich bin auch nicht auf der Suche nach ihr, weder im Blick auf einen anderen Menschen noch im Blick auf die Waldorfschule selbst. Kritik verdankt sich keinem Tauschgeschäft, die gesellschaftlichen Verhältnisse selbst sind es, die kritisch sind" (Rudolf 1985, S. 6).
5 Wiewohl ihnen auch pädagogische Inhalte, Methoden und Orientierungen nicht gefallen, daher die Vorwürfe: Elitebildung, Erziehung zur Anthroposophie, unrealistische Erziehung, Technikfeindlichkeit etc.
6 Vgl. meine Logik der Erziehungswissenschaft. Düsseldorf 1979 oder Tenorth 1987.
7 Zum Terminus pädagogische Differenz vgl. Paschen 1981.

8 „Das Chamäleonhafte und Irritierende angesichts des Geistes scheint heute vielmehr und zuerst daher zu kommen, daß wir nicht mehr aus einem sinnstiftenden, einigenden und tragenden Anspruch eben eines lebendigen Geistes zu leben und zu denken vermögen und angesichts der damit gegebenen beirrenden, ja oft nicht einmal mehr beirrenden Horizontlosigkeit auch kaum mehr einen wachen Sinn für das haben, was Geist einst als höchste Wirklichkeit gewesen ist." (Buchner 1973, 537) Vgl. dagegen Pranges szientistische Grundlage („... was man wirklich wissen und wovon man wissen kann, daß es nicht zu wissen ist") (Prange 1985, 169).

9 Nach der sozialwissenschaftlichen Wende der Erziehungswissenschaft, aber auch nach einer propagierten Renaissance der geisteswissenschaftlichen Pädagogik bleibt der Begriff pädagogisch unklar, aber auch, ob man sich noch oder wieder an den „Objektivationen des Geistes" orientieren kann.

10 Zu erwähnen ist hier allerdings die von Berg (Marburg) initiierte und für mehrere Universitäten organisierte Vorlesungsreihe „Schulvielfalt". Vgl. auch die Beiträge von W. Dettling und K. Anderseck in: ZfP 23. Beiheft (Erziehung und Bildung als öffentliche Aufgabe) 1988.

11 Vgl. Paschen 1982.

12 Diese ist nun keineswegs und irgendwie zu unterschätzen, verlangt aber elementare Vorerfahrungen und Einsicht in irreversible Strukturen, die eine frühe und ausschließliche pädagogische Orientierung an wissenschaftlicher Rationalität in Frage stellen, vgl. Paschen 1988.

13 Einzig Rudolf (1985) versucht detaillierte Einblicke in die Schulpraxis aus der Perspektive einer ehemaligen Schülerin zu geben.

14 „Man kann heute über die Welt nicht nur denken. Man muß heute so über die Welt denken, daß das Denken allmählich in eine allgemeine Weltempfindung übergeht. Denn aus Empfindungen heraus entstehen die Impulse zur Reform, zum Weiterarbeiten" (Steiner 1921).

15 Vgl. zu diesem grundsätzlichen Problem das vielleicht deutlichste Beispiel von P. Krope (1988).

16 Als Krisen der Erziehungswissenschaft können angesehen werden ihr ungeklärter Theoriestatus (vgl. z. B. Tenorth 1987), die pädagogisch geforderte Umorientierung ihrer Wissenschaftlichkeit (vgl. z. B. Buddrus 1987) und die Zweifel an der praktischen Relevanz ihrer Lehrerbildung (vgl. z. B. Becker 1984, Schreckenberg 1984).

17 Mögliche Hinweise auf Wirkungsmodi und Untersuchungsmethoden, aber noch nicht auf Kontrollmöglichkeiten geben die folgenden Beiträge (Kranich, Leber), aber auch Lippitz/Rittelmeyer 1989.

18 Wie Goethes Pädagogik erziehungswissenschaftlich zu deuten ist, läßt sich u. a. an den unterschiedlichen Einschätzungen der Pädagogischen Provinz diskutieren. Vgl. dazu Klünker 1987.

19 Nach meiner Kenntnis versucht als einziger Ullrich (1986) eine „wissenschaftliche" Erklärung der Erfolge der Waldorfpädagogik (Geschlossenheit, Ordensschule).

20 Eine Gesamtkostenbilanz aufzustellen, erscheint noch außerordentlich schwierig (vgl. Paschen 1988), in sie müssen eingehen materielle Kosten (z. B. Schulunterhalt, der bei Waldorfschulen niedriger liegt als bei Staatsschulen, zusätzliche Elternbeiträge (z. B. Musikinstrumente, Nachhilfeunterricht), freiwilliger Lohnverzicht bei Lehrern usw.), aber auch pädagogische Kosten, die durch Vor- und Nachteile der Waldorfpädagogik entstehen.

*Literaturliste*

Anderseck, K.: Staatliche versus private Bereitstellung von Bildung in der ökonomischen Diskussion. In: ZfP 23. Beiheft 1988.

Becker, H./Hentig, H. v. (Hrsg.): Der Lehrer und seine Bildung. Frankfurt u. a. 1984.

Buchner, H.: Geist. In: Hb. phil. Grundbegriffe. München 1973.

Buddrus, V.: Systemische Pädagogik – ein pädagogischer Beitrag zur Lösung der Überlebensprobleme der Menschen? In: Buddrus, V. u. a.: Die Zukunft pädagogisch gestalten? Bielefeld 1987.

Dettling, W.: Entstaatlichung als Programm. In: ZfP 23. Beiheft, 1988.

Herz, G./Schaeffer, B.: Bibliographie zur Waldorfpädagogik. Zum Verhältnis von Waldorfpädagogik und Staatspädagogik. In: Erziehungskunst 1984, 3.

Klünker, W.-U.: Goethes Idee der Erziehung zur Ehrfurcht. Die Pädagogische Provinz in dem Roman „Wilhelm Meisters Wanderjahre oder die Entsagenden". Diss. Göttingen 1987.

Krope, P.: Selbstbezüglichkeit als Grenze des pädagogischen Argumentierens. In: BuE 41 (1988) 4.

Lippitz/Rittelmeyer (Hrsg.): Phänomene des Kinderlebens. Beispiele und methodische Probleme einer pädagogischen Phänomenologie. Bad Heilbrunn 1989.

Oppolzer, S.: Anthroposophie und Pädagogik bei Rudolf Steiner. Ein geistesgeschichtlicher Beitrag zur Waldorfpädagogik. Diss. Münster 1959.

Paschen, H.: Zur Systematik der Erziehungswissenschaft und ihrer Repräsentation an Wissenschaftlichen Hochschulen. In: BuE 34 (1981) 1.

Paschen, H.: Ästhetische Erziehung als Prinzip. In: BuE 35 (1982) 2.

Paschen, H.: Das Hänschen Argument. Köln 1988.

Prange, K.: Erziehung zur Anthroposophie. Heilbrunn 1985.

Rudolf, Ch.: Von der Entwicklung der Anthroposophie zur Waldorfpädagogik heute. Diss. Berlin 1985.

Schreckenberg, W.: Der Irrweg der Lehrerausbildung. Düsseldorf 1984.

Steiner, R.: Zitiert nach E. A. K. Stockmeyer: Rudolf Steiners Lehrplan für die Waldorfschule. Stuttgart 1976.

Tenorth, H.-E.: Dogmatik als Wissenschaft. Überlegungen zum Status und zur Funktionsweise pädagogischer Argumente. In: Theorie als Passion. N. Luhmann zum 60. Geb., hrsg. von D. Baecker u. a. Frankfurt 1987.

Ullrich, H.: „Ver-Steiner-te" Reformpädagogik. Anmerkungen zur neuerlichen Aktualität der Freien Waldorfschulen. In: Neue Sammlung 22 (1982) 6.

Ullrich, H.: Waldorfpädagogik und okkulte Weltanschauung. Eine bildungsphilosophische und geistesgeschichtliche Auseinandersetzung mit der Anthropologie Rudolf Steiners. Weinheim, München 1986.

Christian Rittelmeyer

# Der fremde Blick – Über den Umgang
# mit Rudolf Steiners Vorträgen und Schriften

„Das lange nicht Geänderte nämlich scheint unänderbar. Allenthalben treffen wir auf etwas, das zu selbstverständlich ist, als daß wir uns bemühen müßten, es zu verstehen. Was sie miteinander erleben, scheint den Menschen das gegebene menschliche Erleben. Das Kind, lebend in der Welt der Greise, lernt, wie es dort zugeht. Wie die Dinge eben laufen, so werden sie ihm geläufig. Ist einer kühn genug, etwas nebenhinaus zu wünschen, wünschte er es sich nur als Ausnahme … Damit all dies viele Gegebene ihm als ebensoviel Zweifelhaftes erscheinen könnte, müßte er jenen fremden Blick entwickeln, mit dem der große Galilei einen ins Pendeln gekommenen Kronleuchter betrachtete. Den verwunderten diese Schwingungen, als hätte er sie so nicht erwartet und verstünde es nicht von ihnen, wodurch er dann auf die Gesetzmäßigkeiten kam. Diesen Blick, so schwierig wie produktiv, muß das Theater mit seinen Abbildungen des menschlichen Zusammenlebens provozieren. Es muß sein Publikum wundern machen, und dies geschieht vermittels einer Technik der Verfremdungen des Vertrauten.“[1]

Bert Brecht forderte derartige Verfremdungen für das Theater, freilich nicht im Sinne bizarrer Veranstaltungen, die das Dargestellte dem Eingriff des Zuschauers gänzlich entziehen. Aber der Hinweis auf Galilei deutet bereits die mögliche Transposition jener Verfremdungs-Technik in das Gebiet der Wissenschaften und – im weiteren Sinne – der Lebenspraxis überhaupt an: Hier hat sie den Stellenwert einer Heuristik. Kann dann jedoch nicht auch der „so schwierige wie produktive Blick“ der Anthroposophie als eine solche Heuristik aufgefaßt werden? Schwierig seiner Fremdheit wegen, produktiv, weil er die zahlreichen anthroposophischen Initiativen (Krankenhäuser, Landwirtschaft, gemeinnützige Banken, Schulen, pharmazeutische Produktionsstätten, Heime und anderes) möglich machte?[2] Mehr noch: Könnten die in der anthroposophischen Bewegung und – spezieller – in der Waldorfpädagogik gelegentlich erkennbaren Irritationen und Anachronismen gerade daraus erklärbar sein, daß die Aussagen Steiners wie empirische Tatsachenaussagen und eben nicht im Sinne heuristischer Prinzipien verstanden werden? (Siehe dazu auch Gögelein und Lindenberg in diesem Band.) Den heuristischen Weg deutet Steiner selber durch die oft wechselnde Perspektivität auf gleiche Problemstellungen an, die sich in seinem umfangreichen Schriften- und Vortragswerk entdecken läßt; so werden z. B. die gleich zu erörternden „Wesensglieder“ oder die „Temperamente“ aus immer wieder neuen, zum Teil einander scheinbar widersprechenden Blickwinkeln beleuchtet – ein für Verehrer wie Gegner verwirrendes Vorgehen. Für Steiner steht nicht der im naturwissenschaftlichen Sinn belegte Hinweis im Vordergrund; es entspricht vielmehr seiner Intention, „daß man Mühe haben muß, hinter das zu kommen, was hier vorgetragen wird …“.[3] Dies freilich beruht für ihn selber – wie er betont – auf konkreten Anschauungen, nicht auf vagen Vermutungen. Die Anregungen gehen dahin, daß sich jeder derartige Anschauungen individuell und durch eigene Anstrengung, nicht durch das innerliche Nachäffen tradierter Weltsichten erwirbt.

Geht man von dieser heuristischen Arbeitshypothese aus, dann kann das Steinersche Werk durchaus antagonistisch zu einer erstarrten, philiströsen oder auch flüchtig von Mode zu Mode hastenden Erziehungswissenschaft erscheinen, allerdings in seiner Auslegung gegen derartige Unbill nicht gefeit. Eher vergnüglich jedoch ist aus dieser Sicht dann auch manche pedantisch-empiristische Kritik an den anthroposophischen Grundlagen der Waldorfpädagogik mitzuerleben: Mehr oder minder gelehrte Begutachter stehen einigermaßen indigniert vor dem Korpus Steinerscher Ausführungen, so wie weiland das irritierte Publikum um die Aktionen der Fluxus-Bewegung.[4]

Allerdings könnte man mit derartigen Hinweisen auf heuristische Qualitäten prinzipiell jeden Unfug, jede Atrophie des Verstandes aufzuwerten suchen. Sicher ist dieser kritische Einwand auch im Hinblick auf das Steinersche Werk nicht a priori von der Hand zu weisen – aber sein Gehalt wäre zunächst zu prüfen. Indessen: Warum sich dieser Mühe unterziehen? – Ein Motiv kann – so scheint mir – im Hinblick auf die bereits erwähnte Praxis naheliegen, die aus jenen Gedanken der Anthroposophie hervorgegangen ist. Wie ist diese Praxis zu erklären? Eine genauere Untersuchung der verschiedenen Projekte zeigt, daß sie zwar auf Gedanken Steiners zurückgehen, jedoch in produktiver Auslegung und Fortentwicklung jener Anregungen. Die anthroposophischen Grundlagen allerdings, z. B. die pädagogische Anthropologie Steiners, sind seltsam genug, so daß der Topos etwa von einer guten Pädagogik und einer schlechten Ideologie nicht unverständlich ist. Aber er verfehlt möglicherweise, daß es gerade nicht um eine „Ideologie" gehen *sollte,* sondern um eine Heuristik – und das heißt: um Vorschläge experimentierender Erkenntnishaltungen, auf die man sich mit der Fragestellung einlassen kann, was sich aus derartigen „nomadisierenden" Blicken für unser Denken ergibt? Ein solches Verfahren hebt sich auch nicht selber auf, wenn aus seinem Fluß praktische Institutionen, pädagogische Handlungsformen, landwirtschaftliche Produktionsweisen usw. gleichsam gerinnen, denn was da prägnante und praktisch wirksame Form gewinnt, bleibt seinerseits „plastisch", es bleibt historisch und sozial offen, erfahrungshungrig ...

Ich möchte exemplarisch einen Stein des Anstoßes für alle „Aufgeklärten" untersuchen: die von Steiner beschriebenen „Wesensglieder" des Menschen, deren Deklaration grundlegende Anregungen für die Gestaltung der Waldorfschulen gegeben hat.[5] Ich unterstelle – experimentierend, wohlgemerkt – die Geltung dieser Anthropologie und frage: Welche Betrachtungsmöglichkeiten und Forschungsperspektiven ergeben sich auch für ein „aufgeklärtes" Bewußtsein daraus?

Steiner beschreibt den Menschen als vierfach gegliedert (wobei nicht an schematische Abgrenzungen zu denken ist), und zwar

in den *physischen Leib,* der sich aus denselben Stoffen und Kräften wie die gesamte leblose (mineralische) Welt zusammensetzt;
in den *Äther-, Lebens-* oder *Bildekräfteleib,* der den physischen Leib belebt und bildet; ihn hat der Mensch ebenso, wie er – in spezifischer Art – Pflanzen und Tieren eigentümlich ist;[6]

in den *Astral-* oder *Empfindungsleib,* den Träger von Schmerz, Lust, Begierde, Empfindungen, der auch den Tieren in spezifischer Art eigentümlich ist, in das *Ich* (oder den *Ich-Leib*), das (oder der) nur dem Menschen eigentümlich ist.

Das Ich – so Steiner – arbeitet sowohl historisch als auch in der individuellen Entwicklung bildend an den anderen Wesensgliedern. Für die individuelle Entwicklung ergibt sich dabei das Folgende:

die Verwandlung des Empfindungsleibes führt zu verfeinerten Trieben, Begierden, Leidenschaften; die entstehende Umbildung nennt Steiner „Geistselbst" oder „Manas";

die sehr viel schwierigere Umbildung des Ätherleibes führt zu der willkürlichen Steuerung von Temperament, Charakter, Gedächtnis und der ihnen zugrundeliegenden Lebensprozesse; die entstehende Existenzform wird „Lebensgeist" oder „Buddhi" genannt;

die Möglichkeit des Menschen, auf seinen physischen Leib gezielt bildend einwirken zu können (z.B. auf den Blutkreislauf, auf Atmung und Puls), wird als „Geistesmensch" oder „Atma" bezeichnet.

Diese anthropologisch orientierte Bildungsvorstellung ist hier verkürzt und schematisiert wiedergegeben; auch eine differenziertere Darstellung dürfte indessen auf „Außenstehende" befremdlich wirken: sei es, daß man sie für eine pädagogisch gefährliche Mystifikation hält, oder daß in ihr anachronistische und philosophisch obsolete „Wesensbestimmungen" sowie dogmatische Schemata erblickt werden, die natürlich ebenfalls keine zeitgemäße Anthropologie des Bildungsprozesses begründen können. Gleichwohl bleibt zu fragen, ob in der beschriebenen anthropologischen Systematik eine nützliche *Heuristik* erblickt werden kann?

Ich übergehe die zahlreichen historischen Bezüge dieser Systematik – etwa die seit dem Mittelalter bekannte Gliederung der Natur in physische, vegetative, beseelte und geistige bzw. bewußte Sphäre.[7] Auch die wohl unproblematische, aus der phänomenologischen Diskussion vertraute Unterscheidung des anatomisch-mineralischen *Körpers* vom *belebten Leib* soll hier nicht weiter erörtert werden. Aber was könnte man sich als *Lebensleib* vorstellen?

Da dieser eine – allerdings spezifische – „reine" Anschauungsform in der Pflanze zeigt, ist von anthroposophischen Autoren gelegentlich der Versuch gemacht worden, an ihr die Methode seiner Wahrnehmung aufzuspüren.[8] Dabei konnte auf die organische Betrachtungsweise zurückgegriffen werden, die von Goethe entwickelt wurde.[9] Dieser erblickte in den verschiedenen Pflanzenarten und -individuen *eine* „Urpflanze", eine „Idee" der Vegetabilien, die in der wechselnden Ausdehnung und Zusammenziehung der Pflanzenorgane besteht. Aber was kann „Ausdehnung" und „Zusammenziehung" beispielsweise im Hinblick auf eine Stengelblatt-Metamorphose heißen? Exemplarisch sei auf die Stengelblattfolgen von zwei verschiedenen Pflanzen hingewiesen: Abbildung 1 zeigt die Blattfolge einer Ackerskabiose, an der wir zunächst von den ersten einfachen Keim- bis zu den ausgewachsenen mittleren Stengelblättern eine „Ausdehnung" beobachten können; ebenso ist die zunehmende „Zusammenziehung" sowohl in den nach oben, zum Blütenstande hin, kleiner werdenden Blättern als auch in deren zunehmend verfeinerter Fiederung erkennbar. Der gesamte Blattbildungsprozeß scheint sich auf einen knospenhaften Zustand der Stengelblätter zuzubewegen, worauf auch die von unten nach oben beobachtbare Wanderung der Blattspreite zum Stengelansatz hindeutet. Jedoch zieht sich das einzelne Stengelblatt empirisch keineswegs zusammen – gleichwohl, so scheint es, wird der Prozeß der Gestaltbildung überhaupt erst

Abbildung 1:  Stengelblattfolge einer Ackerskabiose

Abbildung 2:  Stengelblattfolge der Taubenskabiose

verständlich durch die Voraussetzung jenes – wie Goethe ihn nennt – sinnlich-übersinnlichen Bildeprozesses, dessen „Fußspuren" wir in den einzelnen Blättern sinnlich beobachten, der aber selber nur indirekt mit „anschauender Urteilskraft" zu erfassen ist. Da es bei der Stengelblatt-Metamorphose wie beim gesamten Pflanzenwachstum um einen *organischen* Prozeß geht, ist dessen adäquates Begreifen auch erst durch organische Begriffe, d. h. durch bewegte Anschauungen gegeben – „flüssige Gedanken" sind es, die nach Hegels Einsicht das abstrakte Allgemeine („die Pflanze") als „geistige Wesenheit" erkennbar werden lassen, als jenen „bacchantischen Taumel, an dem kein Glied nicht trunken ist"[10]. Denn das Betrachtungsprinzip der pulsierenden, sich ausdehnenden und konzentrierenden Pflanze präformiert keinen Schematismus der botanischen Betrachtung, sondern öffnet im Gegenteil gerade erst den verstehenden Blick für die unendliche Vielfalt des pflanzlichen *Lebens*. Die gleichsam „individuelle" Gestaltungsform des Pflanzentyps, aber auch der einzelnen Pflanze in ihren spezifischen Umfeldbedingungen kann an der Taubenskabiose, im Vergleich zur Ackerskabiose, exemplarisch studiert werden (Abbildung 1 und 2).[11] Die erstere zeigt einen von der letzteren deutlich unterschiedenen Prozeß des Ausdehnens und Zusammenziehens: Der Konzentrationsvorgang ist zwar wiederum in der – vom Blattansatz her die Spreite durchziehenden – Fiederung gegeben, auch in der zum Blattansatz „wandernden" Spreite, die Konzentration der gesamten Spreite ist jedoch in den oberen Blättern nicht wie beim vorhergehenden Beispiel gegeben – in einem gewissen Sinn weiten sich diese sogar in die „konzentrischen" lanzettförmigen Fiederungen noch aus. Die Verbindung dieser verschiedenartigen Beobachtungen zu einem Gesamtbild der Blattmetamorphose kann so die unterschiedlichen „sinnlich-übersinnlichen" Bildeformen erkennbar machen, die sich hier manifestieren.[12]

Damit kann auch deutlich werden, warum Goethe seine Betrachtungsart als „exakte Phantasie" bezeichnete. Da die „sinnlich-übersinnlichen" Bildeprinzipien empirisch nicht unmittelbar gegeben sind, bedarf es der Phantasie, sie überhaupt zu entdecken; aber auch einer Phantasie, die sich nicht wildwüchsig entwickelt, die vielmehr durch eine im strengsten Sinn exakte Beobachtung geleitet wird. Sie erst läßt in immer wieder neuen Ausgestaltungen sehen, was der bloßen Empirie dunkel bleiben muß: ein „bewegendes und gestaltendes Prinzip" der Pflanzenmetamorphose.

Aber sitzt man mit derartigen Verweisen auf eine „ätherische" Bildekraft nicht jener teleologischen Urteilskraft auf, die einen metaphysischen Sinn der Natur supponiert, wo in Wahrheit der Mechanismus der Naturkausalität regiert? Oder ist hier eine Form jenes „intellectus archetypus" zu beobachten, auf den Kant verstohlen, Goethe nicht ohne Vergnügen hingewiesen hat?[13] Die Deklaration „morphogenetischer Felder" in der Biologie und Embryologie scheint für Bildekräfte im letztgenannten Sinn zu sprechen und weist vielleicht auf ähnliche Sachverhalte hin, wie sie Steiner mit dem Begriff des Ätherleibes bezeichnete.[14] Aber derartige Deklarationen könnten einer „fundamentalistischen" Nostalgie entspringen, die der entzauberten Welt ihren mystischen Schleier zurückgeben möchte und dabei auch den Betrug des eigenen Verstandes nicht scheut. Biologen sind inzwischen in der Lage, Computersimulationen pflanzenähnlicher Gebilde zuwege zu bringen, die allein durch die immanente Entwicklungslogik bestimmter mathematischer Ausgangskonstellationen (im

Sinne der „Chaos-Theorie") möglich sind. Eine mathematisch-geometrisch sich gleichsam automatisch entwickelnde Pflanzenform ist dann aber ebenso als bloße physische Naturkausalität denkbar, so daß auf die Annahme ätherischer Bildkräfte hier keineswegs zurückgegriffen werden muß. Oder doch?

Wenn zwei Verliebte auf einer Parkbank ihre Zärtlichkeiten austauschen, so kann ich dies freilich mit guten Gründen als eine komplexe Konstellation von endokrinen Ausschüttungen, akustisch-visuellen Signalen, elektrochemischen Nervenprozessen usw. beschreiben – das Verliebtsein als solches ist damit indessen nicht erfaßt, wenngleich in seiner physikalischen Manifestation beschrieben. Das Verliebtsein – so scheint mir – ist überhaupt nicht durch eine im klassischen Sinn physikalische (raumzeitlich begrenzende), sondern primär allein durch eine phänomenologische Beschreibung zu erfassen; analog muß auch eine Differenz gesehen werden zwischen der mathematisch-physikalischen Erklärung der Ausdehnungs- und Konzentrationsprozesse von Pflanzen und der nur phänomenologisch erkennbaren „bewegten Gestalt", die sich physisch – als rudimentäre Naturkausalität – manifestiert. Das ist vielleicht eine gewagte Behauptung, die jedoch bereits vielfach verfolgte und durch die Deklaration einer „ätherischen Wirklichkeit" angeregte Forschungsperspektiven andeutet.[15] Warum sollte sich die Pädagogik aus diesem sich „aufklärenden" interdisziplinären Diskurs a priori ausschließen?

Das Beispiel der Verliebten macht allerdings deutlich, daß die Konzeption von „Gestaltungskräften" nicht geeignet ist, ein Phänomen wie dieses angemessen zu erfassen. Sympathien, Antipathien, Empfindungen, Freude, Schmerz, Hoffnungen usw. scheinen eine prinzipiell andere Qualität zu haben als die plastisch-räumlichen Bildebewegungen des Organismus. Steiner spricht daher vom „Empfindungs-" oder „Astralleib" und meint dabei „Leib" im phänomenologischen, nicht im physischen Sinn.

Die *Wahrnehmung* des Fremdseelischen, ein Kardinalproblem der Phänomenologie, scheint von Steiner gelegentlich im Sinne der Husserlschen Epoché beschrieben zu werden: Alles psychologische Vor-Urteil ist dabei „einzuklammern", nur die unmittelbare Selbstgegebenheit des sich zeigenden Seelischen soll in die Aufmerksamkeit treten.[16] So heißt es z. B. in einer Schulungsempfehlung: „... wer den Schrei eines Tieres hört, wird ... die Offenbarung eines inneren Erlebnisses des Tieres, Lust oder Schmerz, verspüren." Der Beobachter „soll seine ganze Aufmerksamkeit darauf lenken, daß der Ton ihm etwas verkündet, was außer der eigenen Seele liegt. Und er soll sich versenken in dieses Fremde. Er soll sein Gefühl innig verbinden mit dem Schmerz oder der Lust, die ihm durch den Ton verkündet werden. Er soll darüber hinweg sich setzen, was *für ihn* der Ton ist, ob er ihm angenehm oder unangenehm ist, wohlbehaglich oder mißfällig; nur das soll seine Seele erfüllen, was in dem Wesen vorgeht, von dem der Ton kommt".[17] Freilich entsteht in dieser Hinsicht die Frage nach der Objektivität des Wahrgenommenen: Ist das Fremdseelische an sich oder nur für bzw. durch mich gegeben? – Im Sinne des ersten Schrittes der Husserlschen Epoché ist die Beantwortung dieser Frage indessen an die Voraussetzung gebunden, überhaupt schon von – sagen wir – einem Rebhuhn zu *wissen*, d. h. von der Objektivität desselben ausgehen zu müssen. Erlebe ich nun z. B. den Ruf eines Rebhuhns als „aufgeregt", so habe ich nur zu prüfen, ob jener Ruf unter Absehung von seiner „Aufgeregtheit" überhaupt „da" sein könnte, d. h. ob die „Aufgeregtheit" substantiell für dieses Wesen ist, das ich in seiner Selbstgegebenheit in meinem Bewußtsein beobachte. Dieser zweite Schritt der Epoché, die Beobachtung der Konstitutionsbedingungen des Rebhuhns *in meinem Bewußtsein,* ist vielleicht jenes Erlebnis, das Steiner als eine Art „Zusammenfließen" des Beobachters mit dem Wesen beschreibt, von dem dieser Ton ausgeht.[18] Was in einer solchen phänomenologischen Einstellung erfahren wird, ist nicht primär die raumzeitliche Gestalt eines Tieres oder Menschen, sondern eine Art seelische Gebärde; man denke beispielsweise an Picassos Bilder einer weinenden Frau, auch an die Tatsache, daß die Eigentümlichkeit eines Tieres in der traditionellen Malerei verfehlt wurde, soweit diese es nur topographisch symbolisierte (Dürers Rhinozeros), und an die Mittel, mit denen z. B. Rilke die Wahrnehmung einer lebendigen Raubkatze beschreibt („Die Fensterrose").

Daß die Frage nach den Eigenarten und Erfahrungsmöglichkeiten des Fremdseelischen zu einem Hauptanliegen der modernen Phänomenologie geworden ist (z. B. J. P. Sartre, E. Levinas, M. Theunissen), zeigt jedoch, daß es in dieser Hinsicht nicht um abgegraste wissenschaftliche Gefilde geht, sondern um gerade erst erkennbar werdende Gebiete – auch für die Pädagogik.

Allerdings unterscheidet die philosophische Phänomenologie in der Regel „Seelisches" nicht vom „Ich": Da indessen das erlebte reflektierende Ich sich reflexiv auf jene Sphäre der Gefühle, Empfindungen und Affekte zu wenden scheint, könnte die von Steiner getroffene Unterscheidung heuristisch bedeutsam sein. Ich möchte hier gleichwohl nicht auf die komplexe und konfliktreiche Diskussion des Ich-Begriffs eingehen, die von neuroanatomisch begründeten Konzeptionen eines autonomen „selbstbewußten Geistes" (J. Eccles) bis zur sprachanalytischen Kritik an den vermeintlichen Scheinproblemen jeder Ich-Philosophie reicht.[19] Wer *sich* als entscheidungsfähige Instanz *erlebt,* ist jedoch diesem Problem seines „Ich-Sagens" konfrontiert: Das „Ich" ist mindestens als reflexiver Sprachgebrauch „da" und durch sprachanalytische Spitzfindigkeiten nicht einfach aus dem *Erleben* zu katapultieren.

Bildungstheoretisch bedeutsam und aus dem Blickwinkel der Normalwissenschaft vielleicht auch besonders „abwegig" ist nun in der Steinerschen Anthropologie die Arbeit des Ichs an den drei anderen Wesensgliedern: dem Empfindungs-, Lebens- und physischen Leib.

Die Behauptung, daß der Mensch historisch und in seiner individuellen Gegenwart an der Bildung seiner Empfindungen, Triebe, Affekte, Gefühle arbeitet, ist eine vertraute Interpretationsfigur: Nichts anderes bedeutet die ciceroianische „cultura animi", die den Entwurf des klassischen Kulturbegriffs als einer „Veredelung" der Natur wie des Menschen darstellt.[20] Allerdings setzt die Annahme eines (phänomenologisch verstandenen) „Empfindungsleibes" für das Verhältnis von Kulturtheorie (etwa Jugendkulturen betreffend) und Pädagogik einen anderen Akzent als in der üblichen kulturpädagogischen Diskussion. Die Wirkung der Kulturformen auf Empfindungs- und Lebensleib wäre dann offenbar unterschiedlich zu bewerten. Denn anders als die „gewöhnlichen Kulturfaktoren", die auf den *Empfindungsleib* ihre Wirkungen ausüben, sind Kunst und Religion – so Steiner – „mächtige Mittel" zur Bildung des *Lebensleibes.* Dessen Umbildung zeigt sich unter anderem in der Fähigkeit des Menschen, sein Temperament, Gedächtnis und seine habituell gewordenen Neigungen willkürlich zu beeinflussen. Der hierfür verwendete Begriff „Lebensgeist" deutet an, daß das *belebende* Prinzip des Körpers *praktisch* in die

Domäne des *Geistes,* des Ichs einbezogen wird. Wer allerdings schon einmal versucht hat, sein Temperament situativ gleichsam zu wählen, also z. B. von einer introvertiert-melancholischen Grundhaltung zum spritzig-sanguinischen Gesellschafter hinüberzuwechseln, wird um die Schwierigkeiten dieser Aufgabe wissen. Die Bildung dieses „Lebensgeistes" muß indessen überhaupt die Bilde- und Lebensprozesse des *Leibes* betreffen – und hier ergeben sich interessante Bezüge zur anthropologischen Plastizitäts-Forschung: diese scheint nämlich zu zeigen, daß unter anderem das soziale Milieu eines Menschen Auswirkungen bis in die Morphologie seines Leibes hat; schon die physiognomischen „Verfestigungen" älter werdender Menschen scheinen dafür ein Zeugnis abzulegen.[21] In anthroposophischer Terminologie könnte man dies auch so ausdrücken, daß die Konfiguration des Empfindungsleibes sich in die des Lebensleibes überträgt.

Nicht leicht nachvollziehbar wird dann allerdings die Deklaration eines umgebildeten *physischen* Leibes, der doch offenbar mit der des Lebensleibes schon gegeben sein muß. Steiner denkt hier offenbar an sehr große Zeiträume – die willkürliche Einflußnahme des Ichs auf Puls, Kreislauf, Physiognomie usw. vollzieht sich ihm zufolge kaum in biographischen, vorrangig in langen historisch-evolutiven Zeiträumen. Gleichwohl ist der Gedanke einer solchen Möglichkeit nicht von der Hand zu weisen, da er beispielsweise von der Psychosomatik oder vom autogenen Training her vertraut ist. Aber es bleibt – wie erwähnt – nicht ganz einsichtig, warum z. B. die Atmung nicht dem „Lebensleib", sondern dem physischen zugerechnet wird.

Ich habe versucht, sehr skizzenhaft an ein pädagogisch entscheidendes Detail der Steinerschen Anthropologie, die Lehre von den Wesensgliedern, einige Gedanken anzuknüpfen. Dabei war für mich zunächst die Frage nach dem Wahrheitsgehalt dieser Anthropologie nicht entscheidend, da ich sie als „Verfremdungs-Technik", als heuristische Anregung verstehe. Dieser zunächst experimentierend und unvoreingenommen zu folgen, kann dennoch einen erkenntnislogischen Sinn haben, da sich die Wahrheitsfrage unter Umständen anders stellen läßt, wenn der in Frage stehende Sachverhalt – hier die Anthropologie – aus einer ungewohnten Perspektive betrachtet wird. Dabei mag auch deutlich werden, daß aus den Steinerschen Anregungen eine *pädagogische Praxis* hervorgehen kann, die sich einem *anderen Wirklichkeitssinn* verdankt, als ihn die herrschende Erziehungswissenschaft favorisiert. Ihm überhaupt erst einmal erkennend gerecht zu werden, könnte dann ein Ertrag jener Heuristik sein, die – obgleich experimentierend – keineswegs als ein praktisch folgenloses und theoretisch unverbindliches intellektuelles Spiel verstanden werden muß. Auch die Ideale des rationalen Diskurses müssen dabei keineswegs aufgegeben werden; aber eine im Sinne der Verfremdungs-Technik betriebene Wissenschaft müßte als Basis ihres Diskurses auch eine Art *künstlerische* Betrachtungsweise zulassen, die selbst vor den „verrücktesten" Phänomenen nicht altväterlich zurückschreckt.

# Anmerkungen

1  B. Brecht: Kleines Organon für das Theater. Frankfurt 1960, S. 26.
2  Neben entsprechenden Publikationen aus anthroposophischen Verlagen wie z. B. Freies Gei-
   sesleben in Stuttgart informiert darüber auch eine Serie im „Spiegel": Nr. 17, 18, 19, 20 und 22
   1984.
3  R. Steiner: Vortrag am 11. 6. 1922: Anthroposophie als ein Streben nach Durchchristung der
   Welt. Dornach 1941, S. 3.
4  So sehr die kritische Beurteilung der Waldorfpädagogik zu wünschen ist: Man wird ihr wie auch
   den wegweisenden weiteren, *selbstverständlich* mit zahlreichen praktischen Problemen kon-
   frontierten Projekten der Anthroposophie doch gewiß nicht dadurch gerecht, daß man als
   akademisches Statussymbol der Unfruchtbarkeit auf die lächerlichste Weise über den Wassern
   zu schweben versucht. Allenfalls wird dabei noch eine Unterrichtseinheit über die „Vorurtheile
   der Gelehrten" geboten, die Novalis in seinem „Allgemeinen Brouillon" (Nr. 749) wie folgt
   beschreibt:
   „Den meisten dieser Caracterzüge liegt gemeiner Egoïsm zum Grunde – und den meisten stehn
   auch Gegenvorurtheile gegen über.
   1. Hang *zur Eigenthümlichkeit.* (originalitaetssucht.)
      Damit steht der Streit um die erste Entdeckung in Verbindung.
   2. Pretension auf Consequenz und Infallibilität.
   3. Haß der Autoritaet.
   4. Verachtung der Nichtgelehrten.
   5. Eifersucht und Verkleinerungssucht der Collegen.
   6. Verachtung der andern Wissenschaften.
   7. Übertriebne Bewunderung der Mühseligkeit.
   8. Sucht, alles alt und schon dagewesen zu finden – und deshalb zu verachten.
   9. Verachtung alles dessen, was nicht gelehrt oder gelernt werden kann (Hieher ihr Religions
      und Wunderhaß – ihr Dichterhaß etc.)"
5  Vgl. insbesondere R. Steiner: Die Entwicklung des Kindes vom Gesichtspunkte der Geisteswissenschaft, Dornach 1973. Die hier dargestellte Gliederung wird in anderen Schriften
   Steiners allerdings aus den verschiedensten Blickwinkeln beleuchtet, so daß man sich ein
   zutreffendes Gesamtbild nicht allein aus dieser Schrift erarbeiten kann.
6  „Leib" ist hier immer phänomenologisch, nicht topographisch gemeint; siehe vergleichsweise
   auch M. Merleau-Ponty: Phänomenologie der Wahrnehmung. Berlin 1966.
7  Zu denken ist hier z. B. an die Konzeptionen J. S. Eriugenas, an frühneuzeitliche Ikonogra-
   phien dieser Einteilung (E. Schoelen: Erziehung und Unterricht im Mittelalter, Paderborn
   1965, S. 20), an entsprechende Gliederungen in der Philosophie M. Schelers, N. Hartmanns
   und H. Plessners.
8  Vgl. z. B. G. Grohmann: Die Pflanze. Ein Weg zum Verständnis ihres Wesens. Stuttgart 1981; J.
   Bockemühl u. a.: Erscheinungsformen des Ätherischen. Stuttgart 1977; F. Amrine u. a.
   (Hrsg.): Goethe and the Sciences: A Reappraisal. Dordrecht u. a. 1987; L. Edwards: Geometrie des Lebendigen. Stuttgart 1986; W. Schad (Hrsg.): Goetheanistische Naturwissenschaft,
   Band II: Botanik. Stuttgart 1982.
9  J. W. v. Goethe: Metamorphose der Pflanzen (mit Anmerkungen von R. Steiner). Stuttgart
   1980 (4. Auflage).
10  G. W. F. Hegel: Phänomenologie des Geistes. Frankfurt/M. 1973, Vorrede S. 37 und 46.
11  Die Abbildungen sind entnommen aus Grohmann, Anm. 8), Bd. I, S. 29 und 30.
12  Um hier nur einen weiteren heuristischen Aspekt der anthroposophischen „Entdeckung" dieser goetheanischen Botanik anzudeuten: Eine großartige, aber außerordentlich unanschauli-
   che Beschreibung seiner *Dialektik* hat Hegel in der Einleitung zu seiner Phänomenologie,
   S. 76 f. gegeben; es geht ihm in diesem Zusammenhang um die Klärung der Frage, nach
   welchen Kriterien die Wahrheit (oder der Wirklichkeitscharakter) unseres Wissens beurteilt
   werden kann. Diese Kriterien, so Hegel, ergeben sich in der Konfrontation mit dem Gegenstand, sie müssen keineswegs von außen, etwa aus irgend einer Wissenschaftstheorie, erst
   herangezogen werden. Zwar scheint es so, als sei dem subjektiven Bewußtsein keinerlei Möglichkeit gegeben, den „Gegenstand an sich" zu erfahren: Aber „gerade darin, daß es überhaupt
   von einem Gegenstande weiß, ist schon der Unterschied vorhanden, daß *ihm* etwas das *Ansich,*
   ein anderes Moment aber das Wissen oder das Sein des Gegenstandes *für* das Bewußtsein ist.
   Auf dieser Unterscheidung, welche vorhanden ist, beruht die Prüfung. Entspricht sich in dieser

Vergleichung beides nicht, so scheint das Bewußtsein sein Wissen ändern zu müssen, um es dem Gegenstande gemäß zu machen; aber in der Veränderung des Wissens ändert sich ihm in der Tat auch der Gegenstand selbst, denn das vorhandene Wissen war wesentlich ein Wissen von dem Gegenstande; mit dem Wissen wird auch er ein anderer, denn er gehörte wesentlich diesem Wissen an. Es wird hiermit dem Bewußtsein, daß dasjenige, was ihm vorher das *Ansich* war, nicht an sich ist oder daß es nur *für es* an sich war. Indem es also an seinem Gegenstande sein Wissen diesem nicht entsprechend findet, hält auch der Gegenstand selbst nicht aus; oder der Maßstab der Prüfung ändert sich, wenn dasjenige, dessen Maßstab er sein sollte, in der Prüfung nicht besteht; und die Prüfung ist nicht nur eine Prüfung des Wissens, sondern auch ihres Maßstabes. Diese *dialektische* Bewegung, welche das Bewußtsein an ihm selbst, sowohl an seinem Wissen als an seinem Gegenstande ausübt, *insofern ihm der neue wahre Gegenstand* daraus *entspringt*, ist eigentlich dasjenige, was *Erfahrung* genannt wird."

In der geschilderten Ausarbeitung der Goetheschen Metamorphoselehre läßt sich nun eine unmittelbare Anschauung *dieser* Erfahrungsform entdecken, die nicht allein verständlich macht, warum Goethes Naturforschung von Hegel als „Fensterstelle" bezeichnet wurde, durch die seine (Hegels) „graue" Philosophie an Licht und Luft hinausdringen könne (vgl. J. Hoffmeister [Hrsg.]: Briefe von und an Hegel, Band 2, Hamburg 1953, Brief Hegels an Goethe vom 24. 2. 1824). Auch die Möglichkeit der Hegel-Interpretation wird erweitert um völlig neue Blickwinkel. Denn in der Tat verändert die Metamorphosen-Betrachtung die erblickte Pflanzen-Erscheinung; deren Wandel von Pflanze zu Pflanze wiederum verändert den Begriff, dieser die Art des Blicks, der wiederum das Erblickte als Verändertes wahrnimmt, usw. Es sind Transpositionsformen *dieser* ihre Gegenstände nicht festlegenden Phänomenologie, die vielfach den Pflanzenkunde-Unterricht in den Waldorfschulen auszeichnen.

13 I. Kant: Kritik der Urteilskraft II, § 77 (1790); J. W. v. Goethe: Anschauende Urteilskraft (1820).

14 Zum Beispiel J. Haas: An der Basis des Lebens. Einführung in die Molekular- und Zellbiologie. Berlin 1964, S. 286ff.; A. Koestler u. J. R. Smythies (Hrsg.): Das neue Menschenbild. Die Revolutionierung der Wissenschaft vom Leben. Wien, München, Zürich 1970 (darin insbesondere P. A. Weiss: Das lebende System); H. G. Gadamer u. P. Vogler (Hrsg.): Neue Anthropologie, Band 1: Biologische Anthropologie, 1. Teil. Stuttgart 1972 (darin insbesondere S. Vogel: Komplementäre Aspekte der Ontogenese); E. Blechschmidt: Vom Ei zum Embryo. In: H. Wendt u. A. Loacker (Hrsg.): Kindlers Enzyklopädie Der Mensch, Band IV, Zürich 1981, S. 80–116.

15 Th. Schwenk: Das sensible Chaos. Stuttgart 1988 (7. Auflage); W. Schwenk: Lebensmittel Wasser. In: die Drei 7/8 (1982) 532–545; H. J. Smith: The Hydrodynamic and Physico-Chemical Basis of the Drop Picture Method. In: Bericht 8/1975 des Max-Planck-Instituts für Strömungsforschung in Göttingen. Sonderheft der Zeitschrift „Elemente der Naturwissenschaft" zur Steigbildmethode, Heft 1/1987; J. Bockemühl: Lebenszusammenhänge erkennen, erleben, gestalten. Dornach 1986. Vgl. auch Anm. 8). Interessante Spuren lassen sich auch in der mathematischen Chaos-Theorie verfolgen: Die *rein mathematischen* organischen Gestaltmetamorphosen sind ähnlichen physischen Formen nicht *nachgeordnet*, sondern rein geistige Bildprozesse, die sich geometrisch (in der Form von Computerbildern) veranschaulichen lassen und die sich in der Naturkausalität modifiziert wiederentdecken lassen. Bezüge zur Goetheschen Naturbetrachtung werden hier wenigstens schon rudimentär hergestellt (z. B. Forschungsgruppe komplexe Dynamik Universität Bremen: Schönheit im Chaos. Bilder aus der Theorie komplexer Systeme. Bremen 1985; komplementär und mit erkenntnistheoretischer Fragestellung dazu: Th. Göbel: Erfahrung mit Idee durchtränken. Goethes naturwissenschaftliche Arbeitsmethode. In: die Drei, Heft 2, 1982, S. 69–79).

16 Daß es bei derartigen Versuchen keineswegs um eine naive Wahrnehmungshandlung geht, ist in der Phänomenologie wiederholt hervorgehoben worden. Siehe dazu insbesondere A. Gurwitsch: Die mitmenschliche Begegnung in der Milieuwelt, Berlin 1977. Gegen empiristische Verkürzungen des Fremdseelischen ist jene lebensweltbezogene Phänomenologie zu stellen, „die sich den phänomenalen Gegebenheiten treu anmißt, sie als das nimmt, als was sie sich geben, und nicht von irgendwelchen Theorien geleitet, das phänomenal Gegebene verarmen läßt ..." (S. 80). Steiner formuliert in seiner Sinneslehre einen „Ich-Sinn", Merleau-Ponty spricht von einer „ästhesiologischen Wahrnehmung" jenseits aller Analogieschlüsse von sich auf andere, Plessner vermutet „psychische Sinnesorgane", die „Innewerdung" des Anderen stattfinde (R. Steiner: Zur Sinneslehre, hrsg. von Chr. Lindenberg. Stuttgart 1981; M. Merleau-Ponty: Das Auge und der Geist, Reinbek 1967; H. Plessner: Die Einheit der Sinne. Grundlinien einer Ästhesiologie des Geistes. Bonn 1923).

17  R. Steiner: Wie erlangt man Erkenntnisse höherer Welten? Dornach 1972, S. 35f.
18  Ebd., S. 36.
19  Zum Beispiel J. C. Eccles: Das Rätsel Mensch. München 1982; M. Frank; Was ist Neostruk-turalismus? Frankfurt/Main 1984; B. Waldenfels: Phänomenologie in Frankreich. Frankfurt 1987; K. Meyer-Drawe: Die Illusion von Autonomie. München 1990.
20  F. Rauhut: Die Herkunft der Begriffe „Kultur", „Civilisation" und „Bildung". In: W. Klafki (Hrsg.): Beiträge zur Geschichte des Bildungsbegriffs. Weinheim 1965, S. 11–21.
21  E. S. Gollin (Hrsg.): Developmental Plasticity: Behavioral an biological aspects of variations in development. New York 1981; W. T. Greenough u. E. J. Green: Experience and the changing brain. In: J. L. McGaugh et al. (Hrsg.): Aging: Biology and behavior. New York 1981; S. J. Gould: Ontogeny and phylogeny. Cambridge 1977; S. Lerner: On the nature of human pla-sticity. Cambridge 1984.

Johannes Kiersch

# „Lebendige Begriffe" – Einige vorläufige Bemerkungen zu den Denkformen der Waldorfpädagogik

Viele nämlich verderben sich die Augen, wenn sie nicht im Wasser oder sonst worin nur das Bild der Sonne anschauen. So etwas merkte ich auch und befürchtete, ich möchte ganz und gar an der Seele geblendet werden, wenn ich mit den Augen nach den Gegenständen sähe und mit jedem Sinne versuchte, sie zu treffen. Sondern mich dünkte, ich müsse zu den Gedanken meine Zuflucht nehmen und in diesen das wahre Wesen der Dinge anschauen. Doch vielleicht ähnelt das Bild auf gewisse Weise nicht so, wie ich es aufgestellt habe.

(Platon, Phaidon)

Von „lebendigen Begriffen" redet Steiner zum ersten Mal mit deutlicher Betonung in seinem Buch über „Goethes Weltanschauung" von 1897. Goethe suche nach vielseitigen, unterschiedlichen, jedem einzelnen Menschen in seiner Besonderheit entsprechenden Annäherungen an die Wahrheit der Welt. Er wolle „lebendige Begriffe, durch die der Geist des einzelnen nach seiner individuellen Eigenart die Anschauungen zusammenfaßt" (GA 6, S. 66 f.). Steiner sieht darin ein Korrektiv gegen die „toten" Gedankenformen, die seit Bacon und Descartes auf dem Weg über die neuzeitliche Naturwissenschaft das Schul- und Bildungswesen geprägt haben. Was meint er mit „lebendigen Begriffen"?

Einschränkend sei vorausgeschickt, daß es sich hier nicht um einen Beitrag zur Begriffslogik im engeren Sinne handelt. Steiner spricht von „lebendigen Begriffen" in pädagogischer Absicht. Ihn beschäftigt, ähnlich wie Nietzsche, dem er so lange nahestand, oder andere Vertreter der zeitgenössischen Lebensphilosophie, darunter Wilhelm Dilthey, die Frage nach dem Verhältnis von Begriff und Leben. Sie leitet ihn auch dort, wo er die philosophische Tradition aufgreift und für die Grundlegung einer Didaktik im Sinne der Waldorfpädagogik weiterzubilden sucht. Wie findet – so könnte eine etwas engere Fassung dieser Frage lauten – der um seiner Klarheit und Eindeutigkeit willen im Raum abstrakten Wissens isolierte Begriff wieder zurück in den Zusammenhang des Lebens? Exemplarisch behandelt Steiner das Problem schon im ersten Stuttgarter Lehrerkurs von 1919, unmittelbar vor der Gründung seiner neuen Schule; so wichtig war ihm die Sache. Er verweist dort auf die ältere Schullogik, die den Begriff als elementaren Baustein des Denkprozesses betrachtet. Aus Begriffen werden Urteile gebildet, aus Urteilen Schlüsse. Bei Steiner, ähnlich wie bei Dilthey,[1] kehrt sich die Perspektive um. Im Zusammenhang des Lebens gibt es keinen Begriff, der nicht schon ein Vorwissen in den vielfältigsten Verknüpfungen anderer Begriffe voraussetzte. „Das erste im Leben sind die Schlüsse" (GA 293, S. 135).[2] Wir gehen im folgenden von der Vermutung aus, daß Steiners verstreute Bemerkungen über die Eigenschaften „lebendiger Begriffe" auf das Gesamtgewebe der logischen Schlüsse im Zusammenhang des Lebens hinzielen, nicht auf eine besondere Art definierter Begriffe, die sich als solche für sich untersuchen ließen. Worum es sich dabei speziell in pädagogischer Hinsicht handeln könnte, mag zunächst ohne Rückgriff auf Steiner an einer Reihe von erkenntnisstrategischen Erwägungen anderen Ursprungs deutlich werden, mit denen wir das vor uns liegende Problemfeld übersichtlicher zu machen versuchen.

## 1. Problemhorizont

Ezra Pound macht im Zusammenhang seiner Literaturtheorie auf zwei unterschiedliche Wege des Klärens von Erfahrung aufmerksam.

„Bittet man jemanden in Europa, irgendetwas zu definieren, so entfernt sich seine Definition in aller Regel von den einfachen Dingen, die er wirklich kennt, in ein unbekanntes Gebiet, ein Gebiet weit und immer weiter entlegener Abstraktion. So antwortet er auf die Frage, was „rot" sei: eine „Farbe". Auf die Frage, was eine „Farbe" sei, sagt er, es handele sich um eine Schwingung, eine Brechung des Lichts oder einen Teil des Spektrums. Und fragt man ihn, was eine Schwingung sei: eine Form von Energie oder dergleichen, bis man schließlich bei einer Modalität des Seins oder des Nichtseins landet, auf jeden Fall aber allen Boden unter den Füßen verliert ... Ein Chinese, wenn er eine kompliziertere Begebenheit oder eine allgemeine Idee ins Bild bringen wollte, wie ging er vor? Etwa beim Bestimmen von „rot" ohne sinnlich gegebene rote Farbe? ... Er (oder sein Vorfahre) stellt die Bildzeichen zusammen für

> Rose Kirsche
> Rost Flamingo.

Das chinesische „Wort" oder Ideogramm für „rot" geht aus von etwas, das jeder *kennt*" (Pound 1961, S. 19ff.).

Der Kunsthistoriker Michael Bockemühl vergleicht zwei Bilder, ein frühes und ein spätes Gemälde Rembrandts, die das gleiche Motiv, Simeon mit dem Kind, aufschlußreich unterschiedlich behandeln. Das eine bietet mit einer theatralisch angelegten Tempelszene dem Betrachter zahlreiche Details, eine virtuose Inszenierung, besondere Effekte des Lineaments, der Perspektive, der Behandlung von Licht und Schatten, der Farbigkeit. Auf dem anderen sieht man fast nichts – die flächige Andeutung der Gestalt des alten Mannes, seine Arme und Hände, das Kind, ein Gesicht ohne eindeutig bestimmbaren Ausdruck, alles in gedämpftem, vielfach gebrochenem Farbton, unräumlich, ohne Richtung des Lichts –, so als sei der Ausdruck gänzlich zurückgenommen. Und doch ist das zweite Bild von ungleich tieferer Wirkung auf den Betrachter. (Der Interpret deutet das Phänomen durch seinen Begriff des „Erschauens" eines Kunstwerkes und überträgt die Deutung mit Erfolg auf das Verstehen moderner Malerei. Vgl. Bockemühl 1981 und 1985.)

Peter Buck und Manfred von Mackensen schildern die klassische erste Chemiestunde der Freien Waldorfschule.

„Die Klasse sammelt im Wald Holz. Bald werden auch Zweige mit grünen Nadeln und dürres Laub eingepackt. Föhrenzapfen, Robinienrinde und vom Harz klebrige Wurzeln gesellen sich dazu. Kurz: alles, was von den Bäumen oder beim Holzhauen abfällt, kommt mit. Auf dem Heimweg findet man noch verstreute Heu- und Strohreste und Büschel von Schafwolle an den Weidezäunen.

In der Klasse wird ein großer Holzstoß aufgeschichtet. Unten ist kleingehacktes Buchenholz blockhausartig aufgebaut. Daneben liegt Reisig, darüber Birkenrinde, obenauf sind Tannenzweige und Zapfen. Auf der anderen Seite liegen Heu und Stroh, darauf Wurzeln. In die Mitte dieses kunstvollen Haufens stellt man einige brennende Kerzenstummel. Wird das Feuer auf alles übergreifen? Wird überhaupt noch etwas von unseren gesammelten Schätzen übrigbleiben?

Man kann nun erleben, wie alle Materialien nacheinander verbrennen – jedes auf seine Weise. Manches brennt nur zögernd und zischend an, anderes flammt sofort rauchend empor. Manches glüht lange vor sich hin, anderes verlodert rasch, so daß die Flammenfetzen in den Rauch hinauffliegen.

Nach diesem Ereignis bespricht man mit den Schülern die einzelnen Beobachtungen ...

Es handelt sich hier um ein innerliches Arbeiten an Vorstellungsreihen (Bildern), nicht um das Suchen von Ursachen (Kausalerklärungen) oder abstrakten Regeln, die auf beliebige andere Gewächse anwendbar wären. Es soll nur in bildhafter Form die Beziehung der Dinge zueinander so nachgestaltet werden, wie sie in der Natur tatsächlich vorhanden ist und wie sie der Schüler in seiner Alltagswelt erleben kann. Fängt man einen Unterricht über die Verbrennung in dieser Art an, so kann der Schüler sowohl äußerlich – beim Sammeln – wie auch gedanklich bildhaft tätig werden" (Buck/Mackensen 1988, S. 57f.).

Niemand verlangt von den Kindern, daß sie nun „wissen", was Feuer sei, oder Verbrennung, oder Oxydation. Chemische Formeln werden spät, erst in der 10. Klasse eingeführt, das periodische System der Elemente, die Atomtheorie erst in der 11. Klasse, und auch da nicht mit dem Anspruch auf absolute Gültigkeit.

Der englische Jurist, Schriftsteller und Wissenschaftstheoretiker Owen Barfield eröffnet einen Essay zur Bewußtseinsgeschichte der Menschheit und zum anstehenden Paradigmenwechsel in Richtung auf eine neue „Teilnahme" (participation) des Menschen an der Welt mit der Frage nach der objektiven Existenz einer irritierenden Naturtatsache. Wir stehen mit dem Rücken zur Sonne, blicken durch den Regen auf eine dunkle Wolkenwand, und es erscheint ein Regenbogen. Gibt es ihn „wirklich"? Der anschließende Gedankengang ist geeignet, eine Menge von den Sicherheiten zu erschüttern, an die wir uns gewöhnt haben (Barfield 1965, S. 15ff.). Barfields Erwägungen werden von dem Historiker Morris Berman (1985), der uns „am Ende des Newtonschen Zeitalters" angekommen sieht, aufgegriffen und mit den Grundbegriffen der Philosophie Gregory Batesons zusammengedacht. Hat dessen Holismus einer „Ökologie des Geistes" mit seiner Unterscheidung von „analogem" und „digitalem" Wissen womöglich etwas mit künftiger Pädagogik zu tun?

## 2. Die Bemerkungen Steiners

Damit kehren wir zu den pädagogischen Intentionen Steiners zurück. Seine aphoristischen Bemerkungen über die Beschaffenheit „lebendiger" Begriffe lesen sich wie verstreute Kommentare zu dem heterogenen Beobachtungsmaterial, das wir bis hierhin vor uns hatten. Er teilt mit den zitierten Autoren die entschiedene Skepsis gegen vorschnelle Definitionen und gegen die Absolutsetzung begrenzter Einsichten. „Das viele Definieren ist der Tod des lebendigen Unterrichtes" (GA 293, S. 140). Mit der Wahrheit geht man behutsam um. Man nähert sich ihr durch *Bewegung*, durch das Mittel vielseitiger Charakteristik von wechselndem Standpunkt aus, so wie man – der Vergleich kommt öfter vor – den Baum nicht durch ein Foto kennenlernt, sondern indem man um ihn herumgeht und ihn von allen Seiten betrachtet. Im Geographieunterricht sollen Reisebeschreibungen gelesen werden (GA 295, S. 95); mit anderen Worten: Der Weg eines einzelnen, die Folge seiner persönlichen Eindrücke in einer exemplarischen Gegend, zählt mehr als die Schaubilder und Diagramme des allgemeingültigen Lehrwerks. Dementsprechend entwickelt Steiner seine Typologie der Weltanschauungen in komplementären Polaritäten (GA 151). Der Wechsel der Blickrichtung ist ihm wichtig. Und wie sich eine Sache anders zeigt, je nachdem, von welcher Seite oder von welchem Standpunkt aus sie betrachtet wird, so ändert sich ihr Bild auch mit dem Lauf der *Zeit*. Ein lebendiger Begriff soll deshalb „perspektivisch" sein (GA 179, S. 33), einen Durchblick eröffnen für jemanden, der noch nicht angekommen ist. Bei der Interpretation einer poetischen Metapher vor Eurythmisten unterscheidet Steiner den „adäquaten" Ausdruck vom „angenäherten", der zu bevorzugen sei, weil er „führt" (GA 279, S. 166). Das völlig Adäquate in der Kunst bildet nur ab, läßt den Betrachter unbeteiligt. Der vorläufige, aber im Prozeß der Annäherung befindliche künstlerische Ausdruck fordert zur Tätigkeit heraus. Er eröffnet den Ausblick auf einen Ort, der noch nicht erreicht ist, auf den aber der Betrachter sich hinbewegt, den er mit allen Kräften anstrebt, auf den er seine Ahnungen, seine Neugier, sein persönliches Interesse richtet. Diesen zeitlichen Aspekt betont auch der wiederholt auftretende Vergleich lebendiger Begriffe mit organischen Lebewesen. Sie sollen „wachsen" können (GA 302, S. 10; GA 309, S. 21 und öfter). Das Kind muß durchaus nicht gleich alles „verstehen", was man ihm übermittelt. Es soll vielmehr im späteren Verlauf des Lebens „durch die errungene Reife jetzt zum Verständnisse aus sich selbst" kommen (Aspekte S. 40), denn:

„... die weckende Kraft, die das lebendige Feuer des Lehrers in dem Kinde entzündet bei Dingen, die in gewisser Beziehung noch über sein „Verständnis" hinaus liegen, bleibt wirksam durch das ganze Leben hindurch" (Aspekte S. 41).

Von einem guten Lehrer vermittelte „lebendige" Begriffe verhelfen in den späteren Stadien der persönlichen Biographie des Schülers zu individueller Einsicht. Die Frage nach dem Erfolg schulischen Lernens heißt dann nicht: Was hat einer *behalten*, oder – etwas anspruchsvoller – ist er zu Transferleistungen imstande, kann er auf neue Situationen *anwenden*, was er gelernt hat? Sondern sehr viel tiefer greifend, bis an den Kern der Persönlichkeit: Kann er sich zu Bewußtsein bringen, was *er selbst* mit dem Gegenstand seines Erkennens zu tun hat? Denn das Erkannte bleibt ihm nicht gleichgültig. Deswegen setzt Steiner an der eingangs zitierten Stelle über Goethes „lebendige Begriffe" fort: „Die Wahrheit *erkennen* heißt ihm [dem Geist des einzelnen] *in der Wahrheit leben.* Und in der Wahrheit leben ist nichts anderes, als bei der Betrachtung jedes einzelnen Dinges hinzusehen, welches innere Erlebnis sich einstellt, wenn man diesem Dinge gegenübersteht" (GA 6, S. 67. Ähnlich GA 293, S. 61; GA 301, S. 211). Was sich an dieser Formulierung auf den ersten Blick subjektivistisch ausnimmt, erweist sich bei genauerem Hinsehen als eine Schärfung des Bewußtseins im Umgang mit der Wahrheit. Die Welt wird nicht mehr naiv als objektiv gegeben hingenommen. Es zeigt sich, daß sie anders wird, je nachdem wie *ich* mich in ihr und zu ihr verhalte. Daher das Gewicht des Wortes vom „Verhältnis zur Welt", das der Lehrer seinen Schülern exemplarisch vorzuleben habe, in Steiners letzten pädagogischen Vorträgen am Ort seiner Schulgründung im April 1924 (GA 308). Deshalb auch kann Steiner jedes lebendige „Begreifen" als ein Beziehen des einen auf das andere „im Weltenall, in unserer Umgebung" deuten, als ein ganzheitliches Begreifen also. Und wieder betont er dabei die Unabgeschlossenheit des Vorgangs. Bei solchem „Beziehen" seien „nur die allerersten Anfangsgründe des Begreifens" gegeben. „Sie müssen dann die Begriffe, welche Sie auf diese Art bekommen, weiter ausbilden" (GA 293, S. 105 f.).

Lebendige Begriffe sind demnach in ihrem sachlichen Zusammenhang wie in Hinsicht auf ihre zeitliche Entfaltung *offene* Begriffe. Sie suchen den Anschluß an die Gesamtheit aller Welterscheinungen, und es kommt darauf an, daß dieser Anschluß nicht vorgegeben, sondern von jedem Erkennenden, Lernenden auf individuelle Weise im Verlauf seines besonderen Lebens erst nach und nach hergestellt wird.

Schließlich scheinen lebendige Begriffe nach der Auffassung Steiners eine besondere Art des Realitätsbezugs aufzuweisen. Mit scharfer Wendung gegen die „bloßen Worterklärungen" der landläufigen Psychologie, die er hier stellvertretend für jede positivistische Forschungsrichtung anführt, fordert er die ersten Waldorflehrer dazu auf, „aus der Wirklichkeit, aus der Sache heraus" zu denken, und er gibt dafür ein Beispiel.

„Was ist Erinnern? Es ist das Aufwachen eines Vorstellungskomplexes. Und was ist das Vergessen? Das Einschlafen des Vorstellungskomplexes. Da können Sie Reales mit real Erlebtem vergleichen, da haben Sie keine bloßen Worterklärungen. Wenn Sie immer reflektieren auf Wachen und Schlafen, wenn Sie sich selber einschlafend erleben oder einen anderen einschlafen sehen, so haben Sie einen realen Vorgang. Sie beziehen das Vergessen, diese innere Seelentätigkeit, auf diesen realen Vorgang – nicht auf irgendein Wort –, vergleichen die beiden und sagen sich: Vergessen ist nur ein Einschlafen auf einem anderen Gebiete, und auch Erinnern ist nur ein Aufwachen auf einem anderen Gebiete" (GA 293, S. 117 f.).

Er scheint damit gerade im Hinblick auf seine Pädagogik eine Art *Analogiedenken* zu vertreten, für welches er sich ohne Skrupel vorwissenschaftlicher, alltagsweltlicher Begriffe bedient. Offenbar ist er der Auffassung, daß sich der Vergleich in allen Einzelheiten ausführen lasse und dabei für eine pädagogische Gedächtnislehre grundlegend fruchtbar werden könne (ebd. S. 120 ff.). (Wir treffen solche Analogien immer wieder bei ihm an. Die pädagogische Tragweite des Verfahrens wäre eine gesonderte Untersuchung wert.) Zugleich haben wir bei diesem entschiedenen Hinweis auf die „real erlebten" Begriffe wohl an seine Sinneslehre zu denken, die allen zwölf Modalitäten des Wahrnehmens gleiches Recht zuspricht und das Erfahren von „Wirklichkeit" auf das Zusammenwirken von zwei oder mehr Modalitäten der *gesamten* Sinnesorganisation zurückführt, nicht nur – wie die immer noch verbreitete Lehre von den sekundären Sinnesqualitäten es nahelegt – auf die eingeschränkten Wahrnehmungen des Tast-, des Eigenbewegungs- und des Gleichgewichtssinns, auf die sich das Messen, Zählen und Wägen der mathematisierenden Naturwissenschaften stützt (GA 6, S. 68 ff.; GA 322 und 326. Vgl. dazu Lauer 1977, Scheurle 1984).

Im Gesamtkomplex der verstreuten Bemerkungen Steiners über seine „lebendigen Begriffe" treten damit drei Merkmale besonders hervor: die *Unabgeschlossenheit* des intendierten Erkenntnisvorgangs, seine *Unmittelbarkeit* und seine bewußte *Subjektivität*. Das bedeutet den Verzicht auf jede Art von absolut gültig gedachter Hintergrundsystematik. Nicht die Weltformel ist interessant, das ein für allemal vorausgesetzte Konstruktionsprinzip, aus dem heraus der Zusammenhang der Dinge erklärt werden kann, nicht die „Ersatzontologie" physikalischer Modelle (P. Buck, in diesem Band, S. 244), sondern die im Augenblick gegebene Einzelerfahrung, die in ihrer ganzen Vorläufigkeit und Relativität zu einem vielseitigen, dem bloßen Erklären weit überlegenen offenen Prozeß des Verstehens herausfordert, oder wie Goethe in einer seiner glücklichsten Formulierungen sagt: das Allgemeinere in der Form des Besonderen, „nicht als Traum und Schatten, sondern als lebendig-augenblickliche Offenbarung des Unerforschlichen" (Maximen und Reflexionen, Hamburger Ausgabe Bd. 12, Nr. 752, S. 471).

## 3. „Symbolik" und „Allegorie"

Steiner hat sich mit dem Erkenntnisbegriff Goethes in seinen Frühschriften bis hin zu „Goethes Weltanschauung" eingehend auseinandergesetzt (GA 1–4). Er philosophiert – wenngleich eigenständig und mit eigenen Schlußfolgerungen – aus dem Geiste Goethes in allen Einzelheiten. Wir dürfen deshalb hoffen, seiner Rede von den „lebendigen Begriffen" eine größere Durchsichtigkeit am ehesten aus der Perspektive Goethes abzugewinnen, zumal der weiträumige und vielseitige Prozeß des Verstehens von Natur- und Menschenwelt, den Steiner als einer der ersten bei Goethe entdeckt und gewürdigt hat, inzwischen durch die neuere Forschung im einzelnen beschrieben und wissenschaftstheoretisch rehabilitiert worden ist.[3] Dabei stützen wir uns, der Einfachheit halber, auf den bekannten Aphorismus aus den „Maximen und Reflexionen":

„Die Symbolik verwandelt die Erscheinung in Idee, die Idee in ein Bild, und so, daß die Idee im Bild immer unendlich wirksam und unerreichbar bleibt und, selbst in allen Sprachen ausgesprochen, doch unaussprechlich bliebe.
Die Allegorie verwandelt die Erscheinung in einen Begriff, den Begriff in ein Bild, doch so, daß der Begriff im Bilde immer noch begrenzt und vollständig zu halten und zu haben und an demselben auszusprechen sei" (a.a.O., Nr. 749 und 750, S. 470 f.).

Im folgenden verwenden wir den Begriff der *Allegorie* in dem hier gemeinten Sinne, der von älteren Auffassungen, denen die von Goethe aufgestellte Polarität noch fremd war, abweicht (Kurz 1982). Es ist leicht zu sehen, daß Goethe mit seiner besonderen Bestimmung des allegorischen Verfahrens ein weithin anzutreffendes didaktisches Prinzip insbesondere des naturwissenschaftlichen Unterrichts moderner Schulen charakterisiert. Was dort gelernt werden soll, ist nach verbreitetem Konsens im voraus durch qualifizierte Fachleute wissenschaftlich einwandfrei zu definieren, sodann auf dem Wege curricularer Operationalisierung in geeignete alters- und situationsgemäße „Bilder" umzusetzen und schließlich beim Test, beim Examen, bei der Lernzielkontrolle in der geplanten Eindeutigkeit und Vollständigkeit abzurufen. Die verwendeten Exempla, Modelle, Medienbatterien sind sekundäre Konstrukte, die nur um des vorgegebenen Begriffs willen in die Schule Eingang finden, so daß der Begriff in ihnen „immer noch begrenzt und vollständig zu halten und zu haben" und an ihnen „auszusprechen" ist. (Zur wissenschaftssoziologischen Deutung und Relativierung des zugrundeliegenden Denkzwanges vgl. Fleck 1980.)

Ungleich schwerer läßt sich sagen, was die hier gemeinte „Symbolik" demgegenüber leistet.[4] Auch dieses Verfahren gelangt von der „Erscheinung" zum „Bild", nur eben über die Zwischenform der „Idee", und die ist seit Platon unbegrenzbar und jenseits der Wortsphäre. Was ist damit gewonnen? Zunächst einmal mehr Respekt vor der unmittelbar gegebenen „Erfahrung". „Man suche nur nichts hinter den Phänomenen: sie selbst sind die Lehre" (Maximen und Reflexionen, a. a. O. Nr. 488, S. 432). Damit auch das Vergnügen an der sinnlich-konkreten Einzelheit, an der besonderen Konstellation, am glücklichen Augenblick, und zugleich die Zurückhaltung im Urteil, die Geduld, das Wartenkönnen auf reifere künftige Einsicht. Denn in der Allegorie gilt „das Besondere nur als Beispiel, als Exempel des Allgemeinen". Wer aber, im Sinne der Symbolik, „dieses Besondere lebendig faßt, erhält zugleich das Allgemeine mit, ohne es gewahr zu werden, oder erst spät" (Maximen und Reflexionen, a. a. O. Nr. 751, S. 471). Schließlich auch die Zurückhaltung gegenüber vorschnellen Hypothesen.

„Theorien sind gewöhnlich Übereilungen eines ungeduldigen Verstandes, der die Phänomene gern los sein möchte und an ihrer Stelle deswegen Bilder, Begriffe, ja oft nur Worte einschiebt" (Maximen und Reflexionen, a. a. O. Nr. 548, S. 440).

An anderer Stelle ist von der „zarten Empirie" die Rede, „die sich mit dem Gegenstand innigst identisch macht und dadurch zur eigentlichen Theorie wird" (Maximen und Reflexionen, a. a. O. Nr. 509, S. 435. Dazu ausführlich Jaszi 1973, S. 84 f.). Goethe folgt diesem Forschungsideal, indem er verwandte Erscheinungen in „Reihen" ordnet, etwa in der Farbenlehre, bei der vergleichenden Untersuchung von Wirbel- und Schädelknochen oder Wolkenbildungen. So exemplifiziert er seinen Symbolbegriff besonders deutlich an den Erscheinungen, die seit Herder als „Natursymbole" aufgefaßt wurden. Eine Probe davon gibt Walter Brednow (1966) in seinem Aufsatz über „Symbol und Symbolik in der Biologie Goethes". (Weitere Beispiele bei Emrich 1981 und Nauhaus 1966.) Er zitiert aus dem „Ersten Entwurf einer allgemeinen Einleitung in die vergleichende Anatomie ausgehend von der Osteologie" vom Jahre 1795:

„Die Schlange steht in der Organisation weit oben. Sie hat ein entschiedenes Haupt, mit einem vollkommenen Hülfsorgan, einer vorne verbundenen unteren Kinnlade. Allein ihr Körper ist gleichsam unendlich und er kann es deswegen sein, weil er weder Materie noch Kraft auf Hülfsorgane zu verwenden hat."

Im Anschluß an diese Bemerkung skizziert Brednow die für das Goethesche Symbolverfahren charakteristische Ausweitung der Bezüge in die Unbegrenztheit der „Idee" ebenso wie den Rückbezug auf das Sinnlich-Konkrete des alltäglich-zufälligen Augenblicks.

„Es mutet sonderbar an, in einer vergleichend-anatomischen Arbeit osteologischen Inhalts den Ausdruck „gleichsam unendlich" zu finden; denn aus der Notiz geht ja hervor, daß Goethe jeden Wirbelknochen betrachtet habe mit dem Ergebnis, daß jeder einen Fortsatz besitze. So ist die Zahl der Wirbel also ganz eindeutig endlich, zahlen- mäßig eindeutig zu definieren und somit keineswegs „unendlich". Hier liegt die Nahtstelle, hier ist eine Überschneidung zweier verschiedener Betrachtungsweisen deutlich. In streng wissenschaftlich-deskriptivem Sinne zählt er die osteologischen Fak- ten auf, aber gleichzeitig entführt ihn seine ihm ureigene Art der Naturschau in eine andere Bildkategorie, die in den Worten „gleichsam unendlich" zum Ausdruck kommt. Die natura naturans hat hier einen Tierkörper gestaltet, langgestreckt und ohne Glied- maßen, gleichsam als ob sie bis ins Unendliche damit hätte bauen wollen. So klingt also für ihn an dieser Stelle die Schlange als Symbol der Unendlichkeit an. „Anatomie und Physiologie verlor ich dieses Jahr fast nicht aus den Augen", schreibt er 1795, in dem Jahr also, in dem die zitierte osteologische Arbeit erschien. Aber gleichzeitig arbeitet er an dem „Märchen", d. h. dem Märchen von der grünen Schlange, das auch im gleichen Jahr in den Horen erscheint. Hier findet dichterischen Ausdruck, was in der verglei- chend-anatomischen Arbeit mit dem „gleichsam unendlich" angedeutet ist. Der Jüng- ling ist durch die Berührung der schönen Lilie entseelt zu Boden gesunken, die Schöne ist in stummer Verzweiflung, da regt sich die Schlange: „Sie schien auf Rettung zu sinnen, und wirklich dienten ihre sonderbaren Bewegungen wenigstens die nächsten schrecklichen Folgen des Unglücks auf einige Zeit zu hindern. Sie zog mit ihrem ge- schmeidigen Körper einen weiten Kreis um den Leichnam, faßte das Ende ihres Schwanzes mit den Zähnen und blieb ruhig liegen." Auf diese Weise konnte „die Fäulnis den magischen Kreis nicht durchdringen" und also nicht „den schönen Jüngling unaufhaltsam anfallen". Hier tritt ein weiterer Symbolcharakter zu der Schlange an sich hinzu, der geschlossene Kreis, der Schlangenkreis. Wenn schon der Schlange an sich der Charakter des „gleichsam unendlich" zuerteilt wird, so bedeutet der Schlangenkreis eine entscheidende Überhöhung zum Charakter des Unendlichkeitssymbols, da nun weder Anfang noch Ende besteht. Der Leichnam des Jünglings ist dem Hinfall der Natur entzogen, solange er im Schlangenkreis ruht, und so ist dieser in doppelter Hinsicht symbolträchtig. Es lassen sich im Kreise der Persönlichkeiten der Weimarer Klassik nicht selten Anwendungen des Schlangenkreises auffinden, nicht nur bei Goe- the, sondern etwa auch auf der Grabplatte Herders in der Herderkirche und an anderen Stellen. Aber Goethe selbst verwendete Glückwunschkärtchen für Freunde, auf denen der Unendlichkeitscharakter der Schlange bzw. des Schlangenkreises Bild geworden ist. Hier finden sich eingeschlossen in den Schlangenkreis die Worte des Philosophen Thomas Campanella, ihm sicher durch Herder nahegebracht:

> Scientia infinita est
> Sed qui Symbola animadverterit
> omnia intelligit,
> licet non omnino.

Daß aber der Schlangenkreis ihm nicht nur ein Unendlichkeitssymbol war, geht aus einem Schreiben an den alten Freund F. W. von Trebra hervor: „Laß mich, mein Lieber, bald von dir hören. Man bedient sich als Symbol der Ewigkeit der Schlange, die sich in einen Reif abschließt, ich betrachte dies hingegen gern als Gleichniß einer glücklichen Zeitlichkeit. Was kann der Mensch mehr wünschen, als daß ihm erlaubt sey das Ende an den Anfang anzuschließen, und wodurch kann dieß geschehen, als durch die Dauer der Zuneigung, des Vertrauens, der Liebe, der Freundschaft . . ." So wird gerade auch aus der Vielfältigkeit der Bedeutung des gleichen Symbolzeichens, aus den Überschneidungen, ein Wesenszug der Symbolik überhaupt und Goethes Symbolik im besonderen deutlich: der Schlangenkreis als Symbol der Unendlichkeit einerseits aber auch „einer glücklichen Zeitlichkeit" andererseits. Es wäre falsch, die Ableitung des Schlangensymbols nur auf die osteologischen Arbeiten vergleichend-anatomischer Art zu beziehen; noch der 60jährige Goethe verzichtet nicht auf die unmittelbare Anschauung, auf die „sinnlichen Betrachtungen". So findet ihn Falk in dessen Gärtchen, neben sich eine „kleine, lebendige Schlange in einem langgehalsten Zuckerglas"; mit einem Federkiel füttert er sie und stellt tägliche Betrachtungen über sie an. Er bedauert dieses Geschöpf: „Wie das drinnen steckt und nicht heraus kann, so gern es auch wollte! Ich meine zwiefach, einmal im Zuckerglas und sodann in dem Hauptfutteral, das ihr die Natur gab ..." (Brednow 1966, S. 247 ff.).

Die Eigenheiten des Goetheschen Symbolbegriffs stehen damit in deutlicher Korrespondenz zu den „lebendigen Begriffen" der Pädagogik Steiners. Auch die Metaphorik ist verwandt. Sie richtet sich in „Begriffsbildern" (GA 302, S. 118) auf Harmonie, Gleichgewicht, Gesundheit und ähnliche, eher ästhetische Kategorien, im Gegensatz zu den Bildern von Ursache und Wirkung, Zweckmäßigkeit und Verfügbarkeit, deren beschränkte Eindimensionalität das Feld der allegorisierenden Naturwissenschaften beherrscht. Wir fassen zusammen:

| *„Symbolische" Formen* | *„Allegorische" Formen* |
|---|---|
| bevorzugen Charakteristik und wechselnde Perspektiven | bevorzugen Definition und einheitliche Perspektive |
| sind vieldeutig und vorläufig, „angenähert" | sind eindeutig und endgültig, „adäquat" |
| können „wachsen" | bleiben, wie sie sind |
| sind „subjektiv" gültig, d. h. ihr Verhältnis zum Erkennenden wird bewußt | sind „objektiv" gültig, d. h. ihr Verhältnis zum Erkennenden wird nicht reflektiert |
| beziehen sich auf das Gesamtfeld aller Sinnesmodalitäten („reale" Begriffe) | beziehen sich primär auf das ausgegrenzte Feld der Modalitäten des Tast-, des Bewegungs- und des Gleichgewichtssinnes („bloße Worterklärungen") |
| denken gestalthaft in Polarität und Steigerung, „Reihen" von Phänomenen, systemischen Bezügen, als „Begriffsbilder" | denken abstrakt in den Begriffsformen der mathematisierenden Logik |
| bevorzugen Metaphern der Harmonie, des Gleichgewichts, der „Gesundheit" | bevorzugen Metaphern von Ursache und Wirkung, Zweckmäßigkeit und Verfügbarkeit |

## 4. Diskursive und präsentative Formen der Symbolbildung

Weitere Präzisierung erfährt der dargestellte Zusammenhang, wenn man die Ergebnisse der ausgedehnten Untersuchungen zum Symbolbegriff heranzieht, die seit den bahnbrechenden Arbeiten Ernst Cassirers schon in der ersten Hälfte unseres Jahrhunderts angestellt worden sind (zusammenfassend Langer 1942). Es zeigt sich, daß Goethes Art der Symbolbildung im erkennenden Umgang mit Natur und Menschenleben vielfältige Berührungen aufweist mit Formen symbolischen Ausdrucks im Felde des Ritus, der Kunst, des Mythos. Auch schon das Bewußtwerden der einfachsten „Gegenstände“ unseres sinnlichen Wahrnehmens und damit die Herausbildung vieler der konventionellen Inhalte unseres Alltagsbewußtseins können als Prozesse des Symbolisierens verstanden werden. Susanne K. Langer (1942) spricht hier von *präsentativen* Formen der Symbolbildung, im Gegensatz zu den *diskursiven* Formen des Mathematisierens und des physikalischen Erklärens. Diese Unterscheidung deckt sich nicht völlig mit dem Goetheschen Gegensatz von „Symbolik“ und „Allegorie“, erhellt aber gleichfalls das hier zu klärende Problemfeld und soll deshalb im folgenden mit verwendet werden. Mit Cassirer, Whitehead und zahlreichen anderen Autoren, die schon lange vor den gegenwärtigen Erschütterungen des positivistisch-empirischen Paradigmas die verschiedenen Modi präsentativen Symbolisierens eingehend beschrieben haben, hält Langer die beiden Formgruppen für vielleicht nicht unmittelbar vereinbar, aber doch für komplementär[5] zu einander gültig.

„In Wahrheit gibt es so etwas wie *die* Form der „wirklichen“ Welt nicht; die physikalischen Zusammenhänge ergeben ein Schema, das in der wirklichen Welt zu finden ist, und die „Erscheinung“ oder das Schema der Dinge mit ihren Eigenschaften und Merkmalen, ein anderes. Die eine Konstruktion mag allerdings die andere ausschließen; aber zu behaupten, daß die Konsistenz und Universalität der einen die andere als falsch brandmarkt, ist ein Irrtum“ (Langer a.a.O., S. 97f.).

Und schon hier wird auch eine pädagogisch relevante Konsequenz des Irrtums sichtbar:

„Die Annahme, daß der „materiale Modus“ ein primitiver und tastender Versuch auf dem Wege zu physikalischem Begreifen sei, ist ein fataler Irrtum der Erkenntnistheorie, denn sie unterbindet damit jegliches Interesse an den Entwicklungsmöglichkeiten, die das sinnliche Begreifen besitzt, und an den geistigen Zwecken, denen es dienen könnte“ (ebd. S. 98).

Die präsentativen Formen der Symbolbildung, die Langer den diskursiven Formen gegenüberstellt, haben einen ganzheitlichen Gestaltcharakter. Sie können nicht im einzelnen definiert werden, und das Allgemeine in ihnen ist diskursiv nicht mitteilbar. Dennoch handelt es sich um Formen rationaler Einsicht, die gegenüber den diskursiven Symbolformen an Klarheit nicht zurückstehen.

„Die Anerkennung des präsentativen Symbolismus als eines normalen Bedeutungsvehikels von allgemeiner Gültigkeit erweitert unsere Vorstellung von Rationalität weit über die traditionellen Grenzen hinaus und wird doch der Logik im strengsten Sinne niemals untreu" (ebd. S. 103).

Vielleicht können Goethes Symbolbegriff und der Begriff von Wissenschaft, der sich an seinen Gebrauch anschließt, heute unter Einbeziehung einer differenzierten „Philosophie der symbolischen Formen" (Cassirer) für eine erweiterte Theorie des Erziehens nutzbar gemacht werden? Die Pädagogik Rudolf Steiners jedenfalls hätte etwas dazu beizutragen.

## 5. „Lebendige Begriffe" im Unterricht und in der Selbsterziehung des Lehrers

Die Bemühung um „lebendige" Begriffe im Sinne der Goetheschen Symbolik durchzieht das gesamte pädagogische Werk Steiners. Wir verfolgen das, seiner Entwicklungsstufenlehre gemäß, durch seine Äußerungen über die Pädagogik der drei Jahrsiebte des Kindes- und Jugendalters und gehen anschließend der Frage nach, was sich für das Verständnis des Lehrerhandelns in der Waldorfschule aus dem gleichen Ansatz ergibt.

Das *erste* Jahrsiebt steht nach der Auffassung Steiners ganz im Zeichen der *Nachahmung.* Das Kind ist – wie Steiner in einer Notizbucheintragung symbolisch zusammenfaßt – in diesem Alter „ganz Sinnesorgan und Plastiker" (GA 304, S. 198). Alles propositionale Wissen bleibt dabei sekundär. Alles, was erfahren wird, *ist,* was es bedeutet: die vier Elemente, Steine, Blumen, Blätter, Stroh und Äste, Früchte und Samen, Werkzeug und Instrumente, Brot, Milch und Saft, Sprüche, Lieder, Reigentänze, Eurythmie. Daher offenes Feuer und ein Teich oder Bach in jedem Waldorfkindergarten, ein Herd, ein Garten, Werkbänke, Waschbecken, Tücher, Schleier und Decken, Körbe mit allerlei Gesammeltem, das bewegte Vorbild der Erzieherin, die mit den Kindern kocht, putzt, wäscht, näht, gräbt und hackt, gestisch und mimisch agiert, singt und tanzt, und nur nebenher auch noch erzählt und erklärt. Davon angeregt dann das symbolische Spiel, für das die Kinder freien Raum haben, mit möglichst „ungeschlachten" Dingen, an denen sich probierend und tastend Wille und Phantasie zugleich betätigen (GA 300/1, S. 133). Für dieses Spiel die aus einer Serviette zusammengeknotete Puppe, das *bewegliche* Spielzeug (EdK S. 23 f.), aber nichts aus didaktischen Überlegungen künstlich Konstruiertes. „Ja nicht fröbeln" (GA 300/1, S. 133 u. a.)! Schon die geometrisch fixierte Formenwelt der Baukästen ist für Steiner bedenklich (GA 55, S. 130). Von größter Wichtigkeit sind auch hier wieder die Hintergrundvorstellungen der *Sinneslehre* Steiners, die den cartesianischen Dualismus überwunden hat und keine „sekundären" Qualitäten mehr kennt.

Im Verlauf des *zweiten* Jahrsiebts bleibt das Kind der Sphäre des unmittelbar sinnlichen Symbol-Erlebens noch nahe, es ist aber doch etwa vom Zahnwechsel an (nach *Piaget* mit dem Schritt von der „voroperativen" Stufe zur Stufe der eigentlichen „konkreten" Operationen) in der Lage, propositionales Wissen zu *erinnern* und unabhängig vom unmittelbar gegebenen Sinneseindruck phantasievoll damit umzugehen. Es nimmt durch das Wort des Lehrers, durch „lebensvolle Bilder in ihrer geistigen Anschaulichkeit" (EdK S. 29) etwas auf, womit es selbständig spielend oder fragend-forschend tätig sein kann. So wird es, nach der Formel Steiners, „Zuhörer und Musiker" (GA 304, S. 198), d. h. es schließt sich stärker ab in seiner besonderen Innerlichkeit, stellt aber zugleich, wie es für das musikalische Erleben kennzeichnend ist, *Verhältnisse* her, vielseitige Beziehungen des einen auf das andere nach Maß und Ordnung. Daher der besondere *ästhetische* Sinn für die Welt, der sich in diesem Alter entfaltet (vgl. Müller-Wiedemann 1984), die Freude am *schönen Spiel.* Es gibt noch keine „objektive" Welt, die losgelöst vom Wort des Lehrers oder den Meinungen der Spielgefährten Bestand hätte. Was man *hört,* ist die Wirklichkeit, in einem Symbolmodus eigener Art.

Die Waldorfschule kommt dieser besonderen Disposition entgegen mit vielseitiger Aktivität in den schönen Künsten, mit Märchen und Legenden (Klasse I und II), mit den Bildern des althebräischen, des nordisch-germanischen und des griechisch-römischen Mythenkreises (Klasse III bis V), mit ihrem besonderen symbolisierenden Verfahren der Einführung in die Kunst des Schreibens (Dühnfort/Kranich 1978), mit den „plastischen oder musikalischen Bildern" bei der Betrachtung des Satzbaus im Grammatikunterricht (Dühnfort 1980), besonders deutlich dann mit den Symbolbildern einer im Sinne Goethes aufgefaßten ersten Naturkunde. Dabei steht in zeichenhafter Vereinfachung das Bild des menschlichen Leibes am Anfang (GA 294, S. 97ff.). Die Kinder befinden sich im 3. Schuljahr.

Dem Charakter, den das Ich-Gefühl in dieser Lebensepoche annimmt, entspricht es, das Tier- und Pflanzenreich so anzusehen, daß, was in ihnen an Eigenschaften und Verrichtungen auf viele Wesensarten verteilt ist, in dem Menschenwesen als dem Gipfel der Lebewelt wie in einer harmonischen Einheit sich offenbart (Aspekte S. 41).

Charakteristische Tiergestalten zeigen sodann, wie Leibesform und Lebensweise sich spezialisieren, wenn man sie von der Menschenform abgeleitet sieht. Beim Tintenfisch ist alles *Kopf,* bei Maus, Lamm oder Pferd dominiert der *Rumpf,* nur der Mensch gewinnt durch die Differenzierung von Füßen und Händen Freiheit von den Bedürfnissen des Leibes (GA 294, S. 100ff.). Auch andere Organe, andere Tierformen können nach Gestalt und Funktion aufeinander bezogen werden: Der Kopf ist den Schnecken und Muscheln ähnlich, die Lunge den Vögeln, das Herz dem Löwen, der Magen dem Rind (GA 301, S. 128). (Zur morphologischen Begründung vgl. Schad 1971 und 1982, Suchantke 1983; zu dem kuriosen, aber besonders aufschlußreichen Exempel des Tintenfischs vom biologischen Gesichtspunkt Göbel 1983, vom unterrichtsmethodischen Hartmann 1976, S. 96ff.)

Verwandte Möglichkeiten bietet die erste Pflanzenkunde. Die Pflanzenwelt läßt sich als Gestalt-Reihe in Analogie zur Entfaltung des kindlichen Seelenlebens darstellen (vgl. Gögelein, in diesem Band S. 192ff.), zugleich im ökologisch aufgefaßten Zusammenhang von Licht, Luft, Wasser und Bodenleben während des ganzen Jahreskreislaufs und in ihrer Beziehung zum Gesamtorganismus der Erde (vgl. Grohmann 1979; zur weiteren Entfaltung „lebendiger Begriffe" im Bereich der Chemie: P. Buck in diesem Band S. 247ff., der Geographie: Meffert 1972, Zickwolff 1976, Schmidt 1986). Eine Nebenbemerkung Steiners deutet an, daß die Tierwelt in ihrem Verhältnis zum Menschen mehr in unmittelbar gestalthafter Anschauung, also im Modus des *präsentativen* Symbolisierens aufgefaßt werden soll, die Pflanzenwelt hingegen im *diskursiven* Modus als *kausale* Deutung des Zusammenhangs, wenn auch nicht auf mechanistische Weise.

„Man wird bemerken ..., daß die Kinder gerade an dem Pflanzlichen die Frage nach dem Warum und Wie der Welt entwickeln .... Wie man ... das Kausalgefühl, das Ursachengefühl an der an die Erde gebundenen Pflanze entwickeln soll, so den Vergleich, die Analogie, die immer eine entsprechende Stellung im Leben einnehmen soll, an der Tierwelt" (GA 303, S. 188).

Erst nach dem zwölften Lebensjahr (in der Terminologie Piagets nach dem Übergang von den konkreten zu den formalen Operationen) wird im Unterricht besprochen, was „ganz ohne Beziehung zum Menschen aufgefaßt werden muß" (Aspekte S. 41): das Mineralreich, die Welt der physikalischen Tatsachen, oder mit Langer gesagt: die nach dem Kausalnexus geordnete diskursive Symbolik der exakten Naturwissenschaften und der ihr entsprechenden Mathematik.

Der Bevorzugung des präsentativen Modus in den ersten Schuljahren entspricht Steiners wiederholte Ablehnung verfrühter „wissenschaftlicher" Urteilsbildung. Es sei zu wünschen, daß sich Kinder vieles zunächst rein gedächtnismäßig aneignen, was sie erst später aus eigener Kraft begrifflich verstehen, „wie man die Regeln der Sprache am besten an der Sprache lernt, die man bereits spricht" (Aspekte S. 32). Steiner bezieht sich dabei auf Jean Paul:

„Fürchtet keine Unverständlichkeit, sogar ganzer Sätze; eure Miene und euer Akzent und der ahnende Drang, zu verstehen, hellet die eine Hälfte und mit dieser und der Zeit die andere auf. Der Akzent ist bei Kindern wie bei den Chinesen und den Weltleuten die halbe Sprache ... Vertrauet auf die Entzifferkanzlei der Zeit und des Zusammenhanges" (EdK S. 33).

Auf den Gesamtzusammenhang des Lebens in seiner Zeitgestalt soll gesehen werden. Dadurch könne vermieden werden, daß der „Anschauungsunterricht" des Lehrers durch das Übermaß an Einstellung auf das „Verständnis" des Kindes in Banalität verfällt.

„Diese mag der Selbstbetätigung des Kindes Rechnung tragen; allein ihre Früchte sind mit dem Kindesalter ungenießbar geworden; die weckende Kraft, die das lebendige Feuer des Lehrers in dem Kinde entzündet bei Dingen, die in gewisser Beziehung noch über sein „Verständnis" hinaus liegen, bleibt wirksam durch das ganze Leben hindurch" (Aspekte S. 41. Vgl. auch GA 181, S. 134f. und GA 191, S. 40f.).

Für Steiner beruht auf der Zurückhaltung des diskursiven Begriffsurteils während des zweiten Jahrsiebts die Möglichkeit zur selbständigen wissenschaftlichen Urteilsbildung im Reifealter.

„Das Denken in seiner eigenen Gestalt, als inneres Leben in abgezogenen Begriffen, muß in der in Frage kommenden Lebensperiode noch zurücktreten. Es muß sich wie unbeeinflußt, gleichsam von selbst entwickeln, während die Seele die Gleichnisse und Bilder des Lebens und der Naturgeheimnisse vermittelt erhält ... damit dann, nach erfolgter Geschlechtsreife, der Mensch fähig werde, den Dingen des Lebens und Wissens gegenüber sich in voller Selbständigkeit seine Meinung zu bilden" (EdK S. 38).

Als wichtiges präsentativ symbolisierendes Methodenprinzip der Waldorf-schule sei gesondert das Kunstmittel der „sinnigen Geschichte" betrachtet (vgl. Fucke 1981). Es handelt sich um anspruchslose kleine Erzählungen, die im Idealfall dem Lehrer aus seinem persönlichen meditativen Umgang mit Na-turbeobachtungen zuwachsen, Geschichten von Sternen, Steinen, Blumen und Tieren, Bergen, Seen und Flüssen, Wind und Wetter. (Als „sinnig" bezeichnete man von der Goethezeit an bis ins frühe 20. Jahrhundert, was zum „Sinnen, zu nachdenklicher und gemütvoller Betrachtung, zum Deuten und Suchen eines innern Sinns geneigt" ist, oder „was zum Sinnen anregt, wobei sich allerlei denken läßt". Goethe sah in einem gewissen Kunstwerk „eine geistige Sym-metrie, so gefühlt und sinnig, daß man angezogen und eingenommen wird" [Grimm, Deutsches Wörterbuch].) Schöne Beispiele stammen von Michael Bauer (1985), Jakob Streit (1976), Lore Schäfer (1980). Den *Anlaß* gibt ein Natureindruck. Die Herstellung des symbolischen Bildes ist dann Sache der Phantasie des Lehrers, der bemüht sein wird, seine kleine Beobachtung kon-sequent im Sinne präsentativen Symbolisierens zu entfalten, dem aber Unge-schicklichkeiten dabei durchaus gestattet sind. „Ob die Dinge geschehen oder nicht, das ist im einzelnen ganz gleichgültig; daß sie *sinnig* sind, darauf kommt es an (GA 177, S. 189)." Nach Fucke (1981) sind „sinnige Geschichten" für die ersten drei Jahre der Waldorfschule gedacht. Wer solchen Erzählungen da begegnet ist, wo sie höchste künstlerische Form erreichen, wie bei Selma La-gerlöf (1984) in der Geschichte vom großen Schmetterling oder der Sage von Uppland, wird sie auch für ältere Kinder und für Erwachsene brauchbar fin-den.

Nach der Pubertät, im *dritten* Jahrsiebt, tritt das methodische Element des präsentativen Symbols zunächst ganz zurück. Die präsentativen Formen des Wissens werden im Bereich der Musik, der bildenden Künste, der Eurythmie, des Sports, der praktischen Arbeit in Werkstatt, Küche und Garten weiterhin umfänglich gepflegt, doch wird den diskursiven Formen jetzt breiter Raum gegeben. Mit der auslaufenden Klassenlehrerzeit, beginnend etwa mit dem vollendeten zwölften Lebensjahr, treten abstraktere Begriffe in den Vorder-grund, bis hin zur Aneignung und wissenschaftstheoretischen Reflexion der allegorisierenden Wissensformen der modernen Naturwissenschaft (vgl. be-sonders Buck/Mackensen 1988). Im gesamten Verlauf der Oberstufenzeit (Kl. IX bis XII) wird jedoch dafür gesorgt, daß die Beweglichkeit im Umgang mit unterschiedlichen Formen des Wissens, die Fähigkeit zum bewußten Perspek-tivenwechsel und zur Herstellung ganzheitlicher Bezüge im Begreifen der Welt, die während des zweiten Jahrsiebts eingeübt worden ist, nicht verlorengeht. Der junge Mensch ist jetzt „Phantasiewesen und Beurteiler" (GA 304, S. 199). Er soll seinen eigenen Daseinsentwurf wagen, seine Ahnungen, seine Träume und Hoffnungen, seine latenten Fragen (GA 302a, S. 80f.) *ebenso* wie seine kritische Vernunft und seinen Sachverstand auf den *Sinn* der Welt richten dürfen, nicht nur auf eine fachwissenschaftlich orientierte Systematik bezie-hungsloser Fakten.

So scheint der klassische Waldorf-Lehrplan, insgesamt betrachtet, eine ge-ordnete Folge von Übungen in unterschiedlichen Formen des Symbolisierens zu durchlaufen. Im Überblick:

1. Jahrsiebt: Übungen zum Natursymbol.

2. Jahrsiebt:   ca. 7–9: Vorwiegend präsentative Formen („lebensvolle Bilder in
   ihrer geistigen Anschaulichkeit")
   ca. 9–12: Übergang vom präsentativen Modus der bildhaften
   Analogie (Tierkunde) zum diskursiven Modus der „Frage nach
   dem Warum und Wie der Welt" („Kausalgefühl")
   ab 12: Zusätzliche Einführung kausalanalytischer Formen

3. Jahrsiebt:  Diskursive Formen *in reflektierter Beziehung* zu den übrigen

Auf symbolischen Ausdruck im Sinn Goethes richten sich nun auch Steiners
Bemühungen, dem Lehrerwissen und im besonderen der pädagogischen Anthropologie, der „Menschenkunde", eine lebendige und lebensgemäße Form
zu geben. Steiner scheint dabei zunächst einen Umweg einzuschlagen, der für
die heutige Stellung der anthroposophischen Pädagogik in der Welt nicht ohne
problematische Folgen geblieben ist. Manches spricht dafür, daß er mindestens
noch bis zu den wenigen pädagogischen Vorträgen der Jahre 1906/7 hinsichtlich
des Theorie-Praxis-Verhältnisses in der Pädagogik eher einer technizistischen
Auffassung zugeneigt war. Seine pädagogische Anthropologie erscheint damals mit apodiktischem Anspruch auf universelle Gültigkeit und Praktikabi-
lität, ähnlich den Wissensformen der Ingenieurkunst.

„Nur wer nicht mit allgemeinen Redensarten, sondern mit wirklicher Kenntnis der
Maschine im einzelnen an sie herantritt, kann sie handhaben. So handelt es sich auch für
die Erziehungskunst um eine Kenntnis der Glieder der menschlichen Wesenheit und
deren Entwickelung im einzelnen "(EdK S. 20).[6]

Erst mit seinen Versuchen zur Erneuerung der *Künste* (ab 1907) gerät Steiner in
die Lage, für die Vermittlung von Theorie und Lebenspraxis die Formen präsentativen Symbolisierens einzusetzen. Es zeigt sich ihm die Möglichkeit,
„Rätsel" des Lebens im *Anschauen* statt durch den begrifflichen Diskurs zu
lösen (so im Mysteriendrama von 1910, GA 14, S. 121f. Mit Bezug auf pädagogisches Erkennen und Handeln: in Vorträgen über Anlage, Begabung und
Erziehung, 14.11.1910, 6. und 12.2.1911, wie dann noch öfter, z.B. GA 294,
S. 33; Aspekte S. 47). Von daher scheint sich mit dem Aufbau der Waldorfschule vom Jahre 1919 an eine zunehmend deutliche Leitvorstellung für ein
erneuertes Verständnis des Zusammenhanges von Theorie und Praxis des Erziehens zu entfalten. Ein „lebendiges" Erkennen wird gesucht, das von den
Wissensformen diskursiver Symbolik im Sinne S. K. Langers zu gestalthaften
„Begriffsbildern" und präsentativer Symbolik vordringt, zu Schulungsmitteln
der Selbsterziehung, die auch den nichtpropositionalen Bereich des Wissens
für die Praxis des Erziehens rational zugänglich machen. Dies „lebendige"
Erkennen begreift sich zunächst am Gegensatz zu allegorisierenden Wissensformen.

„Was der Erzieher tut, kann nur in geringem Maße davon abhängen, was in ihm durch
allgemeine Normen einer abstrakten Pädagogik angeregt ist; es muß vielmehr in jedem
Augenblicke seines Wirkens aus lebendiger Erkenntnis des werdenden Menschen heraus neu geboren sein" (Aspekte S. 37).

Ein Jahr später tritt die Forderung nach „künstlerischer Gestaltungskraft in der Erkenntnis" hinzu.

„Der Erkennende muß zum künstlerisch Schauenden werden, wenn er das Seelische erfassen will" (Aspekte S. 45).

An eine Art der Menschenerkenntnis wird gedacht, „die so in sich bewegliche, lebendige Ideen hat, daß der Erzieher sie in die praktische Anschauung der einzelnen kindlichen Individualität umsetzen kann" (Aspekte S. 46).

„Die hier gemeinte Geist-Erkenntnis führt nicht, nach dem Vorbilde der Natur-Erkenntnis, zum Vorstellen allgemeiner Ideen, um diese im einzelnen Falle anzuwenden, sondern sie erzieht den Menschen zu einer Seelen-Verfassung, die den einzelnen Fall in seiner Selbständigkeit schauend erlebt" (Aspekte S. 46).

Nach Verlauf eines weiteren Jahres wird der implizit schon gegebene Bezug zu Goethes Symboltheorie vollends deutlich:

„Anthroposophie ... sieht in jeder einzelnen menschlichen Individualität den Menschen im allgemeinen. Aber sie wird doch nicht zur abstrakten Theorie, die den Menschen in allgemeine Kräfte auflöst, indem sie ihn erkennen will. Ihre Gedanken über den Menschen sind Erlebnisse am Menschen ... Sie braucht nicht erst künstlich allgemeine Gesetze auf die einzelnen Erscheinungen des Lebens anzuwenden; sie bleibt von Anfang an im vollen Leben stehen, indem sie in demselben das Allgemeine selbst als Leben schaut" (Aspekte S. 7).

Im vorletzten Arbeitsjahr Steiners schließlich wird der Klärungsprozeß in eine paradigmatische Metapher gefaßt:

„Ein im Leben webendes Wissen vom Menschen nimmt das Wesen[7] des Kindes auf wie das Auge die Farbe aufnimmt" (Aspekte S. 19).

Im Lichte der Farbentheorie Goethes und seines Symbolbegriffs erweist sich dieser Satz als Kernstück der Steinerschen Erziehungslehre.[8]

Die „Begriffsbilder" und die präsentative Symbolik der anthroposophischen Menschenkunde Steiners können hier nicht im einzelnen vorgestellt oder gar diskutiert werden. Als Beispiele seien genannt: Die Vierheit der Temperamente (GA 295, dazu Kiersch 1990, S. 24f.), die Polarität von Blut und Nerv in ihrer Beziehung zu den psychologischen Phänomenreihen Wollen – Sympathie – Phantasie – Imagination / Erkennen – Antipathie – Gedächtnis – Begriff (GA 293), die Idee der psychologischen, physiologischen und pneumatologischen Dreigliederung (GA 21), die an Nietzsches Polarität des Apollinischen und des Dionysischen erinnernde Idee einer „plastisch-musikalischen Menschenkunde" und das entsprechende Meditationsbild für Lehrer (GA 302 a), die mantrische Spruchdichtung Steiners, insbesondere der weit verbreitete Anthroposophische Seelenkalender (GA 40), schließlich das Gesamtkunstwerk des Dornacher Goetheanum-Baus (Biesantz/Klingborg 1978).

Steiners Bemühen um „lebendige Begriffe" für die Pädagogik konkretisiert zunächst das verbreitete Unbehagen gegenüber dem Einfluß des neuzeitlichen naturwissenschaftlichen Denkens auf die Praxis des Erziehens. Der Beobachter spürt die Übermacht diskursiver Symbolformen, die mit den Operationen der Curriculumstrategie das Leben aus unseren Schulen herausdrängt, sinnliche Erfahrung, Alltagswissen und die Vernunft präsentativer Symbolik durch „bloße Worterklärungen" ersetzt und die Seelen unserer Kinder verödet. Das macht ihn geneigt, die Ansätze Steiners versuchsweise gelten zu lassen, auch wenn sie ihm diffus, widersprüchlich oder irrational erscheinen (so etwa eine Reihe von Beiträgen in Hansmann 1987). Es geht aber bei Steiner nicht nur um mehr Kunst, mehr Natur, mehr Ökologie oder Werkstattbetrieb in der Schule, auch nicht um einen spekulativen Holismus zur Hebung des Daseinsgefühls. Es geht auch und vor allem um die *Freiheit des Denkens*. Die aber hängt davon ab, wie weit wir in der Lage sind, den Zusammenhang der erstarrten „allegorischen" Formen des Wissens und Begreifens mit anderen Ausdrucksformen des Menschengeistes selbständig zu überschauen.

## Anmerkungen

1 Dilthey, der bei der Begründung seiner Methodenlehre der modernen Geisteswissenschaften in auffallend ähnlicher Weise wie Steiner den *ganzen* Menschen „in der Mannigfaltigkeit seiner Kräfte, dies wollend fühlend vorstellende Wesen" am Erkenntnisprozeß beteiligt wissen will (Einleitung in die Geisteswissenschaften. Dilthey 1921, Bd. I, S. XVIII), sieht in diesem Zusammenhang die Notwendigkeit einer Erneuerung der Kategorienlehre vor sich. Er will diese, die ihm durch den Einfluß der neueren Naturwissenschaften „auf den Kopf gestellt" zu sein scheint, durch die Unterscheidung von formalen und realen Kategorien („Lebensbegriffen") wieder „auf die Füße" stellen (a. a. O. Bd. XIX, S. 288). Vgl. dazu auch Steiners anthroposophisch-physiologische Begründung des Zusammenhangs von Schluß, Urteil und Begriff im Lehrerkurs von 1921 (13. 6. 1921, GA 302).
2 Womöglich nähert sich Steiner hier der neueren Begriffslogik, die – im Anschluß an Frege, Whitehead, Russell – den Begriff als Urteilsfunktion und Relationsgefüge auffaßt (zusammenfassend Wagner 1973, S. 204 ff.).
3 Zur neueren Diskussion über die Aktualität des Goetheschen Wissenschaftsbegriffs vgl. Gögelein 1972 und neuerdings Amrine/Zucker/Wheeler 1987 (mit ausführlicher Bibliographie). Gernot Böhme (1980) sieht bereits eine durchgehende Vergleichbarkeit der Auffassungen Goethes mit dem empirischen Wissenschaftsbegriff gegeben: „Überall . . ., wo Goethes Wissenschaft von einem essential neuzeitlicher Naturwissenschaft abweicht, läßt sich eine analoge Struktur, ein funktionales Äquivalent angeben. Der Identifizierung eines Objekts durch geregelten Umgang mit Apparaten entspricht die sprachlich geregelte Verständigung über sinnliche Erfahrungen. Der Herstellung fester Bedingungen und Parametervariation gemäß einer Hypothese entspricht die Variation der Bedingungen und vollständige Durchmusterung des Konkreten entlang der natürlichen Ordnung der Phänomene. Dem Gesetz als funktionaler Beziehung quantitativer Daten entspricht das Gesetz als strukturelle Beziehung zwischen den Phänomenen. Der Erklärung als Angabe von Ursachen für Wirkungen entspricht die Erklärung als Angabe von Anlässen für das Hervortreten von Phänomenen durch Polarisation. Der theoretischen Herstellung der Einheit gegebener Daten durch Reduktion auf zugrundeliegende Entitäten (Atome, Moleküle), entspricht die theoretische Einheit im Urphänomen. Mag es deshalb vom Standpunkt der neuzeitlichen Naturwissenschaft her problematisch erscheinen, bei Goethe von ‚Daten', ‚experimenteller Methode', ‚Gesetz', ‚Erklärung' oder ‚Theorie' zu reden, so findet sich doch in seiner Wissenschaft für all dies ein Äquivalent" (S. 149). Speziell zum Symbolbegriff Goethes vgl. Schadewaldt (1956), Brednow (1966), Eichhorn (1971), Jaszi (1973), Blasius (1979), Habel (1981), Emrich (1981), zur Frage nach der Rationalität der Goetheschen Symbolik besonders Emrich (1953).
4 Nach B. A. Sørensen lassen sich folgende wichtige Merkmale des von Goethe im Anschluß an Moritz, Herder u. a. und in fortwährendem Gespräch mit Schiller seit 1797 entwickelten Symbolbegriffs feststellen: „die Autonomie des Bildes, dessen Wesen als Sein und nicht als Bedeuten bestimmt wird; die Präsenz der Idee im Symbol und zugleich die Gebundenheit des Symbols an die Welt der Erscheinungen; der paradoxe Charakter, da nämlich das Symbol nur dann, wenn es

nur *ist* und nicht *bedeutet*, seine Bedeutung verwirklichen kann; der Organismus- und Ausdruckscharakter; der Ausgleich und die Untrennbarkeit von Bild und Bedeutung, von sinnlicher und übersinnlicher Wirklichkeitsebene, von Besonderem und Allgemeinem; der Anteil des Unbewußten und des Emotionellen an der Aufschließung der nicht restlos festzulegenden Bedeutung" (Sørensen 1972, S. 264).

5 Zum Begriff der Komplementarität, der mit besonders nachhaltiger Wirkung von Niels Bohr im Zusammenhang seiner Interpretation der Quantenmechanik entwickelt wurde, vgl. Fischer 1987.

6 Ähnlich der Aufsatz „Theosophie und Sozialismus" von 1903: „Das, was die Theosophie als die seelische (astrale) und als die geistige Welt enthüllt, das enthält die Gesetze für das menschliche Leben, wie die Elektrizitätslehre die Gesetze für den Elektromotor enthält" (GA 34, S. 435).

7 Nicht „Wissen", wie fehlerhaft in Aspekte, S. 19.

8 Eingehende Interpretation bei Kiersch 1978, S. 35 f.


## Literatur

Die Vorträge *Rudolf Steiners* werden mit den Nummern der Dornacher Gesamtausgabe (GA) zitiert, seine pädagogischen Aufsätze nach den Sonderausgaben *Aspekte der Waldorfpädagogik*. Frankfurt 1985 (Aspekte) und *Die Erziehung des Kindes vom Gesichtspunkte der Geisteswissenschaft*. Dornach 1984 (EdK).

Amrine, F./Zucker, F. J./Wheeler, H. (Hrsg.): Goethe and the Sciences: A Reappraisal. Boston Studies in the Philosophy of Science Bd. 97. Dordrecht 1987.

Barfield, O.: Saving the Appearances. A Study in Idolatry. New York (Harcourt, Brace & World) 1965.

Bauer, M.: Gesammelte Werke, Bd. 1. Stuttgart 1985.

Berman, M.: Wiederverzauberung der Welt. Am Ende des Newtonschen Zeitalters. Reinbek 1985.

Biesantz, H./Klingborg, A.: Das Goetheanum. Dornach 1978.

Blasius, J.: Zur Wissenschaftstheorie Goethes. In: Zeitschrift für philosophische Forschung 33/1979, S. 371–388.

Bockemühl, M.: Rembrandt. Mittenwald 1981.

Ders.: Die Wirklichkeit des Bildes. Bildrezeption als Bildproduktion. Stuttgart 1985.

Böhme, G.: Alternativen der Wissenschaft. Frankfurt 1980.

Brednow, W.: Symbol und Symbolik in der Biologie Goethes. In: Goethe-Jahrbuch 28 (1966), S. 236–262.

Buck, P./v. Mackensen, M.: Naturphänomene erlebend verstehen. Über Physik- und Chemieunterricht an Waldorfschulen und ihre erkenntnismethodische und didaktische Grundlegung. Köln ²1988.

Dühnfort, E./Kranich, E. M.: Der Anfangsunterricht im Schreiben und Lesen in seiner Bedeutung für das Lernen und für die Entwicklung des Kindes. Stuttgart ²1978.

Eichhorn, P.: Idee und Erfahrung im Spätwerk Goethes. Freiburg/München 1971.

Emrich, W.: Symbolinterpretation und Mythenforschung. In: Euphorion 1953, S. 38–67.

Ders.: Die Symbolik von Faust II. Königstein/Ts. ⁵1981.

Fischer, E. P.: Sowohl als auch. Denkerfahrungen der Naturwissenschaften. Hamburg 1987.

Fleck, L.: Entstehung und Entwicklung einer wissenschaftlichen Tatsache. Frankfurt 1980.

Fucke, E.: Die Bedeutung der Phantasie für Emanzipation und Autonomie des Menschen. Stuttgart ²1981.

Göbel, T.: Naturbilder menschlicher Gestaltungskräfte. Tintenfisch, Schnecke und Muschel. In: Schad, W. (Hrsg.): Goetheanistische Naturwissenschaft, Bd. 3. Stuttgart 1983, S. 50 ff.

Gögelein, Ch.: Zu Goethes Begriff von Wissenschaft auf dem Wege der Methodik seiner Farbstudien. München 1972.

Grohmann, G.: Zur ersten Tier- und Pflanzenkunde in der Pädagogik Rudolf Steiners. Stuttgart 1979.

Habel, R.: Goethes Symbolbegriff. In: Die Drei 51/1981, S. 81–97.

Hansmann, O. (Hrsg.): Pro und Contra Waldorfpädagogik. Akademische Pädagogik in der Auseinandersetzung mit der Rudolf-Steiner-Pädagogik. Würzburg 1987.

Hartmann, G.: Erziehung aus Menschenerkenntnis. Dornach ³1976.

Jaszi, A.: Entzweiung und Vereinigung. Goethes symbolische Weltanschauung. Heidelberg 1973.

Kiersch, J.: Freie Lehrerbildung. Zum Entwurf Rudolf Steiners. Stuttgart 1978.

Ders.: Die Waldorfpädagogik. Stuttgart ⁷1990.

Kurz, G.: Metapher, Allegorie, Symbol. Göttingen 1982.

Lagerlöf, S.: Wunderbare Reise des kleinen Nils Holgersson mit den Wildgänsen. München 1984.

Langer, S. K.: Philosophy in a New Key (1942). Deutsch: Philosophie auf neuem Wege. Das Symbol im Denken, im Ritus und in der Kunst. Frankfurt 1987.

Lauer, H. E.: Die zwölf Sinne des Menschen. Schaffhausen ²1977.

Meffert, E.: Die Reform des geographischen Curriculum und die Waldorfpädagogik. In: Erziehungskunst 1972, H. 2, S. 37–46.

Müller-Wiedemann, H.: Mitte der Kindheit. Das neunte bis zwölfte Lebensjahr. Eine biographische Phänomenologie der kindlichen Entwicklung. Frankfurt 1984.

Nauhaus, W.: „Des bunten Bogens Wechseldauer". In: Goethe-Jahrbuch 28 (1966), S. 106–121.

Pound, E.: ABC of Reading. London (Faber) 1961

Schad, W.: Säugetiere und Mensch. Zur Gestaltbiologie vom Gesichtspunkt der Dreigliederung. Stuttgart 1971.

Ders. (Hrsg.): Goetheanistische Naturwissenschaft. 4 Bde. Stuttgart 1982 ff.

Schäfer, L.: Aus der Arbeit einer Lehrerin. Stuttgart 1980.

Scheurle, H.-J.: Die Gesamtsinnesorganisation. Überwindung der Subjekt-Objekt-Spaltung in der Sinneslehre. Stuttgart ²1984.

Schmidt, T.: Polarität und Steigerung im Zusammenhang mit der Geographie-Epoche der 12. Klasse. In: Erziehungskunst 1986, H. 3, S. 137–148.

Sørensen, B. A.: Allegorie und Symbol. Frankfurt 1972.

Steiner, R.: Einleitungen zu Goethes Naturwissenschaftlichen Schriften (1884–1897). GA 1. Dornach 1973.

Steiner, R.: Grundlinien einer Erkenntnistheorie der Goetheschen Weltanschauung (1886). GA 2. Dornach 1979.

Ders.: Wahrheit und Wissenschaft (1892). GA 3. Dornach 1980.

Ders.: Die Philosophie der Freiheit (1894). GA 4. Dornach 1978.

Ders.: Goethes Weltanschauung (1897). GA 6. Dornach 1963.

Ders.: Vier Mysteriendramen (1910–1913). GA 14. Dornach 1981.

Ders.: Von Seelenrätseln (1917). GA 21. Dornach 1983.

Ders.: Lucifer-Gnosis. Grundlegende Aufsätze zur Anthroposophie und Berichte aus den Zeitschriften „Luzifer" und „Lucifer-Gnosis", 1903 bis 1908. GA 34. Dornach 1960.

Ders.: Wahrspruchworte (1906–1925). GA 40. Dornach 1981.

Ders.: Die Erkenntnis des Übersinnlichen in unserer Zeit und deren Bedeutung für das heutige Leben (1906/07). GA 55. Dornach 1959.

Ders.: Der menschliche und der kosmische Gedanke (1914). GA 151. Dornach 1980.

Ders.: Die spirituellen Hintergründe der äußeren Welt (1917). GA 177. Dornach 1968.

Ders.: Geschichtliche Notwendigkeit und Freiheit (1917). GA 179. Dornach 1977.

Ders.: Erdensterben und Weltenleben (1918). GA 181. Dornach 1967.

Ders.: Soziales Verständnis aus geisteswissenschaftlicher Erkenntnis (1919). GA 191. Dornach 1972.

Ders.: Eurythmie als sichtbare Sprache (1924). GA 279. Dornach 1968.

Ders.: Allgemeine Menschenkunde als Grundlage der Pädagogik (1919). GA 293. Dornach 1973.

Ders.: Erziehungskunst. Methodisch-Didaktisches (1919). GA 294. Dornach 1974.

Ders.: Erziehungskunst. Seminarbesprechungen und Lehrplanvorträge (1919). GA 295. Dornach 1969.

Ders.: Konferenzen mit den Lehrern der Freien Waldorfschule 1919 bis 1924. GA 300. Dornach 1975.

Ders.: Die Erneuerung der pädagogisch-didaktischen Kunst durch Geisteswissenschaft (1920). GA 301. Dornach 1977.

Ders.: Menschenerkenntnis und Unterrichtsgestaltung (1921). GA 302. Dornach 1978.

Ders.: Erziehung und Unterricht aus Menschenerkenntnis (1920 bis 1923). GA 302a. Dornach 1983.

Ders.: Die gesunde Entwickelung des Menschenwesens (1921/22). GA 303. Dornach 1987.

Ders.: Erziehungs- und Unterrichtsmethoden auf anthroposophischer Grundlage (1921/22). GA 304. Dornach 1979.

Ders.: Die Methodik des Lehrens und die Lebensbedingungen des Erziehens (1924). GA 308. Dornach 1974.

Ders.: Anthroposophische Pädagogik und ihre Voraussetzungen (1924). GA 309. Dornach 1972.

Ders.: Grenzen der Naturerkenntnis (1920). GA 322. Dornach 1981.

Ders.: Der Entstehungsmoment der Naturwissenschaft in der Weltgeschichte und ihre seitherige Entwickelung (1922/23). GA 326. Dornach 1977.

Streit, J.: Bergblumen-Märchen. Schaffhausen [3]1976.

Suchantke, A.: Konvergente Evolution des Skelettes in verschiedenen Tiergruppen. In: Schad, W. (Hrsg.): Goetheanistische Naturwissenschaft. Bd. 3, S. 12ff. Stuttgart 1983.

Wagner, H.: Begriff. In: Krings, H., u. a. (Hrsg.): Handbuch philosophischer Grundbegriffe. Bd. 1, S. 191–209. München 1973.

Zickwolff, G.: Von lebendigem Wissen und beweglichen Begriffen. Versuche aus dem Geographie-Unterricht. In: Erziehungskunst 1976. H. 3, S. 97–100 und H. 5, S. 204–209.

# Zweiter Teil:
# Zur Anthropologie

Zu den wichtigsten Grundlagen der Waldorfpädagogik gehört ihre Anthropologie der Interdependenz und Entwicklungspotentiale menschlicher Existenzschichten und Kräfte.

Für die Erziehungswissenschaft steht sie als solche vielleicht der Geisteswissenschaftlichen Pädagogik am nächsten, ferner aber allen Formen und Interessen konstruktrationaler Ansätze.

Diese Anthropologie ist vor allem individuell tätige Anschauung, weder faktorenanalytisch falsifizierbare Konstrukttheorie noch ideologiekritische und politische Aufklärung, was ihrer theoretischen Vermittlung heute lebenspraktische Grenzen setzt, wenn sie mehr als Schreibtischlektüre oder Überzeugungsbestätigung beansprucht. Sie verlangt individuelle, d. h. auf eigene pädagogische Erfahrung gerichtete und sie durchdringende, zugleich ganzheitliche Reflexionspraxis und verspricht dann eine Fülle praktisch wirksam werdender Einsichten, Anregungen und Sicherheiten.

Diese Anthropologie versucht vor allem mit kategorialen Hinweisen und praktischen Übungsmöglichkeiten Anschauungsmöglichkeiten zu vermitteln, die ein anderes pädagogisches Ausbildungs- und Berufsverständnis ermöglichen, die freiheitliches, d. h. individualisiertes, kind- und sachgerechtes, schöpferisches pädagogisches Handeln freisetzen.

Mit diesen, der Erziehungswissenschaft methodologisch ungewohnten Ansprüchen ist kein wissenschaftlicher Rückschritt gegeben, sondern ein unaufgebbarer menschenkundlicher Anspruch an die Professionalisierung der Erzieherpersönlichkeit.

Diese zentrale Bedeutung der pädagogischen, z. Z. erziehungswissenschaftlich eher vernachlässigten Anthropologie wird im Beitrag von Ernst-Michael Kranich begründet, nach ihren allgemeinen Grundzügen dargestellt und für die Entwicklung des Kindes verfolgt. Im Beitrag von Stefan Leber wird die für die Waldorfpädagogik zentrale und heute angesichts der modernen Entfremdungen immer aktueller werdende Ich-Vorstellung entwickelt. Die aus dieser Anthropologie folgenden Ansprüche an die die ganze Persönlichkeit herausfordernde Unterrichtsvorbereitung der Waldorfpädagogen werden im Beitrag von Christoph Gögelein vorgeführt.

Damit wird die Erziehungswissenschaft mit einem ganz anderen pädagogischen Wirklichkeits- und Wirkungsverständnis konfrontiert, über dessen praktische Bedeutung für die Waldorfpädagogik erziehungswissenschaftlich kein Zweifel herrschen kann.

Zwei entscheidende Fragen bleiben hier allerdings noch unbeantwortet: In welchem Verhältnis steht diese Anthropologie zu den erziehungswissenschaftlich vertretenen Anthropologien und nach welchen Kriterien müssen ihre Differenzen beurteilt werden?

Dies wird auch eine vergleichende Diskussion der pädagogischen Bedeutung der Grundlagen anderer Pädagogiken (z. B. ihrer Anthropologien, Begriffsbildungen etc.) notwendig machen. Eines der praktischen Felder, aus dem hier Kriterien gewonnen werden können, sind dann die praktischen Konsequenzen für Unterricht, die sich jeweils aus unterschiedlichen Grundlagen ergeben und sich im nächsten Abschnitt über Unterricht schon darstellen.

Ernst-Michael Kranich

# Anthropologie – das Fundament der pädagogischen Praxis

„Wie erzogen werden soll,
kann man erst wissen, wenn
man weiß, was der Mensch
eigentlich ist."

R. Steiner

## 1. Welche Bedeutung hat Anthropologie in der anthroposophischen Pädagogik?

Anthropologie und Pädagogik sind unausweichlich miteinander verflochten. Jede pädagogische Konzeption, alles erzieherische Handeln enthält – ausgesprochen oder unausgesprochen – bestimmte Auffassungen über den Menschen. Bisweilen sind sie dem Pädagogen, selbst dem, der Erziehungs- oder Unterrichtskonzepte entwirft, nicht bewußt. Oder er legt seinem Tun oder System ein ihm selbstverständliches Menschenbild zugrunde. Pädagogik befindet sich dann im Zustand einer „ideologischen Befangenheit" (Loch). So hat Meinberg in einer ausführlichen Analyse gezeigt, daß in verschiedenen erziehungswissenschaftlichen Konzepten der Gegenwart der „Verstandesmensch", d. h. der um wesentliche Bereiche des Menschlichen amputierte „Homo partialis", das „heimliche Leitbild" ist (Meinberg 1988). Es gibt nur einen Weg aus solcher Verengung und Befangenheit, nämlich den zu einer Anthropologie, die den Menschen möglichst umfassend erkennt.

Das ist Thema der von Scheler und Plessner am Ende der zwanziger Jahre begründeten Philosophischen Anthropologie. Sie bezieht sich auf den Menschen im allgemeinen und seine Stellung in der Welt. In einer Zeit, in der die „immer wachsende Vielzahl der Einzelwissenschaften, die sich mit dem Menschen beschäftigen ... das Wesen des Menschen" weit mehr verdecken, „als daß sie es erleuchten", geht es um „den Wesensbegriff des Menschen" (Scheler 1966, S. 9, 11). Die Wendung zur Pädagogik vollzog Nohl wenig später. Damit war der Anthropologie eine neue Aufgabe gestellt. Sie sollte nicht nur das Wesen des Menschen bestimmen, sondern die Praxis, die des Erziehens, auf dieses Wesen hin durchleuchten und gestalten. Durch „die Weite des so gewonnenen Blicks" wird Erziehung „aus aller handwerklichen Enge" befreit (Bollnow 1969, S. 45). Überschaut man die verschiedenen Konzepte der Pädagogischen Anthropologie, dann drängt sich das Uneinheitliche auf; nicht nur in den Aussagen, sondern vor allem in der Fragestellung und der Methode. Die Pädagogische Anthropologie, so wurde bemerkt, hat es offensichtlich schwerer mit ihrem „Gegenstand" als die Philosophische Anthropologie. Der Weg in die Lebenspraxis ist es, der, neben anderem, Schwierigkeiten bereitet. Um diesen Weg geht es aber gerade.

Pädagogische Anthropologie lenkt unter dem Aspekt des Erziehens den Blick auf wesentliche Dimensionen des Menschlichen, z. B. auf das, „was

Menschsein in seinem innersten Wesen ist und bedeutet" (Döpp-Vorwald 1976, S. 322). Hier findet sie das Ziel, zu dem hin Erziehung den heranwachsenden Menschen als zu sich selbst führen soll. So hat die Pädagogische Anthropologie einen Trend zum Normativen. Sie ist „eine normative Deutung des Menschen als Aufgabe seiner selbst" (Langeveld 1964, S. 5). Das führte denn auch zu der Frage, ob die Pädagogische Anthropologie Erziehung nicht auf ein bestimmtes Menschenbild festlege und einenge.

Das Kernproblem ist offensichtlich auch das kritische: Wie steht Anthropologie zur pädagogischen Praxis? In einem Überblick über die wichtigsten Richtungen der Pädagogischen Anthropologie liest man, daß „von pädagogischer Seite keinerlei Bereitschaft besteht, sich einer vorgegebenen Anthropologie ... als ausführendes Organ unterzuordnen" (Gerner 1986, S. 20). Ganz offensichtlich besteht eine Distanz zwischen Pädagogischer Anthropologie und pädagogischer Praxis. Die anthropologischen Begriffe gehen nicht über in die konkreten Belange des Unterrichtens und Erziehens. Sie bewegen sich im Felde des Theoretischen, von dem der Übergang zu dem der Erziehungswirklichkeit kaum gelingt. So wurde einmal scharf formuliert: das Denken der Pädagogischen Anthropologie „weicht ... der Erziehungswirklichkeit aus" (Kupffer 1976, S. 342). Es befähigt den Lehrer nicht, Unterricht so zu gestalten, daß er in den Kindern die Entwicklung z. B. des Gemüts oder des Willens fördert; die erzieherische Situation bleibt weitgehend außerhalb seiner Begriffe. Die Erziehungswirklichkeit wird im Bereich verwalteter Schule von Bedingungen geprägt, die zu den Inhalten der Pädagogischen Anthropologie nur wenig Beziehung haben. Die gegenwärtigen Formen der Pädagogischen Anthropologie sind selbst ein Faktor, der die Kluft zwischen Theorie und Praxis stabilisiert.

Das alles meinen wir, wenn wir die Pädagogische Anthropologie theoretisch nennen. Man kann ihr eine praktische gegenüberstellen. Das wäre eine Anthropologie, die den Weg in die Praxis findet und den Lehrer in der Vielzahl konkreter erzieherischer Fragen nicht allein läßt. Sie müßte den Menschen vom Allgemeinen seines Wesens bis hin zu den konkreten Prozessen seiner Entwicklung im Kindes- und Jugendalter umfassend verständlich machen. Und sie hätte zu zeigen, welche Prozesse im heranwachsenden Menschen sich in den verschiedenen Bereichen des Lernens abspielen. Eine Anthropologie der Unterrichtsgebiete hätte neben eine Anthropologie der menschlichen Entwicklung zu treten. Was wir mit praktischer Anthropologie meinen, ist mehr als das, was Langeveld (1964, S. 5) unter ihr versteht.

Damit ist zunächst ganz im allgemeinen bezeichnet, was anthroposophische Pädagogik will. Es geht um die Lösung eines fundamentalen Lebensproblems, das für viele Gebiete gilt, aber in der Pädagogik besonders prekär ist, weil es die Entwicklung des Menschen betrifft. Als Steiner die Frage behandelte, „Warum eine anthroposophische Pädagogik?", ging er von diesem Lebensproblem, das mittlerweile weit bedrängender geworden ist, aus. Es ist die Kluft, die zwischen dem besteht, „was man sich theoretisch aneignet, was den eigentlichen Inhalt unseres Geisteslebens bildet, und dem, was die Lebenspraxis ausmacht" (Steiner 1979b, S. 64). Verursacht ist diese Kluft durch die Begriffe, die durch Abstraktion gebildet sich vom Leben entfernen, statt in dieses einzudringen. Von einer Wissenschaft, die die Summe der Tatsachen für die Wirklichkeit nimmt, sagt Wittgenstein: „Wir fühlen, daß selbst, wenn alle *möglichen* wissenschaftlichen Fragen beantwortet sind, unsere Lebensprobleme noch gar nicht berührt sind" (Wittgenstein 1964, S. 114). Die Lebenswelt ist der Tatsachenwissenschaft entfallen. Die Intention anthroposophischer Pädagogik ist die Überwindung dieses Zwiespalts von Erkenntnis und Leben durch eine Anthropologie, die zu einem Verstehen des ganzen Menschen führt, das in der Praxis fruchtbar wird. Im Hinblick auf die Reformbemühungen vom Anfang des Jahrhunderts, die die intellektuelle Enge der Lernschule vom Ende des 19. Jahrhunderts durch eine Bildung des ganzen Menschen ersetzen wollte, sagte Steiner: „Wäre Menschenerkenntnis in diesen Reformplänen gewesen, Anthroposophie brauchte nichts zu sagen" (Steiner 1979b, S. 75). Anthroposophische Pädagogik wäre nicht nötig geworden; denn das Ziel einer umfassenden Menschenbildung wäre durch eine praktische Anthropologie bis in die Einzelheiten verwirklicht worden.

Anthropologie muß den Menschen eingehender begreifen als die bisherigen Formen Pädagogischer Anthropologie, um lebenspraktisch zu werden. Das soll keine Abgrenzung, sondern eine Aufgabe formulieren. Es soll auch deutlich machen, daß es sich keineswegs um Regression auf der Stufe einer überholten Menschenbild-Anthropologie handeln kann, wie Kritiker der anthroposophischen Pädagogik behaupten.

Bevor wir mit den anthropologischen Erörterungen beginnen, wollen wir kurz skizzieren, wie sich aus der Idee einer praktischen Anthropologie Konsequenzen für das ganze Feld pädagogischer Praxis ergeben. Ein Lehrer, der sich die Fähigkeit erwirbt, die Gesetze und Bedingungen[1] menschlicher Entwicklung zu verstehen und dadurch lernt, die Entwicklung des heranwachsenden Menschen im Hinblick auf dessen ganzes Wesen zu fördern, erwirbt sich durch Anthropologie erzieherische Kompetenz. Er kann die erzieherische Verantwortung, soweit sie in den Bereich schulischer Erziehung fällt, voll übernehmen. Bürokratische Verwaltung, die mit ihren Direktiven das pädagogische Handeln des Lehrers beeinflußt, wird dann nicht nur überflüssig, sondern widersinnig. Pädagogische Kompetenz kann nur in einer Schule fruchtbar werden, die sich von bürokratischem Reglement lossagt und selbst verwaltet. Dadurch wird die Lehrer- und Erzieherrolle von ihrer fatalen Ankettung an die Beamtenrolle befreit.

Lebenspraktisch wird Anthropologie aber immer nur im einzelnen Lehrer. Für ihn ist dann der Lehrplan keine Vorschrift, die er zu erfüllen hat. Denn der Lehrplan ergibt sich ihm aus den Bedingungen für die Entwicklung in einem bestimmten Lebensalter; sie bestimmen Auswahl und Behandlung der Unterrichtsstoffe. Bei einer anthropologischen Orientierung der Schule können die Lehrplan-Inhalte nicht einfach aus der Kulturtradition übernommen werden. Diese Inhalte sind z. T. durch den Reduktionismus gegenüber der Wirklichkeit geistleer. Damit fehlt ihnen jene Dimension, die nicht nur zu Kenntnissen führt, sondern auch menschliche Entwicklung anregt. Diese Dimension hat der Lehrer dem Stoff einzupflanzen, wenn Unterricht den Bedingungen menschlicher Entwicklung gerecht werden soll (siehe hierzu die beiden letzten Kapitel dieses Beitrages und die Beiträge von Chr. Gögelein und E. Schuberth in diesem Band). Außerdem sind aus dem Gesamtfeld der Inhalte jeweils diejenigen auszuwählen, die den spezifischen Entwicklungsdispositionen und -notwendigkeiten eines bestimmten Alters entsprechen. Auf diese Weise konkretisiert sich Anthropologie im Lehrplan. Das unterscheidet den Lehrplan vom

*Roter Mohn – Schülerin, 11. Klasse*

*Aufblühende Rosen – Schüler, 11. Klasse*

üblichen Zustandekommen der Lehrpläne. Diese sind nach Weniger in nicht geringem Umfang das „Ergebnis gesellschaftlicher Kämpfe, bleiben auch nach ihrer Kodifizierung Gegenstand solcher Auseinandersetzung". Denn „der Lehrplan gibt an, was im Unterricht geschehen soll, und daher muß jeder gesellschaftliche Faktor, der ... auf die Jugend wirken will, versuchen, Anerkennung und Stellung in den geltenden Lehrplänen zu gewinnen" (Blankertz 1972, S. 120). Durch Anthropologie soll das Kind in seinem Lernen und seiner Entwicklung aber nicht in Abhängigkeit der oft widerstrebenden gesellschaftlichen Faktoren geraten, die wohl ihre Interessen, aber wenig von den Entwicklungsbedingungen des Menschen kennen.

Wenn man das pädagogisch Fatale dieser Situation nicht bemerkt und behauptet, daß Lehrpläne „immer ... aus dem geistigen Kampf sozialer und weltanschaulicher Gruppen hervorgehen" (Ullrich 1986, S. 131), können nur Mißverständnisse entstehen. Man kann dann aus der Tatsache, daß der Lehrplan der Waldorfschulen verschiedene Trends nicht mitvollzogen hat, ableiten, er sei weit hinter der Zeit zurückgeblieben. Die anthroposophische Pädagogik will gerade jene Einflüsse, die Schule zum Werkzeug partikulärer gesellschaftlicher Interessen machen, eliminieren. So schreibt Steiner: „Was ein Mensch in einem bestimmten Lebensalter wissen und können soll, das muß sich aus der Menschennatur ergeben. ... Nicht der Staat oder das Wirtschaftsleben haben zu sagen: So brauchen wir den Menschen für ein bestimmtes Amt; also *prüft* uns die Menschen, die wir brauchen und sorgt zuerst dafür, daß sie wissen und können, was wir brauchen" (Steiner 1982, S. 38). Damit ist auf ein anderes Verhältnis von Schule und Gesellschaft hingewiesen als das heute gängige. Nicht die Gesellschaft, die heute besteht, soll bestimmen, was aus dem her anwachsenden Menschen wird. Es soll sich ungehindert entwickeln, was im Menschen veranlagt ist. „Dann wird es möglich sein, der sozialen Ordnung immer neue Kräfte aus der heranwachsenden Generation zuzuführen. Dann wird in dieser Ordnung immer das leben, was die in sie eintretenden Vollmenschen aus ihr machen; nicht aber wird aus der heranwachsenden Generation gemacht werden, was die bestehende soziale Ordnung aus ihr machen will" (Steiner 1982, S. 37).

Das bedeutet aber keineswegs Ignoranz gegenüber den Forderungen der Gesellschaft. Im Zusammenhang mit der Gründung der ersten Waldorfschule hat sich Steiner entschieden gegen die Lebensfremdheit gymnasialer Bildung gewandt und eine entsprechende Erweiterung der Unterrichtsinhalte gefordert (Steiner 1964, S. 98f.). Anthropologie verhindert aber, daß Schule in den Sog geistiger Modeströmungen gerät (Programmierter Unterricht, Neue Mathematik usw.) und ihre Modernität dadurch ausweist, daß Neues ohne zureichende Reflektion zum Unterrichtsinhalt gemacht wird. Anthropologie ist die Voraussetzung für pädagogische Verantwortung, die die Forderungen der Zeit ernst nimmt, immer aber die Frage aufwirft, wie kann das Neue in Übereinstimmung mit den inneren Bedingungen der menschlichen Entwicklung Inhalt des Unterrichts werden. Es handelt sich keineswegs um eine „freie" Entwicklung ohne objektiv-inhaltliche u. ä. Bestimmungen.

Anthropologie soll vor allem den Blick für die Kinder, für ihre besondere Wesensart und ihre Anlagen schärfen. Dadurch kann das einzelne Kind dem Lehrer zum Rätsel werden. Die Lösung des Rätsels ist nicht nur das Verstehen, sondern ein Handeln, das die Situation des Kindes aufgreift und das Kind in seiner Entwicklung fördert. Der Maßstab des pädagogischen Handelns liegt im werdenden Menschen, nicht in der Beziehung zu einer Norm. Was als Norm, d. h. als Ziel von Erziehung und Unterricht gelten kann, muß dann doch aus Anlagen des Menschen hervorgehen, d. h. sich als Fähigkeit aus diesen irgendwie entwickeln. Andernfalls wäre eine Norm etwas dem Menschen Fremdes, das ihm nur von außen aufgeprägt werden könnte. Die Norm reguliert die pädagogische Wirklichkeit gleichsam von oben, vom Ziel her. Praktische Anthropologie führt dagegen zu einer Pädagogik, für die der einzelne Mensch mit seinen je individuellen Anlagen und deren Entwicklung im Mittelpunkt steht. Was der Pädagogischen Anthropologie und der Erziehungswissenschaft die Norm ist, das ist der anthroposophischen Pädagogik das einzelne Kind und die Berücksichtigung jener Gesetze und Bedingungen, die es in seiner Entwicklung, und zwar möglichst im ganzen Umfang des Menschseins fördern. „Was der Erzieher tut, kann nur in geringem Maße davon abhängen, was in ihm durch allgemeine Normen angeregt ist; es muß vielmehr in jedem Augenblicke seines Wirkens aus lebendiger Erkenntnis des werdenden Menschen heraus neu geboren sein" (Steiner 1982b, S. 86f.). So kompensiert die anthroposophische Pädagogik gleichsam das Defizit an Anthropologie, das der an Normen sich orientierenden Pädagogik anhaftet.

Es ist deshalb eine grobe Verzeichnung, wenn behauptet wird, anthroposophische Pädagogik sei im Konkreten normative Didaktik, die in einer „lückenlosen Deduktionskette" die „Ziele, Inhalte und Methoden schulischer Unterweisung" von ihren „anthropologischen Prämissen" ableite (Ullrich 1986, S. 121). Die folgende Darstellung soll zeigen, daß Anthropologie eine ganz andere Aufgabe hat, als Prämissen für einen Deduktionsprozeß zu liefern. Es ist allerdings viel schwieriger und offensichtlich auch schwer zu verstehen, daß sie nicht nur zu einem System von Aussagen über den Menschen im allgemeinen wird, die man in der Praxis anwendet, sondern zu einer Fähigkeit, die den einzelnen Menschen und in ihm die Bedingungen und Gesetze menschlicher Entwicklung sehen lernt und den Lehrer aus solcher Einsicht zum Erziehen und Unterrichten befähigt.


## 2. Allgemeine Anthropologie

### 2.1 Der Mensch – ein Wesen mit Leib, Seele und Geist

Eine der wichtigsten Fragen der Anthropologie ist die nach den Faktoren, die in ihrem Zusammenwirken den Menschen ausmachen. Denn die Anschauungen, die man sich über diese Faktoren bildet, bestimmen das ganze Denken über den Menschen. Unklarheit oder Irrtum an dieser Stelle führen zwangsläufig zu einer wirklichkeitsfremden Theorie, d. h. in das Unpraktische.

Ein so differenziertes Wesen wie den Menschen wird man nur begreifen, wenn es gelingt, seine wesentlichen Glieder klar ins Auge zu fassen, um durch das, was sich der analysierenden Betrachtung ergibt, Einblick in sein Wesensgefüge zu gewinnen. Die Aufgliederung, die die Wissenschaften vom Menschen in Anatomie, Physiologie, Psychologie, Soziologie usw. vornehmen, ist hier allerdings wenig hilfreich. Denn jede dieser Disziplinen ist durch ihre Methoden auf ihren Ausschnitt festgelegt. Es gibt wohl detaillierte Studien über die Leiberfahrung (Leib-Phänomenologie), die die innige Verflechtung von Leib und Seele aufweisen. So schreibt z. B. Merleau-Ponty: „... mein Leib steht nicht vor mir, sondern ich bin in meinem Leib, oder vielmehr ich bin mein Leib" (1962, S. 180). Neben dieser Einheit der Erfahrung untersucht die Physiologie den Leib als Gegenstand. Von ihren Befunden führt aber kaum ein Weg zu denen der Psychologie. Es fehlt innerhalb der verschiedenen Disziplinen ein methodischer Ansatz für die Erkenntnis des ganzen Menschen. Es entsteht zumeist das Bild eines Konglomerates, von dem man wohl glaubt, aber nicht sieht, daß es sich immer um das gleiche Wesen handelt. Die Hoffnung, durch Integration der Spezialwissenschaften zu einer wirklichen Anthropologie zu kommen, ist wenig aussichtsreich. Wie muß man gliedern, ohne den Weg zur Synthese von vornherein zu verbauen?

Was es zu verstehen gilt, ist der Mensch, der wach und tätig im Leben steht, der Erfahrung sammelt, die Welt erlebt und über sie nachdenkt, der bestimmte Begabungen und Charaktereigenschaften hat, der vom Kind zur selbständigen Persönlichkeit wird usw. Dieser Mensch tritt uns als leibliches Wesen, d. h. als räumlich-materielle Gestalt entgegen. Sein Leib ist lebendiger Leib mit seinen verschiedenen Gliedern und Organen. Er ist bewegte Gestalt, durch die uns der Mensch als Person entgegentritt. Man nimmt unmittelbar wahr, daß man in der Physiognomie, im Spiel der Miene, in Blick und Stimme, in Haltung und Bewegung einem individuellen Wesen begegnet.

Wenn man den Menschen nur unter diesem Aspekt betrachtet, kommt man wie z. B. Binswanger zu der Auffassung, „daß wir anthropologisch keineswegs scheiden dürfen zwischen Leib und Seele als zwei Substanzen oder auch nur als zwei Attribute ein und derselben Substanz". Denn, wenn „Einer den Andern beim Ohr nimmt, beim Kragen oder bittflehend bei den Knieen, so meint er doch weder Ohr, noch Kragen, noch Knie ... sondern Ihn". Leitet man hieraus aber ab, das Menschsein sei eine untrennbare Einheit, so bedeutet das Verengung auf eine Sichtweise. Es gibt nicht nur eine Phänomenologie im Raum menschlicher Begegnung, sondern auch in der inneren Wahrnehmung. Da erlebt man das unmittelbar (Freude usw.), was sich beim andern z. B. in der Miene äußert. So muß man zwischen eigenem unmittelbarem Erleben und dem Verstehen des andern unterscheiden. Man erlebt nur die eigenen Gefühle, nicht die des andern. Seine Auseinandersetzung mit Dilthey (a. a. O., S. 689 ff.) zeigt, daß sich Binswanger den Blick auf diesen Unterschied verstellt hat.

Buytendijk hat einmal gesagt, „für eine Erkenntnis der menschlichen Bewegung ist es ... notwendig, die Identität des Sichtbaren und des Wirklichen aufzugeben" (Buytendijk 1958, S. 174). Das gilt auch für das Antlitz und die Haltung. Das Sichtbare ist der Leib, und zwar dadurch, daß er wie die anderen sichtbaren Dinge seine Gestalt aus Stoffen der äußeren Natur aufbaut. Durch den Leib steht der Mensch mit dieser in Beziehung und nimmt sie durch die Sinne wahr. Was sich am Leib aber als Ausdruck manifestiert, hat seinen Ursprung nicht im Sichtbaren. Man kann den Leib mit allen nur denkbaren Methoden untersuchen und wird das Erlebnis der Freude nicht finden, das sich im Lächeln ausdrückt. Man muß die Beobachtung nicht mehr durch die Sinne nach außen richten, sondern nach „innen", d. h. auf eine im Raum nicht mehr auffindbare Wirklichkeit. Dieses Innere, die Seele, ist es, das sich den Tatsachen und Vorgängen der Umgebung empfindend und wahrnehmend zuwendet; das durch die Wahrnehmungen zu inneren Erlebnissen (Gefallen, Freude, Ärger usw.) angeregt wird, und durch sie in innere Beziehung zur Welt kommt; das Begehrungen und Wünsche gegenüber bestimmten Dingen entwickelt und eigene Absichten durch den Willen ausführt. Diese Regungen und Tätigkeiten erlebt der Mensch als sein *eigenes Inneres*. Er weiß unmittelbar, daß sie (nur) seine eigenen sind (Privatheit und Intimität des Seelischen). Erleben und eigenes Sein sind eine Einheit. Dadurch hat das Seelische den Charakter des Innerlichen. Es löst sich nicht vom Innern los; es gehört eben nicht dem Bereich an, in dem man die Dinge von außen wahrnimmt wie den Leib. So leben die Regungen und Tätigkeiten der Seele in einem Bereich, an den keine Sinneswahrnehmung heranreicht. Niemand kann mit den Sinnen das seelische Erleben eines andern wahrnehmen. Das Medium der Seele ist die Zeit, nicht der Raum.

Aus solchen Beobachtungen ergibt sich, daß Leib und Seele zwei Bereiche des Menschen sind, die sich in ihren Eigenschaften grundlegend unterscheiden. Es gibt kein Übergehen von dem einen in den anderen; Seelisches wird nicht zu Leiblichem, Leibliches nicht zu Seelischem. Selbst dann, wenn ein Gefühl sich im Leib als Miene oder Geste manifestiert, verliert es nicht den Charakter seiner Innerlichkeit. Und die Reize, die aus der Umgebung durch die Sinne auf den Leib einwirken, sind nicht Ursachen für seelisches Erleben wie die Wärme für das Schmelzen des Eises. Sie sind nur Anlaß dafür, daß eine seelische Regung antwortet. So muß man im Menschen ein leibliches und ein seelisches Dasein als zwei eigenständige Bereiche unterscheiden. Eigenständig heißt aber nicht, daß Leib und Seele voneinander abgesondert, sondern von verschiedener Wesensart sind. Ihre Beziehung zueinander, ein wichtiges Kapitel der anthroposophischen Anthropologie, werden wir später behandeln.

Jenen Auffassungen, denen die sogenannten objektiven Tatsachen ausschließlich als das Wirkliche gelten, ist die Seele kein eigenständiger Wesensbereich. Besonders verbreitet ist die Theorie, nach der der Mensch bis in das Gebiet seiner persönlichen Wesensart sein Dasein dem Zusammenwirken von Vererbung und Umwelt verdankt. Was auf Vererbung zurückgeht, gilt als Folge materieller Strukturen und Prozesse. Deshalb sei der Mensch letzten Endes nur Leib. Die seelischen Phänomene seien auf leibliche Prozesse zurückzuführen. Wir wollen auf diese Theorie, weil sie in der Interpretation menschlicher Entwicklung eine große Rolle spielt, kurz eingehen. (Siehe hierzu auch den Beitrag von S. Leber in diesem Band.) Wie steht es mit dem entscheidenden Punkt dieser Theorie, dem Zusammenwirken zwischen den Faktoren der Vererbung und der Umgebung?

Seit wenigen Jahren hat man durch Experimente an Säugetieren (jungen Katzen, W. Singer 1985, 1988) und Beobachtungen an schielenden Kindern (siehe U. Emrich 1986) genauere Einblicke in jene Prozesse, durch die Vererbung und Umwelt in Wechselwirkung treten. Das Gehirn des neugeborenen Tieres (auch das des Säuglings) hat zunächst einen hohen Grad an Plastizität und wird erst durch bestimmte Umstrukturierungen im visuellen Cortex zu einem für Gegenstandswahrnehmung geeigneten Organ. Es handelt sich hierbei aber nicht um eine genetisch vorgegebene Reifung, sondern nach den Beobachtungen von Singer (1985, S. 50) um „erfahrungsabhängige Entwicklungsprozesse", in denen „außergenetische Faktoren" eine entscheidende

Rolle spielen. Die Experimente von Singer beweisen, daß die von der Umgebung ausgehenden visuellen Eindrücke nur dann im Gehirn zu den entsprechenden Veränderungen führen, wenn das junge Tier wach ist und sich ihnen aufmerksam zuwendet. Außerdem müssen die Eindrücke für das Verhalten des Tieres eine Bedeutung haben (Singer 1988). Aufmerksamkeit ist kein physiologischer, sondern ein psychologischer Sachverhalt. Das gilt auch für das Erfassen von Bedeutung. Man kann hieraus nur einen Schluß ziehen: die Umwelt wirkt nicht direkt auf das Gehirn mit seinen durch Vererbung entstandenen Strukturen. Sie regt seelische Prozesse an (Aufmerksamkeit, Erfassen von Bedeutung); und diese sind entscheidend an den strukturellen Veränderungen in dem noch bildsamen Gehirn der jungen Tiere und Kinder beteiligt. Deshalb haben diese Entwicklungsprozesse „zumindest auf einer deskriptiven Ebene alle Eigenschaften eines Lernvorgangs" (Singer 1985, S. 50).

Diese Befunde verlangen eine Revision der weit verbreiteten Meinung, Entwicklung sei das Resultat des Zusammenwirkens der zwei Faktoren Vererbung und Umwelt. Singer spricht aufgrund seiner Beobachtungen von drei Faktoren. Was er als dritten Faktor bezeichnet – „den jeweiligen Zustand, in dem sich das Gehirn befindet, während es mit der Umwelt interagiert" (1985, S. 61) –, weist etwas unbestimmt auf die von außen angeregten seelischen Prozesse hin. Die Theorie, nach der „das sich entwickelnde Individuum ... lediglich Objekt eines Geschehens" ist, selbst aber „keinerlei Einfluß auf die in ihm und mit ihm sich vollziehenden Vorgänge" (Nickel 1982, S. 74f.) habe, widerspricht nicht nur der subjektiven Erfahrung, sondern auch den Ergebnissen einer objektiven Untersuchung. Sie begreift nicht die Wirklichkeit des Menschen.

Der Mensch geht aber noch nicht in dem auf, was er durch seinen Leib und seine Seele ist. Wenn der Mensch durch sein Denken den gesetzmäßigen Zusammenhang bestimmter Erscheinungen erfaßt, wird ihm etwas bewußt, was der Welt angehört. Durch seinen Leib (die Sinne) lernt er die Welt in ihrer Erscheinung kennen. Diese ist aus sich selbst nicht verständlich, weil sie ihren Zusammenhang nicht ausspricht. Dieser Anteil der Welt, der den Sinnen, d. h. der Betrachtung durch den Leib, verborgen ist, wird dem Menschen im Denken bewußt. Denn das Denken umfaßt mehr als den Verstand, der die Welt der Erscheinungen durch seine (definierten, starren) Begriffe zergliedert und glaubt, aus dem Teil die Welt rekonstruieren zu können. Durch das Denken kann der Mensch seine Begriffe erweitern, so daß sich in ihnen die innere Gesetzmäßigkeit oder das Wesen der Dinge immer vollkommener ausspricht. Das Denken kann auch die starren Vorstellungen und Begriffe beweglich machen, ineinander übergehen lassen und als „gestaltendes Denken" (Steiner) in Zusammenhänge eindringen, die dem Verstand verschlossen sind. Was als Erkenntnis im Denken aufleuchtet, gehört einem Bereich an, der über den Leib und die Seele als das eigene Innere hinausreicht. Das ist das objektive Gebiet des Geistes. Die Wirklichkeit der Welt geht nicht in ihrer Erscheinung auf. Erscheinung ist das, was dem Menschen von den Dingen durch seinen Leib bewußt wird. Da ist der geistige Anteil der Wirklichkeit dem Menschen noch verborgen. Diesen erfaßt er erst im Denken. Noch nicht die Gedanken als solche sind das Geistige. Mit ihnen kann der Mensch im Bereich subjektiver Meinung verstrickt sein. Erst wenn in den Gedanken der zunächst verborgene Weltzusammenhang in der Erkenntnis bewußt wird, erhebt sich der Mensch in das Gebiet der Wahrheit. Denn es gibt nicht nur die umfassende Wahrheit, jenes letzte Ziel menschlichen Strebens. Jede echte Erkenntnis, jede Wahrheit, die der Mensch erringt, ist ein Schritt auf dem Weg zu diesem fernen Ziel. Soweit der Mensch sich mit der Wahrheit verbindet, ist er nicht bloß Seele, sondern auch Geist. Jene Auffassungen, die am Menschen nur Leib und Seele sehen, verkennen die Bedeutung des Denkens, durch das der Mensch zur Erkenntnis der Welt, der seines eigenen Wesens und seiner Stellung in der Welt kommen kann. Als Seele erfaßt der Mensch die Dinge nur von seinem subjektiven Standpunkt aus, nicht aber in ihrer eigenen Gesetzmäßigkeit.

Der Mensch ist aber nicht nur im Erkennen ein geistiges Wesen. Er kann sich auch im Handeln in die Sphäre des Geistigen erheben. Zunächst ist Handeln Betätigung durch den Leib; es ist absichtsvolles Wirken in der Welt. Was wird aber im Handeln ver-wirklicht? Der Mensch ist nicht auf den engen Kreis seiner Wünsche, seiner Interessen und persönlichen Absichten begrenzt. Er kann erfassen, was andere Menschen, was die soziale Gemeinschaft und was die Natur für ihr Dasein und ihre Entwicklung benötigen. Das Erleben von Unvollkommenheit und Not führt ihn im Denken und in der Phantasie zu Anschauungen eines vollkommeneren und besseren Daseins. Der Mensch geht vom Gewordenen über zum Werden und dem Impuls, an diesem Werden mitzuwirken. Das kann sich auf Situationen des Alltags wie auf weit in die Zukunft reichende Ziele beziehen. Soweit der Mensch solche Notwendigkeit zum Inhalt seines Handelns macht, stellt er sich schöpferisch in den Lebens- und Weltzusammenhang hinein; er wirkt an dessen Werden und Fortschritt mit. Die Notwendigkeiten des Lebens und der Welt werden zum Inhalt seines Interesses; der Mensch wird selbstlos, d. h. moralisch gestimmt. Und soweit er aus einer solchen moralischen Orientierung in das Dasein eingreift, ist sein Handeln nicht mehr nur zweckmäßig; es ist geistig bestimmt, d. h. Sinn-voll. Der Mensch antwortet im Handeln nicht nur aus seinem subjektiven Erleben auf die Umgebung, er ergreift Verantwortung für die Mitmenschen und die Welt.

Ein drittes Gebiet, in dem der Mensch nicht nur körperlich und seelisch aktiv ist, sondern zugleich auch geistig, ist das künstlerische Schaffen. Im Erüben einer künstlerischen Fähigkeit lernt der Mensch den Stoff – Farben, Töne, Stein, Sprache, Bewegung usw. – so zu gestalten, daß in ihm etwas Wesenhaftes, Geistiges zur Offenbarung kommt. „Kunst gibt nicht das Sichtbare wieder, Kunst macht sichtbar" (Klee), nämlich das, was ohne die Kunst im Verborgenen bliebe. Bevor es aber dem Stoff eingeprägt wird, muß es innerlich erlebt werden. Deshalb ist künstlerisches Üben immer mit einer Erweiterung und Vertiefung des Erlebens verbunden – selbstverständlich auch mit Verfeinerung des technischen Könnens. Die Quelle der Kunst liegt aber in der Phantasie, die Geistiges ergreift und aus dem Unsichtbaren in die Welt des Sichtbaren hineinträgt. – Deshalb führt das Kunstwerk den Menschen im ästhetischen Betrachten zu einem Erleben, in dem sich seine Seele zum Erahnen des Geistigen weitet.

In jedem Menschen sind Leib, Seele und Geist in jeweils individueller Ausprägung miteinander verbunden. Will man den Menschen im Sinne der anthroposophischen Anthropologie verstehen, dann muß man ihn unter drei Gesichtspunkten, denen des Leibes, der Seele und des Geistes, betrachten. Das verlangt drei verschiedene Erkenntnismethoden. Durch sie erst ergeben sich jene Einsichten, die die Anthropologie der anthroposophischen Pädagogik ausmachen.

## 2.2 Die menschliche Seele als Organismus

Das Bisherige ist der erste Schritt auf dem Weg zur anthroposophischen Anthropologie (siehe Steiner 1978b, Kapitel „Das Wesen des Menschen"). Er steckt das Fundament ab und gibt die Gewähr, daß das Gebäude nicht von vornherein durch reduktionistische Tendenzen zu eng vermessen ist. Nun ist der Mensch als „Bürger dreier Welten" (Steiner) in den drei Bereichen seines Wesens genauer zu betrachten.

Für die Aufgabe des Erziehens ist ein Verständnis der menschlichen Seele von besonderer Bedeutung. Aus dem Bisherigen ergibt sich, welches die angemessene Methode ist, um die menschliche Seele als das eigene Innere zu erforschen. Es ist die innere, seelische Beobachtung. In der Psychologie wird heute nach dem Vorbild der Naturwissenschaft vielfach experimentell geforscht. Auf diesem Wege erfaßt man aber nicht die Seele selbst, sondern ihre Äußerungen durch den Leib. Und bekanntlich kommt die experimentell arbeitende Psychologie für die Deutung ihrer Resultate nicht ohne Anleihen bei der inneren Beobachtung aus.

Deshalb werden wir das erste Problem, das der Klassifikation der seelischen Phänomene, nicht auf dem Wege über die Faktorenanalyse – ausgehend von der Verhaltensbeobachtung – sondern auf dem Wege der inneren Beobachtung behandeln. Es geht hierbei nicht um Beschreibung der zahlreichen Seeleneigenschaften, sondern um die Grundkräfte der Seele, um die „Wurzeleigenschaften" (Pongratz), die „grundlegenden Dispositionen" (W. Stern). Wie es zahlreiche Farben gibt, viele von ihnen aber als Mischfarben auf wenige Grundfarben zurückzuführen sind, so ergeben sich auch viele Seeleneigenschaften aus dem Zusammenwirken weniger Grundkräfte. Zunächst haben wir also die Grundeigenschaften mit ihren spezifischen Qualitäten klarzulegen. Dann ist zu zeigen, wie aus diesen Grundeigenschaften die Vielzahl der Seelenregungen verständlich wird.

Damit keine Mißverständnisse entstehen, sei betont, daß das Folgende nicht eine Theorie über die Seele ist, sondern Beschreibung von inneren Beobachtungen. Diese Beschreibungen sind Hinweise auf Beobachtungen; man kann sie prüfend nachvollziehen. Es gibt gegenüber den Phänomenen des Seelischen ebenso die Möglichkeit des intersubjektiven Erfahrungsaustausches wie bei denen der äußeren Erfahrung.

Ein erstes Gebiet des Seelischen im Sinne der Grundkräfte ist das der Vorstellungen. Es liegt dort, wo die Seele durch die Sinne zur Außenwelt in Beziehung tritt. In den Vorstellungen gewinnt der Mensch Bilder dieser Außenwelt. Vorstellungen sind aber nicht ein Abdruck, den die Dinge in der Seele bewirken. Spätestens seit der Gestaltpsychologie weiß man, daß sie das Resultat seelischer Tätigkeit sind. Man bildet die Vorstellung des Baumes, des Hauses, indem man bestimmte Farbkomplexe zur Gestalt des Stammes und der Krone oder der der Wände, des Daches usw. zusammenfaßt. In jeder Wahrnehmung, die die Gestalt und Bedeutung der Gegenstände erfaßt, wird eine Vorstellung bzw. ein ganzer Vorstellungskomplex gebildet. So ist die Vorstellung immer schon das Resultat einer Seelentätigkeit, die von den Sinneseindrücken angeregt wird. Die Vorstellungen sind Bilder, die der Einzelne von den Erscheinungen gewonnen hat. Sie haben nicht die allgemeine Gesetzmäßigkeit bzw. das Wesen der Dinge zum Inhalt. Deshalb gehören sie in das Gebiet des Seelischen, nicht in das des Geistes.

Wenn das Kind in den ersten Lebensmonaten die Gegenstände seiner Umgebung wahrnehmen lernt, dann beruht das auf der vorstellenden Seelentätigkeit. Beim Kind geht die vorstellende Tätigkeit in den Wahrnehmungen auf. Erst später kommt das Kind zu freien Vorstellungsbildern. Hätte das Kind nicht schon die Fähigkeit zu dieser Tätigkeit in seiner Seele, so könnte es nie zur Gegenstandswahrnehmung kommen.

Die bildhafte Repräsentanz der äußeren Welt in den Vorstellungen bedingt einen weitgehend sachlich-unpersönlichen Charakter.[2] Nur durch ihn können die Vorstellungen ein getreues Bild der Welt vermitteln. Hieraus ergibt sich ein erzieherisches Problem. Unterricht, der ausschließlich oder vorwiegend zum Wissen führt, unterdrückt durch das unpersönliche Element des Vorstellungslebens die anderen Bereiche des Seelenlebens.

Der Innenbereich der Seele beginnt erst mit den Gefühlen. Auch in den Gefühlen wendet sich die Seele zur Welt; man freut sich über eine Pflanze, man liebt einen Menschen, man ärgert sich über ein Mißgeschick. In diesen Beziehungen lebt aber die Seele selbst. Die Gefühle sind nicht Bild äußerer Dinge, sondern inneres Leben im Wechsel von sympathisch und antipathisch getöntem Erleben. Auf seine Vorstellungen schaut der Mensch hin; er hat von ihnen ein deutliches Bewußtsein. Mit dem wogenden Leben der Gefühle und Affekte ist er verflochten. Deshalb kommt man auch gegenüber den Gefühlen viel schwerer zu klaren Anschauungen.

Die Gefühle entstehen als Antworten auf Wahrnehmungen, Vorstellungen, Gedanken usw. Sie sind reaktiv. Im Willen ist die Seele ganz aus sich selbst tätig. Deshalb ist der Wille ein drittes Element der Seele. Um verständlich zu machen, was die anthroposophische Anthropologie mit Wille meint, sind einige Abgrenzungen nötig. Nach Wellek (1950, S. 180) ist die „Absicht das Willensphänomen katexochen". Es liege in dem Wollen, das sich zur Absicht verdichtet. Zum Willen gehört hier der Gedanke, der in jeder Absicht enthalten ist. In dem, was Wellek als Wille bezeichnet, wirken bereits verschiedene Elemente zusammen – ein Aktives und der Gedanke. Ähnlich ist es bei Lersch. Wille ist bei ihm die „Instanz, die entscheidet, ob und in welcher Richtung eine Bewegung, ein Tun, ein Verhalten an ihm (dem Menschen) und durch ihn geschehen soll" (Lersch 1970, S. 484). Diese Richtung ist wiederum eine gedankliche Bestimmung.

Das reine Seelenphänomen des Willens zeigt sich erst, wenn man von der gedanklichen Bestimmung absieht und das Aktive selbst ins Auge faßt. Dann findet man den Willen z. B. in der inneren Kraft beim Durchführen von Bewegung und Arbeit, im Überwinden der Schwere des eigenen Leibes im Stehen und Gehen, als die innere Aktivität in Aufmerksamkeit und Konzentration. Der Wille ist immer eine Aktivität, die man in jedem Augenblick seines Wirkens neu impulsiert. Er ist Seelentätigkeit, die unentwegt neu entsteht, weil sie unentwegt neu erzeugt wird. Und man erlebt mit aller Evidenz, daß man es selbst ist, der dieses immer erneute Entstehen bewirkt. Insofern ist der Wille auf nichts anderes zurückführbar. Er bildet sich nicht wie die Vorstellung und das Gefühl in der Beziehung zur Welt. Er wirkt wohl in der Auseinandersetzung mit Widerstand. Dieser bestimmt den Willen aber nicht inhaltlich wie die

Dinge die Vorstellungen und Gefühle. Die Grundqualität ist eine schöpferische, denn der Wille erzeugt sein Wirken fortlaufend selbst.

Der Ausblick auf die Natur des Willens ist heute durch die physiologische Interpretation der Bewegung weitgehend verstellt. Nach dieser wird die Bewegung durch Nervenaktionsströme der efferenten Nerven in der Muskulatur ausgelöst. Verursacht man aber durch elektrische Reizung der entsprechenden Regionen des Großhirns z. B. die Bewegung einer Hand, so fehlt dieser Bewegung das, was die Willenstätigkeit kennzeichnet, nämlich das Erlebnis, die Bewegung selbst zu bewirken (Penfield 1975, S. 76). Die Willenstätigkeit ist ein anderer Tatbestand als die physiologische Deutung und ist nicht auf diese reduzierbar (Genaueres bei Kranich 1990).

So sind Vorstellung und Wille durch ihre gegensätzlichen Eigenschaften gleichsam die zwei Pole der Seele. Durch die Vorstellungen trägt die Seele Bilder der äußeren Welt in sich und ist ganz zu ihr hingewendet. Denn der Mensch weiß, daß seine Vorstellungen immer etwas Objektives meinen. Durch seine Vorstellungen gewinnt der Mensch Kenntnis der Welt. Der Wille ist dagegen das innerste Selbstsein der Seele. Und in den Gefühlen tritt der Mensch als individuelle Seele erlebend zur Welt in eine vielfältige Beziehung. Erst durch die Gefühle wird die Welt für ihn persönlich bedeutungsvoll. – Vorstellung, Gefühl und Wille sind die drei Grundkräfte der Seele.

Das innere Leben der Seele lernt man dann richtig kennen, wenn man verfolgt, wie „in der lebendigen Seele eine Tätigkeit immer in die andere übergeht" (Steiner 1973a, S. 78). Psychologie wird erst, wie wir sehen werden, lebenspraktisch, wenn man das wechselseitige Zusammenwirken der drei Seelentätigkeiten und damit den Bereich kennenlernt, in dem sich seelische Entwicklung vollzieht. Wir können dieses große Gebiet nur in groben Zügen skizzieren, indem wir weiterhin beschreiben, was sich der inneren Wahrnehmung ergibt.

Wenn der Wille in die Vorstellungstätigkeit hineinwirkt, kommt der Mensch zu genauem und wachem Betrachten, zum aufmerksamen Wahrnehmen. Im Bereich der freien Vorstellungsbilder führt er zum willkürlich vollzogenen Erinnern, zur Konzentration auf frei gewählte Inhalte. Der Mensch gewinnt die Herrschaft über den Ablauf des Vorstellungslebens. Das ist Voraussetzung für das Denken, das aus dem Überblick über die Sachverhalte zum richtigen Urteil gelangt. Durch den Willen kommt es im Vorstellungsleben zu einer Entwicklung von der ungeregelten, assoziativen Folge der Bilder bis zu ihrer willkürlich gelenkten Abfolge.

Umgekehrt führen Vorstellungen im Willen zur bewußt gelenkten Bewegung. Als Handlungsziele sind sie Voraussetzung für eine zweckmäßige, oder sinnvolle Abfolge von Bewegungen.[3] Der Mensch wird zu einem Wesen, das seine Tätigkeiten bewußt ausführt. Indem er im Entschluß die Vorstellung bewußt zum Inhalt seiner Handlungen macht, kann er sich über die Abhängigkeit seines Tuns von der Herrschaft der Triebe und Begierden erheben.

Besondere Bedeutung hat das wechselseitige Zusammenwirken von Gefühl und Vorstellungsleben, besonders dessen Ausweitung zum Erkennen. Im Empfinden von Lust, Unlust, Wohlbehagen und Mißbehagen ist das Gefühl auf den engsten Bereich des eigenen Daseins begrenzt. Tritt es im Wahrnehmen durch die Vorstellungstätigkeit zu den Dingen der Umgebung, weitet es sich zum Gefallen, zur Zu- und Abneigung. Gelangt der Mensch durch den Überblick zu einem Verstehen, dann kommt er im Fühlen zur Achtung und Verachtung, zum Mitgefühl, zur Dankbarkeit, zum Gefühl der Hoffnung, der Enttäuschung, zu Liebe, Begeisterung usw. Man achtet einen Menschen z. B., wenn man begreift, was er im Leben leistet; Dankbarkeit entsteht, wenn man im Gedanken erfaßt, was man von anderen an Hilfe oder Förderung erfahren hat, und dieser Gedanke das Fühlen durchdringt. Das Vorstellungsleben und Erkennen lassen den Menschen im Fühlen nicht nur die Erscheinung, sondern etwas von den tieferen Bereichen des Lebens und der Welt miterleben. Erweiterung und Vertiefung des Gefühls ist weitgehend daran gebunden, daß das Fühlen vom Vorstellen und Verstehen durchdrungen wird. Das hat Steiner verschiedentlich dargestellt (zuerst 1894, Steiner 1978a, S. 108ff.). Auch Dilthey hat geschildert, daß das Erleben im Verstehen aus der Enge der Subjektivität „in die Region des Ganzen und Allgemeinen" geführt wird. Aus dieser Gesetzmäßigkeit ergeben sich Richtlinien für die Erziehung bzw. Entwicklung des Gemüts (S. 128).

Die Bedeutung des Fühlens für das Vorstellen und Erkennen ist vielschichtig. Durch ein entwickeltes Gefühl kann der Mensch etwas von der Bedeutung und Tiefe der Dinge erleben, bevor er sie begreift. Dieses Fühlen wird zum Impuls, mit dem Vorstellen und Begreifen nicht an der Oberfläche stehen zu bleiben. Ohne tiefere Gefühle bleibt das Verstehen oft dem Trivialen verhaftet; es fehlt der Bezug zu den verborgenen Bereichen des Daseins. Deshalb ist alles Bemühen um die Ausbildung von Erkenntnisfähigkeit Stückwerk, wenn nicht zugleich auch die Erlebnisfähigkeit vertieft wird.

Im Erkennen selbst geht es vor allem um Urteilsprozesse. Urteile bleiben aber unverbindlich, wenn sich nicht mit der Einsicht das Gefühl von ihrer Wahrheit verbindet. Ohne dieses Gefühl wird keine Einsicht zur Überzeugung (Steiner 1973a, S. 83f.). Aus klaren und sicheren Überzeugungen entsteht für die Seele der sichere Boden für ihr oft schwankendes Leben.

Besonders eng sind die Beziehungen zwischen dem Willen und dem reich differenzierten Bereich der Gefühle. Gefühl und Wille, das wurde in der Psychologie verschiedentlich bemerkt, stehen sich als die persönlichen Betätigungen der Seele ohnehin nahe. Die Gefühle sind die Triebfedern für den Willen. Man handelt aus Ehrgeiz, aus Angst, aus Freude, Mitleid usw. Von dem Gefühl, das dem Willen eine besondere Färbung gibt, wird der ethische Charakter der Handlung bestimmt. Soziale Erziehung wurzelt weit mehr in dem, was ein Mensch gegenüber seiner Umgebung fühlt, als in seinem Wissen. Deshalb ist Erziehung zur Verantwortung, zu moralischem Handeln gebunden an die Ausbildung eines Fühlens, das sich im Miterleben mit dem Schicksal und den Nöten der Mitmenschen, anderer Völker und der Natur verbindet (s. S. 128). Wissen, das an der Oberfläche bleibt, greift zu kurz.

Der Wille verbindet sich in verschiedener Weise mit dem Fühlen. Er kann das Fühlen zur Hingabe steigern. Wenn das Erleben zur Hingabe an die Natur und an die Kunst wird, dann wird das Gefühl reicher. Es kann mehr an den Dingen erleben als bisher. Wie das Fühlen in der Sensation schwach wird und immer stärkere Stimulation von außen braucht, so wachsen seine Kräfte in der Hingabe. Man findet bei genauerer Beobachtung noch einen anderen Zusammenhang des Willens mit dem Fühlen, daß nämlich die innere Kraft des Fühlens in weitem Umfang willensartig ist. Man freut sich über die Leistung eines Kindes, weil sie erstrebenswert erscheint. Man hofft auf eine Begegnung, weil man sie sich wünscht. Und die Liebe zu einem Menschen ist von dem Drang erfüllt, ihm helfende Kräfte zukommen zu lassen. Das Streben, der Wunsch und der Drang zur Tätigkeit sind willenshafte Kräfte, die das Fühlen durchpulsen. Mit dem Wunsch erlischt auch die Hoffnung; mit dem Wert, den man in einer Leistung sieht, die Freude. So hängt die innere Kraft im Fühlen eines Menschen von dem ab, was er will und erstrebt. Wenn durch Erziehung im Kind Umfang und Intensität seines Wollens und Strebens wachsen, dann entwickelt sich auch die innere Kraft seines Fühlens.

So wirkt besonders in den tieferen Gefühlen von der einen Seite das Verstehen erweiternd, von der anderen Seite impulsierend das Wollen (Steiner 1973 a, S. 83 f.). Auch die neuere Emotionspsychologie führt die Gefühle auf zwei verschiedene Quellen zurück: auf eine viszerale Impulsierung und die Kognition, die die diffuse viszeralen Impulse spezialisiert und „der Emotion eine bestimmte Qualität geben" (Mandler 1979, S. 136). Was als viszerale Impulsierung ausgegeben wird, erweist sich bei genauem Zusehen wohl aber weitgehend als viszerale, psychosomatische Begleiterscheinung der Gefühle. Der innere Impuls, die Kraft im Fühlen haben ihre Quelle in den verschiedenen Qualitäten des Wollens, nicht in physiologischen Prozessen.

Die menschliche Seele ist mehr als die Summe ihrer drei Grundkräfte. Sie ist ein lebendiger Organismus. In einem Organismus herrscht immer lebendige Wechselwirkung zwischen den verschiedenen Organen: Die Lebensprozesse des einen Organs ermöglichen das Leben des andern; und von diesem geht zugleich eine belebende Wirkung in jenes Organ über. Dadurch ist der Organismus aus sich selbst eine Ganzheit. Ähnlich ist es bei der menschlichen Seele. Sie ist nach zwei Seiten hin offen: nach der Seite des Leibes – denn durch die Sinne gewinnt sie neue Erfahrungen –, aber auch zur Seite des Geistes. Was z. B. als Einsicht in andere Wesen das Gefühl erweitert, stammt aus der Erkenntnis, d. h. aus dem Bereich des Geistes.

Es besteht aber ein grundsätzlicher Unterschied gegenüber dem biologischen Organismus. Bei diesem ist die Wechselwirkung der Organe in der Art weitgehend festgelegt. Dagegen kann der Mensch in seiner Seele die Wechselwirkung steigern. Dann entwickeln sich – das haben wir an verschiedenen Beispielen gesehen – die Seelenkräfte. Diese Steigerung bzw. Entwicklung ist kein Naturvorgang. Sie wird im inneren Lebensgefüge der Seele durch eine reine innere Aktivität impulsiert. Die Instanz, die hier wirkt, ist jene Kraft, die nicht in dem bereits Erreichten aufgeht, sondern in sich den Impuls hat, das Menschsein dadurch zu verwirklichen, daß man über das Erreichte hinausstrebt. Dieses innerlich tätige Prinzip der Seelenentwicklung ist das Ich. Die menschliche Seele ist deshalb ohne das Ich nicht zu verstehen. Der Mensch erlebt das Ich als Zentrum seines Wesens – und zwar dadurch, daß er im Ich ganz aus sich selbst tätig ist. So steht das Ich innerhalb der Seele dem Willen am nächsten. Es hat willenshaften Charakter (Steiner), der allerdings von Selbstgewißheit erhellt ist. Wenn der Mensch als Ich tätig ist, gibt er sich nicht nur an das Tun hin; er weiß sich zugleich als den in jedem Moment wirkenden Akteur (ausführlicher in dem folgenden Beitrag von S. Leber).

Entwickelt sich die Seele, indem eine ihrer Grundkräfte die anderen stärker als bisher durchdringt, so ist es das Ich, das dieses Geschehen impulsiert. Entsteht im Vorstellungsleben durch den Willen die Fähigkeit der Aufmerksamkeit oder im Willen durch den Gedanken die Fähigkeit der bewußt geführten Handlung, wird das Ich in der Seele tätig. Ebenso durchwirkt das Ich die Seele stärker, wenn das Fühlen zur Kraft der Hingabe wird oder sich durch das Verstehen vertieft. – Der Organismus der Seele trägt in sich die Anlagen ihrer Entwicklung. In ihm entfaltet das Ich seine Wirksamkeit, indem neue Seeleneigenschaften entstehen. Seelenentwicklung ist ein schöpferischer Prozeß, in dem das Ich das Leben der Seele zunehmend durchdringt. – Eine der wichtigsten und bedeutendsten Aufgaben von Erziehung und Unterricht ist es, diesen Prozeß anzuregen.

Nun behauptet Ullrich, der Waldorfpädagogik liege das längst überholte Konzept der Vermögenspsychologie zugrunde (Ullrich 1986, S. 120), nach dem sich die menschliche Seele aus einer Summe einzelner Grundkräfte zusammensetze; Waldorfpädagogik ruhe also auf morschem Fundament. Ullrich hat wohl gelesen, daß Steiner von Vorstellen, Fühlen und Wollen als den drei Grundkräften der menschlichen Seele spricht. Er hat aber offensichtlich nicht zur Kenntnis genommen, daß gerade Steiner darauf hinweist, diese Grundkräfte seien nicht voneinander getrennte Vermögen, sondern das konkrete Seelenleben bestehe in dem vielfältigen Zusammenwirken derselben. Die Kritik Ullrichs basiert also auf einem Mangel an Sachkenntnis.

Nicht besser steht es mit dem Versuch, Waldorfpädagogik als verkappte Neuauflage Herbartscher Pädagogik zu interpretieren (Prange 1985, S. 73 ff.). Die Pädagogik Herbarts ist die Konsequenz von dessen Psychologie, die das Gefühl und den Willen auf bestimmte Bewegungen im Bereich der Vorstellungen zurückführt. Sie hat eine einseitige intellektualistische Tendenz. Diese Einseitigkeit steht in deutlichem Kontrast zu den Grundlagen der anthroposophischen Pädagogik. Durch die anthroposophische Pädagogik wurde in dezidiert formulierter Gegenposition zu Herbart (Steiner 1956, S. 22 ff.) eine Erziehung begründet, die gerade über das Unzureichende des Herbartianismus hinausführt.

## 2.3 Die Herkunft der menschlichen Seele – die Präexistenz

Es hat sich gezeigt, daß die menschliche Seele ein Organismus ist, in dem sich Seeleneigenschaften entwickeln können. So erweitern sich Gefühle, wenn sie stärker vom Verstehen durchdrungen werden. Gegenüber dem Gefühl des Behagens sind die Freude über die Leistung eines Menschen und die Dankbarkeit entwickeltere Gefühle. Im gleichen Sinne ist ein klares, konsequentes willensdurchdrungenes Vorstellungsleben höher entwickelt als ein assoziativ verlaufendes. Und eine Auffassung, die aus dem Bemühen um sachgerechtes Urteil entspringt, steht höher als die Meinung aufgrund eines beliebigen Einfalls.

Man lernt vieles im Bereich des Seelischen (und Geistigen) erst verstehen, wenn man es unter dem Aspekt der Entwicklung betrachtet. Man wird Seeleneigenschaften, die man als höher entwickelte begreift, auf einfachere zurückführen, aus denen sie hervorgegangen sind. Qualitative Unterschiede im Seelischen sind vielfach in der Psychologie beschrieben worden, z. B. in den Schichtenlehren von Rothacker, Lersch und Wellek oder in der Einteilung der Gefühle in leibliche, vitale, seelische und geistige durch Scheler. Die anthroposophische Anthropologie geht über diese letztlich statische Betrachtung hinaus, indem sie den Entwicklungsgedanken auch auf die menschliche Seele anwendet. Das führt allerdings zu Konsequenzen, die über den Rahmen der üblichen anthropologischen Betrachtung hinausgehen. Wir wollen das in der gebotenen Kürze dieser Darstellung skizzieren.

Alles, was im Organismus der menschlichen Seele sich aus dem Ineinanderwirken der verschiedenen Seelenkräfte ergibt, hat seinen Grund im Lebensganzen dieses Organismus. Es wäre nicht nur überflüssig, sondern auch falsch, diesen Organismus und das, was sich in ihm entwickelt, aus anderen, z. B. physiologischen Prozessen ableiten zu wollen; denn das, was seine Begründung in sich selbst hat, braucht von nichts anderem hergeleitet zu werden. Damit ist nicht gesagt, daß Seelisches sich ohne Begegnung mit Menschen und der Welt verwandle oder entwickle; wohl aber, daß sich Verwandlung und Entwicklung in ihm selbst vollziehen. Man kann nur fragen, wie es mit diesen Prozessen verbunden ist. Welche Konsequenzen ergeben sich also aus der Tatsache, daß die menschliche Seele ein Organismus, ein in sich begründetes Lebensganzes ist und daraus, daß das entwickeltere Seelische aus einem weniger entwickelten abzuleiten ist?

Zu den gewichtigen Faktoren des menschlichen Lebens gehören die Begabungen. Begabung wird als Lernfähigkeit beschrieben. Eine Begabung macht sich in einer überdurchschnittlichen Lernfähigkeit bemerkbar. Nun kann der Mensch durch Übung seine Lernfähigkeit steigern. Er bemüht sich, durch seinen Willen eine Geschicklichkeit, bestimmte Anlagen des Erlebens oder solche des Begreifens weiter auszubilden. Eine erworbene Begabung ist dann das Resultat übenden Bemühens, d. h. eine individuell errungene Fähigkeit. Sie ist die Frucht individueller Entwicklung. Nun gibt es aber auch angeborene, z. B. mathematische oder musikalische Begabung. Ein mathematisch begabtes Kind besitzt eine Fähigkeit, die ein anderer Mensch in gewissem Umfang dadurch erringen kann, daß er durch längeres Bemühen sein zunächst geringeres Verständnis für mathematische Gesetze und sein Vermögen, mathematische Operationen auszuführen, steigert. Begabung ist immer Ausdruck eines fortgeschrittenen Entwicklungszustandes. Wie wird angeborene Begabung erklärt? Sie wird auf Vererbung zurückgeführt, sie gilt als Resultat von Erbfaktoren. „Die Lernfähigkeit wird also von zwei Faktorengruppen bestimmt: von Lernprozessen und ihren Ergebnissen und von naturhaften Lernbedingungen, welche selbst wieder erworben oder ererbt sein können" (Zdarzil 1978, S. 191). Diese Ansicht stellt das Denken vor eine unüberwindliche Schwierigkeit. Die angeborene Begabung für ein bestimmtes Gebiet ist mit der erworbenen gleichartig. Das Gleiche soll man also einmal als das Resultat von Lernen und Entwicklung, das andere Mal durch sein Gegenteil, durch den anonymen Faktor naturhafter Kausalität begreifen. Wie aus genetischen Faktoren eine Begabung entsteht, wird nirgendwo erklärt. Und die Gründe für eine genetische Bedingtheit von Begabung verlieren bei genauerem Zusehen ihre Beweiskraft.

Den derzeit besten Einblick in die Vererbung von Verhaltensweisen verdanken wir den Untersuchungen, die am Minnesota Center for Twin and Adoption Research durchgeführt wurden. Sie haben Beispiele von auffallender Übereinstimmung bei eineiigen Zwillingspaaren ans Licht gebracht. Es handelt sich um „verblüffende Ähnlichkeiten ... hinsichtlich ihres Geschmacks, bestimm-

113

ter Gewohnheiten, ihres Gehabes und vergleichbarer Wesenszüge" (Lykken und Bouchard 1983, S. 105) – z. B. um häufiges Kichern, die Lust laut zu niesen, die Neigung, sich mit Schmuck in bestimmter Weise zu drapieren, zwanghaftes Abzählen von Gegenständen, Bevorzugung einer bestimmten Zigarettenmarke und Zahnpasta (a. a. O., S. 106 f.). Das sind Eigenschaften, die sich im Leben ohne individuelles Bemühen einstellen. Unterscheidet man solche Eigenschaften von denen, die auf Lernen und individuelles Bemühen zurückgehen, also Resultat eines individuellen Entwicklungsprozesses sind, dann wird der allgemeine Charakter dieser ererbten Eigenarten sichtbar. Sie sind der letztlich unindividuelle Anteil der Persönlichkeit. Mit unindividuell meinen wir das, was nicht als individuell errungen gelten kann. Was den Charakter des wirklich Individuellen hat, findet sich offensichtlich nicht im vererbten Verhaltensrepertoire. Dagegen empfinden zahlreiche (eineiige) Zwillinge „im Laufe der Jahre das Bedürfnis nach einer eigenen Identität ... und pflegen daher Begabungen, Interessen und Tätigkeiten mit dem erklärten Ziel, ihre Eigenständigkeit zu betonen" (a. a. O., S. 85). Was sie auf diese Weise erringen, liegt jenseits des Ererbten.

Interessant ist der Fall zweier weiblicher eineiiger Zwillinge, von denen der eine eine starke musikalische Begabung hatte und Konzertpianistin wurde, die Schwester aber „nicht eine einzige Note" spielte. „Eine der beiden zugehörigen Adoptivmütter gab in ihrer Wohnung Klavierstunden – ausgerechnet deren Tochter aber ist es, die nicht Klavier spielen lernte. Diese Mutter lieferte dem Mädchen ... ein Vorbild und die Möglichkeit, seine pianistischen Anlagen zu entwickeln. ... Die Adoptivmutter der anderen Zwillingsschwester war dagegen selbst nicht musikalisch ..." (S. 110). Die musikalische Begabung erscheint hier als eine individuelle Fähigkeit, die nicht aus dem mit der Schwester gleichartigen genetischen Repertoire stammt.

Das steht im Widerspruch zu den angeblichen Beweisen für die Vererbung von musikalischer und mathematischer Spezialbegabung. Die Häufung solcher Begabungen in einem engen Verwandtschaftsraum gestattet keineswegs einen sicheren Schluß auf ihre Herkunft aus der Vererbung. Denn man muß unterscheiden zwischen bestimmten körperlichen Bedingungen für die Verwirklichung einer Begabung und dieser selbst. Die körperlichen Bedingungen unterliegen wie viele andere körperliche Merkmale durchaus der Vererbung, so z. B. die besondere Ausbildung des musikalischen Gehörorgans. Deshalb kann man aus dem in engen Verwandtschaftsverhältnissen gehäuften Auftreten der musikalischen Begabung zunächst nur auf die Vererbung eines gut ausgebildeten Gehörorgans schließen. Wollte man aber auch von einer Vererbung der musikalischen Begabung sprechen, dann müßte man untersuchen, ob das Wesen einer solchen Begabung ganz allgemein mit dem Tatbestand der Vererbung zu vereinbaren ist. An dieser Stelle stößt man aber in der Beweisführung auf einen gravierenden Mangel. Denn es wird mit einem weitgehend ungeklärten Begabungsbegriff operiert.

Über die Probleme dieser Argumentation kommt man hinweg, wenn man feststellt: ein Mensch, der mit einer bestimmten Begabung geboren wird, befindet sich im Hinblick auf diese Fähigkeit auf einem Stand, den ein anderer evtl. durch individuelles Bemühen erreichen kann. Begreift man Begabung nicht als etwas gegenüber dem durchschnittlichen Vermögen Entwickelteres, d. h. aber als Resultat von Entwicklung, dann wird der Begabungsbegriff inhaltslos. Beschreibt man den Sachverhalt der angeborenen Begabung unbelastet von ungesicherter Theorie, dann wird man sagen, daß „es im Menschenleben wirksame Eindrücke gibt" – nämlich die eines bestimmten Gebietes –, „die auf die Anlagen der Seele so wirken wie das Stehen vor einer zu verrichtenden Tat gegenüber dem, was man im physischen Leben schon geübt hat; nur daß solche Eindrücke nicht auf ein in diesem unmittelbaren Leben schon Geübtes auftreffen, sondern auf Seelenanlagen, die sich so beeindrucken lassen wie durch Übung erworbene Fähigkeiten" (Steiner 1978b, S. 73). Ist man nicht geneigt, der Vererbung anzulasten, was sie nicht erklärt, dann wird man in den angeborenen Begabungen einen deutlichen Hinweis darauf sehen, daß die Seele des Menschen die Resultate einer bereits durchschrittenen Entwicklung in sich trägt, wenn sie im Kinde auflebt.

Bei einem Vergleich beider Auffassungen wird man bemerken, daß die Ableitung von Begabung aus dem genetischen Code viel problemreicher ist als die von einer bereits durchlaufenen Entwicklung. Denn es ist logisch nicht möglich, das, was ontologisch einer bestimmten Ebene angehört (die Begabung) einfach von einer anderen Ebene des Ontologischen (bestimmte Verknüpfung von chemischen Elementen) abzuleiten. Wenn aber ein Sachverhalt alle Kennzeichen einer fortgeschrittenen Entwicklungsstufe hat, dann ist es eine Forderung der Vernunft, ihn als solchen auch anzuerkennen. Sicher ist die Konsequenz, der Gedanke einer vor der Geburt liegenden geistig-seelischen Entwicklung, zunächst ungewöhnlich. Er weist auf eine Wirklichkeit jenseits der leiblichen Existenz. Wieso soll das menschliche Erkennen nicht an bisher unbekannte Dimensionen der Wirklichkeit herankommen? Man sieht sich dann allerdings veranlaßt, eine ohnehin schwer begründbare Meinung zu revidieren – nämlich die, das Wesen des Menschen gehe in der sichtbaren Erscheinung auf. Schon die Seele ist aber nur der inneren, nicht der äußeren Wahrnehmung zugänglich. Lediglich das, was sich von ihr im Leib als Physiognomie, Geste usw. ausdrückt, ist wie alles Leibliche von außen wahrnehmbar.

Man kann, wie wir gesehen haben (S. 109f.), im Bereich der Gefühle elementare von solchen unterscheiden, in denen das Erleben sich durch das Verstehen geweitet und vertieft hat. Das Verstehen ist ein Faktor, der verwandelnd im Fühlen wirkt. Zu jenen Gefühlen, die durch das Denken bzw. Verstehen über die Enge von Lust und Unlust in verschiedener Weise hinausgehen, gehören z. B. Freude, Wohlwollen, Dankbarkeit, Bewunderung, Verehrung, Begeisterung, Mitleid und Liebe. Das Gemeinsame in diesen Gefühlen ist eine sympathische Grundtönung. Diese ist durch Denken und Verstehen verschieden stark zur Welt hin ausgeweitet.

Der Mensch kann im Laufe seiner Biographie solche Gefühle entwickeln. Man beobachtet aber schon bei Kindern Regungen der Dankbarkeit, des Mitgefühls und der Verehrung. Im allgemeinen findet man aber keinen Tatbestand, der darauf hinweist, daß sich diese Gefühle im Laufe der kurzen Spanne ihres bisherigen Lebens entwickelt haben. Sie treten bei entsprechenden Anlässen ebenso unmittelbar auf wie Gefallen, Ärger oder Mißmut. Sieht man in diesen Gefühlen den Charakter des Verwandelten, dann wird man wie bei der angeborenen Begabung darauf aufmerksam, daß die Seele dieses Kindes bereits eine Entwicklung durchlaufen hat, bevor sie durch den Leib mit der äußeren Welt in Berührung kommt. Sicher treten diese entwickelten Gefühle noch nicht in den ersten Lebenswochen und Lebensmonaten auf. Da äußert das Kind vor allem Lust und Unlust, Zufriedenheit, Ärger und ähnliche elementare Gefühle, die auf Leibesempfindungen (Hunger, Sättigung, Kälte usw.) antworten. Jene Bedingungen (z. B. das Verstehen), die für das Aufleben der entwickelteren, höheren Gefühle erforderlich sind, sind noch nicht vorhanden. Wenn eine entwickelte Seeleneigenschaft erst in einem bestimmten Lebensalter an bestimmten Eindrücken bewußt wird, beweist das keineswegs, daß sie sich von der Geburt bis zu diesem Lebenszeitpunkt entwickelt hat. Sie kann in den unbewußten Untergründen der Seele schon lange vor dem Bewußtwerden vorhanden sein.

So führt die Tatsache, daß man bei Kindern seelische bzw. seelisch-geistige[4] Eigenschaften bemerkt, die als Resultat einer Entwicklung zu bewerten sind, zu einer wichtigen Konsequenz – zu der Auffassung, daß die menschliche Seele und das in ihr wirkende Ich (S. 111 f.) nicht verständlich werden, wenn man sie als Resultat der leiblichen Vererbung und jener Vorgänge betrachtet, die mit der Geburt bzw. der Embryonalentwicklung beginnen.

Die Kinder kommen im Laufe der ersten Lebensmonate zum Bewußtsein der Gegenstände in ihrer Umgebung. Das ist nur dadurch möglich, daß die vorstellende Tätigkeit in ihrer Seele von den Sinneseindrücken angeregt wird. Die Kinder könnten nie Gestalt und Bedeutung von Gegenständen erfassen, wenn in ihrer Seele nicht bereits die Anlage zu dieser vorstellenden Tätigkeit vorhanden wäre. Nach Kagan (1987, S. 24) liegt dem Auftreten der Vorstellungsbildung – Kagan spricht von Schemata – ein bestimmter Reifungsprozeß im Gehirn zugrunde. Die Möglichkeit einer solchen Deutung löst sich – abgesehen von ihrer grundsätzlichen Fragwürdigkeit – auf, wenn sich herausstellt, daß der entsprechenden Strukturierung des Gehirnes bereits eine seelische Tätigkeit zugrunde liegt (s. S. 104 f.). Auch das Konzept von Piaget, das die kognitiven Prozesse dagegen auf Erfahrung, nämlich auf bestimmte Anfänge in den sensumotorischen Lernprozessen der ersten zwei Lebensjahre zurückführt, kann jenen Prozeß, durch den das Kind zur Gegenstandswahrnehmung kommt, nicht befriedigend erklären. Das Vorstellungsbild ist nach Piaget eine „interiorisierte Nachahmung"; sie gehe auf eine sensumotorische Nachahmung zurück, die „allein in Gegenwart des Modells erworben wird" (Piaget/Inhelder 1979, S. 19). Daß das Kind in dieser Nachahmung aber vorstellend tätig ist und dadurch überhaupt erst das Objekt (Modell) als solches wahrnimmt, bleibt in der Deutung Piagets unbeachtet. – Die vorstellende Tätigkeit der Seele stammt also nicht aus dem Leib des Kindes – aus Reifungsvorgängen des Gehirns –, aber auch nicht aus den sensumotorischen Betätigungen der ersten Lebensepoche.

Indem die anthroposophische Anthropologie die menschliche Seele unter dem Gesichtspunkt der Entwicklung betrachtet, stößt sie auf Tatsachen, die zur Auffassung der Präexistenz führen. Denn diese Tatsachen weisen darauf hin, daß der Mensch, soweit er vom Ich durchdrungene Seele (und Geist) ist, sein Dasein und seine Entwicklung nicht mit der Geburt oder der Konzeption beginnt. Die Präexistenz gilt der anthroposophischen Anthropologie als eine Auffassung, die so begründet ist, wie die Meinung, daß ein Pianist sein Können persönlich errungen habe. Man ist sich dessen gewiß, auch wenn man ihn nie beim Üben gesehen hat. Denn man weiß aus anderen Erfahrungen, daß einem pianistischen Können Üben und Lernen, d. h. Entwicklung zugrundeliegen.

Ebenso kann man aber auch wissen, daß es andere Eigenschaften (z.B. Begabung und höhere Gefühle) nur durch vorangegangene Entwicklung gibt.

Die Tatsache der Präexistenz weist auf einen Daseinsbereich, der den Mitteln der Sinnesbeobachtung verschlossen ist. Auch mit der gewöhnlichen Seelenbeobachtung kann er nicht erforscht werden. Diese begreift die Seele unter den Bedingungen, die durch ihre Verbindung mit dem Leib gegeben sind. Nur wenn der Mensch durch eine entsprechende methodische Schulung die Kräfte seiner Seele und seines Geistes aus der Verbindung mit dem Leib lösen kann, erschließt sich ihm jenes außer- bzw. übersinnliche Gebiet, in dem Seele und Geist vor ihrer Verbindung mit dem Leib ihr Dasein gehabt haben. Ein Urteil über die Tatsache der Präexistenz kann man aber auch ohne die Methoden übersinnlicher Erkenntnis gewinnen.

Die anthroposophische Pädagogik wird von einigen ihrer Kritiker als unwissenschaftlich abqualifiziert, weil sie z.B. dem Menschen eine Präexistenz – und im weiteren Reinkarnation – zuspricht (Prange 1985, S. 20ff.) oder weil sie diese Anschauungen angeblich „aus den Traditionen der religiösen Weisheit des Ostens geschöpft ... hat" (Ullrich 1986, S. 94). Es wird aber nicht gefragt oder gar untersucht, ob es Tatsachen und Gesetzmäßigkeiten gibt, die auf Präexistenz (und Reinkarnation) hinweisen. Was diesen Kritikern von vornherein als Wissenschaft gilt, wird zum alleinigen Maßstab ihrer Bewertung.

## 2.4 Die Dreigliederung des menschlichen Organismus – das Leib-Seele-Problem

In jeder Begegnung mit Menschen erfährt man, daß Seele und Geist sich durch den Leib äußern. Wie ist aber ihre Verbindung miteinander zu begreifen? Ohne Beantwortung dieser Frage bleibt Anthropologie fragmentarisch. Vor allem, wenn man menschliche Entwicklung im Kindes- und Jugendalter begreifen will, in dem seelische und leibliche Veränderungen auf das Engste miteinander verflochten sind, wird die Beziehung von Seele und Geist mit dem Leib zum zentralen Thema. Wir haben es nicht nur in dem heute üblichen Rahmen zu behandeln, sondern auch unter dem Gesichtspunkt der Präexistenz. Das wird die Grundlage für ein anthropologisches Verständnis von menschlicher Entwicklung im Kindes- und Jugendalter abgeben.

Um den Zusammenhang von Seele und Leib aufzuhellen, hat die phänomenologische Philosophie unseres Jahrhunderts die zweifache Leiberfahrung beschrieben: den Körper als materielle Gestalt, die von außen wie die anderen materiellen Dinge wahrgenommen und erforscht wird, und den von innen erlebten Leib, „corps propre" in der Formulierung von Merleau-Ponty. Die innere Erfahrung des Leibes mit den verschiedenen Erlebnissen leiblichen Befindens ist nach Scheler etwas anderes als das seelische Erleben eines Gefühls; sie ist eine Wahrnehmung „sui generis" (Scheler 1966, S. 398). Als Organ dieser allgemeinen Leibwahrnehmung hat Steiner den Lebenssinn beschrieben. Durch ihn „empfindet sich der Mensch als ein den Raum erfüllendes, leibliches Selbst" (Steiner 1970, S. 31). Die Seele erlebt den Leib als ihren eigenen und sich mit ihm verbunden. In diesem Erleben sind Körper und Seele „ineinander verankert" (Plessner).

Im Körper, dem „Ding unter Dingen" (Plessner) im Raum, kann man das Ineinanderübergehen von Seele und Leib nicht auffinden. Deshalb sucht z. B. Lersch den Zusammenhang im Lebensgrund. „In der allgemeinsten Form ist der Zusammenhang des Lebensgrundes mit dem Seelischen in dem gegeben, was wir als Vitalität zu bezeichnen gewöhnt sind" (Lersch 1970, S. 110). Der Lebensgrund ist aber „mehr als das, was der physiologischen Forschung zur Erfahrung und zur Erkenntnis kommt" (S. 115); er ist eine offensichtlich tiefere, nicht mehr direkt greifbare Dimension des Lebens.

Durch die innere Leiberfahrung, durch den Lebenssinn, weiß der Mensch, daß er als seelisches Wesen mit dem Ganzen seines Leibes verbunden ist. Diese Erfahrung muß man gegen jene physiologische Auffassung geltend machen, die Seelisches nur mit Gehirnstrukturen und Gehirnfunktionen in Verbindung bringt. Andernfalls verkürzt man das Problem von vornherein.

Was ist aber im Gegensatz zum Körper das Spezifische des Leibes, und wie steht die Seele mit ihm konkret in Beziehung, d. h. mit ihren drei Grundtätigkeiten und als Seelenorganismus? Den Körper erfährt man als konkrete Gestalt. Seine lebendige Gestalt besteht aber nur dadurch, daß sie unentwegt neu gebildet wird. Deshalb muß man den menschlichen Leib wie alles Lebendige nicht als Gestalt, sondern als Bildung betrachten (Goethe). Bildung umfaßt das Hervorgebrachte und das Hervorgebrachtwerden. Auf das Tätige in allen lebendigen Gestalten wird neuerdings mit dem Begriff der autopoietischen Organisation hingewiesen: Lebewesen sind dadurch zu „charakterisieren, daß sie sich – buchstäblich – andauernd selbst erzeugen" (Maturana/Varela 1987, S. 50). Das Wesentliche ist also die Bildung, das dauernde Sich-Erzeugen; der Stoff, der in diesen lebendigen Prozeß aufgenommen wird, wechselt. Durch ihn erscheint der lebendige Leib als Körper. Der angeblich „unaufhebbare Doppelaspekt" von Körper und Leib (Plessner) verschwindet also, wenn man den Körper als lebendige Bildung versteht.

Im Organismus des Leibes stehen die verschiedenen Organe in lebendiger Wechselwirkung – wie die Grundtätigkeiten der menschlichen Seele im Organismus der Seele. Die Lebensprozesse eines Organs sind Voraussetzung für die Lebensprozesse der anderen Organe, und zwar in vielfältigster Weise. Indem das Leben des einen Organes bedingt ist durch das der anderen und diese wiederum im Leben dieses einen, ist der menschliche Leib als Organismus eine in sich begründete Ganzheit. Man spricht vielfach von einem dynamischen Netzwerk; diese Formulierung weist auf den Charakter des lebendigen Organismus, gleitet zugleich etwas in das Gebiet des Dinglichen ab.

Man muß sich also die Anschauung von einem Organismus bilden, der im Erzeugen seiner Glieder (Organe) und zugleich im lebendigen, harmonischen Zusammenwirken dieser Glieder zu einem Ganzen tätig ist. Das gelingt nicht durch Betrachten des fertigen Gebildes und abstrahierendes Denken. Man hat im Vorstellen und Denken eine gestaltende Tätigkeit zu entwickeln, die im geistigen Nachvollzug des Lebendigen zur Anschauung des schaffend gestaltenden Organismus führt. Er ist eine sich erzeugende Organisation; d. h. er ist autonom und nicht auf materielle Ursachen reduzierbar. Er liegt der Erscheinung der menschlichen Gestalt zugrunde. Steiner hat ihn Lebensleib, Ätherleib oder Bildekräfteleib genannt (Steiner 1978, S. 37). Solange der Lebensleib mit seiner bildenden Wirksamkeit den Körper durchdringt, wird dieser bis in seine Materie unentwegt neu gebildet und ist dadurch lebendig. „Der Lebensleib ist eine Wesenheit, durch welche in jedem Augenblicke während des Lebens der physische Leib" – die sichtbare Gestalt – „vor dem Zerfall bewahrt wird" (Steiner 1978, S. 38).

Man braucht sich nicht darüber zu wundern, daß in der anthroposophischen Anthropologie etwas vorkommt, wovon in der Anatomie, Morphologie und Physiologie nicht die Rede ist. Anatomie beschreibt die Formen der Organe. Im lebendigen Organismus gibt es „keine Trennung zwischen Erzeuger und Erzeugnis" (Maturana/Varela 1987, S. 56), in der Anatomie aber nur das Erzeugnis. Die Morphologie vergleicht entstandene Formen (Erzeugnisse) miteinander und findet Formverwandtschaften. Die Physiologie erforscht die Lebensvorgänge im materiellen Substrat und isoliert sie dabei von jenen Prozessen, die in der Bildung der betreffenden Organe wirken. Und es entschwindet ihr das Leben ganz, wenn sie dessen schaffende, autopoietische Eigenart durch mechanistische Bilder verdeckt.

Im Bereich der Lebensprozesse ist der Zusammenhang des Leibes mit der Seele zu suchen. Lebensprozesse verlaufen in der Zeit; Zeit ist aber auch das Medium des seelischen Lebens (s. S. 104). Eine Grundtatsache des Lebendigen ist der Rhythmus. Indem die Lebensprozesse in einem bestimmten Rhythmus anschwellen und wieder abebben, um dann wieder intensiver zu werden, verlaufen sie nicht nur in der Zeit, sondern sind selbst zeitlich organisiert. In dem Anschwellen der Phase, die auf das Abebben folgt, wirkt die sich immer erneuernde Aktivität des Lebens. Rhythmus durchzieht wohl alle Lebensprozesse. In Lunge und Herz (Puls) wird er aber so beherrschend, daß er nicht nur im verborgenen Leben der Organe wirkt, sondern die Organe als ganze zum Pulsieren kommen. Der Rhythmus des Lebendigen kulminiert in Lunge und Herz bzw. im Atmen und im Herzschlag. Deshalb bezeichnet man Lunge und Herz in der anthroposophischen Anthropologie als rhythmische Organe.

Eine andere Qualität des Lebendigen ist die fortlaufende Erneuerung der Substanz, der Stoffwechsel. Er ist nicht inneres Pulsieren des Lebens, sondern unmittelbares Wirken des Lebendigen in der Materie. Bei intensivem Stoffwechsel werden die Organe in ihrer Substanz ziemlich schnell erneuert (rascher turnover). So bleiben sie im Prozeß des Entstehens; sie sind in ihrer Konsistenz weich. Stoffwechselorgane in diesem Sinne sind Leber und Darm, vor allem aber Muskulatur und Blut.

Der entgegengesetzte Lebensprozeß herrscht, wo im menschlichen Organismus die Dynamik des Stoffwechsels stark verlangsamt ist. Dort wirkt eine Tendenz zum Erstarren, zu starker Formbildung. Form ist Bewegung im Zustand der Ruhe (Heidenhain). Es kommt zur Absonderung von Substanz aus dem lebendigen Gewebe der Organe. Auf diese Weise entsteht das Myelin in den Markscheiden der Nervenfortsätze (Neuriten), das Osteoid, die noch unverkalkte Knochengrundsubstanz, und in dieser die Kalziumsalze der Knochen. Der Bereich, in dem die zur Form führenden Vorgänge kulminieren, ist der Kopf.

Formbildung, rhythmisches Leben und Stoffwechsel haben im menschlichen Organismus jeweils ein Gebiet, in dem sie vorherrschend wirken, immer sind sie aber miteinander verflochten. In dieser allgemeinsten Differenzierung der Lebensprozesse herrscht der Gegensatz von Formbildung und Stoffwechselleben. Im rhythmisch pulsierenden Leben ist ein ständiger Wechsel von

Impulsierung und Abschwächung. Insofern bildet es die Mitte zwischen den Gegensätzen.

Man kann die Lebensprozesse stärker aufgliedern; um den Zusammenhang mit der Seele zu erfassen, sind aber die drei genannten die wesentlichen. Steiner hat die Beziehung zwischen den drei Grundfunktionen der Seele und den genannten drei Prozessen zunächst in seinem Buch „Von Seelenrätseln" (Steiner 1976), dann in zahlreichen Vorträgen, besonders auch in seiner grundlegenden Darstellung zur pädagogischen Anthropologie „Allgemeine Menschenkunde als Grundlage der Pädagogik" (Steiner 1973a) dargestellt.

Die phänomenologische Beschreibung hat gezeigt, daß die Wirkenskraft des Willens auf einem unentwegten Erneuern seines Tätigseins beruht. Wille ist immer im Entstehen, in statu nascendi. Wenn Wille mit seinem dynamischen Wirken im Leib des Menschen tätig ist, dann müssen die Lebensprozesse selbst von großer Lebendigkeit sein. Das ist in bestimmten Prozessen des Stoffwechsels der Fall. Im Stoffwechsel sind die Substanzen nur insofern vorhanden, als sie immer neu entstehen, in andere übergehen und aus wieder anderen für kurze Zeit gebildet werden. Stoffwechsel ist ein lebendiges Geschehen, in dem nichts Festes, Endgültiges entsteht. Dieses Werden hat in der willkürlichen Muskulatur einen spezifischen Charakter. Die in der Kontraktion entscheidenden eiweißartigen Substanzen (Actin und Myosin) sind so gebildet, daß immer ein kurzer Abschnitt aus Actin an einen aus Myosin anschließt und zugleich in ihn etwas übergreift. Wenn der Mensch durch den Willen die Muskulatur kontrahiert, kommt es zu einer stärkeren Durchdringung von Actin und Myosin, d. h. zu einer Verdichtung. Das ist wie der Beginn einer chemischen Verbindung, bei der zwei Substanzen sich zu einer neuen vereinigen. Dieser Prozeß bleibt aber gleichsam im Entstehen. Dadurch ist er ganz im Werden und kann jeden Augenblick in einen stärkeren oder schwächeren Verdichtungsgrad, d. h. in Anspannung oder Erschlaffung des Muskels übergehen. Es handelt sich um einen ungewöhnlich dynamischen Vorgang, in dem das immer neue Entstehen von Verdichtung – in der Auseinandersetzung mit äußerem Widerstand – das Entscheidende ist. In diesem Prozeß erlebt der Mensch die Anstrengung, d. h. die fortwährend erneuerte Willenstätigkeit. So erweist sich das ungewöhnlich lebendige Geschehen in der Muskulatur mit seinen hohen Substanzumsätzen als physische Manifestation des Willens. Der Lebensvorgang ist Ausdruck des Willens, der in äußerer Bewegung oder in der Körperhaltung wirkt. Wenn Wille mehr als innere Tätigkeit wirkt, manifestiert er sich in dynamischen Substanzprozessen, die sich im Innern des menschlichen Leibes abspielen, sich also nicht wie die Muskulatur in die äußeren Kräfte von Schwere, Trägheit und Gleichgewicht einschalten. Solche Prozesse der fortlaufenden Erneuerung, in denen sich der Wille zum Ausdruck bringt, spielen sich im Blut ab (Steiner 1973a, S. 38f.) – in der Neubildung seiner Substanz und bestimmten Bewegungen. Wenn man z.B. willentlich bestimmte Vorstellungs- und Denkprozesse ausführt, kommt es unmittelbar in den betreffenden Gehirnarealen zu verstärkter Durchblutung (Ingvar 1975, S. 397ff.; Lassen, Ingvar, Skinhoj 1987, S. 134ff.). Die Konzentration der Willenstätigkeit an einer bestimmten Region des Leibes manifestiert sich in den Lebensprozessen dadurch, daß das Blut als leibliches Substrat des Willens verstärkt diese Region durchströmt.

Um die Beziehung des Fühlens zu den Lebensvorgängen zu begreifen, muß man zwei Faktoren berücksichtigen. Zum einen haben die Gefühle in sich nicht die wirksam-aktive Qualität des Willens; sie treten reaktiv auf Eindrücke auf und klingen aus. Das bedeutet, daß sie nicht so tief in das dichte stoffliche Leben hineingreifen wie der Wille. Dann spielt sich das innere Leben des Gefühls in zwei verschiedenen Dimensionen ab. Einmal in der Dynamik zwischen starker Erregung in den Affekten (z. B. heftiger Ärger) und relativer Ruhe in den tieferen Regungen des Gemütes (z. B. Verehrung). In der Erregung des Affekts ist die Seele in sich gefangen; durch innere Ruhe kann sie sich zum Miterleben öffnen. Die andere Dimension ist die Tiefe der Gefühle. Sie reicht vom oberflächlichen Erleben bis zur tiefen Ergriffenheit. Die Gefühle werden vor allem im Bereich der rhythmischen Organe, „in der Brust" erlebt. Wenn sie sich im Lebensprozeß manifestieren, dann wird in diesem die Dynamik und die Tiefe des Fühlens zum Ausdruck kommen. In den Aufzeichnungen der Atem- und Pulskurven bei verschiedenen Gefühlen wird eine starke Variabilität der Rhythmen in Frequenz und Amplitude sichtbar (Schaefer 1979, S. 51f.). Diese Variationen entsprechen auffallend der Erregung oder Ruhe bzw. der größeren oder geringeren Tiefe der Gefühle. Ärger und Haß mit ihrer starken Erregung manifestieren sich z. B. in einer Beschleunigung des Atemrhythmus, Verehrung und Liebe in einem beruhigten Rhythmus mit großer Amplitude (Tiefe). Die Modulation des Atemrhythmus ist „Physiognomie" im Bereich der Lebensrhythmen wie die Miene in den beweglichen Formen des Antlitzes. In dieser „Physiognomie" zeigt sich, daß die Seele mit ihren Gefühlen vor allem im Rhythmus des Atmens, aber auch in anderen rhythmisch verlaufenden Lebensprozessen lebt.

Daß Vorstellen und Denken an die Nervenorganisation des Gehirnes gebunden sind, ist allgemeine Überzeugung. Wie ist aber der Zusammenhang z. B. der Vorstellungen mit dem Gehirn? Er ist schon in der unmittelbaren Erfahrung anders als die Beziehung des Willens zu den Bewegungsorganen. Diese wird bewußt erlebt, jener überhaupt nicht (Seifert 1979, S. 136). Die menschliche Seele hat insgesamt eine losere Verbindung zum Gehirn als zum übrigen Organismus. Verletzungen der Nervenmasse werden von ihr nicht als Schmerz empfunden. Abgesehen von den Zuständen des Kopfschmerzes empfindet man das Gehirn gegenüber Hand und Lunge schwächer als eigenen Leib. Die Vorstellungen aber sind gegenüber Gefühl und Wille kraftlose Seelengebilde. Als bloße Bilder haben sie keine Kraft, mit der sie in die Lebensprozesse eingreifen könnten.[5] Das ist ihnen auch verwehrt; denn im Gehirn herrschen in jenen Partien, die zum Vorstellungsleben in Beziehung stehen, im sogenannten Assoziationskortex, die Form- und Absonderungsprozesse vor. In die geronnene Form der Nervenfortsätze und die physiologisch träge Substanz des Myelins kann das Vorstellungsleben nicht eingreifen wie der Wille in den Stoffwechsel. So sind die Vorstellungsbilder gegenüber dem Gehirn relativ unabhängig. Würden sie wie der Wille in den Stoffwechsel eingreifen oder wie das Fühlen in den Lebensrhythmus des Atmens eintauchen, dann wären sie eng mit dem Leib verbunden. Das Vorstellungsleben könnte seine Funktion nicht erfüllen; es könnte nicht intensiv mit der Umgebung in Beziehung treten und sich an ihr zu Bildern der äußeren Welt konfigurieren. Der Mensch könnte auch nicht von den Vorstellungen durch das Denken zu Urteilen und Begriffen kommen, in denen der Weltzusammenhang aufleuchtet.

Das Vorstellen ist aber dennoch an das Gehirn gebunden. Das beweisen jene Verletzungen des Assoziationskortex, die zu Agnosien und ähnlichen Ausfallerscheinungen führen. Das Gehirn ist das Organ, durch das die Vorstellungstätigkeit der Seele zur Umwelt in Beziehung tritt. Es muß aber in den ersten Lebensjahren erst zu einem solchen Organ durch jene Strukturierungsprozesse, auf die wir bereits hingewiesen haben (s. S. 8), werden.

Man kann in Fortsetzung der bisherigen Betrachtung verfolgen, wie die drei Glieder des menschlichen Organismus miteinander verflochten sind – das Gehirn durch bestimmte Nervenbahnen mit dem rhythmischen System und der ganzen Bewegungsorganik, das rhythmische System mit dem Gehirn und den Gliedern usw. Hier prägt sich der menschliche Seelenorganismus im Leib des Menschen aus.

Die Dreigliederung des menschlichen Organismus, die wir in knappen Strichen skizziert haben, erscheint bei Ullrich in merkwürdiger Verzeichnung (Ullrich 1986, S. 87 ff.). Sie wird z. B. mit den Schichtlehren verschiedener Psychologen in Verbindung gebracht, mit denen sie aber kaum etwas zu tun hat. Ullrich bemerkt nicht, worum es geht; nämlich um die Lösung des Leib-Seele-Problems. So entgeht ihm, was Steiner in dieser zentralen Erkenntnisfrage geleistet hat. Es mutet eigenartig an, wenn Ullrich gegenüber Steiner die „gestalttheoretischen und phänomenologischen Denkansätze etwa bei Scheler, Lersch und Rothacker empfiehlt. Folgt man dieser Empfehlung, dann findet man z. B. bei Lersch Aussagen über die Beziehung der Seele zum Leib, die auf Plato zurückgehen (Lersch 1970, S. 117). Kurz zuvor lastet Ullrich der Steinerschen Dreigliederung aber eine Plato nachempfundene Auffassung an. Da müßte Ullrich z. B. zeigen, was die Seelenlehre Platos (vernünftige Seele, muthafte Seele, begehrende Seele) mit der Steiners überhaupt zu tun hat. Mut ist z. B. eine Tugend und liegt in einem anderen Bereich als die Gefühle. Und in der Psychologie wird dargestellt, wie dem Begehren die wesentlichen Eigenschaften des Willens fehlen (z. B. Remplein 1975, S. 186 f., 250 ff.).


# 3. Anthropologie der menschlichen Entwicklung

## 3.1 Bemerkungen zur Anthropologie der frühen Kindheit

Mit der Betrachtung von Kindheit und Jugend kommt die Anthropologie zu dem zentralen Problem des Menschseins, dem der Entwicklung. Was sich in den so offenkundigen Verwandlungen abspielt, wird nur verständlich, wenn man weiß, was in ihnen wirkt. Was man an den Kindern in ihrem Älterwerden beobachtet, sind Veränderungen im Verhalten. Deren Deutung fällt aber unterschiedlich, z. T. gegensätzlich aus. Die einen halten die Entwicklung für ein kontinuierliches Geschehen, andere sehen in ihr auch Diskontinuität, d. h. das Auftauchen von Neuem, das von dem Früheren relativ unabhängig ist. Das liegt an den Konzepten, mit denen der betreffende Forscher die Beobachtungen interpretiert. „Es ist der Theoretiker, der bestimmt, welche Phänomene miteinander zusammenhängen." Diese Aussage von Kagan (1987, S. 126) ist nicht ironisch gemeint, sie bezeichnet ein methodisches Problem. Sind die Gedanken, mit denen die Entwicklung gedeutet wird, bloße Konstrukte oder sind sie Ausdruck menschlicher Wirklichkeit? Einen sicheren Grund für die Deutung findet man durch ein Verstehen des Menschen, das sein Wesensgefüge aufhellt. Im Menschen sind die inneren Faktoren, die auch in den Veränderungen und Verwandlungen der Kindheit und des Jugendalters am Werke sind, zu suchen. Eine Erkenntnis von Kindheit und Jugend braucht das Fundament der Anthropologie. Das ist der Grund für unser bisheriges Vorgehen.

Wir wollen zunächst am Beispiel der frühen Kindheit einige grundlegende Anschauungen der anthroposophischen Anthropologie entwickeln, um dann mit ihnen ein Verständnis der mittleren Kindheit und des Jugendalters zu gewinnen. Es sind zuvor aber einige Klärungen notwendig. Im Anschluß an Thomae (1949) hat man sich in der Entwicklungspsychologie weitgehend darauf geeinigt, Entwicklung „mit einer Reihe von Veränderungen des inneren und äußeren Verhaltens, die miteinander zusammenhängen" (Wieczerkowski/zur Oeveste 1982, S. 30) gleichzusetzen. Damit ist aber der Kern der Entwicklungsidee verloren. Schon Verwandlung umfaßt mehr als Veränderung, und Entwicklung mehr als Verwandlung. Entwicklung führt von einer niederen zu einer höheren Stufe. Das ist nur faßbar, wenn man angeben kann, was ein weniger Entwickeltes zu einem höher Entwickelten werden läßt. Nach Hegel (1830, S. 131) ist es eine „innere Bestimmung", die in der Umwandlung „sich zur Existenz", zum Dasein bringt. Die Veränderungen der Kindheit und des Jugendalters kann man also nur als Entwicklung begreifen, wenn man bemerkt, daß sich in ihnen ein inneres Wesensprinzip des Menschen verwirklicht.

Wir müssen von Entwicklung ein anderes Geschehen abgrenzen, weil sich sonst von vornherein Unklarheiten in die Beurteilung einschleichen können. Gemeint ist die Entfaltung, d. h. eine Verwandlung, in der im Kinde schon vorhandene Anlagen in Erscheinung treten. Die Idee der Präexistenz fordert den Begriff der Entfaltung. Damit werden zu den Begriffen, die das Denken über Entwicklung weitgehend bestimmen, Lernen und Reifung (Veränderung als Folge einer genetisch vorgegebenen Determination), neue hinzugefügt.

Wir wollen nur wenige Prozesse der frühkindlichen Entwicklung betrachten. Was spielt sich in dem für den Menschen so fundamentalen Vorgang der Aufrichtung ab? Wenn das kleine Kind sich bemüht, den Kopf zu heben, sich mit den Armen abzustützen, zu sitzen und schließlich zu stehen, dann setzt es sich durch seinen Willen mit der Schwere auseinander. Es greift mit dem Willen in die Muskulatur ein und ergreift vom Hals ausgehend den ganzen Leib bis zu den Füßen. Im Kind lebt der Drang, über das Erreichte hinaus zu einer immer vollkommeneren Überwindung der Schwere zu kommen. In diesem Bemühen steigert das Kind die Kraft und Ausdauer des Willens. Es entwickelt sich der Wille; denn das, was der Wille in seiner inneren Natur des Wirkens ist, wird intensiver. Das Erringen der aufrechten Haltung ist Ausdruck dieser Willensentwicklung.

Wenn das Kind aufrecht steht, ist es in fortwährender Auseinandersetzung mit der Schwere aus sich selbst tätig. Indem es sich im Gleichgewicht hält, ruht es in sich. Im Willen aus sich selbst zu wirken und zugleich sein Zentrum in sich zu haben, heißt ein Ich sein. Im Prozeß der Aufrichtung ergreift das Ich des Kindes den Leib von innen. Was sich hier abspielt, ist Entwicklung: das Ich bringt sich im Leib zum Dasein, es inkarniert sich. – Das Ich tritt auf, bevor es seiner selbst im dritten Lebensjahr bewußt wird.

Das Ganze dieser Entwicklung wird erst sichtbar, wenn man auch die Veränderungen im Leib ins Auge faßt. Wenn das Kind beim Sitzen den Kopf hebt und frei hält, entsteht die Krümmung der Halswirbelsäule; ebenso die Krümmung der Lendenwirbelsäule, wenn es den Rumpf von unten her aufrichtet. Aus der Willenstätigkeit bildet sich dann im Laufe der Jahre die bleibende Form der Wirbelsäule mit ihren Kurvaturen (Putz 1985, S. 256) – und damit verbunden die auffallende Größenzunahme der Wirbel von oben nach unten und das Wachstum der Hals- und Rumpfmuskulatur. – Beim Stehen führt nun die Belastung der Wirbelsäule in den Krümmungen zu stärkerer Ausbiegung. Man würde immer etwas zusammensacken, wenn man die lastende Schwere nicht fortwährend überwinden würde. Der Rücken mit den Kurvaturen der Wirbelsäule und seiner Muskulatur ist zum Organ des Sich-Aufrichtens geworden, zum Werkzeug des Ich.

Die durch Vererbung entstandenen Organe des Neugeborenen haben sich durch die Willensentwicklung verändert, nicht durch genetisch bedingte Reifung. Die Verwandlung trägt den Stempel des Ich. Sie ist ein Prozeß, in dem Vererbtes individualisiert wird. Im Leib des Kindes vollzieht sich hier bis in die einzelne Form ein Entwicklungsprozeß, in dem das Ich sich den Leib an-eignet. Das gilt auch für die Organisation der Beine (Kranich 1985, S. 16f.) und die Füße (Staubesand 1985, S. 377f.).

Auf diese Prozesse hat die Umgebung einen großen Einfluß. Denn der innere Impuls für diese ganze Entwicklung geht weitgehend vom Nachahmen des Kindes aus. Im Nachahmen bemüht sich das Kind, die Haltung, Gebärde und Bewegung besonders der Mutter in der eigenen Tätigkeit nachzuvollziehen. In der Nachahmung wirkt der Impuls, an den Vorbildern über das bereits Erreichte hinauszukommen. So ist Nachahmung die innere Triebkraft der frühkindlichen Entwicklung. Beispiele gestörter und gehemmter Entwicklung durch entsprechende Vorbilder (Steiner 1973b und 1978c; Nitschke 1968; Malson u.a. 1975) machen deutlich, was Aufgabe von Erziehung in der frühen Kindheit ist. Zum einen geht es um eine liebevolle Atmosphäre, in der das Kind in seiner nachahmenden Hingabe nicht gehemmt wird. Zum anderen sollten sich die Erzieher des Kindes bemühen, als Mensch so zu sein, daß sie in ihrer Haltung, ihren Bewegungen und Verhaltensweisen nachahmenswert sind. Deshalb bedeutet nach Steiner Erziehung in der frühen Kindheit in einem nicht geringen Umfang Selbsterziehung der Erziehenden – aus dem Bewußtsein der von ihnen auf das nachahmende Kind ausgehenden Wirkung.

Andere Prozesse als im Erringen der aufrechten Haltung spielen sich in den frühen Phasen der kognitiven Entwicklung ab, in denen das Kind zum Gegenstandsbewußtsein kommt. Das Kind lernt, mit der vorstellenden Tätigkeit seiner Seele die Dinge wahrzunehmen. Hierbei entwickelt sich nicht die Vorstellungstätigkeit wie der Wille beim Aufrichten; sie *entfaltet* sich an den Eindrücken, die die Umgebung auf die Sinne machen. Das Kind lernt im Laufe von Monaten (Spitz 1980) mit seiner aus der Präexistenz stammenden Begabung die Gestalten der Außenwelt zu erfassen. Die Entfaltung ist zugleich ein Lernen.

Auch dieser Vorgang führt zu Veränderungen im Leib des Kindes. In den Bereichen der Gehirnrinde, die an die Sinnesprojektionsfelder angrenzen, entstehen aus den noch einfachen Nervenzellen die Fortsätze (Dendriten, Neuriten) und ihre synaptischen Verbindungen (Creutzfeldt 1983, S. 24ff.). Gleichzeitig kommt es zur Absonderung des Myelin, das im Lauf der frühen Kindheit einen immer größeren Anteil an der Gehirnsubstanz ausmacht (Diemer 1968). Das Gehirn wird dadurch zum Organ, durch das die vorstellende Seele zur Gegenstandswahrnehmung, später zu freien Vorstellungsbildern und der denkende Geist zu Begriffen über die Außenwelt kommt. Diese Strukturierungsprozesse im Gehirn sind ebensowenig genetisch bedingt wie die Umbildung der Wirbelsäule (Singer 1985, S. 50, S. 57 ff.). Sie sind Ausdruck einer Formentwicklung, die über den genetisch bedingten Zustand beim Neugeborenen hinausführt.

Auch hier ergeben sich aus dem Verständnis der Entwicklung bestimmte Erziehungsgrundsätze. Man wirkt fördernd auf diese Entwicklung, wenn man die Kinder zu einer möglichst großen Lebendigkeit der inneren Tätigkeit anregt. Im Betrachten starrer Gegenstände gerinnt das Vorstellen in der Wahrnehmung. Gibt man kleinen Kindern Spielzeug, das durch seine offenlassenden Formen oder seine Beweglichkeit die Vorstellungstätigkeit im Fluß hält, dann wird diese ein Faktor in der postnatalen Entwicklung des Gehirns (Steiner 1960, S. 23).

Die geschilderten Tatsachen führen zu einer Antwort auf die für die Erziehungspraxis wichtige Frage, ob die Entwicklung des Kindes kontinuierlich oder in Phasen verlaufe. Nicht nur im Gehirn und im statischen System des kindlichen Leibes kann man eine Umbildung der Formen beobachten. Auch die anderen Organe wie z. B. Brustkorb und Lunge, Magen, Niere und Leber haben beim Neugeborenen Formen, die viel einfacher sind als beim Schulkind. Im Laufe der frühen Kindheit werden sie umgestaltet. In ihnen wirken plastisch gestaltende Kräfte (Bildekräfte), die beim Neugeborenen noch nicht tätig sind (Steiner 1972; Kranich 1985). Bei den erstarrten Gebilden der Zähne äußert sich die allgemeine Umbildung der Formen als Neubildung. Im Kiefer entstehen – wenn man von den Weisheitszähnen absieht – bis zum Alter von sieben Jahren die Kronen der bleibenden Zähne (Adler 1965). Dann ist aber nicht nur dieser Teil der Zahnbildung abgeschlossen, es wird der Prozeß der Formbildung im ganzen Organismus des Kindes stark abgedämpft. Eine Reihe verschiedener Organe behält von nun an die Formen, die sie jetzt haben. Die hohe Bildsamkeit des kindlichen Leibes erlischt in einem ganz beträchtlichen Umfang. Damit geht eine erste Epoche der biographischen Entwicklung zu Ende, das erste Lebensjahrsiebt im Sinne der anthroposophischen Pädagogik. Diese Diskontinuität ist in der anthroposophischen Pädagogik der Schlüssel für ein Verständnis der anschließenden Entwicklung und ihre Erziehungsaufgaben.

## 3.2 Bemerkungen zur anthropologischen Dimension von Unterricht zwischen Zahnwechsel und Pubertät – Bild-Kunst-Autorität

Veränderungen im Seelenleben des sechs- bis siebenjährigen Kindes, vor allem in dem gut untersuchten kognitiven Bereich, gehören zum gesicherten Bestand der psychologischen Forschung. Das Kind kann sich nun seine Erlebnisse in der Erinnerung willkürlich vergegenwärtigen. Das bisher labile und recht episodische Erinnerungsvermögen wird stabiler und kontinuierlicher. Das Kind kann ein Vorstellungsbild in ein anderes überführen und von diesem wieder zum ersten zurückgehen, d. h. Vorstellungsbilder relativ frei beweglich handhaben. Dadurch werden ihm Zusammenhänge bewußt, die es nicht erfassen konnte, solange es mit seinem Bewußtsein stark an die Sinneswahrnehmung und damit an die Unterschiede der Formen gebunden war. Es wäre noch manches andere zu erwähnen. Allem ist eines gemeinsam: die Vorstellungsbilder werden konkreter, und das Kind kann mit ihnen – wenigstens anfänglich – frei umgehen.

Die Deutung dieser Veränderung ist recht kontrovers – und muß, solange man sie im Bereich des Psychologischen sucht, spekulativ bleiben. Denn es treten im Seelenleben Eigenschaften auf, die es vorher noch nicht hatte.[6] Die anthroposophische Anthropologie weitet deshalb die Betrachtung auf das ganze Wesen des Kindes aus, um in ihm den Bereich zu finden, aus dem die im Vorstellungsleben neuen Kräfte stammen.

Das veränderte Erinnerungsvermögen hat seine Wurzel in einem veränderten Wahrnehmen. „Wenn wir eine Gestalt mit großem Interesse betrachten, so zeichnen wir ihre Konturen ... durch eingebildete Bewegungen nach" (Palagyi 1924, S. 143). Dieses Wahrnehmen, das zugleich inneres Nachzeichnen bzw. Nachformen ist, beginnt um das siebte Lebensjahr. Von diesem Alter an handhabt das Kind im Wahrnehmen formende Kräfte. Dadurch werden die Vorstellungen konturierter und konsistenter. Sie werden wohl in der Wahrnehmung gebildet, heben sich dann aber als eigene Seelengebilde aus ihr heraus.

Was in der Seele des Kindes auflebt, sind formende Kräfte. Zu gleicher Zeit klingt im Leib die Formbildung ab. Plastisch gestaltende Kräfte, die durch Jahre in der Umbildung der Organe tätig waren, lösen sich z. T. aus dem Gebiet ihres bisherigen Wirkens. Steiner spricht von Emanzipation. Die formenden Kräfte, die im Leibe frei werden, kann das Kind nun in der Seele handhaben. Diese Metamorphose im Wirken von Bildekräften liegt also den genannten Veränderungen im Seelenleben zugrunde. Sie wird in der anthroposophischen Pädagogik bisweilen als Zahnwechsel bezeichnet, weil der Durchbruch der ersten bleibenden (Schneide-)Zähne das äußere Zeichen für diese Metamorphose ist (Kranich 1985, S. 24 ff.). Nach den Untersuchungen von Krowarz und Lienelt (1959), Ilg und Ames (1965, S. 236 ff.) und Silvestro (1977) korreliert der beginnende Zahnwechsel auffallend mit den psychologischen und somatischen Kriterien der Schulreife.[7]

In den Umbildungsprozessen des kindlichen Leibes bis zum siebten Lebensjahr haben sich in Brustkorb und Lunge nicht nur die Formen verändert. Beim Neugeborenen ist der Brustkorb steif; das Kind atmet zunächst nur mit dem Zwerchfell. Von der zweiten Hälfte des ersten Lebensjahres und verstärkt vom dritten Lebensjahr an entwickelt sich das rhythmische Pulsieren des Brustkorbs. Brustkorb und Lunge werden erst im Laufe der frühen Kindheit zum rhythmischen Organ. So ist erst am Anfang der Schulzeit die leibliche Grundlage für das Gefühlsleben und seine Entwicklung voll ausgebildet.

Diese Veränderungen haben gewichtige Konsequenzen für die Konzeption von Unterricht. Wird der Unterrichtsstoff den Kindern in dinghafter Anschauung vermittelt, dann können sich die gestaltenden Kräfte nicht richtig betätigen. Sie müssen sich den festen Formen des Gegenständlichen fügen. Ihre bildende, formende Regsamkeit wird unterdrückt. Deshalb sieht die anthroposophische Pädagogik in der üblichen Form von Anschauung kein Unterrichtsmedium, das dem Kind nach dem Zahnwechsel gerecht wird. Die gestaltenden Kräfte werden zur Tätigkeit angeregt, wenn das Kind z. B. an der

Schilderung des Lehrers selbst innere Bilder gestaltet. Zu dem, was das Kind in dieser Weise bildet, hat es eine andere Beziehung als zu dem, was es als Fertiges anschaut. Es ist mit dem Entstehen des inneren Bildes unmittelbar verbunden, weil es der „Künstler" ist, der es erzeugt. Was man seinem Entstehen nach kennt, kennt man zugleich in seiner inneren Gesetzmäßigkeit. Insofern sind innere Bilder ein bedeutendes Mittel, um zum Verstehen zu kommen. Das gegenständlich Angeschaute enthält noch nicht den geistigen Anteil der Dinge (S. 105); es ist Bewußtheit ohne die Dimension der Wahrheit. Formt das Kind mit seinen Kräften lebendigen Gestaltens ein Bild, dann kann es mit dem Äußeren zugleich auch das Geistige der Dinge erfassen. Deshalb sieht die anthroposophische Pädagogik für die auf den Zahnwechsel folgende Epoche der kindlichen Entwicklung im Bild das angemessene Medium des Unterrichts – Bild im Sinne der abendländischen Geistesgeschichte „als das In-Erscheinung-Treten des ... Wesens" (Schlüter in Historisches Wörterbuch der Philosophie, Sp. 913). Es ist ein „Geistig-Anschauliches" (Steiner), in dem durch die gestaltende Tätigkeit der Seele mit dem Anschaulichen zugleich auch das Geistige sichtbar wird.

Wenige Beispiele mögen das Spezifische des bildhaften Unterrichts erweisen. Ein erstes Gebiet, das von Steiner in die Pädagogik eingeführt wurde, leitet die Kinder in den ersten Schuljahren an, die gestaltenden Kräfte zu handhaben (Jünemann/Kranich 1985). Die Kinder lernen zunächst einfachere, dann kompliziertere gesetzmäßige Formen (nicht Dinge) zu zeichnen. Das übende Gestalten mit der Hand regt zum Miterleben der Formen an. Das Kind kennt die gezeichneten Formen aus ihrem Entstehen. Das führt zu einem Sehen, das im Gegensatz zum registrierenden Wahrnehmen von gestaltender Tätigkeit durchdrungen ist und zum Bewußtsein der Formgesetzmäßigkeit gelangt. Mit diesem Sehen kann dann das Kind auch die Formen der Dinge nachvollziehen und in die Bildung eindringen.

Das ist Aufgabe des Naturkunde-Unterrichts. Eine Betrachtung, die Pflanzen und Tiere nach ihren Erscheinungen und den charakteristischen Merkmalen betrachtet, wird weder dem Lebendigen noch der Forderung nach bildhaftem Verstehen gerecht. Naturkunde-Unterricht im Sinne anthroposophischer Pädagogik hat sein wissenschaftliches Fundament in einer Auffassung, die im Organismus das lebendige Zusammenwirken seiner Organe und Glieder zu einem Ganzen sieht. Sie verfolgt nach der von Goethe entwickelten Methode, wie die Dominanz eines Organs sich im ganzen Organismus ausprägt und zu den verschiedenen Formen des Pflanzen- und Tierreiches führt (Goethe 1975a, S. 241ff.; Steiner 1979a, S. 95ff.; Kranich 1988). In tätigem Nachvollziehen dringt man in die Gestaltungsprozesse der Pflanzen- und Tierwelt ein. Die Tiere und Pflanzen werden bis in die Einzelheiten ihrer Gestalt verständlich, weil man sie aus dem inneren Prinzip ihrer Bildung begreift.

Dieses gestaltende Erkennen ist Grundlage des Naturkunde-Unterrichts. Die Kinder lernen die Tiere verstehen, indem sie ihre Gestalt im Anschauen nachvollziehen und erfassen, wie das eine Tier seinen besonderen Charakter dadurch hat, daß die Beine die dominierende Organisation sind, andere Tiere durch das Verdauungsorgan, den Hals, die Lunge usw. ihr besonderes Gepräge haben. Unter der Anleitung des Lehrers leuchtet für das Kind im gestaltenden Anschauen der Zusammenhang, das Geistige auf. Das Tier wird zum Ausdruck, zum Bild des gestaltenden Prinzips, d.h. eines bestimmten Organs.

Dieses Bild umgreift auch das Verhalten und die Einbindung in die Natur. Wenn man nicht weiß, daß Goethes Erkenntnismethode das Fundament des bildhaften Naturkunde-Unterrichts ist und deren Tragweite auch nicht kennt, kann man eine knappe Äußerung Steiners zu Sachkundigen als Beleg dafür ausgeben, daß im Naturkunde-Unterricht Anthroposophie den Kindern eingeträufelt wird (Prange 1985, S. 110).

Nennt man die Gesetzmäßigkeit, das innere Prinzip einer Sache, seinen Begriff oder seine Idee, dann erfaßt das Kind im Bild zugleich auch die Idee des jeweiligen Tieres. Diese im Bild enthaltene Idee unterscheidet sich von der üblichen Form des Begriffs. Dieser Begriff ist die Bestimmung, die sich aus der Summe der spezifischen Merkmale ergibt. Er ist eine gegenüber dem Reichtum der Erscheinung verarmte, generalisierte Vorstellung, die definiert und klassifiziert. Er führt aber nicht zum Verstehen, weil er sich von der Wirklichkeit entfernt.

Bild und abstrakte Begriffe haben unterschiedliche Bedeutung für die seelische Entwicklung des Kindes. Im bildhaften Betrachten, in der tätigen Hingabe an die Natur wird das fühlende Miterleben aufgerufen. Das Verstehen, das im Bild aufleuchtet, weitet das Gefühl. Die Freude an der Erscheinung kann sich zum verstehenden Mitleben mit einem anderen Wesen vertiefen. Bildhaftes Verstehen erweitert das Gefühl der Kinder vom Erleben der Naturerscheinung zu dem der Naturwirklichkeit. Es regt Entwicklung im Bereich der Gefühle an, die sich im Medium des rhythmisch verlaufenden Atemprozesses vollzieht. Wir haben früher (S. 109 f.) dargelegt, daß sich das Fühlen erweitert und vertieft, wenn es von Verstehen durchdrungen wird. Diese Gesetzmäßigkeit wird im bildhaften Unterricht in erzieherische Praxis umgesetzt. Die Ausbildung des Kognitiven umfaßt, wenn es die Dimension des Bildes erreicht, auch Entwicklung im Bereich des Emotionalen. Kognitives im Sinne verarmter Begriffe leistet dagegen keinen Beitrag zur Gemütsentwicklung, weil es Kinder nicht zum Verstehen der Natur führt.

Durch seine Wirkung im Bereich der Gefühle ist bildhafter Unterricht von Bedeutung, wenn es in der Erziehung um menschliche Einstellung, um Lebensorientierung und seelische Triebkräfte des Handelns (S. 110) geht. Dem Alter der Kinder entsprechend thematisch differenziert erzählt der Lehrer vom Leben, Wirken und Schicksal bedeutender Menschen. Die Kinder leben in Bildern die Handlungen aus der Kraft des Mitleids, Taten des Mutes, Bewährung und Versagen in Lebensprüfungen, soziales Wirken aus Idealen, die zerstörende Wirkung des Egoismus u. a. mit. Daran entfalten und bilden sich Gefühle z. B. der Ergriffenheit, der Bewunderung, des Abscheus usw., in denen sich Kinder zu dem einen hingezogen, von dem anderen abgestoßen fühlen. Aus solchen Erlebnissen kann eine Neigung zu Mitleid, Mut, hoher Gesinnung oder Abneigung gegen das Niederträchtige, Selbstsüchtige, Fanatische usw. werden, d. h. bleibende Richtungen des Gemüts – Orientierungen der Seele auf moralische Werte. Sie sind nicht das Resultat von Belehrung oder Forderung, d. h. nicht den Kindern von außen eingepflanzt. Sie entstehen an den Bildern aus den individuellen Anlagen. Die Bilder bewirken nicht, sie sind Bedingung für Entfaltung einer Entwicklung. So bildet sich ethische Orientierung autochthon in der Seele, nicht als Fremdbestimmung, als „Import" aus dem Werterepertoire anderer.

Das Bild gehört nicht dem Bereich der Wissenschaft, sondern dem der Kunst an. Wissenschaft beginnt mit der Erfahrung und sucht deren Deutung durch den Begriff, das Gesetz. Im Bild sind Anschauung und Geistiges wie im Kunstwerk miteinander vereinigt. Allerdings: Anschauung ist beim Bild eine innere, in der Kunst eine äußere – nämlich die von Farbe, Stein, Tönen usw. Künstlerisches Gestalten ist ein fortschreitender Prozeß des Übens, durch den im äußeren Material immer stärker ein Geistiges sichtbar wird. Zuerst wird dieses vom Kind im eigenen Inneren erlebt, dann im Werk, das es gestaltet, im malerischen Bild, im Musikstück, im Gedicht usw. Das Geistige spricht sich nicht wie in der Wissenschaft im neutralen Gedanken, sondern im persönlichen Bereich des Gefühls aus. Deshalb wird das Fühlen durch Kunst vertieft. Künstlerischer Unterricht führt zur Durchgeistung des Gefühls. Das bedeutet Entwicklung, die im Bemühen um vollkommeneres Gestalten errungen wird.

In den Schuljahren zwischen Zahnwechsel und Pubertät liegt das Hauptgewicht im bildhaft gestalteten Unterricht und in den verschiedenen Gebieten der Kunst. Lernen und Erziehung vollziehen sich insgesamt im Bereich des Künstlerischen. Ein weit verbreitetes Vorurteil spricht der Wissenschaft eine höhere Bedeutung für Unterricht und Erziehung zu als der Kunst. Es verkennt, daß Kunst im Hinblick auf geistigen Gehalt der Wissenschaft keineswegs nachsteht. Sicher: Wissenschaft ist in der technischen Zivilisation lebensbestimmend und lebensgestaltend – bis zu ihren destruktiven Wirkungen im Dasein der Erde. Kunst wirkt dagegen lebensfördernd in der menschlichen Entwicklung. Zieht man in Betracht, daß die Produkte der technischen Zivilisation die leiblichen Bedürfnisse bis zum Genuß befriedigen, die Seele zur Zerstreuung anstiften und den Geist leer ausgehen lassen, dann wird die Bedeutung des Künstlerischen in der Erziehung sichtbar. Das Künstlerische steigert die Kräfte der gestaltenden Tätigkeit und führt die Seele zur Verbindung mit dem Geist. Es berücksichtigt den ganzen Menschen in einer dem Schulkind angemessenen Form.

Durch bildhaftes Unterrichten wird der Lehrer zur natürlichen Autorität; denn die Kinder erfahren, wie ihre gestaltenden Kräfte und ihr Verstehen wachsen, ihre Gefühle an Weite und Tiefe zunehmen. Der Lehrer wird für sie bedeutsam, weil er in ihnen menschliche Entwicklung anregt. Sie nehmen das, was er ihnen schildert, erklärt und sagt, dann aus innerem Bedürfnis auf (siehe hierzu Steiner 1982b, S. 86). Autorität gründet nicht auf Machtausübung und erzwungenem Gehorsam, sondern in dem, was Kinder für ihren inneren Drang nach Wachstum und Entwicklung von ihren Lehrern empfangen. Die Vermutung, die Autorität des Waldorflehrers sei das Ergebnis einer „kunstvollen Überredung, auf die nicht anders als affirmativ geantwortet werden kann" (Prange 1985, S. 121) ist das Destillat aus einer Reihe von Mißverständnissen – vor allem der Meinung, Bild hätte mit dem Wahrheitsgehalt von Erkenntnis nichts zu tun; deshalb herrsche eine „Aversion gegen erklärende Analyse und rationale Prüfung" (a. a. O., S. 132). Für den Lehrer bedeutet bildhaftes Unterrichten eine nicht unbeträchtliche Anforderung. Er kann sich nicht einfach auf dem gängigen, ausgetretenen Terrain analysierender Tatsachenbetrachtung bewegen, die auf den meisten Gebieten die Wirklichkeit verfehlt – auch die anthropologische des Kindes. Der Lehrer bemüht sich, die Reduktion der Wirklichkeit auf Tatsachen, die Ausblendung des Geistigen aus den Ansichten von Welt zu überwinden, damit sie nicht auf dem Wege über den Unterricht weiterhin das Bewußtsein trübt. Ein anderes Mißverständnis liegt in der Annahme, das, was Kindern „nicht über bewußte Reflexion vermittelt wird", infiltriere wegen der – für das Kind – unklaren Motive wirksam Undurchschautes (a. a. O., S. 121/122). Das Undurchschaute liegt aber doch dort, wo in den abstrakten Begriffen (verarmten Vorstellungen) die Welt unverstanden vermittelt wird. Bild bedeutet gerade Einsicht in Dinge und Zusammenhänge. Und bildhafter Unterricht soll einer doppelten Verantwortung gerecht werden – der gegenüber der Wirklichkeit und der gegenüber dem Kind, das in seinen gestaltenden Kräften die Anlage zu geistigem Verstehen besitzt. Schließlich muß die Darstellung verzerrt sein, wenn das Ganze einer Sache von einem Teil her beurteilt wird. Bildhafter Unterricht gilt nur für die Kindheit. Der Übergang zum Jugendalter fordert durch die veränderte anthropologische Situation eine neue Form von Welterschließung, nämlich gerade die durch das Urteil, die angeblich aus dem Bereich der anthroposophischen Pädagogik ausgeschlossen ist (a. a. O., S. 122).

## 3.3 Das Erwachen der Seele in der Pubertät – die Entwicklung zu sachgerechtem Urteil und sachgerechter Tätigkeit

In den Veränderungen, durch die Kinder zu Jugendlichen werden, entsteht im jungen Menschen ein neues Verhältnis zu sich und zur Umwelt. Dieses Neue wurde oft und unter verschiedenen Blickwinkeln beschrieben. Der Erziehung wachsen neue Aufgaben zu, die nur zu oft an dem Unbewältigten spürbar werden, an den Schwierigkeiten der Schule mit den Jugendlichen und den nicht geringeren Problemen, die Jugendliche mit der Schule haben (siehe Beitrag von F. Bohnsack, S. 18). Ohne anthropologisches Verständnis der Pubertät als Grundlage für Unterricht und Erziehung wird der auch in der Schule ausgetragene Generationenkonflikt nicht behoben werden. Die Orientierung an mittlerweile fragwürdigen Qualifikationen verdirbt ganz offensichtlich die erzieherischen Intentionen. Deshalb hat Steiner den Unterricht für das Reifealter von der Fixierung auf vermeintliche Erfordernisse für das Hochschulstudium ebenso wie von bürgerlicher Bildungsideologie befreit und anthropologisch konzipiert (Steiner 1964, S. 98).

Pubertät erscheint in vielen Darstellungen als eine Reihe von markanten Veränderungen in den psychologischen und physiologischen Funktionen. Die anthropologische Dimension, die den Menschen in seiner Gesamtheit betrachtet, wird erst erreicht, wenn man das ganze leiblich-seelische Lebensgefüge in den Blick nimmt. Die Pubertät (bzw. Vorpubertät) beginnt mit der bekannten, in ihrer Bedeutung aber unzureichend gewürdigten Wachstumsbeschleunigung der Gliedmaßen, die von der Peripherie aus zentripetal Arme und Beine, schließlich auch den Rumpf ergreift (Tanner 1962, S. 13f.). Durch die zunehmende Schwere und Trägheit der Glieder verschwinden Leichtigkeit und harmonisch-rhythmischer Bewegungsfluß, die für das Kind besonders vom 9. Lebensjahr an charakteristisch sind (K. Meinel 1977, S. 346). Der junge Mensch kommt in seinen Gliedmaßen, besonders in den Beinen und Füßen, in eine starke Abhängigkeit von Schwere und Trägheit (Masse). Bewegung verlangt nun eine neue Intensität des Willens. Das Wachstum der Glieder wird zum Anlaß, die Wirksamkeit des Willens zu steigern und die Glieder kraftvoller als bisher zu ergreifen. In dieser neuen Auseinandersetzung mit der

Schwere intensiviert sich die mit dem Willen verbundene Erfahrung, ein aus sich selbst wirkendes Wesen zu sein (s. S. 108f.). Hier ist der Ursprung für das in der Pubertät sich verdichtende Erlebnis der Selbständigkeit. Durch den puberalen Wachstumsschub wird der Mensch im Willen selbständig. Alte Bindungen werden fragwürdig. Und die Umgebung wird stärker vom eigenen Standpunkt aus als das Gegenüber erfahren.

Im Bereich der Gefühle erlebt der junge Mensch eine bisher nicht gekannte Innerlichkeit. Er freut sich nicht nur wie in den früheren Jahren an den Dingen, er erlebt zugleich die Fülle und Tiefe seiner Seele in dieser Freude. Dadurch bekommen die Erlebnisse die Intensität und Intimität des Persönlichen mit dem Doppelaspekt von persönlicher Beziehung und persönlicher Betroffenheit.

Dieser Übergang vom Fühlen des Kindes zu dem des Jugendlichen ist nicht als Entwicklung zu begreifen. Die Erfahrung gibt keinen Hinweis dafür, daß in der Freude, der Trauer, der Hoffnung und Liebe des Kindes durch Entwicklung die neue Intensität des subjektiven Erlebens entsteht. Diese Intensität entfaltet sich. Die Tiefe der eigenen Seele ist dem Kinde verhüllt, sie wird dem jungen Menschen erst in der Pubertät bewußt.

Wir haben in einem früheren Kapitel (S. 121) beschrieben, daß die Gefühle sich mit ihrer Dynamik und Tiefe im Atemrhythmus zum Ausdruck bringen. So hat man im Leben der Gefühle immer zwei Faktoren: das innere Erleben, die Bewußtheit, und den weitgehend unbewußt verlaufenden Lebensprozeß. Wenn die Gefühle tiefer in die Lebensprozesse hineinwirken, d.h. tiefer in sie hineintauchen, kommt das Seelische im lebendigen Leib stärker zur Wirkung. Zugleich wird es aber auch vom Medium seines Wirkens tingiert. Das Unbewußte der Lebensprozesse dämpft die Intensität des inneren Erlebens ab. Im Antlitz dringen Gefühle so tief in den Lebensprozeß ein, daß sie sich im Mienenspiel ausdrücken. Dabei tauchen sie ganz ins Unbewußte unter; kein Mensch *erlebt* im Antlitz seine Gefühle. Gefühle können auch bei psychosomatischen Erkrankungen in unbewußten Lebensprozessen wirken und dabei dem bewußten Erleben entschwinden.

Zwischen dem Zahnwechsel und der Pubertät, besonders vom 10. Lebensjahr an, kann man beobachten, daß in den Wachstumsprozessen des kindlichen Leibes deutlicher als bisher Seelisches zur Erscheinung kommt – am deutlichsten in den Veränderungen des Gesichts, weniger auffällig in den sekundären Geschlechtsmerkmalen. Der ganze Leib der Kinder erfährt eine Durchseelung. Das Seelische der Gefühle wirkt hier tief in Lebensprozessen und wird dadurch in seiner Bewußtheit abgedämpft. Nach dem Höhepunkt dieser Durchseelung in der Pubertät emanzipiert sich dieses Seelische und wird nun in seiner vollen Innerlichkeit erlebt.

Der Bereich des seelischen Erlebens weitet sich spannungsreich nach zwei Seiten hin aus. Auf der einen, dem Leib zugewandten Seite tauchen Begierden, Triebe und Leidenschaften bisweilen mit großer Intensität auf. Auf der anderen Seite werden dem jungen Menschen seine Ideale bewußt. Er erlebt, daß er als Mensch nicht in dem aufgeht, was er ist. Das entzündet in ihm einen inneren Strebenswunsch und Enthusiasmus für höhere geistige Werte. In der dramatischen Spannung zwischen diesen „zwei Seelen" bricht die Frage nach den wahren Zielen des Lebens, nach dessen Sinn auf, d.h. nach wahrer Lebensorientierung und eigener Entwicklung. Das Streben als innere Kraft der

Entwicklung orientiert sich nicht mehr wie früher in der Nachahmung oder Hinwendung zur Autorität anderer. Der junge Mensch sucht in sich die Ziele seines Werdens. Was er an anderen Menschen und deren Ideen erfährt, bestimmt ihn nicht, es erweckt seine eigenen Ideale.

Im Denken kommt der junge Mensch im Verlauf der Pubertät zu reinen, sog. abstrakten Begriffen. Er kann im Felde dieser Begriffe durch Logik zu sicheren Aussagen ohne Anschauung kommen. Das Denken löst sich aus der Bindung an das Tatsächliche und bewegt sich frei im Bereich des Hypothetischen, des Möglichen, der Denkgesetze. Dadurch kann sich der junge Mensch klar machen, wie man unter bestimmten Voraussetzungen zu bestimmten Ergebnissen kommt. Das begriffliche Denken führt zur Möglichkeit einer methodischen Reflexion, d. h. zur Anlage, das Denken und Erkennen selbst zu leiten. In der Zeit nach dem Zahnwechsel war das Denken des Kindes mit dem Anschaulichen, d. h. mit den bildgestaltenden Kräften verflochten. Nun emanzipiert es sich aus diesem Zusammenhang und tritt in seiner reinen Form auf. Das liegt dem von Piaget beschriebenen Übergang von der Phase der konkreten zu der der formalen Operationen zugrunde.

In der Pubertät verändert sich die Beziehung der menschlichen Seele zu ihrem Leib, zu seinen Lebensprozessen, auch zu den mit dem Zahnwechsel frei gewordenen Kräften des bildenden Gestaltens. In dieser Veränderung kommt die Seele zur vollen Erfahrung ihrer Innerlichkeit – der Wille im Erfassen seiner Selbständigkeit, das Fühlen im Erleben seiner persönlichen Intimität und Intensität, das Denken in freier Begriffsbildung und Begriffsverknüpfung. Die Seele erwacht, indem sie sich aus der bisher stärkeren Abhängigkeit ihres Lebens und Wirkens vom Leib emanzipiert. Selbstverständlich ist die Seele aber auch jetzt noch mit den Lebensprozessen des Leibes verbunden. Der Vorgang dieser Emanzipation, das Erwachen der Seele, beginnt im 12. Lebensjahr und dauert bis über das 14. Lebensjahr hinaus. Der Übergang vom Land der Kindheit in das der Jugend ist nicht ein abrupter Grenzüberschritt. Das eine geht zu Ende, während das andere schon anfängt. Deshalb kommt es zur Auffassung, die Entwicklung sei auch in der Pubertät ein kontinuierlicher Prozeß (Nickel 1982b, S. 311f.). Sie erscheint kontinuierlich, wenn man nur die einzelnen Veränderungen verfolgt. Wenn man diese aber anthropologisch betrachtet, wird die tiefer liegende Veränderung in der Beziehung von Seele und Leib und damit eine allmählich sich einstellende Diskontinuität, ein Übergang sichtbar.

Der junge Mensch sucht nun aus den Kräften seiner erwachenden Seele neue Beziehungen zu seiner Umgebung. Alte Bindungen und Werte lösen sich auf; in der oft schwankenden Neuorientierung der Interessen, Ziele und Werte haben die bisherigen Autoritäten eine allenfalls beiläufige Bedeutung. Dem Unterricht und der Erziehung kommt aber eine nicht geringere Aufgabe als in den vorangegangenen Phasen der Kindheit zu. Wie werden sie den Bedingungen gerecht, die sich aus dem Erwachen der Seele ergeben – in einer Zeit, in der alte Werte und Bindungen insgesamt fragwürdig geworden sind?

Der Weg zum Begreifen der Welt – Thema vieler Unterrichtsgebiete – muß mit dem Drang nach Selbständigkeit, dem Suchen nach persönlicher Beziehung und dem Vermögen freier Begriffsbildung rechnen. Die Selbständigkeit kann nur zur Geltung kommen, wenn der Jugendliche zunächst die Phänomene, die Tatsachen so, wie sie sich aus seinem Gegenüberstehen ergeben, betrachtet, d. h. als bloße Erscheinung. Nur wenn diese möglichst frei von der Deutung anderer sind, kann er im eigenen Denken Begriffe bilden, die ihr „Wesen", ihren Zusammenhang aussprechen. An die Stelle des Bildes tritt in der anthroposophischen Pädagogik nun das Urteil. Wird Unterricht dazu verwendet, als gültig angesehene Aussagen, Theorien, Modelle den Schülern in argumentativer Manier zu vermitteln, verfehlt er seine Aufgabe. Weitergabe von Fertigprodukten geht am Jugendlichen vorbei. Für ihn und seine Entwicklung ist nicht die vermeintliche Wahrheit oder die für angemessen gehaltene Theorie, sondern der Weg, nicht das fertige Urteil, sondern der Prozeß des Urteilens von Bedeutung. Dieser aber führt zur Entwicklung der erwachenden Seele.

Nun wird der Waldorfpädagogik entgegengehalten, sie basiere auf wohl überholten, nicht mehr zutreffenden Vorstellungen über den zeitlichen Ablauf der Entwicklung; Kinder könnten schon vor der Pubertät Urteile bilden (siehe Bohnsack in diesem Band, S. 24); sie greife das nicht rechtzeitig auf und verzögere deshalb bestimmte Prozesse menschlicher Entwicklung. Sicher: das Kind beurteilt zahlreiche Tatsachen seiner Lebensumgebung; man kann es auch in der Schule veranlassen, über recht verschiedenartige Sachverhalte seine Ansichten zu äußern und Urteile zu fällen. Urteilen ist da aber gegenüber dem, was die Waldorfpädagogik im Auge hat, ein anderer anthropologischer Tatbestand. Geht es im Urteilen um Ausbildung der Urteilsfähigkeit, so hat das bestimmte Voraussetzungen. Zum einen zureichende Kenntnis der Tatsachen. Dann aber die Möglichkeit der methodischen Reflexion (S. 132); des weiteren das Vermögen, überprüfen zu können, inwieweit im eigenen Urteil der Sachverhalt auch richtig gedeutet ist. Diese beiden Bedingungen eines *selbständigen* Urteils fehlen den Kindern vor der Pubertät bzw. vor dem zwölften Lebensjahr, dem Beginn des hypothetisch-deduktiven Denkens. Soll Urteilen so, wie es seinem Wesen angemessen ist, eine persönliche und selbständige Angelegenheit sein, dann verlangt das ein Bewußtsein gegenüber den eigenen Seelenvorgängen. Das erwacht aber erst mit der Pubertät. Das Kind kann wohl zu Urteilen kommen, diesen fehlen aber wesentliche Dimensionen einer vollständigen Urteilsbildung. Schulisch provoziertes Urteilen im Kindesalter enthält die Perspektive einer degenerierten Urteilsbildung.

Wesentliches Fundament für den Weg zur Urteilsfähigkeit ist wache, offene Hingabe an die Tatsachen. In ihr wird Epoché im Sinne von Husserls Phänomenologie mit den Schülern geübt, vorurteilsloses Betrachten, an dem sich die Fragen entzünden. Durch bildhaften Unterricht haben die Schüler in den vorangehenden Jahren erfahren, daß die Dinge nicht nur Erscheinung, sondern auch das Geistige in der Erscheinung sind und daß dieses die Welt verständlich macht. Durch das Bild ist in ihnen je individuell eine Beziehung zum Geistigen entstanden. Tritt ihnen nun im Experiment, in der Beobachtung, im Aufnehmen der Tatsachen nur Erscheinung entgegen, können sie empfinden, daß diese noch nicht das Ganze ist. Die Welt wird zum Rätsel. Es ist von Bedeutung, das Rätselhafte der Dinge zu fühlen, bevor man beginnt, über sie zu denken (Steiner 1972, S. 76). Denn im Erleben des Rätsels erhält das Denken eine Orientierung auf die noch unerschlossene geistige Dimension. Urteilen wird dann – bei entsprechendem Vorgehen – nicht nur Konstruktion von Hypothesen, es führt zur Enträtselung der Wirklichkeit.

Die erzieherische Dimension in der Ausbildung von Urteilsfähigkeit wird weiterhin sichtbar, wenn man beachtet, daß Urteilen nicht bloß ein logischer, sondern auch ein psychologischer Prozeß ist. Auf den Vorgang des Urteilens wirken verschiedene seelische Faktoren ein, die ihn verderben, z. B. vorgefaßte Meinung, Unbeweglichkeit des Denkens, Mangel an Phantasie, Tendenz zu phantastischer Spekulation, Flüchtigkeit der Argumente, geistige Bequemlichkeit, Ungeduld, Selbstzufriedenheit usw. (s. Goethe 1975 b, S. 15). Der Lehrer kann sie an seinen Schülern bemerken und den Weg von den Tatsachen zum Urteil so gehen, daß die jungen Menschen allmählich ihre Einseitigkeiten beherrschen und überwinden.

Der Weg zur Urteilsfähigkeit muß sach-gerecht gegangen werden. Er verlangt in der Chemie ein anderes Denken als in der Physik, wenn Chemie phänomenologisch als Stoffchemie, nicht nur reduktionistisch als Molekülchemie betrieben wird (Primas 1985; Julius 1988; Buck/von Mackensen 1988). In der Biologie ist ein gestaltendes Denken zu entwickeln, das in die Gesetze organischer Bildungsprozesse eindringt und über das Unzureichende molekularbiologischer und darwinistischer Interpretation hinausreicht (Schad 1982; Kranich 1988 und 1989 a; Julius 1969; Kipp 1948). Wieder andere Forderungen stellen Geschichte (Lindenberg 1981), gesellschaftliche Vorgänge (Leber 1978) oder literarische Werke (Guttenhöfer 1983). Umfassende Urteilsfähigkeit – das Ziel der anthroposophischen Pädagogik für die mit der Pubertät beginnende Phase menschlicher Entwicklung – zielt auf eine Vielfalt von Methode und Denken, die dem Reichtum der Wirklichkeit angemessen ist. Indem der junge Mensch an den Erscheinungen in seinem Denken im Laufe von Jahren diese Vielseitigkeit entwickelt, ist sein Denken nicht mehr nur logisch, es wird wirklichkeitsgemäß.

Dies führt zu Urteilen, die der Jugendliche versteht. Verstehen ist nicht nur neutrale Einsicht; in ihm entzündet sich persönliche Verbindung mit der erkannten Wahrheit (s. S. 110). Diese wird für den jungen Menschen persönlich bedeutsam; sie verbindet sich mit seinem persönlich gewordenen Fühlen. Die Einsicht wird zur Überzeugung; die im Urteil erfahrene Wahrheit, d.h. Geist wird zu innerer Lebensorientierung. In den Überzeugungen entsteht ein von Geistigem durchwirktes Fühlen. – Unterricht, der nur zu Erklärungen ohne Verstehen führt, findet nicht den Zusammenhang mit dem persönlichen Fühlen. Er bleibt für dieses bedeutungslos; er verfehlt wesentliche Aufgaben der Erziehung, nicht nur des Erkennens.

Durch die mit dem 12. Lebensjahr beginnende Aufgabe, die Welt durch das Urteil zu begreifen und zur Urteilsfähigkeit zu erziehen (Steiner 1989, S. 107 f.; Steiner 1977, S. 168 ff.) bekommt der Unterricht wissenschaftlichen Charakter. Wissenschaft ist immer mehr als ihre Resultate, besonders mehr als jene, die sich aus positivistischer Verengung der Wirklichkeitsauffassung ergeben. Deshalb spielen Modellvorstellungen in der anthroposophischen Pädagogik nicht die gleiche Rolle wie sonst (siehe den Beitrag von Buck in diesem Band). Schüler sollen sie wohl begreifen, in ihrem Denken aber nicht durch sie aus Meinungen über das angeblich Wesentliche festgelegt werden (v. Mackensen 1976). Das liefe auf eine traurige Blockade des Geistes, nicht auf geistige Selbständigkeit hinaus.

Die Vielseitigkeit der im Urteilen sich abspielenden Prozesse sei noch durch einen Hinweis auf das Gebiet der Kunstbetrachtung, das im Unterricht der

Waldorfschulen vom Pubertätsalter an eine gewichtige Rolle spielt, erläutert. Die Wahrnehmung eines Kunstwerks (Malerei, Plastik, Dichtung, Musik, Architektur) verlangt vom jungen Menschen mehr als die eines Naturgegenstandes. Ästhetisches Anschauen ist Tätigkeit, in der das Kunstwerk innerlich nachgeschaffen und nacherlebt wird. Anschauen und Erleben werden zur tätigen Hingabe, d. h. vom selbständigen Willen des jungen Menschen durchdrungen. Je bedeutender das Kunstwerk, desto größer ist die Anforderung. Der junge Mensch muß die stärksten Kräfte seines fühlenden Erlebens aktivieren, damit sich in ihnen das Kunstwerk in seiner sinnlich-übersinnlichen Realität aussprechen kann. Ästhetisches Erfassen von Kunst setzt Tiefe des persönlichen Fühlens voraus, und es erweitert, belebt und vertieft zugleich dessen Kräfte. Das ist unverzichtbar, wenn Unterricht Entwicklungsprozesse im persönlich gewordenen Fühlen der erwachenden Seele anregen soll. Indem Kunstbetrachtung die Erlebniskraft der Seele steigert, ist es Gegenwirkung gegen die Aushöhlung der Seele im Sog der Sensation.

Wir haben darauf hingewiesen, daß der junge Mensch seine Glieder neu durch den Willen ergreifen muß. Das kann er nur durch praktischen Unterricht erreichen. Turnen und Sport reichen nicht aus, auch nicht Eurythmie. Deshalb hat zur sachgerechten Ausbildung des Urteils sachgerechter Umgang mit Material zu treten. Im Schnitzen, Hobeln, Sägen, Buchbinden usw. entwickelt der Schüler von der Vorpubertät an im Willen eine differenzierte Betätigung in der Handhabung des Werkzeugs, d. h. neue Geschicklichkeiten. Die Herstellung eines Werkstückes führt zu Umsicht und Kontrolle bei den verschiedenen Schritten der Arbeit, vom Entwurf bis zur Fertigstellung. Der junge Mensch lernt seinen Willen in den neu erworbenen Geschicklichkeiten und in der gedankendurchdrungenen Abfolge der Arbeitsschritte bewußt zu führen (S. 109). Was hergestellt wird, sollte im Leben auch gebraucht werden. Sonst fehlt eine wesentliche Komponente des praktischen Lernens, nämlich die Erfahrung, daß menschliche Arbeit nur sinnvoll ist, wenn ihre Produkte den Bedürfnissen und Forderungen des Lebens entsprechen.

In den geschilderten Vorgängen entwickeln sich die Kräfte der erwachenden Seele. Die Ausbildung des Denkens zur Urteilsfähigkeit ist besonders bedeutsam, weil sie im Ganzen der Seele zu Entwicklung und Verwandlung führt. Vor allem führt sie zu einer neuen Verbindung mit der Welt. Denn das, was der junge Mensch im Denken als Geistiges erfaßt, ist das, was auch in den Dingen existiert. Der junge Mensch wird mit der Welt geistig vertraut. Sie ist nicht mehr fremd; er fühlt sich mit ihr verbunden. Das Erleben geistiger Verbindung führt aber zur Verantwortung, und zwar zu existentieller Verantwortung im Sinne von Danner (1985)[8] gegenüber dem, womit man sich verbunden fühlt.

In einem früheren Kapitel haben wir dargestellt, daß Entwicklung im Bereich der Seele darauf beruht, daß der Mensch die verschiedenen Kräfte seiner Seele zu intensiver Wechselwirkung bringt. Die Entwicklung des jungen Menschen nach der Pubertät beruht auf der Handhabung dieser Gesetzmäßigkeit in einer Weise, die den erwachenden Seelenkräften gemäß ist.

## Anmerkungen

1 Diese Bedingungen sind im 3. Teil genauer behandelt. Sie umfassen u. a. die altersspezifischen Formen des Lernens, die Erweiterung der vielfach reduktionistisch verarmten Stoffgebiete zu Inhalten der Wirklichkeitserfahrung, Einsicht in die spezifische Bedeutung der einzelnen Unterrichtsgebiete für die Entwicklung des heranwachsenden Menschen, das fortlaufende Bemühen um immer konkreteres und tieferes Verstehen der einzelnen Schüler und ihrer Veränderungen und auch der verschiedenen Stoffgebiete.

2 Lediglich beim Kind im Vorschulalter sind im physiognomischen Wahrnehmen die Vorstellungen unmittelbar mit innerem Erleben verflochten. Später können sich subjektive Erlebnisse an die Vorstellungen anschließen und diese bisweilen sogar beeinflussen. Das sagt aber nichts gegen den sonst sachlich-unpersönlichen Charakter der Vorstellungen selbst.

3 Die Handlungsziele sind vielfältig von den Lebenseinstellungen, den sogenannten Werten und Idealen eines Menschen bestimmt, die insgesamt seinen Charakter ausmachen. Siehe hierzu auch die Bemerkungen über die Gefühle als Triebfedern des Handelns (S. 110).

4 Da die höheren Gefühle von Verstehen, d. h. von Einsicht in das Wesen von Menschen, Handlungen usw. durchdrungen sind, solche Einsicht aber bereits in das Gebiet des Geistigen gehört, ist es richtiger, diese Gefühle seelisch-geistig und nicht nur seelisch zu nennen.

5 Es ist bekannt, daß sich in der Folge bestimmter Vorstellungsinhalte Puls und Atem (auch der Blutdruck) verändern. Es handelt sich um Vorstellungen, die Gefühle, Emotionen, Affekte auslösen. Diese sind es, die sich dann in den physiologischen Veränderungen manifestieren, nicht die Vorstellungen.

6 Das Unzureichende der Piaget'schen Erklärung für das Auftauchen der neuen Fähigkeit hat Kagan (1987, S. 262) kenntlich gemacht.

7 Die Waldorfpädagogik betrachtet Schulreife als einen anthropologischen Tatbestand. Er bezeichnet jene Veränderungen, durch die das Kind fähig wird, z. B. die sogenannten Kulturtechniken zu erlernen (siehe hierzu Kranich, 1971). Man kann den Schulbeginn z. B. in Unkenntnis dieses Tatbestandes vorverlegen. Soll Schule dann aber nicht gegen das Kind arbeiten, müßte sie ihre Inhalte und Methoden dem z. B. fünfjährigen Kind anpassen.

8 Danner schreibt, „daß eine Bereitschaft zur Verantwortung nur dort zustande kommen kann, wo Mensch und Sache in eine existentielle Beziehung gebracht worden sind" (1985, S. 276). Zu existentieller Beziehung kann es kommen, wenn der jugendliche Mensch erlebt, wie er in seinem Bemühen um ein Wesensverstehen der Natur und der sozialen Nöte persönlich zu geistiger Verbindung mit der Natur und den sozialen Geschehnissen gelangt.


## Literaturverzeichnis

Adler, P.: Die Chronologie der Gebißentwicklung. In: Harndt, E./Weyer, H. (Hrsg.): Zahn-, Mund- und Kieferheilkunde im Kindesalter. Berlin 1967.

Binswanger, L.: Grundformen und Erkenntnis menschlichen Daseins. München, Basel ³1962.

Blankertz, H.: Theorien und Modelle der Didaktik. München ⁶1972.

Bollnow, O. F.: Der Wissenschaftscharakter der Pädagogik. In: Bollnow, O. F. (Hrsg.): Erziehung in anthropologischer Sicht. Zürich 1969.

Buck, P./Mackensen, M. v.: Naturphänomene erlebend verstehen. Köln ²1988.

Buytendijk, F. J. J.: Das Menschliche. Stuttgart 1958.

Creutzfeldt, O. D.: Cortex Cerebri. Berlin, Heidelberg, New York 1983.

Danner, H.: Verantwortung und Pädagogik. Königstein ²1985.

Diemer, K.: Grundzüge der postnatalen Hirnentwicklung. In: Linneweh, F. (Hrsg.): Fortschritte der Pädiatrie. Berlin, Heidelberg, New York 1968.

Döpp-Vorwald, H.: Über Problem und Methode der Pädagogischen Anthropologie (1966). In: Höltershinken, D. (Hrsg.): Das Problem der Pädagogischen Anthropologie im deutschsprachigen Raum. Darmstadt 1970.

Emrich, U.: Schwerwiegende Folgen frühkindlichen Schielens. MPG-Spiegel 5/1986.

Goethe, J. W.: Naturwissenschaftliche Schriften. Hrsg. v. R. Steiner. Bd. 1, Dornach ³1975 (a), Bd. 2, Dornach ³1975 (b).

Guttenhöfer, P.: Der Deutschunterricht in der Oberstufe. In: Die Pädagogik der Waldorfschule und ihre Grundlagen. Hrsg. v. S. Leber, Darmstadt 1983.

Hegel, G. W. F.: Die Vernunft in der Geschichte (1830). Stuttgart 1917.

Ilg, F. J./Ames, L. B.: School readiness. New York 1965.

Ingvar, D.: Patterns of Brain Activity. Revealed by Measurement of Cerebral Blood Flow. In: Ingvar, D./Lassen, H. (Ed.): Brain Work. Copenhagen 1975.

Julius, F. H.: Das Tier zwischen Mensch und Kosmos. Stuttgart 1981.

Julius, F. H.: Grundlagen einer phänomenologischen Chemie. Stuttgart ²1988.

Kagan, J.: Die Natur des Kindes. München 1987.

Kipp, F.: Höherentwicklung und Menschwerdung. Stuttgart 1948.

Kranich, E. M.: Pädagogische Projekte und ihre Folgen. Stuttgart ²1971.

Kranich, E. M.: Die Bildung der Urteilsfähigkeit in ihrem Zusammenhang mit dem ganzen Menschen. In: Erziehungskunst 9/1983.

Kranich, E. M.: Die Kräfte leiblicher Formbildung und ihre Umwandlung in die Fähigkeit, Formen zu gestalten und zu erleben. In: Jünemann, M./Kranich, E. M. (Hrsg.): Formenzeichnen. Stuttgart 1985.

Kranich, E. M.: Der Computer und das Lebendige. In: Mensch – Computer – Erziehung. Hrsg. von E. Gergely und H. Goldmann. Wien, Köln, Graz 1988.

Kranich, E. M.: Von der Gewißheit zur Wissenschaft der Evolution. Stuttgart 1989.

Kranich, E. M.: Motorische Nerven? In: Schad, W. (Hrsg.): Die menschliche Nervenorganisation und die soziale Frage – ein anthropologisch-anthroposophisches Gespräch. Stuttgart 1990.

Krowarz, B./Lienert, G.: Ein Verfahren zur objektiven Beurteilung der körperlich-geistigen Schulreife. In: Schule u. Psychologie 6/1959.

Kupffer, H.: Pädagogische Anthropologie unter kritischem Aspekt (1969). In: Höltershinken, D.: Das Problem der Pädagogischen Anthropologie im deutschsprachigen Raum. Darmstadt 1976.

Langeveld, M.: Studien zur Anthropologie des Kindes. Tübingen ²1964.

Lassen, N./Ingvar, D./Skinhøj, E.: Hirnfunktion und Hirndurchblutung in Gehirn und Nervensystem. Spektrum der Wissenschaft. Heidelberg 1987.

Leber, S.: Selbstverwirklichung, Mündigkeit, Sozialität. Stuttgart 1976.

Lersch, Ph.: Der Aufbau der Person. München ¹¹1970.

Lindenberg, Ch.: Geschichte lehren. Stuttgart 1981.

Lykken, D./Bouchard, Th.: Genetische Aspekte menschlicher Individualität. In: Mannheimer Forum 1983/84.

Mackensen, M. v.: Wie wirken atomistische Modelle auf das Naturverständnis des (jungen) Menschen. In: Fucke, E.: Berufliche und Allgemeine Bildung in der Sekundarstufe II. Stuttgart 1976.

Malson, L./Itard, I./Mannoni, O.: Die wilden Kinder. Frankfurt ³1976.

Maturana, H./Varela, F.: Der Baum der Erkenntnis. Bern, München, Wien ²1987.

Meinberg, E.: Das Menschenbild der modernen Erziehungswissenschaft. Darmstadt 1988.

Meinel, K.: Bewegungslehre. Berlin ²1977.

Merleau-Ponty, M.: Phänomenologie der Wahrnehmung. Berlin 1974.

Nickel, H.: Entwicklungspsychologie des Kindes- und Jugendalters. Bd. 1. Bern, Stuttgart, Wien ⁴1982.

Nitschke, A.: Das verwaiste Kind der Natur. Tübingen ²1968.

Palagyi, M.: Naturphilosophische Vorlesungen. Leipzig 1924.

Penfield, W.: The Mystery of the mind. Princeton 1975.

Piaget, J./Inhelder, B.: Die Entwicklung des inneren Bildes beim Kind. Frankfurt 1974.

Plessner, H.: Die Stufen des Organischen und der Mensch. Berlin, New York [3]1975.

Prange, K.: Erziehung zur Anthroposophie. Bad Heilbrunn 1985.

Putz, R.: Wirbelsäule. In: Benninghoff: Anatomie. Bd. 1. 14. Aufl. Stuttgart 1985.

Remplein, H.: Psychologie der Persönlichkeit. München [7]1975.

Seifert, J.: Das Leib-Seele-Problem in der gegenwärtigen philosophischen Diskussion. Darmstadt 1979.

Silvestro, J.: New York, Dental Journal. Vol. 43. New York 1977.

Singer, W.: Hirnentwicklung und Umwelt. In: Spektrum der Wissenschaft. H. 3, 1985.

Singer, W.: Wie unser Gehirn sehen lernt. Angeborenes und Erworbenes. In: Max-Planck-Gesellschaft, Jahrbuch 1988. Göttingen 1988.

Spitz, R.: Vom Säugling zum Kleinkind. Stuttgart [6]1980.

Schad, W.: Biologisches Denken. In: Goetheanistische Naturwissenschaft, Bd. 1. Hrsg. v. W. Schad. Stuttgart 1982.

Schaefer, K. E.: Individual Respiratory Patterns Affecting Metabolic Processes and CNS Functions. In: Schaefer, K./Hildenbrandt, G./Macbeth (Ed.): A New Image of Man in Medicine. Vol. II. New York 1979.

Scheler, M.: Die Stellung des Menschen im Kosmos (1928). Bern, München [7]1966.

Scheler, M.: Der Formalismus in der Ethik und materiale Wertethik. Bern [5]1966.

Schlüter, D.: Artikel „Bild". In: Historisches Wörterbuch der Philosophie, Bd. 1 (hrsg. v. J. Ritter). Darmstadt o. J.

Staubesand, J.: Untere Gliedmaßen. In: Benninghoff: Anatomie. Bd. 1. 14. Aufl. Stuttgart 1985.

Steiner, R.: Die Waldorfschule und ihr Geist (1919). GA 297. Stuttgart 1956.

Steiner, R.: Die Erziehung des Kindes vom Gesichtspunkt der Geisteswissenschaft (1907). In: Luzifer-Gnosis. Ges. Aufsätze 1903–1908. GA 34. Dornach 1960.

Steiner, R.: Geisteswissenschaftliche Behandlung sozialer und pädagogischer Fragen (1919). GA 192. Dornach 1964.

Steiner, R.: Anthroposophie – Ein Fragment (1910). GA 45. Dornach [2]1970.

Steiner, R.: Meditativ erarbeitete Menschenkunde (1920). In: Erziehung und Unterricht aus Menschenerkenntnis. GA 302a. Dornach 1972.

Steiner, R.: Allgemeine Menschenkunde als Grundlage der Pädagogik (1918). GA 293. Dornach 1973a.

Steiner, R.: Gegenwärtiges Geistesleben und Erziehung (1923). GA 307. Dornach 1973b.

Steiner, R.: Von Seelenrätseln. GA 21. Dornach 1976.

Steiner, R.: Die Erneuerung der pädagogisch-didaktischen Kunst durch Geisteswissenschaft (1920). GA 301. Dornach [3]1977.

Steiner, R.: Philosophie der Freiheit (1894). GA 4. Dornach 1978a.

Steiner, R.: Theosophie (1904). GA 9. Dornach [30]1978b.

Steiner, R.: Die gesunde Entwicklung des Leiblich-Physischen als Grundlage der freien Entfaltung des Geistig-Seelischen (1921/22). GA 303. Dornach 1978c.

Steiner, R.: Grundlinien einer Erkenntnistheorie der Goetheschen Weltanschauung (1886). GA 2. Dornach 1979a.

Steiner, R.: Warum eine anthroposophische Pädagogik (1923). In: Anthroposophische Menschenkunde und Pädagogik. GA 304a. Dornach 1979b.

Steiner, R.: Freie Schule und Dreigliederung (1919). In: Aufsätze über die Dreigliederung des sozialen Organismus und zur Zeitlage. GA 24. Dornach [2]1982.

Steiner, R.: Die pädagogische Praxis vom Gesichtspunkt geisteswissenschaftlicher Menschenerkenntnis (1923). GA 306. Dornach [4]1989.

Tanner, J. M.: Wachstum und Reifung des Menschen. Stuttgart 1962.

Thomae, H.: Entwicklungsbegriff und Entwicklungstheorie. In: Handbuch der Psychologie, 3. Band. Göttingen [2]1958.

Ullrich, H.: Waldorfpädagogik und okkulte Weltanschauung. Weinheim und München 1986.

Wellek, A.: Die Polarität im Aufbau des Charakters. Bern ³1966.

Wieczerkowski, W./zur Oeveste, H. (Hrsg.): Lehrbuch der Entwicklungspsychologie. Bd. 1. Düsseldorf 1982.

Wittgenstein, L.: Tractatus logico-philosophicus (1918). Frankfurt 1964.

Zdarzil, H.: Pädagogische Anthropologie. Graz, Wien, Köln ²1978.

Stefan Leber

# Die menschliche Individualität

## Vorbemerkung

Im vorangehenden Beitrag von E. M. Kranich wurde die Bedeutung der Anthropologie
für die Waldorfpädagogik dargestellt. Anthropologie hat es mit der Leiblichkeit des
Menschen in ihrer Entwicklung und im Verhältnis zu den Naturreichen (dem Räum-
lichen), zur Physiologie und zur Seele (dem Zeitlichen), aber auch zum Geist, den
Bewußtseinszuständen des Menschen selbst, zu tun. Und insofern wurde in dem vorangehenden Aufsatz sowohl die Erkenntnisbeziehung zur Wahrheit wie die Handlung
aus Einsicht in das Notwendige berührt, beides hat mit dem Geist des Menschen zu tun.
Psychologische Tatsachen legen den Gedanken der Präexistenz nahe. So kann es von
der Systematik her gerechtfertigt sein, das „innere Wesensprinzip des Menschen" (Kranich), das Ich, selbst noch genauer in den Blick zu nehmen und damit zugleich ein Feld
zu betreten, wo jeder naiv über Gewißheit verfügt, um dann zu bemerken, wie gefährdet diese Sicherheit im Bewußtsein seiner selbst ist. Und doch ist das einen inneren
Zusammenhang Schaffende in allem Transzendierenden als Tätiges sehr wohl bemerkbar. Einmal darauf aufmerksam geworden, kann es dazu anregen, die Dimensionen der
Zeit auf ihre verschiedenen Qualitäten abzusuchen, auch nach der Gegensätzlichkeit
von Absicht und Tat zu betrachten und zugleich die Folgen der Tat im Bewirkten und in
Bezug zum Ich des Menschen zu erwägen. Damit aber stößt man auf einen Gedanken,
den der Wiederverkörperung, der sich anthroposophischer Erkenntnisbemühung nicht
aus Überlieferung oder Offenbarungswissen, sondern aus der rationalen Gedankenbewegung – sie stützt sich auf Wahrnehmung von Lebenstatsachen – selbst ergibt. Dabei
sind die pädagogisch unmittelbar wichtigen Gedanken im vorhergehenden Aufsatz
dargestellt, die Individualität hat im Erziehungsvorgang zwar als Kraft der Hingabe und
Distanzierung Bedeutung, sie selbst aber steht nicht als direkt zu Erziehendes an. Wir
entwerfen im nachfolgenden ein – aber keineswegs das – Bild, wie aus anthroposophischer Menschenerkenntnis die Individualität verstanden werden kann.

## 1. Der oft übersehene Entwicklungsfaktor:
   Das menschliche Ich

So wie beim Sehvorgang entweder das Auge als Organ oder der Inhalt des
Gesehenen oder – allzuleicht vergessen – das Sehen und der Sehende untersucht werden kann, so muß für die Menschenerkenntnis stets darauf geachtet
werden, daß neben den sich aufdrängenden Entwicklungsfaktoren:[1] Vererbung
und Milieu der Lernende als Subjekt nicht vergessen wird. Vergegenwärtigen
wir uns zunächst eine anthropologische Tatsache: „Drei Grundelemente kommen in der menschlichen Ontogenese zusammen: die genetische Struktur als
Grundlage, die Einwirkungen der Gesellschaft … und *das eigene Tun,* die

persönliche Anstrengung" (Grassé 1973, S. 191 ff.).[2] „Aus diesem bisher keineswegs allgemein anerkannten Sachverhalt folgt, *daß der Mensch sich selber teilweise erschaffen hat ...*" Biologisch gesehen, konnte die Evolution den Menschen nicht hervorbringen; „es bedurfte dazu der Mitwirkung der Gesellschaft, die das Wissen außerhalb des genetischen Codes speichert und akkumuliert – und damit den Geist vom Automatismus der Instinkte befreite ... Die Diktatur von Genen, die das Instinktverhalten festlegen, ist unvereinbar mit der Freiheit" (Grassé 1973, S. 191 ff.). Der französische Biologe macht mit der Tatsache der Anstrengung auf eine Wirkung innerhalb der menschlichen Entwicklung aufmerksam, die der reife Mensch als sein eigenes Wesen bezeichnet und dem er den Namen „ich" beilegt. Doch verschiedene Sprachen haben da verschiedene Ausdrucksweisen, so daß Zweifel über die Eigenschaft des so Erfaßten entstehen können. Weniger zweifelhaft ist hingegen, daß wirklich ein bestimmter Erlebenstatbestand vorliegt. Deutet er aber auf das Wesen selber? In der neuzeitlichen Philosophie spielte das mit diesem Wesen eng verbundene *Selbstbewußtsein* eine, wenn nicht *die* zentrale Rolle. So bemühte sich Descartes in der Selbstgewißheit des denkenden Wesens, seiner Erkenntnislehre ein unbezweifelbares Fundament zu geben.

Der Große aus Königsberg, Kant, der Leibniz darin folgt, daß das Selbstbewußtsein die erste Gewißheit von einem wirklich existierenden Wesen sei und die Grundbegriffe aller Ontologie rechtfertige, fügt diesem die *Qualität des Subjektiven* hinzu, so daß das, was Wissen und Verstand bedeuten, aus dem Selbstbewußtsein herleitbar wird. Für Fichte ist das Selbstbewußtsein in seiner Struktur und damit das substantivierte „Ich" Hauptinhalt seines ganzen Denkens. Und Hegel, der die Tradition subjektiver Gewißheiten beenden wollte, kam nicht umhin, auch den unbezweifelbaren Nachweis des Selbstbewußtseins zu reflektieren. Ein ihm Nachfolgender, Max Stirner, wendet den Blick weg vom absoluten hin zum alltäglichen Ich und schreitet dessen Existenz in seinem Eigentum ab. Also insgesamt kein Mangel am Nachdenken über das Ich und das Selbstbewußtsein. Und doch ist es – so unsere Aussage – in der pädagogischen Diskussion unseres Jahrhunderts – der weitgehend unbemerkte Faktor. Woran liegt das? Das Ich und das Selbstbewußtsein sind sowohl in der sprachlichen Bekundung als auch für die Erfahrung kein so leichtes Problem: Wenn ich beispielsweise mit einem anderen zusammen einen Weg im Gebirge gehe und dieser nicht so gut konditioniert ist wie ich, fühle ich mich überlegen; anderntags steige ich mit einem anderen weiter; – nun geht es umgekehrt: er ist in weit besserer Verfassung als ich, mein Selbstgefühl ist beeinträchtigt, also offenbar abhängig von der sozialen Konstellation. Ist also das Selbst in seinem Bewußtsein nur Resultante aus verschiedenen Interaktionen? Solche Fragen veranlaßten William James vorzuschlagen, ganz darauf zu verzichten, irgendwie auf Bewußtsein und Selbstbewußtsein zu rekurrieren.[3]

Doch dabei würde gerade ein ganz entscheidender Faktor jeder Entwicklung, der über das Selbstbewußtsein, die Subjektivität hinausliegt, aber gleichwohl mit dem Wesen des Menschen eng verbunden ist: die Anstrengung, die Bemühung, ja das Bewirkende, welches vom Lernenden und Tätigen stets ausgeht, auch schon in der frühesten Kindheit, völlig verloren gehen. Dies wäre eine unverzeihliche Reduktion menschlicher Wirklichkeit. Dem Schaffenden in aller Tätigkeit, der Gestaltung im Willensvollzug, nicht nur dem sich Selbstwissen, wendet die Anthroposophie R. Steiners für die Erkenntnis der Individualität ihre besondere Aufmerksamkeit zu. Denn es ist eben gerade das Wesen des Menschen, das sich verbirgt; denn von außen ist es nur indirekt erfahrbar, im Blick, der einen anschaut, in der Art, wie der Betrachtete sich verhält, handelt, wie er lernt usw. Aber auch von innen ist es nur mittelbar zu erfahren, im Wissen von sich selbst, im Selbstbewußtsein, doch eben daraus ergeben sich die schon genannten Erkenntnisprobleme.

## 1.1 Ich-Phänomene

Gehen wir zunächst von einer einfachen Beobachtung aus: Ein Künstler, der an einem Werk mehrere Wochen lang mit aller Intensität gearbeitet und es nach wiederholtem Betrachten immer wieder korrigiert hat, sieht es nun, soweit ihm das überhaupt möglich ist, als vollendet an. Es ist zum Ausdruck dessen geworden, was in ihm lebt, was er zu gestalten beabsichtigte. Zu einem Besucher äußert er sich tief bewegt und erfüllt von dem, was ihm hier gelungen war. Der Besucher gewinnt den Eindruck, daß der schaffende Künstler hier etwas hervorgebracht hat, mit dem er sich voll identifizieren kann, mit dem er eins ist. Sein eigenes Wesen scheint mit den Absichten völlig in das Werk eingeflossen zu sein, beides – Absicht und Werk – stimmt überein. Zwei Jahre später findet wiederum ein Besuch beim gleichen Künstler statt. Jetzt ist zu erfahren, wie der Künstler nunmehr an einem neuen Werk darum ringt, diesem etwas einzuprägen, das mit seinen innersten Einsichten zusammenhängt. Noch unvollendet, meint der Künstler, dieses Werk würde nun zum Besten werden können, was er je geschaffen hat. Auf das frühere Werk angesprochen, wo ihm dies doch schon einmal gelungen sei, lächelt der Künstler und sagt: „Ja, aber es war nur ein Durchgangsstadium, heute bin ich weiter", und es folgt eine ausführliche Begründung.

Zwei ganz unterschiedliche Eigenschaften werden hier sichtbar, die beide zusammen erst das Wesen des Menschen, sein schaffendes Zentrum, konstituieren: einerseits die Fähigkeit, im Werk sich völlig mit dem Schaffen zu identifizieren, d.h. im Tun, im Hervorbringen selbst ganz aufzugehen[4], und andererseits die Fähigkeit, sich davon auch wieder zu lösen, d.h. (partiell) zu distanzieren.[5] Was zwischen beiden Vorgängen liegt, ist die verstrichene Zeit, Zeit in doppeltem Sinn: äußerlich, wo die Uhr weiterläuft, innerlich, in der die Seele ihre Erlebnisse verwandelt und zur Erfahrung umschmilzt. Etwas von diesem inneren Strom der Zeit, der auch mit Bewußtseinsakten zusammenhängt, wird faßbar, wenn schon am nächsten Tag auf die Fülle und den Reichtum der einen beschäftigenden Erlebnisse des Vortages hingeschaut wird. Sie haben dann bereits einen völlig neuen Charakter angenommen, erscheinen ‚abgeklärt', ‚verinnerlicht', ‚irgendwie anders', wenn ein Bewußtseinswechsel durch den – zumeist wenig beachteten – traumlosen Schlaf stattgefunden hat. Obgleich im Schlaf gerade das Bewußtsein eine Form hat, die dem Selbstbewußtsein sehr weit entfernt scheint, hängt er doch mit der inneren *Verbindung und Aneignung* einer Sache, mit dem Getanen, Geübten, Erlebten durch das eigene Wesen eng zusammen. Umgekehrt ist es eine jedem zugängliche Erfahrung, daß Schlafmangel und Übernächtigung den Menschen verletzlich, überreizt, unsicher machen. Deshalb bedienen sich Gewalthaber verschiedener Provenienz gern des Schlafentzuges als Mittel für Identitätsstörung und -veränderungen. Und was so offensichtlich von einem Tag zum anderen gilt, gilt umsomehr für längere Zeiträume: wir trennen *und* verbinden uns mit einer Sache durch die Zeit: indem sie uns von einem Erlebnis *trennt*, rückt sie es ferner, wir gewinnen Abstand; indem wir uns erneut mit einer Sache verbinden, stehen wir ihr – nach verflossener Zeit – erfahrener, souveräner, die Erscheinungen besser verarbeitend, ja, reicher geworden gegenüber.

Das Ich begründet sich auf der Kontinuität des Bewußtseins (durch das Erinnerungsvermögen). Doch dieses ist paradox. Jede Nacht nämlich verschwindet nicht nur im Tiefschlaf jeglicher Bewußtseinsinhalt und damit auch die Erinnerungsvorstellung – also die Erlebniskontinuität –, ebenso sind für die Wahrnehmung von außen anscheinend auch alle Fähigkeiten ausgelöscht, d. h. sie sind im Schlaf nicht aufrufbar. Gleichwohl bedeutet der Schlafzustand weder, daß das Ich selbst noch daß die Vorstellungsinhalte oder die Fähigkeiten abhanden gekommen wären; sie sind weiterhin existent, wenn auch nicht vollbewußt aufrufbar. Diese Tatsache läßt sich so verstehen: Im Schlaf sind die geistigen Fähigkeiten ganz dem schlafenden Ich, kaum aber dem Leib verbunden. Die Herrschaft des geistigen Zentrums über den Leib fehlt und damit die Orientierung im Raum. Wir sind deshalb im Schlaf unfähig, intentional zu handeln, obgleich die Leibprozesse als solche, ohne die seelisch-geistige Durchdringung des Ich, kräftig fortbestehen. Und umgekehrt: durch fortdauernden bzw. längerwährenden Schlaf-Entzug wird nicht nur das Selbsterleben und -bewußtsein tiefgreifend gestört, sondern auch die Identitätsempfindung ausgezehrt. Wo ist im Schlaf das Ich? Man könnte sagen: es schläft eben. Doch das tut es nun keineswegs. Es ist nämlich durchaus tätig, wie die Erfahrung zeigt, um sich die Tageserlebnisse der Seele anzueignen, und zwar so, daß es diese umwandelt zu Fähigkeiten, also gleichsam die Tageserlebnisse verinnerlicht, indem das unmittelbar regsame und betroffene Erleben von ihnen scheinbar Abstand gewinnt und sich damit aber zugleich in tieferer Weise verbindet. Der Schlaf ist es, wie die Selbsterfahrung zeigt, der durch die dort statthabende andersgerichtete Ich-Wirksamkeit zur Fähigkeitsbildung ganz Entscheidendes beiträgt. Im Rückblick erscheint das Erleben – auf der Ebene des Bewußtseins – kontinuierlich verflossen zu sein, obgleich es in Wirklichkeit von Nacht zu Nacht durch den Schlaf unterbrochen wurde. Dieser Kontrast der Bewußtseinszustände von Wachen und Schlafen aber scheint gerade notwendig zu sein, um sich des eigenen *Ich-Gefühls* aufs neue zu versichern. Während schon Übermüdung das seelische Gleichgewicht hin zur leichteren Reizbarkeit verlagert, vermag sich systematischer Schlafentzug von außen geradezu zerstörend auf das Selbstbewußtsein auszuwirken. Entsprechendes gilt bei endogenen Depressionen, wo der Patient traurig wird und ihn das „Gefühl der Gefühllosigkeit" überfällt, wobei „der Schlaf regelmäßig erheblich beeinträchtigt ist" (Strunk 1976, S. 415). Wie ist dieser Symptomkomplex begrifflich zu durchdringen? Indem man auf das eigene Leben zurückblickt, tauchen in der Erinnerung ausschließlich die Inhalte des Tagbewußtseins auf, was hingegen als Verarbeitung im Schlaf geschah, bleibt völlig ausgeblendet, und zwar so gründlich, daß sogar die Tatsache des Schlafes völlig übersehen wird. Der Schlafzustand in seiner Unbewußtheit bildet etwas wie ein schwarzes Loch oder eine Hintergrundfolie, die gleichsam als Kontrast zu den Erinnerungsbildern gerade die „Veranlassung" für die eigene Ich-Wahrnehmung und das Selbstgefühl zu bieten scheint (Steiner, GA 191, S. 168). Das Ich benötigt zur Aufrechterhaltung seiner Wirksamkeit und des Sich-selbst-Wissens offenbar nicht nur den Wechsel von schaffendem, hingebendem Tun und zurückhaltender Betrachtung, sondern einer noch größeren Rhythmik: die Verankerung im Tagesgeschehen durch das Bewußtsein einerseits und das Versinken und die Hingabe an die Welt der Nacht, an den Kosmos durch den bewußtlosen Schlaf andererseits.

Zwischen beidem: der Entfernung von der Sache und der inneren Reifung, der nun verwandelten Aneignung, gibt es eine unsichtbare Brücke: die Kontinuität der eigenen Existenz, aber – gleichsam darin mit ,eingebaut' – jenes *Streben,* eine Handlung verbessert in der späteren aufzugreifen. Die Kontinuität selber lebt sich polar im tätigen Hervorbringen und distanzierten Betrachten dar.[6] Auch wenn Hervorbringen und Distanzieren in einem nicht möglich ist, gehört beides gleichwohl zum inneren Wesen des Menschen, zu seinem Ich: das Hervorbringen mit der bedingungslosen Hingabe aller Kräfte, die verfügbar sind, und das distanziert kritische Betrachten mit dem Wunsch, das Geschaffene noch besser zu machen, also dem „immer strebend sich Bemühen".

Diese Gegensätzlichkeit der inneren Haltung verlangt eine *entschiedene innere Kraft,* nämlich sich ganz zu verwirklichen und (später) dann dem so Hervorgebrachten gleichwohl mit einem gewissen Abstand gegenüberstehen zu können, sich zu lösen, ohne daß dadurch das Durchlebte verloren ginge. Es ist zwar nicht mehr aktual, aber doch dem Wesen und seinem geistigen Gehalt eingeschrieben. Das Ich erscheint wie der Atem: im Einatmen zu sich kommend, im Ausatmen sich verströmend, ausweitend. Volle Verschmelzung mit dem Tun, Identifikation mit der Tätigkeit einerseits, und Loslösen, Gegenüberstehen, Distanzfähigkeit andererseits sind zwar polare Tätigkeiten, aber eben durch ein Drittes, das Gemeinsame, verbunden. In beidem ist das *Wesen* des Hervorbringenden und Betrachtenden selbst anwesend, aber das Wesen geht weder im Hervorgebrachten noch im distanzierten Hin- oder Rückblick auf, es wirkt vielmehr in einem Höheren, nämlich in dem, was beides verbindet. Zwar besteht das Wesen weder in der Position, dem Geschaffenen, noch deren Negation, der Distanz, doch ohne beides käme es nicht zu sich. In diesem Sinne bildet das Ich etwas Höheres oder sprachlich genauer: Umfassenderes als das, was an Selbstbewußtsein oder an Bildern ihm über sich selbst verfügbar ist. Seine Eigenschaft besteht in der Spannung überwölbenden In-*divid*-ualität, dem unteilbaren Wesen. Die Individualität ist es, die als Kraft in beiden beschriebenen Polen (Erzeugen – Betrachten) anwesend ist, aber eben nicht darin aufgeht.[7] Die Individualität senkt sich gleichsam einmal in den Vorgang des Tuns, ein anderes Mal in die sich vom Getanenen lösende Betrachtung hinein, ohne in beidem aufzugehen. Als Dahinterstehendes, die Geschehnisse Verbindendes schafft sie dadurch einerseits Kontinuität, indem sie die Stationen des biographischen Werdens miteinander verbindet, und andererseits treibt sie als inneres, geistiges Wesen den Menschen selbst über die je vorhandene Gegenwart hinaus, läßt ihn transzendieren, und damit aber auch wachsen und reifen. Das *Streben* gehört damit neben der Schaffung sehr polarer Beziehungen zur Kraftgestalt des Ich. Da es sich nicht um einen äußeren sinnlichen Vorgang handelt, sondern um einen, der sich im Medium des Geistigen abspielt, müssen wir also das innere Wesen des Menschen als ein *geistiges* bezeichnen. Wir haben seine Individualität weniger in den Inhalten zu sehen, mit denen es sich beschäftigt, als im Wie, in der Kraft, mit der dies geschieht und mit der es sich wieder davon löst. Also in der „Spur von meinen Erdentagen" (Goethe) ist die Wirksamkeit der Individualität zu sehen.

Vor diesem Hintergrund wird auch verständlich, daß es möglich ist, etwas zu tun, wo man vermeint, ganz dabei zu sein, und einige Zeit später ärgert man sich über das Getane. Wo ist nun das Ich? Im Tun oder im Ärger über das Getane? Zweifellos in beidem, es ist aber weder das eine noch das andere, sondern es steht eben hinter oder über beidem, ist mit ihnen, d. h. den einzelnen Geschehnissen verbunden, identifiziert sich teilweise völlig mit ihnen, ohne darin aufzugehen – es ist ein eigenes Wesen mit den beschriebenen Eigenschaften. – Zu weiteren Bestimmungen seines Wesens kommen wir, wenn wir darauf achten, daß die Bezüge zu den einzelnen Erscheinungen, die das Ich eingeht, in der Zeit verlaufen, daß aber das mit ihnen verbundene Ich nicht in diesen zeitlichen Bezügen aufgeht. Damit läßt sich das Ich selbst als ein Überzeitliches ansprechen, das jedoch im Zeitlichen wirkt. Es ist eine *Wirksamkeit geistiger Art,* die als Dauerndes im Wechsel, als *Logos* im Fließenden (Heraklit) oder die höhere Einheit im reichen Wandel des Erlebens bildet. Wie der Fußabdruck im Boden nicht den Fuß selbst darstellt, sondern nur abbildet, offenbart sich die Individualität im Zugriff und im Streben, ohne daß sie das eine oder andere selbst wäre. Der Geist des Menschen verhält sich zur Seele wie der unsichtbare, gelegentlich aber durchaus bewußt werdende rote Faden zu dem je gegenwärtigen vielgestaltigen *Erleben.* Dasjenige, was sich jeglichem Innewerden neu öffnet, was auf alle Sinneseindrücke mit Hingabe oder Ablehnung antwortet, wodurch der Mensch sich immer aufs neue in der Gegenwart verankert, wie es vornehmlich – aber nicht nur – das Erleben tut, nennen wir die *Seele.*[8] Was aber das Erleben auf ein Zentrum und auf das Dauernde hin orientiert und ausrichtet, das ist die *Individualität* des Menschen, das *Ich,* das, was seine ureigenste Art ausmacht und bildet, das *Geist-Selbst.*[9]

## 1.2  Ich-Tätigkeit und Selbstbewußtsein

„Alles im Grunde, was in unser Bewußtsein eintritt, tritt durch unser Ich in unser Bewußtsein ein . . . Das Ich ist dasjenige, was uns mit unserer Umgebung verbindet" (Steiner, GA 182, 9. 10. 1918). Damit wird sichtbar, daß das Ich zentral mit den Bewußtseinsvorgängen zu tun hat, aber es ist nun, wie schon gesagt, keineswegs so, daß das Ich sich immer auch selbst weiß, daß es also in seiner Existenz stets zugleich ein waches Bewußtsein von sich hätte. So ist beispielsweise, wie die Selbstbeobachtung zeigt, der Handlungsvollzug weniger klar als die vorausliegende Überlegung oder die gar nachträgliche Wahrnehmung des Geschaffenen. Viel entschiedener aber treten recht erhebliche Bewußtseinsdifferenzen im Hinblick auf das eigene Selbst während des Lebens, d. h. in den einzelnen Altersstufen, auf. So gehört das markante Innewerden des eigenen Ichs im Lauf der menschlichen Entwicklung eigentümlicherweise nicht zu einer ursprünglichen seelischen Eigenschaft. Wenn vom ersten Atemzug an das Kind durchaus ein deutliches – seelisches – Erleben seiner Körperlichkeit und der eigenen Befindlichkeit hat, aber auch schon früh auf Sinneseindrücke zu antworten vermag, so vollzieht sich jener Schritt des sich selbst Innewerdens zumeist im dritten Lebensjahr als ein herausragendes inneres Geschehnis, das die ganz persönliche Ich-Erfahrung vermittelt. Darin wird das eigene Wesen erfahren. Ausdruck dafür ist, daß das Kind sich selbst in der ersten Person als „ich" benennt. Zuvor sprach es nachahmend den eigenen Namen, wie es ihn von außen hörte, oder nannte sich selbst „du". Wenn das Kind bereits fähig ist, zahlreiche Dinge durch Benennung voneinander zu unterscheiden, dann erst erlangt es auch die Fähigkeit, sich in der Selbstbenennung durch das Wort „ich" von allen anderen Erscheinungen und Personen abzugrenzen. Vorauszusetzen ist bei diesem Geschehen, daß das Wesen, das man *ist* und das man einfach darlebte, nun in eine innere Spannung dazu tritt, daß man nun auch weiß, dieses Wesen zu sein. Man muß sich dann einmal als eigenes Selbst erfahren, wie man zuvor die Welt erfahren hat. Beides aber setzt eines gedankennotwendig voraus: das Ich als Wesen muß bereits gelebt haben, also in der Welt *wirksam* sein, um sich dann an sich selbst oder an der Welt zu erfahren. Diese Erfahrung ist einzigartig, wird aber, da sie so früh liegt, auch oft wieder vergessen. Diese innere Erfahrung, die Intuition, vermittelt jene Selbstevidenz, die nie mehr ganz schwinden wird. „Im gewöhnlichen Leben hat der Mensch nur *eine* Intuition, das ist diejenige des ‚Ich' selber. Denn das ‚Ich' kann auf keine Weise von außen wahrgenommen werden, es kann nur im Innern erlebt werden" (Steiner, GA 12, S. 22). „Durch das Selbstbewußtsein bezeichnet sich der Mensch als ein selbständiges, von allem übrigen abgeschlossenes Wesen, als ‚Ich'. Im ‚Ich' faßt der Mensch alles zusammen, was er als leibliche und seelische Wesenheit erlebt. Leib und Seele sind die Träger des ‚Ich', in ihnen wirkt es ... Das Ich bleibt als die eigentliche Wesenheit unsichtbar. Treffend nennt daher Jean Paul [in seiner Lebensbeschreibung] das Gewahrwerden des ‚Ich' eine ‚bloß im verhangenen Allerheiligsten des Menschen' vorgefallene Begebenheit" (Steiner 1973, S. 48f.).

Die *Ich-Vorstellung* verschwindet dann für das wache Bewußtsein während der Zeit des weiteren Lebens niemals mehr vollständig, wohl aber vermag sie sich in weiteren Schritten über Schulreife, Pubertät zur Mündigkeit zu erneuern, zu intensivieren und auch zu vertiefen, wobei die Hingabefähigkeit einerseits und die Abwehr äußerer Forderungen andererseits sich immer aufs neue qualitativ wandelt. Die Ich-Erfahrung unterliegt freilich all jenen Gefährdungen, die dann entstehen, wenn ich mich in der Vorstellung mit anderen vergleiche. Diese Selbstevidenz als Erlebnis vermittelt, wenn sie sich erneuert, ohne daß sie die ursprüngliche Intensität erlangen müßte, das Selbstbewußtsein. – Steiner sieht diesen Vorgang der *Selbstinnewerdung* nun durchaus als an das *Denken* geknüpft an, wobei die leibliche Organisation (Gehirnreifung) zwar für die Bewußtwerdung, nicht aber für das Denken selbst erheblich sei.[10]

Das Selbst-Bewußtsein, so läßt sich auch sagen, hat als leuchtkräftigen Abglanz die Ich-*Vorstellung* – ein Selbstbild.[11] Die *Ich-Vorstellung* ist es, die das *wirksame,* aber unbewußtere Ich im Felde des Bewußtseins überstrahlt, ja überblendet, so daß jenes nur schwerer in die Beobachtung kommt, eine Tatsache, die durchaus für das bisherige Ich-Verständnis nicht ohne Rückwirkung geblieben ist.

Cartesius (1642) knüpfte an die Tatsache der Ich-*Vorstellung,* die mit der Erfassung der Eigenmächtigkeit des Denkens verknüpft ist, das unerschütterliche Evidenzerlebnis, sich seiner selbst als Gegebenheit gewiß zu sein. George

Berkeley (1710) formuliert,[12] daß sich das Wort Ich selbst schon als „geistige Substanz" verstehe. Beide philosophiegeschichtlich wichtigen und erhellenden Ansätze vermögen allerdings die Ich-Erkenntnis auch in Verengung und Irrtümer zu führen.[13] Descartes' Gedanke, daß in allem Zweifel nur eine Sicherheit, ein Absolutes und Verläßliches bestehe: nämlich im Denken, kann dazu führen, das Ich als nur im Denken selbst tätig zu betrachten. Dagegen wendet sich Steiner ganz entschieden, denn jeder Schlafzustand wäre dann für das Bewußtsein der Nachweis eines fehlenden, weil nicht verfügbaren und damit vom wahren und umfassenden Ich abgekoppelten Zustandes. Gerade dieser Einwand kann Anlaß werden, über das Wesen des Ich tiefer nachzusinnen. Dabei haben wir zu vergegenwärtigen, daß Berkeleys Ansatz, das Ich als die geistige Substanz des Menschen zu behandeln, nachfolgend das Denken der idealistischen Philosophie und Lehre tief beeinflußt hat, wonach das Kind durch seinen späten Erwerb des Wortes Ich nachweist, daß dem Ich damit das Absolute fürderhin nun sicher sei.[14] Doch gerade hiergegen richten sich die entschiedensten Einwände des Dekonstruktivismus und Postmodernismus (Frank 1984, S. 243 ff. passim.): wie verhält es sich mit dem Ich, wenn dieses einerseits zum Absoluten, also dem Unbezweifelbaren, andererseits aber mit dem Subjekt (und seiner Willkür) in inniger Beziehung steht, mit den zwei doch recht gegensätzlichen – sich letztlich ausschließenden – Eigenschaften?

Die cartesianische Versicherung des Selbstes bemerkt sehr richtig, wie im Vollzug der Vorstellungen das Ich als ein Mittätiges wirkt. Diese Ich-Vorstellung bleibt aber – wie jede Vorstellung – selbst bloßes *Bild*, d. h. auch die Ich-Vorstellung ist wie jede Bildvorstellung nur Schattenwurf des Wesens, nicht dieses selbst. Die Bildnatur der Ich-Vorstellung aber machte es auch, daß die Individualität nicht als ein Einheitsprinzip[15] erscheint, daß der „Begriff vom Selbst in der Gesamtstruktur des Bewußtseins sekundär ist" (Henrich 1970, S. 281).

Daß das Ich tatsächlich im Denken miterlebt wird, basiert darauf, daß es, nachdem es zunächst fast ausschließlich in der Leibgestaltung und in den Leib-Prozessen tätig war, seine Wirksamkeit dann allmählich auch mit dessen Ausgestaltung in das wechselnde und je gegenwärtige seelische Erleben als solches verlagert und mit seiner Kraft nun verstärkt in die seelische Tätigkeit einzugreifen vermag, um nun darin ein erstes *Dauerndes* zu bewirken: die Erinnerungsfähigkeit.[16] Erst das, was vom Erleben mit dieser Kraft des Gegenüberstellens, der Distanz durchtränkt wird, konturiert innerhalb des Erlebens die Inhalte, seien es Vorstellungen oder Handlungsabsichten. Und nur durch Konturierung des Erlebten kann wieder vorgestellt, erinnert werden, wie durch Ziele und Absichten ein übergreifender Sinn in die Lebensentfaltung und -führung in stufenweiser Differenzierung kommt. Aber auch in der Herausbildung habitueller seelischer Grundstrukturen, wie in Gewohnheiten, Neigungen, Charakter, ja auch im Gewissen ist die dauer-bildende Kraft schon zu Zeiten der Kindheit tätig. Und so verwundert es nicht, daß das Dauer Schaffende, Kontinuität Begründende, das im Wechsel der Erscheinungen ein Einheitliches bildet und ein Wissen von dem vermittelt, was früher durchlebt wurde, also ein Wirksames, eben der wesenhafte Tätigkeitsquell selbst sein muß. Das eigene Ich ist dieser gestaltende Tätigkeitsquell. „Ein Ich kann nur da zum Ausdrucke kommen, wo ein Wesen die Bilder, die es von der Außenwelt erzeugt, in sich selber zu gestalten vermag. Ein Ich-Wesen muß fähig sein, die Außenwelt in sich aufzunehmen und innerhalb seiner selbst wieder zu erzeugen" (Steiner, GA 55, S. 57).

## 1.3 Ich-Wirksamkeit im Lebenslauf

Es gibt gegenüber der Ich-Vorstellung im Denken – anders als bei Cartesius vergegenwärtigt – eine andere Ich-Erfahrung, schwerer faßbar freilich, gleichwohl sehr real. Sie beruht nicht auf dem Bild, sondern, wie wir schon sahen, auf der *Wirksamkeit*. Diese ist nun noch in einer weiteren Dimension auszuleuchten. Nur als Tätiger, könnte man sagen, bin ich ich; eben dort, wo ich mich als Kraft, als sich nach außen bekundendes, als sich entäußerndes, aber auch hervorbringendes – gleichsam schöpferisches und arbeitendes – Wesen erlebe. „Der Mensch, welcher sich auf sich selbst besinnt, kommt bald zu der Einsicht, daß er außer dem Selbst, das er mit seinen Gedanken, Gefühlen und vollbewußten Willensimpulsen umfaßt, noch ein *zweites kraftvolles Selbst* in sich trägt. Er wird gewahr, wie er sich diesem zweiten Selbst als einer höheren Macht unterordnet. Zunächst wird der Mensch allerdings dieses zweite Selbst wie eine niedrigere Wesenheit empfinden gegenüber demjenigen, das er mit seinem klaren, nach dem Guten und Wahren neigenden vollbewußten Seelenwesen umspannt ... Wenn man im Leben öfter eine Art Rückschau hält auf dasjenige, was man erlebt oder getan hat, so wird man an sich eine eigentümliche Entdeckung machen ... dann stellt sich heraus, daß man eine ganze Menge von Dingen getan hat, die man eigentlich erst in einem späteren Lebensalter versteht. Da hat man vor sieben oder acht Jahren, oder vielleicht vor zwanzig Jahren Dinge getan, von denen man ganz genau weiß: Jetzt erst, nach langer Zeit, reicht eigentlich dein Verstand so weit, daß du die Dinge verstehen kannst, die du damals getan oder gesprochen hast. ... von einem solchen Moment, in welchem man eine Entdeckung dieser Art macht, geht etwas aus wie die folgende Empfindung der Seele: Man fühlt sich wie geborgen durch eine gute Macht, die in den eigenen Wesenstiefen waltet; man fängt an, immer mehr und mehr Vertrauen zu gewinnen zu der Tatsache, daß man eigentlich im höchsten Sinne des Wortes doch nicht allein ist in der Welt, und daß alles dasjenige, was man versteht, was man bewußt kann, im Grunde genommen nur ein kleiner Teil dessen ist, was man in der Welt vollbringt ... In welchem Lebensabschnitt vollbringt der Mensch eigentlich an sich selber die für das Dasein wichtigsten Taten? ... *Vor* diesem Zeitpunkte [der ersten Erinnerung] aber hat die menschliche Seele am Menschen selbst die allerweisesten Dinge getan, und niemals kann der Mensch später, wenn er zu seinem Bewußtsein gekommen ist, so Großartiges und Gewaltiges an sich selber leisten, wie er in den allerersten Jahren seiner Kindheit aus unterbewußten Seelengründen heraus vollzieht" (Steiner, GA 15, S. 9ff.).

Das, was geistig wirksam ist, geht dem Sich-Bewußtwerden beim Kind voran. Aber auch für den Erwachsenen gilt: nur wer zuvor etwas aus sich herausgesetzt hat – als Plastiker, Täter, Maler, Sprecher oder Spielender –, kann nach der Tat betrachten, was er hervorgebracht hat. Schon die Genesis im 1. Buch Mose beginnt so: „Am Anfang schuf Gott Himmel und Erde ... Und Gott sprach: Es werde Licht. Und es ward Licht. Und Gott sah, daß das Licht gut war". Das Schaffende, das tätig Hervorbringende, die Wirksamkeit steht am Anfang. Erst darauf folgt das Sehen, die Beurteilung. Was vorangeht, ist das zielhafte, vom eigenen Genius gelenkte Schaffen, sich Entfalten und die Identifikation mit dem Getanen. Was nachfolgt, ist die Betrachtung und Beurteilung, die Distanz.[17] also gleichsam ein Dreischritt: 1. In-sich-Ruhen, In-sich-Gegründetsein, aber auch innere Regsamkeit oder Potenz, 2. tätiges Hervorbringen und schließlich 3. Anschauen des Getanen.

Es ist in all diesem die Wirksamkeit des Ich unübersehbar.[18] Hier ist die *Individualität* des Menschen nicht als Vorstellung tätig, sondern als *intentionale Kraft,* die auf Entfaltung drängt und allen Handlungen eine entschiedene Richtung gibt, wenn diese selbst auch für das eigene Vorstellungsleben keineswegs im vorhinein klar auszumachen ist. Wie im Vorstellen mehr die Kraft des Distanzierens wirkt, aber auch die der regsamen Verknüpfung, so ist in der körperlichen Tätigkeit eher die der Identifikation, der Verschmelzung mit dem Getanen, die Hingabe auffindbar, seelisch gesprochen haben wir es mit der Sympathie zu tun. Diesem Vorgang folgt das Innewerden. Selbstverständlich bleibt aber neben dem selbstbewußten Ich das wirksame stets anwesend.[19]

Aus dem Dargestellten läßt sich jetzt neben der *Ich-Wirksamkeit* und der Ich-*Vorstellung* eine weitere Qualität, das *Selbstbewußtsein* abtrennen. Voraussetzung dafür ist, daß es ein Wesen gibt, das zum Erleben fähig ist und daß diese aus Leib *und* Seele kommenden Erlebnisse des Wesens schließlich eine Zusammenfassung, also Zentrierung auf das Wesen, auf die Person hin, selbst erfahren.

## 2. Entwicklung durch Eingehen von Beziehungen

Die Aufgabe der menschlichen Entwicklung kann vor diesem anthropologischen Tatbestand darin gesehen werden, die beiden zeitlich auseinanderliegenden Wirkenszentren: Absicht und Handlung, Vorstellung und Tat, Betrachten und Hervorbringen, einander anzunähern. Eine reife menschliche Leistung liegt in den Fällen vor, wo eine Deckung zwischen Intention und Tat wirklich gelingt. Die Intention des Handelnden hat freilich zunächst stets einen – moralisch gesprochen: egoistischen – Selbstbezug, also einen solchen, durch den sich das Ich, so wie es sich naiv erlebt, zunächst selbst zu fördern scheint. Aber mit zunehmender biographischer bzw. seelischer Entwicklung und Reifung ergibt sich die Chance, daß es sich über die anfängliche Zentrierung auf sich selbst erweitert und sich auch im anderen, dem Du, mit-erfährt. In dem Maße, wie das der Fall ist, wird der *andere* in seinem Wohl, werden aber auch die Welterscheinungen, ja schließlich die Orientierung an der Wahrheit zu einer Aufgabe. Das Ich orientiert sich in bezug auf den anderen Menschen im Zustand der Reife nicht mehr allein an sich selbst, sondern an dem für den anderen Förderlichen, d. h. an sittlichen Zielen. Es erweist sich erneut: *die Individualität ist ein Beziehung schaffendes, in Beziehungen eintretendes Wesen,* und gerade als solcherart tätige Wesenheit ist sie selbst – durch die immer neu entstehenden Bezüge – auch in Entwicklung begriffen. Besteht doch Entwicklung gerade darin, sich in immer weiteren Zusammenhängen zu erleben und tätig zu sein. Dieselbe Kraft, die als individuelle in Hingabe und Distanzierung lebt, ist auch wirksam in dem auf andere Menschen oder auf die Welt bezogenen ethischen Handeln, ja dadurch ermöglicht sie überhaupt erst Ethik und

Verantwortung. In der Ethik muß zum Handeln die Einsicht in den Zusammenhang, zur Tätigkeit also die Reflexion des Tuns treten. Gerade weil diese Offenheit für Zusammenhänge einerseits, aber auch die Fähigkeit, diese zu bewerten, d. h. in Distanz zu treten, andererseits, der Individualität durch ihre Verbindung mit dem Leib und Seele eignen, kann sich auch das *Problem der Verfehlung und damit des Bösen* einstellen. Ein Wesen, das lediglich den eigenen Antrieben und den Umweltgegebenheiten angepaßt folgt, lebt sich „naturwüchsig" aus. Erst dort, wo eine Identifikation auch mit Werten außerhalb der bloßen Erscheinung oder der eigenen, innerlich gewahrten Wesenheit (einschließlich der Leibbefindlichkeit) erfolgt, kann es zu einer Ausweitung des geistigen Ich-Wesens, zu seinem Wachsen kommen, aber eben auch zum Verfehlen des eigenen Zieles. Als höchstes Ziel menschlicher Entwicklung darf wohl gelten, daß der Mensch Handlungen erstrebt, in dem er nicht nur ihm, sondern dem anderen nützliche Ziele, ja die Menschheit fördernde Absichten verwirklicht. Das aber heißt umgekehrt, daß nicht aus undurchschauten Triebkräften, sondern aus Erkenntnis gehandelt wird.[20] Um aber dorthin zu kommen, ist ein vielgestaltig schwieriger Weg zu gehen, da nach rechts und links manche Verführungen locken und sich mannigfache schwierige und zu verfehlende Aufgaben stellen. In der Bewegung erfährt das kleine Kind die Welt zunächst in ihrer Wirksamkeit. Doch ohne die vorstellende Durchdringung des so Erfahrenen bliebe das Erfahrene bloß dunkel, dumpf, letztlich unerkannt. Das Vorgestellte wiederum braucht keineswegs die Wirklichkeit zu treffen. Wie oft muß das sich selbst wissende Ich erfahren, daß zwar alles durchaus klar überdacht war, daß aber dann doch der Fehlschlag unvermeidlich zu sein scheint. Das aber kann prinzipiell an zwei ganz gegensätzlichen Faktoren liegen: entweder daran, daß die Überlegung nicht voll in die tatsächlichen Zusammenhänge eindrang und so das Scheitern verursachte, oder daran, daß Überleitung in die Handlung deshalb mißlingt, weil die eigenen Fähigkeiten, die Wirklichkeit den durchschauten Verhältnissen entsprechend zu gestalten, fehlen. Auch Kombinationen beider Faktoren kommen vor. Für das Ich ist nun entscheidend – und dieser Vorgang ist deshalb weiter zu untersuchen –, daß alles *Lernen* gerade darauf beruht, in immer neuer Übung die Übereinstimmung zwischen Vorstellung, Wollen und Können herzustellen und sich dadurch in den eigenen *Fähigkeiten* zu steigern. Steiner formuliert den Zusammenhang so: indem sich der Geist des Menschen mit den Gesetzen des Wahren und Guten [in der Erkenntnis] verbindet, kann er der Seele die Gabe vermitteln, daß in ihren ständig wechselnden Erlebnissen, ja in all ihren Neigungen, Trieben, Leidenschaften eine „Stempelung" auftritt: eine vorherrschende Grundrichtung scheint in ihr auf. Wenn nun die Seele mit ihrer Erlebnisfähigkeit in Beziehung zu Eindrücken, zu Tagesgeschehnissen tritt, dann gehen diese zwar vorüber, aber die Früchte bleiben. Daß der Geist selbst „mit ihnen verknüpft war, macht einen bleibenden Eindruck ... Tritt der menschliche Geist an ein solches Erlebnis heran, das einem anderen ähnlich ist ..., weiß [er] sich ihm gegenüber anders zu verhalten ... Darauf beruht ja alles Lernen. Und die Früchte des Lernens sind angeeignete Fähigkeiten", in denen der Geist selbst gesehen werden kann (Steiner, GA 9, S. 78). Gerade darin besteht das Menschsein, daß aus Erfahrung gelernt werden kann, daß man aus Irrtümern Gewinn zieht, indem man sie verarbeitet und dadurch sich bereichert. In der anthroposophischen Menschenkunde werden die Zusammenhänge so gesehen, daß das menschliche Geisteswesen, das Ich, sich mit einer, biologisch gesehen, außerordentlich weisheitsvollen, aber doch auch unzulänglichen, weil – anders als beim Tier – nicht festgestellten, wenig instinktgeprägten Leiblichkeit verbindet. „Das Tier wird durch seine Organe belehrt, der Mensch aber belehrt die seinigen und beherrscht sie" (Goethe 1967, S. 443).[21] Indem die Individualität in den Leib eingreift, gibt sie diesem in seinen Bewegungen und Handlungen Richtung, vermittelt durch die Seele, webt das Muster der unverwechselbaren biographischen Gestalt. Aber auch umgekehrt ist es so, daß bestimmte Welt-Qualitäten nur am und durch den Leib zu erfahren sind, denn seiner eigenen Natur nach ist in einem rein geistigen Dasein etwa die Erfahrung der Schwere nicht möglich. Die leibliche Existenz nämlich ist gekennzeichnet durch Gesetze des Notwendigen, der Schwere, der Beschränkung, der Enge und Endlichkeit. Durch die sich aus der Verbindung mit dem Leib ergebende Erfahrung wird das Ich bereichert, wie umgekehrt der Leib durch seinen Geist Helligkeit, intentionale Durchdrungenheit sowie Zielsetzungen aus anderen als nur „leiblichen Gründen" erfahren kann. Aus sich zeigt der Leib nur drängende Lebensentfaltung, dumpfe Triebhaftigkeit, schieres Streben nach Überleben. Durch den Geist geschieht anderes: „Und das Licht scheint in die Finsternis." Wo Befähigung erfolgt, begreift die Finsternis das Licht.

## 2.1 Sinn der Verkörperung

In diesem Sinne kann die Verbindung des Ich mit dem Leib, d. h. seine Verkörperung oder Inkarnation, eine dem nur im Geistigen lebenden Ich nicht mögliche Reifung und Vervollkommnung bedeuten. Darin ist Sinn und Aufgabe der Verkörperung zu sehen: das Ich wächst durch die Verkörperung im Leib, wobei ihm die Seele mit ihren Eigenschaften des Begehrens, der Sympathie und Antipathie wie den Vorstellungs- und Urteilskräften als wichtigstes Instrument oder Medium dient. Das Ich macht in Leib und Seele Erfahrungen und Bereicherungen durch, die ohne die Bindung an den Leib nicht möglich wären, wie umgekehrt der Leib eben durch das Ich gestaltet wurde und wird. Denn diesem Leib ist aus der schon vorgeburtlichen Wirksamkeit des Ich – die Individualität als Kraft steht über den Geschehnissen, hat als solche am Ewigen Anteil –, neben dem genetischen Code und neben dem Stoffwechselfeld die diesem eigene – zunächst auf Erden unbewußte – Wesenheit einverwoben (vgl. Hofmeister 1979, S. 24 ff., 34 ff., 38 ff., 50 ff., 73 ff.). Nur von daher kann es denn auch zur völligen Identifikation mit dem Leib kommen: „Leib bin ich ganz und gar" oder zur „großen Vernunft des Leibes" (Nietzsche). Das wirft auch ein Licht darauf, daß der ringende Geist durchaus auch im Erlebnis des Leibes durch die Seele eine ungeahnte Fülle zu erfahren vermag; aber auch umgekehrt kann die Empfindung von Leidenschaft, Angst, inneren Qualen, von Schrekken und Verzweiflung den Leib vielfältig zur Mitgestaltung aufrufen: „Ausdruckskraft und Inhalt künstlerischer Darstellung wird dann der sich durch Leib und Seele seinen Weg suchende schöpferische Geist: als Schrei, als Vision, als Gesicht erlebt" (M. Treichler, 1989, S. 193). – Diese dem Leib verbundene Vernunft kann gerade für den künstlerischen Schaffensprozeß außerordentliche Bedeutung erlangen, worauf Steiner im Hinblick auf die expressionistische Kunstrichtung hinwies. „Befriedigung zu schaffen für das, was eigentlich Vision werden will, aber in der gesunden Menschennatur nicht Vision werden darf, das wird immer mehr oder weniger expressionistische Kunstform" (Steiner, 1961, S. 54). „Statt daß das Seelenleben den Leib durchdringt, wird es – im Krankheitsfall – nun vom Leib her durchdrungen und gestaltet" (R. Treichler, 1987, S. 203).[22]

Weil das Ich aber als Kraft in den Vorstellungen *und* Handlungen wirksam ist, sich sogar voll mit ihnen identifiziert, aber doch nicht in ihnen aufgeht, kann in der Spannung von Hervorbringen und Betrachtung zugleich eine besondere Eigenschaft gesehen werden, die so nur durch das Ich ins Welten-Dasein Einzug zu halten vermag: in die gewordene Welt der äußeren Naturgesetze, der auch der Leib zugehört, bestimmt von den Gesetzen der Chemie und Physik, kommt durch den Geist des Menschen eine außernatürliche Qualität: das ‚Reich der Freiheit‘, die Qualität der Moral, aber auch der Sünde, das Böse wie das Gute. Das sich an sittlichen – also geistigen – Werten ausrichtende menschliche Handeln erschafft eine Wirklichkeit, die über die naturgesetzliche hinausgeht. Sittlichkeit, Moral wurzeln in einer geistigen Welt, in einer Wertewelt,[23] die höher steht als der zunächst für das nur seelische Empfinden wichtige Nutzen oder das Vorteilhafte, sie sind verbunden mit dem Wahren und Guten. Bei diesen Werten sind nicht von der Gesellschaft oder von Religionssystemen gesetzte Normen gemeint, sondern jene Ziele des Handelns, die das Ich dann gewinnt, wenn im Gewahrwerden von Not ein vollkommener Zustand erstrebt wird, das Handlungsziel sich selbstlos und schöpferisch auf einen über das Gegebene hinausreichenden Lebens- und Weltzusammenhang bezieht. Dazu bedarf es des unvermittelten Gewahrwerdens von Zusammenhängen oder des unvermittelten Inneseins eines Weltzusammenhangs durch das Ich in der Intuition.[24] Das Menschsein kennt keine ‚gleichgültigen‘ Beziehungen. Aus der Natur des Leibes ist zunächst alles Handeln des Subjektes auf den Leib und seine Notwendigkeiten hin orientiert, auf dessen Unterhalt, Wohlbefindlichkeit, auf Fortpflanzung, allenfalls noch auf seelische Gegebenheiten wie Machtstreben, Selbstbehauptung und ähnliches. Doch die Kraft des Ich vermag – braucht es aber keineswegs, ja strebt häufig das Gegenteil an – über die bloße Identifikation mit dem eigenen Leib und seinen Bedürfnissen hinaus eine Aufgabe nicht nur in sich zu suchen, sondern im Du, im Mitmenschen. Nicht allein das „mir Gute", sondern das „dir Gute" (Kühlewind, 1978) kann Handlungsziel werden. Durch die Individualität wird der Mensch ein freies Wesen, frei zum Erkennen. „Siehe, Adam (der Mensch) ist geworden wie unsereiner und weiß, was gut und böse ist", spricht Gott (I Mose 3,28). Indem sich die Individualität des Denkens bemächtigt, kann über das Leben für die eigene Leiblichkeit und das bloße Handeln für sie, aufgestiegen werden, über die Sorge für die eigene Familie, die nächste Gemeinschaft, das eigene Volk zur Förderung des Wohls der Gemeinschaft, ja zu dem der Gesamtmenschheit. „Das höchste denkbare Sittlichkeitsprinzip ist aber das, welches keine solche (normative) Beziehung von vornherein hat, sondern aus dem Quell der reinen Intuition entspringt und erst nachher die Beziehung zur Wahrnehmung (zum Leben) sucht" (Steiner, GA 4, S. 161f.). „Nicht das Allübliche, die allgemeine Sitte, eine allgemein-menschliche Maxime, eine sittliche Norm leitet mich in unmittelbarer Art, sondern meine Liebe zur Tat. Ich fühle keinen Zwang, nicht den Zwang der sittlichen Gebote, sondern ich will einfach ausführen, was in mir liegt" (ebd., S. 167).

## 2.2 Erträgnis der Beziehungen: Fähigkeiten

Wir haben es bei der Entstehung dieser sittlichen Freiheit also mit einem Kraftfeld des Ich, der Individualität, zu tun. Das Ich bringt im menschlichen Dasein eine andere Wirklichkeit als die leibbestimmte zur Geltung, ohne daß diese – und darin bestehen auch wiederum Freiheitsgrade – stets auch realisiert werden müßten. Denn in der Auseinandersetzung und im Ausgleich von Widersprüchen realisiert sich das Ich in seinen Werdeschritten. Wenn es allerdings zur sittlichen Handlung gehört, Widerstände zu überwinden, dann gehört das Scheitern ebenso zur Wegstation wie bei erneuter Übung das durch die Übung selbst zunehmende sich Befähigen. Denn ähnlich wie im Seelischen durch das *Gedächtnis* dem Ich das Erfahrene bleibend wird, so wird in einer tieferen Schicht auch das durch die Tätigkeit des Ich im Leib Erübte dauernd in der *Fähigkeit*. Die Fähigkeit ist somit nicht im Bildinhalt der Vorstellung zu suchen, sondern im Bereich des Wollens; das dem Ich in der Fähigkeit Verfügbare vermag – gleichsam von innen – bestimmte sachbezogene Bahnungen der Handlungsabfolgen aufzurufen, ohne dabei die Wege der Umsetzung unsicher tastend suchen zu müssen, darin ähnlich der Erinnerungsvorstellung, bei der eine frühere Situation als bekannt vor den Bewußtseinshorizont tritt.

## 2.3 Rhythmik der Bewußtseinszustände und der Unsterblichkeitsgedanke

Hat hier nicht die Rhythmik, wie sie der Individualität als Kraft eignet, die durch verwirklichende Hingabe, sich lösendes Distanzieren weiterschreitet, ihre Spur ziehend, sich mit den Stationen verbindend, ohne darin ganz aufzugehen, ihre höchste Entfaltung und ihren letzten Grund zugleich: das Ich, verstanden als unteilbares Wesen, vervollkommnet sich, gewinnt Umfang, Reichtum, Reife, indem es durch Zustände in einem rein geistigen Sein und solche in der Leiblichkeit (Inkarnation) hindurchgeht.

Deshalb kann an dieser Stelle zunächst in *einer* Richtung, mit dem Blick auf den großen Bruder des Schlafes, den Tod, die Frage gestellt werden, wie es sich nach dem Tod des Körpers, dem Ende der Lebensprozesse, mit dem Geistigen des Menschen, dem Ich, verhält. „Unsere Persönlichkeit [Individualität in dem von uns gebrauchten Sinne] verläßt uns nie, selbst im Schlafe bleiben wir, was wir geworden sind ... Also im Tode können wir derselben nicht verlustig werden ..."[25] So formuliert es einer der schärfsten, an Hegel geschulten Denker des 19. Jahrhunderts, August Graf Cieszkowski (1848–1849), der allerdings heute als weitgehend unbekannt zu gelten hat, in entschiedener geistiger Auseinandersetzung. Wir erinnern damit an eine für die nachscholastische Zeit philosophiegeschichtlich unvergleichliche Auseinandersetzung, in der eben Philosophen und nicht Theologen mit dem überlieferten Gedanken der Unsterblichkeit der Seele recht gegensätzliche Überlegungen anknüpfen. Begonnen hatte die Auseinandersetzung Carl Ludwig Michelet (1802–1894) mit der Überlegung, daß die Seele und der Geist des Menschen – ganz averroeistisch – nachtodlich in einem Allgemeingeistigen aufgehe. Dagegen wendet sich sein Freund und Gesprächspartner Cieszkowski mit der Frage, wie es denn sei,

wenn ein Mensch als Kind oder als Jugendlicher oder in den reifen Mannes-
jahren, als Greis oder gar senil sterbe – wie ist dann, falls die christliche
Unsterblichkeitslehre einen Sinn in sich trage –, sein Ich beschaffen, infantil,
juvenil, reif, senil? Weder noch. Gerade darin zeigt sich das Ich, daß es zwar
sowohl mit dem Leib als auch mit der Seele eine Verbindung eingeht, aber darin
nicht aufgeht; es ist eine *Substanz* für sich – durch alle eingegangenen Beziehungen, aber als solches dann doch abgelöst vom Akzidentiellen, essential für
sich bestehend. „Denn was ist die totale, volle Persönlichkeit, wenn nicht das
Produkt aller Geistestätigkeiten und Anlagen der Menschen? Die Persönlichkeit hat zunächst ihr eigentliches Prinzip im Willen“, dabei wird der Wille vom
Leib, von Neigungen, vom Subjektiven, Volkshaften und Temperamentsmä-
ßigen bestimmt. Doch all diese subjektiven Momente „sterben für sich als
besondere Bestimmtheiten aus [mit dem Tode], alle aber lassen einen Eindruck
auf die Totalität des Geistes, alle tragen dazu bei, diese Totalität konkret auszudrücken und eine synthetische Bestimmtheit des Geistes, welche eben
unsterblich ist, auszubilden. Das konkrete Selbst des Geistes bleibt damit gestempelt, *für ihn* also und *in ihm* sind diese Bestimmtheiten unvergänglich“
(Cieszkowski, 1842, S. 54f.). Dadurch, daß der Geist, das Ich, Beziehungen
einging, bleiben ihm diese eingeprägt, er ist gestempelt.

Allein durch die Befragung von Lebenstatsachen im Hinblick auf das Ich und
durch die denkerische Bearbeitung – wobei das Denken ja gerade darin besteht, daß es aus seiner eigenen Bewegung heraus ständig Beziehungen ebenso
knüpft, wie dies der handelnde Mensch auch tut – ergeben sich gedankliche
Konsequenzen der vorgestellten Art. Die Gedankenbewegung, die auf das Ich
oder die Individualität abhebt, bemerkt, daß im Beziehung-Knüpfen sich das
Ich mit seiner Kraft in die Beziehung einsenkt und diese sowohl für das erkennende als auch das hervorbringende Ich gestaltet wie auch gestaltet wird:
durch folgerichtige Erwägungen wird das Denken dazu geführt, die Ewigkeit
der Individualität und ihre „Stempelung“ durch die eingegangene Beziehung,
die als Ertrag bleibend wird, zu sehen. Doch, so ist zu fragen, wie steht es neben
der gedanklichen um die direkte Erfahrung? Sie liegt in aller Regel nicht vor,
weil es auf diesem Gebiet, das es mit dem Geist zu tun hat, nur geistige und
keine sinnliche Beweise geben kann. So bleibt zunächst lediglich die Evidenz
des Gedankens.[26]

## 3. Der Organismus der Zeit in seiner Bedeutung für das Ich

Wir haben zunächst die Wirksamkeit der Individualität verfolgt und bemerkt,
wie diese einerseits polare Beziehungen stiftet, denen etwas Dauerndes anhaftet, wobei dieses Dauernde, etwa in den Erinnerungsvorstellungen oder in der
Fähigkeitsbildung – vom Ursprung her betrachtet – ihr keineswegs unverwan-
delt verfügbar bleibt. Andererseits lenkten wir den Blick auf den Vorgang des
Lernens und der Aneignung, d. h. der Bereicherung des Ich, wobei das Unbewußte, der Schlaf, als höchst wirksamer Faktor erfahrbar wurde. Es läßt sich
aber die Gedankenlinie auch weiter, in die Zukunft, ziehen: wenn der Tod als
großer Bruder des Schlafes verstanden wird, dann kommt die Unsterblichkeit
der Seele in den Blick. Die beschriebene Kraft des Ich bildet, ja ist ein Wesen,
das sowohl als über den Tod hinaus existierend gedacht werden muß als auch

schon vor der Geburt als wirksam in Erscheinung tritt. Der Gedanke einer Wiederverkörperung des Geistes ergibt sich als innere Konsequenz. Das verlangt aber, den Gedankenblick auch in Richtung auf die Vergangenheit, d. h. in die Zeit vor der Geburt, zu richten. Um das aber zureichend tun zu können, haben wir uns zunächst den Organismus der Zeit zu vergegenwärtigen, um den Zusammenhang der Zeitdimensionen: Vergangenheit, Gegenwart und Zukunft und ihre Bedeutung für das Ich zu verfolgen, so daß wir erst am Ende des Aufsatzes diesen Zusammenhang begründet erörtern können.

Als Ausgangspunkt wählen wir eine gewichtige Überlegung aus der wohl umfangreichsten „Pädagogischen Anthropologie", die gegenwärtig verfügbar ist. „Ist der Kern dessen, was den Menschen ausmacht, nicht selbst ein Angeborenes, Zugewiesenes, eine Mitgift, Maske, Rolle, die wir mit Leben zu erfüllen und auszufüllen haben, also bestenfalls geprägte Form, die ,lebend sich entwickelt' ...? Oder sind wir als Ich das, was in uns als unser Charakter wächst, *sich verfestigt und uns festlegt* in unseren Eigenschaften und in unserem Charakter? Oder – drittens – sind und werden wir das, was wir erstreben? Bilden wir uns dem nach, was uns vorschwebt? Sind wir ein Prozeß, der von einem Endpunkt, seinem Zielpunkt her gesteuert wird? Ist unser Ich uns nur voraus mit seinen Bildern von uns selbst? ..." (Roth, 1971, I, S. 244). Berechtigt fragt H. Roth nach *drei Richtungen der Zeit,* nach der Vergangenheit, dem Ererbten, dem in je vollzogener Gegenwart Gewordenen und dem aus der Zukunft Hereinwirkenden. Doch er läßt sich letztlich nicht auf die tatsächlich sinnstiftenden Fragen ein, führen sie doch scheinbar in Bereiche der Transzendenz und Spekulation, die suspekt erscheinen können. Bei seiner „realpsychologischen" Aufspürung der „Anfänge des Ich", die zur Erziehung der Ich-Stärke nötig sei, hält Roth die Annahme sogar für *„verhängnisvoll,* der Neugeborene brächte sein Ich mit auf die Welt. Er ist ohne Zweifel im Rahmen der Gattung ein individueller Organismus ... aber von Ich kann man beim Säugling nicht sprechen, höchstens von einem ,Ich-Keim'" (Roth, 1971, II, S. 344). Wenn etwas „verhängnisvoll" ist, so diese unzureichend reflektierte Aussage. Denn dadurch, daß das Ich lediglich, wie es scheint, auf das Bewußtsein seiner selbst hin fixiert wird, auf den Tatbestand, sich vom Nicht-Ich unterscheiden zu können, wird die *Wirksamkeit des Ich,* also die ganze Dimension des Tätigen, Handelnden, lediglich auf das bloße Bild reduziert, das der Mensch von sich selbst hat. Dadurch wird das Spezifische des Menschseins – die ganze vita activa – gerade auch für die durch besondere Regsamkeit und auffällige Phase der Leibgestaltung in der ersten Lebenszeit bestritten – mit unübersehbaren Konsequenzen für das pädagogische Handeln.

Die Fragestellung, die sich hieran anschließt, läßt sich in zwei Richtungen wenden: 1. Zum einen ganz allgemein: wie verläuft die menschliche Entwicklung in der Zeit? 2. Was ist empirisch oder realpsychologisch an unterschiedlichen (zeitlichen) Eigentümlichkeiten geistig und seelischer Tätigkeit zu erfahren und auch begrifflich voneinander scharf abzutrennen?

## 3.1 Der Doppelstrom der Zeit im allgemeinen

Die erstgestellte Frage nach dem Wesen der Zeit und damit auch nach der Entwicklung beschäftigt den jungen R. Steiner zwischen dem achtzehnten und einundzwanzigsten Jahr aufs intensivste, und er kam dabei schon früh bis zu einem ersten, zunächst freilich nur vorläufigen Erkenntnisabschluß. Es ist die Frage, wie sich der Geist als etwas außerzeitlich und außerräumlich Ewiges gerade in Raum und Zeit offenbaren kann; es ist die Frage, wie Geist und Stoff rhythmisch zusammen- und ineinanderwirken. In einer Abhandlung „Einzig mögliche Kritik der atomistischen Begriffe" (1881/82), heißt es zum Ende: „Was ist aber Raum? ... Wie der Raum nur etwas an den Gegenständen, so ist nun die Zeit nur aus und mit den Prozessen der Sinnenwelt gegeben. Sie ist denselben immanent. An sich sind beide bloße Abstraktionen" (zit. n. Wiesberger, 1975, S. 25).

Was Steiner hier in philosophischer Reflexion aufging und dann in der kurz darauf bei ihm erfolgenden Beschäftigung mit Goethes Naturanschauung – durch einen Editionsauftrag – weiter ausgestaltet, ist der Gedanke, daß in allen zeitlich sich entwickelnden Lebens-Prozessen Zeit als ein Doppelstrom anwesend sei: ein Strom, der alles, was war, das Gewordene mit in die Gegenwart führt, und ein gegenläufiger Strom, durch den die Zukunft, das sich Gestaltende, Werdende, sich der Gegenwart mitteilt. Leben ist nicht aus mechanischer Taktzeit, aus einer „absoluten Zeit, d. i. [in] einem unveränderlichen Maßstab des Nacheinanders" (ebd.) zu erfassen, sondern muß in einem *Doppelstrom* begriffen werden: einem aufsteigenden, sich entfaltenden (Evolution) und einem abwärtsgehenden, rückbildenden (Devolution) Strom. Dazwischen – als Gegenwart – entfaltet sich Gestalt-umbildung: Metamorphose. Dieser Gedanke hat für alle Lebensentfaltung, mehr noch für jede Entwicklung und damit für die Pädagogik zentrale Bedeutung: schließt er doch auf, inwiefern vorausgreifende oder zurückweisende Kräfte der Entwicklung am Werk sind und eine Erkenntnis darüber möglich wird, was durch erzieherische Maßnahmen beeinflußt, gefördert oder gehindert zu werden vermag (vgl. Lindenberg, 1979, S. 171). Dieser philosophische Gedanke evolutiver und devolutiver Qualitäten läßt sich zunächst dem Verstehen sehr konkret in organischen Bildungen bei Pflanze und Tier, aber auch am Menschen fassen. Wir schauen uns zunächst (vgl. Abb. 1) die Abbildung der Ontogenese eines Knochen-Schädels des Orang-Utan an. Dabei fällt eine Entwicklung vom infanten zum adulten Schädel dergestalt auf, daß die Kinnpartie zunächst zurückgehalten, dann allmählich gewaltig nach vorne anwächst, während der Gehirnschädel sich proportional zurückbildet: eine erstaunliche Entwicklung der Vereinseitigung. Setzt man diese in Bezug zu einem Halbaffenschädel (Abb. 2), so besteht dort die Entwicklung nahezu allein in bloßer Vergrößerung. Die Übersicht der Schädel der Hominiden (Abb. 3), die der Paläontologe O. H. Schindewolf (1972, S. 261) phylogenetisch und ontogenetisch zusammengestellt hat, zeigt, wie eine spätere Entwicklungsstufe evolutiv, gleichsam Zukunft vorentwerfend, in der Phylogenie wirkt, während ontogenetisch die Ausgestaltung – am juvenilen Stadium gemessen – eher devolutiv abläuft (vgl. Kipp, 1985, S. 51 ff.; Poppelbaum, 1975; Schad, 1985, S. 57 ff.).

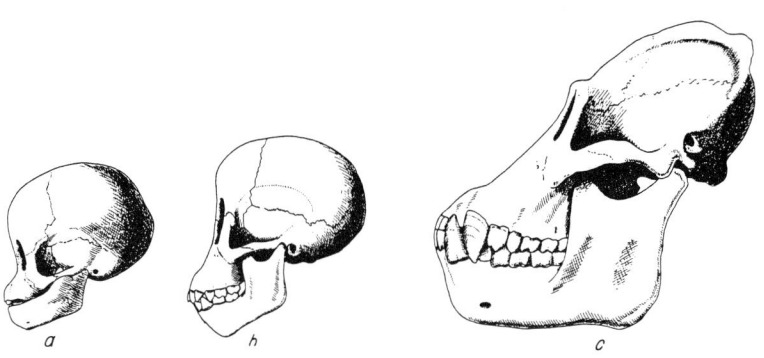

Abbildung 1: Ontogenese des Schädels vom Orang-Utan *(Pongo pygmaeus L.)* a) und b) infantile Stadien, c) adulter männlicher Schädel
(aus Schindewolf, O.H.: Jb. preuß. geol. Landesanst. 49 [1928] 716).

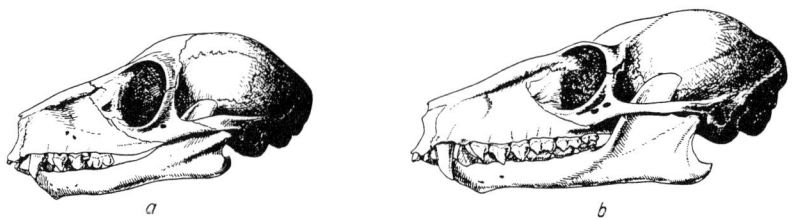

Abbildung 2: Infantiler und adulter Schädel rezenter Halbaffen *(Lemurinae)* von Madagaskar. a) Lemur catta L. x variegatus KERR, b) Propithecus sp.
(aus Schindewolf, O.H.: Jb. preuß. geol. Landesanst. 49 [1929] 716).

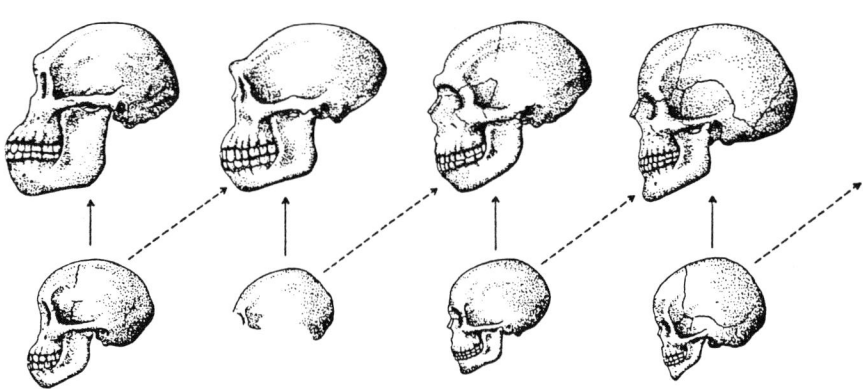

Abbildung 3: Zunehmende „Verjugendlichung" der Hominiden, gezeigt am Vergleich der Jugendstadien (unten) und Altersstadien (oben) von *Australopithecus* (links), *Pithecanthropus, Neanderthalensis-* und *Sapiens*-Mensch (rechts). Die nachfolgende Form bleibt (annähernd) auf der Kindheitsstufe der vorausgehenden stehen
(nach Schindewolf 1972).

## 3.2 Zeitdimensionen im Seelischen

Doch nicht nur hier, gleichsam noch im allgemeinen der Lebensentwicklung, bestätigt sich der Gedanke der beiden Zeitströme, sondern auch im Psychologischen, also dem jedermann real Erfahrbaren, erlangt er Bedeutung. Jedes Erkenntnisleben zeigt, daß drei Zeitdimensionen anwesend sind. „Zur Erfassung der Situation gehört ... das Erinnerte *und* Antizipierte hinzu" (Roth, 1971, I, S. 124). Eine fundamentale Einsicht formuliert Dilthey so: „Das Seelische hat seine Wirklichkeit darin, daß es sich zeitigt; es besteht in einem rastlosen Fortrücken der Gegenwart, in welchem das Gegenwärtige immerfort Vergangenheit wird und das Zukunftige Gegenwart ... Diese fortrückende Erfüllung mit Realität in der Linie der Zeit, die den Charakter der Gegenwart ausmacht ..., ist beständiges Versinken des Gegenwärtigen in ein Vergangenes und zur Gegenwart-werden dessen, was wir eben noch erwartet, gewollt, gefürchtet haben" (Dilthey, 1968, VII, S. 72). Dasjenige aber, was all diese wechselnden Eigenschaften umspannt, also ein Überzeitliches im Sich-Zeitigen des Seelischen bildet, ist die menschliche Individualität.

Im *seelischen Erleben* hat Zeit eine andere Qualität als das, was die Uhr anzeigt. Die Uhrzeit ist Taktzeit, in ihr ist jede Einheit, die war, von gleicher Qualität wie jene, die ist oder sein wird; sie ist also nur quantitativ als Verlaufsform von Wichtigkeit. Das Entscheidende bei der Zeit ist aber für das *Erleben:* beim „Fortrücken bleibt die Vergangenheit ganz von selbst erhalten. Sie folgt uns in jedem Augenblick nach und ragt in jeden Augenblick hinein wie andererseits auch die Zukunft schon in ihm vorentworfen ist. Gerade bei der Betrachtung des seelischen Geschehens müssen wir uns also freimachen von dem Ordnungsschema der äußeren Zeit, das die einzelnen Inhalte des Erlebens im Nacheinander ordnet und gegeneinander abgrenzt ... Die unterscheidbaren Gegenwarten des Erlebens schließen einander aber nicht aus, sondern durchdringen sich sowohl nach vorwärts als auch nach rückwärts. In jeder Gegenwart lebt noch die Vergangenheit und erwacht schon die Zukunft. Das Sichzeitigen des seelischen Lebens ist also der als untrennbares Kontinuum sich vollziehende Übergang von einer Gegenwart in die andere. Damit erhält der Begriff der Gegenwart eine ganz andere Bedeutung als im Ordnungsschema der äußeren Zeit, mit dem der Physiker arbeitet. Hier wird die Gegenwart als Senkrechte gedacht ... Der Begriff des Zeitmomentes, des *Zeitpunktes*, läßt sich überhaupt nicht auf das Erleben anwenden. Denn die physischen Vorgänge und Zustände, auch wenn sie noch so flüchtig sind, beschränken sich nicht auf einen Zeitpunkt im mathematischen Sinne ..." (Lersch, 1970, S. 48f.). Im Anhören einer Melodie, eines Satzes erleben wir ein *Zeitganzes,* nicht die Bestandteile. Zeit im Erleben ist die „Dreieinheit von Vergangenheit, Gegenwart und Zukunft ... Das seelische Leben ist, wie das Leben überhaupt, eine Wirklichkeit, die sich immer selbst nachkommt und sich immer zugleich selbst voraus ist. Darin besteht seine Zeitlichkeit" (ebd.).

So ist die Vergangenheit in allem Erleben gegenwärtig, und zwar in zweifacher Art: einmal als früher Erfahrenes, woran man schon gewöhnt ist, im Hinblick auf das Verhalten und Behandeln in und an einer Umwelt, und sodann als bildhaftes Wiederauftauchen bereits durchlebter Situationen. Ist die Gewohnheit auf das Äußere, den Umgang mit einer Situation gerichtet, so ist es die Erinnerung mehr auf die Vergegenwärtigung einer Gegebenheit im Bild –

beides hängt eng miteinander zusammen. Wenn ich morgens aufstehe, dann „weiß" ich den Gang, den Weg, die Abfolge alles dessen, was nun zu folgen hat, bis man angekleidet ist; das folgt aus der Gewohnheit, in ihr bin ich heimisch. Weil Situationen vielfältig durchlebt wurden, verfestigt sich das, was in und mit ihnen von einer erlebenden Seele getan wurde, zum *Erfahrungswissen*, doch ist es eben nicht Wissen im Sinne des neuerlichen Bewußtwerdens, sondern schlicht Gewohnheit: An die Situation, den Ablauf hat sich das Erleben gewöhnt, hat stimmige Handlungsvollzüge entwickelt, die nun da sind, ohne daß sie erinnert werden müßten. Während die Vergangenheit nach innen durch das Gedächtnis im Bild auflebt, aktualisiert sie sich – bildlos – nach außen in den Gewohnheiten. Das innere Wesen des Menschen bildet darin seine Geschichte, ist als wirkendes Zentrum mit den Geschehnissen verbunden. In Gedächtnis und Gewohnheit lebt Vergangenheit ganz verschieden fort und auf, und doch ist zwischen beidem ein innerer Zusammenhang gegeben, der zunächst vergegenwärtigt werden soll.

Das seelische Erleben, d.h. die Innenwelt, kann als ein Feld betrachtet werden, welches sich in sich stark differenziert; zunächst sehr deutlich nach zwei Richtungen, nämlich in das bildhafte Erleben der Vorstellungen, zum anderen in das diffuse Drängen auf Ziele hin. In den Vorstellungsbildern läßt sich immer ein Bezug zum *Vergangenen* bemerken – denn die Bilder sind dem Inhalt nach in ihren Elementen immer aus dem „Stoff" gewoben, der schon etwas *früher* Durchlebtem entstammt, nämlich aus Elementen der Erinnerungsvorstellungen. Das Begehren, das Sehnen, Wünschen, Hoffen, Erwarten dagegen zielt immer auf ein *Künftiges*, das noch nicht ist. Dabei sind im Begehren mehr sinnliche Ziele, im Hoffen oder Sehnen mehr die Lebensumstände, im Erwarten die Schicksalsfügung als seelisches Organ eines aus der Zukunft Kommenden, für das eigene Wesen Bedeutungsvollen angesprochen. Insofern aber sind diese Strebungen ebenso Organe des Ich wie Erinnerung und Gewohnheit.

So wirken also auch zwei Zeitströme in das Erleben hinein (vgl. Steiner, GA 115, 4.11.1910): zunächst jener Strom der Vergangenheit, der sich dadurch auszeichnet, daß alle einmal in der Seele vorhandenen Wahrnehmungen bzw. Empfindungen zwar nicht verloren gehen, gleichwohl aber ins Unbewußte absinken. So kommt es, daß „nicht immer alle Ihre Vorstellungen zu Gebote" stehen. „Bezeichnen wir daher den Strom, der die für den Moment unbewußten Vorstellungen birgt, der aus der Vergangenheit kommt und in die Zukunft fließt, als ‚Lebensleib'" (der ja in Steiners Terminologie[27] zugleich auch der Träger der Gewohnheiten und des Gedächtnisses ist). Der andere Strom „ist die von der Zukunft in die Vergangenheit drängende Strömung", dieser Strom wurzelt in den *Begehrungen* des Seelenleibes mit all seinen Wünschen, seinem Drängen nach Entfaltung über das Gegenwärtige hinaus. Wenn diese „zwei Ströme in der Seele selber zusammenkommen", überschlagen sie sich – und „dieses Übereinanderschlagen ist das Bewußtsein", d.h. aber, daß gegenwärtiges Erleben aus der Gewordenheit, aus Erfahrung einerseits und den Strebungen in die Zukunft, Begehrungen, Wünschen, Hoffen, Sehnen andererseits resultiert. Dabei gehört aber zu dem aus der Zukunft kommenden Strom von innen ein solcher von außen, das, was zustößt, widerfährt, die Lebens- und Schicksalsumstände, die wir später noch genauer zu untersuchen haben.

Zunächst halten wir fest: es sind drei verschiedene Qualitäten des Zeitlichen im Menschen wirksam: das auf Entfaltung Drängende des Willens, was Zukunft und Biographie „aus sich" schafft; die Gewordenheit des Vorstellens in der Erinnerung, die Gewohnheiten; in der Gegenwart die Bewußtheit des Erlebens und die Urteilsfähigkeit. In dieser Gegenwart aber kann noch mehr anwesend sein: der Einschlag des Geistigen in dem Sinne, daß eine ganze Welt blitzhaft einschlagen kann, der mystischen, unaussprechlichen Erfülltheit, Begnadung, der Einheit und Vereinigung. Es ist ein Einschlag von oben, eine andere Dimension bricht ein.

Doch zunächst geht es um den pädagogischen Bezug des Seelischen und des diesem innewohnenden Ich: zu verschiedenen Zeiten des Lebens sind die „*seelischen* Organe" des Menschen dem Ich, der Individualität, verschieden verfügbar: das ungerichtete Drängen – im Sinne der Entfaltung auf eine eigene Zukunft hin – überwiegt in der frühen Kindheit, der klare, analytische Gedanke, der das Gewordene präzise erfaßt, dominiert im fortgeschrittenen Alter. In jeder Lebenszeit der Entwicklung, insbesondere in der frühen und mittleren Kindheit wie im Jugendalter, ist der Zusammenklang der Kräfte von Vorstellen und Wollen jeweils ein anderer. Die anthroposophische Menschenkunde sieht die Aufgabe, dem Nachahmungsdrang und Spieltrieb des kleinen Kindes, also dem Willensüberschuß dadurch entgegenzukommen, daß es sinnvolle menschliche Handlungen wahrnehmen und mitvollziehen kann. Im motorischen Mitvollzug betätigt sich das Ich und gestaltet dabei die eigene ererbte Leiblichkeit sowie die inneren Organe, insbesondere das zentrale Nervensystem, zur Funktionstüchtigkeit um. Wieder andere Verhältnisse sind in den Jahren schulischer Entwicklung zwischen den Willens- und Vorstellungskräften zu berücksichtigen: nicht die äußerlich analytische Bestimmung der Erscheinungen steht im Vordergrund schulischer Vermittlung, sondern deren erlebensmäßiges Aufschließen durch Bilder und Gleichnisse; erst dadurch verbinden sich die Welt-Inhalte mit der erlebenden kindlichen Seele zusammen. Von da aus kann dann zur analytischen Erkenntnis und zur beurteilenden Stellungnahme von der Pubertätszeit an fortgeschritten werden. Von dem zukunftsoffenen Willenszugriff geht der Weg zur Reflexion, dies ist – zeitlich gesehen – ein Alterungsvorgang, dem allerdings eine pädagogisch komplementäre Bewegung zu entsprechen hat: in dem Maße wie das spielerische Tun des Kindes abklingt, setzt schulisch gerade eine Pflege der zielgerichteten Willenstätigkeit ein durch den Handwerks- und Gartenbauunterricht (vgl. dazu den hier vorgelegten Beitrag von Schad/Suchantke). Und in dem Maße, wie eine zunehmende analytisch-urteilende Erkenntnis – und dies ist ja letztlich eine Stellungnahme des Urteilenden gegenüber den Welt-Erscheinungen – gepflegt wird, hat gegenüber der damit verbundenen Gefahr, das Vorstellungsleben damit allzusehr einseitig zu fixieren, schulisch eine Pflege der Phantasiekraft durch künstlerisch-gestaltende Übung zu erfolgen; derselben Aufgabe dient aber auch die Vergegenwärtigung verschiedener Zugänge, wie sie sich die verschiedenen Wissenschaftsdisziplinen zu den verschiedenen Gebieten erschlossen haben. Durch Methodenpluralität und Vergegenwärtigung einzelner Etappen des Erkenntnisringens am Beispiel einzelner Forscher oder Künstler kann paradigmatisch verdeutlicht werden, welche Bedeutung eine offene Fragehaltung und der Dialog (Interdisziplinarität) für das sich in der Zeit entfaltende Ich hat. – Diese wenigen Bemerkungen mögen genügen, um darauf aufmerksam zu machen, daß durchaus im Blick auf das Wesenszentrum des

Menschen und auf die Art, wie es in seinen Organen, der Seele und dem Leib, wirkt, die pädagogische Aufgabenstellung entworfen werden kann (vgl. den voranstehenden Beitrag von Kranich). Die Leitlinie aber kann daran gesehen werden, daß die Erziehung nicht allein auf das hin ausgerichtet sein kann, was aus den Intentionen der Erzieher oder den Erfordernissen der Gemeinschaft sich ergibt, sondern daß ganz maßgeblich dafür auch die Intentionen des Kindes, seine eigenen Werdeschritte sein müssen. Das meint der Gedanke „vom Kinde aus": neben dem Gewordenen (Gesellschaft und deren Erhaltung), das Werdende (die Einschläge des Neuen, die Phantasie) als gleichwertig zu beachten, auch wenn dies der Normierung und der Überprüfung des Lernerfolgs sich entzieht.

Rückblickend schreibt Steiner auf seine frühere Beschäftigung mit dem Phänomen der Zeit und die mit der Zeit verbundenen psychologischen Tatbestände, daß sich ihm daran die Bedeutung des menschlichen Schicksals erschlossen habe. „Das Schicksal setzt sich zusammen aus zwei Tatsachengestalten, die im Menschenleben zu einer Einheit zusammenwachsen. Die eine entströmt dem Drang der Seele von innen heraus; die andere tritt von der Außenwelt her an den Menschen heran" (Steiner, GA 28, 12. Kapitel). Aber dieser andere Teil, das, was von außen an den Menschen herankommt, bedarf nun noch der genaueren Untersuchung.


## 4. Ich und Welt als Gegensätze: die Verbindung durch den Wiederverkörperungsgedanken

Die Untersuchung der Zeit führte uns zu psychologischen Faktoren, die einerseits etwas mit dem Vergangenen zu tun haben und, insofern sie auf Entfaltung und Ziele drängen, mit der Zukunft: das Vorstellen und das Wollen sind die sich zeitigenden Kräfte, die als Organe des Ich zu sehen sind, das sich ihrer bedient. Dabei aber sind noch zwei weitere Faktoren maßgeblich: einerseits Erlebnisse der Vergangenheit, die nicht nur bewahrt, sondern auch verwandelt anwesend sind als Gewohnheiten und Fähigkeiten, andererseits aber auch die umgebende Welt und alles, was aus dieser an das sich Entfaltende, Drängende herantritt: Geschehnisse äußerer Art, aber auch helfende oder hindernde Menschen. Auch diesen Faktoren haftet eine unterschiedliche Zeitdimension an: ein Vergangenes und ein Kommendes. Die Fähigkeiten scheinen eng mit mir selbst verbunden zu sein, die herankommenden äußeren Umstände zunächst dagegen gar nicht. Aber alles Drängen geschieht gerade auf sie hin. Also ist zu untersuchen, ob sie doch etwas mit mir zu tun haben, ob eine Beziehung zu ihnen bestehen könnte.


### 4.1 Umwelt als Aufforderung

Gehen wir zunächst davon aus, daß das Ich sich durch das Erdenleben zu befähigen vermag, dann stellt sich vor dem Hintergrund der real sich vollziehenden Lebensläufe doch auch eindrücklich die Frage, wie es denn komme, daß der eine Mensch im Vollbesitz der Kraft eine schöpferische Existenz zu leben hat, der andere sich hingegen mit Krankheiten oder mangelnden Fähigkeiten herumplagen muß? Ja, weiter noch: wie kommt es, daß die sozialen Gegebenheiten so verschieden – ungerecht? – verteilt sind, daß der eine aus wirtschaftlicher Not früh an Hunger stirbt, wie in zahlreichen Notgebieten der Erde noch immer, ein anderer satt seinen Reichtum, für den er nichts getan hat, verzehren kann? Unausweichlich drängen sich *Fragen nach dem Schicksal*, d. h. den vorgefundenen Bedingungen des einzelnen Lebens auf. Sie stellten sich Steiner im Zusammenhang mit dem Rätsel der Zeit, dem er sich widmete. Wie ist es mit all jenen Lebenserscheinungen, die „von außen" dem Ich etwa als eigene Leibdisposition (durch die Vererbung) oder durch die soziale Umwelt begegnen, ja oft quälend widerfahren? Wir nehmen also – zeitlich gesehen – das gegenwärtig dem Menschen von außen Gegebene mit in unsere Betrachtung auf, also auch jene der Erziehungswissenschaft so wichtigen Sozialisationsfaktoren, ist es doch deutlich, daß die umgebende Kultur, die ganze Lebensprägung, in der der einzelne aufwächst, für seine eigene Entwicklung allergrößte Bedeutung hat. Dadurch, daß der Mensch durch seine Instinktreduktion kein abgesichertes Verhalten mitvererbt bekommt, müssen allgemein erworbene Erkenntnisse außerhalb des Leibes durch die gesellschaftlichen Einrichtungen und durch den Erziehungsprozeß tradiert werden (Herder, 4. Buch, 1989; Gehlen, 1950; Grassé, 1973). Der Aufweis, wie die widerfahrenden Umstände wirken, würde eine subtile biographische Beschreibung des Einzelfalles erfordern, was natürlich nicht geleistet werden kann; wohl aber läßt sich eine Idee entwerfen, worin denn das dem Ich von außen Zustoßende Bedeutung für dessen Entwicklung haben könnte.

Die allgemeine Idee vom Ich als geistigem Kern des Menschen und das konkrete Leben erscheinen auf den ersten Blick so weit voneinander entfernt, so widersprüchlich zu sein, daß sie nichts miteinander zu tun haben, ja eine geradezu unverständliche Aporie bilden. Versteht man indessen, wie sich aus den bisherigen Überlegungen ergeben kann, daß das äußere Leben als eine Anforderung an das Ich verstanden werden kann und muß und zugleich als Möglichkeit, daß durch Schwierigkeiten und Herausforderungen – durch geschaffene oder eingegangene Beziehungen – das Ich zu wachsen, sich an Aufgaben zu bereichern vermag, die es geistig zu bewältigen gilt, dann heißt dies auch, daß die äußeren Anforderungen gerade die Entwicklungsstimulantien par excellance darstellen, wobei die Pädagogik insbesondere zu untersuchen hätte, inwiefern sie förderlich oder überfordernd sind. Die Stimulantien von außen dürfen aber nicht nur als Reize oder mechanische Aufgabenstellung verstanden werden, vielmehr haftet allen Phänomenen neben den zunächst wohl beachteten Informationen ein weiteres an: der unmittelbar gewahrte Ausdruck eines Wesenhaften, das sogar als etwas Seelisches, ja als anderer Pol des Lebens, ja als Du im Buberschen Sinne, erlebt werden kann.[28] Schon jede dem Gegenstand anhaftende Farbe wird als etwas das Gemüt Ansprechendes erlebt (Raab, 1982, S. 208). Faßt man diese Tatsachen ins Auge, ergibt sich die weitere Einsicht: kein Leben, wie reich und vielgestaltig es immer auch sein mag, reicht dazu aus, *alle* menschlichen Fähigkeiten gleichmäßig, und auf einmal, heranzubilden.

Für eine logisch konsequente Betrachtung verbindet sich damit die Möglichkeit nun auch den Blick in die andere zeitliche Richtung, nämlich – vom gegenwärtigen Leben her gesehen – in die Vergangenheit zu wenden. Darin ist aber dann die Frage nach einer geistigen Existenz der Individualität vor der Geburt, eingeschlossen, die Frage nach einer geistigen Präexistenz, wie sie die ganze Urweisheit als „Erbgut" bis zu Platon hin kannte (Willmann, 1975, S. 101, passim.).

## 4.2 Der Mensch als Lernender und die Wiederverkörperungsidee

Der erste, der innerhalb des neuzeitlichen Geisteslebens sich genau diese Frage mit allem Ernst und Nachdruck als kritischer, rationaler Geist der Aufklärung vorlegte, war G. E. Lessing (1729–1781). In seiner letzten Schrift (1780): „Die Erziehung des Menschengeschlechts", geht er von der Grundthese aus, daß keine Erziehung etwas im Menschen zu entwickeln vermöchte, was dieser nicht aus sich selbst hervorzubringen in der Lage sei. Die Erziehung vermag dies allerdings schneller, wozu freilich das suchende, ringende Ich aus sich selbst auch käme, aber eben längere Zeit dafür benötigte. Entsprechend dieser auf den Einzelmenschen bezogenen Idee hat für Lessing auch die Menschheit als ganzes eine Erziehung erfahren durch große Erziehungsbücher, gleichsam große Leitideen, die der Weltenerzieher selbst, Gott, der Menschheit in Form von Offenbarungen gab. Es ist keineswegs so, daß die Menschheit nicht auch ohne diese Bücher zum gleichen Ziel kommen könnte, nur: sie kam durch Gottes Hilfe schneller auf ihrem Wege – er ist noch immer unabgeschlossen – voran. Im ersten großen Erziehungswerk Gottes, dem Alten Testament, wurde der Menschheit eine besondere Qualität auszubilden auferlegt, die den Menschen über ein bloßes Natursein hinaushebt im Sinne einer Vergeistigung, indem der Mensch den Gehorsam gegenüber dem Gesetz, den ehernen Geboten des Dekalog, auszubilden hatte; denn das Gesetz fordert dem Menschen anderes ab, als er aus seiner Befindlichkeit und seinen Neigungen heraus erstreben würde. Nachdem das „Auserwählte Volk" es bis zu einer gewissen Reife in dieser Hinsicht gebracht hat, schickt der Vater seinen Sohn, um durch dessen Lehre, Leben, durch Tod und Auferstehung der Menschheit die Erziehung zu einer weiteren Stufe moralisch-sittlicher Entwicklung oder Vervollkommnung zu vermitteln: den Gedanken der Unsterblichkeit und die Lebenshaltung der Selbstlosigkeit. Auch dieses könnte die Menschheit aus sich irgendwann einmal finden, nur: durch die Gotteserziehung vermag sie es früher und leichter. Am Vorbild des Lebens Jesu Christi kann in dessen Nachfolge das einzelne Ich sich schneller zu dem entwickeln, was je in ihm als innere Anlage aus seiner Geistesnatur vom Schöpfungsursprung einverwoben ist. Als erster „Freigelassener der Schöpfung", wie es geraume Zeit darauf Herder in seiner Anthropologie formuliert, hat der Mensch in und aus sich die Handlungsziele zu finden und zu verantworten. In der Nachfolge Christi – dem Ur- oder Vorbild des Menschen – kann der Mensch dasjenige an Kräften und Fähigkeiten ausbilden, was nicht ihm, sondern dem anderen, dem Mitmenschen, dem Bruder, gut tut. Nicht der Egoismus, sondern die Nächstenliebe kann daran entwickelt werden – höchstes moralisches Ideal.

Doch noch immer ist das Vorbild von außen gegeben. Darum wird die Menschheitszukunft eine dritte Erziehungsaufgabe zu bewältigen haben: die Erziehung durch den Heiligen Geist; es wird dies das Zeitalter der Freiheit sein, wo der Mensch „aus sich" den eigenen sittlichen Maßstab zu entwickeln haben wird. „Nein, sie wird kommen, und sie wird gewiß kommen, die Zeit der Vollendung, da der Mensch ... das Gute tun wird, weil es das Gute ist" (§ 85). In diesem Sinne verbindet sich Menschheitserziehung und Individualerziehung. Der Mensch hat seine Naturhaftigkeit, wo er vom Leib und dessen Bedürfnissen bestimmt und getrieben wird, nach und nach dahin zu veredeln, daß er das Geistige, das Sittliche in sich wohnen läßt. Zuerst in der Unterwerfung unter das Gesetz, im Nachleben von Lehre und Vorbild Christi, und daraus folgend in Freiheit, das Sittliche aus sich selbst zu tun, wird die Menschheit erzogen oder erzieht der Mensch sich. Doch wie soll das ein menschliches Ich alles in sich in einem Leben zur Reife bringen? „Du hast auf deinem Weg soviel mitzunehmen! soviel Seitenschritte zu tun!" (§ 92). „Eben die Bahn, auf welcher das Geschlecht zu seiner Vollkommenheit gelangt, muß jeder Mensch (der früher, der später) erst durchlaufen haben. – In einem und eben demselben Leben durchlaufen haben? Kann er in eben demselben Leben ein sinnlicher Jude und ein geistiger Christ gewesen sein? Kann er in eben demselben Leben beide überholt haben?" (§ 93). „Das wohl nun nicht!" (§ 94). „Warum sollte ich nicht so oft wiederkommen, als ich neue Kenntnisse, neue Fertigkeiten zu erlangen geschickt bin? Bring ich auf einmal so viel weg, daß es der Mühe wieder zu kommen etwa nicht lohnet?" (§ 98, Lessing, 1956, S. 612 ff.).

Nicht durch die Gleichzeitigkeit in einer irdischen Existenz, sondern durch die zeitliche Aufeinanderfolge verschiedener Verkörperungen ist eine Auflösung des sich dem Denken ergebenden Widerspruchs möglich, der darin besteht, daß auf der einen Seite der Gedanke, daß sich das Ich, die Persönlichkeit des Menschen, durch ein Leben bereichert und daran wächst, und andererseits, daß auf die konkreten Lebensläufe hingeschaut, sich in diesem außerordentlich Unzulängliches, ja Fragmentarisches ereignet, daß Lebensentwürfe durch politische Umstände, durch Gewalttat, Not und Kriege nicht zur Ausreifung und Ausgestaltung kommen können. „Ist diese Hypothese [die Wiederverkörperung des Geistes] darum so lächerlich, weil sie die älteste ist?" (ebd., S. 614). Sich ganz diesem Gedanken Lessings anschließend, verweist Rudolf Steiner wiederholt auf die ausschließlich rationale Begründung des Gedankens bei Lessing, der weder auf östliche Tradition noch auf andere esoterische Quellen abhebt. So wie schon Lessing diesen Begründungszusammenhang aufschloß und ihm andere darin gefolgt sind, etwa Cieszkowski[29], baut Steiner seine eigene Gedankenführung auf die gleichsam noch „unbearbeiteten Teile" der Lessingschen Gedankenführung, aber auch die der menschlichen Seele auf. Was lebt im Geist an Erträgnis fort und wie wirkt er auf die Seele, d. h. die Kräfte des Begehrens, der Gefühle, der Strebungen und Empfindungen? Wenn der Geist auch unabhängig von der leiblichen Existenz ein eigenes Sein hat, läßt sich von dem Grundgedanken einer neuerlichen Verbindung des Geistes durch die Mitgestaltung an einem neuen Leib fragen: was bringt der Geist, die Individualität in das neue Leben mit? Das wäre gewissermaßen im Innern, in der Anlage der Seele, ihren Möglichkeiten, zu suchen. Aber auch in einer anderen Richtung ist dann noch zu fragen, nämlich nach den äußeren Umständen, in denen sich das neue Leben zu entfalten hat. Was lebt an früherer Entäußerung, als Folge eines früheren Wirkens und Handelns – gleichsam als Außenseite einer durch das Ich eingegangenen Beziehung –, in der Welt fort und wie ist es trotz zeitlicher Unterbrechung der Leibexistenz durch den

Tod, die ganze Epochen währen kann, bis zur nächsten (Wieder-)Geburt mit den neuen Daseinsbedingungen verknüpft? Kann vielleicht ein Zusammenhang mit dem im Äußeren Wirkenden und dem vom Ich Ausgehenden so gesehen werden, daß beides durch die menschlichen Handlungen verknüpft ist? Abgekürzt gesagt: der eine Tatbestand, das Wachstum des Ich durch Tätigkeit und Erfahrung, führt zur Begabung mit den Anlagen, auf denen Fertigkeiten in einer neuen Existenz aufbauen können. Dies bildet gleichsam die innere Seite des Vorgangs (sie wird unter 4.4 weiterverfolgt). Dasjenige aber, was man als äußere Bedingungen des Schicksals vorfindet, was einem widerfährt, weist auf die Wirksamkeit des Ich durch von ihm erzeugte Handlungsketten und deren Folgen. Steiner gebraucht dafür bevorzugt den Begriff des *Karma*, Sanskrit = Tat, weil, anders als im Schicksalsbegriff[30], nicht nur das von einer höheren Macht verhängte *fatum* aufgerufen, sondern mehr die gestellte Aufgabe vergegenwärtigt wird, die das Ich zu bewältigen hat. (Er bildet damit gleichsam ein Komplement zu den Lessingschen Gedanken, der sich vornehmlich auf das innere Lernen bezieht, insofern nun auch die äußere Handlungsseite mit in die Denkbewegung einbezogen wird.)

## 4.3 Tatfolgen und qualitative Beziehungen zur Welt

Der Begriff Karma kann sowohl das bedeuten, was an Wirkungen in die Welt ausgeht und dort als Beziehungsgeflecht zum Ich besteht, wie auch umgekehrt das, was mir von außen widerfährt, mir zustößt, mit dem Aufforderungscharakter, etwas zu tun, gestaltend die vorliegenden Probleme zu lösen. Jede Handlung bewirkt etwas, sonst wäre sie überflüssig. Dadurch aber, daß ein Ich in der Handlung – absichtsvoll oder leidend – mitanwesend ist, erhält die Handlung einen anderen als den rein mechanisch-natürlichen Charakter, sie wird eben vom Ich, als verbindende Kraft der Persönlichkeit, mitgeprägt.

1. Zu einem Teil sind wir mit unserem Bewußtsein durchaus in das Handlungsgeschehen eingegliedert. Wäre dies nicht so, bliebe die Folge des Handelns nach innen für uns gänzlich spurlos. Aber gerade die Tatsache, daß wir aus Handlungswirkungen beobachtbar einen Ertrag ziehen, also in, an und durch Handlungen lernen können, macht darauf aufmerksam, daß unser Ich mit ihnen verbunden war – und wohl auch bleibt. Dieser Teil der Handlungsfolge ist allerdings ein verinnerlichter, er lebt innerhalb des menschlichen Geistes fort.

2. Nun aber gilt es, noch schärfer die Handlungsfolgen, die *außer mir* ihre weiteren *Wirkungsketten* entfalten, sich gleichsam von mir *ablösen,* sich als solche von mir entäußern, genauer zu verfolgen. Diese Folgewirkungen gelangen freilich viel schwerer ins wache Bewußtsein als die vorgenannten, auch wenn sie real existieren. Dafür ein Beispiel. Eine Dame mittleren Alters will zusammen mit einer Freundin einen markanten Aussichtspunkt einer Stadt besuchen. Zu diesem Zweck fährt sie mit ihrem Wagen eine Schnellstraße, verpaßt allerdings dann die passende Ausfahrt, wendet den Wagen verbotenerweise auf der vierspurigen Fahrbahn, erreicht den erwünschten Parkplatz, gelangt geruhsam zum Panoramablick, fährt wieder zurück nach Hause, trinkt Kaffee mit ihrer Freundin und verzehrt Kuchen, als die Polizei sie aufsucht und ihr mitteilt, daß durch ihr Wenden ein hinter ihr fahrender, aber von ihr über-

sehener Pkw zum Ausweichen gezwungen worden war und daraufhin frontal mit einem anderen entgegenkommenden Wagen zusammenstieß. Bilanz: Schwerverletzte und vier Tote. Der Prozeß durch mehrere Instanzen führt schließlich zu einer Verurteilung zu zweijähriger Haftstrafe, die auf Bewährung ausgesetzt wird, weil das entgegenkommende Fahrzeug wegen einer überhöhten Geschwindigkeit eine Mitschuld treffe. Damit ist die Rechtsordnung wieder hergestellt.

Dieses Beispiel kann ein Doppeltes lehren: einmal daß der handelnde Mensch die Tatfolgen mit seinem Bewußtsein keineswegs voll zu umgreifen braucht, und doch sind die äußeren Folgen sehr real existent in der Welt wirksam geworden, von ihm ausgehend. Das Substrat, in das sich die Folgen einbetten, kann ein doppeltes sein: einmal *objektiv* in der Welt der Dinge und der Physik – im genannten Fall deformierte Autos und geschädigte menschliche Körper –, zum anderen Wirkungen in der *Seele* der Mitmenschen. Dabei ist die Wirkung auf die Hinterbliebenen unmittelbar in ihrer Folgenschwere einsichtig. Gibt es auch eine solche bei den unmittelbar Betroffenen? Sie sind in der leiblichen Existenz tot. Doch da das Ich als geistiges Wesen eine auch geistige Existenz hat, dürfte sich dieses gewalttätige Geschehen ihm ebenso mitteilen, wie es subtilere Beziehungen auch tun. Was spielt sich also als Wirkung in den Verstorbenen ab? Beide Wirkungsketten bedürfen noch einer eingehenderen Betrachtung, denn es drängt sich nun die Frage auf: wenn das Ich durch die Handlungen ein Wirkgefüge in die Welt entläßt, das unmittelbar auf es selbst so zurückwirkt, daß es durch die erlebten Geschehnisse und den daraus resultierenden Erfahrungen sich ändert – bleibt es dann nicht auch, da die Handlung ja von ihm ausgegangen ist und das Ich sie doch geformt hat, geistig mit den von ihm verursachten Wirkungsketten in der Welt irgendwie verbunden? Diese Frage formuliert Steiner für seine Überlegungen sehr eindringlich. Denn schon die elementare Erfahrung zeigt, daß etwa ein Gärtner auf das von ihm bestellte Beet anders hinschaut als ein Unbeteiligter. Erst recht gilt dies für sehr persönlich gestaltete Werke, wobei es zunächst unerheblich ist, ob die Beziehung mehr im Schaffenden als im Geschaffenen verankert ist; sie wirkt in jedem Fall wechselseitig. Gleichwohl ist hierbei noch sorgfältig zu unterscheiden, inwiefern der Mensch als Persönlichkeit – ganz vom inneren Wesen her geprägt – oder der Mensch als Mensch allgemein, gleichsam als Kollektivwesen, handelt. Denn zahlreiche Handlungen gehen allein auf den Tatbestand zurück, daß leibliche Bedürfnisse zu befriedigen sind. Aufgrund der Tatsache des Lebens im Körperdasein ist notwendig, den Leib zu erhalten. So geht der Handlung einer einfachen Mahlzeit eine Fülle anderer Handlungen durch mich oder andere bereits voraus, die allein dadurch ausgelöst werden, daß der Mensch als Bedürfniswesen existiert. Das ganze Wirtschaftsleben stellt sich auf diesen bedürftigen Menschen ein und nimmt durch Produktionsakte die notwendige individuelle Handlung, nämlich das Essen, vorweg, indem es die Rohstoffe und Mittel, sie zu verarbeiten, bereitstellt, ehe das konkrete Bedürfnis aktuell und befriedigt wird. Die ganze Problematik der zunächst übersehenen Naturzerstörung geht auf diesen Tatbestand des Menschen als leibliches Bedürfniswesen zurück. Von diesen voranliegenden und zum Teil auch nachfolgenden Wirkungsketten weiß der Mensch zumeist gar nichts, obgleich sie freilich eindeutig auf ihn zurückgehen – auf ihn weniger individuell, denn als Kollektivwesen. Individuell ist daran allenfalls das *Wie*, die Art, die Gestalt, in der Bedürfnisse befriedigt werden, weniger die Tatsache des *Daß*. Hier ist der „individuelle Ich-Charakter" schwächer ausgeprägt als in ganz persönlichen Handlungen.

Fragt man nun nach dem Substrat, dem sich die Handlungsketten einverweben, so kann man hier deutlich zwei Typen – zwar nicht konkret, aber doch gedanklich – voneinander abtrennen: es gibt Handlungsfolgen, wo das Substrat, in dem sie fortwirken, die äußere Welt ist, und solche, wo sich die Folgen im Psychischen verankern. Schneide ich einen Zweig von einem Baum, so ist außer der Erfahrung in mir, die durch die Tat geschieht, die *Folge* im Holz. Ich kann damit fernerhin ein Feuer machen oder ein Spielgerät herstellen oder anderes, die veränderte Wuchsform des Baumes ist zu sehen. Die Welt bewahrt in ihrer materiellen Beschaffenheit die Wirkung, die vom Menschen ausgeht, bildet gleichsam eine Art *Weltgedächtnis,* in dem die Spuren menschlichen Handelns eingeprägt werden. In den Poleis des alten Griechenlands hatten die freien Bürger das Bedürfnis, nicht nur von dem zu leben, was Acker und Flur hergab, was durch Schaf und Ziege, durch Gemüse, Korn und Wein auf den Tisch als von Heloten erzeugtes Produkt kam, sondern auch die eigene Kultur auszubreiten und durch Handel andere Güter, als das eigene Land hergab, einzutauschen. Vom 6. Jahrhundert vor Christus an entwickelte sich so eine wachsende, in die Kolonialstädte reichende Seefahrt, was voraussetzte, daß entsprechende Schiffe mit handwerklicher Geschicklichkeit hergestellt und dann mit navigatorischer Kennerschaft durch das Mittelmeer gesteuert wurden. Bald kam militärische Konfrontation, so mit Persien, später mit Rom hinzu, so daß die angestrebten Ziele mit nicht unbeträchtlichen Verlusten an Schiffen zu erkaufen waren. Eine „Nebenfolge" dieses Tuns, die sich dem Substrat der Welt, in diesem Fall: der griechischen Natur mitteilte, war, daß der einstige reiche Laub-Mischwald Griechenlands weitgehend abgeholzt wurde; an seine Stelle trat sekundärer Bewuchs, Macchia. Eine erhebliche Erosion setzte ein. Was die Griechen begannen, vollendeten nach ihnen die Römer. Nicht nur der griechische Archipel, sondern ebenso das Festland, schließlich die ganze Küste Dalmatiens und auch Italiens, Spaniens wie Nordafrikas tragen die Spuren menschlichen Handelns in der Antike: Verkarstung, Erosion, zerstörte Natur – eine Tatsache, die erst allmählich, nämlich erst in der Gegenwart, also zweieinhalbtausend Jahre später, dem Bewußtsein durchschaubar wird. Doch der Gegenwartsmenschheit ihrerseits geht es ebenso: sie ist kaum in der Lage zu überschauen, was sie gleichsam als Kollektivmensch durch die eigenen Bedürfnisse als prägende Dauerwirkung in die Welt entläßt. Das Getane bleibt aber zweifellos in irgendeiner Weise mit ihr verbunden, ja schlägt auf sie zurück, allerdings meist nicht unmittelbar und direkt, sondern oft zeitlich verzögert und auf verschlungenen, undurchschaubaren Wegen. Gleichwohl bleibt, daß das bewahrende Substrat die materielle, stoffliche Welt ist und daß von ihr die Beziehung zum Menschen hin- und zurückläuft, verursacht durch Taten des und der einzelnen. Die vom Menschen in der Materie bewirkten Veränderungen werden als Tatfolge gleichsam bewahrt, und die begleiten wiederum die Menschheit, bilden deren Schicksal, abgelöst vom einzelnen Täter.

Anders ist es freilich mit jenen Wirkungen, die vom Einzelmenschen als Person ausgehen, bei denen das *Substrat,* in das die Wirkung sich fortsetzt, nicht die Welt, sondern ein *Seelisch-Geistiges* ist, nämlich die empfindende Seele eines anderen Menschen, das Du, die Freude, der Schmerz, die Forderungen oder Hemmungen, die von einem anderen Menschen ausgehen. Sowohl eine hoheitlich-herrschaftliche Haltung als auch eine sanftmütig-dienende, alles Duldsame oder Aggressive, das von einem Menschen auf einen anderen ausgeht, löst Wirkungen in der empfangenden Seele aus, natürlich noch stärker entsprechende Taten. Sie prägen sich als Bleibendes im empfangenden Du ein, gleichgültig, ob der Täter das beabsichtigt hat oder ob er davon weiß. In der Beurteilung bleiben Handlungswirkungen keineswegs starr; sie unterliegen durchaus Veränderungen im Empfänger, doch erhalten sie auch Dauer, wenngleich sie versinken und dem scheinbaren Vergessen oder dem aktiven Verzeihen unterliegen können.

Die Frage, die sich nun stellt, kann nicht lauten: gibt es aus der Tat heraus Wirkungen?, sondern nur so: sind Anlässe vorhanden, daß die Tatwirkungen zum Urheber, dem Ich des Menschen, wieder einmal in Beziehung treten, so wie sie einstens aus Beziehungen hervorgingen. Das aber hieße, daß die Folgen einer Tat in irgendeiner – der Qualität der Beziehung entsprechenden – Weise zurückkehren müßten oder daß die Beziehungen wieder – durchaus verändert – auflebten. Oder löst sich das Bewirkte im Sinne einer Entäußerung vom Bewirkenden so vollständig ab, daß das, was ursprünglich noch die Prägung des Individuellen an sich trug, diese Stempelung völlig verlöre und gleichsam naturhaft in das allgemeine Beziehungsgefüge der Welt überginge? So zu denken ist der Alltagsverstand allzu geneigt. Doch angesichts der bedrohlichen Naturvernichtung sollte nicht mehr in so leichtfertiger Weise gedacht werden, vielmehr gilt es das Denken zur Aufhellung undurchdrungener Zonen anzustrengen.[31]

Während in der Welt des Mechanischen Ursache-Wirkungszusammenhänge meist recht eindeutig sind, stellt sich im Seelischen die Frage, ob es einen inneren Zusammenhang, gleichsam einen dem mechanisch-physischen analogen, aber qualitativ eben doch geistigen Kausalnexus gibt, der das Ich in einem Zusammenhang mit dem von ihm Bewirkten hält. Diese Frage zu beantworten, ist deshalb wichtig, weil doch tatsächlich unentwegt von außen Anstöße, Anregungen, Hemmnisse, Schwierigkeiten in den Lebenslauf eintreten und sehr tief in die biographische Entwicklung einzugreifen vermögen. Sie sind ebenso gewichtig, wenn nicht noch entschiedener für die Lebensrichtung, als die mehr von innen gesetzten – aus dem Subjektiven kommenden – Impulse der Menschen. In der eigenen Biographie sind „eigene" Impulse oft erst eine Antwort auf das von außen Zustoßende, so daß in dem von außen Kommenden doch durchaus etwas wie eine ganz individuell zum Menschen gehörige Wirklichkeit zu sehen ist. Zunächst ist der Mensch geneigt, alles ihm von außen Zustoßende „wie ein ‚zufällig' in sein Leben Eintretendes zu betrachten. Allein er kann gewahr werden, wie er selbst das Ergebnis solcher ‚Zufälle' ist. Wer sich in seinem vierzigsten Lebensjahr betrachtet und mit der Frage nach seinem Seelenwesen nicht bei einer wesenlos-abstrakten Ich-Vorstellung stehen bleiben will, der darf sich sagen: ich bin ja gar nichts anderes, als was ich geworden bin durch dasjenige, was mir bis heute schicksalsmäßig ‚zugestoßen' ist. Wäre ich nicht ein anderes, wenn ich zum Beispiel mit zwanzig Jahren eine bestimmte Reihe von Erlebnissen gehabt hätte statt derjenigen, die mich getroffen haben? Er wird dann sein ‚Ich' nicht nur in seinen von ‚innen' heraus kommenden Entwickelungsimpulsen suchen, sondern in dem, was ‚von außen' gestaltend in sein Leben eingreift. In dem, was ‚ihm geschieht', wird er das eigene Ich erkennen. Gibt man sich solch einer Erkenntnis unbefangen hin, dann ist nur ein weiterer Schritt wirklich intimer Beobachtung des Lebens dazu nötig, um in dem, was einem durch gewisse Schicksalserlebnisse zufließt, etwas zu sehen, was das Ich von außen so ergreift, wie die Erinnerung von innen wirkt, um ein vergangenes Erlebnis wieder aufleuchten zu lassen. Man kann sich so geeignet dazu machen, in dem Schicksalserlebnis wahrzunehmen, wie eine frühere Tat der Seele den Weg zu dem Ich nimmt, so wie in der Erinnerung ein früheres Erlebnis den Weg zur Vorstellung nimmt, wenn eine äußere Veranlassung dazu da ist" (Steiner, GA 9, S. 83).

## 4.4 Zentrierte und periphere Ich-Wirksamkeit

Die von Steiner formulierte Einsicht zeigt, daß das „Ich" keineswegs allein in dem umschlossen sein kann, was die cartesianische *Ich-Vorstellung* als zentriertes Bewußtsein meiner selbst vermittelt, sondern erweist, daß sie ebenso in dem gesehen werden muß, was als von außen kommender Anstoß, mich auffordernd und damit biographisch gestaltend, in mein Leben eingreift: Diese Tatsache verlangt nach einer Erkenntnis der Wirksamkeit des von außen kommenden, mit meiner eigenen Entwicklung verbundenen gleichsam „peripheren Ich". Diese erweiterte Vorstellung über ein auch außen wirksames Ich, ist deshalb nicht einfach, weil in diesem Sinne von außen die ganze Welt wirkt, ohne daß diese als zu mir gehörig erlebt würde. Freilich gibt es Bezüge zur Welt, die mir nahe stehen, andere, die mir fremd sind. Vielleicht, so könnte gedacht werden, besteht gerade die Aufgabe darin, nicht nur mit dem mir Nahestehenden, sondern allmählich auch dem mir Fremden ins Gespräch zu kommen? In diesem Falle könnte dann weiter gedacht werden, daß reifes Menschsein gerade darin bestünde, den ganzen Kosmos mit individuellen Bezügen zu durchsetzen, gleichsam im Gespräch zu durchdringen: das stellte dann eine Zukunftsaufgabe dar, die zur äußeren Naturbeherrschung mit seiner Distanz zu den Erscheinungen erst noch gewonnen werden müßte (vgl. Schad/ Suchantke in diesem Band). In einem ersten, allerdings wichtigen Schritt gilt es nun zu untersuchen, inwiefern Beziehungen und Entwicklungen in meinem Wesen dadurch angeregt werden, daß Impulse von außen dies veranlassen. Diese Fragestellung fügt sich bruchlos in den bisher entwickelten Gedankengang: die Spannung von Hingabe (Universalität) und Distanz (Individualität), von Selbst als Wirksamkeit und Sich-selbstwissen setzt sich fort in das Verhältnis des Wirkenden von außen und Wissend-Intentionalem von innen. Das Ich allein in der Innerlichkeit zu suchen, ist auch erkenntniskritisch nicht haltbar.[32] Denn wenn im Bewußtsein ein mathematischer Begriff gedacht wird, besteht inhaltlich kein Unterschied zwischen diesem mathematischen Begriff und einem Begriff, der sich auf einem empirischen Tatbestand bezieht. „Das heißt aber doch nichts anderes als: das Ich steht mit seiner mathematischen Vorstellung nicht außerhalb der transzendent mathematischen Gesetzmäßigkeit der Dinge, sondern innerhalb. Und man wird deshalb zu einer besseren Vorstellung über das ‚Ich' erkenntnistheoretisch gelangen, wenn man es nicht innerhalb der Leibesorganisation befindlich vorstellt, und die Eindrücke ihm ‚von außen' geben läßt; sondern wenn man das ‚Ich' in die Gesetzmäßigkeit der Dinge selbst verlegt, und in der Leibesorganisation nur etwas wie einen Spiegel sieht, welcher das außer dem Leibe liegende Weben des Ich im Transzendenten dem Ich durch die organische Leibestätigkeit zurückspiegelt. Hat man sich einmal für das mathematische Denken mit dem Gedanken vertraut gemacht, daß das ‚Ich' nicht im Leibe ist, sondern außerhalb desselben und die organische Leibestätigkeit nur den lebendigen Spiegel vorstellt, aus dem das im Transzendenten liegende Leben des ‚Ich' gespiegelt wird, so kann man diesen Gedanken auch erkenntnistheoretisch begreiflich finden für alles, was im Bewußtseinshorizont auftritt. – Und man könnte dann nicht mehr sagen, das ‚Ich' müsse sich selbst überspringen, wenn es in das Transzendente gelangen wollte; sondern man müßte einsehen, daß sich der gewöhnliche empirische Bewußtseinsinhalt zu dem vom menschlichen Wesenskern wahrhaft innerlich durchlebten, wie das Spiegelbild sich zu dem Wesen dessen verhält, der sich in dem Spiegel beschaut" (Steiner, 1984, S. 139 f.). Es ist eine besondere Erkenntnisleistung Steiners, das Ich als zusammenhangstiftendes Wesen nicht nur innerweltlich aufzuspüren, sondern auch im Zusammenhange mit den Weltgegebenheiten zu sehen, in die es sich durch den Erkenntnisprozeß, durch das Denken, vielfältig hinein verflicht. Aber eben nicht nur das: auch in der Weltsubstanz ist das Ich hineinverwoben und -verstrickt – durch das Handeln. Erst wenn dieser periphere Aspekt des einen Ichs, der einen Individualität durchschaut wird, dann vermag auch die Wirklichkeit dieses Wesens in den nötigen Umrissen erfaßt werden.

Die zuvor getroffene Unterscheidung zwischen den beiden Handlungssubstraten: Welt und menschliche Seele, läßt nun auch unterscheiden, ob das, was mir zustößt bzw. widerfährt, etwas ist, was aus der Welt des Dinglichen oder aus dem Reich des Menschen kommt, oder wo sich beides verbindet. Rutsche ich auf Glatteis aus, so habe ich es mit der Welt des Dinglichen zu tun; wenn heute Menschen in Griechenland leben, haben sie es mit einer Welt zu tun, die mitgestaltet wurde durch Tathandlungen langer Vorfahrenketten. Wenn ich einem Menschen begegne, der mich durch einige Bemerkungen fordert oder fördert oder der mir Hindernisse in den Weg legt, habe ich es mit einem aus dem Menschenreich Kommenden zu tun. Im Begriff des Karma bleibt offen, ob Förderung und Hemmnis auf ein bereits früher veranlagtes Tatgewirke hinweisen oder ob dies etwas Neues darstellt, bei dem es allein darauf ankommt, etwas aus der Förderung oder Hemmung zum Wachstum des Ichs und seiner Bereicherung zu machen. Ich kann aber aufmerksam werden und Fragen stellen. „Innerhalb des einzelnen Erdenlebens ist für gewisse Tatfolgen deshalb ein *solches* Treffen ausgeschlossen, weil dieses Erdenleben dazu veranlagt war, die Tat zu vollbringen. Da liegt das Vollbringen im Erleben. Eine gewisse Folge der Tat kann da die Seele so wenig treffen, wie man sich an ein Erlebnis erinnern kann, in dem man noch darinnen steht. Es kann sich in dieser Beziehung nur handeln um ein Erleben von Tatfolgen, welche das ‚Ich' nicht mit den Anlagen treffen, die es in dem Erdenleben hat, aus dem heraus es die Tat verrichtet. Es kann der Blick nur auf Tatfolgen aus anderen Erdenleben sich richten" (Steiner, GA 9, S. 84). Dann ist das, was einem zustößt, etwas mit den tieferen Gründen des Ich Verbundenes, etwas mit dem das Ich in Beziehung stand oder nun steht oder stehen wird. Die Zeitdimension kann durchaus offengelassen werden.

Damit erweitert sich der Begriff der Individualität, des Ich um einige Dimensionen, und er verbindet auch zentrale Lebenstatsachen erst zu einem sinnhaften Gefüge.

Welche Konsequenzen folgen nun für die Pädagogik aus diesen Überlegungen? Wenn das Ich vornehmlich als Wirksamkeit, als Vollzug oder Wille verstanden wird, dann besteht zunächst die pädagogische Aufgabe darin, das Ich in der ihm eigenen Regsamkeit zu helfen, sein Instrument, den Leib, den eigenen Intentionen entsprechend, zu ergreifen. Dies stellt in der frühen Lebenszeit das Ich vor die gewaltige Aufgabe, die eigene Leiblichkeit, wie sie aus dem Erbstrom kommt, gleichsam, soweit das geht, den eigenen Intentionen anzupassen. Und in der Tat ist das Auffälligste neben dem Phänomen des Wachstums die innere Durchgestaltung der Organe, wie etwa des Gehirns, aber auch der gesamten Leib-Organisation bis in die Feinstruktur und deren Funktionstüchtigkeit, wobei hierin der sinnlichen Erfahrung des Kindes und dem von ihm ausgeübten nachahmenden Tun allergrößte Bedeutung zukommt. Das pädagogische Angebot ist primär leib- und willensbezogen: Gesunde Ernährung, Pflege einer sinnenhaften Wahrnehmungskultur sowie vorbildliche, nachahmenswerte, sinngetragene Imitationsangebote, die das Kind spielend und schöpferisch mit- und nachschafft, bilden dabei das fruchtbarste pädagogische Milieu (Kranich, 1985, S. 53 ff.). Erst daran schließt allmählich eine Dominanz jener erzieherischen Prozesse im Hinblick auf die habituelle Seelenbildung, auf das Verstehen usw. an, wie sie schon im vorangehenden Beitrag von Kranich entfaltet wurden. Das Ich entfaltet sich allmählich in seiner ihm eigenen grundlegenden Seelenstruktur, wobei ihm die Kräfte der Intelligenz, die Neigungen, der Charakter usw. als Instrument in dem Maße zur Verfügung stehen, als sich diese in der Lebensauseinandersetzung wie in der erzieherischen Begegnung auszubilden vermögen. Eine vielfältige differenzierte Unterrichtsgestaltung, in der das Gemüt ansprechende Begegnungen zwischen Lehrer und Schüler, aber auch zwischen den Schülern in der Gruppe stattfinden kann, tragen zum Weltbegegnen und -Verstehen ebenso bei, wie das Angebot der bildorientierten Inhalte, das künstlerische und handwerkliche Tun (vgl. Müller-Wiedemann 1973). Nach sehr differenziert ablaufenden Entwicklungsschritten, die in der Pädagogik Steiners vielfältig und nuancenreich im einzelnen ebenso wie in der Entwicklungspsychologie beschrieben werden, kann dann mit der Pubertät allmählich sich eine freie Seelentätigkeit ausbilden, wo das Ich im emotionalen Gefühlsleben ebenso zu leben vermag wie in der Gefühlstiefe der durchlebten Eindrücke und Erlebensinhalten. Aber erst in einer überlegten und damit persönlichen Stellungnahme zu den Erscheinungen der Welt oder zu Personen: in der Urteilsbildung und damit in der eigenen Positionsbestimmung erlangt das Ich allmählich verantwortliche Bewußtheit. Durch die Anwendung der Kritik, wie durch die Betätigung der Phantasie in Zukunftsentwürfen, und im zielgerichteten Ergreifen von Aufgaben hat sich dann das Ich sein Instrument: Leib und Seele zur bewußten Lebensführung geschaffen. Dieser Prozeß bedarf der erzieherischen Begleitung ebenso wie vielfältiger Übung, damit keine Verarmung der seelischen Kräfte auftritt (Leber, 1985, S. 94 ff.). Im mündigen selbstverantwortlichen Handeln findet das Ich den reifsten Ausdruck seiner Wesenheit. Die ganze waldorfpädagogische Aufgabenstellung in Methodik und Didaktik versteht sich vom Wirken des Ichs her, von der Tatsache, wie es Beziehungen eingeht, zunächst mehr sinnlichleibhaftig, dann mehr mit den Kräften der Seele. Dem hat die Pädagogik fördernd, pflegend, heilend zu folgen. Aber noch entscheidender als die Auswirkung für pädagogische Maßnahmen ist die Einsicht und die Erkenntnis vom Wesen des Ich für die Haltung des Erziehers gegenüber dem Kind: die Anerkenntnis eines geistigen Wesens im Du taucht die Beziehung in eine Sphäre des Erstaunens, des Respekts, des Fragens und des Lernens – für den Erzieher. Diese Haltung, von Pestalozzi bis Buber und anderen, so auch bei Steiner, Grundlage jeder schlechthin menschenwürdigen Erziehung, entging nicht der Karikierung (so bei Prange 1985, S. 92ff.). Aber unzweifelhaft bleibt, daß keine Bildungsreform der Erziehung aufzuhelfen vermag, wenn sie nicht in die Gesinnung des Erziehers eingreift, und da ist es dann doch entscheidend, ob ein „Rollenspieler" oder ein sich selbsterziehender Mensch, ein höchstentwickeltes Tier oder ein Triebbündel zu konditionieren hat (vgl. Meinberg, 1988) oder ob es ihm um die Begegnung von Ich zu Ich und um die Anerkennung verschiedener Qualitäten des Menschseins in den Altersstufen geht (vgl. den Beitrag von Paulig in diesem Band). Nicht wilde Schicksals-Spekulation, auch nicht Prognose ist Lehreraufgabe, sondern Förderung und klares wie verständiges Wahrnehmen und positives Begleiten, was an Schwierigkeiten und Ringen als urmenschliche Entwicklung durch die Individualität sich in jeder unverwechselbaren Biographie abspielt (Leber, 1989, S. 65ff.).

## 5. Präexistenz und irdische Handlungsfolgen

Nun bleibt uns noch das, was als geistige Wirksamkeit aus dem Vorgeburtlichen herrührt, etwas genauer zu erörtern. Welcher Zusammenhang besteht zwischen den mitgebrachten Anlagen für bestimmte Fähigkeiten und der vorfindlichen sozialen, persönlichen, wie geographischen Umwelt? Dieser Zusammenhang aber ist für die Begründung einer Pädagogik von besonderer Wichtigkeit.[33] Mit recht unterschiedlichen Anlagen treten die Menschen ihren Lebensweg an. Vor dem Hintergrund der Genetik läßt sich dies scheinbar ohne weiteres auf eine verschiedene genetische Ausstattung zurückführen. Doch hierbei wäre zunächst klar zu unterscheiden, inwiefern es sich bei dem entsprechenden Verhalten um leiblich gegebene Leistungen oder um solche des Lernens handelt, ganz abgesehen davon, daß im zweiten Fall Begabung als Sich-Begaben genommen werden kann. Unbestreitbar ist es, daß z. B. Erfahrungen, die ein Ich innerhalb seiner Entwicklung macht, also all jene Lernschritte, die im Lebenslauf durch die individuelle Biographie als Fähigkeiten erworben werden, keineswegs in den Erbgang übergehen. Ferner gilt es zu berücksichtigen, daß z. B. bei eineiigen Zwillingen, also bei erbidentischer Ausstattung, die Zwillinge sich in ihrem *Erleben* keineswegs als Einheit erfahren; vielmehr ist das persönliche Erleben bei aller Nähe und Verbundenheit, die bestehen mag, ein ganz individuell getrenntes. Und diese Tatsache bildet doch eine Wirklichkeit ab, die ernst zu nehmen ist und keinesfalls nur aus dem Leibgefühl, sondern aus der Erfassung eigener geistiger Identität herrührt. Zwar mögen Zwillinge in ihren Neigungen und Gewohnheiten durchaus Züge des Ähnlichen zeigen, weil die Leibeskonstitution mit ihren sie unterhaltenden Lebensprozessen (Lebensbildekräfteleib) ebenso ererbt sind wie die entsprechenden Veranlagungen für die Sinnesempfindungen (Seelenleib). Das *Erleben* als davon abzutrennende geistig-seelische Tätigkeit ist hingegen ein ganz und gar *Persönlich*-individuelles und damit sofort voneinander geschiedenes. Dies macht darauf aufmerksam, daß das Lernzentrum ebenso wie die Fähigkeiten selbst gar nicht in unmittelbarer Beziehung zu den Vererbungskräften stehen, sondern etwas durchaus Eigenständiges bilden. Die von außen stammenden Anregungen kommen über die Sinne und in diesen angeregten Empfindungen in das Erleben, sofern sich die Aufmerksamkeit, also das Geistige, darauf richtet und in Beziehung tritt. Äußere Umstände wirken nun auf verschiedene (erbgleiche) Personen verschieden, weil sie durch etwas wirken, „das gar nicht unmittelbar mit der stofflichen (genetischen) Entwicklung in Wechselwirkung tritt" (Steiner, 1973, S. 69f.). Die Wechselwirkung zwischen außen und innen ist also verschieden, je nachdem, ob sie stofflich oder seelisch – auf der Erlebnisebene – geschieht. Die Fähigkeiten, die auftreten, sind also, sofern sie ganz mit der ureigenen Persönlichkeit zusammenhängen, keineswegs etwas, was unmittelbar aus dem Erbgang und damit aus der Leiblichkeit aufsteigen würde, sondern sie sind etwas, was nur durch innere Regsamkeit und Tätigkeit des Ichs errungen werden kann. Selbst wenn etwa aus dem Erbgang ein hervorragend gebildetes Gehör und die zugehörige Organisation als Grundlage der Musikalität mitgegeben wird, heißt dies nicht, daß deshalb ein Musiker als notwendige Konsequenz daraus folgen würde. Das Instrument, das Werkzeug, hängt zwar mit dem Erbgang zusammen, nicht aber die Aktualisierung, d. h. das Was und Wie des Gebrauchs, des inneren Ergreifens. So ist in der über Generationen sich erstreckenden Musikalität der Familie Bach zwar unbestritten eine bestimmte Erbanlage im Hinblick auf die musikalische Anlage gegeben, wie für das einzelne Mitglied auch eine ständige Musikausübung im Familienzusammenhang gesichert blieb. Die Fähigkeit als solche ergibt sich daraus aber ebensowenig, wie aus einem feuchten, warmen Humus eine Pflanze ohne zugehörigen Keim wächst. Die Anlage zu geistigen Fähigkeiten, zur Musikalität kommt aus dem Geist des Menschen selber. Um nun Musiker zu werden, bedarf es neben der leiblichen Grundlage also einerseits der Übung, andererseits aber auch der inneren Regsamkeit und Anstrengung des Ichs. Für die Anlagen, die in einem Entwicklungsvorgang durchaus mit Hilfe von äußeren Anforderungen zur Entfaltung gebracht werden müssen, ist zwar ebenso die Leibgrundlage notwendig, wie die Umweltanregung (Sozialisation). Über ihre Entfaltung entscheidet letztlich der innere tätige Zugriff der Persönlichkeit.

Wir haben bereits die Frage erörtert, was denn nun der Mensch in seinem innersten Wesen sei, was sein Unvergängliches ausmache, wenn er zu einem bestimmten Zeitpunkt des Lebens stirbt. Nicht als ein bloß gedachtes oder sich auch selbst benennendes Zentrum, sondern im konkreten Lebensvollzug biographischer Entwicklung dokumentiert sich das Ich. Die Fähigkeiten bilden den unverwechselbaren Teil der Persönlichkeit, des Ich. Ihm eignet, was als Ertrag dieser Entwicklung erworben wurde, die *Lebensfrucht*.

Wenn es in diesem Sinne eine Art Vorerfahrungen gibt, müßten sie in irgendeiner Weise aufspürbar sein, wobei es sich nicht um aufdringliche Phänomene handeln kann; denn durch die in der frühen Kindheit notwendigen Gestaltungsprozesse der eigenen Leiblichkeit wird sich diese Vorerfahrung mehr im intentionalen Zugriff als in Inhalten, mehr in Vorgängen als in Erträgnissen erweisen. Daß eine Beziehung zur Welt nicht unbestimmt, sondern individuell gegeben ist, bemerkte Gehlen darin, daß einerseits „unsere Handlungen, in denen wir leben, ihre Bewegungs- und Erwartungsphantasie haben", und andererseits „die Dinge mit Umgangsvorschriften und Gebrauchsanleitungen geladen sind", und dies natürlich auch schon von früh an (Gehlen, 1950, S. 240). Nach innen ist die auffälligste Erscheinung die von Kranich genannte „physiognomische Wahrnehmung". Die durch die Sinnesorgane ausgelösten Reize führen von Geburt an zu Empfindungen. Doch das Neben- und Nacheinander der Empfindungen läßt allenfalls ein ungegliedertes Feld von Empfindungen, aber keine Wahrnehmung entstehen. Das führte zu den Erkenntnissen der Gestaltpsychologie, wonach ein strukturierendes Prinzip, der Gestaltfaktor, das Ganze überforme: die Melodie ist mehr als die Summe der Töne. Die Gestalt wird vom Wahrnehmenden gewahrt, geschaffen. „Die seelische Eigentätigkeit, die dabei zur gestalthaften Konfiguration von Einzelempfindung führt, besteht also in einem Suchen, das an einem antizipierenden Schema orientiert ist" (Lersch, 1970, S. 378). Die Frage ist, ob dieses Schema als vorbewußt angesehen werden kann. Stammt die Gestalt des Kreises oder eines menschlichen Gesichtes aus der Erfahrung? Genauerer Untersuchung ergibt sich, daß die Bedeutsamkeit unmittelbar, im Sinne von „da ist es", erlebt wird. „Dieses Erlebnis kann nur daraus erklärt werden, daß ein vorbewußt bereitliegendes Bild mit der Erfahrung zu Deckung gebracht wird. [Das verlangt eine Kraft, die ‚Urphantasie', anzunehmen, welche] ein vorbewußt bereitliegendes Bild mit der Erfahrung zur Deckung bringt" (ebd., S. 385). Die Urphantasie versteht Lersch von Platon her so, daß in der Erkenntnis von Wahrnehmungsdingen eine Erinnerung an die Urbilder und damit an eine vorirdische Erfahrung zur Wachheit aufgerufen wird. Freilich braucht es zur Aktualisierung des Anstoßes von außen.

Wendet man den bisher entwickelten Gedanken einer Wiederverkörperung auf die Zeit der Geburt und davor, so kann zunächst davon ausgegangen werden, daß bei aller Wandlung der Existenzform das Erworbene, Erlernte eines Lebens Dauer erhält, aber dabei sehr wohl doch auch lebensvollen Wandlungen unterliegt. Denn nicht Wiederholung, ewiger Kreislauf – so wie im Osten zuweilen gedacht –, sondern Bereicherung, Vervollkommnung und Differenzierung wie Individualisierung der eingegangenen Bezüge ist das Ziel der Entwicklung. „Gott schuf den Menschen sich zum Bilde", d. h. aber, daß der Mensch am Absoluten, wozu in diesem Zusammenhang vor allem die erkennende Unterscheidung von Böse und Gut gehört, teilhaben soll. „Das Ich erschafft nicht seine höhere Natur, sondern empfängt sie. Die Arbeit, die es vollbringt, beseitigt lediglich Hindernisse, die dem ‚Herabsteigen' seiner eigenen höheren Natur im Wege stehen. Das Ich ist Geist, aber als solcher sich selbst entfremdet durch das Eingehen in den Erdenleib" (Binder, 1989, S. 109). In diesem Sinn könnte Vollkommenheit, Göttlichkeit also als das Ziel der geistigen Entwicklung des Menschen auf Erden angesehen werden. Nicht aber in einem abstrakten, allgemeinen Sinne, denn dann wäre jeder letztlich dem anderen gleich, sondern im ganz persönlich individuellen Sinne: jeder trägt sein eigenes Maß und Ziel in sich. „Das gemeinsame Urwesen, das alle Menschen durchdringt, ergreift somit der Mensch in seinem Denken. Das mit dem Gedankeninhalt erfüllte Leben in der Wirklichkeit ist zugleich das Leben in Gott" (Steiner, GA 4, S. 250).[34]

Doch von der Vollkommenheit ist der Mensch weit entfernt. Die Entfaltung der Fähigkeiten geschieht immer nur in einem Teil des möglichen Spektrums, dann in einem anderen, wobei schon ausgebildete Keime, ganz wie bei jeder lebendigen Entwicklung, sowohl entfaltet, als auch zurückgenommen, bloße Anlage sein können. Was innerhalb einer Biographie erarbeitet wurde, bleibt als Anlage, gleichsam als Frucht, als Lebensertrag der Individualität gewiß, wandelt sich und wird zum Teil, wo nötig, in eine nachfolgende Existenz miteingebracht. Nur hat eine nachfolgende Existenz in der Regel nicht die Aufgabe, das bereits Gekonnte nochmals auch nur in ähnlicher Weise zur Entfaltung zu bringen, sondern hat anderes, was bisher nicht erarbeitet wurde, zu erringen. Hier läßt sich zweierlei beobachten: Im einen Fall kann sich durch stetige Übung Schritt um Schritt eine Fähigkeit aufbauen und ausbilden. Demgegenüber kann in anderen Fällen festgestellt werden, daß bei einer bestimmten Aufgabenstellung plötzlich, ohne direkte Vorübung, eine vollentfaltete Fähigkeit aufbricht, die gestellte Aufgabe wird gleichsam sofort meisterlich beherrscht. Dies ist z. B. häufig bei Mathematikern der Fall (Révèsz, 1952, S. 33).[35]

Wichtig ist an diesen Überlegungen für den Pädagogen, darauf zu achten, wo in einzelnen Biographien Erübtes aus Lernschritten sich aufbaut und Frucht wird oder wo plötzlich auf Anforderung Sprünge, ja reife Früchte der Fähigkeit dem Erzieher entgegentreten. Diese brauchen nicht den Charakter des Genialischen zu tragen, und doch sind es eben individuelle Fähigkeiten.[36]

Noch ein weiterer Gedankengang kann hier anschließen. Neben dem Blick auf die Fähigkeit ist auch die Tatsache der damit verbundenen Individualisierung zu betrachten. Vergegenwärtigt man sich Individualisierung recht, so geschieht diese keineswegs allein dadurch, daß sie aus der „Natur" aufsteigt, sondern daß dafür etwas getan werden muß. Käme sie aus der „Natur", gäbe es durchaus Differenzierung von Individuum zu Individuum; wo aber Lernwille, Tätigkeitsdrang, Verbesserungsstreben zielhaft eingesetzt wird, arbeitet darin die Individualität, und sie eben erweist sich als bewirkende Kraft. Darin gerade liegt der Unterschied zwischen Dressur und eigenständig ergriffenem Lernen. In dem Individualisierungsvorgang liegt aber genauer betrachtet auch ein seelisches Grundverhalten mit vor, nämlich die Tatsache, sich selbst jeweils aufs neue – verstärkt zu erleben. Wird dieses Erleben durchgängig und stark, heißt dies: zunehmende Zentrierung auf die tätige eigene Person hin. Der erlebte Erfolg im Lernen, im Aneignen, verstärkt stets das Selbst- und Eigenwertgefühl. Verselbständigt sich dieses und überstrahlt es das Gesamt der Entscheidungen und Handlungen, so sprechen wir von Egoismus, denn dann kennt der Erlebende im Extrem nur sich selbst. Zahlreiche Gefühle wogen in dieser Erlebensregion: von Neid über Mißgunst zur Ranküne, vom Narzißmus über Selbstgefälligkeit, Überheblichkeit und Herablassung, aber auch Ehrgeiz und Verachtung anderer, vom Selbstdarstellungsdrang bis zu Haß und Rachsucht. Um kein Mißverständnis aufkommen zu lassen: ebenso gibt es natürlich auch starke Gefährdungen des Selbstbildes. Wie leicht beeinträchtigt ein verletzendes Wort und stürzt in Selbstzweifel und Unsicherheit. Doch ebenso gibt es einen ganz anderen Gestus: die schaffende und wissende Teilhabe, Gefühle des Füreinanders, des Mitgefühls, der Verehrung, Hingabe und Geborgenheit oder der reinen Liebe.

Worauf wir deuten, ist die Tatsache, daß mit der Individualisierung Freiheit und Unabhängigkeit für die Individualität möglich wird, daß aber diese zur Voraussetzung hat eine Grundspannung, von der wir ausgingen, einen Antagonismus. Dieser Spannungszustand, auf den einer der ersten abendländischen Denker, Heraklit, mit seinem Ausspruch: Der Krieg ist Vater alles Werdens – hinwies, schließt deshalb auch ein, daß als „Ergebnis" jeder Entwicklung neben dem Neuerworbenen, Erlernten, der beschrittene Weg auch Stationen des Unzulänglichen, Irrenden aufweist, dessen, was nicht der eigenen Entwicklungshöhe entspricht; ja gänzlich Verfehltes, „Versündigung", „Fall", Verstrickung gehört, theologisch gesprochen, auch zur Beziehung stiftenden Kraft der Individualität. Wenn aber die Spuren dessen, womit sich das Ich verband, ohne darin aufzugehen, der Seele eingeschrieben bleiben, dann gibt es auch unausgetragene, unerlöste „Reste" im menschlichen Wesen: sein eigenes „Schattenwesen" (Steiner, GA 147, S. 124), sein „Doppelgänger", der unter der „Schwelle" des Gegenstandsbewußtseins lebt (Steiner, GA 10, Kap. Der Hüter der Schwelle). Ohne diese Tatsache ernsthaft zu erwägen, bliebe der bisherige Gedankengang idealistisch-eindimensional. Wer, durch bewußte Übung oder durch entsprechende Lebensumstände veranlaßt, tiefer in das eigene Wesen eindringt, erfährt diesen „anderen Menschen" in sich als „ein allerdings schreckliches, gespenstisches ‚Wesen'" (ebd.). Gewöhnlich dem Anblick wie dem Erfahrungsvorgang durch eine eindeutige und wohltuende Bewußtseinsschwelle verborgen, wird in herausgehobenen, glücklicherweise seltenen Augenblicken dieser zweite, unbewußte Mensch erfahrbar und wahrgenommen, wie er in der eigenen Persönlichkeit sitzt als selbstgebildete, gespenstische Gestalt, durch all die eigenen üblen Verrichtungen, Illusionen und Selbstlügen geschaffen.[37] Doch auch in den Alltag kann dieser zweite Mensch, wie dies von der Psychoanalyse (C. G. Jung, 1917) beschrieben wurde, überraschend hineinwirken. In verwandter Weise beschreibt dies Steiner gleichfalls (GA 178, S. 160). Einmal aufmerksam geworden, kann diese negativ-antagonistische Tätigkeit des, wenn man will, „niederen Ich", das unser waches Alltags-Ich begleitet, im Wechselspiel mit anderen Menschen, im Sozialprozeß, in den antisozialen Handlungen sehr vielfältig wirksam beobachtet werden (Steiner, GA 186, S. 160ff.).[38]

So schließt, wenn der Begriff der Individualität, des Ich richtig gefaßt wird, dieser nicht nur die unterschiedlichen Zeitqualitäten des Erlebens auf, sondern er ermöglicht auch, die Gedanken weiter ausgreifen zu lassen: über die Vergangenheit und die Zukunft hinaus in die Welt der Dauer, wodurch dem Verständnis Zusammenhänge der Handlungsfolgen wie der Fähigkeitsanlagen ebenso erschlossen werden wie merkwürdige Tiefenschichten eines Antagonisten in uns. Dabei bleibt das Denken in seiner Bewegung in den ihm innewohnenden Möglichkeiten reationaler Verknüpfung, wie dies zuerst Lessing, dann später – neben anderen – schließlich Steiner durchführten, wobei Steiner mit seiner anthroposophischen Geistesforschung allerdings über die reine Reflexion noch hinausging und inhaltlich die Existenz- und Erlebensformen sowohl nachtodlich wie vorgeburtlich beschrieb.[39] In diesem Sinn läßt sich die Individualität auch als das „höhere Selbst oder höhere Ich" bezeichnen, als ein Wesen, dessen innere Natur darin besteht, Zusammenhänge zu schaffen, wie sie jeder Biographie eigen sind, die aber auch im reinen Wollen und reinen Denken – als den Organen der Individualität – aufgefunden werden können. Das Selbstbild und Selbstbewußtsein ist das, was als Alltags-Ich dem Gegenstandsbewußtsein zumeist allein gegenwärtig wird. „Das Selbstbewußtsein, das im ‚Ich' sich zusammenfaßt, steigt im Bewußtsein auf. Dieses [Bewußtsein] entsteht, wenn das Geistige in den Menschen dadurch eintritt, daß die Kräfte des ... Leibes diese abbauen. Im ... Abbau [des Leibes] wird der Boden geschaffen, auf dem das Bewußtsein sein Leben entfaltet. Dem Abbau muß aber, wenn die Organisation nicht zerstört werden soll, ein Wiederaufbau folgen ... In der Wahrnehmung dieses [dann erfolgenden leiblichen] Aufbaus liegt das Erleben des Selbstbewußtseins" (Steiner, GA 26, S. 19f.). Steiner führt das Wachbewußtsein auf den Abbau des Leibes, auf die dem Wachstum entgegenstehenden Kräfte, wie sie physiologisch im Wahrnehmungsvorgang etwa im Abbau des Sehpurpurs (Rhodopsin), in der Ablagerung von Milchsäure usf. im Muskelsystem erfolgen, das Selbstbewußtsein dagegen auf jene Vorgänge zurück, die diesen Abbau rückgängig machen (Regeneration). Dadurch entsteht erst ein Selbst-Bild. Dies aber hängt mit einer weiteren Tatsache zusammen: „So wie aber der Schlaf im Menschenleben seine Aufgabe hat [eben für den Wiederaufbau, die Umwandlung und Aneigung, S.L.] ... [so muß auch] das Ich eine gewisse Zeit schlafen, um zu einer anderen recht wach zu sein" (ebd., S. 23). Das ist für das Selbst-Bild wesentlich. Das Selbst aber, die selbständige Wesenheit des Menschen, „das den Menschen in seiner Wahrheit gestaltet, wird sich der Erkenntnis erst offenbaren, wenn er ... von dem Bilde zu den schöpfenden Kräften dieses Bildes und von da zu den geistigen Trägern dieser Kräfte fortschreitet" (ebd., S. 22).

Die rein sinnesgebundene Anschauung läßt zahlreiche Provinzen der menschlichen Existenz ungeklärt, die geisteswissenschaftlichen Reflexionen, aufbauend „auf der gedanklichen Betrachtung des menschlichen Lebenslaufes" (Steiner, [29]1973, S. 199), führen zur Überlegung wiederholter Erdenleben, insoweit das menschliche Ich, die Persönlichkeit, zu ergründen gestrebt wird. Damit freilich kollidieren andere historisch ausgebildete Erklärungen und Deutungsmuster, so daß allein eine Gedankennotwendigkeit für diese Idee, aber kein äußerer Beweis besteht.


*Anmerkungen*

1 Diese Faktoren wurden in erdrückender Fülle und durch unterschiedliche Theorieansätze ausgeleuchtet; wir lassen diese Diskussion unberührt und wenden uns nur dem bisher übersehenen, schwerer faßbaren Faktor der menschlichen Individualität zu, wozu wir auch die Diskussion – vornehmlich in den Anmerkungen – mit hereinholen.
2 Grassé macht als dritten Faktor nicht die Wechselwirkung, wie allgemein üblich, sondern die persönliche Anstrengung geltend.
3 Does ‚unconsciousness' exist? In: Essays in Radical Empiricism 1912, S. 1–38.
4 Dieser Ansatz wird für Karl Marx Grundlage seiner Entfremdungstheorie: Der tätige, sich in der Arbeit entäußernde Mensch ist ganz Mensch, wenn das Erzeugte ihm wieder ganz zukommt; wird es ihm aber enteignet durch Ausbeuter und dadurch zum Mehrwert für andere, so entfremdet sich der Arbeitende seiner selbst (vgl. Marx, 1844, S. 471ff.). Bei Steiner heißt es: „Aus (der menschlichen Organisation) erfließen die Willenshandlungen", wobei Steiner dann genau den Zusammenhang zwischen Denken, bewußtem Ich und Willenshandlung untersucht (GA 4, S. 153). – Die angesprochene Spannung wird aber auch in der Erziehungswissenschaft vielfältig behandelt. So hat die in den 60er Jahren erfolgte Rezeption der soziologisch ausgerichteten kommunikativen Erziehungstheorie durch das Denken Meads (1973) die Einsicht geschärft, daß sich der Mensch im Handeln als Mensch selbst hervorbringe. Die Interaktionstheorie will das Handeln nicht kausal erklären, sondern verstehen. Diese Methode führt in einem platteren Deutungsstrang zum Behaviorismus Skinners, in der Form differenzierter Phasenanalyse (Impuls; aktive Wahrnehmung, Kontakterfahrung; Manipulation; Distanz; Vollzug, Werterfah-

rung) zum genaueren Verstehen der menschlichen Handlung. In der Handlung wird vor allem auch – sozial gesehen – der andere erfahren, aus der Begegnung entsteht allmählich das Selbst. Durch die Gesellschaft ist der Mensch Subjekt unter Subjekten. Am fremden Ich, an der Gruppe, bildet sich das Selbst. Sozialisation und Individuation bedingen sich gegenseitig, in der Begegnung entsteht Selbstbewußtsein. Daran haben sowohl Sprache wie Spiel (play und game) ihren Anteil. Mead spaltet dann das als Resultante, gleichsam als Epiphänomen gedachte Selbst in „I" und „Me" auf, die beide dialogisch zueinander stehen. Das „Me" ist der Gesellschaft zugeordnet, vermittelt das „allgemeine Andere" und vertritt dessen Werte, so daß sich die Gesellschaft dadurch mit in das Selbst einschmilzt. Das „I" ist der aktivere Teil des Selbstes, er trägt Sorge, daß sich das Individuum nicht bloß als Objekt erfährt, sondern als spontan agierendes Subjekt, es ist nicht genau bestimmbar, fühlt sich frei und hat Initiative; es bildet den ständigen Unruheherd. Das „I" ist in der Erfahrung als Erinnerung präsent. Wir sind als Subjekt nur durch die Intersubjektivität, das Eigene – als Teil – ist in der Intersubjektivität nicht ausgeschlossen. (Zur Wirkungsgeschichte dieses Ansatzes vgl. Meinberg (1988), S. 101 ff.)

5 Dieses Sichlösen aus Vorgängen, in die man zuvor verflochten war, erscheint manchem Betrachter so, daß die menschliche Existenz am leichtesten mit der eines Schauspielers vergleichbar sei. Und in der Tat, tritt nicht der einzelne in verschiedenen Rollen oder Masken auf? Dahrendorf (1967) beschrieb den homo sociologicus mit seinen verschiedenen Rollen als Bühnenspieler, was er gelegentlich durchaus ist. Stärker wirkte Goffman auf die Erziehungswissenschaft: Wir alle spielen Theater, der Mensch als soziales Wesen stellt sich dar und benötigt ein Publikum. Im Ausdruck offenbart sich sein Selbst, das allein intersubjektiv zu sich kommt. Das Ego verweist auf „Alter", wobei sowohl zwischen Alter und Ego als auch in Richtung zum Publikum Täuschungen vorkommen, aber ebenso Konflikte durch Rollenidentität und Rollendistanz. Die vorhandene Spannung, auf die wir hinweisen, ist erfaßt, die darin liegende geistige Dimension verfehlt. (Zur Wirkungsgeschichte dieses Ansatzes vgl. Meinberg (1988), S. 140 ff.)

6 Diesen ganz grundlegenden existentiellen Gegensatz macht Steiner zum Ausgangspunkt seiner Erkenntniswissenschaft, nach der der einheitliche Weltvorgang durch die menschliche Natur in zwei Vorgänge zerlegt wird: in die sinnliche Wahrnehmung *und* das Denken. Bei der näheren Untersuchung des Denkens ergibt sich, „daß der Denkende das Denken vergißt, während er es ausübt. Nicht das Denken beschäftigt ihn, sondern der Gegenstand des Denkens, den er beobachtet. Die erste Beobachtung, die wir über das Denken machen, ist also die, daß es das unbeobachtete Element unseres gewöhnlichen Geisteslebens ist ... Zwei Dinge vertragen sich nicht: tätiges Hervorbringen und beschauliches Gegenüberstellen" (Steiner, GA 4, S. 40, 44). Bei einer sorgfältigen Betrachtung der Sinneswahrnehmung ergibt sich auch ein Doppeltes: durch eine Vielfalt der Sinne erhält der Mensch differenzierte Kunde von der Welt. Zugleich vermag das Ich dem so Gewahrten sich gegenüberzustellen und im Bewußtsein seiner selbst zu erlangen: ich trete als Beobachter den Erscheinungen gegenüber (ebd., S. 61).

7 Es kann dies der Anlaß sein, wenn der Vorgang bewußt wird, das Bewußtsein als Relation von jeweils einzelnen Inhalten oder „Daten zu sich selbst zu deuten" (Henrich, 1970, S. 261) oder mehr auf die Tätigkeit, die darin verborgen ist, Wert zu legen, wie dies Martin Schwab (1979, S. 35–75) tut, worauf wir zurückkommen.

8 R. Steiner bezeichnet in seiner Anthropologie – von der Erkenntnisseite her – den *Geist* als das, was die Wahrheit eines außer ihm Befindlichen erfahren kann; die Wahrheit aber ist mehr als nur gegenwärtig Erlebtes, sie ist nämlich ihrer Eigenschaft nach etwas Dauerndes, Unvergängliches, also Überzeitliches. „Zwischen Gegenwart (des Erlebens) und Dauer ist die Seele gestellt, indem sie die Mitte hält zwischen Leib und Geist. Aber sie vermittelt auch Gegenwart *und* Dauer. Sie bewahrt das Gegenwärtige für die *Erinnerung*. Dadurch entreißt sie es der Vergänglichkeit und nimmt es in die Dauer ihres Geistigen auf. Auch prägt sie das Dauernde ›durch die Handlungen‹ dem Zeitlich-Vergänglichen ein (Steiner, GA 9, S. 61f.). Damit ist eine zentrale psychologische Tatsache angesprochen. Wir werden dies weiter unten aufgreifen. Aber auch von der Tatseite her wird der Geist faßbar.

9 Wir verwenden hier die Begriffe noch undifferenziert.

10 „Nun, was in dieser Organisation durch das Denken geschieht, hat wohl mit der Wesenheit des Denkens nichts zu tun, wohl aber mit der Entstehung des Ich-Bewußtseins aus diesem Denken heraus. Innerhalb des Eigenwesens des Denkens liegt wohl das wirkliche ‚Ich'. Das ‚Ich' ist innerhalb des Denkens [dies ist Tätigkeit, nicht der Inhalt] zu finden; das ‚Ich-Bewußtsein' tritt dadurch auf, daß im allgemeinen Bewußtsein sich die Spuren der Denktätigkeit [als leiblicher Abdruck] eingraben. (Durch die Leibesorganisation entsteht also das Ich-Bewußtsein. Man verwechsle das aber nicht mit der Behauptung, daß das einmal entstandene Ich-Bewußtsein

178

von der Leibesorganisation abhängig bleibe. Einmal entstanden, wird es in das Denken aufgenommen und teilt fortan dessen geistige Wesenheit)" (Steiner, 1962, S. 148).

11 Die Ich-Vorstellung ist eng verbunden mit dem Selbstbewußtsein, an das zunächst – kaum abtrennbar, aber doch eine eigene Qualität bildend –, das Selbstwert-Gefühl oder die Eigenwert-Empfindung anschließt, wobei der Unterschied wohl wesentlich in der größeren Ruhe des Selbstbewußtseins besteht, während die Gelassenheit durch Intensität und Bewegtheit, in der Eigenwert-Empfindung, insbesondere bei Verletztheit, ersetzt wird.

12 In „Principles of human knowledge" (§ 139).

13 Dieter Henrich untersucht verschiedene Selbstbewußtseinstheorien, die alle unter Widersprüchen leiden. So etwa, wenn man annimmt, daß Reflexion ein Akt sei, der von einem Ich ausgeführt wird; dann ist es klar, daß sie das seiner selbst mächtige Ich bereits voraussetzen. Das Ich muß die Reflexion vollziehen und schon, indem es dies tut, sich bewußt sein, womit das eine auf das andere zirkelhaft verweist. Um nun diesem Zirkel, wo das, was nachgewiesen werden soll, nicht immer schon vorausgesetzt wird, nämlich das Selbstbewußtsein als reflexive Tätigkeit des Ich, zu entgehen, nimmt Henrich ein vorgängiges „ichloses Bewußtsein" an. „Bewußtsein ist ein Sachverhalt, der allen zielgerichteten Leistungen vorangehen muß und deshalb auch dem selbstbewußten Ich vorausliegt ... Was immer ein Selbst sein mag, es ist zumindest ein aktives Prinzip der Organisation des Bewußtseinsfeldes ... Wegen der Fähigkeit, auf sich zu reflektieren, kann dieses aktive Prinzip den Namen ‚Ich', ‚Selbst' oder ‚Subjekt' zu Recht haben ... Das *Gewahrwerden* dieses aktiven Prinzips [ist] als solches keine aktive Leistung", sie kann noch nicht „einmal dem ‚Ich' selber zugerechnet werden" (Henrich, 1970, S. 275f.).

14 Sprachphilosophische Studien etwa von Wittgenstein in seinem Blauen Buch über „Die eigenartige Grammatik des Wortes Ich" führten dann dazu, die Besonderheit des Personalpronomens und seines Gebrauchs zu untersuchen. Danach wird das Ich als Selbstbezeichnung des jeweiligen Sprechers so verstanden, daß er mit einer Kommunikationssituation vertraut ist und ihre variierenden Rollenverteilungen kennt. „Die Einführung vom ‚Ich' als Selbstbezeichnung der Person, die jeweils spricht, erfolgt in einer Kommunikationssituation, deren intersubjektive Struktur im Wechsel der Gesprächsrollen ‚augenfällig' ist und durch den korrelativen Wechsel der Personalpronomena noch verstärkt wird" (Holenstein, 1985, S. 63). „Die Grammatik von ‚Ich' dokumentiert erstens die Fähigkeit zu einer komplexen metasprachlichen Reflexion, deren Gegenstand über die sprachliche Äußerung hinaus auch Sprechakte und der Sprecher selber sein können; zweitens ein reversibles Rollenverständnis, das als solches die Voraussetzung für eine intersubjektive Verständigung ist, und drittens die Fähigkeit, sich mit einem ... funktionalen Sprechakt zugleich als Vollzugsobjekt dieses Sprechaktes und als Subjekt der mit ihm gemachten Aussagen zu bezeichnen" (ebd., S. 76).

15 Vgl. Frank, 1988, S. 6: „Noch für Kant und seine Nachfolger sind ‚denken' und ‚Vom-Ich-begleitet-sein-können' Synonyme. So avancierte das Subjekt – ursprünglich die Übersetzung von *hypokeímon* – zum Grund der Einsichtigkeit von Welt: es wird *fundamentum inconcussum* alles wahrheitsfähigen Vorstellens". Wie aber ist es dann um die Selbstreflexivität bestellt? Das führt genauer besehen zu nicht-egologischen Selbstbewußtseinstheorien von Brentano, Schmalenbach bis Sartre (ebd., S. 9f.). Denn eine zirkelfreie Auffassung von Subjektivität kommt zum Schluß, „daß Subjektivität überhaupt kein Fall von Beziehung ist: weder einer Gegebenheit auf eine andere, noch einer Vorstellung auf ein Ich, noch ein anderes ..." (S. 10). In diesem Fall ist das Selbstbewußtsein unmittelbar.

16 Vgl. den Beitrag von Oltmann in diesem Band, mit der gegensätzlichen Charakteristik des Gedächtnisses bei Darwin und Goethe.

17 Diese Spannung, ja Dialektik liegt der Hegelschen Philosophie zugrunde; so wenn er meint, daß die Eule der Minerva (die Philosophie, die Erkenntnis, das Nachdenken) am Abend ihren Flug beginne, also Spätwerk ist.

18 Es ist selbstverständlich, daß, ebenso wie der Blick auf das Wesen – wie hier – gerichtet werden kann, er auch auf das Leben, die Leibgestaltung, das Bewirkte oder auf das Erleben, die Seelenvorgänge gerichtet zu werden vermag. Diese zweite Perspektive wird vornehmlich im vorstehenden Beitrag von E. M. Kranich eingenommen, aber auch häufig für die Pädagogik von Steiner selbst, der dann von der Betrachtung der Wesensglieder spricht. Vgl. dazu den Beitrag von Rittelmeyer.

19 Da das sich seiner selbst bewußte Ich in seiner Vielgestaltigkeit dem Verständnis und der eindeutigen Bestimmung – selbstgewiß und täuschungsimmun zu sein – erheblich größere Schwierigkeiten bereitet als dem naiven Selbsterleben, das jedoch gleichfalls durch die verschiedenen Beziehungen in sozialer Hinsicht gestärkt, aber auch beeinträchtigt, ja gefährdet

werden kann, war schon immer ein Zugang zu seinem Wesen, sich nicht auf sein Sein, sondern auf sein Werden, das Prozeßhafte an ihm, zu konzentrieren. So stellt jüngst *Martin Schwab*, ausgehend von der Systemtheorie, ein Verstehenskonzept des Ich vor, wonach das Ich sich selbst „emergiert", d. h. hervorbringt. „Wenn das Einzelwesen sich und seine Ordnung je herstellt durch Tätigkeit, die ihm selbst zugeschrieben wird, dann verdankt es unter dem Emergenzaspekt seine Existenz und Gestaltung einer Leistung" (Schwab, 1985, S. 49). In diesem Sinne bringt das Einzelwesen – auch das Tier?, das bleibt die Frage (S.L.) – seine Gestalt, d. h. seinen Lebens- und Verstehenszusammenhang selbst hervor. In diesem Sinne ist die Existenz von „Ich eine einheitsstiftende Kraft" (S. 56), sie wird dort wichtig, wo im Verortungsvorgang die Steuerzentrale ist und wo die Selbstkonzeption erscheint. „Für ein Wesen, das tätig ist, und das seine Tätigkeit aus Daten steuert, die es differenziert zuschreibt, z. B. seiner Umgebung, ist gewiß der Standpunkt relativierend, den es in Raum, Zeit oder in einer bestimmten Funktionsverteilung inne hat" (S. 61). Offen bleibt aber entschieden und weiterhin, woher das Wesen, das sich selbst zeugt, denn stammt. „Emergenz und Genese sind anscheinend unvereinbar! Emergierende Einzelwesen dürfen nicht bleiben, was sie sind ..." (S. 68). So daß sich erweist: im Prozeß ist ebenso wie im Selbstbild nur ein Aspekt der Wirklichkeit des Ichs, der Individualität, erfaßt, dessen Aufteilung mit Realitätsverlust zu bezahlen ist.

20 Unter einem verwandten Gesichtspunkt verwendet H. Roth, 1971, das *„didaktische Prioritätsprinzip"*, wonach eben die bedeutsamsten Persönlichkeitsmerkmale des Erwachsenen, des ausgereiften, entwickelten Menschen sich mit Begriffen wie Reife, Mündigkeit, Selbstbestimmung, verantwortlicher Entscheidungsfähigkeit, Kritikfähigkeit, Produktivität, Kreativität u. a. fassen lassen. Sie sollten für den Erzieher maßgeblich sein, um auf allen Stufen der kindlichen Entwicklung auf diese Merkmale hinzuführen. Ob dies stets in so direkter Weise, wie bei Roth beschrieben, oder auf Umwegen, indirekt, geht, sei dahingestellt. Wie allerdings von Weisungen Abhängige (Beamte) zur Freiheit und Autonomie erziehen sollen, wird bei Roth auf den über 1100 Seiten des referierten Werkes nirgendwo erörtert.

21 Drastischer formuliert Goethe an W. von Humboldt, 17.3.1832: „Die Tiere werden durch ihre Organe belehrt, sagten die Alten. Ich setze hinzu: Die Menschen gleichfalls, sie haben jedoch den Vorzug ihre Organe wieder zu belehren" (Goethe, 1924, S. 414). Dieser Zusammenhang wird im einzelnen ausgeführt bei Kipp, 1985; Husemann, [5]1974; Ders./Otto Wolff, [2]1974; ferner Wolfgang Schad, 1985.

22 Die schöpferische Potenz mancher Grenzgänger hat immer wieder Erstaunen erregt, so etwa das Schicksal Hölderlins, wobei die unmittelbare Grundlage in solchen oder verwandten Fällen für das psychische Geschehen „die Schwäche im Eiweiß der Organe (bildet). Diese ... führt in Verbindung ... mit Umwelteinwirkungen dazu, daß tiefergehende, erschöpfende oder erschütternde Erlebnisse im späteren Leben feine Defekte im Eiweiß der Organe entstehen oder zum Durchbruch kommen lassen. Die Spaltprodukte des zu stark abgebauten Eiweiß können dabei zu einer Selbstvergiftung des Organismus" führen (R. Treichler, 1987, S. 203).

23 „6.41 Der Sinn der Welt muß außerhalb ihrer liegen. In der Welt ist alles wie es ist und geschieht wie es geschieht; es gibt *in* ihr keinen Wert – und wenn es ihn gäbe, so hätte er keinen Wert" (Wittgenstein, 1963, S. 111).

24 Für Steiner ist dies ein ganz individueller Vorgang, und das so errungene Sittliche ist auch niemals allgemein. „Wenn wir das Gesetzmäßige" (Begriffliche) in dem Handeln der Individuen, Völker und Zeitalter aufnehmen, so erhalten wir eine Ethik, aber nicht als Wissenschaft von sittlichen Normen, sondern als Naturlehre der Sittlichkeit. Erst die hierdurch gewonnenen Gesetze verhalten sich zum menschlichen Handeln so, wie die Naturgesetze zu einer besonderen Erscheinung" (GA 4, S. 165).

25 Es heißt an der betreffenden Stelle weiter: „Die absolute Macht wacht dann über sie. In der kleinen Auferstehung [aus dem Schlafe] finden wir uns wieder in unserer Totalität, mit all unseren Bestimmungen. In der großen Auferstehung [aus dem Tode] muß dasselbe der Fall sein für unsere eigene Persönlichkeit, welche unser wirkliches Werk ist" (Cieszkowski, 1842, S. 49 f.). – Die Schrift ist eine Replik auf Michelet (1841).

26 Außer traditionellen Überlieferungen alter Kulturen und ihrer entsprechenden Todesvorstellungen von den Indianern, über die hochdifferenzierten Berichte und Totenbücher der Ägypter und Tibeter bis zu solchen jüdischen und christlichen Glaubens- bzw. Offenbarungswissens kamen in jüngster Zeit zahlreiche Berichte hinzu, die teils der Erfahrung Reanimierter und ihren Berichten zu verdanken sind (Moody, 1977; Ritchie, 1988); teils handelt es sich um erkenntnismäßig erst noch durchzuarbeitende und wissenschaftlich einzuordnende Aussagen, die auf hypnotischer Befragung beruhen (z. B. Fiore, 1977).

180

27 Vgl. dazu die Beiträge von Rittelmeyer und Kiersch in diesem Band.

28 Es sind die „Naturerscheinungen, die uns unmittelbar ... sich selbst sinnenhaft zeigen, und zwar so, daß wir sie als Gegenüber empfinden und auf uns wirken lassen noch ohne Vorurteil und Eingriffe, auch wir also noch unbefangen, noch nicht festgelegt auf einen bestimmten Aspekt ..." (Wagenschein, 1980, S. 90).

29 August Graf Cieszkowski wehrt sich gegen Michelets Auflösung der Individualität in ein Allgeistiges und gelangt dabei zur Kritik, die er für notwendig, aber sofern sie sich als Selbstzweck versteht, wie bei linken Hegelianern (Bauer, Feuerbach u. a.), für unerfreulich, trostlos hält. Deshalb entwarf er eine positive Beschreibung wiederholter Erdenleben, die indessen als verloren gelten muß. – Fragmente daraus finden sich wohl bei Michelet, Epiphanie III, S. 99–135. Wie Lessing, der auf das Vergessen der Vorgeburtlichkeit und dessen positive Funktion hinweist, beschäftigt sich auch Cieszkowski damit, wobei er meint, bei Schärfung der Erinnerung müsse auf frühere Existenzen – wie Pythagoras schon zeigt – zu stoßen sein (S. 130). Die „geistige Resultante eines individuellen Lebens" wird unter Beobachtung der veränderten Situation stets in neuen Leibern wiedergeboren und lebt in diesen neuen Verhältnissen ein anderes individuelles Leben" (ebd.). „Die Individualitätsbestimmungen und Bewußtseinsformen, welche die verewigten Grundlage der besonderen Persönlichkeit bilden, tauchen vielmehr, wenn ihre Zeit gekommen ist, in einem anderen Individuum unter einem anderen Volke wieder auf ... Jedem nach seinen Werken" (ebd., S. 131). „Wo bleibt, fragst Du, die Identität des Selbstbewußtseins? Ich bin überzeugt, wenn der Geist der Menschen erst seine Aufmerksamkeit auf die dunklen Erinnerungen eines vergangenen Lebens richten wollte, sie würden allmählich wieder am Horizont seines Bewußtseins auftauchen ... Aber mögen dieselben (Reminiszenzen) zunächst auch selten sein, so liegt davon der Grund darin, daß die aus einem früheren Leben herübergeretteten geistigen Bestimmungen noch nicht die Intensität erlangt haben, sich im Neuen wiederzuerkennen. Je mehr diese Intensität wächst, desto größer ist auch die Wahrscheinlichkeit der Wieder-Erinnerung und der Identität des Bewußtseins, bis, mit der Vollendung des Individuums, die volle Erinnerung, das totale Bewußtsein im Reigen der Seligen erblüht. Dieser Kreislauf des Geistes ist vollbracht, wenn in einer seiner Umgestaltungen sein Wille alle Resultate der früheren Stufen gezogen, und die ganze Möglichkeit der Person sich in den verschiedenen Phasen ihrer Entwicklung zur Wirklichkeit herausgeboren hat: d. h. sobald die Seele aus ihrem Leibe immer ätherischere, seelenhaftere Keime entfaltet, und ihn zuletzt vollständig durchdrungen und verklärt hat. Dann hat die Seele aus keiner Verpuppung mehr ihn zu befreien. Damit fällt die Seelenwanderung fort; und es bleibt nur die letzte Palingenesie bestehen, durch welche dann auch, wie der Heilige Paulus sagt, der letzte Feind, der Tod, überwunden ist" (ebd.).

30 Das Christentum kennt den Schicksalsbegriff im strengen Sinne nicht, dennoch ist er im europäischen Raum als germanischer Überlieferung heraus erhalten geblieben. Da bedeutet er: „zugeschickt", „verhängt". Sal heißt mhd. soviel wie „richten, ordnen, ins Werk setzen, entsenden", reflexiv gebraucht, heißt es: „sich vorbereiten, einfügen".

31 Vgl. zur Thematik der Umweltbedrohung und Naturzerstörung die Beiträge von Bohnsack und Schad in diesem Bande.

32 Denn dieses ist *tätig* – im Denken. Als Denkender bilde ich erst die Begriffe, welche Zusammenhänge schaffen. Das Denken bildet im formalen Sinne ein „absolutes Zusammenhangsbewußtsein" aus (Torberg, 1951, S. 11). Wird erkannt, daß die „Gedankenwelt den Charakter einer vollkommenen, inneren Übereinstimmung trägt, dann wird uns durch sie jene Befriedigung, nach der unser Geist verlangt. Dann fühlen wir uns im Besitz der Wahrheit" (Steiner, GA 2, S. 39). Dies bezeichnet Torberg als „ersten Schritt zur Entdeckung des Wesens des Ich". – In diesem Falle ist das Ich im reinen Denken wirkend. – Ein zweiter Schritt zur Aufdeckung des Ich-Wesens besteht darin, daß das Ich als sein gleichen Sinn wie bei anderen Objekten spricht. Es ist nämlich nur wirklich, „indem es sich in einem Akte der Freiheit selbst verwirklicht ... Das Ich lebt als reiner Wille" (Torberg, a. a. O., S. 15f.).

33 Vgl. hierzu auch die Ausführungen von Kranich im vorangehenden Beitrag.

34 Binder unterscheidet zwei theologische Paradigmata: ein überliefertes, wonach der Mensch von Gott getrennt in Wesen und Sein ist, getrennt durch das Daß-Sein, seine Existenz. Im neuen Paradigma ist er sich selbst ausgeliefert in einer Welt ohne Sein und Wesen, in ihm verbindet sich Daß-Sein und Was-Sein. „Jeder Mensch ist eine einmalige, in ihrer Art einzige Offenbarung seines schöpferischen Urbildes ... Was jetzt ins Ich eintritt, ist Gottesgeist, der sich nicht besitzen läßt, und der doch im Menschen in die Form eines Ich eingehen will. Es tritt nicht göttliches Ich an die Stelle von menschlichem Ich, sondern es inkarniert sich Gottes-Ich *als* Menschen-Ich. Man kann davon sprechen, daß das niedere, egozentrierte Ich einem

,höheren Ich' gegenübertritt, dem ,Christus in uns' der in jedem einzelnen Menschen in individueller Gestalt als sein wahres Ich auferstehen will" (1989, S. 192f.).

35 Révèsz unterscheidet vier Arten der menschlichen Arbeit: reproduktiv, applikativ, interpretativ, produktiv. Gerade in der produktiven Arbeit gibt es spezifische Begabungen, die als malerisches, bildhauerisches, musikalisches, dichterisches oder als erfinderisches Talent unvermittelt früh auftreten.

36 Vgl. die differenzierte Darstellung der Bildungsbiographien bei Gessler, 1988.

37 Dafür gibt es manches literarische Beispiel, so etwa in Oscar Wildes „Bildnis des Dorian Grey", der nach einem von ihm mitverschuldeten Selbstmord entdeckt, wie auf seinem eigenen Bildnis „grausame Züge um den Mund" auftreten, „so deutlich, als betrachte er sich nach einer fürchterlichen Tat im Spiegel".

38 Fritz Beckmannshagen (1984) hält Steiner vor, er habe im Unterschied zur Psychoanalyse diese Welt nicht gekannt, und zieht daraus weitreichende Folgerungen. Dabei stützt er sich auf eine einzige Referenzstelle ab und nimmt Aberdutzende andere, die sich durch das gesamte Werk Steiners ausführlich, wenn auch verstreut wieder und wieder finden, nicht zur Kenntnis; er bezeichnet sein eigenes Vorgehen dann auch noch als „wissenschaftlich".

39 Dies geht über den hier gewählten Darstellungszusammenhang hinaus. Vgl. Steiner, GA 9, S. 105ff.; ders.: (GA 147) Die Erkenntnis vom Zustand zwischen dem Tode und einer neuen Geburt; ders. 1982.


*Literatur*

Beckmannshagen, F.: Rudolf Steiner und die Waldorfschulen. Eine psychologisch-kritische Studie. Wuppertal 1984.

Binder, A.: Wie christlich ist die Anthroposophie? Standortbestimmung aus der Sicht eines evangelischen Theologen. Stuttgart 1989.

Buber, M.: Werke. Bd. I: Schriften zur Philosophie. München, Heidelberg 1962.

Buber, M.: Bewegungen. Autobiographische Fragmente. In: Martin Buber. Hrsg. von P. A. Schlipp und M. Friedmann. Stuttgart 1963.

Cieszkowski, A. von: Gott und Palingenesie. Berlin 1842.

Dahrendorf, R.: Pfade aus Utopia – Arbeiten zur Theorie und Methode der Soziologie. München 1967.

Descartes, R.: Meditationen über die Erste Philosophie (1642). Übers. und hrsg. von Gerhart Schmidt. Stuttgart 1980.

Dilthey, W.: Gesammelte Schriften, Bd. VII. Stuttgart, Göttingen 51968.

Fiore, E.: You Have Been Here Before, New York 1977.

Frank, M.: Was ist Neostrukturalismus? Frankfurt/M. 1983.

Frank, M.: Subjekt, Person, Individuum. In: Individualität. Hrsg. M. Frank und A. Haverkamp. München 1988, S. 3–20.

Gehlen, A.: Der Mensch. Frankfurt/Main 21950.

Gessler, L.: Bildungserfolg im Spiegel von Bildungsbiographien. Begegnungen mit Schülerinnen und Schülern der Hiberniaschule (Wanne-Eickel). Studien zur Bildungsreform, Bd. 15. Hrsg. W. Keim. Frankfurt/M., Bern, New York, Paris 1988.

Goethe, J. W. von: Werke, Bd. 12, Maximen und Reflexionen (573). Hamburg 61967.

Goethes Briefe. Hrsg. von Philipp Stein, Bd. 8. Berlin 1924.

Goffmann, E.: Interaktion: Spaß am Spiel – Rollendistanz. München 1973.

Grassé, P.: Das Ich und die Logik der Natur – Die Antwort der modernen Biologie. Übers. v. Bernd Lächler. München 1973.

Henrich, D.: Selbstbewußtsein – Kritische Einleitung in eine Theorie, in: Hermeneutik und Dialektik, Bd. I. Hrsg. von Rüdiger Bubner, Konrad Cramer und Reiner Wiehl. Tübingen 1970.

Herder, J. G.: Werke, Bd. 4. (Ost-)Berlin und Weimar 1982.

Hofmeister, M.: Die übersinnliche Vorbereitung der Inkarnation. Basel 1979.

Holenstein, E.: Menschliches Selbstverständnis, Ichbewußtsein, intersubjektive Verantwortung und interkulturelle Verständigung. Frankfurt/Main 1985.

Husemann, F.: Das Bild des Menschen als Grundlage der Heilkunst, Bd. I: Zur Anatomie und Physiologie. Stuttgart [5]1974.

Husemann, F./Wolff, O.: Bd. II: Zur Pathologie und Therapie. Stuttgart [2]1974.

Kipp, F. A.: Die Evolution des Menschen im Hinblick auf seine lange Jugendzeit. Stuttgart 1980.

Kipp, F. A.: Indizien für die Sprachfähigkeit fossiler Menschen, in: Goetheanistische Naturwissenschaft, Bd. 4: Anthropologie. Stuttgart 1985.

James, W.: Essays in Radical Empiricism. 1912.

Kühlewind, G.: Die Wahrheit tun. Erfahrungen und Konsequenzen des intuitiven Denkens. Stuttgart 1978.

Kühlewind, G.: Vom Normalen zum Gesunden – Wege zur Befreiung des erkrankten Bewußtseins. Stuttgart 1983.

Leber, S.: Das Verhältnis des Sozialerlebens zum Schlafbewußtsein des Menschen. In: Goetheanum Nr. 30–32. Dornach 1975.

Lersch, P.: Aufbau der Person. München [11]1970.

Lessing, G. E.: Gesammelte Werke, Bd. 8, Philosophische und Theologische Schriften II. (Ost-)Berlin 1956.

Lindenberg, C.: Rudolf Steiner, in: Klassiker der Pädagogik (Hrsg. H. Scheuerl). München 1979.

Marx, K.: Ökonomisch-philosophische Manuskripte, MEW, E. Bd. 1 (1844). (Ost-)Berlin 1981.

Mead, G. H.: Geist, Identität und Gesellschaft aus der Sicht des Sozialbehaviorismus. Frankfurt/M. 1973.

Meinberg, E.: Das Menschenbild der modernen Erziehungswissenschaft. Darmstadt 1988.

Michelet, C. L.: Vorlesungen: Über die Persönlichkeit Gottes und die Unsterblichkeit der Seele. Berlin 1841.

Ders.: Die Epiphanie der ewigen Persönlichkeit des Geistes – Eine philosophische Trilogie. I. Erstes Gespräch: Über die Persönlichkeit des Absoluten. Nürnberg 1844; II. Zweites Gespräch: Der historische Christus und das neue Christentum. Darmstadt 1847; III. Drittes Gespräch: Die Zukunft der Menschheit und die Unsterblichkeit der Seele oder die Lehre von den letzten Dingen. Berlin 1852.

Moody, R. A.: Leben nach dem Tode. Reinbek 1977.

Plessner, H.: Stufen des Organischen und der Mensch – Einleitung in die philosophische Anthropologie, in: Gesammelte Schriften. Hrsg. v. Günter Dux u. a. Bd. IV. Frankfurt/M. 1981.

Poppelbaum, H.: Mensch und Tier. Dornach 1975.

Raab, R.: Die Waldorfschule baut – Sechzig Jahre Architektur der Waldorfschulen. Schule als Entwicklungsraum menschengemäßer Baugestaltung. Stuttgart 1982.

Révèsz, S. G.: Talent und Genie – Grundzüge einer Begabungspsychologie. Bern 1952.

Ritchie, G.: Rückkehr von morgen. Marburg [3]1988.

Roth, H.: Pädagogische Anthropologie, Bd. I: Bildsamkeit und Bestimmung, Bd. II: Entwicklung und Erziehung – Grundlagen einer Entwicklungspädagogik. Hannover [3]1971.

Schad, W. (Hrsg.): Goetheanistische Naturwissenschaft. Bd. 4: Anthropologie. Stuttgart. Ders.: Gestaltmotive der fossilen Menschenform, in: Goetheanistische Naturwissenschaft, Bd. 4. Stuttgart 1985.

Schindewolf, O. H., in: Gadamer, H.-G./Vogler, P. (Hrsg.): Phylogenie und Anthropologie: Neue Anthropologie, Bd. 1: Biologische Anthropologie. Stuttgart, München 1972.

Schwab, M.: Einzelding und Selbsterzeugung, in: Individualität. Stuttgart 1979, S. 35–75.

Steffens, H., in: Gespräche mit I. H. Fichte. Hrsg. von E. Fuchs (u. a.), Bd. 1. Stuttgart, Bad Cannstatt 1978.

Steiner, R. (GA 13): Die Geheimwissenschaft im Umriß (1910). Dornach 1925.

Steiner, R. (GA 12): Die Stufen der höheren Erkenntnis (1905–08). Dornach 1959.

Steiner, R. (GA 155): Christus und die menschliche Seele, Vorträge 1912/1914. Dornach 1960.

Steiner, R. (GA 271): Kunst und Kunsterkenntnis. Das Sinnlich-Übersinnliche in seiner Verwirklichung durch die Kunst (Neun Vorträge, gehalten 1888, 1909, 1918, 1920 und 1921). Dornach [2]1961.

Steiner, R. (GA 26): Anthroposophische Leitsätze. Der Erkenntnisweg der Anthroposophie – Das Michael-Mysterium (1924/25). Dornach 1962.

Steiner, R. (GA 4): Die Philosophie der Freiheit. Grundzüge einer modernen Weltanschauung – Seelische Beobachtungsresultate nach naturwissenschaftlicher Methode (1894). Stuttgart [12]1962.

Steiner, R. (GA 15): Die geistige Führung des Menschen und der Menschheit (1911). Dornach [8]1963.

Steiner, R. (GA 9): Theosophie – Einführung in übersinnliche Welterkenntnis und Menschenbestimmung (1904). Dornach [29]1973.

Steiner, R. (GA 127): Die Mission der neuen Geistesoffenbarung (16. 5. 1911). Dornach 1975.

Steiner, R. (GA 186): Die soziale Grundforderung unserer Zeit – In geänderter Zeitlage (1918). Dornach [2]1979.

Steiner, R. (GA 2): Grundlinien einer Erkenntnistheorie der Goetheschen Weltanschauung (1886). Dornach [7]1979.

Steiner, R. (GA 178): Individuelle Geistwesen und ihr Wirken in der Seele des Menschen (1917). Dornach [3]1980.

Steiner, R. (GA 115): Anthroposophie, Psychosophie, Pneumatosophie (1909–1911). Dornach [3]1980.

Steiner, R. (GA 147): Die Geheimnisse der Schwelle (1913). Dornach [5]1982.

Steiner, R. (GA 55): Die Erkenntnis des Übersinnlichen in unserer Zeit und deren Bedeutung für das heutige Leben (1906/07). Dornach [2]1983.

Steiner, R. (GA 191): Soziales Verständnis aus geisteswissenschaftlicher Erkenntnis (1919), Vortrag vom 19. 10. 1919. Dornach [2]1983.

Steiner, R. (GA 28): Mein Lebensgang (1923/25). Dornach 1983.

Steiner, R. (GA 35): Philosophie und Anthroposophie. Gesammelte Aufsätze (1904–1923). Dornach 1984.

Steiner, R. (GA 182): Der Tod als Lebenswandlung, Vorträge 1917/1918. Dornach 1969.

Strunk, P., in: Harbauer, H./Laupp, R./Nissen, G./Strunk, P.: Lehrbuch der speziellen Kinder- und Jugendpsychiatrie. Berlin, Heidelberg [3]1976.

Torberg, G.: Die Entdeckung des Ich – Die Bedeutung der Dissertation Rudolf Steiners, in: Abhandlungen zur Philosophie und Psychologie. Dornach 1951.

Treichler, M.: Kunst und Krankheit – Die Odyssee des Jakob von Hoddli, in: Die Drei. Stuttgart [3]1989.

Treichler, R.: Friedrich Hölderlin. Leben und Dichtung – Krankheit und Schicksal. Stuttgart 1987.

Wagenschein, M.: Naturphänomene sehen und verstehen. Stuttgart 1980.

Wiesberger, H.: Rudolf Steiners Lebenswerk in seiner Wirklichkeit ist sein Lebensgang, in: Beiträge zur Rudolf Steiner Gesamtausgabe, Nr. 49/50. Dornach, Ostern 1975.

Willmann, O.: Geschichte des Idealismus, Bd. 1: Vorgeschichte und Geschichte des antiken Idealismus. In: Sämtliche Werke, Bd. 8 (1894). Aalen 1973.

Wittgenstein, L.: Tractatus logico-philosophicus – Logisch-philosophische Abhandlung. Frankfurt 1963.

Christoph Gögelein

# Was sind bestimmende Grundlagen der Waldorfpädagogik und aus welchen Quellen schöpft sie?

## A. Einleitung

Ein Gespräch, zumal ein wissenschaftliches, setzt voraus, daß den Gesprächspartnern der Gegenstand des Gespräches bekannt ist, daß er ihnen gemeinsam vor Augen steht. Der Gegenstand muß anschaubar sein und auch von den Gesprächspartnern tatsächlich angeschaut werden. Wie ist nun der „Gegenstand" Waldorfpädagogik bestimmt und wie kann er angeschaut werden? Waldorfpädagogik gründet auf gedanklich durchdrungene Erkenntnisse. Dennoch ist sie weder durch Texte von Rudolf Steiner oder anderen Autoren noch durch Theorien noch durch Normen oder etwas Ähnliches festgelegt. Waldorfpädagogik, so behaupte ich, kann immer nur als ein Lebensvorgang gegeben sein. Mit „Lebensvorgang" kann hier allerdings auch nicht einfach die in der Vergangenheit und Gegenwart tatsächlich hier oder dort praktizierte Waldorfpädagogik gemeint sein. Dann wäre Waldorfpädagogik nämlich niemals beurteilbar. Es wäre gute von schlechter Waldorfpädagogik niemals unterscheidbar, wenn sie als Gegenstand ein bloß empirischer aus der Vergangenheit wäre.

Um nun einen solchen konkreten Lebensvorgang und damit Waldorfpädagogik vor Augen zu führen, möchte ich einen solchen Vorgang zunächst beschreiben, nämlich die Vorbereitung eines Klassenlehrers für eine Pflanzenkundeepoche in der 5. Klasse und auch teilweise ihre Durchführung. Diese Beschreibung soll also nicht als ein repräsentatives Beispiel aufgefaßt werden in dem Sinne,

- daß ein großer Teil des Waldorfunterrichtes so vorbereitet wird und verläuft, aber auch nicht so,
- daß Waldorfunterricht möglichst überall so verlaufen sollte.
  Das, was ich im folgenden darstelle, habe ich dagegen so gewählt, daß darin besonders deutlich wird
- wie Anthroposophie (anthroposophische Geisteswissenschaft) das in der Tradition an neuzeitlicher Wissenschaft orientierte Vorgehen in wesentlicher Weise erweitern kann,
- wie der Lehrer mit Anthroposophie umgehen kann, und schließlich
- wie der Lehrer Welt- und Lebenserfahrungen und das Studium von Büchern bewußt und rational in wirksame pädagogische Praxis verwandeln kann.

Zwei Blickrichtungen oder Gesichtspunkten gilt dabei die besondere Aufmerksamkeit:

1) Durch die Art, wie Erde – Pflanze – Seele – Mensch im folgenden Beispiel behandelt und in Beziehung gesehen werden, wird das, was Wirklichkeit in der Welt ist, auf eine bestimmte Weise gefaßt. Volle Wirklichkeit wird hier als wesenhaft verstanden, wobei sich Wesen durch leibliche, seelische und geistige Seiten zeigen können, die in je bestimmten Verhältnissen stehen. Der Mensch ist selbst Paradigma für diese Wirklichkeit. Das führt auch zu den erkenntniswissenschaftlichen Folgerungen, daß im und durch den Menschen sich Wirklichkeit zeigen kann und auch zeigt, daß aber gerade nicht alles, was „im" Menschen erscheint, subjektiv zu sein braucht. Der Zusammenhang von Mensch und Welt ist also mehr als ein bloßes sich Gegenüberstehen. Klar muß allerdings dann dargelegt werden, wie Illusion von Wirklichkeit zu scheiden ist (vgl. Abschnitt C2).

2) Durch die Art, wie der Lehrer sich vorbereitet und dann im Unterricht handelt, wird eine „neue", andere Möglichkeit beschrieben, wie ein Mensch aus Erkenntnissen handeln kann. Das Entscheidende und Leitende ist dabei nicht ein begrifflich vorstellungsmäßiges Gefüge von Begriffen und Sätzen (Gesetzen) mit offenen Stellen für empirische Gegebenheiten, so daß Handlungsziele, geleitet durch dieses Gefüge (Theorie), auf zweckrationale Weise verwirklicht werden. An die Stelle einer so verstandenen leitenden Theorie tritt dennoch etwas Rationales, nämlich ein bewußt durch Gedanken gestalteter Lebensvorgang (vgl. dazu den Aufsatz über Symbol und lebendige Begriffe von J. Kiersch in diesem Band). (Vgl. Abschnitt C3)

Die Fundierung, Ausarbeitung und Begründung der in 1) und 2) enthaltenen ontologischen und epistemologischen Aussagen kann nicht Aufgabe dieses Beitrages sein. Aufgabe ist aber, Wesentliches der Waldorfpädagogik als Zusammenhang, und nicht als Summe empirisch zufälliger Einzelheiten oder allgemeiner theoretischer Sätze, so vor Augen zu führen, daß Waldorfpädagogik anschaubar und damit auch befragbar wird. Es ist zu hoffen, daß dadurch Waldorfpädagogik nicht einfach nur gefühlsmäßig oder aufgrund von Einzelerfahrungen angenommen oder umgekehrt aufgrund eigener ideologischer Fixierungen verworfen, sondern daß sichtbar wird, was noch geklärt, was noch begründet, was noch aufgearbeitet oder modifiziert werden kann oder müßte. Dadurch würde allererst sinnvolle und sachgemäße Kritik ermöglicht.
   In diesem Sinne soll nun ein erstes Kapitel einen rein darstellenden Charakter haben. In einem zweiten Kapitel wird dann das Beschriebene untersucht und befragt. Dabei werden entscheidende Gesichtspunkte und Gedanken herausgehoben und in einen Zusammenhang gebracht. Hervorheben möchte ich, daß es mir im Folgenden nicht auf bestimmte Aussagen und Inhalte zur Waldorfpädagogik und zum Unterricht ankommt, sondern darauf, wie der Lehrer mit den verschiedenen Inhalten und Aussagen umgeht, und zwar für das spezielle Lebensalter der Kinder eines 5. Schuljahres. Für ältere Schüler würde sich manches modifizieren.

# B. Darstellung eines Beispiels

## 1. Vorbereitung auf eine Pflanzenkundeepoche

Die Jahresplanung eines Klassenlehrers einer Waldorfschule hat für die Epochen des fünften Schuljahrs dazu geführt, daß eine vierwöchige Pflanzenkundeepoche stattfinden soll. Grundlage für diese Planung waren Aufstellungen von Heydebrand (Heydebrand 1983) und Stockmeyer (Stockmeyer 1988) sowie Gespräche mit Kollegen. Im Hinblick auf das Pflanzenwachstum wird die Epoche in den Juni gelegt. Vorüberlegungen haben schon im Zusammenhang mit der Tierkundeepoche im vierten Schuljahr stattgefunden. Die eigentliche genauere Vorbereitung findet im Anschluß daran in den Osterferien statt. Zunächst wird noch einmal ein Blick in „Vom Lehrplan der Freien Waldorfschule", bearbeitet von C. von Heydebrand (Heydebrand 1983, S. 27) geworfen: „Die Pflanzenlehre wird immer im Zusammenhang mit dem Leben der Erde als eines lebendigen Organismus behandelt. Das in dieser Zeit stark regsame, gesunde Kausalitätsbedürfnis des Kindes wird in rechter Art befriedigt, wenn das Kind lernt, wann eine bestimmte Pflanze in einem bestimmt gearteten Boden unter einem bestimmten Himmelsstrich usw. diese oder jene Form ihrer einzelnen Teile zeigt."

Der inhaltliche Hinweis darin ist recht allgemein. Entscheidend ist offenbar der „Zusammenhang mit dem Leben der Erde als eines lebendigen, einheitlichen Organismus". Die Konkretisierung im zweiten Satz hebt mit ihrer Begründung durch das „Kausalitätsbedürfnis" auf das Lebensalter ab. Da diese dem Vorverständnis des Lehrers im Hinblick auf das Lebensalter „seiner" Kinder nicht entspricht, beschäftigt er sich weiter mit dieser Frage. Er sucht sich ferner weiteren inhaltlichen Rat in der Sammlung von Anregungen Rudolf Steiners, zusammengestellt von E. A. Stockmeyer (Stockmeyer 1988, S. 205). Im Gegensatz zu Heydebrand ist dieses eine teils zitierende, teils nur Fundstellen nennende Sammlung, die nach Klassen und Fächern geordnet ist. Dabei handelt es sich im wesentlichen um Stellen aus pädagogischen Vorträgen und Beiträgen Rudolf Steiners in Konferenzen mit den Stuttgarter Waldorflehrern beim Aufbau der ersten Waldorfschule vom September 1919 bis September 1924. In dieser Sammlung heißt es nun: „Dann gehen wir über ... mit der Pflanzenlehre in diesem 5. Schuljahr zu beginnen und sie namentlich so zu betreiben, wie wir das im didaktischen Teil unseres Seminars besprochen haben" (nach Steiner, GA 295, S. 165). Außer dem Hinweis, daß in dem Zitat auf die 9., 10. und 11. Seminarbesprechung (Steiner, GA 295) hingewiesen wird, ist sonst nichts enthalten. Der Lehrer wendet sich nun also den Texten Steiners selbst zu, zunächst diesen drei Seminarbesprechungen. Dort läßt Steiner die ersten angehenden Waldorflehrer in großer Vielfalt Ausgestaltungen seiner allgemeinen Anregung machen, die Pflanze in Zusammenhängen, vor allem aber im Zusammenhang mit dem Menschen zu behandeln. Alle, fast alle der vielfältigen Vorschläge, die dann von den Teilnehmern dazu gemacht werden, werden verworfen – die Brücke zum Menschen fehle, sie seien zu äußerlich, erreichten nicht das Kind, seien zufällig, zu subjektiv, nicht mit der Sache in Verbindung stehend, nicht aus der Erfahrung mit der Wirklichkeit genommen. Dennoch wird weiter Phantasie und Eigeninitiative herausgefordert. Steiners eigene Darstellungen sind konkret und doch vielgestaltig, beweglich und weitgespannt. Der ganze Vorgang erstreckt sich bei Steiner über drei volle Besprechungen der vierzehn grundlegenden, konkretisierenden seminaristischen Übungen der ersten Waldorflehrer. Dadurch hat er auch besonderes Gewicht. Steiner regt schließlich selbst an, wie man eine Beziehung der Pflanzenwelt zum Menschen finden könne. Dazu solle man die Pflanzen im Zusammenhang mit der Erde, der Sonne usw. betrachten. Das soll an Hand der Pflanzenformen und der Pflanzenorgane Wurzel, Blatt und Blüte geschehen. Steiner demonstriert dies am Löwenzahn und fordert auf: „Suchen Sie die richtige Methodik." Die Darstellungen sollen Zusammenhänge erfaßbar machen, so „... daß die Kinder eine Übersicht bekommen über die Pflanze: erst die niederen, dann die mittleren, dann die höheren". Dieser Zusammenhang, diese Ordnung, die an die Pflanzenformen anknüpft, verdeutlicht nun Steiner durch Konkretisierung der Aussage „... wohl aber können Sie die Pflanzenwelt vergleichen mit der Seele selbst, die hinaus- und hineingeht" (Steiner, GA 295, S. 109), was nach weiteren konkretisierenden Ausführungen so formuliert wird: „Die Pflanzenwelt ist die sichtbar gewordene Seelenwelt der Erde" (a. a. O., S. 113).

Was dann schließlich auf komplexe Weise zur Anschauung gebracht wird, muß ich hier kürzer so zusammenfassen:

1. Das Gewahrwerden je spezifischer Seeleneigenschaften in je spezifischen Pflanzenformen wird geschildert;
2. dem Hereingehen und Herausgehen der Menschenseele aus dem Menschenleib beim Aufwachen und Einschlafen entsprechen bei der Erde das „Hereingehen" der die Pflanzen gestaltenden Kräfte im Winter („Aufwachen") und „Herausgehen" dieser Kräfte im Sommer („Einschlafen");
3. in Anknüpfung hieran beschreibt Steiner das Hervortreten von seelischen Möglichkeiten beim Menschen bis zum 14. Lebensjahr und der Vergleich mit dem Seelischen der Erde, das sich „herausgehend" von den Pilzen bis zu den Blütenpflanzen, immer stärker zeigt und so zum Bild der sich immer stärker zeigenden Kinderseele werden kann.

Die genannten Gesichtspunkte werden von Steiner an vielen Beispielen einzelner Pflanzen, einzelner Seeleneigenschaften, einzelner Zustände in die Anschauung gebracht.

Dieses wird nun von dem sich vorbereitenden Lehrer nicht einfach als Lehrinhalt für die Kinder aufgefaßt, sondern als eine Anregung und Aufgabenstellung für ihn selbst.

Er studiert all dieses und prüft, ob er daran anknüpfen kann, und entscheidet sich nach einem prüfenden, übenden Umgehen und eigenen Erfahrungen. Bevor er nun weitere Überlegungen für den Unterricht anstellt, wählt er – immer wieder fragend und übend mit den Anregungen Steiners umgehend, vielleicht auch anthroposophische Ausführungen über Pflanzen bei Steiner nachschlagend – sich einzelne Pflanzen aus; er wird sie möglichst in der Natur aufsuchen, übend anschauen, manche Spaziergänge machen, Bücher zu Pflanzen, z. B. von Grohmann (Grohmann 1979, 1981 und 1988), der gerade auch diese seminaristischen Übungen genau interpretiert, lesen, aber auch andere Biologiebücher, er wird zeichnen, auch manches mit dem Oberstufenfachkollegen besprechen usw. Er stellt auch fest, wie wenig direkt die Ausführungen Steiners im Blick auf seine bohrenden Fragen sind; die ersehnten „einfachen Antworten" fehlen.[1] Bereits in seiner Ausbildung zum Waldorflehrer hat er sich allerdings darin geübt, die sinnenfällige Welt, Gestalten, Hörbares usw. so anzuschauen, daß sich dies in ihm real auszusprechen beginnt – so wie sich für einen geübten Musiker ein hörend aufgenommenes Musikstück oder für einen Maler ein farbiges Bild aussprechen. Er übt sich weiter darin, auf diesem Weg Zugang zu seinem Gegenstand zu finden und belebt diese Fähigkeit ständig.

In dem Versuch, in den Pflanzen Seelisches zu entdecken, um so einen Bezug zum Menschen zu finden, wird er sich übend, anschauend, nachdenkend Seelisches am Menschen, an sich und anderen vergegenwärtigen und dies in der Anschauung beleben. Er trifft dabei auch auf die gegenwärtige sozial-kulturelle Situation und ihr Verhältnis zur Pflanzenwelt (Stadt-Land, Landwirtschaft, Ökologiesorgen). All dies ist so angelegt, daß ein wirklicher Lebens- und Verwandlungsvorgang geschehen kann und nicht bloß Wissen angeeignet wird.

Auch jetzt plant er noch nicht den Ablauf der Epoche, sucht sich nicht bestimmte Pflanzenreihen usw. Er stellt sich vielmehr, meist schon vorher parallel zu den anderen Beschäftigungen, die Kinder vor Augen. Wie immer wieder das Schuljahr über, sieht er sie in ihrer Lebensaltersituation, ihrem leiblich-seelischen Entwicklungsstand. Er beschäftigt sich erneut auch mit Allgemeiner Menschenkunde. All dies geschieht, obgleich er schon einmal eine fünfte Klasse unterrichtet hat. Er vermeidet bewußt, festlegende Einzelheiten von damals (Epochenhefte u. ä.) zu benutzen. Er belebt in sich auch die Anschauung von dem, was Steiner den „Lebensleib" oder den „Ätherleib" nennt und dessen Entwicklung beim Kind bis zum 14./15. Lebensjahr. Dazu steht ihm auch das Buch von Müller-Wiedemann „Mitte der Kindheit" (Müller-Wiedemann 1973) zur Verfügung, wo er z. B. auf S. 162 etwas über Vorbedingungen der Begriffs- und Phantasiebildung der Kinder in diesem Alter, nämlich über den „Übergang von bildhaftem zu ästhetischem Wahrnehmen" liest. Er wird sich auch die Inhalte der schon zurückliegenden Geographie- und der Geschichtsepoche sowie die Art, wie die Kinder dies aufgenommen haben, in die Erinnerung rufen.

Bei all dem – wie schon bei der Vorbereitung in stofflich-inhaltlicher Hinsicht – handelt es sich hier um einen durch übendes Tätigsein in Gang gesetzten Vorgang, der sich, geleitet durch Gedanken, Begriffe und Erfahrungen, im Lehrer abspielt. Wir können mit Worten nur hinweisend darauf deuten. Wesentlich bei all diesen Vorbereitungtätigkeiten ist also nicht, daß ein Wissen angesammelt wird, das dann im Unterricht handlungsbestimmend wird, sondern daß der Lehrer in sich übend wirkliche *Verwandlungsvorgänge* in seiner geistig-seelisch-leiblichen Konfiguration in Gang setzt. Er vertraut dann auch darauf, daß diese Vorarbeit im rechten Moment – bei der konkreten Vorbereitung und auch jeweils im Unterricht – fruchtbare Einfälle, auch ganz neue, ermöglichen wird.

Vor Beginn der Epoche macht sich der Lehrer nun das folgende Bild von dem Inhalt der Epoche:

In der ersten Woche werden an einem Beispiel (Löwenzahn oder Hahnenfuß) die Organe Wurzel, Blatt, Blüte im Zusammenhang mit den Einflüssen von Licht, Luft, Wasser, Erde aus der Umgebung eingeführt. Ferner werden Beispiele verschiedener Standorte, verschiedener Jahreszeiten und die Auswirkungen auf die Organe behandelt. Pflanze und Erde gehören zusammen!

In der zweiten Woche wird, am Beispiel des Löwenmäulchens und vielleicht eines zweiten Beispieles erkundet, wie sich in den Formen einzelner Pflanzen bestimmte „seelische Gesten" aussprechen, ferner wird das Außerhalb- und Innerhalb-der-Erde-sein von Pflanzen (z. B. Pilz und Baum) im Jahreslauf im Vergleich mit Schlafen und Wachen beim Menschen betrachtet.

In den letzten beiden Wochen werden Pilze, Moose, Farne, Tanne, Tulpe, Lilie und Rose behandelt, wobei auf dem Hintergrund des in den ersten Wochen Behandelten ein Vergleich mit der seelischen Entwicklung des Kindes entstehen kann.

Wenn er eine Pflanze behandelt, knüpft er zunächst an die Erinnerungen der Kinder an und schildert Wurzel, Blätter, Blüten immer im Zusammenhang mit der Erde, bewegt all dieses im Gespräch mit den Kindern und läßt sie anschließend zeichnen (zunächst aber nicht abzeichnen) und beschreiben. Es werden immer wieder Pflanzen in die Klasse gebracht werden, die nun allerdings nicht mehr im Zusammenhang mit der Erde sind. Auch Pflanzenkästen werden im Klassenzimmer gepflegt, ohne jedoch Mittelpunkt oder Ausgangspunkt zu sein. Für die dritte und vierte Woche muß eine Erfahrung des Seelischen entwickelt und durch innere Anschauung belebt werden. Ausflüge werden eher gegen Ende unternommen. Die ganze Tendenz geht dahin, neben einem gründlichen äußeren Anschauen auch tatsächliche mit den äußeren Erscheinungen ganz in Verbindung stehende innere Erfahrungen zu machen und an solche anzuknüpfen, die sich dann auf Grund des ganzen Epochenablaufes in einen Zusammenhang schließen. Das alles geschieht mit Takt und im Kontakt mit den Kindern. Alles bloße „Einreden" wird strikt vermieden.

Folgendermaßen wird nun die Epoche selbst begleitet:

Kurz vor Beginn findet noch ein Elternabend statt, an dem den Eltern etwas vom Inhalt und Ziel der Epoche nahegebracht und interessant gemacht wird, wo aber auch Fragen, Bedenken und Widerspruch besprochen werden können. Er wirbt vor allem auch um Verständnis, die angelegten Vorgänge und Regsamkeiten nicht durch vorschnelle „Erklärungen" abzuschneiden. Am Vorabend von jedem Unterrichtstag bereitet er eine Geschichte, die Beschreibung von Pflanzen o. ä. so vor, daß er am nächsten Tag vor den Kindern etwas in der Gegenwart entstehen lassen kann und nicht aus dem Gedächtnis oder gar ablesend arbeiten muß. Dazu hilft ihm auch, sich am Vorabend einzelne Kinder nach Gestalt und Wesen vors innere Auge zu stellen und einen Rückblick auf den vergangenen Unterricht zu halten. Manchmal hat er auch am Abend auf der verdeckten Seite der Tafel schon ein Bild vorbereitet. Nach der Begrüßung jedes einzelnen Kindes und kleineren Einzelgesprächen beginnt dann am Morgen der $1^3/_4$ Stunden dauernde „Hauptunterricht" mit dem Morgenspruch, dem Sprechen von einzelnen „Zeugnissprüchen" und gemeinsamem Rezitieren. Dann wird an den Vortag angeknüpft, mit Neuem fortgesetzt, ganz auf das gegenwärtige Geschehen in der Klasse und auf die Kinder eingehend; schließlich wird verarbeitet, festgehalten und mit einer frei erzählten fortlaufenden Geschichte geendet. Dies ist ein lockerer und doch festgefügter Ablauf wie in anderen Epochen auch. Die Kinder selbst gestalten in dieser Zeit ihr eigenes Epochenheft aus Tafelanschrieben, Zeichnungen und kleineren eigenen Texten. Zu seiner Führung und Ausgestaltung wird ständig Anleitung gegeben.

Während der Epoche kann vielleicht zu einem konkreten Gesichtspunkt oder einer bestimmten Frage ein Beitrag in der wöchentlichen pädagogischen

Konferenz aller Lehrer gegeben werden. Dabei können einerseits Kollegen Anregungen bekommen, andererseits werden die eigenen Gedanken und Erfahrungen durch das Gespräch mit anderen ergänzt und auch kritisch befragt.

Im 6. Schuljahr wird die Pflanzenkunde dann fortgesetzt, danach aber werden noch die Mineralien behandelt. Nachdem dann bis zum 10. Schuljahr die Betrachtung des Menschen selbst unter verschiedensten Gesichtspunkten Inhalt des Biologieunterrichts ist, werden im 11. und 12. Schuljahr, nun vom Biologiefachlehrer, die Pflanzen, und zwar dieselben Pflanzen von den Pilzen bis zu den Dikodyledonen, indirekt an das 5. Schuljahr anknüpfend, nun aber mit ganz anderen biologisch-systematischen Methoden Unterrichtsthema, davor die Zellenlehre.

## 2. Vorgaben und Verbindlichkeiten für den Lehrer

Der rechtliche, psychosoziale und weltanschauliche Rahmen, in dem der so tätige Lehrer arbeitet, gehört genauso zum Grundlegenden wie die beschriebene methodisch-inhaltliche Seite. Deshalb soll er hier ebenfalls dargestellt werden. Unter welchen rechtlichen, psychosozialen, weltanschaulichen Vorgaben, Einflüssen und Bindungen findet die beschriebene Tätigkeit des Lehrers und damit die Waldorfpädagogik statt? An rechtlichen Bindungen liegen die folgenden vor:

a) Die Satzung des Eltern-Lehrer-Trägervereins enthält das formulierte Schulziel, z.B.:
   „Der Verein ist der Zusammenschluß der Eltern, Lehrer und Mitarbeiter aus dem gemeinsamen Willen, eine Schule nach der Pädagogik Rudolf Steiners zu betreiben".[2]

b) Die Verpflichtungen des einzelnen Lehrers sind in seiner „Zusammenarbeitsvereinbarung" z.B. wie folgt formuliert:
   „NN. und die ... Schule begründen mit dieser Vereinbarung ihre Zusammenarbeit mit dem Ziel, die Rudolf Steiner Schule ... im Zusammenwirken aller Organe als Einrichtung des freien Geistesleben auf der Grundlage der Waldorfpädagogik Rudolf Steiners zu gestalten ... NN. ist in seiner pädagogischen Arbeit eigenverantwortlich und weisungsunabhängig tätig. Er ist jedoch gehalten, in pädagogischen Fragen Einmütigkeit mit dem Kollegium anzustreben".[3]

c) Der nach Art. 7 Abs. 4 GG notwendigen Schulgenehmigung durch den Kultusminister liegt als Lehrplan die Schrift von Caroline von Heydebrand (Heydebrand 1983) zu Grunde.

Die entscheidende Instanz liegt also nicht in einer weltanschaulichen Organisation oder einer anderen Instanz außerhalb der Schule, sondern die Waldorfpädagogik verwirklicht sich letztlich durch Auslegung der „Pädagogik Rudolf Steiners" durch das Lehrerkollegium und den einzelnen Lehrer. Die Auslegung der „Pädagogik Rudolf Steiners" wird nur sinnvoll möglich sein, wenn man in der anthroposophischen Geisteswissenschaft Rudolf Steiners etwas Berechtigtes sieht. Dazu ist keine Mitgliedschaft in der Anthroposophischen

Gesellschaft erforderlich, die übrigens meines Wissens auch kein Lehrerkollegium bei der Einstellung eines Lehrers von diesem fordert. Allerdings verlangt auch die Mitgliedschaft in der Anthroposophischen Gesellschaft keinerlei Anerkenntnis irgendwelcher Inhalte oder Anschauungen, sondern lediglich, daß in der Erforschung der geistigen Welt etwas Berechtigtes gesehen wird.[4]

Wie in jeder sozialen Gruppe sind prinzipiell Abhängigkeiten am ehesten durch innere soziale Mechanismen möglich und kommen in bestimmten Konstellationen selbstverständlich auch vor. Dazu gehören vor allem Wechselwirkungen mit Kollegen, aber auch solche mit Eltern, die u.U. auch einen „Waldorfunterricht" erschweren, weil z.B. sich dem Lehrer wesentlich erscheinende pädagogische Impulse nicht mit bestimmten Lern- und Erfolgserwartungen der Eltern decken. Die Eltern sind weit überwiegend zunächst nur wenig mit Grundlagen der Waldorfpädagogik vertraut. Ganz wenige Eltern sind Anthroposophen. Dies fordert aber auch den Lehrer heraus, sich seines autonomen Verständnisses von Waldorfpädagogik zu vergewissern und mit den Eltern als Partner sich zu verständigen. Von der Struktur und Sache her gibt es trotz allem wenige Gruppierungen in unserer Gesellschaft, in denen so viele Gesprächswechselwirkungen, mögliche Öffnungen, Korrekturen und in diesem Sinne auch Rationalität möglich sind, wie im Waldorfzusammenhang.

Eine Beeinflussung in anderer Richtung, Be- bzw. Verhinderung von Waldorfunterricht, findet schließlich über verschiedene Mechanismen nicht formell-rechtlicher Natur, wie z.B. oft durch Ängste vor dem nach staatlicher Norm am Ende der Vorbereitungsklasse (13. Schuljahr) nach der 12. Klasse ablegbaren, voll gleichwertigen Abitur statt. Dieses würde sich in unserem Pflanzenkundebeispiel allerdings noch am wenigsten auswirken.

Soweit soll der „Gegenstand" beschrieben werden, um nun zu einer Analyse überzugehen.

## C. Untersuchung des Beispiels nach Voraussetzungen und gedanklichen Zusammenhängen

Vorbemerkung: Es soll im folgenden nun wie angekündigt die Aufmerksamkeit vor allem auf das Umgehen mit den Erkenntnissen und Anregungen Rudolf Steiners gerichtet werden. Wie kann es gelingen, mit diesen vielleicht zunächst recht ungewohnt und fremd erscheinenden Gedanken so umzugehen, daß sie weder einfach als Illusion unbeachtet bleiben, noch daß sie unselbständig und ohne eigene Erfahrung und Erkenntnis dogmatisch übernommen werden?[5] Es kann also hier nicht primär darum gehen, die inhaltlichen Teile dieser Pflanzen- und „Erdseelenkunde" wissenschaftlich zu fundieren, sondern ihre „didaktische Funktion", den Umgang des Lehrers damit nachvollziehbar und sinnvoll zu beschreiben und teilweise zu begründen. Es geht auch darum, etwa darin enthaltene Voraussetzungen, vor allem solche, die grundlegend sind, sichtbar zu machen, so daß daraus dann weitere Forschungsaufgaben entwickelt werden können.

Zu beachten ist schließlich, daß es sich um einen Lehrer der 5. Klasse, nicht um einen „Oberstufenlehrer" handelt.

## 1. Beobachtungen an dem Beispiel

Was sind nun Mittel, Voraussetzungen – Gedanken, Theorien, Pläne, Texte, Anschauungen, Übungen usw., aber auch Prozesse und Handlungen –, die im Beispiel der Pflanzenkundeepoche und dann auch sonst, die je konkrete Pädagogik hervorbringen?

- Auf der stofflich-inhaltlichen Ebene ist an dem Beispiel auffallend, daß nicht von einer biologisch-botanischen Systematik ausgegangen wird und diese dann methodisch motivierend, lerntheoretisch-didaktisch zubereitet wird, sondern daß
  - solche Zusammenhänge in den Blick gefaßt werden, die offenbar von vornherein schon zugleich als didaktisch wirksam angesehen werden, wie das Seelisch-Sprechende der einzelnen Pflanzenform und die Pflanzenwelt als sichtbarer Ausdruck der Seele der Erde sowie der Zusammenhang einer Pflanzenreihe mit der seelischen Entwicklung des Menschen.
  - Ferner wird gerade diese Pflanzenkunde für dieses Alter gewählt, weil darin eine Rolle spielt, was scheinbar, jedenfalls im üblichen Sinne, nicht wissenschaftlich gesichert, zumindest nicht thematisiert erscheint: Seelisches in der Pflanzenform und die Frage nach Seele der Erde und ihr Zusammenhang mit Pflanze und Mensch. Dabei wird man sofort nachfragen:
    Hat die Erde eine Seele?
    Was ist überhaupt Seele?
    Und wenn die Erde eine Seele hat – was hat das Leib-Seele-Verhältnis der Erde mit dem Menschen zu tun?
    Ist das Leib-Seele-Problem nicht schon beim Menschen eine schwierige Frage?
    Ist in all diesem dogmatische Anthroposophie am Werk?
- Auf der „methodisch-didaktischen" Seite ist auffallend, daß keine einfach alles bestimmende methodisch-didaktische Theorie vorliegt, die dann auf die konkrete Situation angewendet wird. Es liegt eigentlich auch kein von außen festlegender inhaltlich-methodischer Lehrplan im üblichen Sinne mit durchgängigen Zielvorgaben vor. Stattdessen zeigt sich, daß der Lehrer Verschiedenstes verrichtet, um selbst in eine unmittelbare Beziehung mit der Sache und mit den Kindern zu kommen. Dazu gehört auch die Auswahl der Inhalte selbst. Wird hier das Prinzip objektiver Wissenschaftlichkeit verlassen? Woher kommen die Inhalte? Welche Rolle spielt dabei zusätzlich die Beschäftigung mit Begriffen und Zusammenhängen übersinnlicher Tatbestände in der Schilderung Rudolf Steiners, z.B. über die Entwicklung des Lebens- oder Ätherleibes des Kindes vom 6.–14. Lebensjahr? Welchen kritisch-selbständigen Anteil hat der Lehrer beim Umgang mit solchen Beschreibungen? Wie wirkt sich all dies auf die Weltanschauung der Kinder aus?

Es ist wichtig, die hier kritisch fragend markierten Punkte nicht einfach wegzuerklären, sondern davon auszugehen, daß es sich dabei gerade um grundlegende und konstitutive Elemente der Waldorfpädagogik handelt, daß sie gerade festgehalten und verstehbar gemacht werden müssen, wenn Waldorfpädagogik nicht Willkür oder Ausfluß von Mystisch-Ideologischem sein soll. Deshalb wird im Abschnitt 2) auf die erste dieser Beobachtungen, die Frage nach dem Seelischen, und in Abschnitt 3) auf die zweite, die Frage nach der Tätigkeit des Lehrers, eingegangen. Das entspricht den beiden in der Einleitung genannten Blickrichtungen.

## 2. Die inhaltliche Seite dieser Pflanzenkunde

Ein wesentliches Merkmal dieses Unterrichtes ist, daß durch ihn Zusammenhänge sichtbar werden, daß nicht einfach „interessante" oder motivierende Einzelheiten vorgeführt werden sollen. Das ist zunächst unmittelbar einleuchtend, wenn wissenschaftliche Wirklichkeitserkenntnis eine Rolle spielen soll. Dies schließt notwendig auch den Zusammenhang der Pflanzenformen und -organe mit den Standorten, den Jahreszeiten und damit der ganzen Erde ein. Eine Pflanze in der Vase ist „abstrakt". Genauer betrachtet werden soll nun aber im folgenden der Teil des Beispiels, in dem von „Seele" und „Seelischem" die Rede ist.[6] Denn dort entstehen für das gegenwärtige Bewußtsein die meisten Verständnisschwierigkeiten und kritischen Fragen. In dieser Pflanzenkunde werden jedoch gerade über diese Betrachtungen und Erkenntnisse die Beziehungen zum Menschen gefunden. Auf ihnen gründet also daher das eigentliche Bildende und damit die „didaktische Analyse". Deshalb können daran besonders deutlich Wesentliches und Grundlagen dieser Pädagogik sichtbar werden.

Ich beschränke mich hier auf die genaue Ausführung von zwei miteinander zusammenhängenden Grundaussagen, die wiederum für den die Didaktik begründenden ontologischen Zusammenhang grundlegend sind:

a) Schaut der Mensch eine bestimmte Pflanze ihrer Formgestaltung nach aktiv an, so taucht in ihm ein für jede Pflanzenform spezifisches Gefühl auf. Je aufmerksamer er darauf schaut, um so konturierter wird diese Wahrnehmung werden. In dieser Wahrnehmung, in diesem Gefühl, in diesem „Seelischen" kann er, wie durch andere Wahrnehmungen auch, etwas von der Pflanze gewahr werden.

b) In den sichtbaren Formen und Gestalten der Pflanzen erscheint die Seele oder Seelenwelt der Erde. Diese Seele kann „in" der Erde sein und „außerhalb" der Erde so wie die Seele des Menschen, wenn er schläft, „außerhalb" seines Leibes wirksam ist und wenn er wach ist, „in" diesem Leibe wirkt.

Wir wollen uns nun beobachtend und fragend diesen beiden Aussagen nähern:

*Zu a):* Zum Verständnis, worum es sich hier handelt, ist die eigene Erfahrung und Beobachtung des Lesers unabdingbar. Schauen wir eine Gartennelke in ihrer roten Farbe mit ihren kräftig gebündelten, gewellten, nach außen ausgefransten und überladenen einzelnen Blütenblättern an. Achten wir auf die leisen Gefühle von „Überladenheit", „Aufdringlichkeit", „Verspieltheit", die uns dabei anmuten. In welchem Gesamtgefühl könnten wir das Auftretende aussprechen, wenn wir uns ganz den sprechenden Formen empfindend geöffnet haben, ohne bloß äußerlich gedanklich zu analogisieren? Steiner faßt das zusammen in „Die Nelke ist kokett" (a. a. O., S. 113) und: „Was wir an der Seele unsichtbar haben, verborgene Eigenschaften der Menschen, sagen wir Koketterie, wird sichtbar in der Pflanze" (a. a. O., S. 114).

Die Gleichheit der seelischen Erfahrung – und das ist wesentlich – beim Anschauen der Nelke und das sich sonst als „Koketterie" einstellende Gefühl bedeutet, daß hier nicht ein nettes Analogiespiel getrieben, sondern Realität beansprucht wird.

Gemeint ist also, daß aus der Gestalt wie aus einer leiblichen Geste Seelisches spricht. Es spricht tatsächlich und ist nicht bloß Gleichnis. So spricht auch z. B. aus der Farbe Rot Aktivität oder gar Aggressivität. Man muß, um dieses beurteilen zu können, es auch tatsächlich mit der eigenen Seele vollziehen. Man darf auch nicht die sich einstellende Erfahrung von vornherein als subjektiv verwerfen.

Andererseits darf man deshalb noch lange nicht in der Pflanze selbst von vornherein einen Träger dieses Seelischen unterstellen, also etwa von einer „Seele der Pflanze" ausgehen. Dazu berechtigt nichts. Die physische Pflanze ist hier Ausdruck oder auch sprechendes, aber selbst sprechendes Bild von Seelischem.

Der biologisch-anthropologisch-ontologische Inhalt selbst des hier soeben behandelten Beispiels kann für die in Rede stehenden pädagogischen Überlegungen und Begründungen an dieser Stelle nicht als solcher weiteres Untersuchungsthema sein. Das gilt auch für die nachfolgende Passage „Zu b)".

Weil jedoch die beschriebenen Beobachtungen gewöhnlich zu wenig ernst genommen, sie häufig als „bloß subjektiv" und beliebig angesehen werden, weil ferner das Reden von „Seele" und anderem Nicht-Sinnlichen leicht dem Verdikt der bloßen Ideologie oder Weltanschaulichkeit verfällt, wird im Anhang zu diesem Aufsatz (s. S. 208 ff.) von dem Biologen E. M. Kranich ein weiteres derartiges Beispiel gründlich ausgeführt. Es kann zur Präzisierung des Gemeinten, aber auch zur Anregung der eigenen Beobachtung und Erfahrung dienen. Zugleich wird das Beispiel selbst in einen erkenntniswissenschaftlichen Horizont eingebettet. Die damit zusammenhängende Fragestellung kann selbstverständlich dort nur andeutungsweise ausgeführt werden. Sie bedürfte selbst mehr als einer eigenen Monographie, eröffnet also einen weiteren, wichtigen Fragehorizont.

*Zu b):* Wenn man die gesamte Pflanzenwelt der Erde in dieser Weise anschaut, eröffnet sich eine große Vielfalt seelischer Gesten. In der menschlichen Leiblichkeit offenbart sich durch Gesten der Arme, durch den Gesichtsausdruck usw. ebenfalls Seelisches in einem Leiblich-Körperlichen. So wie man beim Menschen nach demjenigen fragen kann, was sich in diesen sinnlich wahrnehmbaren Gesten offenbart, so kann man, nimmt man das in den Pflanzenformen erfahrende Seelische genau so ernst, wie das im Lächeln eines Menschen Erfahrene, in diesem Sinne nach der Seele der Erde fragen.

In der herangezogenen Seminarbesprechung Steiners wird „Seele des Menschen" so eingeführt: „Wenn Sie einschlafen, geht Ihr eigentliches Seelisches aus dem Leibe heraus; wenn Sie aufwachen, geht Seelisches, Ich und eigentliche Seele, wiederum in den Leib hinein" (Steiner, GA 295, S. 109). Das läßt sich wohl umgekehrt so auffassen, daß eben das, was sich am Menschen als wirksam zeigt, wenn er wacht, im Unterschied zum Menschen wenn er schläft, mit „Seele" gemeint ist. Und das ist für jeden beobachtbar im Sinnlichen. Nun kann man mit Steiner die seelisch sprechenden Pflanzenformen folgendermaßen auf das Wesen Erde beziehen: Die Pflanzen und damit auch deren Wachstumskräfte, treten im Sommer – beim Baum sehr stark, beim Pilz ganz wenig – nach außen und d. h. aus der Erde heraus. So kann man sagen, daß das, was sich in den Pflanzenformen ausspricht und selbst nicht sinnlich ist, die Seele der Erde, im Sommer außerhalb des Erdenleibes ist. Im Winter ist alles Wesentliche der Pflanze und ihrer Wachstumskräfte in der Erde und damit auch die „Seele der Erde". Die „Kräfte", die zu der seelisch sprechenden Form der Pflanze führen, sind im Winter „in" der Erde. Die Erde ist wach – so wie der Mensch wach ist, wenn er seelisch aktiv sein kann, wozu man auch sagen könnte „Die Seele ist in ihm".

So ist die Sommererde die schlafende Erde und die Wintererde die wachende Erde. Dabei ist durchaus mitzudenken, daß Teile der Erde wachen, andere schlafen.

Mit diesen Überlegungen wurden nur an Beobachtbares Gedanken angeknüpft. So ist vor allem hier nichts über ein Empfinden oder gar über Bewußtsein der Erde ausgesagt.

Für heute gängige Vorstellungen ist das zusammengefaßte Ergebnis: die Erde ist nicht nur lebendiger Organismus, sondern ein beseeltes Wesen, schwer hinnehmbar. Doch wird niemand leugnen können, daß die beschriebenen Beobachtungen, soweit sie hier verfolgt wurden, im eigenen Erleben unmittelbar nachvollziehbar sind. Einwände stellen nicht die Realität dieser Erfahrungen, sondern allenfalls ihre intellektuelle Bewertung in Frage. Setzt man indessen – was hier nicht geschehen kann – die Beobachtungen in der begonnenen Richtung fort, so verdichten sich die anfänglichen Erfahrungen nicht nur, sie nehmen auch außerordentlich an Klarheit und damit an Mitteilbarkeit zu. Der Weg der Erfahrungsgewinnung ordnet sich und wird, sofern man sich dies nicht aufgrund vorgefaßter Beurteilung verdirbt, empirisch überprüfbar.

Manche Gedanken der Gegenwart weisen darauf hin, daß man sich dem hier in Rede stehenden Feld vielfach nähert und interessante Beobachtungen und Gedanken dazu entwickelt hat. So finden z. B. seit Ende der 60er und den frühen 70er Jahren mehr und mehr Untersuchungen über die Erde als ganzer unter der sog. Gaia-Hypothese statt, die besagt, daß die physikalisch-chemischen Bedingungen der Erde sekundäre Folgen davon sind, daß die Erde belebt ist (vgl. z. B. Lovelock 1987).

Bei diesen Betrachtungen kommt mehr und mehr in den Blick, die Erde als ganze als Lebewesen zu betrachten, wobei sich eine Fülle weiterer Fragen stellen, die eben ein Lebewesen betreffen. Diese Andeutungen stellen die oben mehr auf Beobachtungen gestützten Aussagen in einen gegenwärtigen Fragehorizont hinein.[7]

Die inhaltliche Seite der Pflanzenkunde wurde so behandelt, daß sichtbar werden kann, wie sich daraus Pädagogik entwickeln läßt. Pädagogik begründet sich aber erst im Zusammenwirken dieser Inhalte mit der anthropologischen Situation. Deshalb wird hier ein zweiter Sachverhalt geschildert: Aspekte zur anthropologischen Situation des Kindes um das 11. Lebensjahr. Diese anthropologische Situation kann hier nur als Tatsache hingestellt werden, die es an anderer Stelle zu befragen und zu begründen gilt. Thema unserer Untersuchung ist weder die Begründung einer Pflanzen-Seelen-Erdkunde noch die Begründung der Anthropologie. Es geht vielmehr darum, zu zeigen, welche ontologischen und anthropologischen Voraussetzungen hier tragend sind und wie aus dieser Pflanzen-Seelen-Erdkunde und den noch zu schildernden anthropologischen Sachverhalten Pädagogik entsteht und auch wie der Waldorflehrer mit diesen Aussagen selbständig umgehen kann. Auch für den Begriff „Lebens- oder Ätherleib" muß auf die vielfachen Darstellungen Steiners u. a. verwiesen werden (vgl. auch die Ausführungen Ch. Rittelmeyers dazu in diesem Band). Die dargestellte Pflanzenkunde wird im fünften Schuljahr für die ca. elfjährigen Kinder eingeführt. Darauf war zugleich die Art und Weise ihrer Behandlung abgestimmt. E. M. Kranich spricht bei der Beschreibung der Anthropologie des Kindes zwischen Zahnwechsel und Pubertät von „formenden Kräften". „Die formenden Kräfte, die im Leibe frei werden, kann das Kind nun in der Seele handhaben" (vgl. den Beitrag von E. M. Kranich zur Anthropologie in diesem Band, S. 126).

Diese Kräfte werden auch „Bildekräfte" genannte. Deshalb wird in diesem Alter mit diesen gestaltenden Kräften so gearbeitet, daß das Kind durch den Lehrer angeregt wird, selber innere Bilder zu gestalten. Die Pflanzengestalten werden tätig innerlich nachgeschaffen, und dabei wird auch ihr seelischer Ausdruck erlebt. Das dem Kinde angehörige Gefüge dieser Bildekräfte wird sein „Ätherleib" genannt, und eben dieser wird in diesem Alter mehr und mehr zugänglich und bildbar. Auch die Pflanzen besitzen ein nicht als solches sinnlich erscheinendes Gefüge formender Kräfte, einen „Ätherleib", aber keinen eigenen „Seelenleib". Bei diesen formenden Kräften handelt es sich nicht um das eigentliche Seelische selbst. In diesem Lebensalter wird das Seelische noch nicht so leibunabhängig tätig und selbständig wie nach der Pubertät erlebt (vgl. Kranich a. a. O.). In diesem Alter wird das Seelische gerade stark im Ausdruck durch diese Bildekräfte erlebt, die wiederum zu äußeren Formen als Ausdruck vom Seelischen führen können. Hier liegt die Beziehung des Kindes in diesem Alter zur Pflanze und ihrer Bildekräftewirkung.

Der eigentliche Erziehungsvorgang in unserem Beispiel läßt sich nun folgendermaßen beschreiben:

Durch den geschilderten Umgang mit Pflanze und Erde entsteht eine reale Verbindung mit diesem Weltbereich. Sie zeigt sich in einem Verstehen, in dem das Gefühl mitschwingt, wie dies in diesem Alter noch relativ leicht möglich ist. Im tätigen inneren Anschauen der Pflanzen werden Fühlensmöglichkeiten, nicht Vorstellungen, ausgebildet dadurch, daß, was in den Pflanzen tatsächlich lebt, sozusagen am eigenen „Leib" bildend mitvollziehbar wird. Der „rechte Umgang" mit Pflanze und Erde ist also ein solcher, der den Blick, das Anschauen, das Erleben so auf die Pflanze lenkt, daß die Tätigkeit und Gestaltung im eigenen Ätherleib diejenige der Pflanze aufnimmt und damit nicht einfach feste Formen annimmt, sondern gestaltungsfähig, empfindlich für Eindrücke und ihr Erfassen gemacht wird. In diesem Sinne ist Unterricht nicht „Fach"-Unterricht, sondern Herstellen von Weltzusammenhang, von Wirklichkeitszusammenhang. Die Wirklichkeit wird aus ihrer Struktur selbst heraus im Zusammenhang mit der Alterssituation zugänglich gemacht und wirkt so „bildend". Abgesetzt von der Vermittlung üblicher Botanik vollzieht sich hier Unterricht als Ausdruck dieser realen Bezüge und Sachverhalte und nicht etwa als ein geschicktes, aber äußerliches Umsetzen eines isolierten Sachverhaltes oder Zieles, das aus externen Gründen (Gesellschaft, Ökologie usw.) vorgegeben ist. In welcher Weise dann gerade viel ökologischer erzogen wird als durch äußere Zielsetzung, mag an anderer Stelle[8] ausgeführt werden. Es kann aber schon deutlich sein, daß hier die Umwelt als Mitwelt erfahren wird und daher ein tieferes Ernstnehmen gerade von ökologischen Fragen entstehen kann, ohne unmittelbares Unterrichtsziel zu sein. In diesem Sinne erzieht die Waldorfpädagogik nicht „wegen" bestimmter Ziele und nicht auf ein bestimmtes (gesellschaftlich, kulturell, religiös u. a.) vorgegebenes Menschenbild hin.

Auf dem Hintergrund des Beschriebenen sei nun die oben genannte Beobachtung, daß die jeweils behandelten Inhalte und Zusammenhänge selbst als „didaktisch wirksam angesehen werden", folgendermaßen zusammengefaßt: Die pädagogisch-didaktische Wirksamkeit der Lehrinhalte gründet in der Erkenntnis der Weltinhalte (z. B. der Pflanzen), des Menschen einschließlich seiner Entwicklung und der Bezüge und Entsprechungen zwischen beiden. Der Mensch findet die Pflanzenwelt „in sich", er findet sich „in" der Pflanzenwelt. Im Aufdecken dieses Sachverhaltes und im Verstehen der bildenden Möglichkeiten, wenn in geeigneter Weise diese Weltinhalte zur rechten Zeit Unterrichtsinhalte werden, besteht die „didaktische Analyse". „Schüler", „Lehrer", „Stoff" stehen also von vorneherein in einem ontologischen Verhältnis, das es zu erkennen und fruchtbar zu machen gilt. Dieser Sachverhalt ist konstituierend für den Waldorfunterricht.

Entscheidend für das bisherige Vorgehen war das Einbeziehen eines Mehr an Wirklichkeit als des bloß Sinnlichen. In die so verstandene Grundlegung der Waldorfpädagogik geht also ein übersinnliches Element ein, so daß deutlich wird, daß ohne die Einbeziehung der Realität von Übersinnlichem der Lehrer Waldorfpädagogik nicht praktizieren kann. Die grundsätzliche Zugänglichkeit der Realität eines Übersinnlichen ist deshalb konstitutiv. Für die Autonomie des Lehrers ist nun wichtig, daß diese grundsätzliche Anerkenntnis auf eigener Erfahrung und Erkenntnis beruht. Dazu muß er nicht selbst durchgängig „Geistesforscher" sein, sondern jeder kann, um nur ein erstes einfaches, gründlich auszubauendes Beispiel zu nennen, z. B. im Beobachten seiner Denktätigkeit sich der Realität seines eigenen übersinnlichen Ichs auf übersinnliche Weise vergewissern. Hier entsteht Autonomie. Der Lehrer wird dann unbeschadet seiner Selbständigkeit weiter geisteswissenschaftliche Forschungen über Seele und den Ätherleib studieren können und damit heuristisch umgehen. Für ihn selbst wird sich dann die Fruchtbarkeit in den Taten und Wirkungen dieses Übersinnlichen im Sinnlichen zeigen. Er wird dann, gegründet auf seine eigenen Erfahrungen, seine didaktischen Entscheidungen selbständig treffen. Die Schüler selbst werden auch nur zu Beobachtungen und Empfindungen dort geführt, wo sich Seele sinnlich anschaubar ausspricht und eigene innere Erfahrungen gefaßt werden können. Es bleibt ein selbständiges inneres und äußeres Anschauen.

Wichtig ist also festzuhalten, daß hier in die Waldorfpädagogik eingeht, was aus „üblicher" Wissenschaft in den Botanikunterricht nicht eingeht, aber gerade für den Waldorfunterricht konstitutiv ist. Die „übliche" Wissenschaft reduziert das erfahrbare Gesamtgeschehen. Dieses einseitige, eingeschränkte Weltbild wird erweitert, weil eine solche Einschränkung weltanschaulich, aber nicht erkenntnismäßig bedingt ist. Gleichzeitig muß festgehalten werden, daß das selbständige Wirklichkeitsverhältnis der so arbeitenden Lehrer und Schüler gewahrt bleibt. In diesem Sinne gilt also kurz: Die durch eigene Erkenntnis fundierte Anerkenntnis eines Übersinnlichen und seiner Erkennbarkeit ist konstitutiv für die Waldorfpädagogik.

Steiner selbst ist sich selbstverständlich dieses Sachverhaltes bewußt. Er formuliert ihn z. B. an exponierter Stelle, nämlich in der öffentlichen Ansprache zur Eröffnung der ersten Waldorfschule in Stuttgart am 7. 9. 1919, wo er nur wenige, aber entscheidende Grundlagen nennt. Dort ist nicht Raum, „unsere Erziehungsgrundsätze" im einzelnen auszuführen: „Es muß einziehen in die Geistesgesinnung der Menschheit die Überzeugung, daß Geist in allem Naturdasein lebt, und daß man diesen Geist erkennen könne. Und so haben wir versucht, in diesem Kursus, der vorangegangen ist unserer Waldorfunternehmung, und der bestimmt war für die Lehrer, eine Anthropologie, eine Erziehungswissenschaft zu begründen, die eine Erziehungskunst, eine Menschenkunde werden kann, welche aus dem Toten das Lebendige im Menschen wieder erweckt" (Steiner, GA 298, S. 25).

## 3. Die Vorbereitung und Tätigkeit des Lehrers – „Erziehungskunst"

Wir richten nun unsere Aufmerksamkeit auf den Zusammenhang der vorbereitenden Tätigkeiten mit der Unterrichtstätigkeit selbst. Es fällt auf, daß nicht das, was im Unterricht selbst geschehen soll, in der Vorbereitung einfach vorstellungsmäßig vorgebildet und festgelegt wird. Das Ergebnis der Vorbereitung ist nicht ein Plan im üblichen Sinne, der dann durchgeführt wird. Ferner wird in der Vorbereitung alles je neu angeeignet, entwickelt, erfunden, ohne sich von vorneherein von unterrichtsmethodischen, bindenden Grundsätzen leiten zu lassen. Andererseits werden manche Gedanken, Gesetze, Prinzipien, allgemeine Einsichten bewegt, überschaut und einbezogen. Die „Allgemeine Menschenkunde" (Steiner, GA 293) wird studiert usw. Das Lehrplanartige selbst wird aus Materialien allererst hergestellt. Es wird im wesentlichen nicht Wissen angesammelt, sondern Wissen dazu verwandt, mit Wirklichkeit selbst in Berührung zu kommen, zu leben und sich Einfällen zu öffnen, die in Beschäftigung mit der Sache entstehen. All dieses wird dann Grundlage für das Bild, das sich der Lehrer vom Inhalt und der Vorgehensweise der Epoche macht. Auch jede einzelne Unterrichtsstunde erfordert als Vorbereitung vorweg das Ingangsetzen eines Lebensvorganges, nicht einfach das Zurechtlegen von Sachverhalten, Wissen und Unterrichtsstrategien. Der Unterricht selbst ist dann – ohne abhakbaren Zielkatalog – ein eigenes unmittelbares (nicht erinnerndes) Gestalten und Arbeiten mit den Kindern, in das all die Vorbereitungen dadurch eingehen, daß eine Sensibilität für die Kinder und sachgemäße Einfälle und Entscheidungen entstehen. Vorbereitung dieser Art hat zu Kräften und zu einem konkreten Können geführt. Die Vorbereitung ist also so angelegt, daß im jetzt unterrichtenden Lehrer zugleich die Welt der „Inhalte" einerseits, andererseits die Kinder, die Klasse, die anderen Epochen des Jahres, der Jahre davor und danach, der Lauf der Klasse, die Biographie, die Eltern, die Fachkollegen und Unterrichte „anwesend" sein können, „leben".

Die Form dieser Anwesenheit nenne ich „potential" – potential, weil es sich nicht einfach um einen momentanen, überschaubaren Bewußtseins- und Vorstellungsinhalt handelt, sondern um ein im Lehrer Lebendes und Seiendes, was im Laufe der Zeit durch bewußte und sachgemäße Pflege zu diesem Leben und Sein gelangt ist, was werdend sich bildet, gebildet wurde und weiter bildet.

Im aktuellen Vorbereiten, im aktuellen Darstellen eines Inhaltes lebt der Lehrer selbst ganz in diesem Inhalt, schaut ihn an, vollzieht seine Bildebewegung, und doch verliert er sich nicht in ihn. Das ist dadurch möglich, daß potential zugleich all das andere oben Genannte in ihm gegenwärtig ist, lebt und wirkt. Durch Belebung in der Vorbereitung hat er seine Verbundenheit mit den einzelnen Kindern gestärkt. Potential lebt in ihm die Menschenkunde, psychisch-leibliche Funktions- und Bildegesetzmöglichkeiten. Potential ist schließlich sein eigenes Werden und Sich-selbst-verwandeln anwesend. Durch die Art der vorangegangenen vorbereitenden Verrichtungen ist diese Potentialität nicht im Vorstellungsleben und es geht so Theorie in Praxis über, sondern sie ist auf dem Wege über ein z. T. Vorstellungsmäßiges, aber immer bewußtes und damit freies („rationales") Aneignen ein in ihm Lebendes. Sie hat Seinscharakter und ist somit ein Mitgestaltendes und Wirkendes.

Der Lehrer muß also die Verbundenheit mit allem menschlichen und allem weltlichen Sein pflegen. Da der Mensch nicht der Welt äußerlich gegenübersteht, sondern in der von anderen Menschen gemachten Welt seine eigenen Seinselemente, Möglichkeiten und Bedürfnisse findet, ferner in der Natur all dem, was in seiner Leiblichkeit wirksam ist, begegnet und schließlich in der Menschheitsgeschichte seiner eigenen Geschichte begegnet, handelt es sich bei der Vermittlung von Inhalten nicht um Vermittlung einzelner additiv sich zeigender, unendlich vielfältiger Einzelheiten, sondern um einen bis ins Leibliche hinein wirksamen Aktualisierungs- und Belebungsvorgang. Es geht also nicht vorwiegend darum, Gegenstände tatsächlich zu beschaffen, auszuwählen und zu den Schülern hinzubringen (oder gar Modelle davon), es geht auch nicht darum (in dem von uns betrachteten Alter), Theoriezusammenhänge zu entwickeln und dem Kinde diese versteh- und handhabbar zu machen, sondern um die innere Anwesenheit dessen, was behandelt wird, belebt durch die so vorbereiteten Lehrer und das so Bewegen mit den Schülern. Auf diesem Wege wird vermieden, daß dem Schüler einfach Urteile und Beurteilungen des Lehrers übermittelt werden, aber auch ein bloßes äußeres Registrieren von Dingen und Tatsachen. Statt dessen wird ein sich mit der Sache selbst erlebend und dann urteilend verbindendes, eigenständiges Erfahren gefördert und in Gang gesetzt. (Vgl. dazu in dem Beitrag von E. M. Kranich in diesem Band den Abschnitt zu diesem Lebensalter.)

Entscheidend für all dieses ist, was sich als Welt in Leib und Seele des Lehrers selbst eingebildet hat und von ihm hineingebildet wurde, andererseits wie er sich mit Interesse und mit seiner körperlichen Tätigkeit, seelisch mit Verantwortung in die Wirklichkeit, in die natürliche und menschliche Welt handelnd hineinbegeben hat.

Was von Steiner und anderen angeboten wird, soll und kann dabei also suchend, probierend, findend verwendet werden. Der Lehrer kann aber fruchtbar wirken nur mit dem, was er tatsächlich gefunden hat und selbst anschauend durchdringt. Darin liegt seine Selbständigkeit. Das hieße in unserem Beispiel: In der Pflanzenwelt wird die Seele der Erde sichtbar – daraus kann aber nur Unterricht werden, wenn der Lehrer selbst wahrgenommen und verstanden hat, wenn es in ihm lebt. In zweiter Linie entspringt dann daraus sein Inhalt, seine Methode, sein Erfinden des Unterrichts.

Umgekehrt – und das ist wichtig und entscheidend – braucht, ja soll er das nicht zur Unterrichtsgrundlage nehmen, wenn das Genannte ihm nicht gelingt. Ich kann einem Menschen nicht sein Lächeln erwidern, also damit umgehen, wenn ich es nicht als solches erfaßt habe.

Die allgemeinen Aussagen Steiners und anderer spielen in diesem Vorgang für den Lehrer tatsächlich die Rolle von „Impulsen" (vgl. Paschen 1980) oder wirken „heuristisch" (vgl. Rittelmeyer in diesem Band); die Erfahrung selbst ist dadurch nicht ersetzbar. Der hier gemeinte Unterricht gelingt nur, wenn der Lehrer irgendwo aus sich heraus und selbständig auf Grund seines vielleicht zunächst heuristischen Vorgehens zu gegründeten Einsichten und Überzeugungen gelangt ist.

Interessanterweise ist ein solches Vorgehen gerade die Bedingung dafür, daß an den Schüler nicht die Überzeugungen, Meinungen und Theorien des Lehrers „weitergegeben" werden, sondern daß der Schüler zu einem eigenen, selbständigen Wirklichkeitsbezug gelangen kann. Hier läge ein Ausgangspunkt für die Untersuchung der aktuellen Frage, wodurch wirkliche „Schülerorientierung" des Unterrichts erreicht werden kann.

Wer die geschilderte Vorbereitungstätigkeit dieses Lehrers nachzuvollziehen versucht, mag sich fragen, ob einer so umfangreichen Lehrerarbeit nicht zeitliche Grenzen gesetzt sind. So kann doch nicht alles vorbereitet werden. Es sollte jedoch bedacht werden, daß viele der vorbereitenden Tätigkeiten sich nicht auf einzelne Stunden beziehen, sondern vieles auf Verwandlung des Lehrers selbst angelegt ist. Das ist ein langer Zeitprozeß. Gelingt er aber, so kann die einzelne Stunde von dem in geringem Umfang weiter übenden Lehrer viel rascher und ökonomischer vorbereitet werden, als ohne diesen Übungsvorgang. Hinzu kommt, daß, wie die Erfahrung immer wieder zeigt, die Bemühung und Anstrengung des Lehrers selbst von größter Bedeutung ist, d. h. gerade das ist „erfolgreicher", worum sich der Lehrer bemühen mußte, als das, was ihm von vorneherein selbstverständlich zur Verfügung stand. Das Leben mit den Kindern, das Gelingen des Unterrichtes stärkt umgekehrt wieder die Kräfte des Lehrers. Allerdings bleibt dennoch festzustellen, daß jeder Waldorflehrer dauernd mit diesem Problem ringt und seinen je eigenen Weg finden muß.

Durch die beschriebene Struktur der Lehrertätigkeit ist die Möglichkeit für etwas ganz Entscheidendes gegeben, nämlich dafür, daß in die Erziehungstätigkeit einerseits das je Individuelle, Konkrete der gegenwärtigen Situation des Kindes und die Einfälle des Lehrers konstitutiv, daß aber andererseits auch genauso die Möglichkeiten, Bedingungen, ja, Gesetzmäßigkeiten des Menschseins überhaupt und der Sache sachgemäß und kontrolliert in den Unterricht eingehen können. Das Berücksichtigen von Gesetzmäßigkeiten läßt Raum für je Individuelles, Konkretes und Spontanes, was bei einfachen Ableitungen aus einer Theorie und Anwendung auf die Praxis eben nicht möglich wäre. Dennoch können affektbedingte subjektive Trübungen beiseite geschoben und kontrolliert werden. Auf diese Weise wird ermöglicht, daß das gefördert wird, was das jeweilige Kind aus seinen individuellen Gegebenheiten werden kann, aber unter Berücksichtigung der vorgegebenen Natur- und Menschenwelt, ohne daß direkt Ziele außerhalb des Kindes in grundlegender Weise bestimmend sind.

Der scheinbare Widerspruch, daß Waldorfpädagogik beansprucht, sich einerseits auf allgemeine Welt- und Menschenerkenntnis zu beziehen, andererseits die Individualität jeden Kindes und jeder bestimmten Lebenssituation gerecht zu werden, löst sich nur durch die Einsicht: Allgemeine Welt- und Menschenerkenntnis wird mit dem konkreten Handeln nicht in der Form der Anwendung einer Theorie auf je besondere Fälle vermittelt. Das Studium und Erkennen von Welt und Mensch im allgemeinen wird vielmehr so betrieben, daß nicht einfach Wissen angeeignet, sondern daß der Lehrer selbst verwandelt wird zu einem Fähigen, zu einem „Könner". Dieses Können aktualisiert sich gegenüber individuellen Menschen und individuellen Situationen durch situationsgerechte Einfälle und „Griffe". Insofern ist der Lehrer dem Künstler vergleichbar. Die Welt- und Menschenerkenntnis ermöglicht aber ein bewußtes, sozusagen „rational gelenktes" Künstlertum. Aus den allgemeinen Sätzen der Menschenkunde ist jedoch das „Kunstwerk" so wenig ableitbar wie aus den Farbengesetzmäßigkeiten ein Gemälde.

Dieser schon in der Einleitung angekündigte Gesichtspunkt sei hier deshalb nochmals wiederholend zusammengefaßt:

Studium von Büchern, Theorien, Sachverhalten, seien es fachwissenschaftliche, seien sie psychologisch-didaktischer Art, Begriffe, theoretische Einsichten, Vorstellungen, Erfahrungen haben nicht die Funktion, auf dem begrifflich-gedanklichen Wege konkrete Abläufe, einzelne methodische Schritte abzuleiten und vorstellungsmäßig vorzubilden, gemäß denen dann soweit wie möglich tatsächlich Unterricht ablaufen soll. Die genannten rational durchschaubaren Vorarbeiten haben eine ganz andere, eher indirekte Funktion. Sie sind Tätigkeiten des Lehrers, die diesen als wirkliche Lebensvorgänge verwandeln, die in ihm Leben und Fähigkeiten – Wirklichkeit – entstehen lassen. Statt einer Theorie oder vorgefaßten Vorstellungsabläufen bestimmt dieses so bewußt erzeugte Leben, diese „Wirklichkeit" des Lehrers als Fähigkeit den jeweiligen Unterrichtsablauf im Zusammenwirken mit den je aktuellen Wahrnehmungen und Erfahrungen der Kinder. Auf diese Weise ergänzen sich im aktuellen Unterrichtsgeschehen allgemeine menschenkundliche Einsichten und individuelles, gegenwärtiges Geschehen. So wirken allgemein-menschenkundliche Gesichtspunkte und individuelle Gegebenheiten der Kinder widerspruchslos zusammen. Die Kinder werden weder schematisch nach Gesetzen eines allgemeinen Menschseins, noch gemäß bloß beliebig Individuellem, was mit nichts Anderem zusammenhängt, erzogen.

Sucht man nach einer Entsprechung und begrifflichen Fassung für diesen komplexen und doch durch Vernunft und Bewußtsein geführten Lebensvorgang, so findet man diesen, wie schon angekündigt, in der Tätigkeit eines Künstlers, wenn man dabei den Goetheschen Kunstbegriff[9] im Blick hat. Das Beschriebene präzisiert somit den Begriff „Erziehungskunst" und beginnt zugleich auf Grundlinien einer Ästhetik dieser Erziehungskunst und damit auf einen Horizont zu deuten, in dem einmal eine sachgemäße erziehungswissenschaftliche Durchdringung der Waldorfpädagogik möglich werden könnte.

Auch diesen zweiten grundlegenden Sachverhalt hebt Steiner in der genannten Eröffnungsansprache vom 7. 9. 1919 als entscheidende Grundlage hervor – mehr noch als den ersten. Schon im Zitat auf S. 198 erscheint „Erziehungskunst".

„Daß fließen kann in die Lehrerwelt dasjenige, was man wissen kann über den werdenden Menschen, wie ein seelisch-geistiges Lebensblut, das ohne erst Wissen zu sein, Kunst wird, dahin muß eine lebendige Pädagogik und Didaktik der Gegenwart streben" (Steiner, GA 298, S. 29f.).

## Anmerkungen

1 In den Texten stellt man fest, daß Steiner die Lehrer das Wesentliche möglichst selbst finden läßt; es werden fragend Impulse, kritische Beurteilungen, einzelne sprechende Beispiele gegeben. Der Seminartext enthält dieses und niemals abschließende Ergebnisse. Auch die Übersicht dort am Ende (a.a.O., S. 128f.) ist nicht einfach als abschließendes Ergebnis zu nehmen; das Seelische wird darin nur ganz allgemein angedeutet.
2 Aus Art. I von: Rudolf Steiner Schule Ruhrgebiet e.V. Verfassung, neugefaßt am 19.4.1969.
3 Aus: Anregungen zur Gestaltung der Verträge zwischen Freien Waldorfschulen und ihren Lehrern. Hrsg. als Manuskript von der Arbeitsgemeinschaft der Freien Waldorfschulen im Lande Nordrhein-Westfalen, Bochum, Oktober 1984.
4 S. z.B. „Statuten der Anthroposophischen Gesellschaft, Art. 4 (Steiner, GA 260, S. 44).
5 Hieran u.a. werden die Notwendigkeit und die Aufgaben einer „Waldorflehrerausbildung" deutlich, wie sie seit Jahren an vielen Orten der Welt praktiziert wird.
6 Es sei angemerkt, daß Steiner in allen späteren Darstellungen der Pflanzenkunde nicht mehr von der Seele redet, sondern nur den Zusammenhang mit der ganzen Erde betont.
7 Vgl. zu diesem Fragenkreis: z.B. Schad 1982, Schad 1985, Pflug 1984, Gibbin (Ed.) 1986, Lovelock 1987.
8 Vgl. Kiersch 1987 und Schad im vorliegenden Band.
9 Dazu muß aus einer breiten Literatur Goethes Kunstbegriff genau aufgefaßt werden.

## Literatur

Gibbin, J. (Ed.): The Breathing Planet. Oxford 1986.
Grohmann, G.: Zur ersten Tier- und Pflanzenkunde in der Pädagogik Rudolf Steiners. Stuttgart [2]1979.
Grohmann, G.: Die Pflanze. Ein Weg zum Verständnis ihres Wesens. Bd. 1. Stuttgart [6]1981.
Grohmann, G.: Lesebuch der Pflanzenkunde. Stuttgart [10]1988.
Heydebrand, C. von: Vom Lehrplan der Freien Waldorfschule. Stuttgart [7]1983.
Kiersch, J.: Umwelterziehung in der Waldorfschule. In: Handbuch Praxis der Umwelt- und Friedenserziehung. Bd. 2: Umwelterziehung. Hrsg. von J. Calließ und R. E. Lob. Düsseldorf 1987, S. 664ff.
Kranich, E. M.: Das Bild in der Naturkunde II. Die zweite Stufe: die Pflanzenarten als lebendig-stoffliche Bilder von Seelenregungen. In: Erziehungskunst. Monatsschrift zur Pädagogik Rudolf Steiners 5/1970, S. 172–179.
Lovelock, J. F.: GAIA, a new look at live on Earth. Oxford [2]1987.
Müller-Wiedemann: Mitte der Kindheit. Das 9. bis 12. Lebensjahr. Eine biographische Phänomenologie der kindlichen Entwicklung. Stuttgart 1973.
Paschen, H.: Waldorfpädagogik: Impuls und Bewegung. In: Bildung und Erziehung 4/1980, S. 393–400.
Pflug, H.: Die Spur des Lebens. Berlin, Heidelberg 1984.
Schad, W.: Niedermoor und Hochmoor, ein goetheanistischer Ansatz zur Landeskunde. In: Goetheanistische Naturwissenschaft, Botanik. Bd. 2. Hrsg. von W. Schad. Stuttgart 1982.
Schad, W.: Vom Geist der Natur – Lebenskreis und Lebensumkreis des Mondhornkäfers. In: Endlich, B. u.a.: Der Organismus Erde. Grundlagen einer neuen Ökologie. Stuttgart 1985, S. 165ff.

Steiner, R.: Allgemeine Menschenkunde als Grundlage der Pädagogik. Vierzehn Vorträge in Stuttgart, 21.8.–5.7.1919. Dornach $^8$1980. GA 293.

Steiner, R.: Erziehungskunst. Seminarbesprechungen und Lehrplanvorträge, gehalten in Stuttgart vom 21.8.–6.9.1919 anläßlich der Gründung der Freien Waldorfschule. Dornach $^2$1969. GA 295.

Steiner, R.: Rudolf Steiner in der Waldorfschule. Vorträge und Ansprachen für Kinder, Eltern und Lehrer in der Waldorfschule Stuttgart 1914–1924. Stuttgart $^2$1980. GA 298.

Steiner, R.: Die Weihnachtstagung zur Begründung der Allgemeinen Anthroposophischen Gesellschaft. Dornach $^3$1963. GA 260.

Stockmeyer, E. A. K.: Angaben Rudolf Steiners für den Waldorf-Schulunterricht. Eine Quellensammlung für die Arbeit der Lehrerkollegien. Als Manuskript vervielfältigt für die Lehrer an Freien Waldorfschulen. Herausgegeben von der Pädagogischen Forschungsstelle beim Bund der Freien Waldorfschulen. Stuttgart 1988.

*Frühling – Schülerin, 11. Klasse*

*Kopfstudie – Schülerin, 12. Klasse*

*Bildnis eines Mannes – Schülerin, 12. Klasse*

*Sinnendes Antlitz – Schülerin, 12. Klasse*

*Anhang zum Beitrag von Christoph Gögelein*

Ernst-Michael Kranich

# Über die Beziehung von menschlicher Seele und Pflanzenwelt

Kuhn beschreibt in dem bekannten Buch „Die Struktur wissenschaftlicher Revolutionen" zwei Arten von Wissenschaft. Die eine Art Wissenschaft zu treiben basiert auf den als gültig anerkannten Paradigmen. Man forscht unter Anwendung derselben; Forschung verläuft, was den Typus der Interpretation betrifft, in vorgegebenen Bahnen. Man weiß, welche Struktur die Wirklichkeit hat. Wissenschaft ist aber nie endgültig. Denn nach dem bekannten Bild (Eddington) gleichen die jeweiligen Deutungsmuster einem Netz mit bestimmter Maschenweite. Wenn man mit ihm Fische fängt, die immer größer als zehn Zentimeter sind, so ist dieser empirische Befund noch keine Aussage über den Fischbestand. Der Ozean der Wirklichkeit ist größer als unser Vermögen, ihn mit unseren Methoden der Erkenntnis zu durchdringen. Wissenschaftlicher Fortschritt hat eine Dimension, die nicht in dem Aufsuchen neuer Phänomene und deren Interpretation im Rahmen etablierter Muster aufgeht. Man muß neue Netze knüpfen, die auch das aus den dunklen Tiefen des Daseins ins Licht des Bewußtseins heben, was mit den bisherigen entgangen ist. Das wäre im Sinne von Kuhn Fortschritt durch ein neues Paradigma.

Solcher Fortschritt muß nicht immer spektakulär sein. Er wird immer von wenigen vorbereitet, oft lange, bevor er im Kreise der etablierten Wissenschaft, die ohnehin seit einiger Zeit etwas von ihrem Nimbus verloren hat, opinio communis wird. Dennoch ist Wissenschaft immer strenge Verpflichtung. Was ausgesagt wird, muß von jedem, der die angegebenen Methoden anwendet, selbst erkannt werden können. Und die Methoden müssen einer Methodenreflexion standhalten. Unter diesem Aspekt haben die „Alternativen der Wissenschaft" (G. Böhme) an Interesse gewonnen.

Erweiterung des Erkennens legitimiert sich aber nicht in der bloßen Möglichkeit neuer Deutungsmuster. Sie hat eine konkrete Anbindung an die Wirklichkeit im Erlebnis des Rätselhaften. Im Rätsel kommt man zu der Gewißheit, daß die Erscheinungen etwas enthalten, was in dem bisher Erkannten, möglicherweise aber auch in den verfügbaren Erkenntnismethoden nicht aufgeht. Im Rätsel berührt man neue Dimensionen der Wirklichkeit.

Nach dieser Vorbemerkung wollen wir erörtern, inwieweit die im Beitrag von Gögelein beschriebene Betrachtung von Pflanzen im Pflanzenkundeunterricht der Waldorfschulen einen wissenschaftlichen Kern hat. Zunächst muß man feststellen, daß sie keinen Bezug zur üblichen botanischen Betrachtungsweise, zur Pflanzenmorphologie, Pflanzenphysiologie und Systematik usw. hat. Neben dem, was die verschiedenen Zweige der botanischen Wissenschaft erfassen, gibt es aber noch eine „ästhetische Komponente" (H. Mohr). Diese umfaßt nicht nur, was mit den Begriffen schön und häßlich umschrieben wird.

Verschiedene Pflanzenarten „sprechen" den Menschen in unterschiedlicher Weise an. Wenn wir diesen zunächst etwas unbestimmten Sachverhalt mit Anmutung bezeichnen, meinen wir mehr als die Vorliebe für diese oder jene Pflanzen. Ein Schneeglöckchen „wirkt" inniger und kindlicher als ein Fingerhut, der Eisenhut ernster, strenger als die Königskerze. Pflanzen „sprechen" nicht nur zu den Sinnen und dem Verstand, sie berühren auch das Gemüt – allerdings in einer schwer greifbaren Weise. Das kommt in vielen Wendungen zum Ausdruck – kraftvolle Eiche, ernste Tanne, bescheidenes Veilchen usw.

Solche Anmutungserlebnisse gehören selbstverständlich nicht in das Gebiet wissenschaftlicher Aussagen. Sie sind vage Alltagserfahrung. Dennoch kann man die Frage aufwerfen: woran liegt es, daß der Mensch gegenüber den Pflanzen zu differenzierten Anmutungserlebnissen kommt? Um diese Frage zu beantworten, braucht man eine Methode, die das Rätselhafte dieser Anmutung erhellt.

Hier ist zunächst eine allgemeinere Bemerkung nötig. Der Mensch bezeichnet seine Gefühle, auch seine Wünsche, Begehrungen usw., also jenen Bereich, der in den Anmutungserlebnissen angesprochen ist, als subjektiv. Subjektiv bedeutet hier aber nicht, die Gefühle usw. seien irreal oder Täuschung. Für sich genommen sind sie Erfahrung; nur nicht Erfahrung an der Welt, sondern solche des Menschen an bzw. mit sich selbst. So schreibt H. Schmitz pointiert: „Gefühle sind nicht subjektiver als Landstraßen, nur weniger fixierbar" (Schmitz 1981, S. 96). Subjektiv heißt zunächst dem einzelnen Menschen zugehörig. Von subjektiv im wertenden, d.h. problematischen Sinne spricht man, wenn das eigene Gefühlserlebnis unreflektiert als Eigenschaft einem äußeren Gegenstand oder Geschehen zugeschrieben wird. Deshalb ist es erforderlich, die inneren Erfahrungen zunächst ohne Bezug zu irgendwelchen Objekten zu betrachten.

Im gewöhnlichen Lebensverhalten richtet der Mensch seine Aufmerksamkeit auf die Tatsachen und Vorgänge seiner Umgebung, nicht aber auf seine Gefühle. Diese stellen sich unwillkürlich als Antwort z.B. auf die von außen kommenden Eindrücke ein. Der Mensch lebt mit ihnen, ohne sie zu betrachten. Auf eine entsprechende Frage wird es ihm nicht leicht fallen, genau zu sagen, was Hoffnung ist, obwohl er sie „kennt". Vielen subjektiven Erfahrungen haftet etwas Unklares, Unbestimmtes an. Dieses ist aufzuhellen, indem man sich den einzelnen Gefühlen usw. ebenso bewußt zuwendet wie der Naturwissenschaftler seinen Objekten. Dann wird sich zeigen, ob eine Beziehung zwischen dem, was man im Innern, im Bereich der seelischen Erlebnisse beobachtet, zu bestimmten Pflanzenformen besteht. Methodisch gesehen geht es um eine Art von Phänomenologie, in der ein „Sich-selbst-Zeigendes" zu einem anderen in Beziehung gesetzt wird. – Das kann nur im Konkreten, von Fall zu Fall geschehen. Deshalb sei zunächst ein bestimmtes Gefühl genauer betrachtet und beschrieben, das des Sehnens, der Sehnsucht.

Lersch schreibt: „Sehnsucht ist ... nichts anderes als eine besondere Erscheinungsform der Liebe zu etwas. Sie entsteht immer dann, wenn der Gegenstand der Liebe in der Gegenwart ... entrückt ist." So ist „die Sehnsucht ... hinweggerichtet über das Hier und Jetzt und läßt es in den Schatten der Bedeutungslosigkeit versinken" (Lersch 1970, S. 197). – So wird die Liebe zu einem fernen Menschen zur Sehnsucht, die zur fernen Heimat zum Heimweh.

Eine besondere Form der Sehnsucht ist die Trauer, die z. B. aus dem Verlust eines geliebten Menschen oder Gegenstandes entspringt. Es gibt aber auch die gegenstandslose Sehnsucht, die sich einem unbekannten Zukünftigen zuwendet. Liebe wird im Sehnen zu einem seelischen Verlangen, das sich zu etwas Fernem hingezogen fühlt. Das Sehnen enthält deshalb immer das Erlebnis des Mangels; es ist von dem Gefühl eines feinen Schmerzes durchsetzt. Im Schmerz zieht sich die Seele immer zusammen; so auch in dem zur Ferne hingezogenen Gefühl der Sehnsucht. Gegenüber ihrer unmittelbaren Umgebung fühlt sie sich einsam, auf ihr eigenes Inneres konzentriert, aus dem sich aber tiefes Verlangen, von schmerzhaftem Empfinden verengt, zur Ferne hingezogen fühlt. In der Sehnsucht lebt keine innere Stärke, sondern passives Hingezogensein.

Durch solche Beobachtungen bemerkt man: Das Gefühl der Sehnsucht ist innere Bewegung, und zwar in der Form einer seelischen Gebärde. Deshalb ist es „weniger fixierbar" als äußere Gegenstände. Man kann nun dieses Gefühl, indem man es sich in seinem inneren Gestus bewußt macht, in Formen ausdrücken. In der fertigen Zeichnung erscheinen diese geronnen, erstarrt. Sie sind aber als Bewegung und Gebärde, d. h. dynamisch aufzufassen, wie man einen Kreis als fortlaufende, gleichmäßige, sich krümmende Linie betrachten kann. Man kommt auf diese Weise gegenüber dem, was im Fühlen innerlich gelebtes Geschehen ist, zu einer äußeren Abbildung. Wenn man im Bewußtsein dieser Differenz den Gestus von Sehnsucht in einer Form wiedergeben will, dann muß sie zunächst das von der Umgebung sich isolierende, einsame Eigensein ausdrücken (Abb. 1, a); dann, wie aus diesem das durch Schmerz verengte Verlangen zu einem Fernen hingezogen wird (b) und sich mit ihm sehnlichst vereinigen möchte (c). Auf diese Weise erhält man einen bildhaften Ausdruck von Sehnen. Allerdings kann man diesen nur dann als solchen erfassen, wenn man sich zuvor das Gefühl der Sehnsucht bewußt gemacht hat.

Bei diesem Bemühen entsteht ein feines Empfinden für den physiognomischen Charakter einer solchen Form. Weitet man sie z. B. ihren oberen Teil (Abb. 2 a), so geht die Geste des sehnenden Sich-verbinden-Wollens in die innerer Zuwendung über. Wird der enge, nach oben aufstrebende Innenraum verkürzt (Abb. 2. b), dann verschwindet der Ausdruck von Sehnsucht.

Man betritt ein zunächst ungewohntes Feld, das ohne selbstkritische Kontrolle leicht in den Irrtum und Phantastik führt. Empirie im Bereich des Subjektiven, Seelischen verlangt Übung; denn nur so erwirbt man jene Sorgfalt und Subtilität des Beobachtens und Beschreibens, durch die man mit dem Bewußtsein in den „Raum" seelischen Geschehens eindringen und das dämmerhafte Leben des Gefühls aufhellen kann. Unerläßlich ist ein möglichst vielseitiges Vergleichen. Es führt wie auch auf andern Gebieten zu einer Schärfung des Bewußtseins. Man kann z. B. jene Seelenregungen, die der Sehnsucht nahestehen: Hoffnung, Erwartung, Wunsch, Verlangen, Begehren usw. in gleicher Weise auf dem Wege innerer Beobachtung beschreiben und in ihrer gebärdenhaften „Form" kennenlernen. Wir haben das für einige der genannten Regungen an früherer Stelle getan (Kranich 1970). Dadurch tritt die einzelne Seelenregung in ihrem besonderen Charakter deutlicher hervor, als wenn man sie nur isoliert für sich betrachtet.

Man kann nun mit dem, was man an seelischer Anschauung erarbeitet hat, das Reich der Blütenpflanzen betrachten. Dabei kommt man zu einer über-

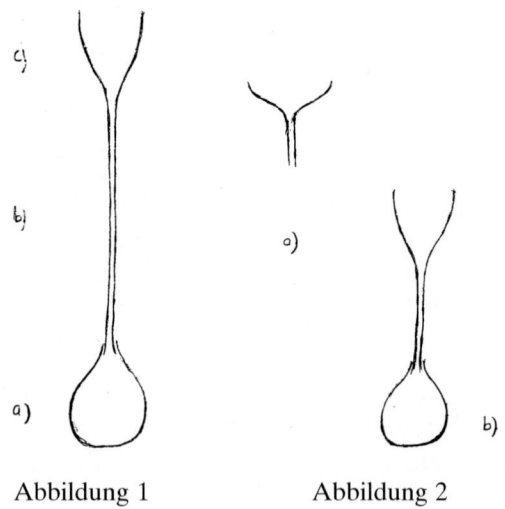

Abbildung 1          Abbildung 2

Abbildung 3.  a) Crocus (Crocus sativus; im Längsschnitt); b) Herbstzeitlose (Colchi-
cum autumnale). (Aus Strasburger: Lehrbuch der Botanik)

raschenden Entdeckung: diese entsprechen in ihren Formen weitgehend denen bestimmter Seelengebärden. So findet man eine auffallende Übereinstimmung zwischen der Sehnsucht und den Formen von Crocus und Herbstzeitlose (Abb. 3).

Ist diese Entsprechung aber mehr als eine zufällige Analogie? Eine Blütenpflanze entwickelt sich bekanntlich in einer typischen Weise. Zunächst bildet sich der Sproß mit Stengel und Blättern, und zwar in innigem Zusammenhang mit den Schwerewirkungen der Erde (negativer Gravitropismus des Stengels), mit der aus dem Boden durch die Wurzeln aufsteigenden Feuchtigkeit, mit der umgebenden Atmosphäre (Blätter) und in Beziehung zur Sonne. Dann entstehen die Blüten, indem sich die Pflanze aus ihrer Verbindung mit den irdischen Wirkungen weitgehend befreit (Einzelheiten in einem Lehrbuch der Pflanzenphysiologie). Diese ganze Pflanzenbildung hat beim Crocus und noch stärker bei der Herbstzeitlose ein Gepräge, in dem äußerlich zum Ausdruck kommt, was man in der inneren Beobachtung als Seelenform der Sehnsucht kennenlernt. So sind jene Bereiche, in denen sich die Pflanze sonst mit ihrer Umgebung verbindet, weitgehend unentfaltet: der Stengel ist fast ganz zu einer Knolle verkürzt; die Blätter dringen beim Crocus wohl aus dem Boden nach oben, bleiben aber ungewöhnlich schmal; bei der Herbstzeitlosen bleiben sie vor und während des Blühens ganz unentfaltet. Wie die Sehnsucht ist auch die Pflanzenbildung „hinweggerichtet über das Hier und Jetzt" (Lersch), indem sich die enge Blütenröhre über diesen Bereich des sich in sich zurückhaltenden, „einsamen" Lebens erhebt. Wo sie sich oben etwas in den sechs länglichen Blütenblättern weitet, ist sie ganz Ausdruck von sehnendem Verlangen.

Wir können nun die Beziehung zwischen dem Sehnen des Menschen und dem Crocus bzw. der Herbstzeitlose bestimmen. Was der Mensch rein innerlich, wesenhaft erlebt, manifestiert sich in der Pflanze in stofflichen Lebensprozessen, d. h. in einem äußeren Medium. Wenn Wesenhaftes in einem Medium zum Ausdruck kommt, offenbar es sich in der Form des Bildes (siehe hierzu die Bemerkungen über den Begriff des Bildes in dem Anthropologie-Kapitel, S. 127). So sind Crocus und Herbstzeitlose, wie Gögelein bemerkt, *Bilder* von Sehnsucht. Sehnsucht äußert sich – wir haben das bereits erwähnt – in zweifacher Weise. Einmal richtet sie sich in die Zukunft. Sie kann aber auch als Trauer einem Vergangenen nachhängen. Das manifestiert sich auch in der Natur. So erscheint der Crocus als eine der ersten Pflanzen im ausgehenden Winter bzw. zeitigen Frühling, d. h. vor der Entfaltung des Lebens und seiner Verbindung mit der Sonne, die Herbstzeitlose dagegen in der Zeit des ersterbenden Lebens und der schwindenden Sonnenwirkung. – In gleicher Weise sind z. B. die Schwertlilie und der Aronstab Bild von Wunsch und Gier (Kranich 1970).[1]

Durch die skizzierte Methode, die das aufgehellte Innenleben der Seele zu einem Auffassungsorgan macht, kann man Pflanzen als Bild bestimmter Seelenregungen kennenlernen. Man erhält Antwort auf die Frage nach den Gründen für die Anmutungserlebnisse: Die Pflanzen sprechen zur Seele des Menschen, weil sie selbst Bilder von Seelischem sind.

Damit ergeben sich aber weitere Fragen. Was ist die Pflanzenwelt unter diesem neuen Aspekt? Pflanzen – wir beschränken uns wie im Bisherigen auf die Blütenpflanzen – sind nicht wie die Tiere in sich abgeschlossene Wesen; sie sind vor allem durch ihre Wurzeln Glieder der Erde. In den sprießenden und blühenden Pflanzen verbindet sich die Erde in vielfältiger Weise z. B. mit den Wirkungen der Sonne. In dem Sprießen und Blühen wird wie beim Crocus und der Herbstzeitlose immer aber auch Seelisches zum Bild; Seelisches durchdringt jene Lebensprozesse, in denen sich die Erde in ihrer Pflanzenwelt zum Umkreis wendet.

Man kann diesen Vorgang einer Bemerkung Steiners folgend mit dem Mienenspiel vergleichen (Steiner 1967, S. 57). In der Miene des Menschen äußert sich seelisches Erleben. Man bemerkt Freude, Heiterkeit, Ernst, Ärger, Zufriedenheit, Nachdenklichkeit usw. in den wechselnden Konfigurationen des Antlitzes. Seelische Erlebnisse manifestieren sich durch die mimische Muskulatur und werden in ihr als äußerem Medium zum Bild. In der Miene ist Seelisches anwesend, wird aber nicht als solches erlebt. Was der Mensch im Bereich des pulsierenden Atmens und des Herzens als seine Gefühle bewußt erlebt, wird unbewußt, indem es sich in den unbewußt verlaufenden Lebensprozessen der mimischen Muskulatur ausdrückt. Nennt man das Bewußtloswerden eines sonst bewußten Wesens Einschlafen, dann kann man sagen: Gefühle schlafen ein, indem sie sich im Mienenspiel manifestieren. Sie sind dort anwesend, aber im Zustand einer dem Schlaf entsprechenden Bewußtlosigkeit.

Ebenso wird Seelisches – das ergibt sich aus dem Bisherigen – in den unbewußten Lebens- und Bildeprozessen der Pflanzen zum Bild; es geht auch hier in einen Zustand der Bewußtlosigkeit über. Verfolgt man, wie im Crocus Sehnsucht für wenige Wochen zum Bild wird, dann im Buschwindröschen das Erstaunen,[2] der Wunsch in der Schwertlilie (Kranich 1970), Gläubigkeit[3] in der Glockenblume usf. bis zur Trauer in der Herbstzeitlose, so erscheint der Jahreslauf in der Pflanzenwelt als eine Art von großem Mienenspiel. Ein Bild von Seelischem tritt neben und nach anderen solchen Bildern hervor. Was man im Mienenspiel des Menschen kennenlernt, ist Ausdruck seiner Seele. Man lernt die Seele des anderen zunächst nur durch ihre leiblichen Äußerungen kennen, durch Miene, Geste, Blick, Stimme usw. Ebenso begegnet man in dem in der Natur auflebenden Mienenspiel der Offenbarung eines Seelenwesens. So ungewöhnlich das zunächst sein mag: Seelisches gibt es nicht nur beim Menschen oder allenfalls auch bei Tieren. Das wird durch das geschilderte Erkenntnisverfahren zur Erfahrung. Durch die Pflanzenwelt lernt man im Bilde ein umfassendes Seelenwesen kennen. Die Pflanzenwelt ist eine Miene, in der sich ein außermenschliches Seelenwesen manifestiert. Die Erde besteht nicht nur aus physikalischen, chemischen Prozessen und ihren Lebenserscheinungen. Man kann ihr in voller wissenschaftlicher Besonnenheit Seelisches zuschreiben, das sich in den wechselnden Pflanzenformen manifestiert. Hierbei geht es aber in einen Zustand der Bewußtlosigkeit über, es schläft ein.

*Anmerkungen*

1 Bisweilen wird gegenüber einer solchen „Zuordnung" die Frage aufgeworfen: Kann man mit gleichem Recht nicht auch eine andere Seelenqualität der gleichen Pflanze zuordnen? Das wäre nur möglich, wenn verschiedene Gefühle die gleiche Seelengebärde hätten. Das trifft aber nicht zu. Schon wenn man Sehnsucht mit so nahe verwandten Gefühlen wie Erwartung oder Hoffnung vergleicht, bemerkt man deutliche Unterschiede. Die Seelengebärden von Hoffnung und von Wunsch weichen in charakteristischer Weise von der der Sehnsucht ab. Deshalb kann man sie

nicht zum Crocus oder zur Herbstzeitlose in Beziehung setzen. Das gilt in noch höherem Maße von Gefühlen wie Freude, Gefallen, Ärger, Resignation usw.

2 Solche Aussagen sind nur möglich – das dürfte nach dem Dargestellten deutlich sein – aufgrund einer sorgfältigen Charakterisierung der betreffenden Gefühle. Hierzu einige hinweisende Bemerkungen.

Erstaunen entsteht gegenüber Erscheinungen, die etwas Unerwartetes enthalten. Man wird davon in der Seele beeindruckt und öffnet sich ganz der betreffenden Erscheinung. Eine Steigerung des Erstaunens ist die Überraschung, in der man von dem Eindruck etwas überwältigt wird. Mund und Augen stehen, wie man sagt, offen. Das Erstaunen ist „ruhiger" und intimer. Doch auch in ihm ist die Seele von dem, was ihr entgegenkommt, stark berührt. Sie bleibt betroffen gleichsam vor der Erscheinung stehen. Sie wendet sich dieser in voller Offenheit zu, bewegt sich aber nicht wie in der Freude oder im Interesse zu ihr hin. – Diese Seelengebärde findet man als Bild im Weißen Buschwindröschen (Anemone nemorosa). Es wächst dem Licht, das durch das unbelaubte Geäst fast ungehindert zum Waldboden dringt, nur wenig entgegen. Die drei Blätter entstehen an dem zarten Stengel nicht nacheinander in aufsteigender Folge. Sie entspringen auf gleicher Höhe und bilden einen weiten Kelch (Involukrum). Seine Gebärde der offenen Zuwendung findet man ein zweites Mal in der Blüte. Es kommt zu keinem aufstrebenden Blütenstand, sondern nur zu dieser einen zarten, bei schönem Wetter weit geöffneten Blüte, die sich aus der Mitte des Blätterkelches erhebt.

3 Im Glauben bzw. in der Gläubigkeit gibt sich die Seele nicht an Äußeres hin; sie erhebt sich über den Bereich der Sinneserscheinungen in die Region der tieferen Wahrheiten, des Religiösen. Dem, was sie hier erfährt, wendet sie sich in Hingabe zu, um es in die Tiefe des eigenen Innern aufzunehmen. Was die Seele in die Kraft des Glaubens aufnimmt, verbindet sich mit ihrem Leben. Wissen bleibt an der Oberfläche, das im Glauben Aufgenommene belebt und vertieft die Seele. – Dieses Hinaufstreben in die Region des Lichten, die Gebärde innerer Hingabe und die des Aufnehmens in einen tiefen Innenraum findet man als Bild bei den Glockenblumen, besonders bei der Wiesen-Glockenblume (Campanula patula), der Rundblättrigen Glockenblume (Campanula rotundifolia) und der Pfirsichblättrigen Glockenblume (Campanula persicifolia).

## Literatur

Kranich, E. M.: Das Bild in der Naturkunde. In: Erziehungskunst 1970, Heft 5.
Kranich, E. M.: Seelenleben und Pflanzenform. In: Die Drei 1990, Heft 3, 5, 7/8.
Lersch, Ph.: Der Aufbau der Person. München [11]1970, S. 197.
Schmitz, H.: System der Philosophie. 3. Band, 2. Teil. Bonn [2]1981.
Steiner, R.: Okkultes Lesen und okkultes Hören (1914). GA 156. Dornach 1967.

# Dritter Teil:
# Zum Unterricht

Als wichtigste, hier noch nicht diskutierte Differenz ist der Stellenwert der Grundlagen der Waldorfpädagogik im Vergleich zu den Grundlagen anderer Pädagogiken anzusehen: Während für die Erziehungswissenschaft die Waldorfpädagogik eine pädagogische Praxis unter anderen ist, könnte die Waldorfpädagogik ihren konstitutiven Zugang nur im Rahmen pädagogischer Kritik an anderen Pädagogiken legitimieren.

Damit stellt sich aber für die weitere Arbeit die Frage nach den erziehungswissenschaftlich orientierten und pädagogischen Kriterien, die über Stellenwert und praktische Verbreitungsbedingungen der Waldorfpädagogik im Vergleich zu anderen Pädagogiken gemeinsame Aussagen erlauben. Besonders für ein Gespräch zwischen Pädagogiken (wie erziehungswissenschaftlich orientierter und Waldorfpädagogik) mag die Auffassung von Ch. S. Peirce wichtig sein, daß die aus Theorien folgende Praxis ihnen selbst zugerechnet werden muß und ein nicht unwichtiger Teil ihrer Wahrheit darstellt.

In diesem Sinne kann über Pädagogiken ein pädagogisches Gespräch nicht nur über ihre Grundlagen geführt werden, sondern es muß insbesondere über ihre jeweilige Praxis versucht werden.

An erster Stelle kann dabei nicht Unterrichtsforschung stehen, wiewohl diese ein unverzichtbares Element unserer gemeinsamen Erkenntnis darstellt und ihr Fehlen für die Waldorfpädagogik daher ein schwerwiegendes Manko beinhaltet. Vor allem im Hinblick auf die Wirkungen ist sie ein energisch zu erfüllendes Desiderat.

Vorausgehen muß ihr aber die Darstellung, Diskussion und pädagogische Evaluation der jeweiligen Gegenstandskonstituierungen, d. h. die Art und Weise, wie und als was Unterricht konzipiert, didaktisch und methodisch angelegt wird.

Für ein pädagogisch relevantes Gespräch sollten dabei Darstellungen zum waldorfpädagogischen Unterricht drei Funktionen erfüllen:

– sie müssen kritisch sein, d. h. kontrastierende, unterrichtsrelevante Unterscheidungen leisten, also die pädagogischen Differenzen zu anderen Unterrichtsansätzen herausarbeiten;
– sie müssen problemorientiert sein, d. h. bezogen werden auf gegenwärtige und zentrale Aufgaben und Probleme von Unterricht;
– sie müssen fruchtbar sein, d. h. nicht nur unmittelbare Anregungen (im Sinne methodischer Kniffe) geben, sondern im Ganzen belebend durch ihren Perspektivenvergleich neue Anschauungen zu Problemen und Aufgaben ermöglichen.

Die folgenden vier Beiträge versuchen nun dieser Aufgabe in sehr konzentrierter Form gerecht zu werden: Eine grundsätzliche pädagogische Differenz ergibt sich schon zwischen der Unterrichtsvorbereitung von Waldorflehrern (Beitrag von Gögelein im vorhergehenden Abschnitt) und der erziehungswissenschaftlich entwickelten Unterrichtsplanung.

In den exemplarischen Darstellungen von Unterrichtsfächern bzw. ihrer didaktisch-methodischen Orientierungen werden solche Differenzen weiter konkretisiert. Die Waldorfpädagogik scheint viel konkreter, d. h. hier vor allem ganzheitlicher, nach den Bildungsfunktionen der Wissensinhalte und -formen zu fragen. Daher werden hier erziehungswissenschaftlich sonst eher getrennt behandelte und mit der Dissoziierung auch problemschaffende Phänomene (Wissensinhalte, Wissensmodelle, Motivation, Gedächtnis, soziales Lernen) im Sinne einer phänomenologisch orientierten und auf primärer Erfahrung gegründeten Elementarbildung verknüpft.

Was also dort möglicherweise die Probleme schafft, wird hier pädagogisch ganz anders gegriffen. Im Beitrag von Peter Buck wird gezeigt, auf welche Weise sich die Anlage des naturwissenschaftlichen Unterrichts der Waldorfschulen auf die aktuelle erziehungswissenschaftliche Diskussion der Fachdidaktik beziehen läßt. Aktuell ist auch die im Beitrag von Wolfgang Schad begründete Auffassung der Waldorfschule zur Ökologieerziehung. Hier wird wie im Beitrag von Ernst Schuberth zur Sozialen Bildung im Mathematikunterricht deutlich, wie menschenkundliche Analyse zu einer ganzheitlichen und vertieften Problemsicht und interessanten Unterrichtspraxis führt. Aufschlußreich für die Waldorfpädagogik und anregend zugleich für die Erziehungswissenschaft ist die Begründung der „Gedächtnisstrategien" der Waldorfpädagogik im Beitrag von Olaf Oltmann, ein in der Staatsschulpädagogik vernachlässigtes Gebiet.

Nicht zum Thema Unterricht, aber zum Verständnis pädagogischer Praxis gehört hier der letzte Beitrag von Wolfgang Schad zu einigen Aspekten der Beziehung der Pädagogik Goethes zu der Rudolf Steiners.

Damit eröffnen die Darstellungen einen adäquaten Problemhorizont für Gespräch, Diskussion und Würdigung. Sie reichen aber auch noch nicht weiter. Eine wichtige Voraussetzung weiterer Arbeit ist auch die Kritikfähigkeit. Ihr wird hier zunächst immanent eine Möglichkeit geöffnet (Beitrag von Christoph Lindenberg im nächsten Abschnitt).

Die weitere Arbeit ist auf die Kriterien zu richten, nach denen die hier gezeigten Aufgaben und Orientierungen allgemeine pädagogische Achtung verdienen; sie wird sich dazu der tatsächlichen Leistungen und Wirkungen (wobei auch noch ein sachgemäßer Begriff von „Wirkung" überhaupt erst zu entwickeln ist) versichern müssen, wird diese in Beziehungen setzen müssen zu Analysen und Bewertungen der aktuellen pädagogischen Aufgaben der Erziehung und des Unterrichts und die Bedingungen und Voraussetzungen formulieren und prüfen, unter denen diese Pädagogik arbeiten kann.

Olaf Oltmann

# Gedächtnisbildung an Waldorfschulen

## 1. Einleitung

In ihren Ausführungen „Zur Entwicklung des Gedächtnisses" bemerken Oerter und Schuster (1982): „Eine spezifische ökologische Bedingung (bezüglich der Gedächtnisbildung – O. O.) bildet in unserer Kultur die Schule, die auf Gedächtnisleistungen per se Gewicht legt und wohl die entscheidende Instanz für die Ausbildung bzw. den Wandel der ... Gedächtnisstruktur darstellt ...".

Nun ist im Hinblick auf diesen Bereich der Pädagoge von der Gedächtnisforschung doch recht stark alleine gelassen. In einem der neueren Bücher, die einem breiteren Publikum den Wissensstand heutiger Gedächtnisforschung vermitteln wollen (Arbinger 1984), wird nach den Gründen gefragt, warum man „wird ... leider zu der Auffassung kommen müssen, daß dieses Wissen nur sehr begrenzt ist". Der Autor läßt den bekannten Psychologen Neisser (1978) die Antwort geben: „Wenn X ein interessanter oder sozial bedeutsamer Aspekt des Gedächtnisses ist, dann kann man davon ausgehen, daß X von den Psychologen ignoriert wurde!" Dieses weitgehende Fehlen einer „ökologischen Validität", eines lebenspraktischen Bezuges heutiger Gedächtnisforschung wird auch von anderen beklagt (Kebeck 1982; Lockhart 1979) – und im Hinblick auf die generalisierenden Ergebnisse psychologischer Gedächtnisforschung wird festgestellt: „Jede der vorliegenden Generalisierungen (der Gedächtnispsychologie – O. O.) ist dem durchschnittlichen Drittklässler aus der amerikanischen Mittelschicht aus eigener Erfahrung ebenfalls bekannt. Sogar Kindergartenkinder kennen bereits die meisten" (Neisser a. a. O.).

Demgegenüber werden in den letzten Jahren häufiger die Methoden psychologischer Gedächtnisforschung grundlegend reflektiert – mit der Zielsetzung, diesem Forschungsbereich mehr Alltagsnähe und einen intensiveren Lebensbezug zu verleihen. Zu den grundlegenden methodischen Forderungen gehören das Einbeziehen dessen, was sich der *Introspektion* ergeben kann, wie auch die Darstellung *komplexerer Zusammenhänge* – z. B. an Stelle der überwiegenden Arbeit mit verbalem, meist sinnlosem oder sinnarmem Material (sogenannte „Items"), das gelernt werden soll.

## 2. Die Bedeutung des Gedächtnisses im Hinblick auf die Ausgestaltung der menschlichen Persönlichkeit – zwei biographische Beispiele

Der letzteren Forderung folgend, sollen an zwei biographischen Beispielen die lebenspraktischen Folgen unterschiedlicher Einstellungen zur Bedeutung des Gedächtnisses im Hinblick auf die Ausgestaltung der menschlichen Persönlichkeit nicht definiert, sondern charakterisierend beleuchtet werden.

### 2.1 Darwin

Charles Darwin sagte von sich: „Ich hatte viele Jahre lang eine goldene Regel befolgt, nämlich, daß ich, sobald ich nur immer einer veröffentlichten Tatsache begegnete oder nur eine neue Beobachtung oder ein Gedanke vorkam, ohne Aufschub und auf der Stelle mir eine Notiz machte" (Ch. Darwin 1960, S. 114f., s. auch Darwin 1899, S. 96ff.). Kaum ein Mensch vor oder nach Darwin hat mit einer solchen Intensität versucht, die Weltbegegnung nicht nur auf das vorstellungsmäßig Faßbare zu reduzieren, sondern das, was aus der Begegnung mit der Natur oder dem anderen Menschen zu Vorstellungen „gerinnt", im inneren Gedächtnis und auch in einem „äußeren Gedächtnis", d.h. die stetig größer werdende Sammlung von Zetteln, Notizen usw., zu fixieren und aufzubewahren. So wächst um Darwin herum eine Art „papierenes Gedächtnis" (Zickwolf 1959) von gigantischen Ausmaßen. Die Weltbegegnung gerann in eine Archivierung der Vorstellungen, die von gewissenhaft und genau beobachteten Naturtatsachen gewonnen waren, ja, es wurde eine Identität von Weltbegegnung und Archivierung dessen, was sich hierbei gedächtnismäßig festhalten läßt, ausgesprochen. „Wenn ich dann die eine oder mehrere betreffende Mappen mit Notizen zur Hand nehme, habe ich alle während meines Lebens gesammelten Informationen zum Gebrauch bereit" (Darwin a.a.O., S. 115).

Wie wirkt nun diese recht radikale Reduktion der Weltbegegnung auf das gedächtnismäßig Faßbare im Hinblick auf die gesamte Ausgestaltung der Persönlichkeit Darwins. Hier liegt aus der Autobiographie Darwins – von ihm überschrieben: „Erinnerungen an die Entwicklung meines Geistes und Charakters" – ein Selbsturteil vor, das in bezug auf Distanzierung zu sich selbst, auf Objektivierung der eigenen Person seinesgleichen sucht und die Größe dieser Persönlichkeit erlebbar werden läßt. An seinem Lebensende schreibt Darwin – sein vergangenes Leben überblickend: „Ich bin mir *nicht bewußt, daß in meinem geistigen Zustand während der letzten dreißig Jahre irgendeine Veränderung eingetreten wäre* (Hervorhebung O. O.), ausgenommen in einem Punkte, den ich sofort erwähnen werde; in der Tat hätte auch keinerlei Änderung erwartet werden können, wenn es nicht eine allgemeine Abstumpfung gewesen wäre. … Bis zu dem Alter von dreißig Jahren oder noch darüber hinaus bereitete mir Poesie verschiedenster Art, wie die Werke von Milton, Gray, Byron, Wordsworth, Coleridge und Shelley, großes Vergnügen, und selbst als Schulknabe erfreute ich mich in hohem Maße an Shakespeare. … Ich habe auch angeführt, daß mir früher Gemälde ein beträchtliches und Musik sehr großes Entzücken bereiteten. Jetzt kann ich es schon seit vielen Jahren nicht mehr ertragen, eine Zeile Poesie zu lesen: Ich habe vor kurzem wieder versucht, Shakespeare zu lesen; ich fand ihn aber so unerträglich langweilig, daß es mich zum Übelsein brachte. Ich habe auch meine Vorliebe für Gemälde und Musik beinahe verloren. ... Dieser merkwürdige und beklagenswerte Verlust des höheren ästhetischen Empfindens ist um so eigentümlicher, als Bücher über Geschichte, Biographien und Reisen (...) sowie Essays über Themen aller Art mich noch ebenso lebhaft wie je interessieren. *Mein Geist scheint eine Art Maschine geworden zu sein, allgemeine Gesetze aus großen Sammlungen von Tatsachen herauszumalen* (Hervorhebung O.O.); warum dies die Atrophie desjenigen Teils meines Gehirns verursacht haben könnte, von dem die höheren Geschmacksentwicklungen abhängen, kann ich nicht verstehen ... und wenn ich mein Leben noch einmal zu leben hätte, so würde ich es mir zur Regel machen, wenigstens alle Wochen einmal etwas Poetisches zu lesen und etwas Musik anzuhören; denn vielleicht würden dann die jetzt atrophierten Teile meines Gehirns durch Gebrauch tätig erhalten worden sein. Der Verlust der Empfänglichkeit für derartige Sachen ist ein Verlust an Glück und dürfte möglicherweise nachteilig für den Intellekt, noch wahrscheinlicher für den moralischen Charakter sein, da er den gemütlich (gemüthaft, O.O.) erregbaren Teil unserer Natur schwächt. ... *Mein Gedächtnis ist umfangreich, aber unklar*" (Hervorhebung O.O.).

## 2.2 Goethe

Bei Goethe ist es nicht Hauptanliegen, die Weltbegegnung in erinnerbare Vorstellungen zu fixieren und eine Archivierung der Welt vorzunehmen – obwohl er bei anderen den Wert dieser Tätigkeit durchaus zu schätzen wußte: Das wird deutlich aus seiner Aussage, er sei wohl durch niemanden sonst in seiner erkenntnismäßigen Erarbeitung der Natur so gefördert worden wie durch Spinoza und Linné. Für sich selbst sieht der 74jährige Goethe einen anderen Schwerpunkt in der Weltbegegnung als die Fixierung in die (Erinnerungs-) Vorstellung. Im Jahre 1823 besuchte ihn im Oktober die Pianistin Maria Szymanowska in Weimar, und als man am 4. November, dem Vorabend ihres Scheidens, nach einem Konzert noch bei Goethe soupierte und einer der Anwesenden bei Tisch einen Toast auf die Erinnerung ausbrachte, brach Goethe mit Heftigkeit in die Worte aus: „Ich statuiere keine Erinnerung in eurem Sinne, das ist nur eine unbeholfene Art sich auszudrücken. Was uns irgend Großes, Schönes, Bedeutendes begegnet, muß nicht erst von außen her wieder er-innert, gleichsam er-jagt werden, es muß sich vielmehr *gleich vom Anfang her in unser Inneres verweben, mit ihm eins werden, ein neues besseres Ich in uns erzeugen und so ewig bildend in uns fortleben und schaffen*" (Hervorhebung O.O.; Goethe 1978).

Goethe überwand die Fixierung der Weltbegegnung zur Vor-stellung, er praktizierte ein Ein-verweben dessen, was ihm in der Welt begegnete, in sein eigenes Wesen als ein in ihm lebendig Wirkendes und Gestaltendes und nicht als ein aufbewahrtes Gewordenes, objekthaft Bleibendes. Goethe faßte die Welt auf als „geprägte Form, die lebend sich entwickelt" und verinnerlichte tief das „lebend sich Entwickelnde" – so, daß es zu seinem eigenen Selbst wurde.

Aus diesem Weltverhältnis resultierte nun etwas ganz anderes als bei Darwin – nämlich eine bestimmte Fähigkeit, nicht nur einzelne konkrete Vorstellungsbilder erinnerungsmäßig aufleben zu lassen, die als Fertiges, Fixiertes innerlich angeschaut werden können, sondern im erinnerungsmäßigen Besinnen – z. B. auf Pflanzen – einen Werdeprozeß, einen Entwicklungsprozeß statt einer Summe von Erinnerungsvorstellungen von Pflanzen, in sich lebendig zu machen.

In den Bemerkungen Goethes zu dem Aufsatz des Physiologen Purkinje „Das Sehen in subjektiver Hinsicht" (Goethe 1977, S. 901ff.) wird eine Selbstbeobachtung der oben charakterisierten Fähigkeit beschrieben: „Ich hatte die Gabe, wenn ich die Augen schloß und mit niedergesenktem Haupte mir in der Mitte des Sehorgans eine Blume dachte (also eine Erinnerungsvorstellung hervorrief – O.O.), so verharrte sie nicht einen Augenblick in ihrer ersten Gestalt, sondern sie legte sich auseinander, und aus ihrem Innern entfalteten sich wieder neue Blumen aus farbigen, auch wohl grünen Blättern; es waren keine natürlichen Blumen, sondern phantastische, jedoch regelmäßig wie die Rosetten der Bildhauer. Es war unmöglich, die hervorquellende Schöpfung zu fixieren, hingegen dauerte sie so lange, als mir beliebte, ermattete nicht und verstärkte sich nicht. ... Warum aber diese bereitwillig von selbst hervortraten, mochte darin liegen, *daß die vieljährige Betrachtung der Pflanzenmetamorphose ... mich mit diesen Gegenständen ganz durchdrungen hatte* (Hervorhebung O.O.) ... Hier ist die Erscheinung des Nachbildes, Gedächtnis, produktive Einbildungskraft, Begriff und Idee alles auf einmal im Spiel und manifestiert sich in der eigenen Lebendigkeit des Organs mit vollkommener Freiheit ohne Vorsatz und Leitung."

Aus den schon genannten Bemerkungen Goethes über Linnés Einfluß auf ihn selbst, überhaupt aus Goethes Wissenschaftslehre geht hervor, daß er die von uns zuerst – an Darwin – charakterisierte Bewußtseinsart nicht gegen die von ihm selbst gelebte ausspielte; es sind für ihn keine Alternativen, sondern es kommt darauf an, die erste nicht als Endziel anzusehen, sondern als notwendige Zwischenstufe und als Ergänzung, um zur zweiten zu gelangen (vgl. den Beitrag von Rittelmeyer in diesem Band).


## 3. Faktoren der Gedächtnisbildung in der Waldorfpädagogik

Ob man im naturwissenschaftlichen Unterricht der Schule gedächtnisfähige Vorstellungen über das Bauprinzip einer Tiergruppe erarbeitet oder eine grundlegende physiologische Funktion – oder ob man im Sprachunterricht ein erinnerbares Bild von der Gestalt eines Gedichtes oder der Struktureigentümlichkeiten einer Sprache vermittelt, immer spielt in der Waldorfpädagogik ein Gesichtspunkt eine gewichtige Rolle, der sonst wenig berücksichtigt wird: Das Aufbauen und Herausbilden von Vorstellungen, die den Gedächtnisschatz vermehren, sind pädagogisch dann sinnvoll, wenn auf dem Weg der Vorstellungsbildung sich eine Vertiefung des seelischen Erlebens und eine Ausweitung des geistigen Verstehens der Schüler vollzieht.

„Es ist uns vielleicht leichter, den Unterrichtsstoff an die Kinder heranzubringen, die Kinder im Augenblick an ein gewisses Verständnis desjenigen, was wir ihnen vorbringen wollen, heranzubändigen, allein es ist noch nicht alles erreicht, was zu einem bleibenden Besitz desjenigen führt, was wir dem Kinde beigebracht haben, namentlich zu einem solchen bleibenden Besitz, daß die Dinge mit der ganzen Wesenheit der Kinder zusammengewachsen sind, so daß sie sie wirklich dann ins Leben so mitnehmen, wie wir ihnen das oftmals ermahnend bei gewissen feierlichen Gelegenheiten sagten", sagt Steiner 1921 den damaligen Waldorflehrern nach ca. zweijähriger Existenz der Waldorfschule (Steiner 1962, S. 7f.).

Ist hier auf die notwendige Tiefe der Verbindung des Schülers mit dem Lernstoff hingewiesen, so im Folgenden auf den Aspekt der Wachstumsfähigkeit, der Wandlungsfähigkeit des in der Schule Gelernten.

„Gerade so wie beim lebendigen Wesen, solange es im Wachstum ist, die Glieder größer werden, komplizierter werden, sich ausbilden, so müssen wir nicht fertige Vorstellungen, fertige Empfindungen, fertige Geschicklichkeiten dem Kinde überliefern, sondern solche, die die Möglichkeiten des Wachstums in sich tragen" (Steiner 1962, S. 8). Die Wege der Vorstellungsbildung, überhaupt der unterrichtlichen Übung, sind dasjenige, was als bleibender Besitz, aber doch wachstumsfähig, das Kind als Haupterträgnis schulischer Bildung mitnehmen soll. Ein aktives, wandelbares, weite Bereiche des menschlichen Inneren ergreifendes „Gedächtnis" wird hier als Ziel unterrichtlicher Tätigkeit vorgestellt. Die Faktoren, die das Phänomen „Gedächtnis" bewirken, lassen sich nun näher aufschlüsseln.

## 3.1 Das Erinnern ist ein aktives Ausgestalten einer inneren Wahrnehmung

Die Gestaltpsychologie zeigt auf, daß das Wahrnehmen ein aktiver Vorgang ist: Man sieht einen Gegenstand nur, indem man im Anschauen eine angemessene Vorstellung bildet. Das Erinnern ist auch Vorstellungsbildung, aber ohne Präsenz eines äußeren Objektes.

„Wir können ganz gut das Erinnern mit dem Wahrnehmen nicht nur vergleichen, sondern in einer gewissen Beziehung als eins ansehen. Wenn wir wahrnehmen, also wenn wir auch des Kindes seelische Tätigkeit auf irgendeinen äußeren Gegenstand lenken und mit ihm irgendeine Vorstellung erarbeiten, ist das durchaus eine Selbständigkeit des Kindes. Das Kind erarbeitet sich diese Vorstellung; wir sprechen von Wahrnehmung. Wenn das Kind irgendetwas erinnert, so ist das derselbe Vorgang nur nach innen gerichtet; es geht im Innern etwas vor. Und das, was im Innern vorgeht, das wird genau ebenso von innen heraus erarbeitet, wie von außen die Wahrnehmung erarbeitet wird" (Steiner 1962, S. 9f.).

Man kann nun diese Sicht des Gedächtnisses dadurch erhärten und noch stärker konturieren, indem man darauf sieht, wie sich dieses innere Ausgestalten der Vorstellungsbilder bei Kindern im Alter von drei bis sieben Jahren vollzieht. Hierzu sind die Darstellungen von Neuhaus (1962) hilfreich. Wenn ein Kind von drei bis vier Jahren verschiedene geometrische Formen längere Zeit betrachtet (Reihen a) und b) der Abbildung in Anmerkung 1) und sich damit – vielleicht auch als ausgeschnittene Figuren – intensiver beschäftigt hat, ist es durchaus in der Lage, die Formen bzw. Figuren wiederzuerkennen; es kann auch eine ausgeschnittene Figur auf eine gleiche gezeichnete legen, also die innere Identität zweier Formen erkennen bzw. wieder-erkennen. Es ist aber in diesem Alter nicht in der Lage, die Figur zur Vorstellung und zu einer zeichnerischen Darstellung auszugestalten (s. die jeweils untere Reihe der o. g. Abbildung). Die z. T. noch unentwickelte und undifferenzierte Motorik ist hierbei als eventuelles Haupthemmnis auszuschließen (Neuhaus).

Im Alter von viereinhalb bis fünfeinhalb Jahren überwiegt dann eine Wiedergabeform, in der das „Hervorstechende", das „Besondere" der Form ausgestaltet werden kann („analytische" Wiedergabe gegenüber der früheren „ganzheitlich unstrukturierten" s. Abbildung der Anm. 2).

Erst mit ungefähr sieben Jahren kann das Kind Formen und Gestalten ganzheitlich strukturiert wiedergeben (übrigens auch ein wichtiges Faktum im Hinblick auf den Anfangsunterricht im Schreiben und Lesen! s. Abbildung der Anm. 3).

Nimmt man das Alter von drei Jahren überhaupt als den Beginn bewußter Erinnerungsfähigkeit, so praktizieren drei- bis vierjährige Kinder ganz überwiegend eine ganzheitlich unstrukturierte Wiedergabe, bei viereinhalb- bis fünfeinhalbjährigen dominiert die analytische und schließlich in den darüberliegenden Altersstufen die ganzheitlich strukturierte (s. Tabelle der Anm. 4; vgl. auch Anm. 5).

Das Dargestellte belegt eindrücklich, wie *die* Seite der Gedächtnisfähigkeit sich in der Vorschulzeit herausbildet, die als innere Ausgestaltung einer Wahrnehmung charakterisiert wurde.[6]

Es ist nun ein interessantes Phänomen, daß die innere Ausdifferenzierung und Ausgestaltung der Organe im menschlichen Leib ungefähr in dem Maße „abebbt" wie die Möglichkeit innerseelischer Ausgestaltung bis hin zur oben sogenannten „strukturierten Wiedergabe" zunimmt.[7] Zwischen den Kräften, die zur Ausdifferenzierung des Leibes bis zum siebten Lebensjahr führen, und jenen, die das Kind in den Stand setzen, vom siebten Lebensjahr an Vorstellungen frei zu gestalten, besteht nicht nur ein Zusammenhang, sondern sie sind identisch: Steiner spricht in der Schrift „Erziehung des Kindes" von Bildekräften, vom Ätherleib,[8] der sich zuerst leibgebunden, dann z. T. von der Tätigkeit im Leibe befreit, entfaltet; Gedächtniskräfte sind zuerst leibliche Bildekräfte.[9]

Steiner (1965, S. 27) empfiehlt, in den ersten sieben Lebensjahren, während derer sich der oben geschilderte Prozeß der Gedächtnisentwicklung vollzieht, „nicht durch äußere Erziehung auf die Ausbildung des Gedächtnisses" zu wirken; in dieser Zeit entfaltet sich das Gedächtnis durch sich selbst, wenn man ihm Nahrung gibt und noch nicht auf seine Entwicklung durch Äußeres sieht.

## 3.2 Die Bedeutung des Seelischen für die Gedächtnisbildung

Das Seelische spielt bei dem Phänomen Gedächtnis eine zentrale Rolle. „Das heutige Bild gibt mir die Wahrnehmung, d. h. meine Sinnesorganisation. Wer aber zaubert das gestrige in meine Seele herein? Es ist dasselbe Wesen in mir, das gestern bei meinem Erlebnis dabei war und das auch bei dem heutigen dabei ist. Seele ist es in den vorhergehenden Ausführungen genannt worden. Ohne diese treue Bewahrerin des Vergangenen wäre jeder äußere Eindruck für den Menschen immer wieder neu. Gewiß ist, daß die Seele den Vorgang, durch welchen etwas Erinnerung wird, dem Leibe wie durch ein Zeichen einprägt; doch muß eben die Seele diese Einprägung machen und dann ihre eigene Einprägung wahrnehmen, wie sie etwas Äußeres wahrnimmt. So ist sie die Bewahrerin der Erinnerung" (Steiner 1962, S. 48 f.).

In den achtziger Jahren ist verschiedentlich versucht worden, die Bedeutung des seelischen Bezugs zu dem Erinnerten für die Erinnerungsleistung herauszuarbeiten. „Stimmung weckt Erinnerungen" (Bower 1981): Habe ich mir in einer besonderen Stimmung etwas eingeprägt, so gelingt die Erinnerung des Eingeprägten leichter aus der gleichen Stimmung heraus. Ich erinnere mich in einer blauen Umgebung besser an bestimmte Dinge und Geschehnisse, wenn das zu Erinnernde auch z. B. in einem blauen Zimmer war oder stattgefunden hat.

Die Gedächtnisleistung hängt weiterhin vor allem davon ab, ob etwas subjektiv wichtig ist, d. h. mich emotional etwas angeht, ob ich etwas als Besonderheit ansehen und erleben kann, mit einer von mir erlebten besonderen Bedeutung ausgestattet – kurz, ob ich mich mit etwas gefühlsmäßig verbinden kann (Kebeck 1982). Aufgrund solcher und ähnlicher Beobachtungen sagte schon 1942 Rappaport (vgl. auch Bock 1980): Die Gedächtnisgesetze, die sich auf logische „Bedeutung" und „Organisation" des Erinnerungsmaterials gründen, beziehen sich nur auf besondere Fälle der Gedächtnisorganisation; die allgemeinere Gedächtnistheorie ist diejenige, die auf der „emotionalen Organisation" von Erinnerungen beruht (S. 317). Der Affekt bilde „den unveränderten beständigen Kern der Gedächtnisorganisation" (S. 198). Was hier vielleicht zu sehr als „Alleinherrschaft" des Gefühls im Hinblick auf die Gedächtnisorganisation dargestellt wird, ist bei Steiner durchaus auch betont als eine Wirksamkeit, die das Phänomen Gedächtnis wesentlich mitkonstituiert: „Das Gefühlsleben mit seiner Freude, seinem Schmerz, seiner Lust und Unlust, Spannung und Entspannung usw., dieses Gefühlsleben ist dasjenige, was eigentlich der Träger des Bleibenden der Vorstellung ist und aus dem die Erinnerung wiederum geholt wird. Unsere Vorstellung verwandelt sich durchaus in Gefühlsregungen, und diese Gefühlsregungen sind es, die wir dann wahrnehmen und die zur Erinnerung führen" (Steiner 1962, S. 10).

Von dieser anderen, nicht begrifflich aussprechbaren, nur dumpf bewußten Form der Erinnerung bekommt man eine konkrete Vorstellung, wenn das Auftauchen einer Erinnerung im Bewußtsein gehemmt oder verzögert ist. Im „Gefühl des Wissens" (Feeling-of-knowing; FOK-Forschung) „spürt" man, „weiß man genau", daß die Erinnerung (sei es ein Wort oder eine Bildvorstellung) „da" ist; man erlebt intensiv die „Nähe" des Wortes, überhaupt der Erinnerung, man wird von etwas noch nicht Aussprechbarem, Gefühlsartigem berührt. Einen Schritt weiter in der konkreten Bewußtheit ist eine verbale Erinnerung, wenn sie „auf der Zunge" liegt (Tip-of-the-tongue-Zustand; TOT-Forschung). Die FOK- und TOT-Forschung haben die phänomenalen Unterschiede zwischen „Gefühl des Wissens" und „Wort auf der Zunge" detailliert herausgearbeitet (Priller 1988, Brown et al. 1966, Yarmey 1973, Koriat et al. 1974). Die Bedeutung des Emotionalen für die Gedächtnisbildung wird neuerdings auch durch die Entdeckung unterstrichen, daß bei Schädigungen der physischen Repräsentanz der Emotion im Gehirn, des sog. limbischen Systems (an dem auch die meisten Psychopharmaka ansetzen), keine neuen Erinnerungen aufgebaut, wohl aber mechanische Gewohnheiten eingeübt werden können (Mishkin, Blume et al. 1984).

Dieser Seite des Gedächtnisses muß in der schulischen Bildung Rechnung getragen werden. In der Waldorfschule soll alles Unterrichten in das Medium getaucht sein, in dessen Wesen es liegt, das Gefühl, die Empfindung anzusprechen: das Medium des Künstlerischen.

## 3.3 Leibliche Strukturen und Gedächtnis

„Die heutige physische Wissenschaft hat ja durchaus recht, wenn sie den Menschen hinweist darauf, wie diese Erinnerungsbilder abhängig sind von der Konstitution des physischen Leibes" (Steiner 1976, S. 30). Wer sich etwas mit dem biologisch-leiblichen Feld der Gedächtnisforschung befaßt hat, kann durchschauen, „wie einmal auch der Zeitpunkt kommen wird, wo für die gewöhnlichen Erinnerungsbilder wird aufgezeigt werden können, wie sie gebunden sind an den physischen Menschenorganismus" (ebenda). Steiner postuliert 1922, daß die physiologische, biochemische (heute auch: molekularbiologische) Forschung die Art und Weise der Leibgebundenheit der Erinnerung genau wird aufzeigen können (Steiner a. a. O.). In dieser Richtung wird seit einiger Zeit geforscht; es zeigt sich jedoch, daß die Engrammbildung komplizierter und schwieriger greifbar ist als man zunächst dachte (z. B. aufgrund der hohen Zahl von Transmittern). Für den Pädagogen ist jedoch wichtiger, sich überhaupt die Leibbezogenheit einer gedächtnismäßigen Bildung zu vergegenwärtigen und zu fragen, wie z. B. eine gedächtnismäßige Überbeanspruchung sich leiblich auswirken könnte bzw. ob man bei leiblichen Schwächen des Schülers die Gedächtnistätigkeit beanspruchen darf oder auch – bei entsprechender Konstitution – das Gedächtnis gerade mehr beanspruchen sollte. Hier kann und soll der Lehrer sich mit *der* Person im Kollegium abstimmen, die – eine besondere Einrichung der Waldorfschulen – die leiblichen Folgen des Unterrichtens im Auge hat und verfolgt: dem Schularzt.

## 3.4 Menschliches Ich und Gedächtnisbildung

Das Ich leistet im Erinnerungsvorgang die Identifizierung des Erinnerungsbildes mit dem wirklichen Vorgang oder Gegenstand in der Welt, an dem sich die Erinnerung gebildet hat. Durch die Anwesenheit des Ich können wir die auf eine gewesene Wirklichkeit bezogene Erinnerung von einer Illusion oder Phantasterei unterscheiden. Es leistet das „Hindurchblicken durch das Erinnerungsbild auf das Erinnerte" (Poppelbaum 1948), sozusagen eine „perspektivische Identifizierung" der vergangenen Erlebnisse mit deren gedächtnismäßiger Repräsentanz.

Umgekehrt erhält das Ich durch die Erinnerung immer wieder das Erleben, das Bewußtsein seiner selbst. Die Erinnerung ist der „Individualsinn" (Novalis), der mir z. B. jeden Morgen neu zur Selbstidentifikation verhilft. In der schulischen Bildung sollte man alles einsetzen, das Gedächtnis zu individualisieren, etwas vom Ich Durchzogenes werden zu lassen. Man verhelfe dem Ich, wo immer möglich, bei der Erinnerungsbildung zu Präsenz, indem es im willentlichen Tun anwesend ist, d. h. z. B.: eine Gestalt in der Biologie lasse man nicht nur anschauen, sondern „tun", d. h. zeichnen, das Erlernen von Zahlenreihen lasse man begleiten durch willentliches Tun, durch Bewegungen – und vieles mehr. Die innere Welt der Erinnerung wird dadurch konkreter und dem Ich des Schülers näher – mehr als Bestandteil seiner Persönlichkeit erlebt, denn als innerer Fremdkörper.

## 3.5 Beispiele aus dem Waldorfunterricht, in denen das Geschilderte in seiner pädagogischen Anwendung deutlicher wird

Im Pflanzen- und Tierkundeunterricht der Waldorfschulen wird darauf gesehen, daß im Sinne des oben unter 3. Gesagten eine intensive und tiefe Verbindung des Schülers zu den behandelten Pflanzen und Tieren schon im Auffassen der lebenden Gestalten hergestellt wird: Der Schüler soll nicht bei einem registrierenden Vorstellen der Pflanzen- und Tiergestalt stehen bleiben und an dieser dann z. B. rein äußerlich verschiedene Merkmale konstatieren, sondern mit einer gesteigerten Vorstellungskraft das Tier, die Pflanzengestalt nachbilden, gleichsam innerlich nachschaffen. Dieses Vorgehen berücksichtigt den oben unter 3.1 geschilderten Aspekt des Erinnerns, daß dieses nämlich u. a. ein aktives Ausgestalten einer inneren Wahrnehmung sei. Dieses innere Ausgestalten wird nun vorbereitet durch das intensive Nachgestalten im äußeren Vorstellen. Noch wichtiger ist hierbei allerdings der Gesichtspunkt, daß in diesem aktiven, nachgestaltenden Vorstellen die charakteristische Bildegesetzmäßigkeit der betrachteten organismischen Gestalt erfahren wird und der Schüler die so betrachtete Gestalt auch intensiver erlebt, wie aus dem folgenden Beispiel deutlich werden kann. Auch das bedeutet, wie oben (unter 3.2) dargelegt, eine Intensivierung der Erinnerungsfähigkeit.

Das aktive Ausgestalten von Vorstellungen bei der Erinnerungsbildung läßt sich besonders gut bei Pflanzen üben, z. B. wenn man die einheimischen Waldbäume behandelt (vgl. Oltmann 1982): Bei der Eiche fällt die Unregelmäßigkeit der Krone auf; die Verzweigung ist unausgewogen, die Äste haben einen knickigen und knorrigen Verlauf; sie entwickeln sich ohne ein harmonisches und ausgewogenes Verhältnis zur Umgebung – ähnlich wie die Gebärden und Verhaltensgesten eines Menschen, der sehr aus seinem Innenraum heraus lebt, ohne viel Bezug zu seiner Umgebung, zu einem Äußeren stehen und „kantig", „zackig" und schroff sind (der Mensch wird in der Regel mit den Attributen „eigenwillig", „trotzig" belegt werden). Der Gesamtcharakter der Eiche wird sofort deutlicher, wenn man ihn im Kontrast zum (Spitz-)Ahorn sieht: Hier fällt gerade die Regelmäßigkeit und Ausgewogenheit der Krone auf. Ganz anders als die Eichenäste zeigen die des Ahorns eine starke Hinorientierung zum Umkreis, indem sie mit einer gewissen Starrheit ihre Richtung festhalten; außerdem liegt der Krone eine allseitige gleichmäßige Verzweigung zugrunde, und so drückt sich in ihr – im Gegensatz zur Eiche – ein besonders harmonisches Verhältnis zur Umgebung aus. Ein noch extremerer Gegensatz zu den Gestaltungskräften der Eiche wären die in der Birke – mit ihrem locker hängenden Astwerk (Hingegebensein an das Außen) – gestaltenden Kräfte. Was sich einer solchen innerlich nachgestaltenden Betrachtung ergeben kann, bringt der Naturforscher Goethe poetisch (Faust II) so zum Ausdruck:

> „Altwälder sind's, die Eiche starret mächtig
> und eigenwillig zackt sich Ast an Ast,
> der Ahorn mild, von süßem Safte trächtig,
> steigt rein empor und spielt mit seiner Last."

Man kann nun auch die Blätter der genannten Bäume so betrachten, daß man nicht das fertige Blatt registrierend auffaßt, sondern in den einzelnen Blättern ein sich unterschiedlich weitendes und in den Raum eingliederndes Wachstum sieht. Man findet dann ähnlich gegensätzliche Gesten wie bei den Baumkronen mit ihrem Astwerk: Gegenüber einem sich z.B. im Runden abschließenden Buchenblatt zieht sich das Eichenblatt in den Buchtungen stärker nach innen und ist auch in seiner Kurzstieligkeit wenig raumergreifend, während die Ahornblätter an langen Stielen sich zur Umgebung orientieren und sich mit handförmig gegliederten, in Spitzen auslaufenden Spreiten in diese eingliedern; auch hier wieder – gegenüber dem Eichenblatt – die differenzierte Umgebungsoffenheit. Die Kätzchenblüten der Eiche wirken gegenüber denen der Birke wie kontrahiert – mehrere Knötchen sitzen am gemeinsamen Stiel; wie stark wendet sich demgegenüber der Ahorn in der doldenartigen Aufteilung des Blütenstandes und erst recht in den – für Laubbäume eine Besonderheit – weitgeöffneten Blüten zum umgebenden Raum. Die Geste des nach innen, zum Eigenraum Hinorientiertseins und des wenig geordneten und wenig harmonischen Verhältnisses zur Umgebung bei der Eiche gegenüber den Kräften beim Ahorn, die zu einem Ausgerichtetsein und zu einem harmonisch geordneten Verhältnis zur Umgebung führen, kann man in gleicher Weise für die plumpen, gedrungenen, schwer fallenden Früchte der Eiche gegenüber den Flügelfrüchten des Ahorn, die sich im Fallen kreiselnd der Umgebung zuwenden, anführen, ebenso für die langen, sich weitenden Keimblätter des Ahorn gegenüber den bei der Keimung in der Frucht zurückgehaltenen bei der Eiche, für die Entfaltungsbewegungen der Blätter beim Aufbrechen der Eichen- bzw. der Ahornknospen usw.

Bei einer solchen Betrachtung bleiben die Gesamtform wie die einzelnen Teile eines Gewächses nichts Äußerliches, das man als solches dem Gedächtnis einprägt, sondern der Schüler verbindet sich in starker innerer Regsamkeit mit den einzelnen Bildungen und erspürt dadurch deren innere Gesetzmäßigkeit. Das übliche passive, registrierende Vorstellen wird zu einem nachschaffenden, die betreffende Bildung gleichsam nachplastizierenden. Bildet man mit einem solchen produktiven Vorstellen den Charakter z.B. eines Baumes nach, so kann man immer mehr wahrnehmen, daß in seinen einzelnen Bildungen die gleichen Bildungsgesetze herrschen wie im Ganzen. So können wir mit dem Schüler genau auf die Erscheinungen eingehen, bleiben aber nicht bei dem Wahrnehmungsbilde – oder der gedächtnismäßigen Reproduktion desselben – stehen, sondern dringen durch das im Anschauen lebendig gemachte Vorstellen immer tiefer in den Gestaltungszusammenhang selber ein. Mit diesem verbindet sich der Schüler insofern intensiv, da er ihn sich ja durch die von der

Persönlichkeit geführte Aktivität im Ausgestalten seiner Vorstellungen selbst zum Erleben gebracht hat – und aus dieser inneren Verbindung können dann die einzelnen Vorstellungen wieder in der Erinnerung präsent gemacht werden.

Die Fähigkeit zum produktiven Ausgestalten von Vorstellungen, zum inneren „Mittun" von Gestalten und geometrischen Figuren, wird bei den Waldorfschülern schon in den unteren Klassenstufen in dem Schulfach „Formenzeichnen" geschult. Es wurde oben (unter 3.1) dargelegt, daß die Erinnerung „genau ebenso von innen heraus erarbeitet (wird), wie von außen die Wahrnehmung erarbeitet wird" (Steiner a. a. O.). Im „Formenzeichnen" und in der daran sich anschließenden „Freihandgeometrie" wird das Wahrzunehmende – die geometrischen Formen, Figuren, Linienverläufe als die Grundelemente angeschauter biologischer Formen und Gestalten – selbst aktiv hervorgebracht; man verstärkt hierbei den Vorgang, der sich bei einer bewußten äußeren Wahrnehmung ohnehin abspielt (Augenmuskelbewegung, s. a. oben S. 221). Insofern bedeutet das Formenzeichnen eine intensive Schulung der Prozesse bei einer Erinnerungstätigkeit, die in einem inneren Ausgestalten der Erinnerungsvorstellung bestehen. Hierbei geht der Schüler mit dem Auge der langsam an der Tafel zeichnenden Hand des Lehrers nach und zeichnet dann selber die (in einem schöpferisch-freien Sinne) geometrischen Linienverläufe mit breitem Farbstift großformatig nach. Die in engerem Sinne geometrischen Formen werden dann in einer Übergangsperiode freihändig erarbeitet, bevor die exakte, konstruierende Geometrie einsetzt (vgl. Jünemann, Kranich et al. 1985). Dieses Gestalten von geometrischen Linienverläufen erfordert sowohl die volle Präsenz des Willens in dem von der Aufmerksamkeit geführten Zeichnen als auch des Gefühls im Erleben der unterschiedlichen Formqualitäten. Das schafft gleichzeitig eine intensive innerliche Verbindung zu den zu erlernenden geometrischen Formen (vgl. auch Kandinsky 1973).

In dem folgenden Beispiel aus der Unterrichtspraxis der Waldorfschulen geht es nun vor allem um das Anregen des seelischen Erlebens in einem Stoffbereich, der im Erlernen sehr leicht zu einem inneren Fremdkörper werden kann und zu dem Schüler (und Lehrer?) in der Regel schwer eine innere Beziehung finden. Gemeint ist der Grammatikunterricht und innerhalb desselben z. B. das Heranführen an die Wortarten der deutschen Sprache. Welche Gefühle den Kindern z. B. einer dritten Grundschulklasse erweckt werden bei Betreten dieses neuen Gebietes, eben der Grammatik, „davon wird die Stimmung abhängen, in der sie zu allem Folgenden hinschauen, das Interesse, das sie ihm entgegenbringen, der Willenseinsatz und – *die Intensität des Behaltens. Denn nur was sie mit starken Gefühlen begleiten, bleibt ihnen*" (Tittmann 1962). Der Bezug des Gefühls, des Erlebens zur Erinnerung ist ja, wie wir oben unter 3.2 betrachtet haben, so eng, daß von vielen ein Bild von Gedächtnis und Erinnerung gezeichnet wird, innerhalb dessen der Affekt, das Gefühl „den unveränderten beständigen Kern der Gedächtnisorganisation" bildet (s. o. S. 223). Es muß gelingen, den Sprachlehreunterricht davon zu befreien, vor allem ein System von Regeln oder Schemata zu vermitteln. Einzelheiten der Sprache müssen als erlebbare Qualitäten, als etwas zum Leben Gehörendes, vermittelt werden, sollen sie vom Schüler behalten werden.

Es soll hier nun nicht direkt das unterrichtliche Vorgehen geschildert werden, das zu den gut bearbeiteten Bereichen innerhalb der Waldorfbewegung gehört (vgl. Dühnfort 1987, Tittmann a. a. O.), sondern der Ansatz Steiners in seinen methodisch-didaktischen Vorträgen der für die Vorbereitungsarbeit des Lehrers eine Handhabe gibt, z. B. die Wortarten zu einer für die Schüler erlebbaren Qualität werden zu lassen und so u. a. auch die Gedächtnisbildung auf diesem Felde stärker zu fördern:

„In der Grammatik lernen wir z. B., daß es Hauptwörter gibt. Hauptwörter sind Bezeichnungen für Gegenstände, die in gewissem Sinne im Raume abgesondert sind. ... Wir sondern uns von der Außenwelt dadurch ab, daß wir lernen, durch Hauptwörter die Dinge zu bezeichnen. Wenn wir etwas Tisch oder Stuhl nennen, so sondern wir uns von dem Tisch oder dem Stuhl ab: Wir sind hier, der Tisch oder Stuhl ist dort. Ganz anders ist es, wenn wir durch Eigenschaftswörter die Dinge bezeichnen. Wenn ich sage: Der Stuhl ist blau –, so drücke ich etwas aus, was mich mit dem Stuhl vereint. Indem ich einen Gegenstand durch ein Hauptwort bezeichne, sondere ich mich von ihm ab; indem ich die Eigenschaft ausspreche, rücke ich wieder mit ihm zusammen, so daß die Entwicklung unseres Bewußtseins im Verhältnis zu den Dingen in Anreden spielt, die man sich durchaus zum Bewußtsein bringen muß. Spreche ich das Tätigkeitswort aus: Der Mann schreibt –, dann vereinige ich mich nicht nur mit dem Wesen, von dem ich das Tätigkeitswort ausspreche, sondern ich tue mit, was der andere tut mit seinem physischen Leibe. Das tue ich mit, mein Ich tut es mit. Was mit dem physischen Leibe ausgeführt wird, das tut mein Ich mit, indem ich ein Zeitwort, ein Tätigkeitswort ausdrücke. Unser Zuhören, namentlich bei den Tätigkeitsworten, ist in Wirklichkeit immer ein Mittun. Das Geistigste ... im Menschen tut mit, es unterdrückt nur die Tätigkeit" (Steiner 1974, S. 77).

Überprüft man diese Angaben durch Selbstbeobachtung und eigenes Erleben, so ist wohl das zuletzt Geschilderte am leichtesten einzusehen: Bei lebhaften Menschen geht beim Erzählen das Mitvollziehen einer Tätigkeit bis in die Gebärde, wenn es z. B. heißt „Der Stein wurde gespalten" oder „Es klopfte an das Fenster". Kinder können kaum sagen: „Ich habe das Faß zugehämmert", ohne die Arme zu bewegen.

Das ist beim Gegenpol, dem Hauptwort, nicht der Fall. Sprechen wir von einem „Baum", so erleben wir nichts Ähnliches wie beim Verbum. Das ist etwas, dem wir gegenübertreten, das sich als ein Sonderwesen vor unser inneres Auge hinstellt. Dann aber, wenn wir sagen „der grüne Baum", „der kahle" oder „bunte Baum", ist eine Beziehung zu dem Gegenstand hergestellt, indem wir mit unserem Gefühl, unserem Empfinden an ihm Anteil nehmen. Durch eine solche Betrachtung bleibt die Wortartenlehre, allgemein die Grammatik, nicht äußerliches, willkürliches Gesetz, sondern wird etwas Konkretes, das zu meinem Leben gehört: Die Vorstellung, das Hauptwort, gehören zu meiner Vorstellungs- und Denksphäre, das Eigenschaftswort spricht mein Gefühl an, das Tätigkeitswort meinen Willensbereich. Das zum grammatischen Schema Erstarrte bekommt Sinn und Leben, indem es sich als ein Spiegel meines eigenen Wesens bzw. der Weltbeziehungen meines Wesens erweist. Hat man sich das zum Erleben gebracht, wird man „dadurch schon mit einer ganz anderen inneren Betonung von Hauptwort, Eigenschaftswort und Zeitwort reden als wenn (man) ... dieses Bewußtsein nicht (hat) ..." (Steiner a. a. O.) und wird bis hin zur Gestaltung des Epochenheftes diesem Unterrichtsbereich in der Sache selbst liegende Zugänge seelischen Erlebens schaffen, die gerade hier aus den oben charakterisierten Gründen notwendig sind für eine richtige Gedächtnispflege.

Die Tatsache, daß im Unterricht der Waldorfschulen der Gebrauch der gewohnten Schullehrbücher weitgehend vermieden wird, spricht ebenfalls eine deutliche Sprache im Hinblick auf das Verhältnis der Waldorfpädagogik zur Gedächtnisbildung und Wissensveranlagung: Das Lernen vollzieht sich mehr in einem Raum persönlichen Erlebens. Der Lehrer kann – zumal in den in Epochen unterrichteten Fächern – seine Darstellungen auf diese individuelle Klasse und die besonderen seelischen und geistigen Veranlagungen der Schüler einstellen, so daß leichter eine innere Verbindung, ein innerer Bezug der Schüler zum Lehrstoff aufrechterhalten werden kann, als das bei einem intensiveren Lernen aus Büchern der Fall ist. Statt der Wissensvermittlung mit Hilfe von Lehrbüchern schließt sich in vielen Fächern nicht nur das verstehende Eindringen, sondern auch die Gedächtnisbildung viel stärker an die Schilderungen und Erzählungen des Lehrers an. Das gibt dem Waldorfunterricht z. T. auch einen anderen Duktus.

Nun gelten die geschilderten Gesichtspunkte z. T. auch für einen guten Unterricht außerhalb der Waldorfschulen. Man wird da aber doch zumindest zur Befestigung des Stoffes, zur Wiederholung usw. in der Regel auf Lehrbücher zurückgreifen. Hier soll nun der Waldorfschüler für jede Unterrichtsepoche oder größere Unterrichtseinheit sein „Lehrbuch" in Form des Epochenheftes selbst ausgestalten. Dadurch wird der gelernte Stoff in Text und Bild des Epochenheftes noch einmal selbst hervorgebracht, im Ausgestalten persönlich durchdrungen und individualisiert. Er bleibt nicht dieses Fremde, von außen „Beigebrachte" und „Durchgenommene". Bei einem solchen Vorgehen wird – wie oben unter 3.4 dargestellt – dem Ich des Schülers bei der Erinnerungsbildung zur Präsenz verholfen, indem es im aktiven Ausgestalten der Unterrichtsinhalte anwesend ist. Die innere Welt der Erinnerung wird als etwas zur eigenen Individualität Gehöriges erlebt und nicht als Fremdes im eigenen Inneren.

Geht man davon aus, daß ein individuelles Lernen, ein Individualisieren des Gedächtnisses am ehesten durch die Individualität des Lehrers gefördert wird, daß menschliche Gedächtnisbildung, Menschenbildung überhaupt, am besten durch Menschen geleistet wird, so sind an den Lehrer besondere Anforderungen gestellt. Will er das in den Unterricht einbringen und dadurch erzieherisch wirken, was seine persönlich errungenen Gedanken und Einsichten sind, so muß er selbst vor allem als ein fortwährend um eine Vertiefung und Ausweitung seines Lehrstoffes Ringender vom Schüler erlebt werden können. Die Erziehungsfrage wird hier sehr stark zu einer Frage der Selbsterziehung.

Weitere Beispiele aus der Unterrichtspraxis der Waldorfschulen, die im Zusammenhang mit der Frage des Gedächtnisses bzw. des Vergessens stehen, finden sich unter 4. (Epochenunterricht) und unter 5. (hier besonders das Eingehen auf das bildhafte bzw. Gestaltgedächtnis, das sich nicht an äußere Formen anschließt, sondern sich am geistigen Bild, am Symbol, am Gleichnis u. ä. bildet, S. 233).

# 4. Das Vergessen

Man hat heute meist eine rein negative Definition dessen, was als „Vergessen" anzusehen ist, z.B.: „Unter ‚Vergessen' kann man ganz allgemein die Unfähigkeit verstehen, sich an Material zu erinnern, das irgendwann einmal in den Langzeitspeicher eingegeben wurde" (Arbinger a.a.O., S. 143). Auf der anderen Seite wird von der Schlafforschung das Vergessenkönnen – z.B. bestimmter Tageserlebnisse – angesichts der zunehmenden Zahl nervöser Schlafstörungen (Jovanovic 1974) als zu erstrebende Fähigkeit angesehen. Es gibt durchaus Pathologien des Nicht-vergessen-Könnens.

Schon die vorgenannte FOK- und TOT-Forschung zeigt, „daß Vergessen ... nicht den ‚Verlust' von Information ... bedeutet, sondern die momentane Unfähigkeit, diese Information aufzufinden, auf sie ‚zurückzugreifen'" (Arbinger a.a.O., S. 144). Was geschieht nun mit dem Gesehenen, Gehörten, Geschmeckten – kurz über die Sinne Aufgenommenen oder mit den gelernten Begriffen und Vorstellungen oder mit mehr oder weniger intensiven Erlebnissen verschiedenster Art, z.B. Menschenbegegnungen, während sie – mir unbewußt – als Gedächtnisspur in mir sind? Sie wandeln sich, sie werden z.T. ergänzt, persönlich gefärbt, auf das Wesentliche zurückgeführt u.v.m. Gedächtnis ist etwas Aktives, und kein starrer Behälter (Steiner 1979, Bartlett 1932, Hofmann 1983, Paris und Lindauer 1977); die Erinnerungen können z.B. „als Abbild der objektiven Realität mehr Informationen enthalten als ursprünglich zu ihrer Herausbildung geführt haben" (Hoffmann a.a.O., S. 235). Vor diesem Hintergrund gewinnt folgende Auffassung an Plausibilität: Ebenso wenig wie „Schlaf" nur Verlust des Bewußtseins bedeutet, so „Vergessenheit" nicht nur Verlust der Vorstellbarkeit (Steiner 1975, S. 123). So wie tiefes Schlafen ein volles Wachen ermöglicht, so vielleicht auch das gründliche Vergessen, das „Einschlafen" eines Stoffbereiches oder eines Vorstellungskomplexes, ein frisches Lernen.[10] Die Waldorfpädagogik versucht die Polarität von Schlafen und Wachen, von Vergessen und Lernen methodisch zu berücksichtigen, weil die Entwicklung der seelischen Fähigkeiten des Menschen, so auch des Erinnerns, die Spannung von Lernen und Vergessen, von Bewußtem und Unbewußtem, von Wachen und Schlafen voraussetzt (Steiner 1987). Man hat hier auf ein rhythmisches Verhältnis zu sehen und nicht nur einseitig auf die Zeiten des Lernens, die Verfügbarkeit der Bewußtseinsinhalte u.a. sein Augenmerk zu richten. Zwei Beispiele aus der Schulpraxis: Es wird für den Epochenunterricht der Waldorfschulen mit Recht häufig die Möglichkeit zur Vertiefung der Unterrichtsinhalte im Verlauf einer Epoche ins Feld geführt, pädagogisch bedeutsam jedoch ist ebenso die Polarität von Epoche und Epochenpause. Wenn der Lehrer am Beginn einer Epoche auf die vorjährige Epoche zurückgreift, kann er bemerken, daß deren Inhalte nach kurzer Zeit in prägnanter Weise wieder „da" sind, und daß bestimmte Schüler Schwierigkeiten und Mängel aus der vorherigen Epoche überwunden haben (vgl. Rauthe 1983).[11]

Hierher gehört auch – als ein zweites Beispiel eines gezielten Umgehens mit dem Vergessen – ein methodischer Hinweis Steiners in bezug auf den Epochenunterricht: Eine für sich stehende, übliche Unterrichtsstunde muß zu etwas Abgerundetem, einer neuen Einsicht, einem Ergebnis führen: z.B. zu einem urteilenden Durchdringen eines Gedichtes, einem physikalischen Gesetz oder einem umrissenen Urteil über einen Evolutionsvorgang. Steiner regt an, auf zwei aufeinanderfolgende Tage einer Epoche zu verteilen, was sich sonst in einer Unterrichtsstunde abspielt. An einem Tag sollen die Inhalte bzw. Phänomene so gesättigt wie möglich aufgefaßt, erfahren werden (Verfolgen des Versuchs, Sprechen des Gedichtes, Zeichnen der Gestalten) und dann das so Aufgefaßte z. B. durch ein Besprechen, durch Vergleichen u. a. im Bewußtsein und Erleben vergegenwärtigt werden. Möglichst große Hingabe an das rein Erfahrbare, Erlebbare der jeweiligen Sache wird auf diese Weise geübt. Das physikalische Gesetz, die Gedicht-Interpretation, das Prinzip des Entwicklungsvorganges sollen erst am nächsten Tag abgeleitet bzw. erarbeitet werden. Zunächst ist auf einer ersten Stufe beim Erleben und Beobachten, beim Sprechen und Nachvollziehen der Wille im wahrnehmenden Auffassen neben Empfinden und Denken tätig; auf einer zweiten Stufe, der der Vergegenwärtigung, z. B. eines physikalischen Versuchs ohne die Apparatur, werden vor allem das Gefühl und das Denken im erinnernden Durchleben des Versuchs im Unterricht angesprochen. Diese zwei Stufen werden am ersten Tag vollzogen. Vor der entscheidenden dritten Stufe liegt eine Phase des Vergessens, die Nacht: Die urteilende Erarbeitung geschieht am folgenden Tag der Epoche. Bei solchem Vorgehen kann man beobachten, wie die erinnernde Reproduktion persönlicher wird; es ist zu dem Objektiven ein intimeres Verhältnis eingetreten, und so kann das Urteil intensiver, eigenständiger und das Prinzip oder Gesetz tiefer, umfassender und kraftvoller erfaßt werden. Aus dem persönlichen Leben kennt man diese Wirkung, wenn man eine wichtige Entscheidung erst einmal „überschlafen" hat. Ein weiterer Aspekt des Vergessens wäre anzufügen: Steiner führt häufiger vor Augen, wie die Erlebnisse, Erfahrungen, Erinnerungen, z. B. aus dem Anfangsunterricht im Schreiben und Lesen, vergessen werden, sich aus ihnen aber die Frucht einer Fähigkeit, die des Schreibens und Lesens gebiert. Die vergessenen Vorstellungen und Erlebnisse wirken weiter bzw. mit ihnen „wird weitergearbeitet". Im Vergessen werden aus Erinnerungen Fähigkeiten.[12]

## 5. Phasen unterschiedlicher Gedächtnisdisposition

Die Entwicklung des Gedächtnisses von der Geburt bis zum Zahnwechsel ist schon oben besprochen worden. Die Erinnerungen werden noch nicht „antizipatorisch", „operativ", d. h. willkürlich hervorgerufen; diese Form der Erinnerungsfähigkeit beherrscht das Kind erst ab ca. sieben Jahren (s. o. Neuhaus 1962; Piaget und Inhelder 1974, 1977), wenn die Erinnerung ohne den Anstoß durch eine Wahrnehmung hervorkommt. Vor diesem Alter ist es überwiegend die Situation, eine äußere Wahrnehmung, die eine Erinnerung hervorruft („Situationsgedächtnis", „gebundenes Gedächtnis").

Vor diesem Hintergrund ist es verständlich, daß Steiner schon 1907 in seiner Schrift „Erziehung des Kindes" auffordert, in diesem Alter noch nicht durch „äußere Erziehung auf die Ausbildung des Gedächtnisses" zu wirken, sondern es „durch sich selbst" entfalten zu lassen, indem man ihm „Nahrung gibt". Diese Nahrung besteht nun darin, daß „der Erzieher nach der Geburt für die richtige physische Umgebung zu sorgen" hat (ebenda). Diese Umgebung wird vom Kind im eigentlichen Sinne des Wortes „begriffen", ehe sie begriffen wird: Das Gedächtnis bildet sich überwiegend an sinnlichen Eindrücken des tastenden Greifens, des Schmeckens, Riechens usw. Nach Brunswik, Goldscheider, Bühler, Pilek (Brunswik et al. 1932), Remplein (1962) u. a. würde man hier von einem Materialgedächtnis sprechen,[13] das gegenüber einem Gestalt- oder figuralen Gedächtnis und einem logischen oder Sinngedächtnis, nur die elementaren Sinneseindrücke verinnerlicht und nicht das sich in diesem „Material" der Sinnlichkeit ausdrückende „Schema" der Gestalt oder das Begriffliche z. B. eines Wortes. Verständlicherweise wird dieses sinnlose „Material"-Erinnern auch als (nur) „mechanisches" Gedächtnis bezeichnet. „Unter Material im strengen Sinne des Wortes verstanden wir die einfachen Sinnesqualitäten" (Brunswik in Brunswik et al., a. a. O. S. 139). Bei einem Gedicht z. B. wäre der Materialgesichtspunkt das rein Lautliche der Silben und Wörter, „gleichgültig, ob die reproduzierten Wörter in einem Sinnzusammenhang stehen oder nicht, ob das Metrum des Gedichtes gewahrt blieb usw." (Goldscheider in Brunswik et al., a. a. O. S. 27), bei einem Bild die sinnliche Erscheinung der Farben als solche, nicht der Aufbau, die Anordnung, die Folge, d. h. die Gestalt, in der sie stehen. „Wir haben es also in der Sachrichtigkeit der Farben mit Material zu tun, in der Folgerichtigkeit mit Gestalt" (Pilek in Brunswik et al., a. a. O. S. 76).

Für die Waldorfpädagogik ist die Entdeckung der Aufeinanderfolge eines Material-, Gestalt-, Sinngedächtnisses, die auf die Schule von Charlotte Bühler zurückgeht, interessant. Dieses Konzept der Gedächtnisentwicklung zeigt Berührungspunkte zu dem von Piaget und Inhelder (1971, 1974, 1977), und auch zur Hypothese der Entwicklung von Wissensrepräsentation von Kosslyn (1978). Die genannten Konzepte sind aufgrund ihrer Komplexheit und der damit notwendigerweise gegebenen schwierigeren definitorischen Abgrenzung der zentralen Begriffe recht wenig bekannt, „da es erstaunlicherweise bisher nur sehr wenig empirische Überprüfungen gibt" (Arbinger a. a. O., s. 181). Wir halten die Feststellung der Aufeinanderfolge von „Material-", Gestalt-, Sinngedächtnis als solche für gesichert, für unsicher und weiter abzuklären die altersmäßige Abgrenzung der unterschiedlichen Gedächtnisfunktionen und ihre begriffliche Deutung.

Letzteres gilt vor allem für den Begriff „Material-" oder „mechanisches" Gedächtnis. Ist die Sinnlichkeit wirklich nur – und insbesondere für das Vorschulkind – sinnloses Material? Ganz sicher nicht. Um das festzustellen, muß man aber den Begriff dessen, was Bedeutung, Information und Gehalt sein kann, erweitern. Man sieht dann, daß besonders dem kleinen Kind, aber überhaupt dem Menschen, durch dieses „Material" eine Fülle von „Bedeutung" zuströmen kann. Hierfür ein Beispiel: Bekannt ist z. B. der bei Stern (1965) zitierte Fall eines kleinen Jungen, der für einen Baustein den Namen „Marage" erfunden hatte – also eine sinnlose Lautgestalt, „Material" im oben genannten Sinne – und diesen noch als siebzehnjähriger so begründete: „der Baustein hat eben so ausgesehen, wie das Wort klingt". Stern (a. a. O.) interpretiert das so: „Der Name (d. h. seine Lautgestalt – O. O.) wird geradezu zu einer Eigenschaft des Dinges, und noch mehr: zu einem Ausdruck des Dinges …, das Wort … hat etwas von der Physiognomie des Gegenstandes angenommen: es klingt so, wie das Ding aussieht, oder sich anfaßt oder sich bewegt – eine Art von lautmalerischer Beziehung."

Die reine Sinnenhaftigkeit, die weder gestaltlicher Ausdruck noch materiales Zeichen einer Bedeutung ist, die einzelne Farbe, der einzelne Ton usw., entfalten ihre „sinnlich-sittliche Wirkung" (Goethe). Sie werden z. B. als etwas Warmes, mich mehr Attackierendes (Rot) erlebt, oder Kühles vor mir Weichendes (Blau). Jede Sinnesqualität als solche verhilft mir zu einer Anmutung, zu einem dumpfen Berührtsein von etwas Qualitativem, Wesenhaftem, das z. B. die innere Identität im Erleben des Zitronengelbs, des sauren Geschmacks und des hochklingenden Trompetentones (Beispiel von Kandinsky 1952, Kap. V, Wirkung der Farbe) ausmacht. Der Laut, die Farbe, kurz die elementare Sinnesqualität als solche, sind also nicht inhaltlos, sie sind nicht einfach „Material". Insofern ist der Ausdruck unglücklich – und ebenso die Gleichsetzung dieses „Material- oder Sinnlichkeitsgedächtnisses mit dem sogenannten „mechanischen"[14] Gedächtnis.

Diese im besonderen Zusammenhang mit der Sinnlichkeit stehende Gedächtnisform herrscht nun in der Vorschulzeit vor. Es bedingt z. B., daß man an den Orten seiner Kindheit ein besonders farbiges, intensives Erinnern lange vergangener Erlebnisse entwickeln kann. Ein intensiver sinnlicher und willentlicher Bezug zur Welt bildet dieses Gedächtnis im Vorschulalter aus.

Das Gedächtnis entwickelt sich in Schüben (s. Brunswik et al. a. a. O., Remplein a. a. O.). Zum Beispiel ist in der Pubertätszeit ein deutlicher Einbruch der Gedächtnisentwicklung festzustellen – bei Jungen mehr als bei Mädchen. Absolute Altersangaben für Maxima der verschiedenen Gedächtnisleistungen sind noch unsicher (s. o.).[15]

Gesichert ist die schon erwähnte Aufeinanderfolge von „Material-", Gestalt-, Sinngedächtnis und die Tatsache, daß diese Gedächtnisfunktionen nebeneinander bestehen bleiben. So steigert sich das „Material"-Gedächtnis in der Schulzeit weiterhin bis zur Pubertät. Daneben tritt immer stärker das Gestaltgedächtnis in den Vordergrund. Gestalt – abstrakt gefaßt – bedeutet, daß verschiedene Elemente Teil eines ganzheitlichen „Schemas" sind. Dieses „Schema" – hiermit ist die wesenhafte, ideelle Ganzheit, die der Sache zugrunde liegt, gemeint – sollte man in dem Alter bis zur Pubertät entsprechend der jetzt vorliegenden Gedächtnisdisposition nicht als reinen Begriff oder als Gesetz aussprechen, sondern als „Gestalt", d. h. im Bild. Das Bild, das Gleichnis, die Gestalt teilen ihren ideellen Gehalt – ähnlich wie ein Kunstwerk – dem seelischen Erleben mit, der in abgezogenen Begriffen mitgeteilte Gehalt spricht direkt den Verstand an. Gestalt und Bild, Gleichnis und Symbol gehören in den Bereich künstlerischer Aussageform. Insofern soll gerade in dieser Altersstufe alles Unterrichten etwas Bildhaftes, Künstlerisches sein. Das wird in der Waldorfpädagogik in allen Unterrichtsbereichen durchgeführt.[16]

Das nach dem Zahnwechsel mögliche operative, willkürliche Umgehenkönnen mit Erinnerungsvorstellungen wird an den Waldorfschulen intensiv aufgegriffen. Die Kurve der Leistungsfähigkeit des Gedächtnisses ganz allgemein steigt jetzt steil an. „Es ist jetzt die Zeit, in der von außen bewußt auf die Fortentwicklung des Gedächtnisses gesehen werden muß ... Bis zur Geschlechtsreife soll sich der junge Mensch durch das Gedächtnis die Schätze aneignen, über welche die Menschheit gedacht hat; nachher ist die Zeit mit Begriffen zu durchdringen, was er vorher gut dem Gedächtnis eingeprägt hat. Der Mensch ... soll begreifen die Dinge, die er weiß, d. h. wovon er gedächtnismäßig so Besitz genommen hat wie das Kind von der Sprache" (Steiner 1965, S. 33). Hierbei ist zu berücksichtigen, was Steiner (1957, S. 194) „die drei goldenen Regeln der Gedächtnisentwicklung" nannte: „Begriffe belasten das

Gedächtnis; Anschaulich-Künstlerisches bildet das Gedächtnis; Willensanstrengung, Willensbetätigung befestigt das Gedächtnis" (vgl. das oben unter 3. Ausgeführte, besonders auch die unter 3.5 geschilderten Beispiele aus der Unterrichtspraxis).

Beispielsweise wird auch in einem Fach wie dem Rechnen in der Waldorfpädagogik bis ungefähr zum 13. Lebensjahr stark gedächtnisbezogen gearbeitet; im wiederholentlichen übenden Erinnern der „Gestalt" der unterschiedlichen Rechenoperationen, die allerdings auch die auf eine spezifische, hier nicht zu erörternde Art (s. Kranich 1969) eingeführt werden, ergibt sich die Intuition dessen, was der Rechenoperation geistig zugrunde liegt. „Die Rede vom unverstandenen Gedächtnisstoff ist weiter nichts als ein materialistisches Vorurteil. Der junge Mensch braucht zum Beispiel nur die notwendigsten Gesetze des Multiplizierens an einigen Beispielen zu lernen ..., dann soll er das Einmaleins sich ordentlich gedächtnismäßig aneignen" (Steiner 1965, S. 32f.). Die Kinder, „die bestimmte logisch-arithmetische Operationen richtig lösen können (womit sie beweisen, daß sie tatsächlich Analysen durchführen können), bringen es trotzdem noch nicht fertig, den Lösungsweg zu schildern, den sie tatsächlich benutzt haben. So haben sie zwar den Weg (richtig) durchlaufen, von diesem Vorgang selbst aber keine Vorstellung gewonnen". Versuchen die Kinder den Lösungsweg zu erklären, „gehen sie dabei geradezu vom Ergebnis aus, als ob sie es von jeher gekannt hätten ...". Dies erklärt Piaget so, daß „die logische Rechtfertigung eines Urteils auf einer höheren Ebene vorgenommen wird als die des Findens eines solchen Urteils" (Petter 1966, S. 261).

Ab ca. zwölf Jahren erwacht der Drang, dasjenige, was einer Sache geistig zugrunde liegt, im Begriff, der sich aus einem Urteilsprozeß ergibt, zu erfassen; die causa der Sache will gefunden werden. Jetzt tritt das „logische" oder „Sinngedächtnis" immer mehr in den Vordergrund, d.h. die Dinge werden desto besser erinnert, je intensiver der Sinnzusammenhang, in dem sie stehen, eingesehen werden kann und je tiefer dieser sich im Urteilen erschließt (Oltmann 1986).[17]

Die verschiedenen „Gedächtnisstrategien" der Waldorfpädagogik, auf die im Gange unserer Darstellung z.T. hingewiesen wurde oder die aus dem Dargestellten ableitbar sind, sollen vor allem zur Präsenz bei der Gedächtnisbildung führen: Das Gedächtnis soll ein von der Individualität durchdrungener Bereich der Innerlichkeit sein, und sich ihr gegenüber nicht – in einer Art mechanischen Tätigkeit – verselbständigen.

*Anmerkungen*

1 a)

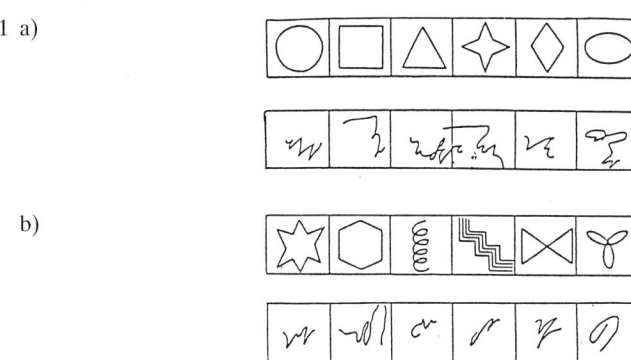

b)

In der jeweils unteren Reihe von a) und b) der Versuch eines 3–4jährigen Kindes das Dargestellte zeichnerisch zu gestalten („unstrukturiert ganzheitliche" Wiedergabe – nach Neuhaus).

2

Beispiele der „analytischen" Wiedergabe eines Sterns im Alter von ca. $4^1/_2$–$5^1/_2$ Jahren (nach Neuhaus).

3

„Strukturiert ganzheitliche" Wiedergabe von Formen ungefähr 7 Jahre alter Kinder (nach Neuhaus).

| 4 Alter | unstrukturiert | analytisch | strukturiert |
|---|---|---|---|
| 3 | 82,1% | 14,1% | 2,7% |
| 4 | 60,9% | 29,1% | 8,8% |
| $4^1/_2$ | 39,2% | 44,6% | 14,1% |
| 5 | 18,7% | 52,1% | 29,1% |
| $5^1/_2$ | 10,4% | 55,2% | 34,4% |
| 6 | 6,6% | 37,0% | 52,6% |
| 7 | — | 23,3% | 75,2% |

Verschiedene Arten der Wiedergabe in den ansteigenden Altersstufen (nach Neuhaus, vereinfacht).

5 Auch nach Kleinhans (1966) verfügt das Kind über eine gegenstandsfreie Auffassungsfähigkeit, der nicht mehr eine ganzheitliche Auffassung der Sehdinge zugrundeliegen kann, voll und

ganz erst ab dem siebten Lebensjahr (S. 93). Nickel (1967) stellt fest, daß ein analytisches Auffassen der Dinge (das die Voraussetzung für eine „strukturierte" Wiedergabe [Neuhaus] ist), zwar schon bei sechsjährigen Kindern in der Mehrzahl beobachtet werden kann, aber „erst im Alter von sieben Jahren konnte sie bei allen Kindern registriert werden" (S. 88).

6 Nach Piaget und Inhelder (1974, 1977) ist ja beim kleinsten Kind (bis ca. 1$^1/_2$ Jahre) Wissen über die Welt in handlungsmäßiger Form vorhanden. Im „sensumotorischen" Stadium repräsentiere das Kind Objekte seiner Umgebung als die auf sie anwendbaren Handlungen, wobei die Repräsentation der Objekte an deren Anwesenheit gebunden ist. Erst mit der Herausbildung der „semiotischen Funktion" kann das Kind Objekte auch in ihrer Abwesenheit – als innere Bilder – repräsentieren. Diese inneren Bilder, die von Piaget als Ergebnisse von Nachahmungen verstanden werden, sind im „präoperativen" Stadium nur „reproduktiv", „statisch", erst im „operativen" Stadium (ab ca. 7 Jahren) verfügt es über „antizipatorische" innere Bilder. Es ergibt sich also eine deutliche Parallele zu dem von Neuhaus Dargestellten. Bruner et al. (1966) verfolgen mehr die sich wandelnde Repräsentation von Wissen überhaupt („enaktive", „ikonische", „symbolische" Form), und nicht so sehr die Entwicklung der Repräsentation des Vorstellungsbildes.

7 Vgl. auch Kranich: Bemerkungen zur anthropologischen Dimension von Unterricht zwischen Zahnwechsel und Pubertät (in diesem Band).

8 Vgl. den Aufsatz von Rittelmeyer in diesem Band.

9 Diese Bildekräfte bilden eine Gesamtheit, den Bildekräfteleib bzw. Ätherleib, der sich in Organbereiche gliedert mit unterschiedlicher Gedächtnisfunktion: „Was wir wahrnehmen und auch was wir gedanklich verarbeiten, das spiegelt sich auf der Oberfläche unserer sämtlichen inneren Organe, und diese Spiegelung bedeutet unsere Erinnerungen, unser Gedächtnis während des Lebens. Also was sich da, nachdem wir es wahrgenommen und verarbeitet haben, an der Außenfläche unseres Herzens, unserer Lunge, unserer Milz usw. spiegelt, was da zurückgeworfen wird, das ist dasjenige, was die Erinnerungen abgibt" (Steiner 1987, S. 101). Abstrakte Gedanklichkeit würde z. B. mehr von der Lunge gespiegelt, gefühlsgefärbte mehr von der Leberoberfläche.

10 Hierzu ist interessant ein Versuchsbefund von Piaget und Inhelder 1974: Kinder im Alter von 3$^1/_2$ bis 6$^1/_2$ Jahren sollten sich eine Reihe von 10 Stäbchen aufsteigender Länge gründlich ansehen; nach einer Woche und ein zweites Mal nach 8–10 Monaten sollten sie die Stäbchenreihe mittels einer Zeichnung gedächtnismäßig reproduzieren. Überraschend war, daß sich bei einem Großteil der Kinder nach acht Monaten Verbesserungen gegenüber ihren Gedächtnisleistungen eine Woche nach Vorlage der 10 Stäbchen zeigten (zu Deutungsversuchen dieses Befundes S. 69; s. a. Arbinger a. a. O., S. 184 f.).

11 Ein anderes Beispiel einer rhythmischen Gedächtnispflege gibt Steiner: „So könnte man zum Beispiel segensreich wirken, wenn man die aufeinanderfolgenden Schulklassen in einer siebenklassigen Schule so einteilen würde, daß man sozusagen eine Mittelklasse einrichtete, die gewissermaßen dann für sich bestünde, und daß dann in der fünften Klasse – verändert – sich das wiederholen würde, was in der dritten durchgenommen worden ist, und ebenso in der sechsten sich wiederholen würde, was in der zweiten, und in der siebten, was in der ersten Klasse behandelt worden ist. Das würde eine vorzügliche Stärkung des Gedächtnisses bedeuten, und die Menschen würden schon sehen, wenn sie dies in die Praxis einführten, wie segensreich sich diese Dinge auswirken würden, einfach aus dem Grunde, weil sie den Gesetzen des wirklichen Lebens entstammen" (Steiner 1931, S. 203).

12 Siehe hierzu den Beitrag von Leber in diesem Band.

13 Die Untersuchungen der Bühler-Schule wurden allerdings vor allem an Sechs- bis Achtzehnjährigen durchgeführt.

14 Daß Steiner auch eine Art gedächtnismäßigen „Turnens", eine übende Betätigung im Kindheitsalter empfiehlt, zeigt das folgende Zitat, wobei die Qualitäten der nachfolgend genannten Mineralien dem Kind bekannt und vertraut sein sollten: Eine Förderung des Gedächtnisses hatte Steiner darin beobachtet, daß die Schüler „Dinge, die man sonst nur in einer Richtung lernt, auch in der umgekehrten Richtung lernten und immer wieder und wieder üben mußten. So wird die Härteskala der Mineralien gewöhnlich in der folgenden Reihenfolge gelernt: 1. Talk, 2. Steinsalz, 3. Kalkspat, 4. Flußspat, 5. Apatit, 6. Orthoklas oder Kalifeldspat, 7. Quarz, 8. Topas, 9. Korund, 10. Diamant. Da habe ich nun die Schüler neben dieser Aufzählung auch immer wieder die umgekehrte Reihenfolge üben lassen. Das ist eine außerordentlich gute Übung – besonders wenn sie zu guter Zeit im Kindheitsalter vorgenommen wird – für die Stärkung der Gedächtniskraft" (Steiner 1931, 202).

15 Beispiele für Bewertungsunsicherheiten: „Oft schien es, als gingen die jüngeren Versuchspersonen darauf aus, sich die sinnvollen Reihen wie sinnlose einzuprägen, während die älteren Versuchspersonen suchten, auch die sinnlosen Reihen mit Sinn zu erfüllen" (Pilek in Brunswik et al. a. a. O.).

16 Vgl. das Anthropologie-Kapitel (3. Teil) von Kranich in diesem Band und zum Symbol-Begriff den Artikel von Kiersch – ebenfalls in diesem Band.

17 Rudolf Steiner entwickelte auch eine Phylogenie des Gedächtnisses. 1. Stufe: Das „lokalisierte Gedächtnis": Das Gedächtnis war nicht im Innern des Menschen, sondern überall in der irdischen Außenwelt in Form von Merkzeichen und Merksteinen. – Heutige Überreste davon sind Denkmäler, Ikonen u. a. 2. Stufe: Die „rhythmische Erinnerung": Erlebtes wird im Rhythmus, das heißt zugleich in der Sprache, reproduziert. In der Tatsache, daß es leichter fällt, Verse zu memorieren als Prosa, aber auch im Reim als einer rhythmischen Wiederholung („mit Mann und Maus", „kurz und klein" usw.) und in den Merkversen der Schulkinder hat sich diese Art der Erinnerung gehalten. Alle großen Mythen (Odyssee, Ilias, Nibelungen, Kalewala usw.) – primär mündlich tradiert – liegen in rhythmischer Form vor. 3. Stufe: Das „abstrakte Gedächtnis", die „persönliche bzw. zeitliche Erinnerung" beginnt mit dem Griechentum und ist die heute dominierende Gedächtnisform (Steiner 1988, S. 19f.). Piaget und Inhelder (1974) sehen drei Stufen der Individualentwicklung des Gedächtnisses, die Parallelen sowohl zu dem von uns – an Charlotte Bühler anknüpfend – Geschilderten, wie auch zu dem von Steiner für die Menschheitsentwicklung Dargestellten, aufweisen: 1. Wiedererkennen, 2. Restitution („Übergangsstufe vom Sensumotorischen zum Vorstellungsmäßigen"), 3. Evokation.

## Literatur

Arbinger, R.: Gedächtnis. Darmstadt 1984.

Bartlett, F. C.: Remembering. Cambridge 1932.

Bock, M.: Angenehme und unangenehme Erfahrungen aus gedächtnispsychologischer Sicht – Bilanz einer 80-jährigen Forschung. Psychologische Beiträge 22, 1980: 280–292.

Bower, G.: In Science News 119, 1981: 252.

Brown, R./McNeill, D.: The „tip of the tongue" phenomenon. J. of Verbal Learning and Verbal Behavior, 5, 1966: 325–337.

Bruner, J. S. et al.: Studies in cognitive growth. New York 1966.

Brunswik et al.: Untersuchungen zur Entwicklung des Gedächtnisses. Beih. 64 zur Z. f. angewandte Psychologie. Leipzig 1932.

Darwin, Ch.: Autobiography. Hrsg. S. L. Lobol. Leipzig, Jena 1960.

Darwins gesammelte Werke. Übers. v. J. V. Carus. Bd. 14/15: Leben und Briefe Ch. Darwins (Hrsg. Francis Darwin). Stuttgart 1899.

Dühnfort, E.: Der Sprachbau als Kunstwerk-Grammatik im Rahmen der Waldorfpädagogik. Stuttgart ²1987.

Goethe-Artemis-Gedenkausgabe, Bd. 16. Zürich, München 1977.

Goethe – Leben und Welt in Briefen, zusammengestellt v. F. Kremp. dtv-Weltliteratur. München, Wien 1978, S. 107.

Hoffmann, J.: Das aktive Gedächtnis. Berlin, Heidelberg, New York 1983.

Jovanovic, V. J.: Schlaf und Traum. Stuttgart 1974.

Kranich, E. M. et al.: Formenzeichnen – die Entwicklung des Formensinns in der Erziehung. Stuttgart 1985.

Kandinsky, W.: Über das Geistige in der Kunst. Bern 1952.

Kandinsky, W.: Punkt und Linie zur Fläche. Bern ⁷1973.

Kebeck, G.: Emotion und Vergessen. Aspekte einer Neuorientierung psychologischer Gedächtnisforschung. In: Arbeiten zur sozialwissenschaftlichen Psychologie, H. 11. Münster 1982.

Kleinhans, W. H.: Stufen der ganzheitlichen Auffassung bei zwei- bis siebenjährigen Kindern. Weinheim 1966.

Koriat, A./Lieblich, I.: What does a person in a TOT state know that a person in a „Don't know" state doesn't know. In: Memory and Cognition, 2, 1974.

Kosslyn, S. M.: The representational-development hypothesis. In: Ornstein, P. A. (Hrsg.): Memory development in children. Hillsdale, N.J. 1978.

Kranich, E. M.: Pädagogische Projekte und ihre Folgen. 5. Stuttgart 1969.

Lockhart, R. S.: Remembering events: discussion of papers by Jacoby and Craik, Baltig and Nelson. In: Cermake, L. S./Craig F. J. M. (Hrsg.): Levels of processing in human memory. Hillsdale, N.J. 1979.

Mishkin, Blume et al. in Simon, K.: Gedächtnisverlust als Wegweiser zur Gedächtnisstruktur. Naturwiss. Rundschau 37, 5, 1984.

Neisser, V.: Memory: What are the important questions? In: Gruneberg, M. M. et al. (Hrsg.): Practical aspects of memory. London 1978, S. 4

Neuhaus, W.: Der Aufbau der geistigen Welt des Kindes. München, Basel 1962.

Nickel, H.: Die visuelle Wahrnehmung im Kindergarten- und Einschulungsalter. Bern, Stuttgart 1967.

Oerter, R./Schuster, M. in: Oerter, Montada et al.: Entwicklungspsychologie. München, Wien, Baltimore, 1982, S. 497.

Oltmann, O.: Bildhafte Naturbetrachtung – zum Biologieunterricht an Waldorfschulen. Bildung und Erziehung, H. 2.5, 1982, S. 152 ff.

Oltmann, O.: Pädagogik im Jugendalter. Erziehungskunst, H. 5, 6, 1986, S. 357 ff.

Paris, S. G./Lindauer, B. K.: Constructive aspects of childrens comprehension and memory. In: Keil, R. R./Hagen, J. W. (Hrsg.): Perspectives on the development of memory an cognition. Hillsdale, N.J. 1977.

Petter, G.: Die geistige Entwicklung des Kindes im Werk von Jean Piaget. Bern, Stuttgart 1966.

Piaget, J./Inhelder, B.: Mental imagery in the child. New York 1971.

Piaget, J./Inhelder, B.: Gedächtnis und Intelligenz. Olten 1974.

Piaget, J./Inhelder, B.: Die Psychologie des Kindes. Frankfurt/Main 1977.

Poppelbaum, H.: Im Kampf um ein neues Bewußtsein. Freiburg 1948, S. 65.

Priller, J. et al.: Experimente zum Unterschied von „Wort auf der Zunge" und „Gefühl des Wissens". Z. für experimentelle und angewandte Psychologie, Bd. 35, H. 1, 1988: 129–146.

Rappaport, D.: Emotions and memory. Baltimore 1942 (deutsch 1977).

Rauthe, W.: Erfahrungen mit dem Epochenunterricht in der Waldorfschule. In: Leber, S. (Hrsg.): Die Pädagogik der Waldorfschule und ihre Grundlagen. Darmstadt 1983.

Remplein, H.: Seelische Entwicklung des Menschen. München 1962.

Steiner, R.: Anthroposophie, Psychosophie, Pneumatosophie (1910, GA 115). Dornach 1931.

Steiner, R.: Gegenwärtiges Geistesleben und Erziehung (1923, GA 307). Stuttgart 1957.

Steiner, R.: Theosophie (1904, GA 9). Stuttgart 1962.

Steiner, R.: Menschenerkenntnis und Unterrichtsgestaltung (1921, GA 302). Dornach 1962.

Steiner, R.: Erziehung des Kindes (1907, GA 34). Dornach 1965.

Steiner, R.: Erziehungskunst. Methodisch-Didaktisches (1919, GA 294). Dornach 1974.

Steiner, R.: Allgemeine Menschenkunde als Grundlage der Pädagogik (1919, GA 293). Dornach 1975.

Steiner, R.: Geistige Zusammenhänge in der Gestaltung des menschlichen Organismus (1922, GA 218). Dornach 1976.

Steiner, R.: Geisteswissenschaftliche Menschenkunde (1908, GA 107). Dornach 1977.

Steiner, R.: Die Weltgeschichte in anthroposophischer Beleuchtung (1923, GA 233). Dornach 1980.

Steiner, R.: Menschenwerden, Weltenseele und Weltengeist (1921, GA 205). Dornach 1987.

Stern, W. u. C.: Die Kindersprache. Darmstadt 1965.

Tittmann, M.: Deutsche Sprachlehre der Volksschulzeit – Menschenkundlich begründet nach Anregungen Rudolf Steiners. Stuttgart 1962.

Yarmey, A. D.: I recognize your face but I can not remember your name: further evidence on the tip of the tongue phenomenon. Memory and Cognition 1, 1973.

Zickwolf, G.: Gedächtnispraxis am Beispiel von Charles Darwin dargestellt. Erziehungskunst, H. 3, 1959.

Peter Buck

# Chemie- und Physikunterricht an Waldorfschulen auf der Folie der aktuellen chemiedidaktischen Diskussion

## 1. Absichtserklärungen

Chemie- und Physikunterricht an Waldorfschulen *auf der Folie* der aktuellen chemiedidaktischen Diskussion – was ist damit gemeint? Der Duden weist „Folie" als eines jener wunderbar mehrdeutigen Homonyme aus, die mit einem Wort mehrere Aspekte einer Sache gleichzeitig zu kennzeichnen gestatten.

Folie$_1$ – lat.: „Blatt" – ich denke an das Medium unserer Zunft, die Overheadfolie, auf der wir unsere Gedanken im Bild oder Text skizzieren. Es wird notwendig sein, den Chemie- und Physikunterricht an Waldorfschulen mit einigen sehr groben Strichen zu skizzieren.

Folie$_2$ – „Hintergrund"; wenn man bei der Spiegelherstellung das metallbeschichtete Glas mit (schwarzer) Folie hinterlegt, wird die Wirkung klarer, schärfer, farbintensiver. Das meine ich in beiden Richtungen: indem ich einige in den Fachdidaktiken Chemie und Physik zentral diskutierte Aspekte (Auswahl, Struktur und Aktualität der Inhalte, Modelle, Atomistik, Begriffsbildung) zum Hintergrund nehme, hoffe ich das Bild des Waldorfunterrichts für Staatsschulpädagogen und das Bild des Staatsschulunterrichts für Waldorfpädagogen zu klären und zu schärfen.

Folie$_3$ – „Beurteilungsmaßstab"; auch wenn der hier zugrunde gelegte Duden von 1956 noch keine Overheadfolie kennt, liefert diese doch ein Bild für das Zustandekommen dieser dritten Bedeutung: die auf ihr entworfene Gedankenstruktur wird zur Projektionsvorlage, zum projizierten Maßstab. Ich will mich hier an Fritz Bohnsacks „Aufgaben der Schule heute", genauer: an seine „ungelösten Problembereiche" (Bohnsack 1990) halten und Lösungsversuche im Bereich des Chemie- und Physikunterrichts der Waldorfschulen anzudeuten versuchen.

## 2. Fachdidaktische Diskussionspunkte

### 2.1 Inhaltsauswahl und Inhaltsstruktur

Zwanzig Jahre nach Saul Robinsons berühmtem „Strukturkonzept für Curriculumentwicklung" (Robinson 1971), wird diese Frage der Inhaltsauswahl und -struktur immer noch diskutiert: Schmidkunz und Büttner (1985) schlagen zum Beispiel ein detailliertes „Spiralcurriculum" für das Unterrichtsfach Chemie vor. Wir können und wollen hier indessen keine Synopse[1] der Lehrinhalte

242

beider Fächer an den Staats- und Waldorfschulen geben, sondern fragen vielmehr nach den Curriculum*prinzipien.* Zwei Bilder sollen helfen, Unterschiede zu verdeutlichen:

Ein Auto – nicht mehr wegzudenken aus unserem Leben – besteht aus etwa 20 000 Einzelteilen. Wer einmal eine Autofabrik besichtigt hat, weiß, wieviel Konstruktionsgenie, Organisationstalent und Logistik hier zusammenfließen, damit von diesen 20 000 Einzelteilen jedes an seinen Platz kommt und das in weniger als 40 Arbeitsstunden pro Auto. Der Scheibenwischer, die Radnabe, der Fernlichtschalter, die Zylinderkopfdichtung – lauter vorgefertigte Teile, eines zum anderen zum richtigen Zeitpunkt an der richtigen Stelle montiert, eine gigantische Addition der Teile zum Ganzen.

Von ganz anderer Art die Lebewesen: das Neugeborene, der Lindenbaum, der Schmetterling. Nicht aus Einzelteilen montiert, sondern in verblüffend unvorhersehbarer Metamorphose sich beständig entwickelnd. Ei, Raupe, Puppe, Schmetterling – wie unähnlich sind oft die Stadien. Wir haben Mühe, den Werdeprozeß denkend zu verfolgen, die Verwandlungen bleiben unverstanden, unverstanden jedenfalls für das kausalanalytische Denken, dem der Montagealgorithmus des Autos viel einleuchtender ist.

Technologie und Biologie, Konstruktion und Evolution, die Unterschiede sind uns deutlich. Ihre Prinzipien gegeneinander werten oder gar ausspielen zu wollen, wäre fehl am Platze. Um diese Unterschiede zu wissen, wird aber nützlich sein, wenn wir im Folgenden den Physik- und Chemieunterricht an Waldorfschulen von dem an Staatsschulen Gewohnten aus betrachten wollen.

Die beiden Empfehlungen zur Gestaltung der Chemie- und Physiklehrpläne des Vereins zur Förderung des mathematischen und naturwissenschaftlichen Unterrichts (MNU 1984, 1988), jener großen und einflußreichen Vereinigung der Naturwissenschafts- und Mathematiklehrer, der „MNU", lassen deutlich das auf Lehrpläne anzuwendende Konstruktionsprinzip erkennen: Es gilt, die Unterrichtsinhalte dieser beiden Fächer so anzuordnen, daß ein Kenntnis- und Wissensgebäude der genannten Fächer entsteht, welches Welt- und Technikverständnis, ja sogar Urteils- und Kritikfähigkeit gewährleistet. Daß Lehrplangestaltung *als Addition* von Unterrichtsinhalten *in sinnvoller Reihenfolge* – und nur als solche – verstanden wird, geht zum Beispiel aus der Gliederung des empfohlenen Physikkanons hervor: „Wärme II" folgt auf „Wärme I", „Mechanik III" auf „Mechanik II"; „Energiewandlungen/Energieversorgung" – das Dach quasi – ist erst lehrbar, wenn die einzelnen Stockwerke „Wärme II", „Mechanik III" und „Elektrizitätslehre II" errichtet wurden.

In der Chemielehrplanempfehlung der MNU trifft man dasselbe Verständnis an. Der „Erkenntnisweg der Lernenden" sei „geeignet, als Leitlinie zur Konstruktion von Lernbereichen für den Chemieunterricht" zu dienen, heißt es dort. „Erkenntnisweg" klingt verheißungsvoll; aber nicht Methodisches, sondern Inhaltliches ist hier Maßstab. Dieser „Erkenntnisweg" ist eine additive Reihung von Inhalten, „Problemfelder" genannt. Auf „Problemfeld 1: Stoffe und Reaktionen aus Kontinuumssicht" folgt „Problemfeld 2: Erste Deutung der chemischen Reaktionen aus der Sicht des Diskontinuums", auf die „Erste Deutung" folgt später die „differenzierte Deutung".

So wie bei der Autokonstruktion die Struktur des Autos und seiner Teile die

Montagereihenfolge bestimmt, bestimmt die Begriffsstruktur der Fächer die Lehrplankonstruktion. Lehrplan- und Curriculumgestaltung wird auch ausdrücklich als Konstruktionsaufgabe gesehen.

Anders der Chemie- und Physikunterricht an Waldorfschulen. Er fühlt sich einem Evolutionsprinzip verpflichtet: Nicht die Inhaltsstruktur, sondern die seelisch-geistige Entwicklung des Jugendlichen prägt den Lehrplan.

Der Physikunterricht beginnt in der 6. Klasse, der Chemieunterricht in der 7. Klasse; beide Male steht im *Anfangs*unterricht das Erlebnis im Mittelpunkt. In der Wärmelehre der 6. Klasse zum Beispiel geht es um die Begegnung mit dem Kalten und Warmen in der Welt, vom Eis bis zur Glut. Die Kälte wird betäubend und erstarrend erlebt, die Wärme als das Gleichmachende: Die eisgekühlte Haut spürt den Nadelstich nicht mehr, glühendes Kupfer, Eisen oder Gold sind (optisch) nicht mehr zu unterscheiden. Nicht das Auf und Ab einer Flüssigkeitssäule, zur Temperaturskala im Thermometer abstrahiert, sondern unterschiedliche Fließgeräusche oder sichtbar gemachte Wellenbildungen bei kaltem und warmem, strömendem Wasser ziehen die Aufmerksamkeit auf sich.[2]

Und welches chemische Phänomen spricht das fühlende Erleben stärker an als das Feuer[3]? Es bildet den dynamischen Ausgangspunkt für die erste Chemieepoche, kontrastiert später die mehr statische Kalkbildung im zweiten Teil dieser Epoche.

Wurzelt das Physik- und Chemiewissen in den sinnlichen und empfindungsmäßigen Erfahrungen der 6. und 7. Klasse, steht also qualitative Wirksamkeit und Orientierung in der Welt im Mittelpunkt, so fokussiert sich der Physik- und Chemieunterricht der 7. und 8. Klasse mehr auf physikalische Zustände und Parameter, um schließlich in der 8. und 9. Klasse dem kausalanalytischen Physik- und Chemieunterricht der Staatsschulen immer ähnlicher zu werden. Die 15jährigen der 9. Klasse haben andere Interessen und Probleme als die 12jährigen der 7. Klasse. Mit den technischen Anwendungen der Physik in Dampfmaschine, Diesel- und Otto-Motor, Eisenbahn und Telefon spricht man der Tendenz der Jugendlichen (in der 9. Klasse) an, aus dem engeren häuslichen Bereich das Weite der Welt zu suchen. Mit den Anwendungen der organischen Chemie in der Brauerei, Winzerei und Essigfabrik, mit Genuß- und Rauschmitteln, mit Parfümen und Aromastoffen berührt man die Tendenz der Jugendlichen, es den Erwachsenen gleich zu tun.

In der 9. Klasse geht es noch nicht um das strenge begriffliche Erfassen physikalischer und chemischer Zusammenhänge, sondern darum, das zunächst technisch Machbare zu zeigen und Anfänge im Denken in Qualität zu legen. Eine Beurteilung des physikalisch-begrifflichen Erkenntnisvorgangs wird erst in der 10. Klasse in der Mechanik angebahnt. Die Tragweite des mathematisierenden Denkens wird hier besonders einfach erfahrbar. In der Elektrizitätslehre der 11. Klasse ist dies schon verwickelter und erst in der 12. Klasse, der Abschlußklasse nach dem Waldorf-Lehrplan, ist eine vergleichende theoretische Fassung eines physikalischen Lehrgebiets – der Optik – möglich.

Die 12. Klasse behandelt also das Verhältnis des Menschen zu den physikalischen Naturphänomenen in seinem intellektuellen Bezug. Vom emotionalen Bezug des Physikunterrichts der 6. Klasse über die ganz der Außenwelt sich hinwendenden technologischen Betrachtungen der 9. Klasse hat sich die Wandlung zum Kognitiven in der 12. Klasse vollzogen.[4] Hier kann ein universitäres

Physikstudium ansetzen; in ihm ist der Ort für Axiomatik und Orientierung an der Struktur der Disziplin.

Der Chemieunterricht der Oberstufe folgt diesem Wandlungsmuster in abgewandelter Weise: Der übersichtlichen Strenge der Newtonschen Mechanik am Ende der Physikepoche der 10. Klasse entspricht hier die Strukturierung der Anorganischen Chemie im Bereich der Salze, Säuren und Basen, breiter dann in der 11. Klasse in den Elementfamilien des Periodischen Systems. Der Rückbezug zum Menschen erfolgt in der 12. Klasse durch physiologisch-chemische Thematisierung.

In der Curriculumgestaltung beziehen die staatlichen Lehrpläne und die Lehrpläne der Waldorfschulen also unterschiedliche Ausgangspunkte. Den ersteren liegt ein dem Ingenieurwesen verwandtes, den letzteren ein stärker anthropologisch-evolutionäres Verständnis zugrunde. Das hat nicht nur Folgen für Zielsetzung, Inhaltsauswahl und „Struktur" des Lehrplans, es macht sich auch in vielen anderen Einzelheiten bemerkbar.


## 2.2 Modelle

Hans Rudolf Christen, Autor mehrerer Lehrbücher mit hohen Auflagenzahlen, schreibt, was viele Chemie- und Physiklehrer an Staatsschulen ebenso empfinden wie er: „Modellvorstellungen dienen als *Ordnungsschema;* sie ermöglichen es, die Fülle der Phänomene in einen allgemeinen Rahmen einzuordnen und dadurch zu verstehen und zu begreifen" (Christen 1975, S. 59). „... zu verstehen und zu begreifen" – Christen verstärkt seine Aussage nicht nur, er meint wohl auch zweierlei.

In keinem Lehrgebiet hat diese Auffassung stärker durchgeschlagen als im Bereich der Wärmelehre, war sie doch das erste Teilgebiet der Physik, das man vollständig auf die Mechanik zurückführen konnte. Die von Newton theoretisch begründete Mechanik stand am Ende des letzten Jahrhunderts in hohem Ansehen, weil die Mathematisierung ihrer Theorie weit fortgeschritten war. Die Reduktion auf nur wenige Axiome galt und gilt als wissenschaftstheoretisch erstrebenswert.

Dazu ist – zweitens – die Mechanik besonders geeignet, *anschauliche* Vorstellungen zu bilden. Diese vertrauten Vorstellungen sollten ersatzweise – eben modellhaft – helfen, auch für die Wärme eine einfache Theorie zu entwickeln. Sie ist als kinetische Gastheorie bekannt und – zur Unkenntlichkeit verstümmelt – beliebter Lehrstoff im Physikunterricht (an staatlichen Schulen) etwa der 7. Klasse.

Sehen wir uns an einem typischen Beispiel aus einem Schulbuch an, was etwa hier zu lernen ist: „Viele Beobachtungen an Stoffen", heißt es in einem 1987 erschienenen Physik- und Chemiebuch für Nordrhein-Westfalen, „können wir erklären, wenn wir uns vorstellen, daß die Stoffe aus winzigen Kugeln bestehen, die sich gegenseitig anziehen. Da man diese Teilchen nicht direkt sehen kann, existieren sie nur in unserer Vorstellung – aber mit diesem *Denkmodell* (im Original unterstrichen) werden Vorgänge in der Wirklichkeit verständlich" (Heinen u. a. 1987, S. 13). Und in der Spalte rechts daneben: „Die Bewegung der Teilchen ist ein Maß für die Temperatur des Stoffes".

Stimmt das wirklich, was hier behauptet wird: Wird mit dem „Denkmodell" (das ja nur deshalb „in unserer Vorstellung existiert“, weil „man diese Teilchen nicht direkt sehen kann“) Teilchenbewegung „die Wirklichkeit Wärme“ erst verständlich, sonst aber nicht? Und ist „die Bewegung der Teilchen“ (die man ja nicht direkt sehen kann) „ein Maß für die Temperatur“, oder gar, wie in einem anderen Buch (kursiv gesetzt) zu lesen ist: „Das Thermometer mißt mittelbar einen Mittelwert der Teilchengeschwindigkeit“ (Fontius u. a. 1974, S. W 32)?

Wir halten uns hier nicht bei der physikalischen und erkenntnistheoretischen Unsinnigkeit[5] dieser Lehrbuchtexte auf. Worauf verwiesen werden soll, ist die *Ersatzontologie*[6], die hier gelehrt wird. Nicht die Empfindungen, die mit warm und kalt verbunden sind, nicht die Phänomene, zu denen die Wärme fähig ist, werden thematisiert, sondern von irgendwoher geholt, völlig unmotiviert, „winzige Kugeln“. Sicherlich läßt sich mit Kugeln trefflich Billard spielen, aber verfügen die Kinder überhaupt über die Erfahrung des Billardspiels. Muß es sie nicht völlig aus den Phänomenen entwurzeln, wenn die Mechanik des Billardspiels mit Wärmeempfinden und Thermometer in Verbindung gebracht wird, und dazu zwischen den Zeilen des Buches an späterer Stelle zu lesen ist, daß die „winzigen Kugeln“ eben nicht „nur in unserer Vorstellung“ existieren, sondern Wirklichkeit sind („Stoffe bestehen aus kleinsten Teilchen“).[7]

So dogmatisch (weil ohne jegliche innere Notwendigkeit) das Modell der kinetischen Gastheorie in der Regel gelehrt wird, so dogmatisch wird die Notwendigkeit von Modellen in Chemie- und Physikunterricht meist begründet: mit besserer Lerneffizienz, anschaulicherem Verstehen, und besser überschaubarem Wissensgebäude. Fairerweise ist zu vermelden, daß diese Didaktik der Wärmelehre im Rückzug ist. Die baden-württembergischen und bayerischen Haupt- und Realschullehrpläne haben sie bereits überwunden. An Waldorfschulen hat sie nie Fuß gefaßt.

Die Didaktik der Wärmelehre in der 6. Klasse der Waldorfschule geht vom Erleben der Wärme- und Kältephänomene aus. Schmelzen, Erstarren, Gießgeräusch, Fließformen, Tropfen und Blasen, Betäubung, Klammwerden, das Wandern eines belasteten Drahtes durch einen Eisblock, Glühen von Eisen und Gold, kalte und warme Farben: das sind Versuche, die Manfred von Mackensen für die 6. Klasse beschreibt. „Aber“, warnt er, „man darf nicht denken, daß das körperliche Aufgehen in den Wärmezustand bereits die richtigen Ideen liefert, daß das Erleben von selbst zum Begriff führen wird“ (v. Mackensen 1982 a, S. 119). Wärme ist die gedankliche Durchdringung, die vom Körpererleben zum Ordnen weit auseinander liegender Phänomene führt. Also nicht das (Teilchen-)Modell als Ordnungsstifter, sondern die zusammenfassende Denktätigkeit des Menschen, die zum Begriff Wärme selbst führt. (Letzteres freilich ist an Lehrer gerichtet und wird nicht im Unterricht thematisiert.)

In der 7. Klasse stehen die konventionellen physikalischen Experimente der Wärmelehre an der Tagesordnung: die Ausdehnung der Körper, die Thermometer und ihre Skalen, Wärmeleitung, in der 8. Klasse Konvektion, Strahlung, Wärmetechnik, in der 9. Klasse die Dampfmaschine – davon war bereits im vorigen Abschnitt die Rede. Wo bräuchte man hier ein Teilchenmodell der Wärme, damit „die Vorgänge in der Wirklichkeit verständlich werden“ (Heinen u. a. 1987, S. 13)?

## 2.3 Atome

In der heutigen Chemie und Physik spielt der Atomismus eine zentrale Rolle. Entsprechend ist er eine wesentliche Säule der Inhaltsstrukturen beider Fächer. Wer von den Inhaltsstrukturen ausgeht, muß ihn gleich zu Anfang des Physik- und Chemieunterrichts ins Zentrum rücken. „Im Zentrum der Deutung steht ein einfaches Teilchenmodell" heißt es bei „Wärme I", einer von der MNU ausdrücklich für das erste Jahr Physikunterricht vorgesehenen Unterrichtseinheit (MNU 1988, S. VI). Das gleiche gilt für die Chemie für ihre „Deutung im Diskontinuum" (MNU 1984, S. 164).

Daß Chemieunterricht, aber auch Physikunterricht sehr früh mit Atomen zu beginnen habe, ist auch in der Regelschuldidaktik umstritten. Wenn auch so gut wie alle Lehrpläne eine frühe Behandlung zumindest von „Teilchen" vorsehen, gibt es doch beachtliche Ansätze (Dierks u. a. 1979–1988, ten Voorde 1987), den Atomismus auf höhere Klassen zu verschieben.

Manfred von Mackensen hat in den siebziger Jahren die Wirkungen verfrühter Einführung von Atomvorstellungen auf junge Menschen analysiert. Sein Fazit lautet: „Im wesentlichen wird doch in der Schule in folgender Weise vorgegangen: In einem Alter, in dem die Schüler noch in keiner Weise die physikalischen und begrifflichen Grundlagen der Atomtheorie beurteilen können, werden ihnen formale und ins Dinglich-Handfeste transformierte Modelle zur Atomistik vorgesetzt … Die Schüler empfinden es als instruktiv und ermächtigend, dieses Zentrum vieler sie umgebender Denk- und Verhaltensweisen in den Griff zu bekommen. Selbständig bewerten können sie es so nicht … Da die Notwendigkeit und damit die Tragweite der Begriffsbildung für den Schüler (und mitunter auch für den Lehrer) undurchschaut sind (im Sinne der theoretischen Physik und einer Erkenntnistheorie) läuft diese Einführung via Mitteilung auf eine Indoktrination hinaus" (von Mackensen 1976, S. 147).

Mag der Hinweis auf die „physikalischen und begrifflichen Grundlagen der Atomtheorie" den Physiker noch überzeugen, daß zu früh eingeführte Atomlehre nicht verstanden wird – der heutige Chemiker wird sich gar nicht vorstellen können, wie man ohne Atome auskommen kann. Das hängt zusammen mit einem sehr weitgetriebenen Ausblendungsprozeß (vgl. Buck 1985), dem die Chemie des 20. Jahrhunderts ausgesetzt ist: Das Wesen der Materie wird – reduktionistisch (vgl. Primas 1985) – in die Atome hineinprojiziert; dadurch geht fast alle qualitative Betrachtung verloren.

Ein einfaches Beispiel mag dies erläutern: Eine weiße (farblose) Kerze brennt. Der Chemiker sieht darin:

$$C_{20}H_{44} + 31\ O_2 \rightarrow 20\ CO_2 + 22\ H_2O\ /\ \Delta H = -1,4 \cdot 10^7\ \text{J/mol.}$$

Natürlich beschreibt die (idealisierte) Gleichung den Prozeß korrekt, wenigstens in bezug auf die Menge der Kohlensäure, des Wassers und der Wärme. Die Reduktion des chemischen Prozesses auf eine Umgruppierung von Atomen blendet dabei jedoch einige wesentliche Aspekte aus: daß das Wachs *verschwindet,* daß Wasser und Kohlendioxid *entsteht,* daß die Kerze in einer Atmosphäre von 79% Kohlendioxid und 21% Sauerstoff nicht brennt, in Luft dagegen wohl, daß die Kerze rußt, wenn man sie an eine kalte Oberfläche führt, ja daß aus dem *weißen*, farblosen Wachs der *schwarze* Ruß werden kann – welch ein eindrückliches Phänomen; es wird einfach ausgeblendet.

Im Laufe der Chemiegeschichte hat sich die für das Verständnis von Syntheseketten ja durchaus richtige atomare Formulierung so verselbständigt, daß man ihr die Erklärung *aller* Phänomene abverlangt. Dies mag für die chemische Forschung ein Impuls sein, für die chemische Fachdidaktik ist es fatal: die Beispiele werden nach Erklärbarkeit ausgewählt, nicht nach Bedeutung; Halbwahrheiten sind an der Tagesordnung.[8]

Es gibt auch für Staatsschulen in dieser Richtung erfreuliche Entwicklungen, etwa den zugelassenen Verzicht auf Formeln im Chemieunterricht an den baden-württembergischen Hauptschulen. In den Waldorfschulen wird nicht auf die Behandlung der Atome verzichtet, sie wird nur auf die Oberstufe verschoben. Das von der Pädagogischen Forschungsstelle des Bundes der Waldorfschulen entwickelte didaktische Material (von Mackensen 1981) scheint mir auch für Staatsschulunterricht beachtenswert.

## 2.4 Begriffsbildung

Untersuchungen zur Begriffsbildung und zu Schülervorstellungen haben in den letzten zehn Jahren in der physik- und chemiedidaktischen Diskussion einen breiten Raum eingenommen. Und gegen eine Merksatz-Didaktik mit eingerahmten, auswendig zu lernenden Definitionen haben maßgebliche Didaktiker, etwa Martin Wagenschein, schon früh polemisiert. Daß sie aber noch längst nicht aufgegeben wurden, belegen neue Chemie- und Physikbücher[9].

Wir können an dieser Stelle die Diskussion, die eine Reihe von Berührungspunkten mit der Waldorfpädagogik aufweist, nicht referieren. Statt dessen soll mit ausdrücklichem Bezug zu den von Kiersch diskutierten „lebendigen Begriffen" (Kiersch 1990) am Beispiel der ersten Chemieepoche versucht werden, die an Waldorfschulen zumindest anfänglich angestrebte Begriffsbildung darzustellen. Dieses Beispiel wird uns dann in die Lage versetzen, auf die von Bohnsack als „ungelöste Problembereiche der Schule" (Bohnsack 1990) bezeichneten Stichworte einzugehen und mit einem in der Naturwissenschaftsdidaktik intensiv diskutierten Problembereich der „Aktualität" des Gelernten zu schließen.

Das Feuer scheint mir wie kein anderes Thema geeignet zu sein, phänomenologisch mitten in das Zentrum der Chemie vorzustoßen. Mit seiner didaktischen Feinfühligkeit hat Michael Faraday die *Kerze* zum Ausgangspunkt seines Chemieanfangsunterrichts genommen (Faraday 1980). An vielen Waldorfschulen bildet eine Art Lagerfeuer den Anfang der ersten Chemieepoche.[10] Sorgfältig aufgeschichtet sind verschiedenste Brennmaterialien, möglichst selbst von den Kindern in der Natur gesammelt. Zuerst werden nur Naturprodukte verbrannt, später auch Kunststoffe. Es gibt dabei vieles zu erleben, Bekanntes und Bemerkenswertes, Sichtbares, Hörbares, Fühlbares, Riechbares, sogar Schmeckbares. Jedes Material brennt auf seine Weise, lodernd oder verhalten, qualmend oder sprühend; das rote Zwetschgenholz hinterläßt eine ansprechend weiße, Eichenholz dagegen eher abstoßend graue Asche. Jedes Kind macht *seine* Beobachtungen, der eine nimmt dies, der andere das wahr. Im Gespräch wird dies so zusammengetragen wie zuvor die Teile des Scheiterhaufens. Viele Stücke bildeten *ein* vielfältiges Feuer, viele Kinder *ein* vielfältiges Gespräch.

Das Gespräch hat keine Beliebigkeit; es bezieht sich ja auf das vorher Beobachtete, und bei guter Moderierung fügt sich nahtlos an das Beobachtete die Erinnerung an das Frühere: Wie sah die Flamme aus, wie der Pflanzenteil, der brannte, wie die Pflanze selbst? In welcher Umgebung wuchs und wächst die Pflanze? Und die Asche jetzt, wie hebt sie sich ab? – Dies ist intensive Vorstellungsarbeit; sie ist die Grundlage für die bildhafte Ausgestaltung existierender, konstatierbarer Beziehungen. Kausalanalytisches Erklären ist weder möglich noch gefragt. Aber indem der eine Schüler dies, der andere jenes bemerkenswert findet, kann er sich mit der Welt und den vorhandenen Zusammenhängen verbinden. Solches Verbinden ist immer individuell; indem es im Gespräch geäußert wird, wird es auch für andere nachvollziehbar.

Entsprechend werden auch die Zeichnungen dieses Ereignisses im Epochenheft einerseits individuell gestaltet, andererseits auf gemeinsam Erfahrbares ausgerichtet sein. Auch der Text dazu wird sowohl das gemeinsam im Gespräch Vorgebrachte (in der Regel vom Lehrer sprachlich zusammengefaßt und formuliert) als auch das persönlich Erlebte zu fassen versuchen. Was in einer Reportage über eine englische Grundschule formuliert wurde, trifft auch hier zu: „Die Sache verlangt vom Kind die Auseinandersetzung – Aus-einander-Setzung des Wahrgenommenen, das in der Zeichnung, in der Beschreibung, im Gedicht wieder zur Einheit wird. Es ist nun *sein* Begriff, *seine* Vorstellung geworden: Sacherfahrung, Lernerfahrung und Selbsterfahrung in einem" (Arbeitsgruppe Burneside 1989).

Nachdem man das Feuer in seiner Vielfalt erlebt hat, ist die Vertiefung in Einzelheiten auch bei vielen Kindern ein Bedürfnis: Wie brennen Haare und Wolle (gar nicht selbstverständlich, daß Menschenhaare und Wolle – chemisch gesehen – „dasselbe" sein sollen)? Wie brennt Benzin, wie Spiritus? Wieviel Wasser kann man zugeben, daß es immer noch brennt? Und die Kohle – glüht sie nur oder brennt sie auch? Von selbst entsteht ein Bedürfnis nach Ordnung. Die alte „alchimistische" Ordnung nach den vier Elementen ist hierfür brauchbar. Es gibt tatsächlich „erdiges" Feuer (Kohle) und „luftiges" (Holzwolle) und „wäßriges" (Branntwein), sogar „feuriges Feuer" (Harz, Petroleum). Wer wollte verbieten – mit welchem Recht – solche Begriffe zu bilden. Man will ja mit ihnen etwas zum Ausdruck bringen, das man selbst vor Augen – die Engländer sagen: „in mind" – hat. Es ist hier die Rede von der „Selbstgegebenheit des Phänomens", von der Husserl (Husserl 1973, S. 35) spricht.

Es kommt hier also nicht auf reproduzierbare, vom Lernenden losgelöste „Ergebnisse" an, sondern auf den Prozeß und die Verbindung mit der Welt. Es kommt – mit Daniel Wirz (1989) gesprochen – nicht auf Wissen, sondern auf Erfahrung an, geht es doch um die Basis des ursprünglichen Verstehens, auf der das exakte Denken[11] der Physik und Chemie aufbaut.

Noch ein Zweites ist an diesem Vorgehen wichtig: Chemieunterricht dieser Art schreitet von außen nach innen, grenzt nicht aus, sondern bezieht ein: Es ist die vertraute Welt, aus der die Lerngegenstände genommen werden. Wir sortieren nicht *sie* nach Stoffeigenschaften, sondern orientieren *uns* in den Erscheinungen, die sie uns bieten. Uns selbst, den Menschen, blenden wir nicht aus, unser Erleben wird ernstgenommen und darf artikuliert werden. Auch für die Sache selbst und unsere Sachbeziehung zu ihr gilt dies. Die folgende Abbildung (Buck/von Mackensen 1989, S. 67) aus dem Epochenheft einer Waldorfschülerin zeigt besser als Worte, was hier gemeint ist.

Wir haben hier angesprochen, was Kiersch in diesem Band (Kiersch 1990) unter dem Stichwort „lebendige Begriffe" diskutiert. Er hat sie charakterisiert durch Unmittelbarkeit, Unabgeschlossenheit und Subjektivität. Nicht nur Dilthey, auch Theodor Litt hat diese Problematik diskutiert. Er hat in seinem Band „Naturwissenschaft und Menschenbildung" (Litt 1963) eingängig und subtil herausgearbeitet, daß es verschiedene naturwissenschaftliche Traditionen sind, die einmal eine erlebnisoffene, zum anderen von Erleben bewußt absehende Naturwissenschaftsdidaktik entstehen lassen. Die Begriffsbildung der einen Tradition führt zu der als „lebendig" bezeichneten, aber häufig als unscharf empfundenen Begriffsbildung, die andere zu „präzis" oder „definitorisch" bezeichneten, die im Gegensatz dazu als „tot" empfunden wird.

Die Bildung „lebendiger" Begriffe soll an einem Beispiel noch etwas vertieft werden: Eugen Kolisko, einer der ersten Lehrer an der Stuttgarter Waldorfschule, entwickelt in seiner Beschreibung der ersten Chemieepoche einen solchen „lebendigen" Begriff des Wassers. Wir zitieren ihn hier ausführlich, weil sein kleines Bändchen schwer zugänglich ist und weil man in der Beschreibung „lebendiger" Begriffe nicht mit wenigen Sätzen auskommt. Kolisko schreibt:

„In den früheren Jahren ist im Verlauf des Gesamtunterrichtes schon viel über das Wasser und seine Eigenschaften gesprochen worden. Jetzt kann dies zusammengefaßt und von einem neuen Gesichtspunkte aus behandelt werden. So beginnt man zunächst mit einer sehr bildhaften Darstellung der Wirksamkeit des Wassers auf der Erde.

Von der Sonnenhitze verflüchtigt, verdunstet das Wasser aus dem Meere. Im Winter dagegen gefriert es und kommt damit mehr an die Erde heran. Doch kehrt es aus beiden

Abbildung 1

250

Zuständen, vom Himmel und von der Erde, immer wieder zum Flüssigen zurück. So geschieht es beim Regen und in den Quellen. Andererseits gefriert das Meer niemals bis auf den Grund. Dies kommt daher, weil das Eis auf dem Wasser schwimmt. In der Tiefe ist das Wasser wärmer. Es hat dort die Temperatur von 4 Grad Celsius, und dieses Wasser ist auch das schwerste. Also wird das Wasser im Weltenmeere nie ganz fest. Die Gletscher gleiten zu Tal, weil auf ihrem Grunde Wasser vorhanden ist. Auch in der Luft will das Wasser nicht immer bleiben. Es fällt im Regen wiederum herunter auf die Erde. Vom Himmel kommt es, zum Himmel steigt es, und wieder nieder zur Erde muß es, ewig wechselnd, sagte Goethe. Warum friert eigentlich das Meer nicht auf dem Grund? So kann man fragen. Weil das Wasser vor allem flüssig bleiben will. Es wird nur oben fest und nicht unten. Das Eis verfestigt sich zwar aus dem Wasser heraus, bekommt aber dabei einen Auftrieb und wird leichter, während andere feste Körper beim Erstarren untersinken. Auch als Eis strömt das Wasser noch, wie man an den Gletschern sehen kann. So wird es eigentlich gar nicht richtig fest und verhält sich wie ein flüssiger Stein. Bekanntlich schmilzt das Eis unter Druck. Man läuft also beim Schlittschuhlaufen in Wirklichkeit gar nicht auf dem Eise, sondern auf dem Wasser, das durch den Druck des Körpers auf das Eis entsteht.

Diese Ausführungen kann man zu einem Diktat zusammenfassen, indem man etwa folgendes darstellt. ‚Das Wasser hat immer das Bestreben, flüssig zu bleiben. Daher ist seine Heimat das Meer, welches das Blut der Erde ist. Immer will es zu dieser Heimat, zum flüssigen Zustand zurück. Das Wasser verbindet auch das Feste und die Luft. Im Wasser ist immer Luft aufgelöst enthalten, sonst könnten die Fische nicht im Wasser leben. Andererseits ist im Meerwasser viel Salz vorhanden. Von jedem Wasser bleibt etwas Salziges, Festes zurück, wenn es verdunstet. Immer ist im Wasser etwas was von der Erde herstammt (das Salzige) und etwas, was aus der Luft herrührt. So verbindet das Wasser Erde und Luft und vermittelt so zwischen beiden.' Hat das Wasser auch sonst noch vermittelnde Eigenschaften? Da wird man von den Kindern manche Antworten bekommen, die schon aus dem fruher Gelernten stammen. Das Wasser vermittelt die Beziehungen zwischen den Welt- und Erdteilen und auch zwischen den Völkern. Völker werden durch Wasserstraßen verbunden. Handel bildet sich heraus. Der Osten und der Westen werden durch das Wasser verbunden. Gibt es nicht auch im Menschen ein solches Wasser, das alles verbindet? Ja, das ist das Blut. Es strömt durch den ganzen Körper und stellt überall den Zusammenhang her. Die Flüsse der Erde verbinden die Städte auf dem Wege des Wassers. So tun es die Adern des Blutes mit Rücksicht auf alle Stätten im menschlichen Körper. Durch das Wasser wird alles verbunden.

Jetzt haben die Kinder ungefähr eine Vorstellung davon bekommen, was die Natur des Wassers ist. Man kann jetzt mehr auf das Chemische eingehen. Man erinnert daran, daß das Kohlensäuregas keine Rotfärbung des Lackmuspapiers bewirkte, wenn es trocken war. Auch der trockene gebrannte Kalk erzeugt keine Blaufärbung. Erst wenn ein Tropfen Wasser darauf fiel, trat die Rot- und Blaufärbung ein. Also entstehen Säure und Lauge erst dadurch, daß Wasser hinzukommt. Auch könnten wir das Saure und Laugenhafte nicht schmecken, wenn der Mund ganz trocken wäre. Erst die Feuchtigkeit ermöglicht das Schmecken. Man kann dies noch an einem anderen Beispiel zeigen. Man nimmt kristallisierte Zitronensäure und erzählt, daß dieser Stoff aus dem Zitronensaft gewonnen werden kann. Andererseits zeigt man gewöhnliche Soda vor. Ohne auf dieser Stufe näher darauf einzugehen, läßt sich demonstrieren, daß das Sodapulver mit Wasser befeuchtet Lackmus blau färbt, also eine Lauge ist. Die feste Zitronensäure gibt im Wasser aufgelöst dem Lackmus Rotfärbung, ist also eine Säure. Nun mischt man die beiden Pulver, die feste Zitronensäure und das Sodapulver, zusammen. Es geschieht gar nichts. Gießt man aber Wasser hinzu, so schäumt es heftig auf. Die Reaktion ist etwa so heftig, wie wenn man Lauge und Salzsäure zusammenbringt. Es ist dies das sogenannte Brausepulver. Man sieht daraus, daß Säure und Lauge nur miteinander reagieren, wenn Wasser dazu kommt. Erst das Wasser stellt die Verbindung her" (Kolisko 1932, S. 24–26).

Für manchen anstößig mag in Koliskos Text zunächst der Anthropomorphismus erscheinen. Wagenschein hat in ähnlichen Fällen dagegengehalten:

„Es ist einfach meine Erfahrung, daß das animistische (oder auch anthropomorphistische) Reden den Zugang zur Physik erleichtert. Es genügt nicht, es zu dulden. Man muß es ganz ernst aufnehmen können. Dann sprießt die animistische Rede von selber weiter, wie blühendes ‚Unkraut‘ zwischen den Pflastersteinen des Fachjargons. Und wenn gar der Lehrer selber gelegentlich ‚so etwas‘ sagt, so kommt es allerdings ganz darauf an, wie er es anbringt. Jedenfalls unauffällig muß es sein, nicht verschmitzt und ohne jede Entschuldigung mit ‚sozusagen‘ und ‚wenn Sie wollen‘. Wie etwas Selbstverständliches, leise, wie mit sich selber sprechend, oder gar mit dem ‚Ding‘. Nur dann lösen sich die Gesichter, und ein Lächeln steigt in die Augen des Studenten. Sie fühlen sich ein, versetzen sich in das Phänomen. Sie sind ‚drin‘, zu Hause. Animistische Rede ist teilnehmende Rede" (Wagenschein 1986, S. 60–61).

Zunächst sehr befremdlich, durch die spätere Erläuterung vielleicht etwas abgemildert, aber dann immer noch ungewohnt ist vielleicht zweitens, die Rede vom „Meer, welches das Blut der Erde ist". Ist es unsere Fixierung auf das Visuelle, das Rot des Bluts, das dieses Sträuben verursacht? Der Widerstand liegt wohl tiefer. Wir haben durch die Sprache und Begrifflichkeit der Naturwissenschaften verlernt zu, die „andere Seite" des Begriffs zu sehen, die Kraft des Bildes. Der Physikdidaktiker Rainer Heege bemerkt „Alle unsere Begriffe haben gleichsam zwei ‚Seiten‘: eine anschaulich-bildhafte, die die Herkunft der Sprache vom Mythos widerspiegelt und eine logisch-definierende Seite, die sich mit dem begrifflichen Denken entwickelt. Die Anschaulichkeit der vorwissenschaftlichen, muttersprachlichen Begriffe liegt in ihrer Entstehung begründet: wir erwerben sie primär durch eigenes Handeln, durch unmittelbare Versuche, durch direkte Erfahrung und Anschauung.

War die bildhafte Alltagssprache anschauungsnah, so sind die in der Fachsprache thematisierten und implizierten formalen Strukturen primär unanschaulich. Das liegt zunächst an ihrer Allgemeinheit: die Fachsprache besteht weitgehend aus Symbolen und ihren Verknüpfungen" (Heege 1981, S. 141).

Das Bild, das immer individuelle Bild, das dem lebendigen Begriff zugrunde liegt, ermöglicht das Verbundenbleiben mit der Welt „Bildhafte Vorstellung erfaßt, was jeweils *zugleich* als *Ganzheit* erkannt werden" (Heege 1981, S. 145). Es ist damit das Gegenstück zu der von dem Quantenphysiker David Bohm bedauerten „fragmentierenden", aufspaltenden, Denk- und Begriffsbildungsfiguren moderner Wissenschaften (Bohm 1988, S. 263). Bei Heege wie bei Kiersch sind seine Kriterien: Unmittelbarkeit und Subjektivität. Da jedes Bild über seinen Rahmen hinausweist, ist auch die Unabgeschlossenheit, das von Kiersch genannte dritte Kriterium, von selbst einsichtig. „Wir sollten im Unterricht nicht definieren, wir sollten versuchen zu charakterisieren. Wir charakterisieren, wenn wir die Dinge unter möglichst viele Gesichtspunkte stellen" (Steiner, GA 293, S. 146), sagt Steiner. Der „lebendige Begriff" und bildhaftes Denken kann trotz Unmittelbarkeit, Subjektivität und Unabgeschlossenheit *exakt* sein. Exakt heißt hier dann: ausgeführt, und zwar treffend und vielfältig charakterisierend ausgeführt.[12]

Um Mißverständnisse auszuschließen, sei hier ausdrücklich darauf hingewiesen, daß nicht einmal in der ersten Chemieepoche, deren Anfang hier angesprochen wurde, geschweige denn in späteren Chemie- und Physikepochen ausschließlich in der beschriebenen Art unterrichtet wird. Selbstverständlich ist Kausalanalytik nicht schlichtweg verpönt (etwa: Warum geht eine Kerze aus? Warum entsteht ein Unterdruck (Saugeffekt) wenn gelöschter Kalk einer Kohlendioxidatmosphäre ausgesetzt wird usw.?).[13]

Der naturwissenschaftliche Unterricht außerhalb der Waldorfschulen fühlt sich in der Regel noch dem Ideal präziser (kausalanalytisch-mechanistischer) Begriffsbildung verpflichtet. Eingerahmte Merksätze in den Schulbüchern sind Ausdruck solchen Strebens nach Präzision. Eine ganz bestimmte Objektivitätsvorstellung steht dahinter.[14] Mit diesem Zugriff ist beim Lernenden eine (gewünschte) Distanzierung vom Zufällig-Individuellen verbunden. Nicht bedacht wird dabei, daß sich zugleich auch eine Distanzierung von der Sache ebenso wie von der Welt vollzieht. Nicht bedacht wird auch, daß fertige Definitionen zum Memorieren, statt zum (denkenden) Lernen verleiten.

Die Wirkung dieses Zugriffs ist eine affektive Abkoppelung, ist Wertentleerung. Damit lockert man zugleich das Weltinteresse, die Weltverbundenheit des Lernenden. Nach innen äußert sich dies in einem Gefühl der persönlichen Bedeutungslosigkeit der Physik oder Chemie – bedeutungslos im doppelten Sinn: „Die Erkenntnisse der Physik (Chemie) sind für sich wirklich ohne Bedeutung", und: „Ich bin angesichts der Erkenntnisse der Physiker (Chemiker) bedeutungslos". Nach außen betrachtet mögen zum Zustand der Welt (mangelnde Rücksichtnahme auf unsere Mit- und Umwelt) eben die hier geschilderte Denkhaltung und Denkgewohnheiten beigetragen haben. Ich meine, daß die beschriebene Begriffsbildung hierzu ein Gegengewicht bildet. Sie soll nicht den analytischen Zugriff ersetzen, sondern ihm vorausgehen und ihn ergänzen. Sie soll dazu erziehen, die Welt mitzubedenken, sich für Folgen verantwortlich zu fühlen – in einer Welt, in der man auch erlebnismäßig verwurzelt ist.

Ich habe auf diese „lebendige", aber nicht scharf abgrenzbare Begriffsbildung unser besonderes Augenmerk gerichtet, weil die Waldorfpädagogik hier meines Erachtens wesentliche Vorarbeiten geleistet hat. Die Menschenkunde, die die Waldorfpädagogik begründet, hat bemerkt, daß gerade zur Pubertätszeit die mehr unpersönlichen, aber äußerlich ermächtigenden geistigen Fähigkeiten z. B. des quantitativen Erfassens der Welt durch analytisches Denken bevorzugt auftreten. In diesem Lebensalter wird der junge Mensch dadurch für die Welt aufgeschlossen, daß er „technisch" denkt und fühlt. Im Abschnitt 2.1 wurde angedeutet, daß der Physik- und Chemielehrplan an Waldorfschulen dem Rechnung trägt.

# 3. Ungelöste Problembereiche der Schule

Bohnsack (1990) nennt unter diesem Titel fünf Problembereiche:

1. Motivation
2. Leistungsbeurteilung
3. Monostruktur der Unterrichtsmethode

4. Verlebendigung schulischer Lernprozesse
5. staatliche Bevormundung und Bürokratisierung.

Der zuletzt genannte Problembereich übersteigt die hier behandelte Thematik. Der erste und vierte Problembereich hängen zusammen und knüpfen unmittelbar an unseren vorigen Abschnitt an.

## 3.1 Motivation und Verlebendigung

Am Beispiel der ersten Unterrichtsaktivitäten im Rahmen der ersten Chemieepoche konnte gezeigt werden, wie in der Waldorfschule versucht wird, ein „Sinndefizit aufgrund der Abstraktion von unmittelbaren Erfahrungen" (Bohnsack 1990) überhaupt nicht erst aufkommen zu lassen, indem auf den eigenen sach- und erfahrungsbezogenen Begriffsbildungsprozeß jedes individuellen Schülers hingearbeitet wird. Das „persönliche Interesse des Schülers an den Inhalten des Unterrichts" (Bohnsack 1990) versucht der Lehrer zu wecken. In der Diskussion an diesem Problembereich wird häufig stillschweigend vorausgesetzt, daß dieses Interesse von vornherein ohne Zutun der Schule da sei und die Schule auf derartige, geäußerte Interessen etwa mit Projektangeboten zu antworten habe.

In einer Reihe von Waldorfschulen geht man auch in Projekten auf solche Interessen, etwa die AIDS-Frage u. a., ein. Die ergänzende Auffassung, persönliches Interesse sei nicht durch vorurteilsmäßige Meinungsäußerung über das noch Ungekannte erhebbar, ist jedoch nicht von der Hand zu weisen. Insofern kann auf persönliches Interesse immer nur *fortführend* reagiert werden. In den Jahresarbeiten der Waldorfschüler (in der 12. Klasse, gelegentlich auch in der 8. Klasse) werden derartige Interessen vertieft. Gerade auch der Physik- und Chemieunterricht wird aber auch als Grundlegung persönlicher Interessen angesehen.

Man bemüht sich um Motivation nicht durch Verblüffungsexperimente, sondern durch die Anknüpfung an Bekanntes und Vertrautes aus dem Lebensumkreis der Kinder. Man versucht, bekannte Verhältnisse durch eine neue Art des verbindenden Anschauens und der wesenhaften Besinnung so durchzuarbeiten, daß das Interesse nicht so sehr aus einer neuen Sache, als vielmehr aus einem neuen *Verhältnis* zur Sache gewonnen wird. Hierin wird die Grundlage für eine Erziehung zur Verantwortung gesehen, denn Verantwortung fühlt man nur für das, zu dem man in einem persönlichen Verhältnis steht.

## 3.2 Leistungsbeurteilung

Das von Bohnsack angesprochene Problem der Leistungsbeurteilung stellt sich für den Chemie- und Physikunterricht in anderer Weise als an Staatsschulen:

Ein an Lernzielen, an fachinhaltlichen „Ergebnissen" orientierter Unterricht kann sich darauf beschränken, den „Erfolg" des Unterrichts in „Tests" abzufragen. Der Erfolg der Schüler schlägt sich in den Noten nieder, die bei solchen Klassenarbeiten erzielt werden. Da es an Waldorfschulen keine Noten gibt und die Zeugnisse aus individuellen, persönlichen Beurteilungstexten bestehen, ist die Ansicht verbreitet, es gäbe keine Lernkontrollen an Waldorfschulen. Dies ist ein Irrtum.

Nicht nur wird mindestens am Ende einer Epoche, meist auch zwischendrin, eine „Klassenarbeit" geschrieben. Auch die chemischen und physikalischen Praktika (meist ab der 9. Klasse), für die gesonderte Zeit im Jahresplan ausgewiesen ist, geben reichlich Gelegeneit für Lernkontrollen. In den Klassenarbeiten wird in der Regel auf zusammenhängende, aufsatzartige Beschreibungen Wert gelegt. Das ist einerseits Wiederholung – und die Schüler bereiten solche Klassenarbeiten in der Regel zu Hause anhand ihrer Epochenhefte besonders vor – andererseits ist es zugleich pädagogisch beabsichtigte Vertiefung, Distanzierung, Weiterverarbeitung, Aufhellung.

In den Versuchen der Physik- und Chemiepraktika ist gar die Erfolgskontrolle ganz vom Lehrer an die Sache selbst zurückgegeben.[15] Ob man richtig eingewogen, eine gute Ausbeute und plausible Meßergebnisse erzielt hat, an all dem kann der Schüler selbst beurteilen, ob er gut und konzentriert gearbeitet hat. Erziehung zur angemessenen Selbstbeurteilung und Mündigkeit wird hier angebahnt.


## 3.3 Die Monostruktur der Unterrichtsmethode

Bei aller Orientierung des Lehrplans am Entwicklungsstand der Schüler, wie sie im vorigen Abschnitt geschildert wurde, verbleibt dem Waldorflehrer wie jedem Lehrer eine erhebliche Planungsarbeit. Während die Unterrichtsplanung an Staatsschulen in der Regel einer unterrichtstechnologischen Tradition verpflichtet ist, zum Beispiel in der lernzielorientierten Unterrichtsplanung, steht die Waldorfpädagogik im „Traditionsstrom einer Lehrkunstdidaktik" (Berg 1987). Dies wirkt sich sowohl in der Planung der Chemie- und Physikepochen der einzelnen Schuljahre als auch im täglichen Unterrichtsablauf aus. So spricht zum Beispiel von Mackensen bei seiner Darstellung der Chemieepochen ausdrücklich in Abschnitten, die „Pädagogische Komposition der Epoche" überschrieben sind, von einer „Komposition aus Gegensätzen" (von Mackensen 1982 b, S. 162). – Die Komposition ist Sache des Lehrers; sie setzt Einarbeitung und Auseinandersetzung mit dem Thema – im Hinblick auf die im vorigen Abschnitt geschilderten Zielsetzungen – voraus.

Steht im Chemie- und Physikunterricht nach staatlichen Lehrplänen das „forschend-entwickelnde Unterrichtsverfahren (Schmidkunz/Lindemann 1982) mit seiner genauen Folge von „Denkstufen" (Problemgewinnung, Überlegungen zur Problemlösung, Durchführung des Lösungsvorschlags, Abstraktion der gewonnenen Erkenntnisse, Wissenssicherung) meistens im Vordergrund, so folgt die Methodik des naturwissenschaftlichen Unterrichts an Waldorfschulen anderen Leitlinien.[16] Bei der täglichen Fortsetzung des Unterrichts im Epochenunterricht kann er sich Zeit nehmen für erlebnisdichtes Experimentieren, bevor die sprachliche Verarbeitung (meist erst am nächsten Tag) einsetzt. Über Nacht kann das Wesentliche des Experiments sich von Nebensächlichkeiten absetzen. Der Vorgang des Wieder-Erinnerns, das Hervorrufen von Bildern des am vorigen Tag Gesehenen ist Übung für genaues Beobachten und zugleich erster Schritt der denkerischen Verarbeitung (siehe hierzu den Beitrag von Oltmann in diesem Band).

Chemie- und Physikdidaktiker im Staatsschulbereich wie in der Waldorfpäd-agogik sind sich einig, daß das Experiment eine zentrale Rolle in ihrem Unterricht spiele, spielen sollte. Trotz der einmütigen Beteuerungen wird – und dies scheint mir keine Ausnahmesituation zu sein – in einer Bestandsaufnahme des niedersächsischen Kultusministeriums (1987) der Mißstand angeprangert, daß das Experiment zugunsten theoretischer Darstellungen in den Hintergrund gedrängt würde. Eine solche Kritik wäre für Waldorfschulen undenkbar, eben weil ihr Chemie- und Physikunterricht vom Experiment ausgeht und auf der Wirklichkeitsbegegnung fußt.

„Zum ursprünglichen Verstehen muß exaktes Denken treten" – diese For-derung Wagenscheins wird ausdrücklich für den naturwissenschaftlichen Un-terricht an Waldorfschulen beansprucht.[17] Das ursprüngliche Verstehen bezieht sich auf das Experiment; es ist der erste methodische Schritt. Der zweite zielt auf exaktes Denken. Die Phänomenorientierung erhält so neben der erkennt-nistheoretischen auch seine unterrichtsmethodische Begründung.

Und wenn es auf eine Zusammenschau der Ergebnisse mehrerer Unter-richtstage ankommt, liegen wegen des Epochenunterrichts die Erfahrungen zeitlich so nahe beieinander, daß die Verknüpfungen müheloser hergestellt werden können als an Staatsschulen.

Ursprüngliche Begegnung mit dem Naturphänomen, die Exkursion (etwa in die Zementfabrik), das liebevoll selbst geschriebene, zum Teil auch selbst for-mulierte Epochenheft – all das tritt an die Stelle der vielfältigen Medien, wie sie an Schulen, die nach staatlichen Lehrplänen arbeiten, eingesetzt werden. Der Film, das Schulbuch, das rechnersimulierte Experiment, kurz: die Erfahrung aus zweiter Hand, vorproduziert und durch die Brille eines anderen Menschen vorselektiert, wird als unproduktiv angesehen. Es gibt auch außerhalb der Waldorfschulbewegung Fachdidaktiker, die diese Meinung teilen.

Eine gewisse „Monostruktur" wird im Chemie- und Physikunterricht an Wal-dorfschulen durchaus bewußt gepflegt: die Verlagerung der Schüleraktivitäten in die eigens eingerichteten Praktika und die Dominanz des Lehrerexperiments in den Chemie- und Physikepochen. Das hängt mit der Phänomenorientierung zusammen: Ein Phänomen schön und wirkungsvoll hervorzubringen, ist oft Übungssache und gelingt Anfängern nicht immer auf Anhieb. Macht man nun Schülerexperimente zum (unreflektierten) hohen Ideal, so reduziert sich das realisierbare Spektrum drastisch und der Akzent verlagert sich vielfach vom Phänomen zur motorischen Handhabung. Dies scheint – nebenbei – auch ein Grund dafür zu sein, daß Schülerexperimente bei weitem nicht in dem Maße in den Physik- und Chemieunterricht der Staatsschulen einbezogen sind, wie es der Stärke und Einmütigkeit entsprechen würde, mit der sie gefordert wer-den.[18] „Unterrichtsmethode unter der Perspektive der Mündigkeit als einen nicht vom Lehrer zu konzipierenden, sondern zwischen diesem und den Schü-lern zu vereinbarenden Lehr-/Lernweg . . ." diese von Bohnsack (1990) zitierte, von Schulz formulierte Auffassung widerspricht zumindest im Bereich der Se-kundarstufe I der Anthropologie wie den Vorstellungen adäquater Schüler-und Lehrerrolle, die an Waldorfschulen zugrunde gelegt wird. Dies wird an anderen Stellen diskutiert.

## 2.5 Aktualität der Unterrichtsinhalte

Die Frage der Aktualität der Lehrinhalte des Chemie- und Physikunterrichts wird unter Fachdidaktikern kontrovers diskutiert. Interessanterweise findet sich die zum Ende des vorigen Abschnitts diskutierte Forderung nach Planungsbeteiligung der Schüler häufig verbunden mit der Forderung, die in der Gesellschaft aktuellen Probleme (etwa das Formaldehydproblem (Schallies u. a. 1985), das Dioxinproblem (Dahlmann 1989 o. ä.) zu thematisieren. Gerda Freise hat hierfür mit ihren Arbeiten über den „Lernbereich Natur" (Freise 1985) Grundlagen formuliert. Vielen Waldorflehrern sind diese Forderungen suspekt. Hat es Sinn, Vierzehnjährige in gesellschaftspolitischen Streit einzubeziehen, ohne daß ein wirklicher Handlungsspielraum gegeben ist? Müssen nicht die Willensenergien der Schüler verpuffen, wenn die Probleme bei der faktischen Behandlung stehen bleiben?

Sich diesem Problem, das sich ja bei Gründung der Waldorfschule noch gar nicht stellte, zu verschließen, wäre allerdings unzeitgemäß und fatal. Schad (1990) begründet, ausführlich, wie sich die Waldorfpädagogik diesem Problem stellt. Die bereits dritte ökologisch-pädagogische Tagung mit dem Thema „Hinführung zur Natur – Zusammenarbeit mit der Natur auf der Grundlage des Lehrplans Rudolf Steiners" im Februar 1989 am Institut für Waldorfpädagogik in Witten-Annen zeigt, daß an diesem Problem auch in der Waldorfschulbewegung gearbeitet wird.

*Anmerkungen*

1 Etwa in der Art, wie sie vom Verein zur Förderung des mathematischen und naturwissenschaftlichen Unterrichts (MNU 1984, 1988) aufgestellt wurde.
2 Am Beispiel des Akustikunterrichts der 6. Klasse ist bei Buck/von Mackensen (1989) im Kapitel 4 ausführlich beschrieben, wie dieses erlebende Verstehen angebahnt werden kann. Vorschläge zur Gestaltung der ersten Physikepochen hat von Mackensen (1982a) veröffentlicht.
3 Bei Buck/von Mackensen (1989), Kapitel 3, findet sich eine ausführliche Betrachtung dieses Gesichtspunkts. Vorschläge zur Gestaltung der ersten Chemieepochen hat Manfred von Mackensen (1982b) veröffentlicht.
4 Bereits vor den ausdrücklich als „Physik" und „Chemie" benannten Epochen wird – nicht systematisch, aber bereits Keime legend – für diesen Unterricht vorbereitet, etwa in der 2. Klasse mit dem Gedicht „Weidenkätzchen" von Christian Morgenstern, das ein Verständnis für biologische wie chemische Verwandlungen vorbereitet, oder in der (Haus)Bauepoche der 3. Klasse, die (unthematisiert) den Grund für mechanische Erfahrungen legt.
5 Dies wird z.B. bei Buck (1980) ausführlich begründet.
6 Vgl. auch das 6. Kapitel in Buck/von Mackensen (1989), in dem die Problematik dieses Abschnitts ausführlich erörtert wird.
7 Vgl. W. Heinen u.a. (1987).
8 Vgl. etwa Buck (1985b) und dort zitierte frühere Arbeiten.
9 Etwa Häusler (1984).
10 Faradays Lehrvortrag und der Epochenunterricht des Waldorflehrers Eugen Kolisko wird bei Buck (1990) im Blick auf Bergs Begriff der Lehrkunst (Berg 1987) verglichen.
11 Vgl. besonders Wagenschein (1970).
12 Vgl. auch die Unterscheidung zwischen „exakt" und „präzis", wie sie in Abschnitt 8.1 bei Buck/von Mackensen (1989) ausgeführt wird.
13 Für Details der Chemie- und Physikepochen sei auf die Schriften der Pädagogischen Forschungsstelle beim Bund der Waldorfschulen, Außenstelle Kassel, Brabanter Straße 43, verwiesen.

14 Vgl. im einzelnen dazu Abschnitt 8.5 in Buck/von Mackensen (1989).
15 Vgl. im einzelnen dazu Abschnitt 5.5 in Buck/von Mackensen (1989).
16 Diese sind ausführlicher im Kapitel 5 bei Buck/von Mackensen (1989).
17 Vgl. Abschnitt 1.3.3 in Buck/von Mackensen (1989).
18 Eine hochinteressante Studie zur Funktion des Experiments hat Richard George (1988) vorgelegt.

*Literatur*

Arbeitsgruppe Burneside: Sacherfahrung, Lernerfahrung und Selbsterfahrung in einem. In: Forum Pädagogik 2 (1989) S. 75–82.
Berg, H. C.: Lehrkunst im Traditionsstrom dank Wagenschein. In: Neue Sammlung *26* (1987) S. 595 ff.
Bohm, D.: Fragmentierung und Ganzheit. In: Dürr, H. P. (Hrsg.): Physik und Transzendenz. Bern, München, Wien 1988, S. 263–293.
Bohnsack, F.: Aufgaben der Schule heute. In diesem Band (1990).
Buck, P.: Zur Didaktik des Atombegriffs. In: Erziehungskunst *44* (1980), S. 589–598 und 671–676.
Buck, P.: Material, Stoff, Element – von der Ausblendung der Prozessualen in der Chemie. In: chimica didactica *11* (1985 a) S. 27–44.
Buck, P.: Symptomatische Halbwahrheiten IV – Kohäsion. In: chimica didactica *11* (1985 b) S. 125–132.
Buck, P.: Faradays Kerze und/oder Koliskos Flammen. In: Neue Sammlung 30 (1990). S. 46–57.
Buck, P./von Mackensen, M.: Naturphänomene erlebend verstehen. Köln ³1989.
Christen, H. R.: Gedanken zur Didaktik des Chemieunterrichts. In: chimica didactica 2 (1975) S. 57–63.
Dahlmann, W.: Aktualität im Chemieunterricht – das Dioxinproblem. In: chimica didactica *15* (1989).
Dierks, W./Pfundt, H./Weniger, J.: Stoffe und Stoffumbildungen. 3 Bände. Stuttgart 1979–1988.
Faraday, M.: Naturgeschichte einer Kerze. Bad Salzdetfurth ²1980.
Fontius, L./Kuhn, W./Lochhaus, H.: Physik. Bd. I, Ausg. B, 1. Teilband. Braunschweig 1974.
Freise, G.: Methodisch-mediales Handeln im Lernbereich Natur. In: Lenzen, D. (Hrsg.): Enzyklopädie Erziehungswissenschaft, Bd. 4. Stuttgart 1985.
George, R.: Experimente im Schulunterricht. In: chimica didactica 14 (1988) S. 89–105 und 164–186.
Häusler, K.: Elementare Chemie – Baden-Württemberg. München (1984).
Heege, R.: Vorstellung, Reflexion, Intuition und die Genese physikalischer Begriffe. In: Duit, R./Jung, W./Pfundt, H. (Hrsg.): Alltagsvorstellungen und naturwissenschaftlicher Unterricht. Köln 1981.
Heinen, W./Philipp, L./Spanier, W.: Wege in die Physik und Chemie 7/8 NRW. Stuttgart 1987.
Husserl, E.: Die Idee der Phänomenologie – Fünf Vorlesungen. Den Haag 1973.
Kiersch, J.: Lebendige Begriffe. In diesem Band (1990).
Kolisko, E.: Vom ersten Unterricht in der Chemie. Stuttgart 1932.
Litt, Th.: Naturwissenschaft und Menschenbildung. Heidelberg 1963.
Mackensen, M. von: Wie wirken atomistische Modellvorstellungen auf das Naturverständnis des (jungen) Menschen. In: Fucke, E.: Berufliche und allg. Bildung in der Sekundarstufe II. Stuttgart 1976.
Mackensen, M. von: Felder, Strahlen, Atome – Die Physikepoche der 11. Klasse. Kassel 1981.

Mackensen, M. von: Klang, Helligkeit und Wärme. Kassel 1982 a.

Mackensen, M. von: Feuer, Kalk, Metalle und Stärke, Eiweiß, Zucker, Fett – zum Chemieunterricht der 7. und 8. Klasse. Kassel 1982 b.

MNU (= Verein zur Förderung des mathematischen und naturwissenschaftlichen Unterrichts)
 – Empfehlungen zur Gestaltung von Chemielehrplänen. In: MNU 37 (1984) S. 161–174.
 – Empfehlungen für die Erarbeitung von Lehrplänen Physik, Sekundarstufe I. In: MNU 41 (1988) S. III–X.

Niedersächsisches Kultusministerium (Hrsg.): Bestandsaufnahme und Schulberatung in den Klassen 7–10 des Gymnasiums. Fachberichte Physik und Chemie. Hannover, Januar 1987.

Primas, H.: Kann Chemie auf Physik reduziert werden? In: Chemie in unserer Zeit *19* (1985) S. 108–119, 160–166.

Robinson, S. B.: Bildungsreform als Revision des Curriculums, ein Strukturkonzept für Curriculumentwicklung. Darmstadt [3]1971.

Schad, W.: Ökokrise und Pädagogik. In diesem Band (1990).

Schallies, M./Büttner, R./Buck, P.: Aktualität im Chemieunterricht. Strukturierte Bildungspläne und das Formaldehydproblem. In: chimica didactica *11* (1985) S. 217–247.

Schmidkunz, H./Lindemann, H.: Neue Aspekte und Modifikationen zum forschend-entwickelnden Unterrichtsverfahren. In: chimica didactica 8 (1982) S. 187–196.

Schmidkunz, H./Büttner, D.: Chemieunterricht im Spiralcurriculum. In: Naturwissenschaft im Unterricht (Physik/Chemie) 33 (1985) S. 19–22.

Steiner, R.: Allgemeine Menschenkunde als Grundlage der Pädagogik (GA 293). Dornach, Taschenbuchauflage 1975.

ten Voorde, H.: Die Überbrückung der Kluft des Nicht-Verstehenkönnens: eine Aufgabe des Unterrichts. In: chimica didactica *13* (1987) S. 117–148.

Wagenschein, M.: Ursprüngliches Verstehen und exaktes Denken. 2 Bände. Stuttgart 1970.

Wagenschein, M.: Die Sprache zwischen Natur und Naturwissenschaft. Marburg 1986.

Wirz, D.: Denn der Weg ist das Ziel. In: Schweizer Gesellschaft für Bildungs- und Erziehungsfragen (Hrsg.): Rettet die Phänomene. Langenau a. Albis 1989, S. 77–87.

Wolfgang Schad und Andreas Suchantke

# Ökologische Krise und Waldorfpädagogik – Die Umweltproblematik als Denkfolge und Erziehungsaufgabe

## 1. Die Umweltproblematik als Denkfolge

### 1.1 Fragenaufwurf

Den Eingang bilde eine kürzlich gemachte Unterrichtserfahrung. Seit 20 Jahren hatte ich jeweils in der Biologie der 11. Klasse die Schüler darüber befragt, was denn in ihren Augen „Wissenschaft" und „wissenschaftlich" sei. Meist schälte sich im Klassengespräch nach und nach von selbst heraus, daß sinnvolle Wissenschaft nicht in bloßer Anhäufung unverstandener Datenberge noch in erfahrungsfreien Konstruktionen beliebiger Axiomatik besteht, sondern erst in der abwechselnden Ergänzung von Induktion und Deduktion an tragfähigem Gehalt gewinnt, dann nämlich, wenn sich Beobachtung und Begrifflichkeit gegenseitig aufhellen. Eine durchaus lernfreudige, ja zum Teil gut begabte Klasse aber verweigerte sich kürzlich jeglicher Annahme auch nur der Fragestellung. Es blieb nichts anderes übrig, als selbst den Vorschlag einer Antwort auf die obige Frage zu machen. Erst dann aber stieg die Klasse in das Gespräch ein, als sie nach dem Grund ihrer Verweigerung gefragt wurde. Verhalten und doch unbeirrbar brach sich dann die Einstellung Bahn: Mit Wissenschaft und besonders mit Naturwissenschaft könne man heute nicht mehr unbefangen umgehen, denn sie habe in ihrer historischen Auswirkung die heutige Umweltkatastrophe verursacht. Sie habe sich mit ihren Kenntnissen der Fakten und Gesetze die Machtmittel verschafft, die Umwelt und nun auch die Menschen nach Belieben zu manipulieren, zu verfremden, auszunutzen. Die Haltung der Schüler war nahezu geschlossen: Wissenschaft wird gemeingefährlich. So geschehen im Jahre 1987, ein Jahr nach der Katastrophe von Tschernobyl. Das früher wohlwollende bis engagierte Interesse am Thema war erst einmal dahin.

Schon Ende der 70er Jahre stellte man im deutschen Bildungswesen eine weit verbreitete Berührungsfurcht vor den Naturwissenschaften fest (Schultze, S. 749). Die Studentenzahlen gingen damals besonders in Physik, Chemie und Maschinenbau relativ zum allgemeinen Wachstum zurück (Siefarth 1982, S. 100), heute ähnlich in Biologie; dagegen nehmen sie in Ökologie, Landschaftspflege etc. sprunghaft zu. Doch auch hier zeichnen sich die Frustrationen ab, und zwar vermehrt nach dem Studium, da trotz stark angewachsener Stellen und Ämter der Handlungsraum keineswegs größer geworden ist.

Die Ereignisse von Tschernobyl und Sandoz, Waldsterben, Robbensterben, Ozonloch, Allergiezunahmen, Retortenbabies, Gentechnik usw. haben in der psychischen Landschaft der Schüler und der jüngeren Erwachsenen Umbrüche und Einbrüche hervorgerufen, deren Ausmaß die jetzige Erwachsenenwelt wohl noch nicht realisiert hat.

Inzwischen ist zwar vielfach die Übernahme der ökologischen Thematik in die Lehrpläne der Schulen erfolgt. Langeheine und Lehmann (1986) haben kürzlich deren pädagogische Auswirkung verfolgt. Zum einen stellte sich heraus, daß – entgegen aller Erwartung – die Berichterstattung von Presse, Rundfunk und Fernsehen keine Auswirkungen auf das Wissen, die emotionale Einstellung und die Handlungsbereitschaft der Schüler für eine bessere Umwelt hat. Schule hingegen verbessert durchaus den Kenntnisstand der Schüler, hat aber keinen Einfluß auf die umweltbezogenen Handlungsweisen der Schüler. So ist es nach der Kieler Studie ohne Einfluß auf umweltgerechte Lebensweise, ob der Schüler 9 oder 13 Jahre lang die Schule besucht hat. Gute Kenntnisse und umweltgerechtes Handeln klaffen weitgehend auseinander (S. 125). „Emotionale Wirkungslosigkeit" ist das pessimistische Ergebnis der Studie.

Bei näherem Zusehen wird durchaus im Schüler eine Emotionalisierung erreicht, nur anders als beabsichtigt. Die unterrichtliche Behandlung der massiven Abwasserprobleme wie die jetzt einsetzende Nitratanreicherung im Grundwasser, der nicht zu bremsenden Müll-Lawinen, der Aussterbequoten von Singvögeln (jetzt z.B. Dorngrasmücke, Neuntöter, Rohrsänger) und Fledermäusen (alle Arten sind gefährdet), der Ölpest vom Persischen Golf bis zur Alaskaküste, der Zerstörung des südamerikanischen Regenwaldes, der 12 schweren Nuklearunfälle seit 1948 (Kühl et al., S. 61), der hiesigen Konzentrationen des Caesiums von Tschernobyl (sie werden erst in 200 Jahren unter 1% fallen), der unsäglichen Hypothek des radioaktiven Abfalls (Plutonium wird erst in 22 400 Jahren um nur die Hälfte weniger geworden sein) – der Kenner kann seitenweise fortfahren –, wie wirken sich diese Bestandsaufnahmen pädagogisch aus? Solches, in jeder Stunde Umweltunterricht vorgebracht, bewirkte inzwischen eine wachsende Ablehnung dieses Unterrichtsfaches von seiten der Schüler. Die Schüler haben offensichtlich keine Möglichkeit, mit dieser Art von gutgemeintem Unterricht psychisch fertig zu werden. Es ist durchaus nicht emotionale Passivität im Sinne einer „Nullbock"-Mentalität, sondern eine eigentümliche, eigenaktive Leistung des Heranwachsenden, nämlich sich gegen die Horrorszenarien – die ja nicht mehr nur Fiktionen der Unterhaltungsliteratur, sondern real da sind – zu immunisieren. Die Dauerkonfrontation mit den tief verschreckenden Analysedaten ohne Hinweise auf durchgreifende Korrekturmöglichkeiten führt jetzt zu offenkundigen Abwehrhaltungen, mit der das Kind und vielfach auch der Oberklassenschüler sich seine momentane psychische Gesundheit sichert. Die Umweltkatastrophen, zum Unterrichtsinhalt gemacht, setzen psychische Selbstschutzreaktionen im Sinne aktiver Verdrängung in Gang.

Man hätte das eigentlich schon vorher wissen können. Denn in der Erwachsenenbevölkerung ist der gleiche Effekt nicht minder beobachtbar. Ja, könnte es nicht überhaupt so sein, daß deshalb Umweltaufklärung in die Schule verlagert wurde, weil man die relative Aussichtslosigkeit derselben beim etablierten Bürger inklusive des politischen und wirtschaftlichen Feldes voraussetzt und sich deshalb den wenigstens noch modellierbareren Schüler vornahm? Umweltunterricht als Alibifunktion für die selbst unter Verdrängungshaltungen stehende Erwachsenenwelt? Beruhigung bei den Gedanken, dadurch würde die nächste Generation das schon wieder in Ordnung bringen, was die jetzige Generation nicht leistet? Die nächste Generation wird um ihrer eigenen Existenz willen zur Diagnose die Therapie bringen müssen. Aber kann sie es besser gerade dadurch, daß man die angesprochene Problematik weg von den heutigen Erfordernissen auf die Schule und damit auf die nächste Generation umwidmet? Könnte nicht dadurch das Problem doch nur im negativen Sinne verschult werden und gerade dadurch sogar mehr hemmen als fördern? Um den Problemkreis der ökologischen Erziehung in der Schule abzuschreiten, muß mit dem Fragenaufwurf so weit gegangen werden.

Zum Fortgang muß die der Umweltproblematik zugrundeliegende Begrifflichkeit näher reflektiert werden, denn nur dadurch können die Dunkelfelder der bloß pragmatischen Einstellungen aufgehellt werden und praktischere Ansätze in der pädagogischen Behandlung gefunden werden.

## 1.2 Zur Bewußtseinsentwicklung

Kurzgeschlossene Programmatik entsteht im menschlichen Leben immer dann, wenn die unbewußten Voraussetzungen gängiger Begriffsmuster nicht in den Bewußtseinshorizont aufgenommen werden. Das läßt sich gerade an der unwirksamen Behandlung der ökologischen Problematik demonstrieren. Der Begriff „Umwelt" setzt eben unbewußt den Gegenbegriff eines Zentrums voraus, um welches sich erst Umwelt als solche einstellt. Umwelt konstituiert sich erst dadurch, daß die Voraussetzung einer Ausgangsposition, eine „Eigenwelt" oder „Innenwelt" genannt werden kann. Umwelt gibt es nicht ohne jene Position, die erst alles das, was sie nicht selbst ist, zur Umwelt deklariert. „Umwelt" ist also begrifflich das immanente Ergebnis von „Eigenwelt". Nur weil der Mensch bewußtseinsmäßig ein weltentfremdetes Wesen geworden ist, kann er und nur er in Umweltbegriffen denken. Es ist das menschliche Ichbewußtsein, das alles Nicht-Ich Umwelt sein läßt. So merkwürdig es für das naive Bewußtsein klingt, so ist der Umweltbegriff die immanente Folge des zentrischen Bewußtseins. Was wunder, daß dann Umwelt zur Nutznießung des Eigenbedarfes zunehmend in dem Maße diente und dient, wie das Selbstbewußtsein des einzelnen Menschen über die Urgeschichte, Frühgeschichte und geschriebene Geschichte bis in unser Jahrhundert hinein sich steigerte. Die Umweltproblematik ist ätiologisch nicht eine Problematik der Umwelt, primär nicht einmal eine Problematik unseres Verhältnisses zur Umwelt, sondern eine Problematik unserer selbst. Das muß erst einmal wertneutral und moralfrei bemerkt und gewußt werden. Erst Subjekte machen die Welt zum Objekt, ja partikularisieren die Welt in vereinzelte Objekte und ver*gegen*ständlichen das *Gegen*über zur „*Gegen*wart". Die Sprache drückt hier also ganz adäquat den antipathischen Gestus des Ichs aus, dem alles andere zum *Gegner* wird – Ergebnis der eingetretenen Entfremdung. Die Umwelt als Gegenstand ist die Folge davon, daß wir selbst zu ihrem Gegenüber geworden sind.

Das war nicht immer so. Nicht einmal biographisch ist das der ursprüngliche Zustand. Noch im ersten sprechfähigen Alter nimmt sich das Kind als Weltinhalt so wie alles andere auch und bezeichnet sich unherausgehoben als Karlchen oder Liese. Es kann zuerst gar nicht begreifen, was das Wörtchen

„ich" soll, das alle benutzen und womit sie doch nicht zu benennen sind. Erst die Entdeckung der eigenen, einmaligen Unverwechselbarkeit lehrt dem Kinde die sinnvolle Verwendung dieses Deckwortes für das Namenlose, das von da an jeder Mensch und nur dieser bewußtseinsmäßig vereinzelte Mensch von sich selbst wissen kann. Die Entdeckerfreude führt bekanntlich schnurstracks in die erste Trotzphase, um geradezu experimentell zu prüfen, ob dem auch so ist, daß man nicht nur anders ist, sondern auch anders kann als alle anderen.

Die Herausschälung des Selbstbewußtseins schon in der Vorgeschichte ist heute archäologisch belegbar (Schad 1985a, 1985b, 1986, 1988) und braucht hier nur insoweit erwähnt zu werden, als alle vorsapienten Menschenformen keine Pflanzen- oder Tierart ausgerottet haben. Sie lebten nachweislich im vollen ökologischen Gleichgewicht mit der Natur und unterschieden sich in dieser Hinsicht nicht von ihr. Mit dem ersten Auftreten des Homo sapiens sapiens aber setzte auf dem jeweils erreichten Kontinent eine Veränderung der Tierwelt ein im Sinne erhöhten Artentodes von Großsäugetieren (Martin 1966). Später, mit dem Seßhaftwerden im Mesolithikum, begannen Ackerbau und Viehzucht, Abholzung und Siedlungswesen; und doch blieben die menschlichen Eingriffe lokal beschränkt. Dabei muß man sich zugleich deutlich machen, daß die Artenfülle der bezogenen Landschaften durch den Menschen auch erheblich gewann (Suchantke 1987a, 1987b, 1988). Mensch und Landschaft veränderten sich seitdem gegenseitig, aber fanden doch immer einen ökologischen Konsens.

Ausgehend von der Betroffenheit über die gegenwärtige Destruktion der belebten Natur ist es zu der ebenso unbesehenen wie verbreiteten Verallgemeinerung gekommen, der Mensch sei schon immer und ausschließlich ein Zerstörer gewesen. Diese Meinung ist auf gefährliche Weise einseitig und falsch. Da es nicht heißt, der Mensch könne auch anders, nämlich kooperativ mit der Welt umgehen, schließt sie auch für die Zukunft jegliche Hoffnung aus. Das menschenverachtende Stigma, das dieser Meinung anhaftet, verhindert die mögliche Hilfsbereitschaft. Beide Bilder taugen nicht: Der Mensch ein paradiesischer Friedfertiger jenseits von Gut und Böse, oder das schlimmste Raubtier ebenfalls jenseits von Gut und Böse gedacht als „das sogenannte Böse" (Lorenz 1984). Und ebensowenig gab es je die fatale Trennung in „Naturvölker" und „Kulturvölker" – ein unseliges Relikt der kolonialistischen Völkerkunde des letzten Jahrhunderts. Zum Menschen, auch zum Urmenschen, gehörte immer schon die Kultursphäre (Schad 1985a, b). Wissenschaft, Kunst und Religion haben sich nur in umgekehrter Reihenfolge entfaltet. Keine religiöse Dimension ohne die Auseinandersetzung mit dem Bösen und Guten. Mit der beim Sapiensmenschen fraglos zunehmenden Egozentrik ging vielfach zugleich der sakral gesicherte Ausgleich einher. Kultische Tabus, Pflanz- und Jagdzeremonien, Heiligung von Bäumen, Quellen und Berggipfeln glichen die zeitweise durchbrechenden Destruktionen immer wieder aus. In den autochthonen indianischen, afrikanischen und australischen Kulturen fanden sie sich in Fülle vor. Und noch heute hat der Buddhismus eine durchgreifende naturschützende Wirkung (Suchantke 1987a). Auf die Fähigkeiten des Sapiensmenschen zum destruktiven wie immer auch schon konstruktiven Umgang mit der Natur muß der Blick gerichtet werden, sonst balanciert jegliche Umweltpädagogik nur auf einem von zwei vorhandenen Beinen.

Bei allem Rückblick auf die Geschichte, Vor- und Urgeschichte hat jedoch die Umweltgefährdung jetzt eine unvergleichlich neue Dimension angenommen. Was erst in der zweiten Hälfte unseres Jahrhunderts eingesetzt hat, ist nicht mehr die lokale, sondern die globale Gefährdung alles Lebens. Der militärische Overkill reicht für die 60fache Ausrottung alles Lebens auf der Erde. Aber auch ohne militärische Ereignisse gefährdet schon die jetzige wirtschaftliche Ausnutzung die gesamte Biosphäre: das wachsende Ozonloch durch die Treibgase unserer Sprühflaschen, das Waldsterben durch die Autoabgase, das Flüssesterben durch industrielle Abwässer, das Seensterben durch die landwirtschaftliche Chemie, der Fallout der freigesetzten Radioaktivität, der sämtliche Stellen der Erde ausgesetzt sind. Wenn die Fässer radioaktiven Mülls z. B. vor der spanischen Küste in wenigen Jahrhunderten (Jahrzehnten?) erodiert sein werden, so wird die Meeresvergiftung uns auch noch den Luftsauerstoff nehmen, den ja zum größeren Teil das mikrobielle Meeresplankton freisetzt. Erst in 150 Millionen Jahren wird das erstmals in diesem Jahrhundert und nun schon tonnenweise produzierte Plutonium bis auf 1% verstrahlt sein. Hier ist nicht mehr nur eine graduelle Veränderung im Verhältnis der menschlichen Bevölkerung auf der Erde zur Natur eingetreten, sondern etwas ganz Neues: die erstmalige Totalgefährdung des Phänomens Leben auf der Erde. Sie gehört mit zur Signatur der zweiten Hälfte des 20. Jahrhunderts. Die Menschheit sieht sich vor die apokalyptische Frage gestellt, ob ein Weiterbestehen des Lebens auf der Erde überhaupt möglich bleibt. Da diese Frage uns nicht von außen, etwa von „der Umwelt", aufgebürdet wurde, sondern ein Ergebnis unseres Denkens und Handelns ist, so müssen wir, wollen wir nach den Ursachen und Wurzeln forschen, diese konsequenterweise auch innerhalb des menschlichen Bewußtseins und seiner Veränderungen im Lauf der Geschichte aufsuchen. Wir müssen nach deren geistigen Wurzeln in der Bewußtseinsgeschichte der Neuzeit fragen.

## 1.3 Das neuzeitliche Bewußtsein

Es hilft nach aller Erfahrung wenig, dafür die gesellschaftlichen Veränderungen auf der ethischen Ebene, etwa die allgemeine Profanierung der Gesellschaft in Anschlag zu bringen und es bei moralischen Forderungen zu belassen, die – immer für andere verbalisiert – bekanntlich schon deshalb nichts bewirken. Die Ursachenschicht hängt vielmehr, wie die angeführten Schüler schon vermuteten, mit einer spezifischen Denkhaltung zusammen. Das an dieser Stelle des Gedankengangs häufig benutzte Votum, nicht die Wissenschaftsformen seien für die ökologische Krise ursächlich, sondern ihre unvernünftige technische Umsetzung, sticht nicht mehr in einer wissenschaftlichen Landschaft, in der weitgehend die Verteilung der überwiegenden Forschungsgelder in diejenigen Bereiche geht, die früher oder später eine wirtschaftlich wirksame Verwendung versprechen. Die Ökokrise ist nicht allein eine Handlungsfrage, sondern eine Frage an die herausgebildeten menschlichen Gedankenformen schon der noch unverbogenen Natur gegenüber. Das wird nur derjenige abweisen, der nicht im eigenen Bewußtsein reflektiert hat, daß auch Denkformen Handlungen sind, die von oft vorab entschiedenen Paradigmen abhängig sind (Kuhn 1962).

Oft wird als eine solche paradigmatische Grundlage der naturwissenschaftlich geprägten Zivilisation der Entwurf von Francis Bacon genannt. Ohne Frage hat er das scholastische Denken des Hochmittelalters zugunsten einer utilitaristischen Gewinnung von Wissen abgelöst. Dabei stammt das ihm zugeschriebene Programm „Wissen ist Macht" nicht einmal von ihm originär, sondern wurde von ihm aus dem arabistischen Denken übernommen, nämlich von dem Perser Sa'adi des 13. Jahrhunderts. Utilitaristisches Handeln braucht aber nicht unbedingt zur Umweltzerstörung führen, wenn es realistisch wenigstens den Dauernutzen im Auge behielte. Das Waldsterben ist ja volkswirtschaftlich gesehen ein gewaltiger wirtschaftlicher Schaden. Nur betriebswirtschaftlich ist es von Nutzen, z. B. für die Autoindustrie und die Holzindustrie. Die Voraussetzungen der Umweltkrise müssen also noch woanders liegen.

Sie liegen bei näherem Zusehen unseres Erachtens bewußtseinsgeschichtlich in dem nur wenig später nach Bacon einsetzenden methodischen Solipsismus von Descartes (1644). Seine Feststellung, daß bei allem Skeptizismus doch noch eine letzte Sicherheit übrig bleibt, nämlich die unleugbare Existenz dessen, der an allem zweifelt (ego cogito, ergo sum), gab dem auf sich bezogenen Subjekt eine Vormachtstellung gegenüber allem, was es nicht selbst ist. Zwar bahnt sich Descartes wieder einen Zugang zur Welt über die Akzeptanz Gottes und unterscheidet zwischen res cogitans und res extensa, doch wird im Vollzug erst einmal dem Ego die Priorität und damit erkenntnismethodisch die Superiorität gegeben. In dem methodischen Solipsismus und inhaltlichen Dualismus bildete sich seitdem bewußtseinsgeschichtlich die klare Trennung zwischen zentrischer „Eigenwelt" des Individualbewußtseins und fremdgewordener „Umwelt" heraus. Dabei ist es nicht wesentlich, ob Descartes die genannte Bewußtseinshaltung ausschließlich vertreten habe oder ob nicht manche seiner Nachfolger erst den Extremstandpunkt bezogen haben. Aber diese haben Schule gemacht, und damit haben wir es zu tun.

Einen nicht nur methodischen, sondern auch inhaltlich aufgefaßten Solipsismus vertrat Berkeley (1710), indem er jede körperliche Außenwelt leugnete. Kant widersprach ihm darin, indem er die Dingwelt wie die Bewußtseinswelt gleicherweise anerkannte. Nur hielt er auf strenge methodologische Trennung beider Bereiche, postuliert er das „Ding an sich" doch als unerkennbar, was seine wirksamen Folgen z. B. für die Naturwissenschaften in ihrer reduktionistischen Methodik fand, die sich darin vielfach auf ihn bezog und bezieht. Diese begnügen sich heute weitgehend mit dem „hypothetischen Realismus": Nehmen wir an und arbeiten einfach so, als ob es die Natur, wie sie uns begegnet, so gäbe. Dann kann man über die Natur forschen, ohne über ihren Wahrheitsgehalt etwas aussagen zu müssen. Alle Denkentwürfe bleiben dann „Modelle", eben ohne Wirklichkeitsanspruch. Das Bewußtsein ist immer unzuständig, weil, wenn eine Aussage falsifiziert werden kann, man sich immer mit der Unerkennbarkeit entschuldigen kann. Mit anderen Worten: alle Ergebnisse sind unverbindlich und in der Folge davon unverantwortet. Die erkenntnismäßige Zuwendung zur Natur findet ohne existentiellen Einsatz für sie im Denken statt. Die Natur bleibt damit von jedem, der innerhalb dieses Paradigmas forscht, existentiell allein gelassen – oder man hat sein Paradigma schon übersprungen. Damit ist die historisch gewachsene Bewußtseinslage, die die Umweltkrise hervorgebracht hat, über einige Strecken hin verständlich. Das Ergebnis dieser Analyse aber fordert zugleich, vor jeder kurzschlüssig pragmatischen Therapie, die wissenschaftliche Überwindung des Solipsismus bzw. Reduktionismus zu leisten; sonst ist keine praktische Ursachenbehandlung auf Dauer möglich.

Was Descartes bei allem Zweifel, ja aller Bereitschaft zur Falsifikation, doch noch als letztes sicheres Gegebenes vorfindet, das sich selber innewerdende Ich, ist bei näherem Zusehen in dieser Weise weder psychologisch noch anthropologisch haltbar. Das Ich ist mehr als davon im Bewußtsein auftaucht. Nach jedem Schlaf sind wir uns sicher, eine Zeitlang bewußtlos, also auch ohne Bewußtsein des eigenen Ich, gewesen zu sein. Und wir sind uns trotzdem ebenso sicher, nicht im Aufwachen personal erst wieder neu geschaffen worden zu sein, sondern mit dem, der schon gestern da war und inzwischen nur geschlafen hat, identisch zu sein. Die Ichkontinuität ist psychologische Gewißheit über den Wechsel von Wachen und Schlafen hinaus. Das „Ich denke, also bin ich" kann also ebensowenig gelten wie die Verneinung „Ich denke gerade nicht, also bin ich nicht". Das hat nicht nur der französische Psychoanalytiker Jacques Lacan bemerkt, wenn er heute den Descartesschen Satz umkehrt: „Ich denke da, wo ich nicht bin", sondern schon beim Ausbau seiner Anthroposophie Rudolf Steiner. Bei ihm ist nur die Vokabel „denken" ein so vielseitiges Homonym, daß der jeweilige Kontext zu berücksichtigen ist. Mit dem Satz „Soweit ich denke, bin nicht ich, sondern ist Schein" in Steiners „Allgemeiner Menschenkunde" (GA 293, S. 31) wird nicht vom schöpferisch-intuitiven Denken verhandelt, sondern vom reflektierenden, vorstellenden Denken. Hier weist Steiner auf die jedem mögliche Selbstbeobachtung hin, daß die Vorfindlichkeit des Ich im vorstellenden Bewußtsein gerade keine Wirklichkeit erfaßt, sondern nur die *Vorstellung* seiner Wirklichkeit, was ein wesentlicher Unterschied ist. In dieser Aussage liegt keine gedankliche Konstruktion, sondern eine Grunderfahrung der aufmerksamen Selbstbeobachtung vor.

Anthropologisch gesehen ist das Bewußtsein vom Ich an die intakte Funktion des Vorderlappens des Großhirnes gebunden. Das Leugnen alles nur Leugbaren, also auch der Existenz des eigenen Leibes, wie es Descartes beim absoluten Zweifel vorschlägt, leugnet auch das Organ, an das dieses zweifelnde und leugnende Ichbewußtsein nachweislich gebunden ist, also sich selbst – womit der Scheincharakter des seiner selbst bewußten Ichs sich nur noch mehr bestätigt. Ob *alle* Denkfähigkeiten leibgebunden sind, wäre zu untersuchen; sicher aber ist, daß es das vorstellende Denken ist, wie jeder Neurologe weiß. Die Anthroposophie anerkennt voll die konstituierende Bedeutung des neurologischen Substrates für das reflektierende, vorstellende Bewußtsein (GA 21, S. 151).

Böhme schreibt (1987, S. 131): „Wenn überhaupt durch Denken, das heißt also von der Seite der Philosophie, eine Revision des Verhältnisses des Menschen zur Natur eingeleitet werden kann, so ist es die Kritik an der Vernunft-, der Bewußtseins- und der Subjektphilosophie, an der gegenwärtig gearbeitet wird, die dazu den Hintergrund liefern könnte. ... Die Aufgabe, das Andere als Anderes anzuerkennen, wird zur Aufgabe, dieses Andere als eigenes zu erkennen."

Darin beruht nun eine wichtige Aufklärung über das Ich, daß es nicht nur wie bei Descartes theoretisch die ganze Welt leugnen kann und sich dabei nur noch selbst als letztes vorfindet, sondern daß bei genauerer Selbstbeobachtung die

Existenzwirklichkeit des vorgestellten Ich ebenso in Zweifel zu ziehen ist wie alles andere, das im vorstellenden Bewußtsein auftaucht. Die von Descartes eingeleitete Philosophie der Aufklärung, sich von allem nur Bezweifelbaren freizumachen und die Traditionslast von Jahrtausenden abzuschütteln, reichte weit, aber nicht bis zur Relativierung der eigenen Ichvorstellung. Insoweit blieb seine Aufklärungsphilosophie unvollständig. Wenn sich hingegen die Ichvorstellung, weil sie nur Vorstellung ist, als Schein entpuppt, dann wird die von Descartes eingeführte Superiorität des Ichbewußtseins wieder ins bewußtseinsmäßige Gleichgewicht zur Welt gebracht. An dieser Stelle ist z. B. die anthroposophische Erkundung des Ich die Weiterführung und Vervollständigung des schon so rigorosen, bahnbrechenden und doch vor dem eigensten Bewußtseinsproblem, dem des Ichbewußtseins, zurückschreckenden Ansatzes der Aufklärung.

Versucht man eine Empirik vom Ich aufzubauen, so gelangt man in ein charakteristisches Dilemma. Jede Angabe irgendeiner Eigenschaft des eigenen Ich ist eben nur Attribut des Ich, nicht das Ich selber. Jede charakterliche, habituelle, moralische oder sonstige Kennzeichnung eines menschlichen Ich nennt nur Beifügungen, die auch andere haben können, nicht das Einmalige und Unverwechselbare, das jedes Ich als solches konstituiert. Jede Kennzeichnung bleibt im Typologischen und kann das Unersetzlich-Einmalige des Ich nicht sagen, denn nicht nur unsere Worte, sondern auch unsere Begriffe generalisieren immer. Das Ich ist für die Eigenschaftswelt ein dunkles Loch. Ullrich Sonnemann bemerkte dieses Negativ-Phänomen, die den konkreten Menschen vor jeder endgültigen Einteilung in eine Typologie schützt, und forderte in diesem Sinne eine „Negative Anthropologie" (1969). Steiner machte seinerseits darauf aufmerksam, wie das Nicht-von-sich-Wissen im Schlafe gerade die Kraft des wirksamen Ichs konstituiert, während das Tagesbewußtsein nur sein abgeblaßtes Spiegelbild ist. Die anthroposophische Tiefenpsychologie deckt auf, daß das „Ich" nur ein Deckwort für einen Quellort ist, der reine Tätigkeitspotenz ist, nicht aber irgend etwas schon Vorweisbares, denn das wäre schon abgegliedertes Produkt, eben Attribut:

„Deshalb sollte der Mensch gerade dieser höchst bedeutsamen Tatsache sich bewußt sein, daß er, rückerinnernd, in sein Leben zurückblicken und sich sagen muß: Ja, ich sehe da rückerinnernd die Tageserlebnisse, aber da hinein stellt sich die Finsternis immer wie ein Loch. Das, was finster ist, nenne ich im gewöhnlichen Bewußtsein Ich" (GA 228, S. 75).

Ist aber damit alles getan, um Welt und Ich zueinander ins Gleichgewicht zu bringen, indem man das Ich ins Unterbewußte verlegt, wie es auch Lacan macht? Die geschilderte Selbstillusionierung ist damit zwar decouvriert, aber was kann inhaltlich an die Stelle gesetzt werden? Ist das Ich, wo es schon nicht als Status quo dingfest zu machen ist, dafür um so besser im Vollzug, im Werden, im permanenten Status nascendi zu bemerken? Bei Steiner findet sich die mir entscheidend erscheinende Darstellung in einem auf einem philosophischen Fachkongreß 1911 in Bologna gehaltenen Vortrag (GA 35, S. 111ff.). Gegen die autistische Ansicht, das „Ich" könne sich nicht überspringen und deshalb nicht außerhalb von sich zur Welt hin transzendieren, wandte er sich mit folgenden Beobachtungen und Gedanken, die am klarsten Instrument des bewußten Denkens exemplifiziert werden, am Mathematisieren:

„Es soll der Einfachheit halber zunächst hier auf den Inhalt der Weltgesetzlichkeit verwiesen werden, insofern dieser in mathematischen Begriffen und Formeln ausdrückbar ist. Der innere gesetzmäßige Zusammenhang der mathematischen Formeln wird innerhalb des Bewußtseins gewonnen und dann auf die empirischen Tatbestände angewendet. Nun ist kein auffindbarer Unterschied zwischen dem, was im Bewußtsein als mathematischer Begriff lebt, wenn dieses Bewußtsein *seinen* Inhalt auf einen empirischen Tatbestand bezieht; oder wenn es diesen mathematischen Begriff in rein mathematischem abgezogenen Denken sich vergegenwärtigt. Das heißt aber doch nichts anderes als: das Ich steht mit seiner mathematischen Vorstellung nicht außerhalb der transzendent mathematischen Gesetzmäßigkeit der Dinge, sondern innerhalb. Und man wird deshalb zu einer besseren Vorstellung über das ‚Ich‘ erkenntnistheoretisch gelangen, wenn man es nicht innerhalb der Leibesorganisation befindlich vorstellt, und die Eindrücke ihm ‚von außen‘ geben läßt; sondern wenn man das ‚Ich‘ in die Gesetzmäßigkeit der Dinge selbst verlegt, und in der Leibesorganisation nur etwas wie einen Spiegel sieht, welcher das außer dem Leibe liegende Weben des Ich im Transzendenten dem Ich durch die organische Leibestätigkeit zurückspiegelt. Hat man sich einmal für das mathematische Denken mit dem Gedanken vertraut gemacht, daß das ‚Ich‘ nicht im Leibe ist, sondern außerhalb desselben und die organische Leibestätigkeit nur den lebendigen Spiegel vorstellt, aus dem das im Transzendenten liegende Leben des ‚Ich‘ gespiegelt wird, so kann man diesen Gedanken auch erkenntnistheoretisch begreiflich finden für alles, was im Bewußtseinshorizonte auftritt. – Und man könnte dann nicht mehr sagen, das ‚Ich‘ müsse sich selbst überspringen, wenn es in das Transzendente gelangen wollte; sondern man müßte einsehen, daß sich der gewöhnliche empirische Bewußtseinsinhalt zu dem vom menschlichen Wesenskern wahrhaft innerlich durchlebten, wie das Spiegelbild sich zu dem Wesen dessen verhält, der sich in dem Spiegel beschaut. – Durch eine solche erkenntnistheoretische Vorstellung würde nun der Streit zwischen der zum Materialismus neigenden Naturwissenschaft und einer das Spirituelle voraussetzenden Geistesforschung in eindeutiger Art wirklich beigelegt werden können. Denn für die Naturforschung wäre freie Bahn geschaffen, indem sie die Gesetze der Leibesorganisation unbeeinflußt von einem Dazwischenreden einer spirituellen Denkart erforschen könnte. Will man erkennen, nach welchen Gesetzen das Spiegelbild entsteht, so ist man an die Gesetze des Spiegels gewiesen. Von diesem hängt es ab, *wie* der Beschauer sich spiegelt. Es geschieht in verschiedener Art, ob man einen Planspiegel, einen konvexen oder einen konkaven Spiegel hat. Das Wesen dessen, der sich spiegelt, liegt aber außerhalb des Spiegels“ (GA 35, S. 139/140).

So lang das Zitat ist, so beinhaltet es doch in knapper Form außerordentlich viel. Besonders kommt es hier auf die ersten vier Sätze an. Mathematisieren kann wahrnehmungsfrei im eigenen Bewußtsein vollzogen werden. Der Mathematiker schätzt die Abstraktion z. B. der Zahl gegenüber den anschaulichen Vorstellungen von Äpfeln und Nüssen. Er ist primär nicht auf Tafelkreide oder Bleistift angewiesen. Der Satz des Pythagoras kann in der inneren Anschauung einsichtig vollzogen werden. Sie ergab schon für Euklid, daß es nicht mehr als fünf von gleichseitigen Flächen begrenzte Körper geben kann. Dazu ist die sinnliche Anschauung nicht notwendig. Findet man die gleiche Gesetzlichkeit in der umgebenden Welt oder wendet sie im technischen Umgang mit ihr an, so ändert sich nichts am Wahrheitsgehalt der mathematischen Gesetze. Steinsalz kristallisiert kubisch, und mit geometrischen Sätzen kann man Brücken bauen, die halten. „Das heißt aber doch nichts anderes als: Das Ich steht mit seiner mathematischen Vorstellung nicht außerhalb der mathematischen Gesetzmäßigkeit der Dinge, sondern innerhalb.“

Hiermit ist ein bedeutsamer Fund gemacht. Es gibt nicht mehr nur das Ich allein, auch wenn es an aller sonstigen Realität als einer bloßen Einbildung zweifelt (das cartesianische „ergo sum"). Es gibt auch nicht allein die subjektive Welt, in der alles Personale nur eingebildeter Schaum ist, sondern das Ich entdeckt sich als primären geistigen Tätigkeitsort in den Weltinhalten selbst, von dem es sich am Leibe, insbesondere vermittels der Gehirnorganisation, spiegelt. Das wahre Ich – im Gegensatz zum gespiegelten Ich – ist also nicht ein bestenfalls zuschauender Eckensteher des Weltgetriebes, sondern in demselben selbst voll tätig vorhanden. Das zentrische, gehirngebundene Ichbewußtsein verdankt sich als innere Sekundärerscheinung seinem primär weltverwachsenen Quell, dem vollen Ich. Hier wird nicht nur die primäre leibunabhängige Geistnatur des menschlichen Ich beobachtbar und denkbar, sondern die seit 1644 installierte Verabsolutierung der Trennung von Ich und Umwelt mit der ihr immanenten Folge der ökologischen Katastrophe ausheilbar. Denn die Entdeckung, daß das menschliche Ich Weltinhalt ist, wird bis in das praktische Lebensgefühl der Menschen bedeuten, daß die Schädigung der Umwelt künftig erfahren wird als die Schädigung seiner selbst. Nur die Illusion, man habe mit seiner Umwelt existentiell nichts zu tun, läßt uns zum Ausbeuter der Umwelt werden. Die Umweltschäden sind faktisch nichts anderes als die Folgen unseres selbstentfremdeten leibgebundenen Ich mit seinem halbaufgeklärten Tagesbewußtsein.

Gegen die Auffassung, daß das Ich in erster Linie Weltinhalt ist und erst in zweiter Linie der Selbstillusionierung verfällt, spricht nur die Ungewohntheit dieser Aussage. Es sei deshalb nach solchen Erfahrungsfeldern Ausschau gehalten, die nicht unbekannt sind. Zum einen ist es das kleine Kind in den allererstcn Lebensjahren. Die mit ihm Vertrauten wissen, wie unverwechselbar einmalig es in seiner originalen Persönlichkeit ist, längst bevor es selbst von ihr weiß, aus der es aber unentwegt lebt und agiert. So benennt es sich ja, wie jede andere Person oder jeden anderen Weltgegenstand mit seinem Namen. Es nimmt sich als Weltinhalt und kann sich gerade dadurch so stark mit seiner Umgebung identifizieren, daß es später nie wieder so ungebrochen lernt, wie vor dem ersten Ichsagen, der ersten Folge der an die erlangte Gehirnreife gebundenen Isolation des Bewußtseins von der Welt. Die das Menschsein konstituierenden Kulturfähigkeiten, der aufrechte Gang, die Muttersprache und die ersten nachahmenden Denkleistungen, werden so schon vorher gewonnen. Das Kind wird in dieser Phase solange nichts anderes wollen, als was die Umgebung vorlebt, denn es ist im geistigen Vollzug eins mit ihr. Jean Paul ahnte etwas davon, als er in seiner Levana schrieb: „Die Früchte rechter Erziehung der ersten drei Jahre (ein höheres Triennium als das akademische) könnt ihr nicht unter dem Säen ernten; … aber nach einigen Jahren wird euch der hervorkeimende Reichtum überraschen und belohnen" (1807).

Auch phylogenetisch läßt sich aus der paläontologischen und archäologischen Forschung des spättertiären und pleistozänen Menschen ermitteln, daß seine Evolution seit dem ersten fossilen Nachweis ähnlich verlief. Zuerst ist der aufrechte Gang da, dann tritt die Handfertigkeit hinzu (Steinbearbeitung), dann stellen sich die anatomischen Hinweise der Sprachfähigkeit ein (hoher Gaumen) und erst im Ausgang der letzten Eiszeit das vorstellende Bewußtsein und das erste kombinatorische Denken (Schad 1985b, 1986, 1988). Den letzteren Schritt leistete erst der Homo sapiens sapiens. Alle vorsapienten Menschen lebten in hochgradiger Symbiose mit ihrer Umwelt, denn keine Tier- und Pflanzenart wurde, wie schon gesagt, von ihnen ausgerottet. Nach dem Auftreten des entwickelten Sapiensmenschen bereitete sich langsam der ökologische Riß vor. Nur blieb er lange lokal begrenzt. Global wurde er erst jetzt im 20. Jahrhundert zusammen mit dem vollen Erfolg des gewonnenen, aber noch nicht desillusionierten, leibverhafteten Ichbewußtseins. Die Descartessche Entdeckung war ein Ergebnis, das sich durch gewaltige Kulturzeiträume vorbereitet hatte. Insoweit hat der Cartesianismus seine unleugbare bewußtseinsgeschichtliche Notwendigkeit, die Steiner ebenso anerkennt (GA 18, S. 106 ff.), wie er für die Weiterführung der Aufklärung das „Cogito, ergo sum" als den „größten Irrtum der neueren Philosophiegeschichte" bezeichnete (GA 293, S. 30; siehe auch GA 205, S. 181, und GA 302, S. 55).

Noch haben sich in vielen außereuropäischen Kulturen letzte Reste des vorsapienten Kulturbewußtseins wie ein Abendschimmer erhalten. Man denke an das mythische Bewußtsein der Buschmänner (van der Post), der Indianer (Seattle, Arrowsmith/Korth) und der Australier (Göbel 1976). Man denke an den hinduistischen Spruch des Menschen zur Welt „Tat twam asi" („Das bist du"). Mit dem Erwachen der ersten generalisierenden Begriffsleistungen der vorsokratischen-ionischen Philosophen aber wurden die paradigmatischen Grundlagen des europäischen Denkens bis hin zur Aufklärung gelegt. Der Linguist für indianische Sprachen Werner Müller (1976) beklagt diese Entwicklung im Kontrast zur indianischen Welterfahrung. Er spricht vom „ionischen Irrtum und seinen Folgen", vom „europäischen Denkgefängnis" und daß der „Ausweg für Europa versperrt sei, wenn nicht zur indianischen Lebenshaltung zurückgefunden wird". Viele Umweltschützer berufen sich heute auf die Lebenswelt der indianischen Kulturen. Müller beschreibt, wie ihren Sprachen weitgehend der generalisierende Gebrauch fehlt. Ein Fluß im Waldesschatten, in der Sonne oder unter grauem Himmel heißt schon in der Sprachwurzel anders als dann, wenn er außerdem zugefroren oder gar zugeschneit ist etc. (a. a. O., S. 19). Wie die Lappen für jede Variante ihrer Rentiere ein anderes Wort haben, aber kein allgemeines für das Ren, so sind erst recht die indianischen Sprachen geradezu photographisch konkret. Unverständlich ist für die Uramerikaner, daß die Weißen den Erdboden privat und staatlich besitzen wollen. Wie kann man seine Mutter in Privatbesitztum aufteilen?

Arthur Schopenhauer hat sich in seiner Weise mit Descartes und Kant abgemüht. Daß das „Ding an sich" nicht in der Vorstellung zu finden ist, sah er ein. So suchte er es in der „Welt als Wille", fand aber nur ein subjektloses Allgemeines, das ihm im Buddhismus entgegenkam. Aufschlußreich ist das Gespräch, das der noch 31jährige Schopenhauer mit dem 68jährigen Alten von Weimar hatte. Jener hatte in seiner Schrift „Über das Sehen und die Farben" an Goethes Farbenlehre angeknüpft und war so eingeladen worden. Zwei Tage lang tauschten sie sich aus (19./20. 8. 1819), ohne miteinander ins reine zu kommen. Von Schopenhauer erhielt sich die Tagebuchnotiz:

„Dieser Goethe war so ganz Realist, daß es ihm durchaus nicht zu Sinne wollte, daß die Objekte als solche nur da seien, insofern sie von dem erkennenden Subjekt vorgestellt werden. Was! sagte er mir einst, mit seinen Jupiteraugen mich anblickend, das Licht sollte nur da sein, insofern Sie es sähen? Nein! *Sie* wären nicht da, wenn das Licht Sie nicht sähe."

Von Goethe erhielt sich ein Zweizeiler, den er Schopenhauer ins Stammbuch schrieb:

„Willst du dich deines Wertes erfreuen,
So mußt der Welt du Wert verleihen."

Der Auffassung, die sichtbare Welt sei Illusion, tritt hier eine Weltoffenheit entgegen, die sich selbst der Welt verdankt. Ist das noch ein voreuropäisches Bewußtsein oder schon ein Neugewinn der Welt? Es ist bei Goethe mehr als ein naiver Realismus, denn er war sich des europäischen Ausmaßes seiner Welteinstellung bewußt. Nur daß es ihm leichter in die poetische Feder floß als in die gedanklich-reflektierende. Schon Platos Höhlengleichnis war ihm in seinem Dualismus zwischen Wesen und Erscheinung verdächtig, als er zur Farbenlehre intonierte:

Im eigenen Auge schaue mit Lust,
Was Plato von Anbeginn gewußt,
Denn das ist der Natur Gehalt,
Daß außen gilt was innen galt.

Im Inneren des eigenen Bewußtseins hatte sich das Ich bewußt gefunden und doch bei näherem Zusehen im Erwachen des abendländischen Denkens unbemerkt sich und die Welt verloren. Steiner kommentierte den delphischen Imperativ „Erkenne dich selbst" einmal so, daß der Mensch immer nach dem fragt, was er nicht mehr hat (GA 304a, S. 9). Goethe aber findet sein Ich als Weltinhalt neugefunden vor und betreibt in seinem gesamten Lebenswerk, besonders in seiner Art von Naturwissenschaft, den regelrechten Anti-Cartesianismus, weil dieser erst soziale Verbindlichkeit nicht nur zum Mitmenschen, sondern ebenso zur natürlichen Umwelt ermöglicht. In der letzten der Zahmen Xenien sprach er sich erschöpfend über seine Entdeckung des eigenen Verhältnisses seines Ich zur Welt aus:

Teilen kann ich nicht das Leben,
Nicht das Innen, nicht das Außen,
Allen muß das Ganze geben,
Um mit euch und mir zu hausen.
Immer hab' ich nur geschrieben,
Wie ichs fühle, wie ichs meine,
Und so spalt ich mich, ihr Lieben,
Und bin immerfort der Eine.

Die allgemeine Bewußtseinsentwicklung des weiteren 19. Jahrhunderts ist im großen ganzen Goethe darin nicht gefolgt. Die anschließende Romantik in ihrer Verinnerlichung und die positivistisch werdende Naturwissenschaft im bloßen Blick auf das quantifizierbare Äußerliche stießen sich voneinander ab. Oken und Helmholtz, Schelling und Darwin – das ging nicht mehr zusammen. Ein Teil der Romantiker flüchtete in die Glaubenssicherung. Bürgerlichkeit und Biedermeier waren nicht mehr weit. Die klassische Physik wollte unter der Fiktion des Laplaceschen Dämon ihrerseits den ganzen Kosmos als deterministisches Gebilde aufdecken.

Mit der Entdeckung der Radioaktivität im Jahre 1896 durch Henri Becquerel brachen gerade in den exakten Naturwissenschaften unvorhergeahnte Perspektiven auf. Insbesondere waren es die Relativitätstheorien Einsteins und die Quantentheorie von Bohr, Heisenberg, Pauli etc., welche das Descartessche Paradigma vor neue Schwierigkeiten stellten.

Die spezielle und allgemeine Relativitätstheorie bieten ein kinematisches Weltbild, in welchem es keinen nur irgendwie bevorzugten Standpunkt gibt. Alle Bewegungssysteme sind nur relativ zueinander beschreibbar. Es ist die absolute Verobjektivierung der Welt ohne die Notwendigkeit irgendeines Subjektes. – In der Quantentheorie brach sich kontrapunktisch die gegensätzliche Position Bahn. Kein Elementarteilchen ist voll objektivierbar. Die Heisenbergsche Unschärferelation beweist diesen Sachverhalt. Werden Energiegröße und Impulsgröße bestimmt, so sind weder Zeit noch Ort mehr exakt angebbar. Es sind nur Wahrscheinlichkeiten beschreibbar, die von der eingreifenden Beobachtung der untersuchenden Experimentatoren abhängen. Das Subjekt ist nicht zu eliminieren. Heisenberg konstatierte nur noch, daß seitdem Naturwissenschaft nicht mehr eine Wissenschaft von der Natur ist, sondern nur noch eine Wissenschaft unserer Beziehung zur Natur (1955, S. 21). Das Subjekt treffe nicht auf Objektivität, sondern letztlich nur noch auf sich selbst.

Die Relativitätstheorie ist zur größtmöglichen Objektivierung, die Quantentheorie zur größtmöglichen Subjektivierung der Weltbeziehung des Menschen im 20. Jahrhundert gekommen (Basfeld 1989). Die Gesetze der klassischen Physik von Galilei bis zum Ende des 19. Jahrhunderts sind danach nur Sonderfälle, die von beiden Aspekten übergriffen werden. Die Folgen sind inzwischen deutlich: der weitgehende Erkenntnisnihilismus. Laut Popper kann nicht einmal mehr verifiziert werden. So verengt sich Naturwissenschaft auf den verbleibenden technischen Utilitarismus, der den egozentrischen Bedürfnissen des Subjektes Mensch dient. Für die Folgen ist niemand verantwortlich, da ja auch das wissenschaftlich behandelte Stück „Welt" nicht objektivierbar ist, sondern nur in Form von Modellen simuliert wird, deren Realitätsgehalt prinzipiell nicht behauptet werden kann. So ist der wissenschaftlich Forschende für seine Ergebnisse prinzipiell nicht zuständig. Ihm genügt der „hypothetische Realismus". Diese Denkeinstellungen verbreitet das allgemeine Schulwesen. Mit dem Verlust der Brücken zwischen Ich und Welt steigen einerseits die psychiatrischen Epidemien (heute 20% der Bevölkerung der BRD) ebenso wie andererseits die Umweltkatastrophen. Wissenschaftsflucht und Fundamentalismus sind die Folgen.

Es besteht allerdings kein Grund, in Kulturpessimismus zu verfallen, denn jede Bewegung erzeugt ihre Gegenbewegung. Und diese ist auch im vorliegenden Fall in voller Entwicklung. Vor allem in der Jugend und unter den jungen Erwachsenen wächst eine emotionale und auf Taten drängende Zuwendung zur Natur. Seit einigen Jahren ist ein deutlicher Paradigmawechsel zu beobachten: Waren es früher vor allem sozialpolitische Themen, die gerade die aktivsten Jugendlichen für sich einnahmen, so ist es heute der Natur- und Umweltschutz, für den sich viele engagieren. Dabei stehen nicht so sehr (noch so berechtigte) utilitaristisch-egoistische Gründe und Zukunftsängste im Vordergrund, sondern altruistische Motive; man setzt sich für bestimmte Tier- und Pflanzenarten ein, deren Existenz für den Menschen keinerlei Bedeutung hat. Als Beispiel sei nur die erfolgreiche Rettung des Wanderfalken in Süddeutschland genannt (Schilling und Rockenbauch 1984). Eine neue Kategorie wissenschaftlichen Arbeitens entsteht, bei der es nicht um die herkömmlichen Sparten von Grundlagen- und angewandter Forschung geht, sondern um Forschung aus ethischer Motivation (vgl. SAGUF 1983) – stellvertretend für viele andere sei nur der Name von Dian Fossey (1989) genannt, die ihre überaus entbehrungsreichen Feldforschungen mit dem erklärten Ziel betrieb, dadurch bessere Grundlagen für den Schutz der Berggorillas zu gewinnen. Wollte man das neue Phänomen charakterisieren, so müßte man von einer Erweiterung des sozialen Bewußtseins, des sozialen Verantwortungsgefühls auf die Natur sprechen – ein kulturgeschichtliches Novum und ein entscheidender Impuls des Jahrhundertendes, wenn er sich durchsetzen kann.

Meyer-Abich hat kürzlich entschieden nach der Rechtssphäre der Natur gefragt (1988/89, S. 128ff.). Als durch die erste Industrialisierung zahllose Menschen in diskriminierende Abhängigkeit der sozial Stärkeren gerieten, begann der Staat sich zuständig zu sehen und sich für die sozial Schwächeren einzusetzen; er versteht sich heute als Sozialstaat bei uns. Die geradezu explosive Weiterentwicklung der Industriewirtschaft hat nun zu einer vergleichbaren Lage an rechtloser Ausbeutung der außermenschlichen Lebewelt geführt. „Wäre der Staat daraufhin auch in seinem Verhältnis zur Natur neu zu bestimmen?" fragt er (S. 129). Dabei geht es nicht darum, wie meist kurzgeschlossen wird, dem Menschen die pflanzliche und tierische Nahrung zu entziehen – eine Annahme, mit der sich die Frage selbst ad absurdum führt. Bei allem Naturschutz geht es nicht um den Schutz des Exemplars, sondern der Art. Nur wenn die Population einer Art droht zusammenzubrechen, muß jedes Exemplar dringend geschützt werden. Die Art ist so unwiederbringlich einmalig wie jeder einzelne Mensch. Nicht das Exemplar, sondern die Pflanzen- und Tierarten als solche sind rechtsfähig, weil sie personale Einmaligkeit darstellen. Die Anthroposophie spricht hier von den Gruppenichen in der Natur (Schad 1970). Die Ausrottung von Arten ist ethisch gesehen gleichzusetzen mit der Tötung von Menschen und belastet das Gewissen eines jeden, der davon weiß. Der ökologische Aufbruch geschieht ja weitgreifend nicht für die eigene Zukunft, sondern für die Zukunft der Nachmenschen.

## 2. Die Umweltproblematik als Erziehungsaufgabe

### 2.1 Naturschutz ohne den Menschen?

Daß der Lehrer – und natürlich das Elternhaus – in diesem Problemfeld entscheidend gefordert sind, bedarf keiner Diskussion. Für die Praxis ergibt sich jedoch ein Dilemma, dessen kurze Darstellung unumgänglich ist, um die Position der Waldorfpädagogik zu begründen.

Dem starken Drang, sich für den Schutz der Natur einzusetzen, für die Natur „etwas zu tun", steht die eingangs erwähnte, weitverbreitete Ansicht gegenüber, der Mensch könne letztlich doch nur zerstörerisch mit der Natur umgehen. Dieser Auffassung wird durch eine bestimmte wissenschaftliche Publizistik Nahrung gegeben, die eng an Lorenz und seine Ethologenschule angelehnt ist und den Menschen unter dem Diktat einer genetischen Ausrüstung sieht, die im harten Daseinskampf im Pleistozän ausgelesen, heute unter veränderten Umweltbedingungen zu seinem unausweichlichen Untergang führen muß (von Dithfurth 1985, Lorenz 1984, Mohr 1987; vgl. auch Suchantke 1986, 1987). Alles das gipfelt in der Auffassung: Wie ginge es der Natur gut, gäbe es den Menschen nicht! Diese Richtung sieht in den Bemühungen um einen „Frieden mit der Natur" nur den Ausdruck wirklichkeitsfremder Illusionen (vgl. die harsche Ablehnung Meyer-Abichs durch H. Mohr 1987). Die einzige Möglichkeit, die hier noch bleibt, ist der rigorose Naturschutz mit Betreteverbot, d. h. die Ausschließung des Menschen aus bestimmten, „ursprünglichen" Bereichen der Umwelt.

In einer merkwürdigen Blickverengung wird dabei völlig übersehen, daß der Mensch keineswegs nur zerstörerisch gewirkt hat. Die Schaffung der traditionellen bäuerlichen Kulturlandschaften in vielen Gegenden der Welt begann zwar stets mit einer Zerstörung oder Zurückdrängung der ursprünglichen Natur, der Wildnis. Die anschließende Schaffung reichgegliederter Mosaiken aus Obstwiesen, Hecken, Feldgehölzen, Waldparzellen usw. bedeutete jedoch eine eminente Bereicherung der Lebensräume und dadurch des Artenspektrums, verglichen mit dem vorhergehenden artenarmen Hochwald (z. B. Ellenberg 1978, Feldmann 1987, Kremer 1988). Vergessen wir nicht, daß die allermeisten unserer mitteleuropäischen, heute so schützenswerten „Natur"-Landschaften Schöpfungen des Menschen sind! Was aus ihnen wird, wenn sich der pflegende Mensch aus ihnen zurückzieht, zeigt das Beispiel der aufgelassenen, „vergandeten" Alpweiden: Verbuschung, Artenschwund und überraschenderweise Erosion setzen rasch ein (Bätzing 1988).

Daß die pflegende „Zusammenarbeit" – um eine solche handelte es sich, denn der Landwirt hatte im eigenen Interesse gelernt, schonend mit der Natur umzugehen und sich den jeweiligen Gegebenheiten anzupassen – allmählich aufhörte und sich zu der heutigen Form der Ertragsmaximierung und Ausbeutung wandelte, ist kein Widerspruch, sondern Ausdruck jener Entfremdung, die im vorangegangenen Teil besprochen wurde. Und wenn heute versucht wird, wiederum zu einem pflegenden Umgang mit der Natur zurückzukehren – auf andere Art freilich als früher, auf wissenschaftlicher Basis, d. h. aus dem Verständnis ökologischer Zusammenhänge heraus –, dann ist das kein weltfremder Romantizismus, sondern volkswirtschaftlich vertretbar und wünschenswert (Bechmann 1987). Das gilt in unseren Breiten und mehr noch in den Ländern der dritten Welt, wo die ökologischen Systeme viel zerbrechlicher sind und durch die Anlage riesiger Monokulturen große Gebiete entvölkert (z. B. Brasilien) und die Böden zerstört wurden (vgl. Egger und Glaeser 1975, Rottach 1988).

Die Aufgabe besteht also doch wohl nicht darin, die Natur dadurch zu schützen, daß man einer gar nicht durchführbaren Separation von Mensch und Natur das Wort redet, sondern in der Gegenbewegung: in der Entwicklung einer neuen, auf Kenntnis wie auf Rücksichtnahme basierenden Kooperation mit der Natur im wohlverstandenen beiderseitigen Interesse.

Das alles aber ist nicht nur eine Sache der Vernunft allein. Verstehen, einsehen läßt sich manches, aber damit ist noch lange kein Anlaß zum Handeln gegeben; hier liegt ja eines der Grundprobleme des modernen Menschen angesichts der Umweltkrise. Erst dann, wenn die Dinge erlebt, erfahren werden, entsteht innere Bewegung, emotional-gefühlsmäßig und (vielleicht auch) im

Willen. Wollen wir erzieherisch etwas erreichen, so müssen wir diese Kräfte ansprechen.

## 2.2 Umwelterziehung in der Waldorfschul-Pädagogik

Das ist um so wichtiger, als das Kind im Vorschulalter und in den ersten Schuljahren kein intellektuell-distanziertes Verhältnis zu seiner Umwelt besitzt. Schon die Bezeichnung „Umwelt" ist an dieser Stelle falsch, lebt es doch in ungebrochener Einheit mit den Erscheinungen, die ihm begegnen.

Dieser inneren Verfassung des Kindes wird nun in der Praxis der Waldorfpädagogik auf verschiedenste Weise Rechnung getragen. So legte Steiner etwa bei der Einführung des Rechnens Wert auf eine ganz bestimmte Methodik: Schon das Einführen der ersten Zahlen sei ein für das ganze Leben prägender Vorgang. Es sei nicht additiv von der kleinsten Zahl Eins zu immer größeren Zahlen vorzugehen. So würde nur das atomistische Denken veranlagt, die Welt mosaikartig aus Einzelelementen zusammengesetzt zu sehen. Vielmehr möge man mit dem Kind die Eins als Ausdruck der wesenhaften Einheit, gleichsam so groß wie die ganze Welt, auffassen und die Entstehung der Zahlen als ein Untergliedern, ja Zerbrechen in die Vielheit des Einzelnen bildhaft in Geschichtenform zugänglich machen. Nicht additiv, sondern dividierend mögen die Zahlen eingeführt werden. Hier wird nicht nur vermieden, Zahl mit Größe zu verwechseln, sondern es wird in altersspezifischer Form das Denken in Mengen veranlagt (siehe den Beitrag von Schuberth in diesem Band). Steiners Vorschlag ist eindeutig: Nicht erst die Elemente und dann der Zusammenhang, sondern umgekehrt: das Ganze ist das ursprüngliche, das Einzelne gerinnt erst daraus. So beginnt in der ersten Rechenstunde schon die Wirkung von Schule auf die ökologische Dimension. Steiner ist sich dessen voll bewußt:

„So ist man in der Lage, das Kind an das Leben in der Art heranzubringen, daß es sich hineinfügt, Ganzheiten zu erfassen und nicht immer von dem Wenigen zu dem Mehr überzugehen. Und das übt einen außerordentlich starken Einfluß auf das ganze Seelenleben des Kindes aus. Wenn das Kind daran gewöhnt ist, hinzuzufügen, dann entsteht eben jene moralische Anlage, die vorzugsweise das Hingehen nach dem Begehrlichen ausbildet. Wenn von dem Ganzen zu den Teilen übergegangen wird, so bekommt das Kind die Neigung, nicht das Begehrliche zu stark zu entwickeln, sondern zu entwickeln dasjenige, was ... genannt werden kann im edelsten Sinne des Wortes: die Besonnenheit, die Mäßigung. Und es hängt innig zusammen dasjenige, was einem im Moralischen gefällt und mißfällt, mit der Art und Weise, wie man mit den Zahlen umzugehen gelernt hat" (GA 305, S. 109/110).

Moralische Erziehung findet nicht verbalisierend, sondern methodisierend statt. Die spätere Gefahr des Moralisierens entfällt, denn das Denkvermögen ist über das Ausschnitthafte hinausgebracht. Und ähnlich wird in praktisch allen Fächern verfahren – also auch dort, wo es zur Begegnung mit der Natur kommt. Hier muß noch ein weiteres beachtet werden:

„Das kleine Kind erlebt die umgebende Welt in hohem Grade physiognomisch. Nicht nur an den Menschen, auch an den Tieren, den Pflanzen, sogar an den toten Gegenständen empfindet es zusammen mit dem Äußeren ein Inneres. Dem Kinde ist die Welt nicht nur gegenständlich, sie ist ihm Gebärde und Ausdruck." (Kranich 1987)

Oder, um es mit den Worten von Piaget (1926) noch deutlicher auszudrükken:

„Wenn das Kind nicht zwischen der psychischen und der physischen Welt unterscheidet, wenn es am Anfang seiner Entwicklung keine exakten Grenzen zwischen seinem Ich und der Außenwelt zieht, so muß man darauf gefaßt sein, daß es zahlreiche Körper, die für uns Erwachsene leblos sind, als lebendig und mit Bewußtsein ausgestattet betrachtet."

Es gibt für das Kind vor dem neunten Lebensjahr etwa keine tote Dinglichkeit, die Erscheinungen haben weder Objekt- noch Subjektcharakter, auch wenn es die Sprache vortäuscht. Mehr noch, das Kind ist mit seinen Empfindungen in den Erscheinungen darinnen. Die Loslösung, die „Entfremdung" kommt, wie wir sehen, erst später und ganz von alleine. Man würde gegen das Kind handeln, risse man es durch eine Stoffvermittlung, die durch ihre Nüchternheit keine innere Anteilnahme ermöglicht, vorzeitig aus seinem Einbeschlossensein heraus. Man verunmöglicht die spätere ökologische Erfahrungsbasis.
Wenn das Kind mit seinen Empfindungen in den Erscheinungen darin ist, so leben umgekehrt auch die Erscheinungen in der kindlichen Psyche. Wo sie erlebt, gefühlt, empfunden werden, wo sie zum Kinde in dessen eigener Sprache sprechen: die Steine, der Mond, die Tanne, der Vogel empfinden und erzählen etwas, und das Kind lebt es in seinem eigenen Empfinden mit. Dieses Erleben vollzieht sich in „inneren Bildern, die gleich äußeren Wahrnehmungen in dem Bewußtseinshorizont erscheinen" (Fucke 1972), ja, die für das Kind sogar einen wesentlich höheren Realitätsgrad besitzen als die äußeren sinnlichen Wahrnehmungsobjekte. Das ist leicht zu beobachten, wenn man Kindern beim Spielen zuschaut, etwa dann, wenn man ihnen, wie es in Waldorfkindergärten geschieht, vorher eine Geschichte oder ein Märchen erzählt hat: die Steine, Holzklötzchen, Kastanien und so weiter – möglichst undefiniertes, undeterminiertes und damit für die Bestimmung durch das Kind offenes Spielmaterial also (vgl. Kiersch 1987) –, aus denen ganze „Welten" aufgebaut werden, sind für die Kinder ganz selbstverständlich Königssohn und Königstochter, gleichzeitig aber auch Bäume und Burgen usw. Das *innere* Bild ist es mithin, was für das Kind Wirklichkeit darstellt, nicht die äußere Erscheinung. Diese wird gemäß der inneren Vorstellung umgeformt (man kann das mit Fug und Recht als Urbild menschlicher kulturschaffender Tätigkeit bezeichnen; um so wichtiger also, daß diese Entwicklungsphase nicht unterdrückt, sondern in vollem Umfang gefördert wird).
Aus diesen Gründen werden in der Waldorfpädagogik die ersten Begegnungen, während der ersten Grundschuljahre, mit den Erscheinungen und Wesen der Natur in Form bildhafter Erzählungen an das Kind herangebracht, in denen Tiere und Pflanzen wie Menschen empfinden und handeln. Diese „sinnigen Geschichten", wie Steiner sie nannte (Beispiele bei Bauer 1985, Fucke 1972, Lütge 1977, Streit 1978), sind nicht Naturkunde, vielmehr sind die darin handelnden Wesen ähnlich wie in Fabeln Träger ganz bestimmter moralisch-sittlicher Qualitäten. Die Kinder lieben diese Erzählungen und wollen sie in der

Regel immer wieder hören; sie entwickeln Zuneigung und Verehrung für die darin positiv handelnden Wesen, Abneigungen gegen das Negative und Schlechte – es ist ein Moralunterricht, der nicht mit Unterwerfung unter Gebote arbeitet, sondern die Kinder innerlich freiläßt. Sie dürfen selber Sympathie für das Gute und Antipathie gegen das Böse entwickeln; das ist ein viel festeres Fundament für das spätere selbstbestimmte Handeln als alles aus Zwang Übernommene.

Der Einwand, hier würde Natur vermenschlicht, entspringt dem Bewußtsein des Erwachsenen und trifft die kindliche Erlebnisweise nicht, die noch keine Trennung von Mensch und Welt kennt, also auch nicht im Sinne des Erwachsenenbewußtseins vermenschlicht. Schon Hansen (1949) hat das anhand reicher Beobachtungen an Kindern klargestellt, und es ist merkwürdig genug, daß noch immer von der „personifizierenden Projektion" des „magischen" Bewußtseins im Kindesalter die Rede ist. Seelische Haltungen und Regungen werden vom Kinde immer mit sichtbaren Verhaltensweisen gleichgesetzt und so alles Sichtbare auch unbefangen mit von uns für Seelisches benützten Ausdrücken angegangen. So „lehnen wir die Deutung, daß das Kind ‚allen Dingen so wie lebenden Menschen ... psychisches Leben ... zuschreibt‘ (Bühler) ab. Eine solche Auslegung entbehrt nicht nur kritisch geprüfter Grundlagen; sie widerspricht ... dem kindlichen Erleben seinem tatsächlichen Gehalt nach. Von einem ‚anthropomorphisierenden Denken‘ in der Frühphase kann keine Rede sein" (Hansen, S. 211). Wie konkret das kindliche Erleben und wie abstrakt der Erwachsenenbegriff „Seele" für es ist, illustriert die Geschichte von Peter im Alter von 5 Jahren, 2 Monaten:

„Daß dieses Alter zu dem Begriff Seele aber noch kein rechtes Verhältnis finden kann, zeigen folgende Äußerungen einen Monat später, nach dem Weihnachtsfest. Er schwärmte von den dicken Marzipanäpfeln am Christbaum, ob die im Himmel auf den Bäumen wüchsen. ‚Nur schade, daß ich da nie hinkomme!‘ Die Mutter meinte, er werde doch später auch in den Himmel kommen, darum bete er doch auch jeden Abend. Aber Peter sagte etwas wegwerfend: ‚Ach so, du meinst, wenn ich tot bin? Ach, das ist dann ja doch bloß die Seele – da hab' *ich* doch nichts von.‘" (Hansen, S. 234)

Diese wichtige Korrektur des Weltbildes der Erwachsenen vom Weltbild des Kindes trifft sich mit den Darstellungen Steiners, daß im jüngeren Kind das Seelische noch nicht voll verleiblicht ist, sondern selbst seelisch-geistiger Umweltgehalt ist (GA 293, S. 160). Deshalb hat es faktisch noch gar nichts von einem verinnerlichten Seelisch-Geistigen her nach außen zu projizieren. Es ahmt nur in seiner Weise die Redeweisen der Erwachsenen nach, zumeist ohne daß wir merken, „daß das Kind mit den Ausdrücken der Erwachsenensprache keineswegs auch ihren Gehalt übernimmt" (Hansen, S. 210). Das Kind hat hingegen eine um vieles intensivere, existentielle Identifikationsmöglichkeit mit seiner „Umwelt", wenn es mit ihr jeweils vertraut geworden ist. Wenn dem so ist, dann hätte die Form der bildhaften Begegnung des Kindes mit der Natur paradigmatischen Charakter.

Die Inhalte der Erzählungen werden später vielfach vergessen und gehen doch nie verloren; denn die Grundstimmung der Zuneigung und Liebe zu den Gestalten der Natur bleibt erhalten. Um das neunte Lebensjahr aber tritt ein tiefgehender Beziehungswandel des Kindes zur Welt ein, in der es lebt und die man jetzt zum ersten Mal mit Fug und Recht als „Umwelt" bezeichnen kann: Emanzipation, volle Distanzierung auch zu den Menschen seiner Umgebung tritt ein. Piaget (1926) hat die einzelnen Stufen genau eruieren können: Erlebte das Kind zuerst alles als belebt und beseelt, so werden allmählich nur noch bewegte Dinge in dieser Art empfunden und zum Schluß nur noch das, was sich selbst bewegt: Menschen und Tiere also.

Würde jetzt noch weiter in der Art der „sinnigen Geschichten" erzählt, dann würde das auf deutliche Ablehnung stoßen. Jetzt muß mit inhaltlicher Naturkunde begonnen werden, die in einem Moment,

„wo die Instinkte noch vorhanden sind für ein solches Sich-verwandt-Fühlen mit den Tieren, mit den Pflanzen, wo schließlich immerhin, wenn es auch nicht in die gewöhnliche Helle des urteilenden Bewußtseins heraufsteigt, der Mensch sich bald als Katze fühlt, bald als Wolf, bald als Löwe, bald als Adler. Dieses Sich-Fühlen bald als das eine, bald als das andere, das ist nur gleich nach dem neunten Jahr noch vorhanden. Vorher ist es stärker vorhanden, aber es kann nicht durchdrungen werden, weil die Fassungskraft dazu nicht vorhanden ist. Würden Kinder frühreif sein und schon im vierten, fünften Jahr viel von sich sprechen, so würden die Vergleiche mit dem Adler, mit der Maus und so weiter bei den Kindern sehr, sehr häufig sein. Aber wenn wir beginnen mit dem neunten Jahr ... so stoßen wir immerhin noch auf viel verwandtes, instinktives Empfinden beim Kind." (Steiner, GA 294, S. 189/190)

Dieses Empfinden der Verwandtschaft kann man an den Kindern deutlich erleben. Schildert man ein Tier besonders anschaulich und lebendig und versucht, es ganz objektiv in seiner typischen Eigenart, seinem typischen Verhalten zu charakterisieren, dann merkt man, wie die Kinder mitgehen und bis in ihr Verhalten hinein die ängstliche Nervosität eines Mäuschens oder die kraftvollen Sprünge des Steinbockes nicht nur innerlich, sondern bis in die Motorik hinein mitvollziehen. Unbewußt erleben sie, daß das Tier nicht etwas Fremdes, anderes ist, sondern jeder selber irgendwo Steinbock, aber auch Maus und Löwe ist.

Man kann das Kind nun anleiten zu erleben, daß der Mensch sich in jedes Tier versetzen kann, weil jedes Tier etwas ausschnitthaft verstärkt auslebt, was es immer auch im Menschen gibt. Die Tierwelt als der ausgebreitete Mensch, der Mensch als das zusammengefaßte Tierreich – solche Erlebnisinhalte regen das lebenslange Vertrautsein mit dem an, was Mensch und Tier existentiell verbindet, und lassen das Tier nicht „da draußen" und den Menschen nicht für sich (GA 294, S. 97).

Bei der Pflanzenkunde wandte sich Steiner schon zu einem Zeitpunkt (1923), an dem ökologische Betrachtungsweisen noch keinen Einzug in die Schule gehalten hatten, gegen das isolierte Betrachten (und Zergliedern) einzelner Pflanzen im Unterricht der Grundschuljahre. Er betonte, „daß wir niemals eine Pflanze für das kindliche Alter anders betrachten sollen als im Zusammenhang mit der Erde und im Zusammenhang mit den Sonnenkräften" (GA 307, S. 161). Indem man das nun für die verschiedensten Regionen der Erde durchführt, „entwickelt man in dem Kinde, wenn man es so lebendig in das Pflanzenwachstum einführt, aus dem Botanischen, aus der Pflanzenkunde heraus die Anschauung von dem Antlitz der Erde ... Auf diese Weise entwickelt man in dem Kind einen lebendigen Intellekt statt eines toten" (S. 165, 166) – d.h., man führt es zu dem Verständnis der Zusammenhänge und nicht zur

Anhäufung von totem Wissen, das keinen Bezug zur Erlebniswelt des Kindes hat.

Das gelingt, wenn man – wie an der Einführung des Rechnens und der ersten Tier- und Pflanzenkunde angesprochen – in allen Fächern dieses Alters immer vom Ganzen in die Einzelheiten geht. So werden die ersten Buchstaben aus einer Geschichte, die zum gemalten Bild sich verdichtet, in welchem dann die Buchstabenform entdeckt wird, herausgeholt. Das Malen erfolgt erst in gegenstandslosen Farbklängen, erst später „gerinnen" sie zu einem Fisch, Löwen, Baum oder Berg. In der ersten Gesteinskunde werden erst die charakteristischen Gebirgsformen z. B. der Kalkalpen und der Urgesteinsalpen geschildert und gezeichnet; dann erst zeigt man dem Kind einen Kalkstein und ein Granitstück und zuletzt erst z. B. einen Kalzit und einen Bergkristall, die enthaltenen Mineralien.

Wesentlich dabei ist, daß von bildhaften, farbigen Schilderungen ausgegangen wird, die es dem Kinde zum einen erlauben, sich selber innere Vorstellungsbilder des Dargestellten zu machen und andererseits ein emotional-erlebnismäßiges Mitschwingen ermöglichen (siehe Gögelein in diesem Band). Das muß der Lehrer üben, und die Intensität der Teilnahme der Kinder ist der Gradmesser, wieweit ihm das gelingt. Erst danach kommt es dann zur realen Begegnung mit den betreffenden Tieren und Pflanzen auf Spaziergängen und Wanderungen, auf dem Bauernhof. Ist die innere Beziehung aufgebaut, so ist jede Begegnung eine freudige Wieder-Begegnung. Andernfalls unterbleibt die Wahrnehmung, oder der Gegenstand ist fremd, es kommt zu keiner inneren Berührung, zu keinem Verständnis – ja zu keinem Vertrauen, da das Kind mit dem Gegenstand eben nicht vertraut ist. Das ist beim Erwachsenen schließlich nicht anders: Wir nehmen wahr, wofür wir Begriffe oder innere Bilder haben. Führen wir beispielsweise in ein anderes Land, ohne uns vorzubereiten, so liefen wir an den meisten Dingen achtlos vorbei, registrierten sie oberflächlich und verständnislos, wie es im modernen Tourismusbetrieb üblich ist.[1]

Welche Wirkungen solche Schilderungen haben können, wird in eindrucksvoller Weise von M. Schmitz 1989 dokumentiert, die sich in einer ersten Klasse äußerst turbulenten und teilweise deutlich verhaltensgestörten Kindern gegenübersah. Um sie von ihrer Wildheit – die sie auf die langen morgendlichen Busfahrten zurückführte – zu befreien, lief sie nach Unterrichtsbeginn mit den Kindern regelmäßig durch ein angrenzendes Parkgelände. Dabei stellte sie „erschrocken fest, welche Feindseligkeit bei vielen Kindern Pflanzen und kleinem Getier gegenüber herrschte, eine Haltung, die man so beschreiben könnte: Verjagen – zertreten – zerquetschen – zerreißen". Daraufhin begann sie, bei den Kindern eine innere Beziehung zu den Tieren und Pflanzen aufzubauen, indem sie

„im Unterricht zum Regentropfen oder zum Regenwurm [wurde], zum Vögelchen oder Schmetterling, zur Knospe am Baum, zum Grashalm, der im Winde zitterte und so weiter – im Klassenzimmer wohlgemerkt. Und wenn wir dann wieder einmal draußen waren, machten mich die Kinder auf all das aufmerksam! Ich bezog mich nie auf gemeinsame Erlebnisse beim Erzählen, aber ich erlebte bei einigen Kindern ein leises Erwachen den Erscheinungen der Natur gegenüber ... Bald war es *unser* Weg, *unser* Bach, *unser* Baum und Park, es wurden *unsere* Eichhörnchen und *unsere* Amseln. Trocknete im Sommer der Bach aus, waren die Kinder traurig und verstört (‚Wo ist denn unser Wasser geblieben?'), und sie drangen darauf, dem Bachbett sein Wasser wiederzugeben. Dazu gesellte sich der innere Drang, die Ursache der Austrocknung zu finden – und sie wurde dann auch gefunden."

Diese Beziehung wurde dann über die Jahre hin weitergepflegt und vertieft und führte zu einer echten, engen Verbindung der Kinder mit der Natur, die sich in Zuneigung und tätiger, liebevoller Pflege ausdrückte und in einem geschärften, wachen Beobachtungsvermögen.

An dieser Schilderung sind zweierlei Dinge bemerkenswert. Einmal ist da der Tatbestand, daß wohl immer mehr Kinder – und bestimmt nicht nur aus der Stadt – dieses an früherer Stelle erwähnte Eins-Sein mit der Welt um sie herum längst nicht mehr kennen, und daß es gerade bei diesen Kindern gelingt, eine starke Verbindung ganz neu aufzubauen – Beleg dafür, daß eine latente, lediglich verschüttete Bereitschaft dazu vorhanden ist, etwas, das darauf wartet, aufgerufen zu werden. Der zweite Punkt betrifft die Lehrerin: Sie war ebenso ein Stadtmensch wie die Kinder, weder sehr naturverbunden noch verfügte sie über besondere Kenntnisse. Sie arbeitete sich jedoch für die Kinder und gemeinsam mit den Kindern in diesen Bereich ein und entdeckte dabei selber unendlich viel: Der Funke konnte überspringen! Es könnte das Ermutigung und Ansporn für jene Pädagogen sein, die aus den Kulturwissenschaften kommen, vielleicht manch theoretisches Wissen über die ökologische Krise mitbringen, aber der lebendigen Wirklichkeit der Natur zunächst beziehungslos gegenüberstehen.

In der Waldorfschule bleibt es aber nun keineswegs nur beim betrachtenden Umgang mit der Natur. Schon im Kindergarten wird an der Pflege der Pflanzen in dem Gärtchen, das meist dazugehört, teilgenommen. In der dritten Klasse dann gibt es eine Landbau-Epoche, in der im Schulareal oder bei einem befreundeten Landwirt gepflügt, gesät, das Wachsen des Getreides begleitet, schließlich geerntet und das Getreide bis zum Brot verarbeitet wird. Sind diese regelmäßig wiederholten Tätigkeiten auf einem Bauernhof möglich, so wird vielleicht ein ganzer Tag dafür eingeplant, wodurch die Kinder im Lauf der Zeit die Fülle der Arbeiten des Landwirts während des Jahreslaufes kennenlernen: Erfahrungen von Zusammenhängen und Entwicklungen in der Zeit, Erfahrungen auch, daß man erst etwas für die Pflanzen, für den Boden tun muß, bevor man sich das Recht erwirbt zu ernten.

Hat dann der Naturkundeunterricht mit der vierten Klasse eingesetzt und ist er über einige Jahre hindurch weitergeführt worden, so beginnt in der sechsten Klasse der Gartenbauunterricht, der bis in die neunte oder zehnte Klasse hinein stattfindet. Er ist keine Erfindung der Waldorfpädagogik, sondern hatte im öffentlichen Schulwesen Deutschlands, fußend auf den Ideen Pestalozzis und Kerschensteiners, als „Arbeitsschule" Tradition (vgl. Winkel). Diese Bestrebungen gehören heute der Vergangenheit an. Was in der Waldorfschule gepflegt wird, hat denn auch eine völlig andere Begründung, die Steiner Anfang der zwanziger Jahre wie folgt formulierte:

„Menschen, die in der Schule einmal diesen Unterricht durchgemacht haben, werden Entscheidungen treffen können, ob eine Methode oder irgendeine Maßnahme in der Landwirtschaft richtig oder falsch ist, nicht weil sie es gelernt haben, sondern aus der Sicherheit des Gefühles heraus. Auch die moralischen Kräfte werden mit einem solchen

Unterricht geübt. In der sozialen Haltung des Erwachsenen wird erst die Auswirkung eines solchen Unterrichtes liegen."

Und:

„Es wird notwendig werden, zu ganz neuen Methoden in der Landwirtschaft zu kommen. Früher gab es noch Produkte, die wirklich Nahrungsmittel darstellten; sie werden immer schlechter werden, das liegt an der Methode. Es sind von der Natur her Reaktionen zu erwarten, die sich zu Katastrophen auswachsen können." (Krause 1984)

Man sieht, hier geht es nicht um die Erziehung zu irgendwelchem Arbeits-„Ethos", sondern um ein Vertrautwerden mit Zusammenhängen, die heute von hoher Aktualität sind und in naher Zukunft einschneidende Umstellungen nötig machen könnten. Prophetische Worte zu einer Zeit, wo sich noch kaum jemand Gedanken über die Probleme der Landwirtschaft und der durch sie hervorgerufenen Umweltschäden machte! Und wie bei manch anderem drängenden Problem wird es auch in diesem Falle wohl nur dann zu Lösungen kommen, wenn dieser Bereich nicht den „Fachleuten" (und der Bürokratie) überlassen bleibt, sondern wenn sich verantwortlicher Bürgersinn, der beurteilen kann, „ob eine Methode richtig oder falsch ist", der Sache annimmt.

Abschließen sollte dieser über Jahre hindurch geführte Unterricht nach den Vorschlägen Steiners mit dem Veredeln von Obstbäumen. Hier wird besonders deutlich, um was es dabei in Wirklichkeit geht: um ein (natürlich nur ansatzweise, bescheidenes) Aufgreifen jener einstmals üblichen *Weiterführung der Natur* durch Züchtung und Veredelung und damit der Herausbildung neuer Tier- und Pflanzenformen und neuer, vom Menschen geschaffener und von ihm getragener Ökosysteme.

Natürlich werden solche Arbeiten nicht überall möglich sein. Es sind auch Variationen des Themas denkbar, etwa in der Art, daß man mit etwas älteren Schülern außerhalb des Schulgeländes tätig wird und ein verwahrlostes öffentliches Gelände rekultiviert, zusammen mit Menschen, die in der Umgebung wohnen und sich freiwillig dazufinden; daß mithin etwas für das Gemeinwesen, in dem man tätig ist, getan wird. Natürlich können dazu auch Arbeiten im Umwelt- und Naturschutz gehören.

Schließlich kommt an den meisten Waldorfschulen in den obersten Klassen im Rahmen von jährlich durchgeführten Sozialpraktika ein landwirtschaftliches, gelegentlich auch ein Forst-Praktikum dazu (Heck). Dabei nehmen die Schüler an der ganzen Fülle der Arbeiten teil, die auf einem Hof anfallen. Da in der Regel ein alternativer bzw. biologisch-dynamischer Hof aufgesucht wird, so erleben die Schüler – etwa bei den abendlichen Gesprächen und Diskussionen mit Vertretern konventioneller und biologischer Landwirtschaft – das ganze Spektrum dieses Wirtschaftssektors mit all seinen Problemen und Möglichkeiten. Forstpraktika schließlich, wie sie beispielsweise gerade auch an schweizerischen Waldorfschulen durchgeführt werden, führen in die Pflege und Regeneration des Waldes ein; und bei Hilfen für arme Berggemeinden, etwa bei Lawinenverbauungen und der Pflege der Bannwälder, wird die ganze Tragweite des Waldsterbens, das für die Bergbauern existenzbedrohend ist, in seiner unmittelbaren Wirklichkeit erfahren.

All diese praktischen Tätigkeiten haben nicht den Sinn, irgendwelche Berufswahl vorzubereiten. Im Gegenteil – gerade für diejenigen, die später nie wieder direkt mit Landwirtschaft oder anderweitiger Pflege der Natur zu tun haben werden, ist es wichtig, daß eine konkrete Beziehung entsteht. Die später auch dann, wenn der einzelne berufs- und lebensmäßig fern davon angesiedelt ist, ihn doch seiner Mitverantwortung bewußt sein läßt und ihn, seinen Möglichkeiten entsprechend, auf irgendeine Weise, sei es im Konsumverhalten, sei es im politischen Engagement, Mitverantwortung übernehmen läßt. Erreicht wird das wohl nur, wenn die Zusammenhänge nicht nur theoretisch vermittelt, sondern in aktiver Betätigung selbst erlebt werden. Dadurch erst wird Erziehung lebenspraktisch.

In den Oberklassen der Waldorfschulen geht es ebenfalls nicht um die Spezialbehandlung der Ökologie in einem Extrafach, sondern um die diesbezügliche Anregung durch die adäquate Denkhaltung in allen Fächern. Schon wenn Steiner rät, der immer in der Pubertätszeit drohenden allzu starken psychischen Introversion durch die Weckung von „Weltinteresse" entgegenzuwirken (GA 302 a, S. 77, 84), ist damit die ökologische Grundtugend angesprochen: zu entdecken, was man alles dem Umkreis verdankt. Zum Gartenbau, Land- und Forstpraktikum tritt ab der 9. Klasse die ganze Bandbreite des theoretischen naturwissenschaftlichen Unterrichts hinzu. Den ganzheitlichen, bildhaften Betrachtungsweisen der Unterstufe stellen sich nun die analytischen Methoden zur Seite. Und doch dürfen auch in den Vorzugszeiten additiven und faktoriellen Denkens, wie es nun vom Oberstufenschüler gewünscht wird oder verlangt werden muß, die nichtmetrischen Wissenschaftsmethoden nicht fehlen. So sind die Projektive Geometrie im Mathematikunterricht, der Einbezug der Psychosomatik in die Humanbiologie, das Augenmerk auf den gesamten Umkreis in der Zellenlehre und ähnliche wirksame Übungen des ökologischen Denkens in Zusammenhängen. Die Koinzidenz von Erfahrung und Denken gehört dabei zu den für dieses Alter wichtigen Entdeckungen (Oltmann 1987). Bleibt es nur bei den cartesianischen Denkformen in der Umweltpädagogik, so verbreitet man nur methodisch dasjenige, was man didaktisch bekämpfen möchte; die pädagogische Wirkung hebt sich selbst auf. Auch de Haan (1982, S. 104) kommt zu dem Ergebnis: „Die Umwelterziehung, die sich den bestehenden Prinzipien wissenschaftlich-technischen Denkens verschreibt, bleibt in Aporien stecken", und fordert mehr ökologisches Denken statt Umwelterziehung im curricularen Sinne. Und Schönherr (1989, S. 118) sieht eine Lösung nur im Einbezug einer „Ökologie als Kunst". Welchen Anteil daran der künstlerische Unterricht haben kann, ist im vorliegenden Band auf S. 320 angeschnitten.

Natürlich wird die Biologie in der 11. und 12. Klasse besonders durch den Einbezug co-evolutiver Aspekte die Lebenswissenschaften eng mit der Geographie verbinden. Ihr kommt dabei ein besonderer Stellenwert zu. Ist sie doch das integrale Fach für alle Wissenschaften, die es darin erneut zu entdecken gilt, um fundierte Ansätze für eine „Physiologie der Erde" zu finden (Pflug 1984, S. 126). Denn erst, wenn wir die Erde als Lebewesen verstehen und achten lernen, kann sich auch die Ehrfurcht vor ihr bilden, ohne die die Umweltproblematik letztlich nicht zu lösen ist. Jedes Schulgelände, soweit es bepflanzbare Flächen hat, kann dazu schon ein ökologisch zwar minimaler, pädagogisch aber sehr wirksamer Ort gestalterischer Übungsmöglichkeiten sein (Schad 1981).

Sieht man selbstkritisch auf die ökologische Erziehung in den Waldorfschulen, so liegen die bestehenden Defizite im großen ganzen in einer reziproken Weise vor: Für die Schulkindzeit findet in zumeist reicher Form der geschilderte Ansatz im Unterricht statt, nur sind sich die Lehrer der Unterklassen oft zu wenig bewußt, wie „ökologisch" sie längst arbeiten. In der Oberstufe hingegen ist es eher umgekehrt: Schüler und Lehrer haben zur Umweltproblematik einen höheren Reflexionsgrad, aber die methodische Umsetzung, die mindestens so wichtig ist wie die inhaltliche, wäre noch sehr viel ausbaufähiger.

Eine grundsätzliche Bemerkung sei zum Schluß noch angefügt: Es braucht ein besonderes Fach „Umwelterziehung" eigentlich gar nicht zu geben. Die ökologische Problematik ist von so umfassender Tragweite, daß sie nicht Gegenstand eines oder einiger Fachgebiete sein kann, sie ist kein Spezialthema, sondern Lebensfrage. Sie darf auch nicht bloß als eine Abfolge von Katastrophen im Unterricht auftauchen, deren Ursachen und Abläufe dann im nachhinein analysiert werden, sondern sollte im Aufzeigen der unendlich vielen Verflechtungen von Mensch und Natur leben und der großen Gefahren und der großen Chancen, die daraus resultieren. Deshalb ist es wichtig, daß diese Thematik als Grundstimmung allen Unterricht durchzieht, direkt oder indirekt, wie wir es am Beispiel des Rechenunterrichtes aufzeigten. Nur dann kann sie Teil der eigenen Lebensführung werden.

## Anmerkung

1 Freilich muß auch das geübt werden: das aufmerksame, innerlich aktive Beobachten von Erscheinungen, die uns fremd sind; dieses wache und genaue Registrieren der Phänomene als Voraussetzung für den gedanklichen Ansatz und die erkennende Durchdringung ist die genaue Umkehrung dessen, was hier als angemessene Methode für das kindliche Alter bis hin zum elften, zwölften Lebensjahr beschrieben wird; es tritt in der Oberstufe an die Stelle der Schilderung und des Erzählens, vor allem durch die Einführung der „exakten" Wissenschaften Physik und Chemie, bei denen Anschauung und Experiment im Vordergrund stehen (vgl. Julius 1965).

## Literaturverzeichnis

Arrowsmith, W./Korth, M.: Meine Worte sind wie Sterne – sie gehen nicht unter. Reden der Indianerhäuptlinge. München 1984.

Bacon, Fr.: Novum organon scientiarum. 1620.

Bätzing, W.: Die Alpen. Naturbearbeitung und Umweltzerstörung. Frankfurt a. M. 1988.

Basfeld, M.: Ungedruckter Vortrag vom 18. 2. 1989. Heidelberg.

Bauer, M.: Erzählungen. Gesammelte Werke. Bd. 1. Stuttgart 1985.

Bechmann, A.: Landbau-Wende. Frankfurt a. M. 1987.

Berkeley, G.: Treatise concerning the principles of human knowledge (1710). Abhandlung über die Prinzipien menschlicher Erkenntnis.

Böhme, G.: Bedingungen gegenwärtiger Naturphilosophie. In: Schwemmer, O. (Hrsg.): Über Natur. Philosophische Beiträge zum Naturverständnis. S. 123–133. Frankfurt 1987.

Bühler, Ch.: Kindheit und Jugend. Psychologische Monographien. Bd. 3. Leipzig ³1931.

Descartes, R.: Principiae philosophiae (1644). Die Prinzipien der Philosophie. In: Philosophische Werke. Bd. 28.

Ditfurth, H. v.: So laßt uns denn ein Apfelbäumchen pflanzen – es ist soweit. Hamburg, Zürich 1985.

Egger, K./Glaeser, B.: Politische Ökologie der Usambara-Berge in Tanzania. Kübel-Stiftung Bensheim 1975 (siehe auch in Rottach 1988).

Ellenberg, H.: Vegetation Mitteleuropas mit den Alpen in ökologischer Sicht. Stuttgart 1978.

Feldmann, R.: Industriebedingte sekundäre Lebensräume als sicherheitswissenschaftliches Problem. Habil.-Schr. Bergische Universität – Gesamthochschule Wuppertal 1987.

Fossey, D.: Gorillas im Nebel. München 1989.

Fucke, E.: Die Bedeutung der Phantasie für die Emanzipation und Autonomie des Menschen. Stuttgart 1972.

Göbel, Th.: Erde, die die Seele trägt. Die Mythologie der australischen Völker. Stuttgart 1976.

Haan, G. de: Die ökologische Krise als Herausforderung für die Erziehungswissenschaft. In: Lenzen, D. (Hrsg.): Erziehungswissenschaft im Übergang – verlorene Einheit, Selbstteilung und Alternativen. Jahrbuch für Erziehungswissenschaft. Stuttgart 1982.

Hansen, W.: Die Entwicklung des kindlichen Weltbildes. München [1]1938, [2]1949.

Heck, J.: Ökologische Denkweise als didaktische Dimension und schulische Aufgabe. Hrsg. vom Forschungsring für Biologisch-Dynamische Wirtschaftsweise. Darmstadt o.J.

Heisenberg, W.: Das Naturbild der heutigen Physik. Hamburg-Reinbek 1955.

Jean Paul (Richter, J. P. Fr.): Levana oder Erzieh-Lehre. 6. Bruchstück, 4. Kapitel, § 121. 1807.

Julius, F.: Grundlagen einer phänomenologischen Chemie. Stuttgart 1965.

Kiersch, J.: Umwelterziehung in der Waldorfschule. In: Calließ, J./Lob, R. E. (Hrsg.): Handbuch Praxis der Umwelt- und Friedenserziehung. Bd. 2: Umwelterziehung, S. 664–671. Düsseldorf 1987.

Kranich, E.-M.: Naturverstehen und religiöses Empfinden. Erziehungskunst, Jg. 51, H. 4, S. 240–259. 1987.

Krause, R.: Zum Gartenbau-Unterricht an den Waldorfschulen. Hrsg. von Hibernia-schule Wanne-Eickel, 1984.

Kremer, B. P.: Lebensraum Dorf – Chancen für die Natur im ländlichen Siedlungsbereich. Natur u. Museum, Jg. 118, S. 225–239. 1988.

Kühl, J./McKeen, Th./Schad, W./Hamprecht, B.: Das Problem der Kernenergie und der radioaktiven Schädigung von Mensch und Umwelt. Sonderheft „Die Drei". Stuttgart, Juli 1986.

Kuhn, T. S.: Die Struktur wissenschaftlicher Revolutionen. Frankfurt 1962.

Langeheine, R./Lehmann, J.: Die Bedeutung der Erziehung für das Umweltbewußtsein: Ergebnisse pädagogisch-empirischer Forschungen zum ökologischen Wissen und Handeln. Kiel 1986.

Lacan, J.: Siehe bei Kirchhoff, B.: Ich denke, wo ich nicht bin. In: Die Zeit, Nr. 48, S. 49. 28.11.1980.

Lorenz, K.: Ganzheit und Teil in der tierischen und menschlichen Gemeinschaft. In: Über tierisches und menschliches Verhalten. Bd. 2. München 1965.

Lorenz, K.: „Tiere sind Gefühlsmenschen". Der Spiegel, Nr. 47, S. 251ff., 1980.

Lorenz, K.: Das sogenannte Böse – zur Naturgeschichte der Aggression. Wien 1963, München 1984.

Lorenz, K.: Interview in: Natur, H. 11, S. 32. 1988.

Lütge, E.: Pflanzenlegenden. Aus dem Unterricht in einer zweiten Klasse. Hrsg. von Rudolf-Steiner-Schule Zürich. Basel 1977.

Martin, P.: Africa and Pleistocene Overkill. Nature. Vol. 212, No. 5060, S. 339–342. London 1966.

Meyer-Abich, K. M.: Wege zum Frieden mit der Natur. Praktische Naturphilosophie für den Umweltschutz. München 1984.

Meyer-Abich, K. M.: Von der Umwelt zur Mitwelt. Unterwegs zu einem neuen Selbstverständnis des Menschen im Ganzen der Natur. Scheidewege, Jg. 18, S. 128–148. 1988/89.

Mohr, H.: Natur und Moral. Ethik in der Biologie. Darmstadt 1987.

Müller, A. H.: Großabläufe der Stammesgeschichte. Jena 1961.

Müller, W.: Indianische Welterfahrung. Stuttgart 1976.

Oltmann, O.: Mensch und Welt – Erziehung zur Verantwortung. Erziehungskunst, Jg. 51, H. 9, S. 601–606. 1987.

Pflug, H.: Die Spur des Lebens. Palaeontologie – chemisch betrachtet. Berlin, Heidelberg 1984.

Piaget, J.: La représentation du monde chez l'enfant. Paris 1926. Deutsch: Das Weltbild des Kindes. Frankfurt 1980.

Post, L. van der: Die verlorene Welt der Kalahari. Berlin 1987.

Rottach, P. (Hrsg.): Ökologischer Landbau in den Tropen. Karslruhe ³1988.

Sa'adi (1184–1283): Gulistan (Rosengarten). 1258.

SAGUF, Schweizerische Arbeitsgemeinschaft für Umweltforschung. Schriftenreihe Nr. 3: Praxisorientierte ökologische Forschung. Vorschlag zur Förderung und Neuorientierung der Umweltforschungspolitik in der Schweiz. Langenbruck 1983.

Schad, W.: Zum Todesgeschehen in der Natur. Die Drei, Jg. 40, H. 2, S. 66–75. Stuttgart 1970. Wiederabdruck in: Schad, W. (Hrsg.): Goetheanistische Naturwissenschaft. Bd. 1: Allgemeine Biologie. Stuttgart 1982.

Schad, W.: Bepflanzung. In: Rauch, M. (Hrsg.): Schulhofhandbuch. Planung und Veränderung von Freiräumen an Schulen. S. 184–189. Langenau-Albeck 1981.

Schad, W.: Gestaltmotive der fossilen Menschenformen. In: Schad, W. (Hrsg.): Goetheanistische Naturwissenschaft. Bd. 4: Anthropologie. Stuttgart 1985 a.

Schad, W.: Die frühen Erfahrungen am Stein der Erde, von der Kunst des späten Atlantiers. Die Drei, Jg. 55, S. 795–825. Stuttgart 1985 b.

Schad, W.: Wandlungen des Zeitbewußtseins beim späten Atlantier. Die Drei, Jg. 56, S. 86–107. Stuttgart 1986.

Schad, W.: Urgeschichtliches Israel. In: Suchantke, A. (Hrsg.): Mitte der Erde. Israel im Brennpunkt natur- und kulturgeschichtlicher Entwicklungen. Stuttgart 1988.

Schilling, F./Rockenbauch, D.: Der Wanderfalke in Baden-Württemberg – gerettet! Beih. Veröff. Naturschutz u. Landschaftspflege Bad.-Württ., Jg. 46. Karlsruhe 1985.

Schmitz, M.: Die Naturferne der Stadtkinder. Erziehungskunst, Jg. 53, H. 2, S. 91–96. 1989.

Schönherr, H.-M.: Von der Schwierigkeit, Natur zu verstehen. Entwurf einer negativen Ökologie. Fischer tb. Frankfurt 1989.

Schopenhauer, A.: Die Welt als Wille und Vorstellung. 1819.

Schultze, H.: Editorial: Anti-Wissenschaft. Umschau in Wissenschaft und Technik, Bd. 77, H. 23, S. 749. 1977.

Seattle: Wir sind ein Teil der Erde. Rede des Häuptlings Seattle vor dem Präsidenten der Vereinigten Staaten von Amerika im Jahre 1855. Olten 1982.

Siefarth, G.: Bildung in der Sackgasse. Spektrum der Wissenschaft, S. 100–101. März 1982. Siehe auch: Das Ministerium für Wissenschaft und Kunst Baden-Württemberg: Technikfeindlichkeit? Mitteilungen über Wissenschaft und Kunst, Jg. 2, Nr. 4, S. 1–3. Stuttgart, 21.4.1982.

Sonnemann, U.: Negative Anthropologie. Reinbek 1969.

Steiner, R.: Die Rätsel der Philosophie, in ihrer Geschichte als Umriß dargestellt (Berlin 1914). GA 18, S. 106 ff. Dornach 1985.

Steiner, R.: Von Seelenrätseln (Berlin 1917). GA 21, S. 151. Dornach 1983.

Steiner, R.: Die psychologischen Grundlagen und die erkenntnistheoretische Stellung der Anthroposophie. Autoreferat des Vortrages vom 8.4.1911 in Bologna. GA 35, S. 111–144. Dornach 1984.

Steiner, R.: Menschenwerden, Weltenseele und Weltengeist. Vortrag vom 10.7.1921. GA 205, S. 181. Dornach 1967.

Steiner, R.: Initiationswissenschaft und Sternenerkenntnis. Vortrag vom 2.9.1923. GA 228, S. 75. Dornach 1985.

Steiner, R.: Allgemeine Menschenkunde als Grundlage der Pädagogik. Vorträge vom 22.8. und 2.9.1919. GA 293. Dornach 1980.

Steiner, R.: Erziehungskunst – Methodisch-Didaktisches. Vortrag vom 5.9.1919. GA 294. Dornach 1974.

Steiner, R.: Menschenerkenntnis und Unterrichtsgestaltung. Vortrag vom 14.6.1921. GA 302, S. 55. Dornach 1978.

Steiner, R.: Erziehung und Unterricht aus Menschenerkenntnis. Vortrag vom 21.6.1922. GA 302a. Dornach 1983.

Steiner, R.: Anthroposophische Menschenkunde und Pädagogik. Vortrag „Pädagogik und Kunst" vom 25.3.1923. GA 304a. Dornach 1979.

Steiner, R.: Die geistig-seelischen Grundkräfte der Erziehungskunst. Vortrag vom 21.8.1922. GA 305, S. 112. Dornach 1979.

Steiner, R.: Gegenwärtiges Geistesleben und Erziehung. Vortrag vom 13.8.1923. GA 307. Dornach 1986.

Streit, J.: Tiergeschichten. Stuttgart 1976.

Suchantke, A.: So laßt uns denn viele Apfelbäume pflanzen. Die Drei, Jg. 56, H. 2, S. 126–131. Stuttgart 1986.

Suchantke, A.: Mensch und Natur in anderen Kulturen und Kontinenten. Die Drei, Jg. 57, H. 5, S. 345–365. Stuttgart 1987 a.

Suchantke, A.: Erziehung zur Zusammenarbeit mit der Natur. Umweltpädagogik in der Waldorfschule I u. II. Erziehungskunst. Jg. 51, H. 6, S. 416–422 und H. 7/8, S. 491–499. Stuttgart 1987 b.

Suchantke, A.: Mitte der Erde. Israel im Brennpunkt natur- und kulturgeschichtlicher Entwicklungen. S. 263. Stuttgart 1988.

Suchantke, A.: Der Mensch als Naturkatastrophe. In: Individualität, Nr. 21, S. 24–30. März 1989.

Suchantke, A.: Erziehung zur Kooperation mit der Natur – Das umweltpädagogische Konzept der Waldorfschulen. In: „Humanökologie als Aufgabe für Natur- und Geisteswissenschaften". Schriften der Gesellschaft für Verantwortung in der Wissenschaft. No. 6. Stuttgart 1989.

Winkel, G.: Die Schulgartenbewegung. In: Das Schulbiologiezentrum Hannover. Eine Einrichtung für Umwelterziehung. Hrsg. von Landeshauptstadt Hannover o. J.

Ernst Schuberth

# Soziale Bildung durch den Mathematikunterricht?

## 1. Einführung

Der Zusammenhang zwischen mathematischer und sozialer Bildung kann unter sehr unterschiedlichen Aspekten und auf verschiedenen Ebenen untersucht werden. Mit H. Jungwirth (1986) bzw. P. Heintel (1977) möchte ich die Auffassung vertreten, daß jedes unterrichtliche Tun eine politische oder – wie mir zutreffender gesagt schiene – sozialbildende Dimension besitzt. Denn jedes Lernen ist sozialer Vorgang, sozial bildende Erfahrung, und jedes sinnvoll Gelernte kann sozial relevant werden. Politische Bildung erscheint insgesamt als Teilbereich einer auf das Miteinander-Leben-und-Arbeiten gerichteten gesellschaftlich-sozialen Bildung. Es geht also um die *Aufdeckung* möglicher sozialer Erziehungskomponenten und ihre bewußte Gestaltung, nicht um ihre „Erfindung“. Damit ist allerdings konkret nichts über die gesellschaftliche Bedeutung einzelner Lerninhalte, erfahrener Lernformen oder erworbener Fähigkeiten ausgesagt. Eine vollständige Systematisierung wird hier weder angestrebt noch geleistet. Es werden nur eine Reihe von konkreten Unterrichtsinhalten unter dem Aspekt der sozialen Bildung skizziert, wobei die Besprechung unvollständig sein muß und andere Gesichtspunkte zu denselben Inhalten möglich bleiben; auch werden andere Fächer mit ihren Mitteln ähnliches leisten können.

Um den hier betonten Teilaspekt sozialer Bildung zu verdeutlichen, sei knapp auf andere mögliche Aspekte verwiesen: Sozialfähigkeit muß sich letztlich in sozialem *Handeln* zeigen. Unter dem Aspekt seelischer Kräfte – der Erkenntnisfähigkeit, der emotionalen Beziehungen und der Handlungsbereitschaft und -befähigung – lassen sich unterschiedliche Wege aufzeigen, die im Rahmen des Schulunterrichtes zu diesem Ziel hinführen können. Jeder der Wege hat seine Bedeutung und benötigt letztlich die anderen zu seiner Ergänzung. Soziales *Tun* kann unmittelbar geübt werden: im Umgang miteinander, in sozial sinnvollen Projekten, im Vorbild des Lehrers. So kann z. B. der Mathematikunterricht an Waldorfschulen in Rücksicht auf das breite Begabungsspektrum zu wechselseitigen Hilfeleistungen anregen und so relativ frei vom Konkurrenzkampf Sozialität pflegen. – Die *emotionalen Beziehungen* der Schüler untereinander und des Schülers zu seiner sonstigen sozialen und natürlichen Umwelt hängen in hohem Maße davon ab, wie er diese Umwelt erfährt. Das in den Waldorfschulen gepflegte Welt- und Menschenbild versucht im Aufdecken der Beziehungen der Naturreiche zum Menschen dem Kind die positive Entwicklung eines Gemüts- oder Gefühlsverhältnisses aufzubauen. Beginnend mit den Tier- und Pflanzenlegenden, über eine Ackerbauepoche bis hin zu den naturkundlichen Fächern, wie sie z. B. von Buck/v. Mackensen (1988) dargestellt wurden, zieht sich ein roter Faden durch den Waldorfschulunterricht, der diesen Zielen zustrebt.

Verbunden mit den genannten Wegen sozialer Bildung ist die Erziehung der *Erkenntnisfähigkeit,* von der wiederum Rückwirkungen auf das emotionale Verhältnis zur Umwelt und die Bereitschaft zu sozialem Handeln hervorgehen. Hier steht auch dem Mathematikunterricht ein breites Spektrum methodisch möglicher Ansätze offen: von der Funktion mathematischer Methoden für die moderne Gesellschaft (beispielsweise in der Statistik) über die Auswirkungen der Zinsformel für die Lebensbedingungen der Dritten Welt bis zur sehr allgemeinen Pflege von Denkstilen durch Mathematik.

Hier soll vor allem den Fragen nachgegangen werden: Welche sozial relevanten *Denkformen* können im Mathematikunterricht veranlagt werden? Und: Wie kann der Mathematikunterricht wenigstens stellenweise *Lebenskunde* geben? Damit sollen die Bedeutungen konkreter sozial oder politisch relevanter Inhalte, von Unterrichtsmethoden und Interaktionsformen zwischen Schülern, Schülern und Lehrern und – nicht zuletzt – Lehrern untereinander nicht unterschätzt werden. *Fragen* müssen bei dem hier vertretenen Ansatz in vieler Hinsicht offen bleiben. Sie können durch die Betrachtungen aber angeregt und die Aufmerksamkeit auf ein doch immerhin bedeutsames Forschungsfeld gelenkt werden. Beginnen wir also mit unserem Vorhaben.

## 2. Was ist die Zwölf?

In – aus unserer Sicht – primitiven Kulturen ist häufig die beliebige Fortsetzbarkeit der natürlichen Zahlenfolge nicht gesichert. Nach einer gewissen Zahl beginnt das unbestimmte „Viele". Wer in dieser Weise z. B. den Zahlbegriff 5 nicht bilden kann, für den bleiben 4 + 1 „viele". Die rekursive Definition der Zahlen als Nachfolger der vorhergehenden, wie Peano sie zur axiomatischen Beschreibung der natürlichen Zahlen gab, führt in solchem Fall nicht zu einer inhaltlichen Begriffsbildung. Das Zusammenfassen der zunächst gebildeten ersten Zahlen erscheint unmöglich und mündet in das „Viele" ein. Wer umgekehrt den Zahlbegriff 5 besitzt, kann diese Zahl gegliedert als 4 + 1 erfassen.

Mengentheoretisch hat vor allem der Schweizer Mathematiker und Grundlagentheoretiker Paul Finsler (1894–1970) einen entsprechenden Standpunkt betont: Ist eine Menge bekannt, so können ihre Teilmengen bestimmt werden. Umgekehrt ist bei der Vorgabe von Mengen keineswegs gesichert, daß sie wiederum zu einer Menge zusammengefaßt werden können (Finsler 1975).

Philosophisch hat Rudolf Steiner (1861–1925) in seiner Schrift „Grundlinien einer Erkenntnistheorie der Goetheschen Weltanschauung" (Steiner 1980, S. 75) die Beziehung der durch eine Zahl bestimmten Gesamtheit zu den gezählten Einheiten (Elementen) in der Auseinandersetzung mit Kant dargestellt: „Die mathematische Einheit, welche der Zahl zugrunde liegt, ist nicht das Erste. Das Erste ist die Größe, welche eine so und so oftmalige Wiederholung der Einheit ist. Ich muß eine Größe voraussetzen, wenn ich von einer Einheit spreche. Die Einheit ist ein Gebilde unseres Verstandes, das er von einer Totalität abtrennt, so wie er die Wirkung von der Ursache, die Substanz von ihren Merkmalen scheidet usw. Indem ich nun 7 + 5 denke, halte ich in Wahrheit zwölf mathematische Einheiten in Gedanken fest, nur nicht auf einmal, sondern in zwei Teilen. Denke ich die Gesamtheit der mathematischen Einheiten auf einmal, so ist das ganz dieselbe Sache. Und diese Identität spreche ich in dem Urteile 7 + 5 = 12 aus." ... „Alles Urteilen, sofern die Glieder, die in das Urteil eingehen, Begriffe sind, ist nichts weiter als eine Wiedervereinigung dessen, was der Verstand getrennt hat. Der Zusammenhang ergibt sich sofort, wenn man auf den Inhalt der Verstandesbegriffe eingeht."

Diese aus dem Zusammenhang genommene erkenntnistheoretische Anmerkung ist selbstverständlich nur aus dem vollen Kontext richtig zu interpretieren. Wie Steiner selbst später mehrfach ausführt – z. B. in Steiner (1981) –, wird damit eine Denkweise charakterisiert, die angesichts eines Komplexes zusammenwirkender Einzeldinge oder Vorgänge die Funktion des Teiles aus dem Sinn oder der Funktion des Ganzen und seiner Stellung darin zu bestimmen sucht. Diese Denkweise bezeichnet er auch als „analysierend", weil vom Ganzen zum Teil hin gedacht wird. So wie die Teile eines Autos nur aus der Idee des Ganzen verständlich sind, betont das analysierende Denken das Primat des sinnhaft erfaßbaren Ganzen und führt die Teile wie gesagt auf die Funktion innerhalb und im Hinblick auf dieses Ganze zurück. Das gegensätzliche Denken bezeichnet Steiner als „synthetisch": Es versucht, das Ganze aus der Funktion der Teile zu bestimmen.

In der Wissenschaft sind wie im Alltagsleben zweifellos beide Formen der Fragestellung möglich und sinnvoll. Betrachtet man beispielsweise die beim Lotto eingehenden Wettscheine mit den auf ihnen angegebenen Zahlauswahlen, so ergibt sich nur eine statistisch beschreibbare jeweilige Gesamtheit von Auswahlen, die Einzelwette ist in keiner Weise aus der Gesamtheit der geschlossenen Wetten bestimmbar. Umgekehrt setzt schon im einfachsten Fall das Lesen einer mehrstelligen Zahl eine Bestimmung aus der Gesamtgestalt voraus; oder: Jeder Teil eines Organismus trägt nur im Hinblick auf das Ganze Sinn und ist nur aus ihm heraus verständlich.

In einfachster, aber grundlegender Weise ist dieser Unterschied von analytischen und synthetischen Frageformen im Erstrechenunterricht zu üben.

Wenn in einer Waldorfschule die Kinder das Rechnen lernen, so wird vom Begriff der Einheit im Sinne einer Ganzheit oder „Menge" ausgegangen – nicht in dem Sinne, wie in dem gerade zitierten Text von Rudolf Steiner die Einheiten als „Elemente" verstanden wurden. Man zeigt etwa, wie die eine Hand sich in fünf Finger, die Gestalt (äußerlich) in zwei zusammenspielende Teile (Hände, Füße, Ohren etc.) gliedert. Die Rechenoperationen entstehen dann in einfachster Weise als Gliederungen innerhalb einer solchen Zahl. Beim ersten Rechnen wird den Kindern beispielsweise gezeigt, wie die Zwölf sich verschieden in 7 + 5 oder 3 + 8 + 1 usw. gliedern kann. Eine ganz unpräzise, aber hübsche Frage an die Kinder ist: Was ist die „schönste" Zwölf? Ein Kind sagt vielleicht: 12 = 6 + 6. Manche Kinder finden das zuwenig abwechslungsreich. Sie bevorzugen: 12 = 4 + 2 + 6. Ein besonders „schlaues" Kind sagt vielleicht: 12 = 12 + 0. Sehr schön sind auch 12 = 3 + 4 + 5 und 12 = 1 + 2 + 3 + 3 + 2 + 1.

Unverändert in allen Antworten bleibt die Zwölf. Sie ist das Ganze, das zusammenhaltend über allen Antworten steht. Aber wieviel Antworten gibt es auf die Frage nach der Zwölf! Nicht alle sind richtig. Ein Kind sagt vielleicht auch: $12 = 7 + 6$. Das ist falsch. Man kann also nicht Beliebiges sagen, und doch, welch ein Unterschied zur üblichen Frage: Wieviel ist $7 + 5$? Hier weiß natürlich der Lehrer die Antwort; er steht als Kontrolleur da und verteilt „richtig" und „falsch". Es ist eigentlich für den Lehrer eine rhetorische Frage. Wenn dagegen der Lehrer fragt: „Was ist die Zwölf?" oder gar: „Was ist die schönste Zwölf?", dann stellt jedes Kind mit seiner Antwort *ihm* eine Aufgabe, die *er* rechnen muß. Das Kind lernt an einem scheinbar formalen Beispiel halb unbewußt verstehen, daß eine Frage viele richtige Antworten haben kann, ohne daß beliebig irgend etwas gesagt werden dürfte.

In interessanter Weise korrespondiert der *geistige* Vorgang analytischer und synthetischer Fragestellung mit den Entstehungsprozessen von Organismen bzw. technischen Gegenständen. Jeder Organismus ist in jedem Zustand ein Ganzes – den jeweiligen Lebensbedingungen angepaßt, eine, wie Maturana und Varela sagen, „autopoietische Gestalt" (Maturana/Varela 1987). So ist eine Kastanie eine ganze Pflanze in einem sehr speziellen Zustand. Die Höherentwicklung von Organismen erfolgt durch innere Differenzierungen bzw. funktionelle Spezialisierungen ihrer Glieder. Dagegen muß jeder technische Gegenstand aus seinen Teilen synthetisiert werden. Der Fertigungsprozeß ist im wesentlichen eine Zusammensetzung der getrennt hergestellten Teile. So würde vermutlich die technisch-ingenieurmäßige Erstellung eines Menschen mit einem statischen Gerüst, dem Skelett, beginnen und die weiteren Teile additiv hinzufügen. Im Organischen handelt es sich fast nie um die einfache Hinzufügung von Substanzen oder Teilen, sondern um den Einbau in funktionelle Zusammenhänge.

Hieran ließen sich viele Gedanken anschließen, wenn man der Frage von R. Fischer (1984) nachgehen wollte, die er allerdings im Zusammenhang mit dem Computer stellt: „Die Frage ist, ob eine andere, flexiblere Mathematik möglich ist, die sich für den Umgang mit Lebendigem … eignet."

## 3. Zwischenbemerkung

Die angesprochenen „Denkformen" könnten Anlaß zu Mißverständnissen geben. Handelt es sich bei den herangezogenen Möglichkeiten des Denkens nicht um einen metaphorischen Gebrauch – oder Mißbrauch – von Mathematik? Es lassen sich aber doch ganz unabhängig von speziellen Inhalten Stilformen des Denkens unterscheiden, welche entschieden unsere Sicht von Dingen oder Vorgängen bestimmen. Wieweit solche Formen auch durch Mathematik geübt werden können und inwiefern, wenn diese Frage zu bejahen ist, Transferwirkungen aus der Mathematik heraus aufzufinden sind, könnte empirisch untersucht werden. Zunächst muß in einer begrifflich geführten Diskussion die Fragestellung herausgeschält und ein möglicher Ansatzpunkt gefunden werden. Jede empirische Forschung braucht Leitbegriffe, ohne welche ihre Fragestellungen nicht formulierbar und Ergebnisse nicht interpretierbar sind. Hier soll auf den Problembereich nur hingewiesen werden.

Daß Denkformen, wie sie hier verstanden werden, sozial in hohem Grade wirksam sein könnten, ist wohl unmittelbar einzusehen: Spiegelt nicht die Neigung in unseren politischen Gremien, Fragen mit *einer* Antwort – welche natürlich dem eigenen Standort entspricht – zu „erledigen", das angelernte

Rechenverfahren wider? Daß ein Problem, etwa das der Arbeitslosigkeit, schon zu seiner einigermaßen vollständigen Analyse einer Vielzahl von Aspekten bedarf, ist uns bewußt. Die Diskussionen in den Gremien spiegeln das allerdings selten wider. Vor allem scheint die Neigung vorzuherrschen, neben der eigenen Sicht der Problematik eine von einem anderen Standpunkt aus sich ergebende als Konkurrenz, nicht als eine notwendige Ergänzung zu empfinden. Wäre in den ersten systematischen Erkenntnisversuchen des Kindes die Gewohnheit angeeignet worden, eine Frage durch eine Vielzahl von Antworten, in der durchaus individuelle Prägungen Anerkennung finden können, klären zu lassen, so wäre dies für die angesprochene Problematik sicherlich nur förderlich. Die scheinbar so banale Frage: Was ist die Zwölf? erhält tatsächlich erst durch eine Vielzahl von Antworten eine Ausschöpfung. Die Zwölf kennt gut, wer viele dieser Antworten erfahren hat. Ist es bei unseren sozialen und politischen Fragestellungen anders? Ohne die Analogie überstrapazieren zu wollen, kann im genaueren Durchdenken schon am einfachen Rechenbeispiel eine scheinbar unüberbrückbare Dichotomie ihre Synthese finden: die von Allgemeingültigkeit und individueller Sichtweise. Welche Antwort ein Kind geben wird, vermag ich nicht vorauszusehen. Immer wieder können Überraschungen und neue Aspekte auftreten. Hat aber das Kind eine Antwort gegeben, so stellt sie sich der allgemeinen Beurteilung: Nicht alles, was gesagt wird, ist richtig. Das Falsche wird ausgeschieden, und das Richtige fügt sich als Mosaikstein in die allen mögliche Sicht des Problems ein.

Umgekehrt wird die starre Antwort, welche die Frage: Wieviel ist 5 + 7? erfordert, oft als Zwang erlebt, und wie häufig wird gerade in Diskussionen über die Veränderung bestehender Verhältnisse gesagt, etwas sei nun einmal so, daran könne man nichts machen, es sei so, wie 1 + 1 = 2 ergibt! Um was für ein „fürchterliches Fach" muß es sich handeln, das so im Bewußtsein der Bevölkerung zur paradigmatischen Metapher für Zwänge geworden ist? Hat nicht vielleicht unsere Methodik des Erstrechenunterrichtes breiter und tiefer gewirkt, als wir es uns bisher bewußt gemacht haben? Jedenfalls wird, wer das Rechnen analytisch i.o.S. kennengelernt hat, es kaum als Metapher für Zwänge verwenden wollen.

Angemerkt werden soll noch, daß das in Waldorfschulen praktizierte Ausgehen von der Einheit in einer langen kulturgeschichtlichen und philosophischen Tradition steht. Zahlreiche diesbezügliche Hinweise finden sich in v. Franz (1970).

## 4. Dreiecke und Konfigurationen

Gewöhnlich werden Dreiecke etwa in der Weise der Abb. 1 dargestellt. Durch projektive Transformationen lassen sie sich (in der reellen oder komplexen projektiven Ebene) in andere Formen, wie z. B. in Abb. 2, überführen. Macht man sich dieses klar und zeichnet nun das Dreieck als eine Konfiguration aus vollen Geraden (Abb. 3), so erkennt man darin insgesamt 4 Dreiecke, wobei über das Unendliche zusammenhängende Gebiete mit den Ziffern 1, 2, 3 bezeichnet sind. Die ursprünglich isolierte *Figur in der Ebene* (Abb. 1) wird zur *Konfiguration der Ebene*. Das Einzelne erscheint in eine Gesamtheit hineingestellt.

Bedeutet ein Geometrieunterricht, der solche Unterschiede behandelt, etwas für die Denkformen, die das Kind ausbildet? Diese Frage habe ich oft an Studenten gerichtet, die im Anfange der Projektiven Geometrie sich u. a. mit den verschiedenen Dreiecksformen befaßten. Etwa das Folgende wurde vorgebracht: Das Dreieck in Abb. 1 ist eine Figur *in* der Ebene. Man könnte es herausschneiden. Die Dreiecke der Abb. 3 geben eine Gliederung *der gesamten Ebene.* Eben deswegen kann man die Anordnung als „Konfiguration" bezeichnen – auch wenn dieser Ausdruck in der Mathematik noch in etwas anderem Sinn verwendet wird.

Weiter wurde etwa vorgebracht: Ein Kind, das später Biologe wird, könnte zu verschiedenen Betrachtungsweisen angeregt werden. Das abgeschlossene Dreieck weist nicht über sich hinaus. Das kann die Neigung erzeugen, auch im Lebendigen bei dem Gegebenen, z. B. einer Einzelpflanze, stehenzubleiben und ihre Gestaltungsbedingungen in ihren Genen usw. zu suchen. Die Konfiguration, bei der ein unendlich großes Ganzes heranzuziehen ist, könnte im Kinde die Neigung wecken, auch die Pflanze an ein Ganzes anzuschließen. Jede Pflanze spiegelt in ihrer speziellen Gestaltung nicht nur die Gattung, sondern auch den Standort, die umgebende Pflanzengesellschaft usw. wider. Sie kann sich überhaupt nur innerhalb eines solchen Gesamtzusammenhanges richtig bilden. Wie anders wächst ein Löwenzahn, je nachdem Sonne, Regen, Feuchtigkeit, Trockenheit, Sand, Lehm, Ton oder was auch immer in seiner

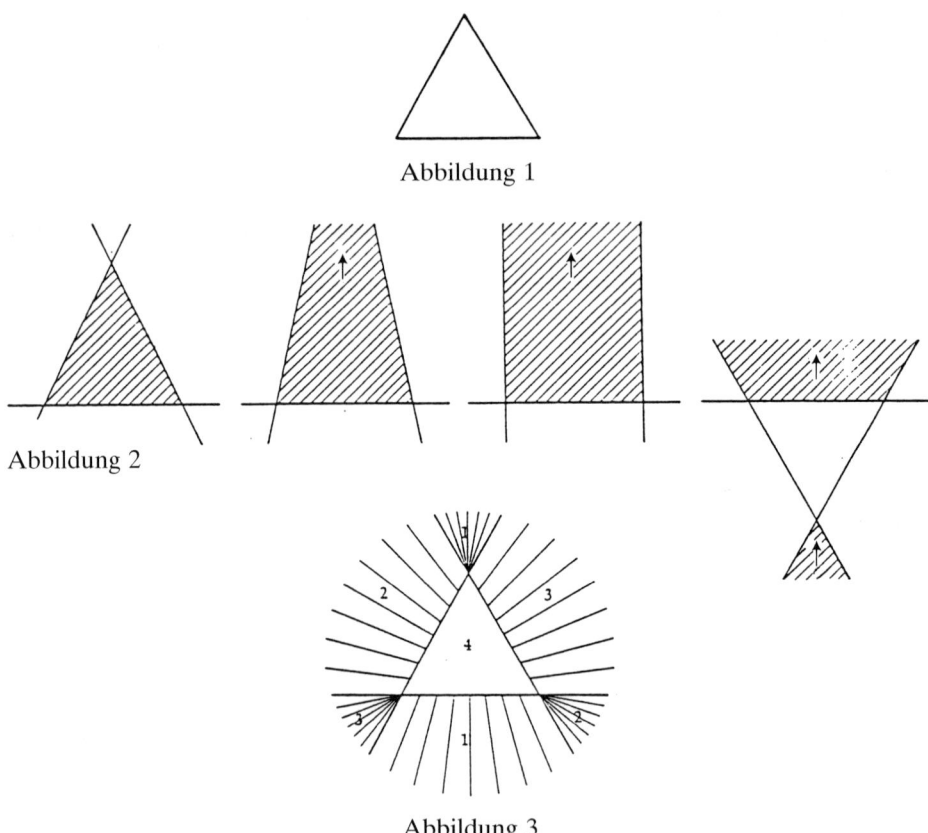

Abbildung 1

Abbildung 2

Abbildung 3

Umgebung wirken. Wer in Konfigurationen denken gelernt hat, wird sagen: Ich verstehe das Einzelne doch nur, wenn ich es in ein Ganzes einordnen kann. Ohne den Keim mit seiner Zellstruktur würde die Pflanze nicht entstehen, aber auch nicht ohne den ganzen Umkreis ihres Lebensraumes. Das Denken wird irreal, isolierend, wenn von diesem Umkreis abgesehen wird.

Versuchen wir, die damit angedeutete Denkform auf das Soziale anzuwenden: Die abgeschlossene Dreiecksform könnte die Neigung wecken, die Lebensmöglichkeiten auf die eigenen Leistungen, auf das Einkommen usw. zurückzuführen. Auf die Frage: „Wovon lebst Du?" könnte ein entsprechender Mensch antworten: „Vom Einkommen." Möglicherweise wird die Konfiguration andere Anschauungsneigungen wecken. Als Konsumenten in der modernen Weltwirtschaft sind wir mit einer unübersehbar großen Zahl von Menschen verbunden, deren Leistungen wir verbrauchen. Allein unsere Kleidung ist häufig durch Arbeit in mehreren Erdteilen entstanden. Jeder Konsument, Kind oder Erwachsener, Kranker oder Gesunder, Erwerbstätiger oder Erwerbsloser ist ein Ort, in dem viele Fäden menschlicher Tätigkeit zusammenlaufen, eine „Senke", wo die Leistung vieler Menschen verzehrt wird, von wo aus wir aber als Quelle menschlicher Leistungen auch in das Ganze etwas hineingeben (und davon dürfte niemand ausgeschlossen werden!). Wir können uns sozial tatsächlich gar nicht als Herr oder Frau X mit diesem oder jenem Einkommen definieren, aus dem wir unsere Ansprüche herleiten, sondern wir sind immer, solange wir nur konsumieren, einverwoben in ein Ganzes, das uns trägt und erhält und das unsere Leistungen aufnimmt. Erst im Hinblick auf dieses Verwobensein können wir unseren sozialen Standort richtig definieren.

Es gehört zu den Möglichkeiten des modernen Informationswesens, daß wir von diesem weltweiten Verbundensein tatsächlich auch wissen können. Ein Hochwasser in Indien, eine Dürre in Australien gehen tatsächlich nicht nur die dort lebenden Menschen, sondern auch mich an, der mit ihnen verbunden ist. Sind nicht die vielfältigen Probleme der sogenannten „Dritten Welt" zu einem großen Teil Ausdruck davon, daß isolationistisch, nicht ganzheitlich gedacht wurde? Derartige Denkweisen sind heute überall gefordert. Sollten wir nicht in der Erziehung anfangen, sie zu pflegen – nicht in erster Linie durch meist nutzlose moralische Belehrungen, sondern außer durch Vorbild und einübendes Handeln, durch Denk- und Anschauungsgewohnheiten in so „sachlichen" Fächern wie der Mathematik? Wir dürfen allerdings bei der Abschätzung des Erfolges nicht von der geringen Wirkung ausgehen, die solche aphoristischen Betrachtungen auf uns Erwachsene haben. Das Kind bildet eben in ganz anderer Weise noch Denkgewohnheiten aus an dem erstmalig und neu Gedachten, wo wir nur das Aperçu sehen. Für eine – wünschenswerte – empirische Forschung auf dem Gebiet der Folgenabschätzung von geübten Denkformen müßte zunächst eine gesicherte Unterrichtspraxis hergestellt werden, oder es müßte der tatsächlich gegebene Unterricht ausreichend analysierbar sein.

# 5. Polare Gestaltungen

Unser bis heute vorherrschendes isolationalistisches Denken, das das Ganze am liebsten aus dem Zusammenwirken kleinster Teile erklären möchte – ohne es freilich im Großen an den lebendigen Gestalten wirklich leisten zu können –, hat seinen deutlichsten Ausdruck im Atomismus. Atomistisches Denken wird aber zuallererst nicht durch die Physik oder Chemie, sondern durch den Mathematikunterricht veranlagt. In der Geometrie äußert sich diese Denkneigung darin, die Punkte als eine Art geometrischer Urbausteine aufzufassen. Rein logisch ist die Geometrie schon seit über 100 Jahren daran gewöhnt, andere Grundelemente – Kreise in der Kreisgeometrie, Geraden in der Liniengeometrie etc. – zum Ausgangspunkt zu nehmen. Formal äußert sich dies in den unterschiedlichen Axiomenstrukturen.

Wichtiger als die logische Möglichkeit verschiedener Axiomensysteme ist aber in der Erziehung unter den hier genannten Aspekten die Schulung des geometrischen Denk- und Vorstellungsvermögens an Inhalten, die zu verschiedenen Denkformen führen können. Als besonders geeignet erweist sich – wieder im Rahmen der Projektiven Geometrie – die Behandlung polarer bzw. dualer Gestaltungen. Dabei beschreiben identische Strukturen sehr unterschiedliche Inhalte, die in der Anwendung auf die Wirklichkeit zu ganz neuen Sichtweisen führen können (Adams 1965, Adams/Whicher 1979, Locher-Ernst 1970 u. a.).

Wir gestatten uns die sehr verkürzte Darstellung eines Beispieles, das der nicht mathematisch geschulte Leser übergehen möge: Erklärt man (etwa in der

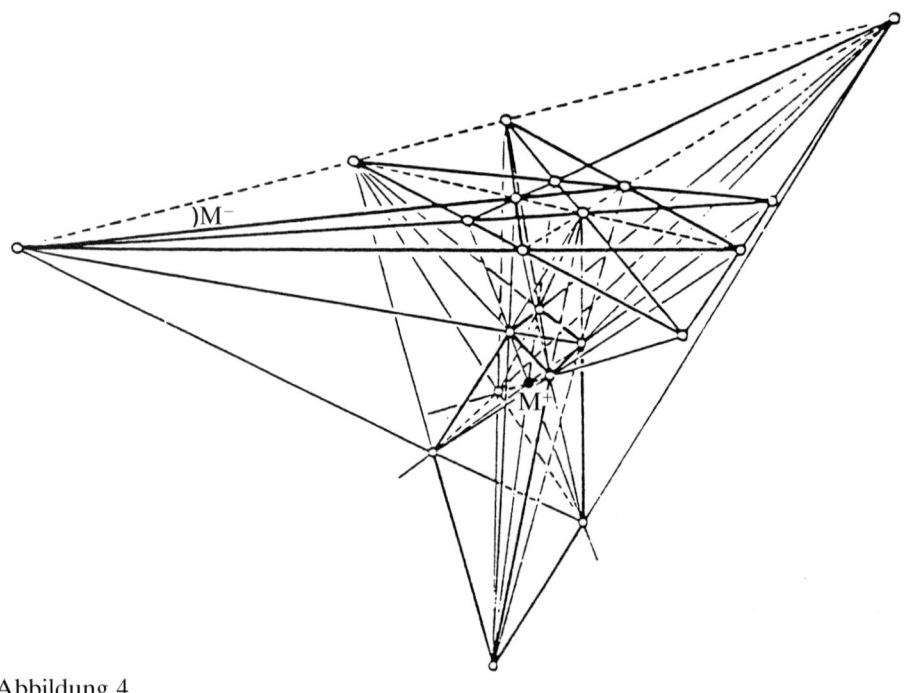

Abbildung 4

11. Klasse) im Rahmen der Projektiven Geometrie die Pol-Polaren-Beziehung zunächst an Kreis und Kugel (bei welcher einem Punkt seine Polarebene entspricht und umgekehrt), so kann man daran erläutern, daß neben dem Suchen nach Kausalitäten „im Punkt" logisch durchaus ein Aufsuchen von Bestimmungen „aus dem Umkreis" möglich ist. Damit ist gemeint: Gewöhnlich werden Atome als „Kraftzentren" aufgefaßt, aus denen sich makroskopische Gestaltungen herleiten. Polar gedacht wäre nach „Umkreiskräften" zu fragen. Nicht weil experimentelle Forschungsergebnisse vorlagen, sondern aus philosophisch vorgegebenen Paradigmen heraus begann man in der frühen Kristallographie, den Aufbau eines Kristalls aus Elementarkörpern, einen Würfel aus Elementarwürfeln usw. „herzuleiten". Wendet man konsequent das Polaritäts- bzw. Dualitätsgesetz an, so läßt sich die Würfelgestalt in ihrem regelmäßigen Aufbau ebensogut aus der harmonischen Grundfigur in der Fernebene herleiten. Wir geben in Abb. 4 ein projektives Bild der gemeinten Verhältnisse. $M^-$ ist dabei das Bild der unendlich fernen Ebene. In ihr liegt eine harmonische Grundfigur, aus der sich die Würfelform bestimmt. Die dreizehn Punkte der harmonischen Grundfigur bestimmen die Verbindungslinien der acht Würfelecken. Damit die Würfelform entsteht, müssen der Mittelpunkt $M^+$ und die „Schrittweite", d.h. die Lage einer Ecke, vorgegeben sein. Alles weitere bestimmt sich durch die aus der Zeichnung ablesbaren Inzidenzen. Abb. 5 gibt nach George Adams (1965) den Aufbau des viereckig-hexaedrischen Typus der Raumgestaltung wieder. Andere Kristallformen sind mit entsprechenden anderen unendlich fernen Konfigurationen verbunden.

Hierbei geht es zunächst nicht darum, tatsächliche physikalische Verhältnisse zu beschreiben, sondern logische Möglichkeiten anzugeben, in denen „Umkreisverhältnisse" die Ordnung in einer Teilstruktur bestimmen. Für das gewählte Beispiel mag nach den heutigen Vorstellungen dieser polare Aspekt belanglos sein. Es gibt aber genügend viele Ganzheitsphänomene in der modernen Physik, für deren Beschreibung derartige Betrachtungsweisen vielleicht angemessen sein können. Außerdem ist zu beachten, daß unsere geometrisch-räumlichen Vorstellungen der Atomphysik bei gleichbleibender

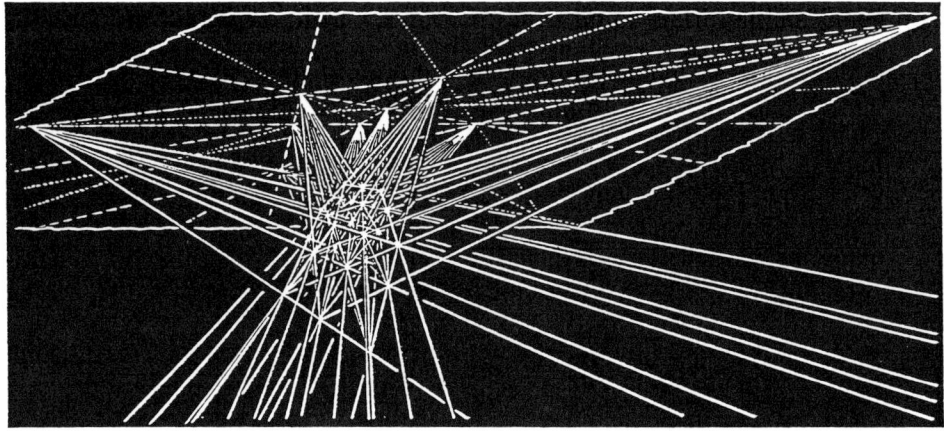

Abbildung 5

mathematischer Struktur durch völlig andere geometrische Vorstellungen nicht-atomistischer Art inhaltlich gefüllt werden können (Gschwind 1977, 1979, 1986).

Die mögliche soziale Relevanz einer solchen Betrachtungsweise, die den Atomismus in sein Gegenteil verkehrt, wurde bereits oben berührt: Benötigt nicht soziales Verstehen, ja schon ökologisches Denken dringend Paradigmen, die nicht nur aus sozialen oder biologischen „Atomen" (Einzelmenschen, Zellen) Komplexe aufzubauen versuchen, sondern auch die Hinordnung des Einzelnen zum Umkreis und seine Bestimmung vom Umkreis her denken lehren?


# 6. Lernen in Zusammenhängen

Das Bemühen, eine Vielzahl von Lerninhalten unter zusammenfassenden, übergeordneten Gesichtspunkten zu strukturieren, ist kein spezifisch waldorfpädagogisches, soll hier aber mit einigen Beispielen in Erinnerung gerufen werden.


*1. Beispiel:*

Das Thema „Pythagoreischer Lehrsatz" wird in Waldorfschulen von der 5. oder 6. Klasse ab jährlich unter neuen Gesichtspunkten wieder aufgegriffen. Hauptstationen sind: Der Pythagoreische Lehrsatz für das gleichschenklig-rechtwinklige Dreieck (Zerlegungsbeweis), der allgemeine Pythagoreische Lehrsatz (Zerlegungsbeweis, andere Beweisformen), der Pythagoreische Lehrsatz für ähnliche Figuren über den Dreieckseiten (Flächeninhalte ähnlicher Figuren, Heranziehung des Verhältnisbegriffes), Anwendung des Satzes auf Längenberechnungen durch algebraische Umformung ($c = \sqrt{a^2 + b^2}$ usw.), der Carnotsche Satz (= Cosinussatz) als Verallgemeinerung des Pythagoreischen Lehrsatzes für nicht-rechtwinklige Dreiecke, der Pythagoreische Lehrsatz auf gekrümmten Flächen. Andere interessante Zwischenstationen können eingelegt werden. Wichtig ist, daß in einer über mehrere Jahre sich hinziehenden Curriculum-Spirale eine verbindende Fragestellung hindurchführt. Dabei kann erfahren werden, daß einmal Eingesehenes nicht abgeschlossene Erkenntnis bedeutet, sondern erweiterbar ist, daß Erkenntnis „relative Erkenntnis" ist, die in tieferen Einsichten „aufgehoben" werden kann. Was wir heute erkannt haben, muß nicht morgen falsch sein, kann uns aber in der Relativität seiner Gültigkeit durch eine Erweiterung der Einsicht morgen bewußt werden. Gibt es von diesen elementaren Erkenntniserfahrungen her einen Transfer zu sozialem Verstehen und Urteilen, oder liegen die Gebiete zu weit auseinander? Könnten Fächer wie Deutsch oder Gemeinschaftskunde solche Denkerfahrungen, wenn sie im Mathematikunterricht schon thematisiert worden sind, aufgreifen und zu einem Transfer beitragen? Können sie umgekehrt zeigen, wie parteilicher oder weltanschaulicher Dogmatismus als abgeschlossene Erkenntnisgewißheit zerstörerisch in der Menschheit gewirkt haben? Hier bieten sich viele Fragen und Forschungsmöglichkeiten an.

*2. Beispiel:*

Ordnet man die hierfür geeigneten wichtigen Vierecksformen im (bekannten) „Haus der Vierecke" nach ihren Symmetrien, so wird die symmetrischste Form, das Quadrat, oben zu stehen haben. Durch „Verarmung" – in bezug auf die Symmetrien – gehen daraus die anderen Formen in beschreibbarer und leicht zu ordnender Weise hervor. Erst das allgemeine Viereck hat alle Symmetrien verloren (Abb. 6).

In der unterrichtlichen Behandlung kann man der Darstellung eine wesentliche Wendung geben: Die Kinder lernen nicht eine Vielzahl von Vierecken wie Raute, gleichschenkliges Trapez, Parallelogramm usw. unzusammenhängend, sondern sie lernen das einzelne Viereck in seiner Stellung zum Quadrat ken-

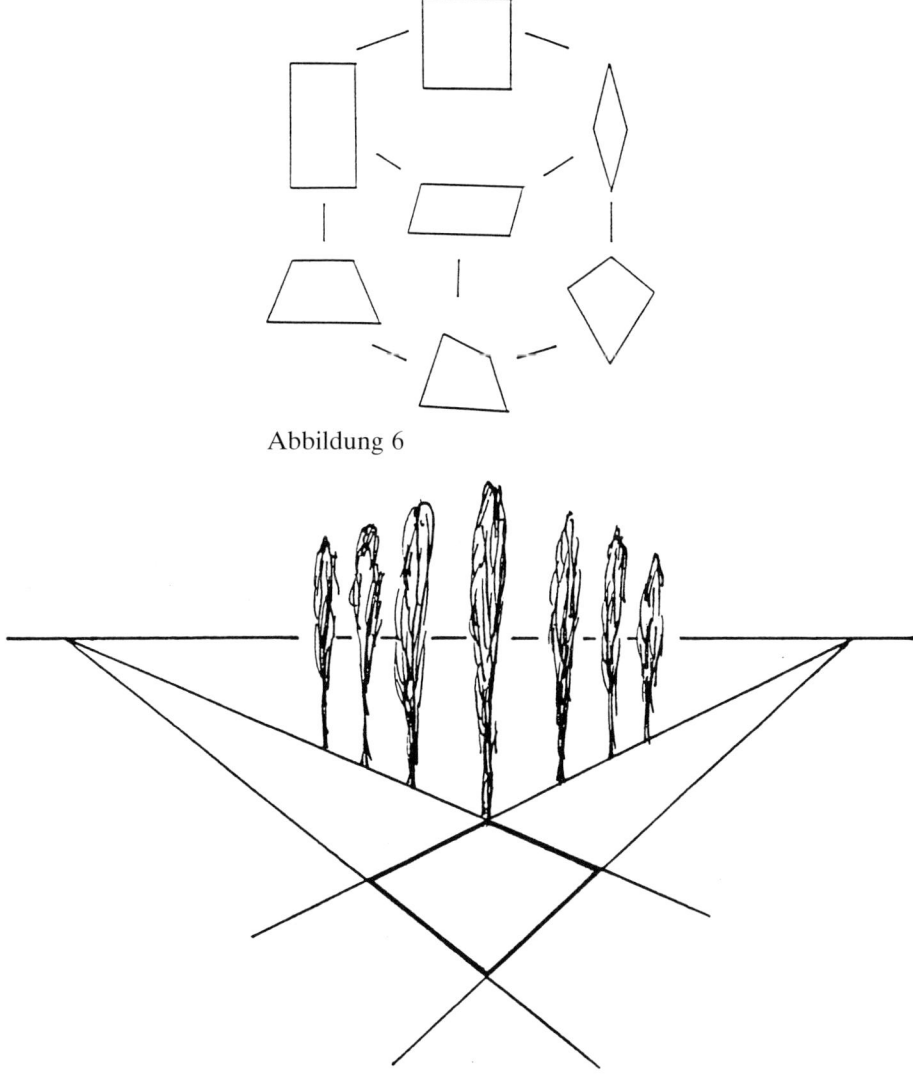

Abbildung 6

Abbildung 7: Das allgemeine Viereck als perspektivisches Quadrat

297

nen. Man könnte auch sagen: Die Kinder verstehen *das* Viereck in seinen gesetzmäßigen Modifikationen. Wird dies in der 6. Klasse behandelt, so kann man schließen, indem man darauf hinweist, wie auch verborgenerweise das allgemeine Viereck immer noch ein Quadrat ist. Eine kleine perspektivische Skizze macht dies ohne größere Erläuterungen glaubhaft und weckt die Neugierde auf höhere Klassen, in denen das Gemeinte genauer zu behandeln ist (Abb. 7).

Mit derartigen Beispielen können wir versuchen, die Neigung der Kinder zu einem „Denken in Zusammenhängen" zu wecken. Wissen, das nur unverbundene Einzelfakten enthält, ist weitgehend unfruchtbar und einer geistig kreativen Beweglichkeit wenig förderlich. Die Neigung, bei abstrakten Allgemeinbegriffen stehenzubleiben, wird durch derartige Folgen, in denen ein allgemeiner Begriff in gesetzmäßiger Weise in seine individuellen Ausgestaltungen hinein verfolgt wird, bekämpft. Es wird im Zusammenhang mit dem Mathematikunterricht sehr viel von Generalisierung und Abstraktion gesprochen. Neben diesen Fähigkeiten sind aber Konkretisierung und Individuation für das soziale Leben als Denkfähigkeit dringend erforderlich. Erweist sich nicht die Macht eines ordnenden Begriffes erst dann wirklich, wenn wir durch ihn den Zusammenhang von Einzelerscheinungen verstehen und diese in ihrem Zusammenhang mit anderen Erscheinungen aufhellen können? Leiden wir nicht unter der Abstraktion allgemeiner Begriffe, mit denen oft vom „grünen Tisch" aus soziales Leben beschrieben und regiert wird, wobei von den Abstraktionen gar kein geistiges Verhältnis zu den realen Einzelsituationen herzustellen ist? Tritt eine Einzelerscheinung oder ein Einzelvorgang an uns heran, so sollte doch gefragt werden: Was ist der Gesamtzusammenhang, in dem das Einzelne begrifflich gesehen werden kann. Variation von Bedingungen und Überblicken der möglichen Folgen bis zu Extremen hin sind vielfach notwendig, um überhaupt Veränderungen sinnvoll einleiten zu können. Soziales Leben ist stets neu, und ein unbewegliches Vorstellungsvermögen kann selbst notwendigste Reformen verhindern, weil Veränderung als solche aus Furcht, sie geistig nicht mitvollziehen zu können, unterlassen wird. Die „Zer-Waltung" unserer Hochschulen oder überhaupt unseres Bildungswesens scheint manchmal Ausdruck mangelnder Fähigkeit des „Denkens in Zusammenhängen" zu sein.

## 7. Aller Unterricht sollte Lebenskunde geben

Zu lebensfernen Textaufgaben ist viel Kritisches geschrieben und manches Gute dagegen geleistet worden. Das Bemühen, lebenskundliche Aspekte auch in den Mathematikunterricht einzubeziehen, ist ebenfalls nicht neu und soll hier nur durch einige Beispiele aus dem tatsächlichen Unterricht bereichert werden.

*1. Beispiel:*

Bei der Behandlung des größten gemeinsamen Teilers (ggT) und des kleinsten gemeinschaftlichen Vielfachen (kgV) zweier Zahlen bietet es sich an, von der relativ statischen und oft räumlich dargestellten Zahlvorstellung zu einer zeit-lich-dynamischen überzugehen. Wenn wir zwei Zahlen*rhythmen*, z. B. die 4er- und die 6er-Folge (zeitlich gedacht), vor dem Hintergrund eines gleichmäßigen Grundtaktes schlagen, so umspielen sich diese Rhythmen bei gemeinsamem Beginn und klingen selbst nach einem Rhythmus wieder zusammen: im 12er-Rhythmus. Ein zweiter Rhythmus kann alle 4er- und alle 6er-Schläge mitzäh-len: Der größte derartige Rhythmus ist der 2er-Rhythmus. – Sind die Aus-gangsrhythmen 8 und 12, so klingen die Rhythmen nach dem 24er-Rhythmus zusammen, während 4 der langsamste Rhythmus ist, der alle 8er- und alle 12er-Schläge mitzählt.

Sind a und b die Zahlen der Ausgangsrhythmen, so gilt

$$a \cdot b = \text{ggT} (a, b) \cdot \text{kgV} (a, b).$$

In Worten: Das Produkt zweier Zahlen ist gleich dem Produkt aus ihrem größten gemeinsamen Teiler und ihrem kleinsten gemeinschaftlichen Vielfa-chen (siehe z. B. Locher-Ernst 1970). Dies ist ein von Kindern schon früh empirisch auffindbares Gesetz, das bei richtiger Behandlung tiefes Staunen verursachen kann.

So schön diese „Poesie der Zahlenrhythmen" für jedes Mathematikerherz ist (und wo könnte sie schöner aufgefunden werden als in der Zahlentheorie!), so sollte man doch in der Schule zu einfachen Anwendungen, z. B. in der Getrie-belehre, überleiten. Warum wählt man beispielsweise bei Getrieben mit hoher Belastung möglichst teilerfremde Zahnzahlen? (Der Grund liegt darin, daß eventuell auftretende Materialfehler an einem Zahn erst wieder auf eine Kerbe des anderen Rades treffen, wenn alle anderen Kerben durchlaufen wurden. Die Zerstörung des Zahnrades durch diesen Schaden kann dadurch um ein Vielfaches gegenüber dem Fall eines gemeinsamen echten Teilers hinausge-schoben werden.)


*2. Beispiel:*

Auch Waldorfschulen sind potentiell in ihrer Oberstufe (ab Klasse 9) nicht vor Schulmüdigkeit verschont. Dem Wunsch des Jugendlichen, aus der Schule in das „wirkliche" Leben einzutreten, kann auf vielfältige Weise, insbesondere auch durch Praktika, begegnet werden. Für die Mathematik hat sich als au-ßerordentlich fruchtbar das „Feldmeß-Praktikum" bewährt. Gelingt es, wie vor einiger Zeit in einer 10. Klasse der Mannheimer Waldorfschule, nach einem schweren Sturmschaden im Wald von einer Gemeinde die Bitte um Hilfe zu erhalten, so erweist sich in der Neueinmessung der Grenzsteine, die durch die stürzenden Bäume herausgerissen wurden oder nicht mehr auffindbar sind, das Gelernte als unmittelbar lebenspraktisch. Was in der Klasse gelernt wurde, läßt sich mit den Problemen der außerschulischen Welt verbinden und führt zu sozial anerkannten Hilfeleistungen. Der schöne Spruch „non scolae set vitae discimus" hat als abstrakter Grundsatz noch nie Jugendliche tief beeindrucken können – es sei denn, sie haben seine Wahrheit außerhalb der Schule erfahren können.

Die soziale Bedeutung solcher Lernformen wird vielleicht nicht sofort ins Auge springen, dazu stehen die unmittelbaren Wirkungen, die der Lehrer an den Schülern erfährt, zu sehr im Vordergrund. Gleichwohl geht von einem

Unterricht *ohne* Lebensbezug vieles aus, das wesentliche soziale Folgen hat. Dies läßt sich vielleicht am ehesten aus einer in dieser Form übertriebenen, aber in den vorhandenen Denkweisen nicht ungewöhnlichen Situation schildern: Als der Autor während seiner Referendarzeit in einem humanistischen Gymnasium die hydrostatischen Gesetze behandelt hatte, wollte er am nächsten Tag auf die Anwendungen in der Hydraulik bei Planierraupen u.ä. eingehen. Dies wurde vom Mentor mit dem entschiedenen Hinweis untersagt, daß derartige Bezüge nichts im Gymnasium zu suchen hätten, sondern allenfalls in die Hauptschule gehörten. Dies mag, wie gesagt, eine extreme Position gewesen sein, die der ansonsten ausgezeichnete Kollege in der speziellen Situation einnahm. Für den Geist manchen Unterrichtes ist sie nicht uncharakteristisch. Durchzieht nicht unsere Gesellschaft ein Zwiespalt zwischen denen, die allgemeine Gesetze einsehen, aber ihre Konkretisierung in der „öligen und schmutzigen Maschinenwelt" nicht kennen (wollen?), und denen, die von der Kenntnis von Gesetzmäßigkeiten weitgehend ausgeschlossen sind, aber in der vorgegebenen Maschinenwelt wirken müssen?

Es wird hier nicht die Auffassung vertreten, jedes Kind könne unser heutiges Abitur machen, aber ein anderer Denkstil, der an unseren Schulen zu pflegen wäre, könnte manches für ein inneres Verständnis der an verschiedenen Stellen arbeitenden Menschen leisten. Ist das Bemühen um ein solches Ziel nicht einige Anstrengung wert?

Für den „klassischen" Lehrer liegen die Haupthindernisse für eine solche Verbreiterung in lebenskundliche Aspekte in der Unkenntnis des Tatsächlichen. Der Kurzschluß im Bildungsgang Schule–Hochschule–Schule verhindert vielfach für das äußere Leben relevante Kenntnisse und läßt nur allzugerne auf die Lehrbuchwelt zurückgreifen.

Wer mit solchen Gedanken die Ordnung des Bestehenden gefährdet sieht, sollte sich vor Augen halten, daß ein Nichtverstehen der Menschen untereinander, die doch aufeinander angewiesen sind, in jedem Fall Schaden erzeugen muß, und manches kann in dieser Hinsicht darauf zurückgeführt werden.


## 8. Entmythologisieren

Der „Entmythologisierung der Welt", durch die ein außermenschliches geistiges Wirken für das moderne Bewußtsein ausgeschlossen wurde, steht eine neue „Mythologisierung der Maschine" gegenüber. Der Computer als allmächtiger großer Bruder, der hilft, wenn menschliches Wissen am Ende ist, wird nicht nur durch Fernseh- oder Filmserien populär. An Stellen, an denen man es gar nicht vermuten würde, wie in der Ingenieurausbildung oder an Schaltstellen weitreichender wirtschaftlicher Entscheidungen, finden Mythenbildungen reichen Nährboden. Manches hierzu kann bei Sh. Turkle (1984) oder W. Volpert (1985) gefunden werden. In den Diskussionen der Waldorflehrer hat sich ein Konsens dahingehend gebildet, daß Programmierübungen u.ä. an sich noch nicht zu einer Entmythologisierung der Maschine führen. Entgegen den zeitgenössischen Trends wird deshalb in den Oberstufen der Waldorfschulen das Hauptgewicht auf ein Durchschauen der Hardware gelegt. Ausgehend von einfachen Schaltungen, die in Praktika selbst hergestellt werden, kann stufenweise wenigstens ein Prinzipienverständnis der maschinellen Datenverarbeitung erzeugt werden. Es können sich dann Programmierübungen anschließen. Hinzukommen muß aber eine Behandlung durch andere Unterrichtsfächer und nicht-numerische Aufgabenstellungen (Brater/Herz 1986, Schuberth 1984/85, Schuberth 1988, Schuberth 1990).

Möglichst genau sollte der Schüler durchschauen, in welchen Begriffskategorien ein Problem beschrieben werden muß, damit es der maschinellen Bearbeitung zugänglich wird. Wie in Schuberth (1984/85, 1987 und 1988) dargestellt wurde, kann ein formales System die Grenzen seiner Gültigkeit gegenüber einem realen Problem selbst nicht bestimmen. Also muß menschliches Denken urteilsfähig gegenüber der Wirklichkeit bleiben. Wie muß Erziehung auf diese Herausforderung menschlicher Urteilsfähigkeit reagieren, wenn wir nicht geistig in Kunstwelten als sozial verantwortlich Handelnde leben wollen, wie es für manche Menschen durch die Halbwelt des Bildschirmes schon gegeben ist? Hier liegen Aufgabenstellungen, die alle pädagogisch Verantwortlichen mit möglichster Intensität diskutieren und für die sie ernsthaft nach Lösungen suchen sollten.

Mit diesem wie mit allen anderen Beispielen ist nach einer möglichen Beziehung zwischen mathematischem Denken und sozialem Urteilen gefragt. Studiert man Gedanken*formen,* die in gesellschaftlichen Diskussionen angewandt werden oder in dem Verhalten unbewußt zutage treten, so ist die Beziehung zu den hier am Mathematikunterricht aufgezeigten Möglichkeiten unverkennbar. Die wesentlichen Fragen müssen dabei sein: Kann die Einübung beweglicher und ganzheitlicher Denkformen in der Mathematik zu Auswirkungen im gesellschaftlichen Leben führen? Und falls dies bejaht werden kann: Welche Bedingungen müssen für einen fruchtbaren Transfer erfüllt werden? Kann ein fachübergreifender Unterricht dazu beitragen?

Es wurde hier vor allem das Gewicht auf eine Bildung des *Denkens* gelegt. Damit ist aber nur ein möglicher Aspekt sozialer Erziehung berührt. Wie eingangs gesagt wurde, spielen andere Faktoren, die auch im Mathematikunterricht zu berücksichtigen sind, möglicherweise eine wesentliche Rolle. So können spezielle *Inhalte* gesellschaftlich relevant sein. Die Unterrichts*methoden* sind ein Teil sozialer Erziehung. Unterrichts*ziele* und das Klassen*klima,* der Umgang der Lehrer mit den Schülern, die Akzeptanz des einzelnen, der Umgang mit Fehlverhalten, die Förderung der Zusammenarbeit von Schülern und v. a. m. sind für eine einigermaßen vollständige Beschreibung zu berücksichtigen.

Da Schule in vieler Hinsicht erst mit einer erheblichen zeitlichen Verzögerung in dem hier angesprochenen Sinne sozial relevant wird – nämlich wenn die ehemaligen Schüler in die Verantwortungsübernahme im späteren Lebensalter eintreten –, sollten wir mit möglichster Gewissenhaftigkeit die geübten Denkformen veranlagen. Dazu ist die Fähigkeit gefragt, an solchen Formen ablesen zu können, welche sozialen Gestaltungsintentionen sie in sich tragen.

*Literaturverzeichnis*

Adams, G.: Strahlende Weltgestaltung. Dornach 1965.

Adams, G./Whicher, O.: Die Pflanze in Raum und Gegenraum. Stuttgart 1979.

Brater, M./Herz, G.: Persönlichkeitsbildung und Technologiebewältigung. Zu den Aufgaben der Berufsvorbereitung im Computerzeitalter. In: Erziehungskunst 7/1986.

Buck, P./Mackensen, M. v.: Naturphänomene erlebend verstehen. Köln 1988.

Finsler, P.: Aufsätze zur Mengenlehre. Darmstadt 1975.

Fischer, R.: Mathematik – Zwischenwelt in Maschinen, Bildern und Symbolen. Ausarbeitung eines Vortrages an der Volkshochschule Bregenz, 1984.

Franz, M.-L. v.: Zahl und Zeit. Stuttgart 1970; insbesondere S. 60ff.

Gschwind, P.: Der lineare Komplex, eine überimaginäre Zahl. Dornach 1977.

Gschwind, P.: Methodische Grundlagen zu einer Projektiven Quantenphysik. Dornach 1979.

Gschwind, P.: Raum, Zeit, Geschwindigkeit. Dornach 1986.

Heintel, P.: Politische Bildung als Prinzip aller Bildung. Wien/München 1977.

Jungwirth, H.: Sozialisation und Mathematik. In: Endbericht zum Projekt „Mathematik und politische Bildung", vorgelegt von: R. Fischer u. a. Institut für Mathematik, Universität Klagenfurt 1986.

Locher-Ernst, L.: Raum und Gegenraum. Dornach 1970.

Locher-Ernst, L.: Arithmetik und Algebra. Dornach 1984.

Maturana, H./Varela, F.: Der Baum der Erkenntnis. Bern, München, Wien 1987.

Schuberth, E.: Zum Informatikunterricht an Waldorfschulen. In: Erziehungskunst 6–12/1984 und 1, 3–6/1985.

Schuberth, E.: Menschliche Kreativität und Künstliche Intelligenz. In: Enquete-Kommission: „Einschätzung und Bewertung von Technikfolgen; Gestaltung von Rahmenbedingungen und der technischen Entwicklung". Materialien zu Drucksache 10/6801, Bd. II. Bonn 1987.

Schuberth, E.: Datentechnik, Denken und Wirklichkeit. In: Gergely, E./Goldmann, H. (Hrsg.): Mensch – Computer – Erziehung. Wien, Köln, Graz 1988.

Schuberth, E.: Erziehung in einer Computergesellschaft. Datentechnik und die werdende Intelligenz des Menschen. Stuttgart 1990.

Steiner, R.: Grundlinien einer Erkenntnistheorie der Goetheschen Weltanschauung. GA 2. Dornach 1979.

Steiner, R.: Erziehungskunst, Methodisch-Didaktisches. GA 294, Tb 617, 618. Vortrag vom 21.8.1919. Dornach 1981.

Turkle, Sh.: Die Wunschmaschine. Vom Entstehen der Computerkultur. Reinbek 1984.

Wolpert, W.: Zauberlehrlinge. Die gefährliche Liebe zum Computer. Weinheim und Basel 1985.

Wolfgang Schad

# Von Goethes Wirkungen in der Pädagogik Rudolf Steiners

## 1. Zur Fragestellung

Goethe nannte als die drei Geister, die den größten Einfluß auf ihn gehabt hätten: Shakespeare, Spinoza und Linné (1816, 1817b). Fragt man nach den historischen Persönlichkeiten, denen Steiner eine große Wirkung auf die eigene Geistesentwicklung zugesprochen hat, so kommt Goethe in den Blick. Über niemand anders hat er häufiger gesprochen und so auch nach ihm den Ort seines zentralen Wirkens Goetheanum genannt. So liegt es auch nahe, nach der Wirkung Goethes auf die Pädagogik Steiners zu fragen. Denn diese ist weit mehr von dem Kultur- und Menschenverständnis Goethes durchzogen als dem etwa von Herbart. Herbart war zwar einer der ersten, die einen wissenschaftlichen Anspruch an die Grundlagen jeglicher Pädagogik stellten. Aber zugleich war er derjenige, der als eine solche Grundlage eine weitgehend einseitige Vorstellungspsychologie angeboten hatte (Blättner 1958, S. 178). „Die Bildung des Gedankenkreises ist der wesentliche Teil der Erziehung", heißt es bei ihm. Und Blättner bemerkt dazu: „Wie seine Psychologie die Welt des Emotionalen nicht bewältigte, so versagte letztlich auch seine Ethik vor der Welt der Tat."

Steiner sah Herbarts Begrenzungen früh (GA 18, S. 263ff., GA 21, S. 157), hatte er ihn doch schon über seinen Hochschullehrer, den Herbartianer Robert Zimmermann vermittelt bekommen. Durch den anderen Hochschullehrer seiner Wiener Studienzeit, den Germanisten Karl Julius Schröer, hatte er gleichzeitig jedoch schon die Goethesche Universalität schätzen gelernt, statt Herbartschen Einseitigkeiten zu verfallen, wie Prange (1985) ihm unterstellt. Als geistiger Anreger des Pädagogen Steiner ist Goethe zu nennen; wer Ähnliches im Hinblick auf Herbart vermutet, hat Steiners Urteil über den Philosophen und Pädagogen Herbart offensichtlich nicht zur Kenntnis genommen. Und doch ist es notwendig, wenn man den Zusammenhang des Steinerschen Ansatzes mit Goethe in den Blick bekommen will, die Unterschiede herauszuarbeiten. Der nähere Einblick bringt eben auch ungewohnte und so auch unerwartete Bezüge hervor, die geeignet sind, manche umlaufenden Einstellungen auszuwechseln.

Zuerst seien einige charakteristische pädagogische Kadenzen in Leben und Werk Goethes, sodann das pädagogische Erfahrungsfeld Steiners angesprochen, um dann zum gesuchten Vergleich zu kommen. Dabei sei methodisch so vorgegangen, daß wir nicht beider Rezeptionen und Auseinandersetzungen mit pädagogischen Ideen und Theorien verfolgen, sondern deren biographisch selbst gelebte pädagogische Lebenspraxis aufsuchen, um zu einer beiderseitigen ersten „Morphologie" auf diesem Felde zu kommen. Daran anschließend sei die Bedeutung der Goetheschen Kunstauffassung für die Sozialästhetik Steiners angesprochen. Im vorgegebenen Rahmen kann es dabei nicht um Vollständigkeit gehen, sondern um am Exemplarischen sich abzeichnende Charakteristika.

## 2. Der Pädagoge Goethe

Goethe war von elementarer Unmittelbarkeit, ja unbekümmerter Zuneigung und Zuwendung in der Begegnung mit Kindern (Muthesius 1903, Zeißig 1920). Als Vater durchbrach er jede Konvention. Als ihn der schon 17jährige Sohn einmal völlig überraschend in Karlsbad aufsuchte, geriet er in eine schrankenlose Erschütterung. „Die maßlosen Äußerungen der Gefühlsüberwältigung waren von solcher Stärke, daß die Zeugen dieser Szene wirklich erschraken und in Besorgnis für seinen Geist die Beruhigung herbeiwünschten" (F. Schubart, 22.8.1807).

Nach Weimar war Goethe als erziehender Begleiter des frisch in die Regierung eingesetzten 18jährigen Herzogs berufen worden. Den stürmischen Carl August mehr freilassend und mehr durch die eigene Integrität als durch direkten Zugriff beeinflussend, versuchte er sich an dieser Aufgabe. Durch den Jenaer Anatomen Loder ließ er sich so viel vom Körperbau des Menschen beibringen, daß er in der Weimarer Zeichenschule zeitweise den Anatomieunterricht gab. Die jungen Talente des Hoftheaters erfuhren seine Sprech- und Schauspielerziehung. Den Sohn von Knebel unterwies er längere Zeit im Zeichnen (Zeißig 1920, S. 9). Einer jungen Mailänderin in Italien brachte er Englisch bei (Italienische Reise, Okt. 1787). Der jungen Malerin Julie von Egloffstein gab er noch im hohen Alter strikte Studienanweisungen und Hausaufgaben. Aber das war immer schon die Förderung von Eleven im studentischen Alter.

Direkte Erfahrung in Kindererziehung hatte er wohl nur an drei Knaben: seinem eigenen Sohn, vorher schon an Fritz von Stein, dem Sohne Charlottes, und an einem Schweizer Bergbauernbub, Peter im Baumgarten, der mittellos eines Tages an seinem Gartenhaus am Stern anklopfte. Am meisten hat von der Erziehung Goethes wohl Fritz von Stein profitiert. Die tragisch sich entwickelnde Lebensuntauglichkeit des eigenen Sohnes ist bekannt. Das Schicksal des Peter im Baumgarten weniger, jedoch schlug auch sein Lebensweg nicht nach Plan aus. Ein Hamburger Freiherr, Heinrich Julius von Lindau, hatte an ihm Rousseaus Ideen praktizieren wollen, aus jedem Menschen, natürlich erzogen, einen Gebildeten zu machen, doch auch Goethes Erziehungsversuche strandeten, auch wenn sie vermutlich wohl Schlimmeres verhütet haben (Beutler 1980, S. 444; Ernst 1941). Goethe zog einmal als sein Fazit: „Wer wäre imstande, von der Fülle der Kindheit würdig zu sprechen! Wir können die kleinen Geschöpfe, die vor uns herumwandeln, nicht anders als mit Vergnügen, ja mit Bewunderung ansehen; denn meist versprechen sie mehr, als sie halten, und es scheint, als wenn die Natur unter anderen schelmischen Streichen, die sie uns spielt, auch hier sich ganz besonders vorgesetzt, uns zum Besten zu haben. ... Wüchsen die Kinder in der Art fort, wie sie sich andeuten, so hätten wir lauter Genies" (Dichtung und Wahrheit I. Teil, 2. Buch).

Goethe als Pädagoge ist sehr viel bekannter durch seinen literarischen Entwurf der „Pädagogischen Provinz" im Wilhelm-Meister-Roman geworden. Diese Utopie verlegt die Erziehung fort vom Elternhaus in eine abgeschiedene Gegend, in der viel praktische Tätigkeiten und die drei Ehrfurchten gelehrt werden. Er hatte Anregungen dazu aus Berichten von den Schweizer pädagogischen Anstalten des Ulysses von Salis (in Marschlins) und des Philipp E. von Fellenberg (Wylhof bei Bern), sehr viel weniger dagegen von Pestalozzi aufgenommen (Muthesius 1908; Filtner 1948, S. 195 ff.). Goethes Entwurf selber, das muß man heute sagen, blieb historisch in der Breite wirkungslos. Wenn auch die Landerziehungsheime versuchten, die Erziehung in die freie Natur zu verlegen, so holten sie doch ihre Motive nicht aus dem Entwicklungsroman Goethes. Die Pädagogische Provinz blieb Utopie, ein Nicht-Ort. Was trotzdem den Roman zum viel interpretierten Bildungsroman macht, ist die literarische Entfaltung eines umfassenden Bildungsweges. Sieht man hinwiederum darauf, worin der Roman pädagogisch fruchtbare Wirkungen bis heute hervorgebracht hat, so noch am ehesten in seiner Motivik der Selbsterziehung, gerade auch wo diese sich im Zwischenmenschlichen einstellt. Was die Gestalt Wilhelm Meisters selbst betrifft, so hat Schlechta (1985) aufgezeigt, wie unzulänglich die Bildungsergebnisse selbst bei dieser Lieblingsgestalt Goethes im Roman bleiben. Diese bewußte Realistik vom Menschen will Goethe nicht einem Ideenkonzept, das Schiller von ihm fordert, opfern (siehe Schlechta 1985, S. 214 sowie im Anhang: Die Kontroverse mit Schiller).

Eine merkwürdige Ineffektivität liegt über vielen pädagogischen Versuchen Goethes. Dem äußeren Erfolg nach auch dort, worin er noch am wenigsten bemerkt worden ist: in dem, was man wohl heute die heilpädagogischen Versuche Goethes nennen könnte. Äußerst unauffällig nahm er sich einzelner, am Leben und an sich selbst erkrankter Menschen immer wieder an und half ihnen, mit ihren Psychopathologien, so gut es ging, fertig zu werden.

Gleich alt wie Goethe schrieb 1777 der Sohn eines hochstehenden evangelischen Geistlichen aus Wernigerode nach Weimar und bat den Dichter eindringlich um Lebensberatung. Er hatte Theologie und Jura studiert, war unter die Soldaten gegangen und danach in eine schwere seelische Krise geraten. Auch einen zweiten Brief beantwortete Goethe nicht, sondern suchte ihn persönlich auf seiner ersten Harzreise in dessen Elternhaus, aber inkognito auf: er sei nur ein Landschaftsmaler aus Gotha. Friedrich Victor Leberecht Plessing, so hieß jener, frug ihn sogleich nach Weimar und Goethe aus. Dieser schildert sich nun selbst, ohne von jenem erkannt zu werden. Dann gibt er ihm mehrfach den dringenden Ratschlag, sich mit der Natur zu beschäftigen: denn „er hatte nämlich von der Außenwelt niemals Kenntnis genommen, dagegen ... alle seine Kraft und Neigung aber nach innen gewendet und sich auf diese Weise, da er in der Tiefe seines Lebens kein produktives Talent fand, so gut als zu Grunde gerichtet." Goethesche Naturbetrachtung als Ausgleich zur autistischen Selbstbezogenheit war die vorgeschlagene Behandlung, die aber der Patient weit von sich wies.

Bald danach bemerkte Plessing, wer ihn besucht hatte, reiste nach Weimar und sprach sich mit dem Gesuchten aus, studierte dann bei Kant in Königsberg Philosophie, wo er sich unglücklich verliebte. Um einer Alimentenklage zu entgehen, brach er das Studium ab, doch Kant verhalf ihm noch unformalistisch „außer der Regel" zur Magisterpromotion „in absentia" (Schulz 1974, S. 4). Goethe verschaffte ihm eine Professur in der damaligen kurzzeitigen Universität in Duisburg. Als er ihn zum letzten Mal sah – auf der Rückreise von der Kampagne in Frankreich –, fand er ihn auch nicht gebessert vor: „Seine gegenwärtigen Zustände fand ich auch keineswegs behaglich; er hatte Sprach- und Geschichtskenntnisse, die er so lange versäumt und abgelehnt, endlich mit wütender Anstrengung erstürmt und durch dieses geistige Unmaß sein Physisches zerrüttet." Erst lange nach dessen Tode berichtete Goethe diese Lebensbegegnung im letzten Teil seiner „Kampagne in Frankreich" und schilderte darin einfühlsam den schizoiden Charakter dieses lebenskranken Menschen.

Noch viel weniger wissen wir von einem namenlosen Menschen mit dem Pseudonym Johann Friedrich Krafft. Dieser am Leben Verzagende hatte sich 1778 hilfesuchend an Goethe gewandt, der ihm still bis zu seinem Tode 1785 Unterkunft und Auskommen bezahlte und ihn zeitweise zum Betreuer des Peter im Baumgarten zu machen versuchte (Beutler 1980, S. 449).

Nicht zu vermeiden ist in diesem Zusammenhang der Einbezug der Herzogin Luise, eine gegenüber dem vitalen Herzog äußerst zarte, gebrechliche Frau, die lebenslang an Schwermut und Suizidgefahr litt. Goethe schrieb für ihren Geburtstag das bis heute kaum beachtete Singspiel „Lila", das er für die „Heilung eines Wahnsinns durch psychische Kur" mehrfach umschrieb und immer wieder (insgesamt viermal) für die Herzogin aufführen ließ (Diener 1971). Nur das Gedicht „Feiger Gedanken" daraus wurde Gemeingut. Lebensfurcht und Depression werden auf der Bühne nicht durch Scherz und Humor therapiert, denn – so Lila – „vor dem Gedanken, daß ich fröhlich werden könnte, fürchte ich mich wie vor dem größten Übel". Goethe, der hier als „Magus" auftritt, rät: „Du sollst nicht fröhlich sein, nur Fröhliche machen." – Letztlich aber wandte Goethe bei der Herzogin seine Art der Naturbetrachtung als beabsichtigtes Therapeutikum an: Er besprach mit ihr seine Farbenlehre, las sie ihr Kapitel für Kapitel vor und widmete ihr das Ganze. Er las ihr aus dem Nibelungenlied und aus den entstehenden Kapiteln von „Dichtung und Wahrheit" vor. Er gründete die über sechs Jahre wöchentlich tagende „Freitagsgesellschaft", um ihr über ihre Einsamkeit hinwegzuhelfen. Und doch war die Veranlagung der Herzogin nicht zu heilen. 1828 äußerte die Fürstin: „Goethe und ich verstehen uns vollkommen. Nur daß er noch den Mut hat zu leben und ich nicht" (Beutler 1980, S. 518).

Die Gestalten Mignon und der Harfner hatten sich ihm schon vor der Italienreise in seinem Bildungsroman verdichtet. Beide Romangestalten sind die meisterhaftesten Psychopathologien aus der Feder Goethes: Mignon mit ihrer Angst vor dem Leben, der Harfner mit seiner Angst vor dem Sterben. Mignon kommt mit ihrer natürlich sich einstellenden Geschlechtlichkeit nicht zurecht – nennt und kleidet sie sich doch wie ein Junge und stirbt in der beginnenden Pubertät mit manchen Kennzeichen einer Anorexie. Der Harfner verkraftet das Wissen vom Sterbenmüssen erst, als er das Gift besitzt, mit dem er selbst seinen Tod bestimmen kann, und wird doch unversehens davon überfallen. Der Mediziner Friedrich Husemann hat in einer einfühlsamen Studie (1936, S. 97ff.) darüber den heimlichen und doch versierten Psychotherapeuten Goethe aufgedeckt: Vererbungs- und frühkindliche Milieubelastung sind ebenso einbezogen, wie die poetisierte Intimität der unverwechselbaren Individualitäten. Wegen Mignon hat Goethe den ganzen Wilhelm-Meister-Roman geschrieben, wie er dem Kanzler Müller gestand, nachdem eine französische Literatin, Madame de Staël, sie nur als eine „épisode charmant" bezeichnet hatte (Gräf 1902, S. 930).

Hat Goethe als Vater, Erzieher, Unterrichtender und pädagogischer Therapeut Erfolg gehabt? Sieht man von den glücklichen Konstellationen mit Fritz von Stein und Julie von Egloffstein ab, so wohl eben nicht gerade viel an sichtbarem Erfolg. Die Herzogin kam nie über ihre Schwermut hinweg, der eigene Sohn litt zeitlebens unter der unerreichbaren Größe des Vaters (so selbst noch die Enkel). Plessing kam nie über sein weltfremdes Wesen hinweg, die wie eine Tochter gehaltene Schauspielerin Christine Neumann-Becker („Euphrosyne") starb früh, und selbst Mignon und der Harfner werden nicht im Diesseits geheilt.

Was aber geschah doch in jedem Falle? An allen seinen Erziehungsmühen hatte wohl am meisten Goethe selbst gewonnen. Er war immer dabei selbst mehr ein Lernender als Lehrender. Goethe war am meisten ein Genie der Selbsterziehung, ein genialer Selbsttherapeut. Er hat seine Lebensleistung nicht allein aus der Begabung geschaffen und genossen, sondern unablässig dafür an sich gearbeitet: „Nicht also durch eine außerordentliche Gabe des Geistes, nicht durch eine momentane Inspiration, noch unvermutet und auf einmal, sondern durch ein folgerechtes Bemühen bin ich endlich zu einem so erfreulichen Resultate gelangt" (1817b): nämlich zur Entdeckung der Urpflanze und damit zu der Möglichkeit, „die Metamorphose der Pflanze zu erklären", wie seine diesbezügliche Schrift aus dem Jahre 1790 hieß.

„Und so begann diejenige Richtung, von der ich mein ganzes Leben über nicht abweichen konnte, nämlich dasjenige, was mich erfreute oder quälte ... in ein Bild, in ein Gedicht zu verwandeln ..., um sowohl meine Begriffe von den äußeren Dingen zu berichtigen, als mich im Innern deshalb zu beruhigen. Die Gabe hierzu war wohl niemand nötiger als mir, den seine Natur immerfort aus einem Extrem in das andere warf. Alles, was daher von mir bekannt geworden, sind nur Bruchstücke einer großen Konfession" (Dichtung und Wahrheit, II. Teil, 7. Buch).

„Im Grunde ist es nichts als Mühe und Arbeit gewesen, und ich kann wohl sagen, daß ich in meinen 75 Jahren keine vier Wochen eigentliches Behagen gehabt. Es war das ewige Wälzen eines Steines, der immer von neuem gehoben sein wollte" (Gespräche mit Eckermann, 27.1.1824).

Im Nachlaß fanden sich die Zeilen:

„Ich war mir edler großer Zwecke bewußt, konnte aber niemals die Bedingungen begreifen, unter denen ich wirkte; was mir mangelte, merkte ich wohl, was an mir zu viel sei, gleichfalls; deshalb unterließ ich nicht, mich zu bilden, nach außen und von innen."

Goethe ist der unentwegte Modelleur und Plastiker an sich selbst. Gamm (1980) hat das gleiche auf seine Weise entdeckt:

„Wurde in der Vergangenheit Goethe gern auch als Pädagoge in Anspruch genommen, so ist nun zu zeigen, daß Goethe pädagogisch kaum interessiert war und, sofern es ein pädagogisches Objekt in seinem Leben gab, er selbst dieses darstellte. Goethe war sein eigener Zögling, mit dem er sich lebenslang plagte, sein eigenes Kind, das ihm zu schaffen machte" (Gamm a.a.O., S. 10).

Diesen Vorgang thematisierte Goethe gerade an der Gestalt Wilhelm Meisters: „Mich selbst, ganz wie ich da bin, auszubilden, das war dunkel von Jugend auf mein Wunsch und meine Absicht. Noch hege ich eben diese Gesinnungen ..." (Lehrjahre; 5. Buch, 3. Kapitel). Wenn in den „Wanderjahren" die Persönlichkeitsbildung abgelöst wird durch die Bildung, die die praktischen Berufe geben – Wilhelm wird Wundarzt –, so geschieht das auch nicht nur um der Praxis willen, sondern um durch die Beschränkung, ja in der Entsagung letztlich sich doch hin zum Allgemein-Menschlichen steigern zu können (Blättner 1958, S. 111). Auch hier ist alles Selbsterziehung aus der Neuentdeckung der Entwicklungsidee in der menschlichen Biographie (Schädel 1969).

Mit der im 18. Jahrhundert bei allen progressiven Geistern aufbrechenden Entwicklungsidee ist auch Goethe engstens verbunden, ja in ihm bündelt sie sich geradezu biographisch (Teichmann 1989). Der volle Durchbruch gelang auf der italienischen Reise, insbesondere mit der Entdeckung der Pflanzenmetamorphose. Dieser Fund wäre ihm aber nicht möglich gewesen, wenn er sich nicht selbst in einer tiefgreifenden Metamorphose befunden hätte.

„Gewiß wäre es besser, ich käme gar nicht wieder, wenn ich nicht wiedergeboren zurückkommen kann" (Neapel 22.3.1787).

„Das Gebildete wird sogleich wieder umgebildet – Metamorphose – und wir haben uns, wenn wir nur einigermaßen zum lebendigen Anschauen der Natur gelangen wollen, selbst so beweglich und bildsam zu erhalten, nach dem Beispiele, mit dem sie uns vorgeht" (1817a).

Inneres und äußere Geschehen sind in seinem Selbsterziehungsvollzug nicht zu trennen, was für Goethe geradezu konstitutiv ist. Deshalb geht sein Entwicklungsgedanke an der Natur geradlinig in den der menschlichen Seelenentwicklung über. „Bildung und Umbildung organischer Naturen" werden zugleich Vorbilder der kulturellen Bildung. „Nur von dieser Grundeinsicht aus ist Goethes Leben als ‚Bildung' zu verstehen" (Blättner 1958, S. 108; ebenso 1949, S. 460). Für Goethe ist das evolutive Element in der Welt mit dem im Menschen unauflösbar verbunden. An ihm zu arbeiten, macht ihn ebenso weltoffen, wie er sich dabei der Welt verdankt. Nicht auf Kunstgenuß, Kunstwissen und Naturwissenschaft geht Goethe während seiner Reise in den Süden aus, sondern „es handelt sich um eine Seelengeschichte" (Blättner 1949, S. 461): um die Geschichte wieder eines Stück Weges der Selbsterziehung des Pädagogen Goethes. – Sicherlich konnte er gegen Ende der Reise sagen: „Zwei Menschen danken mir schon ihre Sinnes- und Lebensänderung, ja dreie" (Rom 25.12.1787); es sind Karl Philipp Moritz, Friedrich Bury und Christoph Heinrich Kniep. Alle vier konnten sich eben in ihrer Suche nach Bildung selbsttätig gegenseitig helfen.

Den Mitmenschen gegenüber vermochte Goethe eher den diagnostischen Blick einzusetzen und aufklärend zu raten, als sogleich an ihnen die nötige Pädagogik zu bewerkstelligen. Sein eigenes Menscheninteresse wandte sich dabei besonders den Extremen, Pathologien und Teratologien zu und damit gerade eben an die realen Menschen. Schillers poetische Helden und Heldin-

*Krokusse – Schülerin, 11. Klasse*

*Schwertlilien – Schülerin, 11. Klasse*

nen sind letztlich unwirkliche Idealisierungen: Wilhelm Tell, Maria Stuart, die Jungfrau von Orléans, Marquis Posa. Goethes zentrale Figuren sind jedoch ebensosehr in der Fülle ihrer Unfähigkeiten gezeichnet: Werther, Clavigo, Tasso, Wilhelm Meister – und ganz besonders Faust. Dem 19. Jahrhundert blieb weitgehend unbegreiflich, wieso diesem Mann zum Schluß noch eine Himmelfahrt von Goethe zugestanden wurde (Beutler 1980, S. 555; Mandelkov 1980, S. 240). Schiller wollte durch Ideale erziehen. Goethe wollte das Aufdecken der menschlichen Realität durch die Poetisierung sich erträglich machen und letztlich gar nicht in erster Linie andere pädagogisieren, sondern durch diese „Konfessionen", die alle seine Werke seien, sich selbst über den Berg der Verwirrung bringen. Wie bei den Pflanzenstudien erst die Mißbildungen das Gesetz der Organabwandlungen auch für das Gesunde noch sichtbarer machen, so waren viele seiner poetischen Gestalten Gestaltungen desjenigen Abnormen, das durchaus zum Normalen (nicht zum Idealen) dazu gehört. Unter diesem Aspekt wird der psychotherapeutische Diagnostiker Goethe erst durchgängig sichtbar.

Natürlich gibt es auch bei ihm Übergänge zu Schillers Idealismen: Götz, Egmont und besonders Iphigenie. Steiner bemerkte einmal: „Die Iphigenie von Goethe wird ein Problem, keine lebende Figur." Wallenstein und Thekla nannte er einmal „ausgestopfte Strohsäcke", weil sie nur Wirkliches imitieren (GA 300/2, S. 85). Goethes Verhältnis zu Schiller blieb hierbei ambivalent. Dem Freund verdanke er, daß er ihn vor einem zu starken Realismus bewahrt habe. Den Denker im Freund erkannte er aber weit mehr an als den Dichter (zu Eckermann 23.3.1829).

## 3. Der Pädagoge Steiner

Wenden wir uns nun der pädagogischen Biographie Steiners ebenfalls in exemplarischen Ausschnitten zu. Schon in der biographischen Figur verläuft das Leben und Werk Steiners doch sehr anders (Schad 1975, S. 110ff.). Man könnte vermuten, daß Steiner in Goethes Werk und Persönlichkeit so viel ihm Ähnliches vorgefunden habe, daß er darum an ihn anschloß. Das Gegenteil ist der Fall. Ihre Persönlichkeiten waren grundverschieden. Das gilt nicht nur für die elterliche Herkunft: hier städtisches Patriziertum in Frankfurt, dort einfache Bedienstete aus dem Wiener Waldviertel. Oder die öffentliche Anerkennung: hier frühe Berühmtheit bis hin zum Flair des Olympiers, dort der dauernd zunehmende Kampf gegen verschulte Bildung und verkrustete Kulturtraditionen, die weder dem heraufziehenden technischen Zeitalter noch den globalen Erschütterungen der beiden Weltkriege gewachsen waren.

Der Pädagoge Steiner ist ein geborener Pädagoge. Auf das Kind machte schon der schlichte Hilfslehrer Heinrich Gangl in der einklassigen Dorfschule in Neudörfl an der Leitha einen starken Eindruck, nicht minder einige Lehrer an der anschließend besuchten Landesoberrealschule in Wiener-Neustadt. Der Vater, ein Bahnhofsvorsteher, wollte einen Eisenbahningenieur aus ihm machen, er selbst aber hat als Abiturient den Berufswunsch, Lehrer zu werden: „Auf das Realschullehramt hinzuarbeiten" (Lindenberg 1988, S. 49). Schon als Realschüler gab er Mitschülern Nachhilfestunden, um sie z.B. auf die Abschlüsse vorzubereiten. Später, als Student, verhalf er einem Preußischen

„Genieoffizier" mit Nachhilfestunden zum humanistischen Maturum, indem er sich selbst im Eigenstudium die dazu nötigen Kenntnisse des Lateinischen und Griechischen zulegte. Fünfzehn Jahre lang, seit seinem vierzehnten Lebensjahre habe er Nachhilfestunden gegeben (GA 28, S. 44).

Während des vorwiegend naturwissenschaftlichen Studiums an der Technischen Hochschule in Wien lernte er, wie schon erwähnt, den Germanisten Karl Julius Schröer und durch ihn das Werk Goethes erst voll kennen. Schröer hatte ein hoch idealistisches Verhältnis zu Goethe. Bei aller lebenslangen dankbaren Verehrung dieses seines ihm bald auch väterlich befreundeten Hochschullehrers trat aber doch schon im Studenten Steiner ein feiner Dissens in ästhetischen Fragen auf. Schröer sah das Künstlerische nur in der Darstellung des Schönen gewahrt, Steiner gestand dem Kunstprozeß den Umgang mit dem Schönen wie mit dem Schrecklichen zu (GA 28, S. 122). Schröer fand sich nun seinerseits nicht verstanden. Immerhin aber verschaffte er dem gering bemittelten, 23jährigen Steiner zuerst einmal für fünf Jahre eine Hauslehrerstelle in der Wiener Kaufmannsfamilie Specht.

Hier hatte er der Mutter bei der Erziehung und dem Unterricht von vier Knaben beizustehen. Drei fanden rasch den Anschluß an die Volks- und Mittelschule. Der Zweitälteste, damals 10jährige Otto Specht (1873–1915) aber war ein lernbehindertes Kind. An ihm, so kann man heute im Rückblick sagen, vermochte Rudolf Steiner die keimfähigen Ansätze zu all seiner späteren pädagogischen Wirksamkeit zu entwickeln. Das Kind litt an Hirnwasserüberdruck (Hydrocephalie) und galt für den Hausarzt Josef Breuer (1842–1925), einem Kollegen des frühen Sigmund Freud, als bildungsunfähig. In einer vermutlich außerordentlich intensiven menschlichen und geistigen Zuwendung und Gesundheitsführung vollbrachte der junge Steiner an diesem Kinde in der Stille eine erzieherische Hochleistung. Es wurde nicht nur beschulungsfähig, sondern konnte dann bald das Gymnasium besuchen, studierte danach Medizin und wurde Arzt. Zweiundvierzigjährig starb er während des Ersten Weltkrieges als Militärarzt (Dermatologe) an einer Laborinfektion in Polen. – Die Behindertenproblematik war Rudolf Steiner schon aus der eigenen Familie durch seinen fünf Jahre jüngeren, taubstummen Bruder Gustav Steiner vertraut.

In der sich anschließenden Weimarer Zeit, während seiner Herausgabe der naturwissenschaftlichen Schriften Goethes, ging Rudolf Steiner seine erste Ehe ein und übernahm die Miterziehung von vier Mädchen und einem Knaben, die seine Frau aus ihrer ersten Ehe mitbrachte: „Sie legte großen Wert darauf, daß ich ihr in ihren schweren Aufgaben bei der Erziehung der Kinder zur Seite stand" (GA 28, S. 294).

Nach der Übersiedlung nach Berlin (1897) übernahm Steiner die Redaktion einer Literaturzeitschrift („Magazin für Literatur") und verstand sich gleichsam kulturpädagogisch als „Mann vom Denkhandwerk". Durch sein Denken wollte er dort wirken, wo sich zunehmend die geistige Öffentlichkeit Deutschlands versammelte. 1899 wurde er zusätzlich Lehrer an der Arbeiterbildungsschule. Hier hatte er zwar mit Erwachsenenbildung zu tun, aber in diesem stark proletarischen Milieu fand er reichen menschlichen Zuspruch. Seine unmarxistische Lehrtätigkeit führte jedoch bei der linken Leitung nach fünf Jahren zur Beendigung des Verhältnisses. Wieder eine Zeit fruchtbarer pädagogischer Erfahrung, die sich während der späten Jahre Steiners in den Arbeitervorträgen beim Bau des Goetheanums fortsetzte.

Von 1902 ist eine Episode erwähnenswert. Steiner ist nebenher in einer Berliner Mädchenfortbildungsschule eineinhalb Jahre Lehrer für Geschichte, Geographie und Philosophie. Eine Teilnehmerin erinnerte sich in hohem Alter daran: „Als sanguinisches Kind habe sie schwer längere Zeit aufmerksam zuhören können und habe – stets zu allerlei Faxen aufgelegt – ihre Nachbarinnen mit irgendeinem geflüsterten Unsinn angesteckt, was ihr viele Ermahnungen seitens der anderen Lehrer eingetragen habe. Nur Dr. Steiner tat immer, als ob er gar nichts merkte und sprach ruhig weiter, bis sie wieder Interesse zeigte" (Bühler in Beltle/Vierl 1979, S. 37). Zwei Jahrzehnte später gehen vermutlich aus diesem Erfahrungsboden menschenkundliche Hinweise zu „Erziehung im Reifealter" in zwei dazu grundlegende Vorträge für die Waldorflehrer ein (GA 302, S. 72 ff.; 302 a, S. 73 ff.).

1907 entstand die erste pädagogische Schrift Steiners: „Die Erziehung des Kindes vom Gesichtspunkte der Geisteswissenschaft" (GA 34, S. 309 ff.). Erst zwölf Jahre später, mit ausgelöst durch den gesellschaftlichen Zusammenbruch am Ende des Ersten Weltkrieges, kam es zur Begründung der ersten Waldorfschule, deren pädagogische Einrichtung und Leitung Steiner bis zu seinem Tode nur fünfeinhalb Jahre durchführen konnte, und das neben seiner Haupttätigkeit beim Aufbau der anthroposophischen Bewegung und Gesellschaft.

Es waren ja erst die letzten Lebensjahre, während denen Steiner als Teil einer weit darüber hinausgreifenden Lebensleistung eine ganze Pädagogik ins Leben rief, und von der auch nach 70 Jahren noch heute erst ein kleiner Teil des Angelegten in die Schulwirklichkeit umgesetzt ist.

## 4. Gegensätzliches

Wenn wir nun Goethes und Steiners pädagogische Ansätze und Wirkungen einander gegenüberstellen, so sind auch hier die Unterschiede unübersehbar. Goethe, der immer strebt und sich bemüht, gelang doch für die pädagogische Praxis nur wenig. Steiner, der eine exorbitante Beobachtungsfähigkeit hatte – sie schloß das Übersinnliche mit ein –, regte viele Berufszweige an, gerade bis in die Praxis neu fruchtbar zu werden. Goethe, der sich „den Produkten der Natur würdig" machte, arbeitete fortwährend an sich selbst. Steiner, von dem zahlreiche Menschen berichteten, sie wären nie wieder jemandem begegnet, der so restlos zuhören konnte (Friedmann 1950, S. 173 ff.), versuchte – besonders nach dem Ersten Weltkrieg – der ganzen Gesellschaftsordnung eine sinnvollere Richtung zu geben („Dreigliederung des sozialen Organismus"), wovon zuerst die Begründung der Waldorfschulpädagogik gelang.

Bei Goethe finden sich alle zentralen Motive der Anthroposophie schon im Keime vor (Steiner GA 36, S. 337; Schad 1982, S. 141). In seinen intimeren Äußerungen ist Wesentliches der Anthroposophie immanent, implizit angelegt. Steiner hat ein ausgesprochen explizites Verhältnis zu Goethe, so daß er auf niemanden häufiger rekurriert als auf ihn. Für Goethes Denkart die zugehörige Erkenntnistheorie nachzuliefern, ergab seinen Erstling (1886). In seinem letzten Werk, seiner Autobiographie (1925), nennt er ihn wiederum seinen Mahner, der ihn in seiner Frühzeit davor gewarnt habe, zu schnell in der geistigen Suche sich selbst vorauszueilen. Ein solcher „kann zwar zu einem eng umgrenzten Erleben des Geistes gelangen; allein er tritt an Wirklichkeitsgehalt verarmt aus dem Reichtum des Lebens heraus" (GA 28, S. 177). In der Selbsterziehung war ihm Goethe hierin schon früh eine wesentliche Hilfe.

Man kann den großen Gegensatz beider Naturen darin kennzeichnen, daß Goethe als geborener Künstler den ganzen Reichtum der Sinnesanschauung lebenslang genoß – von der kindlichen Freude am Puppenspiel vom Doktor Faustus bis zur „liebevollen Freude am Sinnlichen" (1823 a) in seinen in der zweiten Lebenshälfte zunehmenden naturwissenschaftlichen Studien. Und doch ist alles bei ihm daraufhin angelegt, in den „Abgeordneten der Natur" ein Höheres anzuerkennen, das Sinnliche zur sinnlich-sittlichen Wirkung zu bringen. Das Lebenswerk Goethes mündet dort ein, wo alles Vergängliche nur Gleichnis wird. Von der Sinnesanschauung zum Übersinnlichen geht Goethes biographische Figur.

Im Lebensweg Steiners findet das Umgekehrte statt. Schon dem Kinde wird sein geistiges Beobachtungsvermögen bewußt. Die einfachen Eltern bleiben verständnislos (gebildete Eltern wären es wohl auch gewesen). Doch die Fragen nach geistiger Arbeit und Einsicht bleiben dem Kinde. Vom Hilfslehrer Gangl im Dorf leiht er sich ein Geometriebuch und sagt später davon: „Ich weiß, daß ich an der Geometrie das Glück zuerst kennengelernt habe" (GA 28, S. 21). Für das Kind Goethe wäre so etwas schwer vorstellbar. Steiner bekennt, daß er in seiner ersten Lebenshälfte sich dauernd bemühen mußte, der sinnlich vorgegebenen Welt die gleiche Aufmerksamkeit zuzuwenden wie dem, was er geistig lebte. Der technische Beruf des Vaters, die Oberrealschule, die Naturwissenschaften an der TH in Wien, die Herausgabe der naturwissenschaftlichen Schriften Goethes in Weimar hielten ihn jedoch dazu an. Erst dem 35jährigen steht diese Fähigkeit dann voll zur Verfügung (GA 28, S. 316). Rudolf Steiners Lebensgang führte ihn aus dem vertrauten Leben mit dem Real-Geistigen in das naturwissenschaftliche Bewußtsein seiner Zeit herein. Aber nicht im Vertrautsein mit dem Geistigen, noch mit dem Physischen, sondern im Weg von einen zum anderen – nur in umgekehrter Richtung als bei Goethe – gelang die soziale Fruchtbarkeit seiner Lebensleistung. Wir haben die Goethesche Kunst, wir haben auch eine goetheanistische Befruchtung der Wissenschaften, aber wir haben keine von Goethe biographisch selbst inaugurierte praktische Pädagogik, Heilpädagogik, Medizin, Seelsorge, Pharmazie, Landwirtschaft etc. und keine Ideen zur sozialen Gesellschaftsgestaltung. In diesem Sinne und auf diesen Feldern ist von beiden doch erst das Lebenswerk Rudolf Steiners praktisch wirksam geworden, denn darauf zielte es – im Gegensatz zu dem Goethes.

So wird auch erst verständlich, wieso Rudolf Steiner an vieles bei Goethe anschließt, aber nicht an das institutionelle Gewand einer pädagogischen Provinz. Bald nach der Gründung der ersten Waldorfschule setzte sich Steiner, aufgefordert von Befürwortern der Landerziehungsheime, auf einer Aussprache im Zuge der damaligen Anthroposophischen Hochschulwochen in Stuttgart 1921 deutlich vom pädagogischen Konzept der Stadtflucht ab (GA 217a, S. 78). Das sei eine Äußerlichkeit: man nehme ja doch nur sein Städtertum habituell aufs Land mit (GA 302a, S. 86). Im Gegenteil: dort wo die gesellschaftliche Not des Kindes am größten sei, müsse sich eine erneuerte Erziehung bewähren.

Noch in der letzten Ansprache vor den Eltern und Lehrern (GA 298, S. 206/207) distanziert sich Steiner von den Überlegungen des sonst so von ihm geschätzten Fichte, die Kinder aus der Obhut der Eltern zu nehmen und sie allein von dazu bestallten Organen des Staates in Internatsschulen erziehen zu lassen. Fichte glaubte damit dem von ihm befürchteten Zerfall der deutschen Kultur nach den napoleonischen Kriegen wehren zu können. Steiner, der zweifellos an dem Philosophen Fichte für sich viel gelernt hat, hatte er doch über dessen Wissenschaftslehre promoviert, nannte ihn in diesem Punkt aber geradezu einen Bolschewisten (GA 193, S. 79 und GA 296, S. 81). Das Kind soll dem Elternhaus erhalten bleiben. In der Zusammenarbeit – im „Zusammenfühlen, Zusammenempfinden und Zusammendenken auch mit dem Elternhause" – will Waldorfschule ihrem Erziehungsauftrag entsprechen:

„Dieser Geist der Waldorfschul-Pädagogik ... sagte nicht, man solle die Kinder in diese oder jene Verhältnisse, herausgerissen aus ihren gewöhnlichen Verhältnissen, bringen; sondern der Geist der Waldorfschul-Pädagogik war von Anfang an ein rein methodischer, ein rein pädagogisch-didaktischer. Die soziale Lage, die Verhältnisse des Lebens, so wie sie sind, so werden sie hingenommen ... Dadurch steht aber eine solche Institution, wie die Waldorfschule, mitten darinnen im sozialen Leben" (GA 298, S. 207).

Damit ist nichts gegen den Symbolgehalt der „Pädagogischen Provinz", wie er Goethe wohl vorschwebte (Klünker 1987), gesagt. Jede tragfähige pädagogische Beziehung ist ein über den Alltagsumgang unter Erwachsenen herausgehobenes Feld und bedarf ihres Schutzes. Dieses pädagogische Urgesetz hat sogar seine naturwissenschaftliche Entsprechung (Schad 1986b, S. 20ff.). Jede Gestaltung des Erziehungsmilieus ist die Schaffung einer solchen „Provinz". Was in diesem Sinne unsichtbar oder sichtbar gilt, wird von Steiner nur nicht institutionell als Aufforderung zu äußerem Lokalwechsel weit weg vom Elternhaus mißverstanden.

Es gibt heute auch Internatsschulen auf dem Boden der Waldorfpädagogik im In- und Ausland. Ihnen wird damit nicht die Existenzberechtigung abgesprochen. Sie sind dort und dann notwendig, wenn dem Kinde keine schulische Erziehung im täglichen Kontakt mit dem Elternhaus gegeben werden kann. Dann sollte auch hier hilfreich eingesprungen werden. Aber es ist doch ein Unterschied, ob man Unterricht und Erziehung in unantastbarer Anerkennung der Eltern-Kind-Beziehung als einer nicht nur äußerlichen Schicksalsverbundenheit betreibt, oder ob man es sogar noch für einen Vorteil hält, ohne die Eltern auskommen zu können. Mit den anthroposophischen Kindergärten und auch heilpädagogischen Heimen liegt ja Ähnliches vor. Sie verstehen sich subsidiär: nicht als die ideale Lösung, sondern als nur solange notwendig, wie die heutige Familie kulturell noch nicht in der Lage ist, selbst voll dem Kinde zu helfen – eine offensichtliche Angelegenheit des gesellschaftlichen Bewußtseins aller. Natürlich bleibt der Ersatz der Familie auch dann immer bruchstückhaft.

## 5. Goethes Bedeutung für die Selbsterziehung des Lehrers und des Jugendlichen

Goethes Bedeutung für die Erziehung – das ist im bisherigen der Darstellung wohl deutlich geworden – liegt nicht in praktizierbaren Vorschlägen, Mustern und Vorbildern für die kindliche Erziehung. Sie liegt vielmehr in der Selbsterziehungsaufgabe des Erziehers. Hierin ist Goethe im Sinne anthropologisch-anthroposophisch begründeter Pädagogik in der Waldorfschule wirksam. Angelegentlich empfiehlt Steiner den ersten Waldorflehrern, den Aufsatz „Über den Granit" von Goethe zu lesen, der ausgesprochene Dimensionen der Selbstbeobachtung an der Natur und ebenso des Naturverständnisses aus dem Selbstverständnis des Beobachters heraus enthält (GA 302, S. 36). Oft empfiehlt er die Goethesche Farbenlehre den Lehrern für die innere Schulung (GA 294, S. 40; GA 300–2, S. 43; GA 302a, S. 47). Und besonders seien es die Pflanzen-Metamorphosen, die dem Erziehenden helfen, seine angelernte Bildung zu verflüssigen, umzuschmelzen und dadurch erst wieder fruchtbar für die Heranbildung anderer zu machen (GA 164, S. 44ff.). An den Erscheinungs-Metamorphosen der lebenden Natur zu lernen, sich selbst zu verändern, ist die praktische Hilfe, um totes Bildungswissen überhaupt wieder so mit vollem Leben durchsetzen zu können, daß es menschenbildende Kraft erhält. Weit mehr der Naturbeobachter und Naturwissenschaftler Goethe, gar nicht so sehr der Pädagoge Goethe, war und ist gerade für die Selbstschulung des Waldorflehrers wirksam, zu der das anthroposophische Bemühen ebenso hinzutritt. Und die von Goethe empfohlenen Ehrfurchten, die die Kinder in der Pädagogischen Provinz üben, verwandeln sich in der Waldorfpädagogik entsprechend zu drei Übungen, die der Erzieher an sich selbst vollziehen möge und die Steiner als „die Panazee, das Allheilmittel in der Seele des Erziehers und Lehrers" bezeichnete:

> „Ehrfurcht vor dem, was dem Dasein des Kindes vorausgeht. Enthusiastischer Hinweis auf das, was dem Kinde nachfolgt. Schützende Bewegung für das, was das Kind erlebt."

Was Goethe in seiner pädagogischen Schrift für die Kinder vorschwebte, wird in entsprechend umgewandelter Weise von Steiner dem Erzieher nahegelegt (GA 302a, S. 39).

Sollte man zwischen Erziehung und Selbsterziehung solch eine scharfe Trennung machen? Man muß es, wenn man der Gefahr entgehen will, das Kind nur als einen kleinen Erwachsenen anzusehen, den man nur nach dem Vorbild der Erwachsenen (das heißt z. B. nach der eigenen Selbsterziehung des Lehrers) in die richtige Länge zu ziehen hat. (Das Wort „Erziehen" ist ja leider von der Sprachwurzel her nicht glücklich, aber nicht mehr zu vermeiden.) Jede Pädagogik vom Kinde her – und darunter versteht sich auch die Waldorfpädagogik – wird sich immer erst dann als eine solche betrachten können, wenn sie die Eigenwelt des Kindseins nicht durch die Projektionen der Erwachsenenwelt zerstört, also auch nicht von ihrem Selbsterziehungsideal her ausschließlich interpretiert. Das heißt nicht, das Kind ohne den Einsatz des Erziehers nur sich selbst zu überlassen, sondern das in den Mittelpunkt zu stellen, was das Kind am Erwachsenen sucht, was Steiner einmal

„das Unsichtbare zwischen Erzieher und dem zu Erziehenden" nannte (GA 275, S. 122) und Hermann Nohl als den „Pädagogischen Bezug" bezeichnete (1949, S. 153).

Die Selbsterziehung des Lehrers ist methodisch aufs Kindesalter nicht übertragbar. Das Kind sucht Sicherheit und noch nicht die riskierte Selbstverwandlung. So stehen auch die Inhalte des Goetheschen Metamorphosedenkens selbst im Naturkundeunterricht für das Kindesalter in der Waldorferziehung noch nicht an. Steiner rät den Klassenlehrern z. B. davon ab, die Besprechung der Goetheschen Pflanzenmetamorphosen in die Pflanzenkunde der Mittelstufe hineinzunehmen (GA 295, S. 110); sie gehört aber ganz entscheidend in die Biologie der Oberstufe. Auch die Tierkunde wird schon vom vierten Schuljahre an unter vorläufiger Vermeidung des Entwicklungsgedankens aus dem ganzheitlichen Typus des Menschen heraus entfaltet, wobei Steiner mehr auf Lorenz Oken als auf Goethe hinweist (GA 306, S. 93 und GA 301, S. 127).

Mit der einschneidenden Veränderung des Kindes durch die Pubertätsphase hin in die Adoleszenz verändert sich entsprechend der methodische Ansatz des Waldorfschulunterrichtes. Von nun an gilt zunehmend für den Lehrer, was für einen guten Arzt gilt: Er ist um so besser, je weniger er vonnöten sein wird. In vielen Bereichen kann die Fremderziehung anfänglich von einer stillen Art von Selbsterziehung des Schülers abgelöst werden. Der Erzieher erzieht jetzt nicht mehr nur durch die eigene Person, an die sich vorher das Kind so stark gebunden hatte, sondern zunehmend durch die Seite seiner Persönlichkeit, die Vermittler für den Aufschluß der Weltinhalte wird. Der Schüler der Oberklassen möchte nicht mehr so wie bisher vom Lehrer erzogen werden, sondern – wenn der Unterricht altersentsprechend gelingt – sich am Sachgehalt der Weltinhalte zunehmend selbst verändern. Und daß das möglich ist, das zu zeigen und vorzuleben, ist die Erwartung an den Lehrer. Indem aber in einer vorläufigen Weise beim Jugendlichen die Selbstformung in ihre ersten Rechte tritt, gewinnt damit im gekennzeichneten Sinne die Goethesche Art eben doch ihre volle immanente pädagogische Relevanz, eben die der gelebten Selbstsuche und Selbstgestaltung.

Im allgemeinen Schulbereich sah man für die idealistische Seite der Jugendzeit eher Schiller als didaktisches Pendant und sprach die größere Goethesche Realistik erst der nachschulischen Phase zu. Der Lehrplan der Waldorfschule hingegen setzt schon in der 9. Klasse im Deutschunterricht als zentralen Stoff für diese Altersstufe die Biographie Goethes an, es kann auch Herder mit seinen „Ideen zu einer Philosophie …" oder etwas Gleichwertiges sein, in jedem Falle etwas aus der deutschen Klassik. Die literarische Moderne tritt in den obersten Klassen auf.

Was im gesamten Jugendalter aufbricht, ist aber nicht nur jene drastische Ausbildung des persönlichen Seelenraumes im Gefühlsleben und Ahnungsbedürfnis, sondern – rasch noch sehr viel markanter sichtbar – das zur Kritik fähige Urteilsvermögen. „Kritik" als das im Wortsinne verstandene „Unterscheidungsvermögen" macht ein Denken sichtbar, das voll nun erst zum wissenschaftlichen Unterricht tauglich ist. Die Vorverlegung gerade von naturwissenschaftlichen Denkmethoden vor die Zeit der seelischen Pubertät (sie retardiert bekanntlich gegenüber der somatischen Reifung) führt nur zu vorwissenschaftlichen Prägungen, die das selbständige Urteilen lange behindern können, weil leicht die reichen Abwehrmechanismen im Kinde einsetzen, die nur auswendig einlernen lassen, was nicht selbst verstanden worden ist. Die von sich aus erwachende Intellektualität braucht aber die ihr entgegenkommende Nahrung, und diese besteht in einer guten wissenschaftlichen Bildung – sowohl methodisch wie inhaltlich.

Nun hat es mit den Wissenschaftstugenden ihre eigene Bewandtnis. Der zum offenen wissenschaftlichen Diskurs nötige Pluralismus, unverbindlich betrieben, relativiert hier leicht die Erwartungen, das Denken könne sichere Wege gehen. Enttäuscht man diese Hoffnung des ersten selbständigen jugendlichen Denkens, so liefert man es ungewollt zahlreichen Irrationalismen aus. Oder – was gesünder ist – der Jugendliche kann doch nicht davon lassen, sein Denkbedürfnis in Anschlag zu bringen. Sagt ihm doch sein Wahrheitsgefühl, daß jede Aussage, das Denken könne keine gesicherten Aussagen treffen, doch nur mit Hilfe des Denkens geschehen ist, wenn jene Aussage überhaupt Wahrheitswert haben soll, sie sich dadurch aber selbst aufhebt.

Es kann hier nicht darum gehen, in wenigen Sätzen den Reduktionismus seit Descartes und die Erkenntnisgrenzen von Kant und Popper in ihrer eigenen Relativierbarkeit zu kennzeichnen. Hier ist von Interesse, daß Steiner dem erwachenden Denken der Oberklassenschüler eine ausgesprochen pädagogisch Mut-machende Zustimmung entgegenbringt. Der Lehrer dürfe hier keinen Erkenntnispessimismus verbreiten, denn der habe, für dieses Alter vorgebracht, verheerende biographische Folgen:

„Skepsis darf man ihnen gar nicht entgegenbringen in diesem Lebensalter, namentlich nicht in der ersten Hälfte dieses Lebensalters. Das schädlichste Urteil, das man fällen kann für das Lebensalter zwischen dem 14./15. und etwa dem 18. Lebensjahre ist dasjenige, wo in einer erkenntnis-pessimistischen Weise Dinge auftreten wie: Das kann man nicht wissen. – Dies ist etwas, was die Seele des jungen Menschen gerade in diesem Lebensalter am meisten zermürbt. Mit dem 18. Lebensjahr geht es dann schon eher, daß man übergeht zu demjenigen, was mehr oder weniger zweifelhaft sein kann" (GA 302 a, S. 83).

Der Umgang mit den Erkenntniszweifeln kann danach ebenso durchgekostet werden. Werden sie aber sogleich apodiktisch mit Nihilismus beantwortet, so ist die geistige Lähmung festgeschrieben:

„Für einen Menschen aber, dem die Triebkraft des Denkens in der Seele so lebendig geworden ist, wie im Körper die Triebkraft des Hungers lebendig ist: für den bedeutet seelisch die Überzeugung, daß der Mensch nichts wissen könne, das gleiche, was für den Körper das Verhungern bedeutet. Alle innersten Stimmungen von Seelengesundheit im höheren Sinne hängen damit zusammen" (GA 20, S. 26).

Nun hat man es ja seit einigen Jahren in den Oberklassen mit noch einer anderen, geradezu epidemisch um sich greifenden Stimmung zu tun: die tiefe Erschrockenheit, ja Verschreckung vor den lebenszerstörenden Folgen der mit dem naturwissenschaftlichen Denken praktizierten Technologien. Das Gefühl, nicht die fünf Minuten vor Zwölf, sondern schon nach Zwölf erreicht zu haben, kommt heute dem naturwissenschaftlichen Lehrer nach Tschernobyl, Sandoz, Waldsterben, Robbensterben, Ozonloch, Immunschwächen, Allergiezunahme bis hin zur Aidsepidemie von den 17- bis 19jährigen im Unterricht verhüllt oder unverhohlen entgegen. Das Wort Wissenschaft ist für junge Ohren hoch ambivalent geworden. Denkanspruch und Wissenschaftsflucht lösen einander wechselweise ab. Was tun?

Ein hilfreicher Ansatz ist, im naturwissenschaftlichen Unterricht die Historizität der Naturwissenschaften von vornherein mit einzubeziehen – etwas, was dem Naturwissenschaftler leicht aus dem Blick gerät. Werden doch künftige Jahrhunderte wohl ebenso auf die Wissenschaftsformen des 20. Jahrhunderts zurückblicken, wie wir auf die der Zeit etwa des Paracelsus, welche ebenfalls in jeder Hinsicht eine große Umbruchzeit war. Dem gerade erwachenden Denken des Jugendlichen erscheinen dann die Wissenschaftsinhalte nicht nur als ein zu schluckendes Absolutum, das als solches – wenn auch noch so gut methodisch gewürzt – geistiges Magendrücken verursacht, sondern begreifbar im Gesamt der kulturellen Evolution, in der wir standen und stehen. Hier hilft auch der aufklärende Gedanke Steiners weiter, daß der kulturelle Wert der Naturwissenschaften im Grunde gar nicht so sehr in ihren Aussagen über die Natur liege. Warum sollte sich nicht in der Zukunft herausstellen, daß das, was wir „Natur" nennen, als noch etwas ganz anderes angesehen werden kann als dasjenige Weltbild, das das naturwissenschaftliche Verfahren derzeit von ihr entwirft? Die Ökokatastrophen in der Biosphäre legen dem Schüler selbst nahe zu denken, daß das momentane Wissenschaftsbild von der Natur ihr nicht adäquat sein kann, sonst könnten wir ihr ja aufhelfen, anstatt sie zu zerstören. Wir können ja auch methodisch besser analysieren, als den wirksamen Zusammenhang erfassen. Und der Analytiker bestätigt diesen Verdacht selber, indem er gerne darauf verweist, daß Wissenschaft die Wirklichkeit nie erfassen könne, sondern nur paradigmengebundene Teilaspekte derselben, also nur Modelle bieten kann. Reduziert man aber die Wirklichkeit in der technologischen Praxis auf die gedachten Modelle, so muß ja die Wirklichkeit zu ihren Ungunsten verfremdet werden. Hierüber also wäre im Prinzip beiderseits rasch Einigkeit zu erzielen.

Steiner selbst aber stellte trotzdem den Kulturwert der Naturwissenschaften heraus. Worin liegt er dann, wenn sie derzeit historisch für die adäquate Naturzuwendung nicht taugen? Seine Antwort ist: in der Bewußtseinsschulung des modernen Menschen. Für die Selbstaufklärung und Disziplinierung der eigenen geistigen Existenz ist die Methodologie gerade der Naturwissenschaft von unschätzbarem Wert. An der Naturbetrachtung ist anfänglich zu üben, was die Wissenschaftstugenden der Sorgfalt, Unvoreingenommenheit, Behutsamkeit, Geduld, Sachlichkeit im wörtlichen Sinne, Transparenz der Mittel, Offenlegung der Voraussetzungen, unbefangene Annahme von auch unerwarteten Ergebnissen und manches mehr sind. Und sie alle auf das eigene Bewußtsein, auf die eigene seelische Konfiguration jenseits von Lust und Unlust anwenden zu können, darin liegt nach Steiner sogar der eigentliche bewußtseinsgeschichtliche Auftrag der Naturwissenschaften. Sie sind für den Menschen sehr viel wichtiger als für die Natur.

Wir wollen nicht so weit gehen wie Heisenberg, der davon sprach, daß seit der Entdeckung der Quantentheorie die Naturwissenschaft nicht mehr eine Wissenschaft von der Natur ist, sondern im Prinzip nur noch eine solche von unserer Beziehung zur Natur (1955, S. 21). Schon Theodor Litt hat als Philosoph da die Naturwissenschaft vor den Naturwissenschaftlern in Schutz genommen, indem er zu mehr Abwägung der Lage als zu Extrempositionen riet (1959, S. 132).

Die beiden bedeutendsten Durchbrüche in der Physik des 20. Jahrhunderts gegenüber ihrer klassischen Form im 19. Jahrhundert sind einerseits die Relativitätstheorien Einsteins, dann die Quantentheorien Plancks, Bohrs und Heisenbergs. Im einen Fall (Einstein) wird ein Weltbild unter Ausschluß jeglichen Standpunktes irgendeines beobachtenden Subjektes entworfen (es gibt keine bevorzugten Bewegungssysteme). Im anderen Fall handelt es sich um ein Weltbild ohne faßbare Objekte, also nur um vom Subjekt ausgewählte Ausschnitte (die Grundbestandteile des physikalischen Kosmos, die Elementarteilchen, gehorchen nur Wahrscheinlichkeitsgleichungen). In beiden Dilemmata ist jedwede Gemeinsamkeit von menschlichem Bewußtsein und vorfindbarer Welt zugunsten beider verabsolutierter Extrempositionen aufgegeben (Basfeld 1989). Sie nicht aufzugeben, sondern die immanente Bezogenheit von Ich und Welt, und das ist ja das faktische Leben, das wir leben, auch erkenntnismäßig anzunehmen, ist die wissenschaftliche Grundhaltung Goethes. Er brachte seine umfängliche Beurteilung der Sachlage zwischen Ich und Welt in die folgenden für ihn erstaunlich knappen Thesen:

„a. In der Natur ist alles, was im Subjekt ist,
   y. und etwas drüber.
   b. Im Subjekt ist alles, was in der Natur ist,
   z. und etwas drüber.
   b kann a erkennen, aber y nur durch z geahnt werden.

Hieraus entsteht das Gleichgewicht der Welt und unser Lebenskreis, in den wir gewiesen sind" (an Schlosser, 19.2.1815).

Was beinhaltet das für jeglichen naturwissenschaftlichen Unterricht? Jeder Schüler im Jugendalter ist eigentlich in der biographischen Übergangslage eines Plessing, den Übergang von der Fremderziehung zur Selbsterziehung zu finden. Dadurch wird Goethes Welthaltung erst jetzt pädagogisch wirkungsvoll. Und so finden wir Goethes Therapievorschlag an Plessing, sich dem Naturstudium zu widmen, in dem pädagogischen Ratschlag Steiners an die Lehrer für die Erziehung im Jugendalter wieder, so viel Weltinteresse zu vermitteln wie nur möglich (GA 302a, S. 77). Sich an den Gegebenheiten in der Weltbegegnung biographisch selbst aufzuhelfen, ist das beste Heilmittel gegen die diesem Alter naheliegenden Einseitigkeiten der Selbstbemitleidung, Selbstzerknirschung und sonstigen leicht autistischen Formen weltschmerzlicher Abschottung.

Aber noch gefährlicher wird heute von den Heranwachsenden die Gefahr empfunden, die abgekühlte Weltzuwendung letztlich nur dazu zu verwenden, die Umwelt zur Lust- und Gewinnmaximierung auszubeuten und tödlich zu verfremden. So läuft alles darauf hinaus, eine Zuwendung aufzubauen, in der die menschenbildende Instanz der Natur, gleichsam ihr pädagogisches Vermögen am Menschen zum Zuge kommt. Das liegt in der Diagnose Steiners, daß der Wert der Naturwissenschaft nicht so sehr – wie zumeist gemeint – im Erkenntnisgewinn (und damit Manipulationsgewinn) über die Natur liegt, sondern in ihrer durch nichts anderes zu ersetzenden Förderung, ja Weckung des klaren, neuzeitlichen Bewußtseins, also für seine Selbstschulung. Wenn das altersadäquat beginnen kann, wird auch der Selbsterzieher Goethe pädagogisch sinnvoll, denn das hat bis heute vielleicht doch niemand besser gelebt als er. Aber nicht nur das, sondern er hat es auch reflektiert, wenn er schrieb:

> „Jeder neue Gegenstand, wohl beschaut, schließt ein neues Organ in uns auf." (1823 b)

> „Die Gegenstände haben mich nach und nach zu sich hinaufgehoben." (Rom, 15.9.1787)

> „Ich mache diese wunderbare Reise, nicht um mich selbst zu betrügen, sondern um mich an den Gegenständen kennenzulernen." (Verona, 17.9.1786)

> „Die Natur ist doch das einzige Buch, das auf allen Blättern großen Gehalt bietet." (Neapel, 9.3.1787)

Im Jahre 1805 gebrauchte ein schwedischer Diplomat und Literat namens Gustav Brinkmann aus Berlin in einem Brief an Goethe wohl als erster das Wort „Goetheanismus", um die überpersönliche Wirkung der Goetheschen Weltzuwendung zu bezeichnen. Brinkmann sah dabei vorerst allein den Poeten. Steiner griff schon 1884 diesen Terminus auf und verwandte ihn zunehmend für die charakterisierte Art und Weise der Goetheschen Naturwissenschaft. Dabei war es ihm ein Anliegen, den begrenzten, auch zeitbedingten Umfang der naturwissenschaftlichen Forschungsergebnisse Goethes auseinanderzuhalten von der über den historischen Goethe hinausgehenden, methodischen Erkenntnishaltung. So gab es nicht nur damals eine goethesche Naturwissenschaft, sondern gibt es heute eine goetheanistische Naturwissenschaft (Amrine et al. 1987, Schad 1982–1985). Hier sollte allein ihr pädagogischer Bildungswert herausgeschält werden und die Kennzeichnung, ab wann sie altersgemäß eingebracht werden kann und wann noch nicht. Was sie darüber hinaus für das heute weit verbreitete Verhältnis des entfremdeten Menschen zur dadurch von ihm produzierten Ökokatastrophe in Zukunft bedeuten wird, sei in dem Beitrag „Ökologische Krise und Waldorfpädagogik" (siehe S. 260) berührt.

Eines aber geht aus dem Dargestellten hervor: daß die Formel „Gegenstand" in der Sprache Goethes anders gewichtet ist als gewohnt. Auch Blättner (1949, S. 452) hatte das schon herausgestellt. Sich „durch das Anschauen einer immer schaffenden Natur zur geistigen Teilnahme an ihren Produktionen würdig machen" (1820), ist eine Maxime, die gegen alle die Denkformen bis heute verstößt, die das von Goethe mit „Natur" Gemeinte dualistisch auseinanderfallen lassen: Entweder wird mit dem Worte Natur nur ein Biologismus oder sogar allein der physikalisch-chemische Materialismus verbunden gedacht, oder, im entgegengesetzten Falle, die sublime contemptio mundi angewandt, die lebensferne Naturverachtung. Ist doch der Zugang zu Goethe ein Maß für den selbst gelungenen Gewinn eines fruchtbaren Monismus.

## 6. Der Wert der Kunstästhetik Goethes für die „Sozialästhetik" Steiners

Hier ist nun auch der Bereich zu nennen, wo zwar weniger Goethes pädagogische Praxis, um so mehr aber Goethes Lebensart und geistiger Ansatz mit der Pädagogik Rudolf Steiners verbunden sind. Das ist Goethes produktiver Zugriff in seinem künstlerischen Schaffen. Seine Kunst ist – wo sie es ganz ist – keine Ideenkunst:

„Da kommen sie und fragen, welche Idee ich in meinem ‚Faust' zu verkörpern gesucht. Als ob ich das selber wüßte und aussprechen könnte! *Vom Himmel durch die Welt zur Hölle,* das wäre zur Not etwas, aber das ist keine Idee, sondern der Gang der Handlung" (Gespräche mit Eckermann, 6. 5. 1827).

Kunst ist für Goethe zumeist kein Transportmittel für Ideen. Er sah sich einmal voll verstanden, als der Jugendfreund Johann Heinrich Merck ihm auf den Kopf sagte:

„Dein Bestreben, ... deine unablenkbare Richtung ist, dem Wirklichen eine poetische Gestalt zu geben; die anderen suchen das sogenannte Poetische, das Imaginative zu verwirklichen, und das gibt nichts wie dummes Zeug. Faßt man die ungeheure Differenz dieser beiden Handlungsweisen, hält man sie fest und wendet sie an, so erlangt man viel Aufschluß über tausend andere Dinge" (Dichtung und Wahrheit, 4. Teil, 18. Buch).

Dieser Ansatz Goethes fesselte schon früh den jungen Steiner. 1888 hielt der Siebenundzwanzigjährige im Wiener Goetheverein einen seiner ersten Vorträge mit dem Thema „Goethe als Vater einer neuen Ästhetik". Er lehnte darin die naturalistische Ästhetik von G. Th. Fechner ebenso ab wie die idealistische Ästhetik Schellings oder Hegels. Fechner hatte versucht, den Kunstgenuß auf eine „Physiologie des Geschmacks" zu reduzieren. Schelling seinerseits sah in aller Kunst nur die sinnliche Verkörperung von ideellen Inhalten. Steiner lehnt beide Haltungen ab. Im einen Falle wäre Kunst um so mehr Kunst, je naturalistischer sie wird; warum beläßt man es dann nicht beim reinen Naturgenuß? Im anderen Falle wären die höchsten Kunstformen die Allegorie oder die didaktische Poesie, das Lehrgedicht; Kunst diente dann nur der leichteren Verbreitung von Ideen, wäre also bestenfalls eine Art popularisierender Illustration von Wissenschaft. Kunst wäre dann nur mehr Ideenkunst. Noch für Hegel galt: „Das Schöne ist das sinnliche Scheinen der Idee."

Steiner bemerkte an Goethes Kunst noch etwas ganz anderes: „Das ist nicht die ‚Idee in der Form der sinnlichen Erscheinung', das ist gerade das Umgekehrte, das ist eine ‚sinnliche Erscheinung in der Form der Idee.'" Wenn Goethe im Faust sagt: „Das Was bedenke, mehr bedenke Wie" (V. 6992), so greift gerade das Motiv Steiner auf: „denn in dem Wie liegt es, worauf es ankommt. Das Was bleibt ein Sinnliches, aber das Wie des Auftretens wird ein Ideelles. ... das Schöne ist ein sinnliches Wirkliches, das so erscheint, als wäre es Idee" (GA 30, S. 43). Nicht der Dualismus, im Kunstwerk sei ein Gedanke zu verkörpern, sondern monistisch lebt im Kunstwerk, was uns sonst auch getrennt von der sinnlichen Erfahrung als Idee erscheinen kann. Diese unprogrammatische Immanenz macht die zeitlose Lebenskraft der Goetheschen Poetik aus.

Steiner greift nun in der Grundlegung der Waldorfpädagogik diese Goethesche Ästhetik selbst immanent für den Erziehungsvorgang auf. Diesen versteht er eben nicht als eine operationable Umsetzung eines Ideensystems z. B. über das, was der Mensch sei, hin auf das Kind (das wäre die Hegelsche Ästhetik und die Herbartsche Ethik), sondern als Erziehungskunst im wörtlichen Sinne. So ist auch für ihn die Medizin letztlich situativ an den konkreten Menschen angebundene Heilkunst oder gesellschaftliches Handeln im Sinne sozialer Dreigliederung z. B. Staatskunst aus den gegebenen sozialen Verhältnissen heraus. Die sozialen Künste – und für sie ist es besonders einsichtig – wirken eben erst dann tatsächlich sozial, wenn auch hierbei nicht Ideenkunst betrieben wird, denn dabei wird immer die noch so schöne Idee dem Leben übergestülpt. Erst die Wahrnehmung und Annahme des konkret gegebenen Sozialfeldes kann soziales Können veranlassen.

Im Sinne der Ästhetik Goethes versteht sich die Waldorfpädagogik als soziale Kunst. Es gilt nicht, das Kind nach einer vorgefaßten Idee, möge sie auch eine bedeutsame sein, zu formen. Pädagogische Begriffe, Entwürfe, Ideen, die Einsichten der Erziehungswissenschaften haben Notwendiges beizutragen, aber nur im Vorhof des pädagogischen Geschehens, das im Augenblick der Begegnung von der vorweg und anschließend notwendigen Reflexion frei sein muß, um geistesgegenwärtig auch für das immer Unvorhersagbare des konkreten Kindes da zu sein. Es geht um das Wichtigere: den Nachwachsenden dabei behilflich zu sein, die in jedem von ihnen schlummernde, gleichsam „autonome Idee", die eigene Fähigkeit zur Lebensgestaltung ins Leben zu bringen.

Dreieinhalb Jahre nach Begründung der ersten Schule kam Steiner geradezu radikal auf diesen Ansatz in dem programmatischen Vortrag „Pädagogik und Kunst" zu sprechen. Er setzt sich darin mit der großen Schwierigkeit jeglicher Menschenerkenntnis auseinander. Schon die Griechen hätten es damit schwer gehabt, sonst hätten sie nicht nach dem Imperativ gegriffen: Erkenne dich selbst! Wenn sie auch die ersten waren, die nach dem Rätsel des Menschseins offen frugen. Auch die moderne Naturwissenschaft – so wird ausgeführt – habe selbst bemerkt, daß sie den Menschen nicht begreifbar machen kann; was an der „Ignorabimus-Rede" von Dubois-Reymond (1872) aufgezeigt wird. Und bei aller notwendigen Ergänzung, die Steiner in der von ihm ausgeführten geisteswissenschaftlichen Anthroposophie für die naturwissenschaftliche Anthropologie sieht und vertritt, so reicht auch jene wie diese für ihn nicht aus, den konkreten, real gegenwärtigen Menschen zu erfassen. Anthroposophie ist für ihn eben „Allgemeine Menschenkunde", die wie jede Wissenschaft auch nur generalisieren kann. Er fährt nun fort:

„Aber gerade zwischen diesen beiden Gegensätzen liegt die Menschenerkenntnis darinnen. Wenn wir bloß die äußere Natur durch unsere Sinne erkennen, kommen wir aus den angedeuteten Gründen nicht an den Menschen heran. Wenn wir bloß das Geistige erkennen . . ., so müssen wir gewissermaßen den Sinn hinaufführen in solche Geist- und seelischen Höhen, daß das Unmittelbare des Menschen, wie er vor uns in der Welt steht, dahinschwindet. Wir brauchen etwas, was uns noch intimer in den Menschen hineinführt . . . Ein Sinn muß da sein, wie für die Farben das Auge, so für das unmittelbare Erkennen der Menschenwesenheit. . . . Wo ist der Sinn für die Menschenauffassung und Menschenerkenntnis? Nun kein anderes ist dieser Sinn als derjenige, der uns als Menschen auch verliehen ist für das Auffassen der Kunst, der künstlerische

Sinn ... Dieser künstlerische Sinn ist zu gleicher Zeit der Sinn, der uns den Menschen unmittelbar in der Gegenwart in seiner Wesenheit erkennend ergreifen läßt, so daß diese Erkenntnis auch unmittelbare Lebenspraxis werden kann" (GA 304a, S. 18).

Aus dem Kontext wird deutlich, daß damit eine starke Ausweitung des Bedeutungsumfangs der sonst so leicht gehandelten Vokabel „Kunst" geschehen ist. Dieser Ausweitung kommt neuerdings vieles im modernen Kunstleben entgegen, das unablässig heute versucht, gerade im gesellschaftlichen Leben wirksam zu werden (Bockemühl 1985). Viele moderne Kunstausstellungen – man denke nur an die Reihe der documenta-Ausstellungen in Kassel – haben den sozialen Impetus als Dauerthema. Nur bleibt auch dabei permanent die Frage: Wird das Kunstprodukt doch nur zum Ideentransport hin zum Betrachter eingesetzt? Oder gelingt etwas ganz anderes: Daß das jeweilige künstlerische Material selbst so behandelt wird, daß es schon aus sich heraus Zusammenhang stiftend – nämlich z. B. sozial – wirkt? Erst das letztere ist Kunst im Sinne von Merck, Goethe oder auch Baudelaire (Krüger 1988). Bei Steiner zielt dieses Verständnis von Kunst im Bereich der Erziehungskunst auf eine pädagogische Haltung, ja Gesinnung, die er schon einige Jahre vor der Begründung der Waldorfschule vor Künstlern zu formulieren begann:

„Da müssen wir unterscheiden lernen die Intentionen des Erziehers von dem, was aus dem Zögling wird. Wenn wir nur richtig gestimmt sind, werden wir die größten Freuden erleben, wenn wir uns bemühen, etwas ganz Bestimmtes an den Zögling heranzubringen, und wir uns sagen können: Nun, das, was du gewollt hast, ist er nicht geworden, aber er ist etwas geworden.

Das ist das Eigentümliche, daß der Erzieher nur dadurch seinen Erzieheregoismus abstreifen kann, wenn er den Wunsch überwindet, daß das, was er als gut und recht ansieht, und namentlich, was er selber gerne denkt, in dem Zögling ein Abklatsch werde. Wenn wir als Erzieher die Gelassenheit erreichen, daß der Zögling uns so unähnlich als möglich werden kann, dann haben wir das Schönste erreicht" (GA 275, S. 124/125).

Daß eine solche Gesinnung nicht immer gelingt, ist kein Einwand gegen die zentrale pädagogische Berechtigung des unternommenen Versuches. Daß es immer und immer wieder gelungen ist, dafür spricht jegliche fruchtbar gewordene Pädagogik und so auch die ungebrochene Ausbreitung der Waldorfschulpädagogik. Denn aus diesem Ansatz einer im Sinne der Goetheschen Ästhetik „sozialen Kunst" lebt sie und vereinigt so in sich Goethes künstlerisches Anliegen mit dem sozialen Anliegen Rudolf Steiners.

*Literaturverzeichnis*

Amrine, Fr./Zucker, Fr. u. H. Wheeler (Hrsg.): Goethe and the sciences: a reappraisal. Boston studies in the Philosophy of Science, Vol. 97. Dordrecht, Boston, Lancaster, Tokyo 1987.
Basfeld, M.: Ungedruckter Vortrag vom 18. 2. 1989, gehalten im Rahmen des Friedrich von Hardenberg-Instituts für Kulturwissenschaften, Heidelberg.
Beltle, E. u. K. Vierl (Hrsg.): Erinnerungen an Rudolf Steiner. Stuttgart 1979.
Beutler, E.: Essays um Goethe. Zürich/München 1980.

Blättner, Fr.: Goethes italienische Reise als Dokument seiner Bildung. Deutsche Vierteljahrsschrift für Literaturwissenschaft und Geistesgeschichte. Bd. 33, H. 4, S. 449–471. 1949.

Blättner, Fr.: Geschichte der Pädagogik. Heidelberg [6]1958.

Bockemühl, M.: Kunst im Sozialen – Soziale Kunst I u. II. Die Drei, Jg. 55, H. 6, S. 406ff. sowie H. 7/8, S. 526ff. Stuttgart 1985.

Diener, G.: Goethes „Lila", Heilung eines „Wahnsinns" durch „psychische Kur". Frankfurt 1971.

Du Bois-Reymond, E.: Über die Grenzen der Naturerkenntnis. Leipzig 1872.

Ernst, Fr.: Aus Goethes Freundeskreis. Studien um Peter im Baumgarten. Erlenbach/Zürich 1941.

Fechner, G. Th.: Vorschule der Ästhetik. [1]1876, [3]1925.

Flitner, W.: Goethes pädagogische Ideen. Die Pädagogische Provinz nebst verwandten Texten. Godesberg 1948.

Friedmann, W.: Sinnvolle Odyssee. S. 173ff. München 1950.

Gamm, H.-J.: Das pädagogische Erbe Goethes, eine Verteidigung gegen seine Verehrer. Frankfurt/New York 1980.

Goethe, J. W.: Italienische Reise 1786–1788.

Goethe, J. W.: Brief an Chr. H. Schlosser vom 19. 2. 1815.

Goethe, J. W.: Brief an K. Fr. Zelter vom 7. 11. 1816.

Goethe, J. W.: Bildung und Umbildung organischer Naturen: Die Absicht eingeleitet (1817a).

Goethe, J. W.: Geschichte meines botanischen Studiums (1817b).

Goethe, J. W.: Zur Naturwissenschaft überhaupt, besonders zur Morphologie: Anschauende Urteilskraft (1820).

Goethe, J. W.: Aufsätze zur Allgemeinen Pflanzenkunde. Problem und Erwiderung (1823a).

Goethe, J. W.: Bedeutende Fördernis durch ein einziges geistreiches Wort (1823b).

Goethe, J. W.: Dichtung und Wahrheit.

Goethe, J. W.: Kampagne in Frankreich.

Goethe, J. W.: Gespräche mit Eckermann.

Goethe, J. W.: Biographische Einzelheiten: Spätere Zeit (Nachlaß).

Gräf, H. G.: Goethe über seine Dichtungen. Frankfurt 1902.

Grimm, J. u. W.: Deutsches Wörterbuch. Bd. 2. Leipzig 1860. Reprint dtv München 1984.

Hegel, G. W. F.: Vorlesungen über die Ästhetik. 1. Teil.

Heisenberg, W.: Das Naturbild in der heutigen Physik. Hamburg 1955.

Herbart, J. Fr.: Allgemeine Pädagogik. 3. Buch, 4. Kapitel.

Herder, J. G.: „Der Mensch ist der erste Freigelassene der Schöpfung". Herausgegeben und mit Nachworten versehen von E. Dühnfort und O. Oltmann. Stuttgart 1989.

Husemann, Fr.: Goethe und die Heilkunst. Dresden [1]1936, Stuttgart [2]1957.

Klünker, W.-U.: Goethes Idee der Erziehung zur Ehrfurcht. Dissertation Göttingen 1987.

Krüger, M.: Rudolf Steiners Versuche zur Ästhetik. Das Goetheanum, Jg. 67, Nr. 22, S. 179ff. Dornach 29.5.1988.

Lienhard, J.: Mignon und ihre Lieder, gespiegelt in den Wilhelm-Meister-Romanen. Zürich/München 1978.

Lindenberg, Chr.: Rudolf Steiner – eine Chronik 1861–1925. Stuttgart 1988.

Litt, Th.: Naturwissenschaft und Menschenbildung. Heidelberg 1959.

Mandelkow, K. R.: Goethe in Deutschland, Rezeptionsgeschichte eines Klassikers. Bd. 1: 1773–1918. München 1980.

Muthesius, K.: Goethe ein Kinderfreund. Berlin 1903.

Muthesius, K.: Goethe und Pestalozzi. Leipzig 1908.

Nohl, H.: Pädagogik aus dreißig Jahren. Kapitel: Gedanken für die Erziehungstätigkeit des Einzelnen. Frankfurt 1949.

Prange, K.: Erziehung zur Anthroposophie. Darstellung und Kritik der Waldorfpädagogik. Bad Heilbrunn 1985.

Schad, W.: Von einem Wesenszug Rudolf Steiners. Erziehungskunst Jg. 39, H. 3/4, S. 110–115. Stuttgart 1975.

Schad, W.: (Hrsg.): Goetheanistische Naturwissenschaft. Bd. 1–4. Stuttgart 1982, 1983, 1985.

Schad, W.: Die Erkenntnistheorie der Goetheschen Weltanschauung im Entwurf Goethes. Tycho de Brahe-Jahrbuch für Goetheanismus. S. 9–32. Niefern/Pforzheim 1986a.

Schad, W.: Erziehung ist Kunst. Pädagogik aus Anthroposophie. Frankfurt 1986b.

Schad, W.: Christentum und Naturwissenschaft. In: Schroeder, H.-W. et al.: Christentum, Anthroposophie, Waldorfschule. Waldorfpädagogik im Umfeld konfessioneller Kritik. Stuttgart 1987.

Schädel, Ch. H.: Metamorphose und Erscheinungsformen des Menschseins in „Wilhelm Meisters Wanderjahren". Marburg 1969.

Schelling, F. W.: Philosophie der Kunst. S. 26–28. Darmstadt 1960.

Schlechta, K.: Goethes Wilhelm Meister. suhrkamp tb. Nr. 1179. Frankfurt 1985.

Schöffler, H. H. (Hrsg.): Das Wirken Rudolf Steiners 1917–1925. Dornach 1987.

Schubart, F. in Biedermann, F. von (Hrsg.): Goethes Gespräche in Auswahl. S. 213. Wiesbaden 1949.

Schulz, E. G.: Immanuel Kant. ibw-Journal, Jg. 12, H. 4, S. 4. 1974.

Steiner, R.: Grundlinien einer Erkenntnistheorie der Goetheschen Weltanschauung (1886). GA 2. Dornach 1979.

Steiner, R.: Die Rätsel der Philosophie, in ihrer Geschichte als Umriß dargestellt (1914). GA 18. Dornach 1984.

Steiner, R.: Vom Menschenrätsel (1916). GA 20. Dornach 1984.

Steiner, R.: Von Seelenrätseln (1917). GA 21. Dornach 1983.

Steiner, R.: Mein Lebensgang (Dornach 1925). GA 28. Dornach 1982.

Steiner, R.: Goethe als Vater einer neuen Ästhetik. In: Methodische Grundlagen der Anthroposophie 1884–1901. GA 30. Dornach 1961.

Steiner, R.: Die Erziehung des Kindes vom Gesichtspunkte der Geisteswissenschaft. In: Luzifer-Gnosis, S. 309–346. GA 34. Dornach 1960.

Steiner, R.: Goethe und Goetheanum. In: Der Goetheanumgedanke inmitten der Kulturkrisis der Gegenwart. GA 36. Dornach 1961.

Steiner, R.: Der Wert des Denkens für eine den Menschen befriedigende Erkenntnis. Vortrag vom 18. 9. 1915. GA 164. Dornach 1984.

Steiner, R.: Der innere Aspekt des sozialen Rätsels. GA 193. Dornach 1977.

Steiner, R.: Die Erkenntnisaufgabe der Jugend. Aussprache vom 8. 9. 1921. GA 217a. Dornach 1981.

Steiner, R.: Kunst im Lichte der Mysterienweisheit. Vortrag vom 2. 1. 1915. GA 275. Dornach 1980.

Steiner, R.: Erziehungskunst – Methodisch-Didaktisches. GA 294. Dornach 1974.

Steiner, R.: Erziehungskunst – Seminarbesprechungen und Lehrplanvorträge. GA 295. Dornach 1984.

Steiner, R.: Die Erziehungsfrage als soziale Frage. GA 296. Dornach 1979.

Steiner, R.: Rudolf Steiner in der Waldorfschule. Ansprachen für Kinder, Eltern und Lehrer. Ansprache vom 1. 6. 1924. GA 298. Dornach 1980.

Steiner, R.: Konferenzen mit den Lehrern der Freien Waldorfschule in Stuttgart. Bd. 2. GA 300/2. Dornach 1975.

Steiner, R.: Die Erneuerung der pädagogisch-didaktischen Kunst durch Geisteswissenschaft. GA 301. Dornach 1977.

Steiner, R.: Menschenerkenntnis und Unterrichtsgestaltung. Vortrag vom 16.6.1921. GA 302. Dornach 1978.

Steiner, R.: Erziehung und Unterricht aus Menschenerkenntnis. Vortrag vom 21.6.1922. GA 302a. Dornach 1983.

Steiner, R.: Die pädagogische Praxis vom Gesichtspunkte geisteswissenschaftlicher Menschenerkenntnis. GA 306. Dornach 1982.

Teichmann, F.: Die Entwicklung des Entwicklungsgedankens in der Goethezeit. In: Arnold, W. H. (Hrsg.): Entwicklung – Interdisziplinäre Aspekte zur Evolutionsfrage. S. 11–26. Stuttgart 1989.

Zeißig, E.: Goethe als Erzieher und Lehrer. Altenburg 1920.

*Anhang:*
Ernst-Michael Kranich

# Anmerkungen zu den Bildern[1]

Waldorfschule ist für viele eine Schule mit besonderer Betonung des Ästhetischen und Künstlerischen, bzw. mit einer Überbewertung desselben. Zu solcher Auffassung kommt man z. B., wenn man die Regelschule als Norm nimmt. Ihr liegt aber auch eine bestimmte Anschauung zugrunde: das Ästhetische und Künstlerische seien etwas, was dem Menschen, zumal dem Kinde, wohl gut tue und die Kreativität fördere. Gegenüber der Wirklichkeit aber handle es sich wohl nur um einen Schonraum, in dem der Mensch eine gepflegte Form des Wohlergehens finde – ein Winkel des Subjektiven am Rande der nüchternen Realität.

Es ist nicht leicht, zu klaren Begriffen über Kunst und das Wesen des Schönen zu kommen. Das zeigt die Geschichte der Ästhetik. Was ist das Erhabene im Anblick eines Berges oder des Ozeans, was der innere Klang in der Farbenpracht eines Sonnenuntergangs? Was spricht sich in einem Bilde von Cézanne oder einer Plastik von Lehmbruck aus? Für den, dem die Welt in den Kategorien von Stoff, Kraft und Information aufgeht, ist das Schöne nichts anderes als der Reflex des Subjekts auf die materielle Wirklichkeit. Wer aber seine Erfahrung ernst nimmt, kommt zu einer anderen Anschauung. An der Schönheit eines Baumes, einer Bergwiese usw. wird ihm die unsägliche Vordergründigkeit der materialistischen Naturinterpretation bewußt. Die sogenannte Entzauberung der Welt hat nicht zur Wirklichkeit geführt, sondern Dimensionen der Wirklichkeit ausgeblendet; nämlich jene, die sich ästhetisch kundtun. Und die Konsequenz dieser „Entzauberung", der Reduktion der Wirklichkeit auf das Tote, zeigt sich in der ökologischen Katastrophe.

In dem Bemühen um eine ökologische Naturbetrachtung erhält das Ästhetische heute eine neue Aktualität. So schreibt Mayer-Tasch: „Vieles spricht dafür, daß sich im Ästhetischen das Ökologische spiegelt, zumindest aber, daß eine sinnenfällig darstellbare Dimension des Ökologischen im Ästhetischen erkennbar wird, daß Ökologie und Ästhetik unter einem letztlich unaufhebbaren Einheitsbann stehen" (Mayer-Tasch 1986/87, S. 48). Diesen Zusammenhang hat Goethe in einem seiner Gespräche mit Eckermann (18. 4. 1827) einmal anschaulich geschildert: „Das Schöne ist ein Urphänomen, das zwar nie selber zur Erscheinung kommt, dessen Abglanz aber in tausend verschiedenen Äußerungen des schaffenden Geistes sichtbar wird und so mannigfaltig und verschiedenartig ist als die Natur selbst ...

So ist die Eiche ein Baum, der sehr schön sein kann. Doch wie viele günstige Umstände müssen zusammentreffen, ehe es der Natur einmal gelingt, ihn wahrhaft schön hervorzubringen!" Nun skizziert Goethe, wie die Eiche unter diesen und jenen Bedingungen ihre Gestalt nur unvollkommen ausprägt. Er

328

fährt dann fort: „Ein sandiger oder mit Sand gemischter Boden, wo ihr nach allen Richtungen hin mächtige Wurzeln zu treiben vergönnt ist, scheint ihr am günstigsten zu sein. Und dann will sie einen Stand, der ihr gehörigen Raum gewährt, alle Einwirkungen von Licht und Sonne und Regen und Wind von allen Seiten her in sich aufzunehmen. Im behaglichen Schutz vor Wind und Wetter herangewachsen, wird aus ihr nichts; aber ein hundertjähriger Kampf mit den Elementen macht sie stark und mächtig, so daß nach vollendetem Wuchs ihre Gegenwart uns Erstaunen und Bewunderung einflößt."

Die Eiche erreicht ihre volle Schönheit, wenn sie ihr Bildungsgesetz vollkommen in der Erscheinung ausprägt. „Das Schöne ist eine Manifestation geheimer Naturgesetze …" (Goethe). Das Bildungsgesetz der Eiche ist ein anderes als das der Birke, der Rose oder des Schachtelhalms; so ist auch ihre Schönheit eine andere als die der Birke usw. Entwickeln sich Pflanzen unter jeweils günstigen ökologischen Bedingungen, dann kann sich ihr inneres Gesetz vollkommen manifestieren; sie werden schön. Deshalb spiegelt sich „im Ästhetischen das Ökologische". – Was sich in der Schönheit ausdrückt, ist die Welt, nicht das Subjekt.

Das Ästhetische wurde in unserer technischen Zivilisation an den Rand gedrängt. Wenn es heute nun darum geht, den Reduktionismus und seine Folgen zu überwinden, dann kommt ihm eine große Bedeutung zu – und damit auch der ästhetischen und künstlerischen Bildung. Nicht jedem offenbart sich die Schönheit der Natur oder der Kunst aber in gleicher Weise; denn das ästhetische Betrachten ist mehr als bloßes Zur-Kenntnis-Nehmen. Das Schöne regt wohl zum ästhetischen Anschauen an; man muß dieses aber entwickeln, indem man lernt, die Formen und Gesten der Dinge innerlich nachzubilden, die Farbempfindung zu intensivieren und das Ganze in sich gleichsam noch einmal nachzuschaffen. Hierbei überwindet man den Abgrund, der sonst das Subjekt vom Objekt trennt. Im ästhetischen Betrachten kommt es zu einer anfänglichen Identifikation mit dem Gegenstand. Dadurch erfaßt man, was sich in den Formen und Farben als inneres Gesetz, als Wesen ausdrückt. Mit dem ästhetischen Betrachten beginnt die „Weltdurchschauung" (Franz Marc).

So ist das Ästhetische nicht ein Bereich des Subjektiven neben der Wirklichkeit. Im Gegenteil, ästhetisches Betrachten führt zu einer Wirklichkeitserfahrung, die über jenen begrenzten Aspekt, den die kausalanalytische Methodologie erfaßt, hinausreicht. Es bleibt auch nicht bei der bloßen Erscheinung, d. h. bei der vorwissenschaftlichen Welterfahrung stehen. Es dringt gerade in jene Bereiche der Wirklichkeit ein, die der kausalanalytischen Methode entgehen – in das Gebiet der Qualitäten (Farbe, Klang usw.) und das der Gestalt. Das alles weist auf eine Nähe zur Phänomenologie hin, besonders zu der „phänomenologischen Arbeitsweise Goethes" (Rittelmeyer 1989, S. 29), die von der gewordenen Gestalt einer Pflanze zu ihrer Bildung und den in ihrem Werden tätigen Bildegesetzen führt (Goethe 1975, Steiner 1975).

Vor allem aber steht das ästhetische Betrachten dem künstlerischen Schaffen nahe. Was man dort in der nachschaffenden Tätigkeit als inneres Gesetz oder Wesen der Dinge erfaßt, wird hier im schöpferischen Gestalten lebendig gehandhabt und einem Material – der Farbe, dem Stein usw. – eingeprägt. Dabei tritt das Wesen des Dargestellten viel deutlicher hervor als z. B. in der Natur.

„Beim Künstler muß das ganze Äußere seines Werkes das ganze Innere zum Ausdruck bringen; beim Naturprodukt bleibt jenes hinter diesem zurück, und der forschende Menschengeist muß es erst erkennen. So sind die Gesetze, nach denen der Künstler verfährt, nichts anderes als die ewigen Gesetze der Natur, aber rein, unbeeinflußt von jeder Hemmung ... Der Künstler schafft nach denselben Prinzipien, nach denen die Natur schafft" (Steiner 1985, S. 30). Klee spricht diese Erfahrung in der knappsten Form aus: „Kunst ist ein Schöpfungsgleichnis", „Kunst ist wie Schöpfung und gilt am ersten und am letzten Tag" (Klee 1979, S. 19). Der forschende Mensch sucht in den Gedanken und Ideen, die er ausbildet, die in den Dingen verborgenen Gesetze. Er sucht das Wesen im bereits Gewordenen. Der künstlerisch tätige Mensch macht in sich das Geistige, das Wesenhafte so lebendig, daß er aus ihm gestaltend tätig werden kann. Im künstlerischen Schaffen kommt der Mensch deshalb zu einer tieferen Verbindung mit dem Geistigen als im wissenschaftlichen Erkennen.

Diese Auffassung von Kunst liegt dem künstlerischen Unterricht der Waldorfschulen zugrunde. Kunst ist im Hinblick auf Wirklichkeit nicht weniger als die Wissenschaft. Sie umfaßt mehr, nämlich den Menschen bis in jene Bereiche, die im künstlerischen Prozeß rege sein müssen: die Phantasie, das fühlende Erleben und den gestaltend tätigen Willen.

Künstlerischer Unterricht hat das Ziel einer umfassenden Bildung, die nicht nur unter dem Motto der Kreativität veranstaltet wird. Er fordert die Beachtung bestimmter Gesetze. Wir wollen etwas davon skizzieren.

Als Rilke am Anfang unseres Jahrhunderts einigen Bildern von Cézanne in Paris intensiv begegnete, schrieb er folgende Sätze: „Ich wollte eigentlich noch von Cézanne sagen: daß es niemals noch so aufgezeigt worden ist, wie sehr das Malen unter den Farben vor sich geht, wie man sie ganz allein lassen muß, damit sie sich gegenseitig auseinandersetzen. Ihr Verkehr untereinander: das ist die ganze Malerei" (Rilke 1983, S. 55). Und von einem bestimmten Bild: „Es ist, als wüßte jede Stelle von allen anderen" (a. a. O., S. 59). Malen ist nicht nur ein Gestalten mit Farben, sondern ein Gestalten aus der Natur der Farben.

Das setzt ein differenziertes Empfinden der Farbqualitäten voraus. Außerdem ein ästhetisches Erleben für den Zusammenklang der Farben. Und man muß lernen, Farbklänge so zu gestalten, daß sich der Ausdruck zum Bedeutenden steigert. Deshalb beginnt der Malunterricht an Waldorfschulen zunächst mit einfachen Farbklängen, auf die dann kompliziertere folgen. Ästhetisches Empfinden und elementares künstlerisches Gestalten sollen sich gemeinsam entwickeln. Kinder sollen empfinden lernen, daß der eine Farbklang (z.B. Blau und Gelb) schöner ist als ein anderer (z.B. Blau und Grün – siehe hierzu Jünemann, Weitmann 1976, S. 29–46). Ohne eine elementare ästhetische Schulung ist der Weg zum künstlerischen Gestalten von vornherein in Frage gestellt.

Waldorfschulen wird bisweilen vorgehalten, die Bilder der Kinder seien überall doch recht ähnlich. Im Malen würden die kreativen Kräfte zugunsten eines bestimmten Kanon klischeehaft eingeengt. Das mag bisweilen durchaus vorkommen. Oft wird aber übersehen, daß auch die Kunst ihre Gesetze hat. Das Kind muß sie erleben und handhaben lernen. Das bedeutet keine Einengung, es ist Voraussetzung für eine um so größere künstlerische Freiheit.

Der Weg der künstlerischen Bildung beginnt beim Malen im ersten Schuljahr ganz im Medium des Künstlerischen, dem der Farbe, und nicht mit der Darstellung von Dingen. So wird die Ausdruckskraft der Farbe, ihr innerer Klang, nicht von einem anderen Zweck, nämlich Gegenständliches abzubilden, beeinträchtigt. Gegenständliches wird erst Thema, wenn die Schüler die ersten Schritte im künstlerischen Umgang mit Farbe getan haben. Eine künstlerische Darstellung von Gegenständlichem wird auch erst dann sinnvoll, wenn man vom äußeren Anblick der Dinge zu einem Verstehen ihres Wesens gelangt. Deshalb beginnt die malerische Darstellung des Gegenständlichen, wenn die Schüler vom vierten Schuljahr an durch bildhaften Unterricht die Tierwelt, die Pflanzenwelt und die geographischen Verhältnisse erlebend verstehen lernen. Haben die Schüler innerlich mitvollzogen, wie Pflanzen am Licht und in der Luft sprießend wachsen, ihre Blätter bilden und zum Blühen fortschreiten, dann können sie dies auch im Malen darstellen. Malen ist dann nicht nur eine Wiedergabe von Naturgegenständen, sondern künstlerisches Nachvollziehen eines Naturprozesses. In differenzierten Farbklängen kommt die lebendige Natur zum Ausdruck.

Die flüssigen Aquarellfarben, mit denen die Schüler malen, ermöglichen eine besondere Behandlung. Sie erlauben eine Steigerung der Farben von zarter Transparenz bis zum intensiven Leuchten, d. h. eine sensible Handhabung, an der sich das Farbempfinden differenziert ausbilden kann. Es besteht aber auch die Möglichkeit, den inneren Klang der Farben vielfältig abzuwandeln und zu vertiefen, indem in lasierender Technik mehrere Farbschichten übereinander gemalt werden. Diese Technik wird vor allem in den oberen Klassen geübt. Die Bilder in diesem Bande sind Beispiele aus dem Malunterricht einer 11. (Pflanzen, Landschaft) und einer 12. Klasse (menschliches Antlitz). Das Pflanzengrün dieser Bilder entsteht nicht einfach aus Blau und Gelb. Um den leicht schattenhaften Charakter dieses Grüns malen zu können, braucht man eine Lasur von Rot (siehe hierzu Weidemann 1987). In einer solchen Tatsache lernen die Schüler feine Lebensprozesse des Pflanzenlebens kennen. In der Abdunkelung, die das junge Blatt im Übergang zum reifen Blatt durchläuft, wird es durch eine feine Wirkung ausdörrender Wärme etwas trockener und fester. So vollziehen die Schüler im künstlerischen Prozeß Naturprozesse nach. Das gilt auch für die Farbigkeit der Blüten und die lebendigen Farbklänge zwischen dem Grün des vegetativen Lebens und der seelenhaften Farbigkeit des Blühens. Der Prozeß des Malens führt die Schüler nicht nur zur gewordenen Natur, zur natura naturata. Er läßt sie Werdeprozesse nachvollziehen und in das Kräftegewebe einer Landschaft eindringen, auch in das innere Leben der Seelenlandschaft eines menschlichen Antlitzes. Durch den künstlerischen Prozeß lebt im Bi`  ` ..was von der natura naturans, der lebendig schaffenden Natur und ihrer ⌣chönheit auf.

## Anmerkung

1 Es handelt sich um Schülerarbeiten aus dem Malunterricht einer 11. und einer 12. Klasse der Freien Waldorfschule Ulm.

## Literatur

Goethe, J. W.: Zur Morphologie in Goethes Naturwissenschaftlichen Schriften. Bd. 1. Hrsg. von R. Steiner. Dornach ³1975.

Jünemann, M./Weitmann, F.: Der künstlerische Unterricht in der Waldorfschule. Malen und Zeichnen. Stuttgart 1976.

Klee, P.: Die Ordnung der Dinge. Stuttgart ²1979.

Mayer-Tasch, P. C.: Die große Spaltung. In: Scheidewege 1986/87.

Rilke, R. M.: Briefe über Cézanne. Insel-Taschenbuch 672. Frankfurt 1985.

Rittelmeyer, Chr.: Die Phänomenologie im Kanon der Wissenschaften. In: Lippitz, W./Rittelmeyer, Chr. (Hrsg.): Phänomene des Kinderlebens. Bad Heilbrunn 1989.

Steiner, R.: Einleitung zu Band 1 von Goethes Naturwissenschaftlichen Schriften. Hrsg. von R. Steiner. Dornach ³1975.

Steiner, R.: Goethe als Vater einer neuen Ästhetik. In: R. Steiner: Kunst und Kunsterkenntnis. Dornach ³1985.

Weidemann, M.: Das Malen von Pflanzen aus dem Wesen der Farben. Zum Malunterricht der Oberstufe. In: Erziehungskunst 4/1987.

# Vierter Teil:
# Zur Schul-Verfassung

Theoretisch leichter als über Grundlagen und Unterricht scheint es, eine gemeinsame Diskussion über das Bildungswesen zu führen. Tatsächlich ist dies aber schwieriger, weil unser Bildungswesen weniger pädagogisch als staatspolitisch verfaßt ist.

Für die Erziehungswissenschaft besteht dabei im Hinblick auf Schule und Unterricht eine traditionelle Fixierung auf das staatliche Bildungswesen, während sie erst nach Einführung des Diploms vor allem in der Sozial- und Freizeitpädagogik auch offener für nicht-staatliche Institutionen wurde. Das betriebliche Ausbildungswesen dagegen findet immer noch zu geringe Beachtung.

Diese Fixierung erklärt sich wohl daraus, daß die Erziehungswissenschaft ausschließlich für das staatliche Monopol der Lehrerausbildung verantwortlich ist, in deren Rahmen sie sich durchaus auch für sogenannte Alternativschulen, aber nicht für alternative Lehrerausbildung interessiert. Zugleich aber ist sie für die Praxis der von ihr Ausgebildeten unmittelbar nicht verantwortlich, eine pädagogisch bedenkliche Position. Von ihr können daher Kritik, Revisionen und Entwicklungen im staatlichen Bildungssystem begründet und gefordert werden, nicht aber seine Existenz und Systemfunktion in Frage gestellt werden. Obwohl doch schon das benachbarte Ausland (so überwiegen in den Niederlanden die nicht-staatlichen Schulen) wie hier bei uns die Waldorfpädagogik hierzu Anlaß böten.

Welche Fragen stellen sich nun in diesem Zusammenhang einem Gespräch zwischen Erziehungswissenschaft und Waldorfpädagogik?

Interessant zunächst, aber dann doch gesellschaftspolitisch nicht voll ausgeschöpft, sind alle Fragen nach der bildungspolitischen Position der Waldorfpädagogik. Hierzu gehören Fragen nach der gesellschaftlichen Funktion der Waldorfpädagogik (eine Art bildungsbürgerliche Nischenpädagogik?), nach ihrer rechtlichen und finanziellen Absicherung, nach förderlichen oder hinderlichen politischen Rahmenbedingungen (z. B. im Dritten Reich, in unterschiedlichen Kulturkreisen und Gesellschaftssystemen), nach der Anerkennung ihrer Abschlüsse und den Lebensverläufen ihrer Abgänger.

Allerdings bleibt ein solches Interesse einseitig.

In den folgenden fünf Beiträgen ist dagegen das gemeinsame Interesse an der Bedeutung der Schul-Verfassung der Waldorfpädagogik für das staatliche Bildungswesen radikaler.

Zunächst interessiert die innere Schulverfassung der Waldorfschule. So wichtig und anregend eine Darstellung ihres Organisationsgeistes wohl sein mag, aufschlußreicher und pointierter ist die Frage nach ihrer Selbstkritik. In dem Maße, wie alle Pädagogiken kritisch betrachtet werden können, erscheint es systematisch gesehen sinnvoll, die mit bestimmten Organisationsformen prinzipiell verbundenen Risiken einer Schulverfassung sowie den Umgang mit ihnen wie hier im Beitrag von Christoph Lindenberg darzustellen.

Sowohl in dem Artikel von Johann Peter Vogel zur rechtlichen Problematik und den Fragen, die sie aufwirft, wie auch in dem Erfahrungsbericht aus der pädagogischen Verantwortung der Schulverwaltung von Peter Paulig wird die Waldorfpädagogik als

Prüfstein des staatlichen Verständnisses von Bildungsorganisation verstanden, wenn auch mit unterschiedlichen Akzentuierungen.

Im ersteren Beitrag wird die rechtliche und finanzielle Behandlung der Waldorfpädagogik zum staatsrechtlichen Prüfstein der politisch freiheitlichen und kulturell pluralistischen Verfaßtheit unserer Demokratie, im zweiten zum pädagogischen Prüfstein der Wirkungen von Kind- und Erziehungsvorstellungen im staatlichen Bildungswesen.

Auf diesem Hintergrund wird nochmal die Forderung im Beitrag von Gerhard Herz verständlich, die anregenden und in einer siebzigjährigen Praxis entwickelten Formen, Inhalte und Methoden der Waldorfpädagogik ernsthaft, d. h. kritisch und selbstkritisch als Impulse für zeitgemäße und zukunftsträchtige Antworten auf pädagogische Aufgaben zu prüfen.

Damit wird für ein gemeinsames Gespräch als Grundfrage die nach Form und Inhalt des staatlichen Einflusses auf das Bildungswesen gestellt. Wie muß, kann und soll eine pädagogische Verfaßtheit des Bildungswesens aussehen, und welche Vorstellungen und Beiträge müssen hierzu von der Erziehungswissenschaft entwickelt werden? Erst in dieser Perspektive werden weitere Fragestellungen nach Schulvielfalt, pädagogischen Freiheiten und Verantwortlichkeiten von einzelnen Schulen, Gemeinden und Gruppen, pädagogischer Selbstorganisationen, Einhaltung staatlicher Bildungsgarantien etc. als wichtige pädagogische Fragen erkannt. Diese Fragen werden von einer Erziehungswissenschaft, die die traditionelle Fixierung auf ein staatliches Bildungswesen als allzu selbstverständlich perpetuiert, in ihrer Zukunftsträchtigkeit übersehen.

Es ist vor allem die siebzigjährige Erfahrung der Waldorfschule mit einem freien Bildungswesen, die es aufzuarbeiten und fruchtbar zu machen gilt. Dabei werden die Erfahrungen mit der völlig anderen Sozialgestalt organisierter Erziehung und Bildung, ihren Wirkungen, Problemen, Leistungen und Defiziten vor allem für die erziehungswissenschaftlichen Beiträge zur Bildungspolitik insgesamt von erheblicher Bedeutung sein.

Auffallend ist ja hier auch, daß liberale Parteien bisher wenig Ideen und Programme für ein freieres Bildungswesen entwickelt haben.

An letzter Stelle steht hier der Beitrag von Hans Christoph Berg. Er berührt wie der Eingangsbeitrag von Fritz Bohnsack zum Schluß noch einmal ein kritisches Problem der Schule aus erziehungswissenschaftlicher Sicht und den problematischen Umgang der Erziehungswissenschaft damit: Bildung.

Insbesondere diese Kategorie ist geeignet, äußere und innere Verfassung der Schule, genauer ihren Zusammenhang, als eine pädagogische Aufgabe zu begreifen. Uneingelöste Bildungsphilosophie (W. v. Humboldt: „Öffentliche Erziehung scheint mir daher ganz außerhalb der Schranken zu liegen, in welchen der Staat seine Wirksamkeit halten muß." 1792) und aktuelle Schulverfassungsaufgaben (DDR) berühren sich hier.

Im Hinblick auf die Waldorfpädagogik haben die folgenden Beiträge zunächst nur Prüfsteine vorgestellt, eine kritische Diskussion aber verlangt nach genaueren Kenntnissen und Kriterien. Daher ist hier im Interesse des gesamten Bildungswesens vor allem Forschung nötig, Forschung über die gesellschaftlichen Bedürfnisse, geistigen Voraussetzungen, Zukunftsvorstellungen und die Verallgemeinerungsfähigkeit der Sozialformen des freien Bildungswesens der Waldorfpädagogik (das ja neben Schulen Lehreraus- und -weiterbildungsstätten sowie Eltern- und Schülertagungen, Forschungsstätten und weitere Institutionen aufweist), um dem Kriterium einer pädagogischen Verfassung des Bildungswesens auch erziehungswissenschaftlich stärker Geltung zu verschaffen.

Johann Peter Vogel

# Anfragen der Waldorfschule an die Schulwesen- und Schulbetriebsverfassung

Waldorfpädagogik provoziert: durch ihren metaphysischen Überbau die Kirchen, durch ihre Realisation in Waldorfschulen die Schulpolitiker und die Schulaufsicht, durch den Erfolg ihrer Praxis die anderen Schulen, durch ihre Schulbauten die Architekten, durch die Sozialgestalt ihrer Schulen die Juristen. Provokation mag Unmut erzeugen – im Schrifttum der letzten Jahre gibt es dafür Beispiele. Provokation kann aber auch fruchtbar sein; gerade Juristen sollten sich immer wieder von den Realitäten herausfordern lassen; die über 100 Waldorfschulen in der Bundesrepublik sind eine gesellschaftliche Wirklichkeit, die auf eine adäquate Rechtsordnung drängt. Mag man die anthroposophische Anthropologie oder die Waldorfpädagogik oder die Waldorfarchitektur auch mißbilligen, die Verfassung läßt Waldorfschulen zu, und zwar mit den ihnen eigentümlichen Abweichungen von der Regelschulform. Eine Rechtsordnung, die sich an der Regelschulform entwickelt hat, muß sich gefallen lassen, in Frage gestellt und ggf. erweitert zu werden, um sich den besonderen Gegebenheiten der Waldorfschule anzupassen. Der Grad der Angemessenheit etwa des Schulrechts gegenüber den Waldorfschulen könnte ein Gradmesser dafür sein, wieweit der Rahmen der Privatschulgarantie und wie flexibel Schulrecht ist.

## 1. Anfrage zur Schulverfassung eines vielfältigen Schulwesens

Jede Bildung ist heute öffentliche Aufgabe und muß öffentlich verantwortet werden. Muß sie deshalb auch und vor allem an staatlichen Einrichtungen vermittelt werden?

Die Ambivalenz staatlichen Schulehaltens ist uns spätestens nach den Erfahrungen des Dritten Reiches bewußt. Staatliche Trägerschaft hat die Schule aus der Einseitigkeit geistlicher Schulaufsicht befreit; ihre Befürworter pochen auf die vom Staat garantierte Toleranz im Unterricht und Abwehr praktikularer Interessen. Der Staat hat Schule aber auch für seine Interessen mißbraucht – mehr, als von freien Trägern je bekannt geworden ist; die „Schule der Nation", für die heute der mögliche Minimalkonsens zu wenig Erziehungs- und Bildungssubstanz hergäbe, differenziert sich zur individuellen Bildung in einer pluralistischen Gesellschaft. Kontinuität der Bildung, die der Staat verhieß, zerfällt einerseits in den Auseinandersetzungen zwischen Reformbedürfnissen und Verkrustungen des Apparats andererseits. Es gibt heute kaum Zweifel daran, daß der Staat notwendig ist, um öffentlich verantwortete Bildung sicherzustellen und für Chancengerechtigkeit im Bildungswesen zu sorgen; doch nimmt die Kritik, nehmen die Zweifel am staatlichen Schulehalten ständig zu.

Rudolf Steiner gehört zu den Kritikern: nach seiner Auffassung kann die freie Entfaltung des Individuum nur in Freiheit, d. h. nur in einem von den Erziehern und Lehrern inhaltlich und organisatorisch aus den Notwendigkeiten menschlicher Entwicklung abgeleiteten, selbstverwalteten Erziehungs- und Unterrichtswesen stattfinden. Steiner gibt dafür eine Begründung, die sich grundsätzlich von früheren, liberal staatskritischen Begründungen etwa Schleiermachers oder Dörpfelds unterscheidet. Die sozialen Verhältnisse gliedert er in drei Bereiche: das Staatsleben, das Wirtschaftsleben und das freie Geistesleben; die zwei letzteren Bereiche sollen prinzipiell staatsfrei bleiben. Schulehalten fällt in den Bereich des freien Geisteslebens und liegt außerhalb der Staatsaufgaben. So kommt Steiner zu einem Schulwesen, bestehend aus autonomen, selbstverwalteten Einrichtungen.

Stellt man diesem Verfassungsmodell die Realität des derzeitigen bundesrepublikanischen Schulwesens gegenüber, so verweist die Staatsschule, die 95% aller Schüler unterrichtet und eine nur periphere Mitwirkung der Beteiligten ermöglicht, Steiners Modell in den Bereich der Utopie. Auf den ersten Blick scheint auch das Grundgesetz diese Realität zu bestätigen, denn die in Art. 7 (1) GG vorgesehene staatliche Schulaufsicht wird als umfassendes Organisations- und Kontrollrecht interpretiert.

Auffällig ist allerdings sowohl hinsichtlich der Nachdrücklichkeit der grundrechtlichen Absicherung als auch hinsichtlich des Umfangs der Bestimmung die Regelung bezüglich der Privatschulen im vierten Absatz des Art. 7 GG. Errichtung und Betrieb privater Schulen werden, wie es hervorhebend heißt, „gewährleistet". Schulen, die staatliche Schule ersetzen, müssen in ihren Zielen, ihren Einrichtungen und in der Ausbildung ihrer Lehrer das gleiche Niveau wie staatliche Schulen haben; sie müssen außerdem ohne Rücksicht auf die finanziellen Verhältnisse der Eltern allgemein zugänglich sein; schließlich müssen die Lehrer rechtlich und wirtschaftlich „genügend gesichert" sein. Hier findet sich also, zunächst beschränkt auf den quantitativ geringfügigen Bereich der Schulen in freier Trägerschaft, eine nähere Umschreibung von Schule, ein Schulverfassungsmodell, das den Steinerschen Vorstellungen schon näher kommt; ein Ensemble von autonomen Schulen, dem das Prinzip des gleichen Niveaus zugrunde liegt. Maßstab des gleichen Niveaus ist die in der entsprechenden staatlichen Schule konkretisierte staatliche Vorgabe. Kontrolliert wird die Einhaltung des Maßstabs von der staatlichen Schulaufsicht, und zwar in drei entscheidenden Eckpunkten von Schule: im Ziel, in den Einrichtungen und in der Ausbildung der Lehrkräfte. Der Weg zum Ziel in seinen Inhalten und Methoden bleibt den freien Schulträgern überlassen.

Dieses Schulverfassungsmodell unterscheidet sich in mindestens zwei Punkten von der Schulwesensverfassung der staatlichen Schulen, wie sie uns in der Ausgestaltung der Landesgesetze entgegentritt:

a) Auch diejenigen Privatschulen, die den staatlichen Schulen am nächsten sind, die sog. Ersatzschulen, haben, verglichen mit staatlichen Schulen, einen erheblichen Bereich, den sie selbst bestimmen. Dies trifft nicht nur auf ihre autonome Trägerschaft zu, auch ihre Organisation, Finanzierung,

Lehrerrekrutierung und Schüleraufnahme, sondern auch auf die Unterrichtsinhalte und -methoden.

b) Die staatliche Schulaufsicht, hinsichtlich der staatlichen Schulen in den drei Bereichen der Fachaufsicht, Rechtsaufsicht und Dienstaufsicht stark ausgebaut, beschränkt sich selbst bei Ersatzschulen nur auf die Prüfung des gleichen Niveaus in den drei Eckpunkten Lehrziele, Einrichtungen und Lehrerqualifikation, also auf die Rechtsaufsicht in bestimmten Punkten.

Vergleicht man dieses Schulverfassungsmodell mit dem der staatlichen Schulen, so wirkt es, mindestens was die Selbstbestimmung betrifft, wie eine Privilegierung, wie eine Ausnahmeregelung, die auf die Schulen von lediglich 5% aller Schüler beschränkt ist und anscheinend keine über das Privatschulwesen hinausgehende Modellwirkung hat. Dies ist aber keineswegs selbstverständlich. Denn die Bestimmungen des Art. 7 Abs. 4 GG spiegeln, gerade weil das Grundgesetz die staatliche Schule nur sehr lakonisch behandelt, Grundsätze wider, die für das gesamte Schulwesen Gültigkeit haben. So bezeichnet etwa die Anknüpfung des Niveaus der sogenannten Ersatzschulen an vergleichbare staatliche Schulen eine Aufgabenzuweisung an Parlament und Schulverwaltung, Lehrziele, Einrichtungskriterien und Kriterien der Lehrerqualifikation für das Schulwesen generell zu formulieren und festzulegen. – Weiter weist die Forderung an die Privatschulen, keine Sonderung der Schüler nach ihren Besitzverhältnissen vorzunehmen, daraufhin, daß Schulen generell ohne Rücksicht auf die finanziellen Verhältnisse zugänglich sein sollen. Das Bundesverfassungsgericht hat diesen Gedanken in seinem Urteil vom 8.4.1987 noch einmal ausdrücklich hervorgehoben. – Schließlich hat das Bundesverfassungsgericht noch auf ein weiteres Prinzip hingewiesen, das sich in der Errichtungsgarantie für die Privatschulen niederschlägt: das Prinzip der Vielfalt im Schulwesen. So führt es aus: die Privatschulgarantie „bedeutet die Absage an ein staatliches Schulmonopol und ist zugleich eine Wertentscheidung, die eine Benachteiligung gleichwertiger Ersatzschulen gegenüber den entsprechenden staatlichen Schulen allein wegen ihrer andersartigen Erziehungsformen und -inhalte verbietet. Dieses Offensein des Staates für die Vielfalt der Formen und Inhalte, in denen Schule sich darstellen kann, entspricht den Wertvorstellungen der freiheitlich demokratischen Grundordnung, die sich zur Würde des Menschen und zur religiösen und weltanschaulichen Neutralität bekennt. Die Privatschulfreiheit ist im Blick auf das Bekenntnis des Grundgesetzes zur Würde des Menschen (Art. 1 Abs. 1 GG), zur Entfaltung der Persönlichkeit in Freiheit und Selbstverantwortlichkeit (Art. 2 GG), zur Religions- und Gewissenfreiheit (Art. 4 GG), zur religiösen und weltanschaulichen Neutralität des Staates und zum natürlichen Elternrecht (Art. 6 Abs. 2 Satz 1 GG) zu würdigen. Diesen Prinzipien entspricht der Staat des Grundgesetzes, der für die Vielfalt der Erziehungsziele und Bildungsinhalte und für das Bedürfnis seiner Bürger offen sein soll, in der ihnen gemäßen Form die eigene Persönlichkeit und die ihrer Kinder im Erziehungsbereich der Schule zu entfalten. Der Staat muß den schulischen Pluralismus auch gegen sich selbst ... garantieren" (BVerfGE 75, S. 40ff.).

Das hier entwickelte Prinzip der Vielfalt im Schulwesen bezieht sich offensichtlich nicht nur auf die letztlich marginale Unterschiedlichkeit der Schulträgerschaft, sie zielt weiter. Dafür spricht nicht nur, daß auch die Inhalte von

Schule ausdrücklich in Art. 7 Abs. 4 einbezogen sind; Schulen in freier Trägerschaft sollen nicht Abziehbilder, „Blaupausen" staatlicher Schulen sein, sondern vielfältige Inhalte präsentieren, wobei die Grenzen des gleichen Niveaus in den Schuleckpunkten gezogen sind. Daß sich das Prinzip der Vielfalt auch auf die Inhalte bezieht und darüber hinaus über den Bereich der Privatschulen hinausweist, ergibt sich auch aus der Verankerung der Schulvielfalt in der pluralistischen Gesellschaft. Ein in der freiheitlich demokratischen Grundordnung so nachdrücklich verankertes Prinzip kann nicht nur für den kleinen Bereich der Schulen in freier Trägerschaft gelten; es ist ein Prinzip allen Schulehaltens im Rahmen unserer Verfassung.

Schulvielfalt bedarf, wenn sie Antwort auf individuelle Bildungsansprüche sein soll, eines Mindestmaßes an Autonomie der Einzelschule, damit diese eben den Spielraum gewinnt, der erforderlich ist, um auf die Bildungsansprüche des einzelnen eingehen zu können. Autonomie der einzelnen Schule war die Forderung Rudolf Steiners; die Bildungskommission des Deutschen Bildungsrates empfahl 1973 eine „verstärkte Selbständigkeit der Schule" bei gleichzeitiger Rücknahme der Schulaufsicht; die Bildungskommission ging davon aus, daß nur eine offenere Form der Schulaufsicht der komplexen und differenzierten Landschaft des im Strukturplan entworfenen Schulwesens, insbesondere der „Partizipation der Lehrer, Schüler und Eltern" an den Entscheidungen in der Schule gerecht werden könne. 1981 erschien der „Entwurf für ein Landesschulgesetz" der Kommission Schulrecht des Deutschen Juristentags. Auch hier ist ein wesentlicher Punkt die Eingrenzung der traditionellen Schulaufsicht, diesmal mit der Begründung, daß nur so der pädagogischen Freiheit des Lehrers ein angemessener Spielraum gewährt werden könne. Mögen diese Ansätze auch zunächst vielfach Literatur geblieben sein, so sind sie als gedachte Alternativen doch präsent. Das Verfassungsprinzip der Schulvielfalt führt erneut in die gleiche Richtung. Zwar ist dieses Verfassungsprinzip vom Bundesverfassungsgericht aus dem Grundrecht auf Errichtung von Privatschulen abgeleitet worden; doch beschreiben die Privatschulbestimmungen des Grundgesetzes ein Schulverfassungsmodell, in dem den autonomen Schulen in freier Trägerschaft eine Schulaufsicht gegenübersteht, die auf die Rechtsaufsicht in den drei Eckpunkten Lehrziele, Einrichtungen und Lehrerqualifikation zurückgenommen ist. Nach Auffassung des Verfassungsgebers reicht diese reduzierte Aufsicht aus, um ein bestimmtes Unterrichtsniveau nach staatlichen Vorgaben zu garantieren. Wenn aber die Schulaufsicht ausreicht und die Privatschulbestimmungen im übrigen, wie dargestellt, Grundsätze enthalten, die über das Privatschulwesen auf das gesamte Schulwesen hinausweisen, dann kann auch die für die Schulen in freier Trägerschaft vorgesehene und für ausreichend gehaltene Schulaufsicht ebenso wie die Autonomie der einzelnen Schule auf das gesamte Schulwesen übertragen werden. Das in Art. 7 Abs. 4 GG formulierte Schulverfassungsmodell für Privatschulen kann unter diesen Umständen als ein Schulverfassungsmodell für das gesamte Schulwesen angesehen werden.

Steiners Forderung nach einer selbständigen, aus den pädagogischen Bedürfnissen heraus von den Beteiligten geregelten Schule läßt sich mithin weitgehend dem Grundgesetz entnehmen. In einem Punkt wird Steiners Forderung modifiziert werden müssen. Wenn Bildung öffentliche Aufgabe ist, muß sie auch öffentlich verantwortet werden. Ohne die staatlichen Vorgaben hinsichtlich der in Art. 7 Abs. 4 genannten Eckpunkte bliebe eine öffentliche Verantwortung zu wenig substantiell. Die Beteiligten einer Schule allein (Lehrer, Eltern, Schüler) stünden ohne die genannten staatlichen Vorgaben in Gefahr, ins Private, Partikulare abzugleiten. Solange die genannten staatlichen Vorgaben dem Schulverfassungsmodell einen öffentlich verantworteten Rahmen geben, kann der Vorwurf, mit diesem Modell solle das Schulwesen „privatisiert" werden, nicht erhoben werden.

## 2. Anfrage zum Anpassungsdruck des öffentlichen Berechtigungswesens

Wenn das Schulverfassungsmodell der Ersatzschule in Art. 7 Abs. 4 GG sogar im Bereich der Ersatzschulen selbst von einer über die genannten staatlichen Vorgaben hinausgehenden Staatsaufsicht überlagert wird, dann liegt dies an einem zusätzlichen Instrument des deutschen Schulwesens, dem sogenannten Berechtigungswesen. Die pädagogisch legitime Aufgabe der Leistungsbewertung ist gekoppelt mit Berechtigungen: in die nächste Klasse versetzt zu werden, eine bestimmte Schulform besuchen zu dürfen, bestimmte Berufsausbildungen wahrnehmen zu dürfen. In der Staatsschule ist so gut wie jede Leistungsbewertung und jede Prüfung mit Berechtigungen oder Nichtberechtigungen verbunden. Schule wird dadurch über eine Bildungsinstitution hinaus zu einem Ort der Sozialchancenvermittlung. In einem Rechtsstaat müssen die Entscheidungen, die dieser Vermittlung zugrunde liegen, gerichtlich überprüfbar sein. Das hat in der Vergangenheit zu einer steigenden Formalisierung erst des Vorgangs der Leistungsbewertung selbst, dann auch der Inhalte, die der Leistung zugrunde liegen, geführt. Numerus clausus an den Hochschulen einerseits, eine human zweifellos legitime Zerlegung punktueller Prüfungen in zahlreiche, über die Schuljahre verstreute Bewertungsvorgänge andererseits haben dazu geführt, daß eine beträchtliche Formalisierung und Bürokratisierung der pädagogischen Vorgänge in der Schule eingetreten ist. Die Ersatzschulen sind davon nicht verschont geblieben, über das Instrument der „Anerkennung" wird das Berechtigungssystem auf sie erstreckt. Die Anerkennung ist an eine weitgehende Anpassung der Ersatzschule an die entsprechende staatliche Schule geknüpft. Die in der Verfassung angelegte Selbstbestimmung wird damit aufgehoben.

Die Waldorfschule hat sich dieser Anpassung dadurch entzogen, daß sie das Berechtigungswesen an die äußersten Ränder des Bildungsgangs verlegt hat. Selbstbestimmung der Pädagogik wird gleichsam eingetauscht gegen eine Mehrbelastung der Schüler durch externe Prüfungen. Diese ungleiche Belastung der Schüler der Waldorfschule einerseits, der Schüler staatlicher Schulen und anerkannter Ersatzschulen andererseits bleibt Anlaß immer erneuter Prüfung der Frage, wieweit die Zuerkennung öffentlicher Berechtigungen an zusätzliche Bedingungen über die Genehmigungsvoraussetzungen des Art. 7 (4) hinaus berechtigt ist.

Das Bundesverfassungsgericht hat die „Heraushebung" von Ersatzschulen durch Zuerkennung öffentlicher Berechtigungen für verfassungsrechtlich zulässig angesehen; die Heraushebung dürfe von zusätzlichen, über die Genehmigungsvoraussetzungen des Art. 7 Abs. 4 GG hinausgehenden Bedingungen abhängig gemacht werden. Zur Begründung führt es an, daß die Erteilung öffentlicher Berechtigungen auf einem „natürlichen Recht" des Staates beruhe; es könne deshalb nicht unterstellt werden, daß mit der Genehmigung als Ersatzschule auch das Recht, öffentliche Berechtigungen zu erteilen, verliehen werde. Dieses Urteil ist bis heute problematisiert worden. Denn selbst wenn man mit dem Bundesverfassungsgericht davon ausgeht, daß ein vom Schulbereich abgehobenes „natürliches" Recht des Staates gegeben sei, muß dies noch nicht heißen, daß eine zusätzliche Anpassung der Ersatzschulen an staatliche Schulen Voraussetzung für die Verleihung öffentlicher Rechte sei. Zu dieser Anpassung kommt es erst, wenn man den Grundsatz aufstellt, daß eine gerechte Verteilung der Berechtigungen nur dort möglich sei, wo gleichartige Verhältnisse miteinander verglichen werden können. Dieser Gesichtspunkt, der in der Bundesrepublik auch vor dem Länderföderalismus nicht haltmacht, geschweige denn vor den Ersatzschulen, widerspricht einem auf Vielfalt angelegten Schulwesen im Prinzip. Schulvielfalt erfordert die Gleichwertigkeit, nicht die Gleichartigkeit als Grundlage der Leistungsmessung. Das Streben nach Objektivierbarkeit und Gleichartigkeit in der Leistungsbemessung dürfte der Pädagogik in der Schule bisher mehr geschadet haben als gelegentliche Ungerechtigkeiten in einem weniger reglementierten System.

Im übrigen muß man sich auch fragen, weshalb der Leistungsbewertung an einer genehmigten Ersatzschule nicht ebenso zu trauen ist wie an einer staatlichen Schule. Denn wenn die Ersatzschule in wesentlichen Eckpunkten ihrer Gestaltung nicht hinter entsprechenden staatlichen Schulen zurückstehen darf, kann sie kaum weniger gediegene Leistungsmessung erbringen als die entsprechende staatliche Schule. Die Bezeichnung „Ersatzschule" weist darauf hin, daß diese Schule „als Ersatz" für eine staatliche Schule dienen können soll. Eine Steigerung des „Ersatzes" ist logisch nicht denkbar, wenn auch eine findige Schulbürokratie schon in der Weimarer Zeit es fertiggebracht hat, den Ersatz, den eine Ersatzschule zur staatlichen Schule darstellt, zu steigern zum „vollwertigen Ersatz", den sie erst dann darstellt, wenn sie völlig gleichartig ist. Angesichts dieser Ungereimtheiten fordern etwa Friedrich Müller oder der Deutsche Juristentag die „Anerkennung" der Ersatzschule schon dann, wenn die Gewähr gegeben ist, daß die Genehmigungsvoraussetzungen auf Dauer erfüllt werden, und nicht erst dann, wenn die Ersatzschule – wie es in den Landesgesetzen so großzügig wie unbestimmt heißt – „die an entsprechende staatliche Schulen gestellten Anforderungen erfüllt".

Wenn heute Waldorfschulen als Ersatzschulen genehmigt werden (und dies ist in allen Ländern der Fall), dann müßte ihnen auch das Recht verliehen werden, öffentliche Berechtigungen, mindestens Abschlüsse zu erteilen. Es ist absurd, daß ein Waldorfschüler nach 13jähriger Schulzeit eine Abiturprüfung „für Nichtschüler" zu absolvieren hat. Die Kultusministerkonferenz hat denn auch einige formale Zugeständnisse gemacht, die freilich an der Mehrbelastung der Schüler nichts wesentliches ändern. Es ist reizvoll, sich zu überlegen, wieviele Zugeständnisse gemacht würden, wenn alle anerkannten Ersatzschulen ihre Anerkennung zurückgeben würden.

## 3. Anfrage zur Gleichwertigkeit im Ersatzschulrecht

In ihren vielen Abweichungen von der Regelschule zeigt die Waldorfschule, welcher Spielraum im Rahmen der Genehmigungsvoraussetzungen des Art. 7 Abs. 4 GG angelegt ist. Die Waldorfschule steht einerseits in ihrem Niveau nicht hinter staatlichen Schulen zurück, sie weicht andererseits erheblich von der Regelschule ab. Unter den vorhandenen Privatschulen ist sie diejenige Schulform, die die verfassungsrechtlich gewährte Freiheit am extensivsten ausschöpft. Es ist berechtigt zu sagen, daß die Art und Weise, wie die Schulform Waldorfschule in Gesetzen und Verordnungen der Länder ihren Platz findet, ein Gradmesser für die Verfassungsmäßigkeit dieser Regelungen ist. Läßt sich die Waldorfschule unter diese Regelungen gewaltlos subsumieren, sind die Rechte auch aller anderen Schulen in freier Trägerschaft ausreichend gewahrt.

Mit dieser Position steht die Waldorfschule in einem deutlichen Gegensatz zur Neigung staatlicher Schulverwaltung, Regelungen an staatlichen Schulen zu orientieren, um so mehr, als die meisten Ersatzschulen formal staatlichen Schulen entsprechen. Aufgrund ihrer Andersartigkeit kollidiert die Waldorfschulform mit nahezu allen auf staatliche Schulformen ausgerichteten Regelungen.

Ein wesentlicher Punkt ist die Frage der Unterrichtsgenehmigung für Lehrer an Waldorfschulen. Die andersartige Aufgabenstellung des Waldorflehrers stellt Anforderungen, auf die die staatliche Lehrerausbildung nicht vorbereitet. Der Hauptfall des Lehrers in den meisten Ersatzschulen, der Lehrer mit den beiden Staatsexamina, ist an der Waldorfschule nicht ohne weiteres zu verwenden. Der Lehrplan der Waldorfschule ist wesentlich offener formuliert; die Unterrichtsmethodik muß eigens erlernt werden. Der Lehrer in einer kollegialen Schulleitung, quasi als Mitunternehmer seiner Schule, unterscheidet sich erheblich vom Lehrer in einer Hierarchie und als Angestellter eines Trägers (dazu unten mehr). Diese Situation hat zwangsläufig zum Aufbau einer eigenen Lehreraus- und -fortbildung geführt. Die Prüfung, ob diese besondere Ausbildung hinter einer staatlichen Lehrerausbildung nicht zurücksteht, stellt die staatliche Schulverwaltung, für die es eigentlich nichts anderes gibt als die staatliche Lehrerausbildung, auf die Probe. Die Prüfung der Gleichwertigkeit der Lehrerausbildung wird allerdings solange problematisch bleiben, wie sie allein an Inhalten und Zielen staatlicher Lehrerbildung orientiert ist und die Eignung des Lehrers speziell für die Waldorfschule nicht mit in den Blick nimmt. Es ist nicht uninteressant, daß der Schulgesetzentwurf des Deutschen Juristentags die Genehmigungsvoraussetzungen des Art. 7 Abs. 4 GG dahin interpretiert, daß einerseits die Bildungsziele der Ersatzschule nicht hinter denen staatlicher Schulen zurückstehen dürfen, daß aber andererseits die Ausbildung der Lehrer geeignet sein muß, die Ziele der jeweils einzelnen Ersatzschule zu verwirklichen. Diese Gewichtsverschiebung deutet an, daß die Ausbildung wohl auf gleichem Niveau wie die eines Staatslehrers stehen soll, daß es aber in besonderem Maße darauf ankommt, ob er für die Inhalte und Methoden der Ersatzschule geeignet ist. Paradefall dafür ist die Waldorflehrerausbildung.

Ein anderes Beispiel problematischer Vergleichbarkeit bieten die Finanzhilfebestimmungen in mehreren Bundesländern. Überall dort, wo die Berechnung der Finanzhilfe an Ausgaben gebunden ist, die in dieser Form auch an staatlichen Schulen vorkommen, werden Waldorfschulen in besonderer Weise benachteiligt oder zu Hilfskonstruktionen gezwungen, die an der Realität der Schulform und an den Lebensverhältnissen der Lehrer vorbeigehen. So werden Waldorfschulen etwa in Nordrhein-Westfalen in ein Ausgabenraster gedrängt, das der tatsächlichen Schulrealität nicht entspricht: ein staatliches Planstellensystem mit hierarchischer Bezahlung wird einem Kollegium ohne Planstellen, ohne hierarchische Bezahlung und eigener Tarifordnung aufgezwungen. Die hier erforderlichen Fiktionen haben bei allem Selbstbehauptungswillen Folgen für die Identität des Lehrers und seine pädagogische Arbeit. Für die große Zahl der Ersatzschulen, die der Regelschulform entsprechen, bringt das System dagegen keinerlei Schwierigkeiten.

Sie hätten freilich auch keine Schwierigkeiten mit einem Berechnungssystem, bei dem ein bestimmter Betrag pro Schüler ohne Zweckbindung gezahlt würde. Für alle Ersatzschulen, aber auch für die Waldorfschulen, bietet es zusätzlich die Möglichkeit der freien Haushaltsgestaltung. Erst dies entspricht dem Prinzip der Selbstbestimmung in Schulvielfalt, das vom Bundesverfassungsgericht aus der Privatschulgarantie abgeleitet worden ist. Da dieses System zudem mit sehr viel geringerem Verwaltungsaufwand sowohl auf staatlicher wie auf freier Trägerseite auskommt, muß man sich fragen, was Gesetzgeber und Schulverwalter noch immer an den gängelnden „Refinanzierungssystemen" festhalten läßt.

Ein Vorschlag, der aus Kreisen der Waldorfschulen seit Jahrzehnten vorgetragen wird und eine Mitfinanzierung der Ersatzschulen aus öffentlichen Mitteln ohne die Möglichkeiten gleichzeitiger Gängelung böte, ist die Umstellung der Förderung von einer Finanzhilfe an die Schulen auf eine Finanzhilfe an die Schüler. Dieser „Bildungsgutschein", das „Schulkindergeld" richtet die Aufmerksamkeit darauf, daß unter den Genehmigungsvoraussetzungen des Art. 7 Abs. 4 GG auch das Verbot, die Sonderung der Schüler nach den Besitzverhältnissen der Eltern zu fördern, enthalten ist. Die Schüler sollen in den Stand gesetzt werden, Ersatzschulen zu besuchen; das Schulkindergeld entspräche der freien Schulwahl im Privatschulwesen. Bayern hat das Verdienst, einen ersten Schritt in diese Richtung mit der „Schulgelderstattung" getan zu haben.

## 4. Anfrage zu den Zulassungsvoraussetzungen des Artikel 7 (5) Grundgesetz

Die Waldorfschule ist eine Schulform, die mit ihrer 1. bis 9. Klassenstufe in den Bereich fällt, in dem früher die „Volksschule" angesiedelt war. Sie ist eine Schule besonderer pädagogischer Prägung und wird daneben mitunter auch als „Weltanschauungsschule" klassifiziert. Schließlich sind die Erziehungsberechtigten zugleich (zusammen mit den Lehrern) Träger der Schule. Damit sind einige Stichworte gefallen, die sich in Art. 7 Abs. 5 GG vorfinden. Diese Bestimmung schränkt die Gründung von Schulen in freier Trägerschaft im Bereich der „Volksschule" erheblich auf solche Schulen ein, die als Bekenntnis- oder Weltanschauungsschulen von den Erziehungsberechtigten beantragt werden oder auf solche Schulen, für die das zuständige Schulministerium ein besonderes pädagogisches Interesse anerkennt. Fällt die ungewöhnliche, 12stufige Waldorfschule unter die „Volksschulen"? Wenn ja: wäre für sie die Alternative Weltanschauungsschule oder die Alternative des besonderen pädagogischen Interesses maßgebend? Hinweise finden sich hier und dort: bei einzelnen Neugründungen wurde das besondere pädagogische Interesse anerkannt, in Bayern werden die ersten vier Klassenstufen als Grundschule gesondert genehmigt, in einzelnen Finanzhilfebestimmungen wird die Waldorfschule aufgeteilt in verschiedene Regelschulformen oder (früher in Hamburg) als Weltanschauungsschule klassifiziert. Die unterschiedlichen Behandlungsweisen kennzeichnen eine gewisse Ratlosigkeit der Schulbehörden.

Was meint heute „Volksschule"? In der Weimarer Republik war die Volksschule tatsächlich eine Schule in diesem Wortsinn: noch 1931 besuchten 87% aller Schüler der entsprechenden Jahrgänge die Klassenstufen 5 bis 8 dieser Schulform. Heute findet sich die Bezeichnung „Volksschule" in den Landesgesetzen (mit Ausnahme Bayerns) nicht mehr; überall hat der stufenweise Aufbau des Schulwesens die frühere Volksschule strukturell durchschnitten. Auf der Primarstufe mit der Grundschule baut die Sekundarstufe I mit den weiterführenden Schularten Hauptschule, Realschule, Gymnasium und Gesamtschule auf; in mehreren Ländern ist zwischen Grundschule und weiterführenden Schulformen die Förder- oder Orientierungsstufe eingefügt. Auf die weiterführenden Schulen verteilt sich die Schülerschaft je etwa zu einem Drittel; keine von ihnen könnte für sich in Anspruch nehmen, „Volksschule" im Wortsinne zu sein. So bleibt denn nur die Grundschule als „Volksschule" übrig.

Es bedarf keiner längeren Erläuterung, daß die Waldorfschule mit ihrem 12stufigen Bildungsgang, der ohne Zwischenprüfungen und Versetzungsschranken eine organische Einheit bildet, auch nicht annähernd mit einer Grundschule verglichen werden kann. Nach höchstrichterlicher Rechtsprechung zu den Schülerfahrkosten (OVG Lüneburg) bietet die Waldorfschule einen besonderen Bildungsgang, der sich grundsätzlich von dem der Grundschule, oder was heute als „Volksschule" bezeichnet werden könnte, unterscheidet. Wenn also Schulverwaltungen wie bei einer „Volksschule" das besondere pädagogische Interesse bei Gründung einer Waldorfschule prüfen, dann ist diese Praxis verfassungsrechtlich außerordentlich zweifelhaft. Wenn gleichwohl der Bund der Waldorfschulen dem vor dem Bundesverfassungsgericht laufenden Verfassungsbeschwerdeverfahren zum sog. Beurteilungsspielraum bei der Entscheidung über die Anerkennung eines besonderen pädagogischen Interesses beigetreten ist, dann deshalb, weil das in den Waldorfschulen manifestierte Verfassungsprinzip der Vielfalt im Schulwesen es fraglich erscheinen läßt, ob die allgemein in Rechtsprechung und Rechtswissenschaft vertretene Auffassung zu halten ist, die Schulverwaltung könne frei darüber entscheiden, ob das besondere pädagogische Interesse zuerkannt wird. Hielte man an dieser Auffassung fest, bestünde ein eklatantes Mißverhältnis zwischen der Behandlung von Bekenntnis- und Weltanschauungsschulen einerseits, der Schulen besonderer pädagogischer Prägung andererseits. Während die Gründer von Bekenntnis- und Weltanschauungsschulen die Bedingungen der Zulassung objektiv feststellen und erfüllen können, ist der Gründer der besonderen pädagogischen Schule weitestgehend der Willkür der Schulbehörde überlassen.

Diese Ungleichbehandlung ist aus dem Umfeld der Schulbestimmungen der Weimarer Verfassung leicht verständlich. Die für alle gemeinsame Grundschule war dort ein Verfassungsgrundsatz, der lediglich im staatlichen und im privaten Bereich von der Glaubensfreiheit zugunsten der Bekenntnis- und Weltanschauungsschulen durchbrochen wurde. Die Verfassungsväter der Weimarer Verfassung hatten sich vorgenommen, das weitgehend ständisch orientierte Schulwesen der Kaiserzeit zu integrieren; lediglich gegenüber Bekenntnissen und Weltanschauungen sollte eine Ausnahme gemacht werden; im übrigen sollte die Möglichkeit verbleiben, freie Initiativen mit besonderen pädagogischen Zielen ausnahmsweise zuzulassen, wenn sie dies für richtig hielten. Die Weimarer Verfassung kannte noch keine Gewährleistung der Errichtung freier Schulen; die Bildung der Jugend sollte in staatlichen Schulen geschehen; die staatliche Schule hatte den ausdrücklichen Vorrang vor privaten Schulen. In diesem Kontext wird die oben dargestellte Ungleichbehandlung erklärlich.

Ganz anders das Grundgesetz: einerseits wurde die Gewährleistung des Privatschulwesens grundrechtlich gesichert, andererseits wurde auf den Satz, daß die Bildung der Jugend durch staatliche Schulen zu gewährleisten sei, verzichtet. Man hatte die Erfahrungen des Dritten Reiches und seiner totalitären Staatsschule hinter sich; die Standesunterschiede waren in ihr und im Zusammenbruch des Deutschen Reiches weitgehend untergegangen. Unter so anders gearteten historischen Umständen und in so anders gearteter Verfassungsumgebung wandelt sich der Sinn einer Bestimmung wie der des Art. 7 Abs. 5, auch wenn der Wortlaut mit dem der Weimarer Verfassung nahezu identisch ist. Nicht nur meint „Volksschule" unter den gewandelten Schulverhältnissen lediglich die Grundschule, sondern auch die Ungleichbehandlung von Bekenntnis- und Weltanschauungsschulen einerseits, Schulen des besonderen pädagogischen Interesses andererseits sind neu zu überdenken. Offensichtlich möchte auch das Grundgesetz die Gründung von Grundschulen in freier Trägerschaft unter einen Vorbehalt stellen; Vorrang soll die staatliche Grundschule behalten. Die beiden Ausnahmen, die in Art. 7 Abs. 5 gemacht werden, bilden aber nun zwei gleichberechtigte Kompromisse oder „Konkordanzen" zwischen dem Grundsatz der allgemeinen Grundschule und zwei anderen, in das Schulwesen hineingreifenden Verfassungsgrundsätzen.

Der eine ist, wie schon in der Weimarer Zeit, die Glaubensfreiheit; sie führt dazu, daß Bekenntnis- und Weltanschauungsschulen in freier Trägerschaft gegründet werden können, wenn keine entsprechenden staatlichen Schulen am Ort vorhanden sind. Anders als in der Weimarer Zeit hat diese Ausnahme eine erhöhte Bedeutung erlangt, nachdem die Länder der Bundesrepublik die bekenntnismäßige und weltanschauliche Neutralität der staatlichen Schule fast überall verwirklicht haben.

Der andere Grundsatz ist die Privatschulfreiheit mit dem aus ihr abgeleiteten Verfassungsgrundsatz der Vielfalt im Schulwesen. Die Gründung von Privatschulen ist also nicht nur, wie dies der Weimarer Verfassung noch entnommen werden kann, Befriedigung individueller Schulbetätigung oder Aufrechterhaltung eines traditionellen Bestandteils des deutschen Schulwesens, sondern Ausdruck des Verfassungsprinzips der Schulvielfalt in der pluralistischen Gesellschaft, Ausfluß einer freiheitlich demokratischen Grundordnung. Damit gewinnt die hinter der Privatschulgarantie stehende Verfassungsentscheidung für ein vielfältiges Schulwesen eine spezifische Qualität neben den anderen

Grundrechten. So bedeutet die Alternative des Art. 7 Abs. 5 – Anerkennung eines besonderen pädagogischen Interesses – mehr als nur die opportunistische Möglichkeit der Schulverwaltung, pädagogisch interessante Schulen nach ihrer Auswahl zuzulassen. Wie die Glaubensfreiheit zum Kompromiß der zulässigen Bekenntnis- oder Weltanschauungsschule führt, so führt der Verfassungsgrundsatz der Schulvielfalt als Ausfluß der Privatschulfreiheit zum Kompromiß, auch die Schule besonderer pädagogischer Prägung zuzulassen, in dem ihr das besondere pädagogische Interesse zuerkannt wird. Diese Anerkennung ist dann kein Willkürakt der Verwaltung mehr, sondern eine Entscheidung über einen Ausgleich zwischen Grundrechten; sie muß deshalb gerichtlich überprüfbar sein. Auf die Entscheidung des Bundesverfassungsgerichts darf man gespannt sein.

Aus der Sicht der Waldorfschule wird auch die Definition der „Weltanschauungsschule" neu zur Diskussion gestellt. Die Waldorfschule wird hier und da als Weltanschauungsschule bezeichnet; sie wäre dann die einzige Schulgruppe, auf die dieser Begriff angewandt würde; seit 1919 bis heute gibt es sonst keine Weltanschauungsschule. Das hängt mit der Nebelhaftigkeit des Begriffs zusammen. Genaugenommen sind alle Schulen „Weltanschauungsschulen", denn ohne Weltanschauung wäre eine Pädagogik orientierungslos. Ursprünglich meinte die Weimarer Verfassung den Gegensatz zur Bekenntnisschule: die Schule ohne jedes Bekenntnis. Alsbald lud sich aber der Begriff auf; „Weltanschauung" wird seitdem als säkularisiertes Bekenntnis verstanden. Mit dieser Verschiebung des Begriffs beginnen die Schwierigkeiten: Welche Voraussetzungen muß eine „Weltanschauung" erfüllen, um eine „Weltanschauungsschule" zu tragen? Wenn Bekenntnisschule und Weltanschauungsschule parallele, ethisch bestimmte Schulgruppen sind, die den gleichen verfassungsrechtlichen Rechtsfolgen unterliegen, ist die Waldorfschule keine Weltanschauungsschule. Denn zur Weltanschauungsschule gehört die Einbettung in eine Weltanschauungsgemeinschaft; dies folgt aus dem Wortlaut des Art. 7 Abs. 5 insofern, als der Antrag auf Gründung einer Weltanschauungsschule im Unterschied zu allen anderen Privatschularten nicht vom Schulträger, sondern von den Erziehungsberechtigten beantragt werden muß. Grund dafür ist der Wille des Verfassungsgebers, daß sich eine Minderheit, die eine Bekenntnis-(Weltanschauungs)schule wünscht, selbst artikuliert. Bekenntnis(Weltanschauungs)schulen sind stets Schulen von durch die Glaubensfreiheit geschützten Minderheiten am Schulort.

Dies läßt sich von der Waldorfschule nicht behaupten. Als Weltanschauung käme wohl nur die Anthroposophie in Frage, und es trifft zu, daß die hauptamtlichen Lehrer einer Waldorfschule sich mit der Anthroposophie identifizieren sollten. Auch gibt es einen Zusammenhang zwischen der Anthropologie, die der Waldorfpädagogik zugrundeliegt, und der Anthroposophie. Anders allerdings als an Bekenntnisschulen sind die „Glaubenssätze" der Anthroposophie nicht Gegenstand des Unterrichts, und – dies ist der Hauptunterschied –: der größte Teil der Eltern ist nicht Mitglied der Weltanschauungsgemeinschaft. Ein Vergleich mag den Unterschied zwischen Waldorfschule und Bekenntnisschule verdeutlichen: In Niedersachsen verlieren Bekenntnisschulen ihren Bekenntnischarakter, wenn 20% der Schülerschaft dem Bekenntnis nicht angehören (§ 138 Schulgesetz): übertrüge man dies auf Weltanschauungsschulen und wendete dies auf Waldorfschulen an, müßte den Waldorfschulen der Weltanschauungscharakter entzogen werden, denn der Anteil der Kinder aus anthroposophischen Elternhäusern liegt in der Regel weit unter 20%. Die Tatsache allein, daß Eltern eine Schule gründen möchten, macht die Schule noch nicht zu einer Bekenntnis- oder Weltanschauungsschule.

## 5. Anfrage zu den Rechtsverhältnissen an Eltern/Lehrer-Schulen

Nicht nur im verfassungsrechtlichen und öffentlich-rechtlichen Bereich des Schulrechts provoziert die Waldorfschule ein Nachdenken über bestehende Bestimmungen, sondern auch im gesellschaftsrechtlich-zivilrechtlichen Bereich der Schulverfassung. Hier geht es um die eigentümliche Form der Waldorfschulverfassung als Schule, die von Lehrern und Eltern getragen wird. Diese Art der Trägerschaft wirft zwei grundsätzliche Fragen auf: Gibt ein Anstellungsvertrag, den ein Lehrer mit der Schule, die er selbst mitträgt, und gibt ein Schulvertrag, den die Erziehungsberechtigten eines Schülers mit der Schule, die sie selbst mittragen, die tatsächlichen Verhältnisse zutreffend wieder? Ein wesentlicher Mangel dieser traditionellen Verträge liegt darin, daß sie den Eindruck erwecken, als handle es sich jeweils um Einzelbeziehungen, während den Besuchern einer Waldorfschule daran liegt, daß alle Beteiligten etwas Gemeinsames betreiben. Man kann in dieser Auseinandersetzung eine Fortsetzung der Diskussion des letzten Jahrhunderts zwischen deutschem Gemeinschaftsrecht und römischem Institutionsrecht wiedererkennen.

Sehen wir von Schulen in Trägerschaften von Kirchen oder Ordensgemeinschaften ab, gibt es für Privatschulen unterschiedliche zivilrechtliche Formen der Trägerschaft: die natürliche Person, der eingetragene Verein, die Stiftung privaten Rechts, die Gesellschaft mit beschränkter Haftung oder – in Einzelfällen – die Genossenschaft. Die Organisation als juristische Person führt zwangsläufig zu einer deutlichen Trennung zwischen Träger und Mitarbeitern auch da, wo Träger und Mitarbeiter als Personen identisch sind: die juristische Person ist eine gedachte fiktive Rechtspersönlichkeit. Bindeglied zwischen Träger und Mitarbeitern ist der Arbeitsvertrag. Der Arbeitgeber bestimmt darüber, welche Arbeit zu leisten ist; der Arbeitnehmer hat die vorgegebene Arbeit zu leisten. Das mag im Falle der Identität der Personen des Trägers und der Mitarbeiter von der Sache her merkwürdig sein, ist aber eben wegen des fiktiven Charakters der juristischen Person möglich. Lediglich im Falle der natürlichen Person als Träger, und zwar dann, wenn Inhaber und Leiter der Schule zusammenfallen, besteht in dieser Person kein abhängiges Arbeitsverhältnis; sie ist Unternehmer und Leiter in einer Person.

Auch die Waldorfschulen sind in ihrer großen Mehrheit als eingetragene Vereine organisiert. Insofern haben die Waldorfschulen überkommene Rechtsformen zunächst übernommen. Zwischen Verein und Lehrern bestehen Arbeitsverträge. Mit dem Arbeitsvertrag wird der neue Mitarbeiter in das Kollegium aufgenommen, aber auch gleichzeitig als Mitunternehmer kooptiert. Diese Realität kann im Arbeitsvertrag nur ungenügend zum Ausdruck kommen; sie wird vom Arbeitsrecht teilweise sogar durchkreuzt.

Diesem Dilemma versuchen einige wenige Waldorfschulen dadurch zu entgehen, daß sie sich als Genossenschaften organisieren. Freilich paßt sich die aus dem landwirtschaftlichen Bereich übernommene Organisationsform nur mit großen Schwierigkeiten den Schulbedürfnissen an; im Rahmen der Genossenschaftsaufsicht bleiben die Schulen Fremdkörper. Immerhin wird das Zusammenfallen von Unternehmer und Mitarbeiter in einer Person durch die Genosseneigenschaften tendenziell verwirklicht. Trotz der größeren Nähe zur Realität der Waldorfschule bleibt die starre Rechtsform ein Notbehelf.

Unter diesen Umständen drängt sich die Form einer Gesellschaft auf. Sie könnte der Unternehmer-Lehrer-Qualität des Waldorflehrers völlig angepaßt werden. Allerdings würden damit weitreichende Konsequenzen gesellschafts- und arbeitsrechtlicher Art ausgelöst. Die Gesellschaft bürgerlichen Rechts ist bei Gesellschaften dieser Größenordnung unpraktikabel; die Gesellschaft mit beschränkter Haftung erscheint zu „kapitalistisch“. Läßt sich der eingetragene Verein der Gestalt der Waldorfschule noch stärker anpassen? – Auch wenn die soziale Absicherung des Arbeitsrechts in angemessenem Umfang in den Gesellschaftsvertrag aufgenommen würde, bleiben Schwierigkeiten hinsichtlich der Einordnung in die gesetzliche Rentenversicherung und ähnliche Probleme zu bewältigen.

Damit wird zugleich ein Grundproblem aller Dienstleistungen aufgeworfen. Entspricht die Vermietung der eigenen Arbeitskraft gegen Geld der Würde des Menschen? Rudolf Steiner hat sich jedenfalls nachdrücklich dagegen ausgesprochen, daß menschliche Arbeitskraft eine im Wirtschaftsleben handelbare Ware und die Entlohnung in Geld ein adäquater Ausgleich für menschliche Arbeit sei. Die Entwicklung des Arbeitsrechts nach 1945 ist gekennzeichnet davon, daß das Arbeitsverhältnis gleichsam humanitär sozial aufgefüllt wird. Die Überlegungen an Waldorfschulen hinsichtlich der Umwandlung von Arbeitsverträgen in Gesellschaftsverträge ziehen diese historische Linie konsequent aus.

Ein ähnliches Unbehagen besteht dagegen, daß die Unterrichts- und Erziehungsleistung einer Schule im Tausch gegen Geld erbracht wird. Es entspricht dem Charakter von Bildung als öffentliche Aufgabe, wenn das Grundgesetz in Art. 7 Abs. 4 am Modell der Privatschulverfassung auf die freie Zugänglichkeit zur Bildung ohne Rücksicht auf die finanziellen Verhältnisse ausdrücklich hinweist. Mit der Einführung der Schulpflicht wird Schule ein Element öffentlicher Daseinsvorsorge, die aus dem öffentlichen Steueraufkommen vorgehalten wird. Schule ist nicht Gegenleistung des Staates für die Zahlung von Steuern. Mit dieser Entwicklung hat der Bereich der Privatschulen nicht mithalten können. Erst 1987 hat das Bundesverfassungsgericht aus der Privatschulgarantie eine Förderpflicht des Staates entnommen in Höhe der Kosten, die erforderlich sind, um eine Schule gleichen Niveaus wie staatliche Schulen zu betreiben. Wenn in diesem Urteil die Eigenleistung des Schulträgers mit einem Unternehmerrisiko begründet wird (und mit Recht nicht mit der mitunter ebenfalls zu hörenden Begründung, daß Eltern, die eine Privatschule wählen, für diesen Extrawunsch auch zahlen sollten), dann könnte dies durchaus so interpretiert werden, daß die Eigenleistung des Schulträgers dem Vorhalten einer Bildungsinstitution gewidmet ist. In der Realität des Privatschulwesens unterhalten etwa die Kirchen aus ihren Steuermitteln ihre Ersatzschulen; sie zahlen ihre Zuschüsse nicht etwa als Teilstipendien für Schüler, die das Schulgeld nicht aufbringen können.

Dort, wo Eltern einen Beitrag an die Schule ihrer Kinder leisten, geht man allerdings noch immer von einem Vorverfassungsverhältnis aus: ihre Leistung ist die Gegenleistung für die Unterrichtsleistung der Schule. Das spiegelt sich in der Rechtsprechung des Bundesfinanzhofs. Ist diese Auffassung aber dann berechtigt, wenn die Eltern, wie im Falle der Waldorfschulen, zugleich Träger, also Mitunternehmer der Schule sind? Hier decken Mitunternehmer entsprechend ihren finanziellen Möglichkeiten unabhängig von den tatsächlichen Kosten des jeweiligen Kindes in der Schule das Unternehmerrisiko ab. Unabhängig von den Kosten des eigenen Kindes auch deshalb, weil die einzelne Waldorfschule Ausgaben hat, die mit der unmittelbaren Unterrichtung des Kindes nicht zusammenhängen; z. B. hat sie sich an der Finanzierung der waldorfeigenen Lehrerausbildung zu beteiligen und betreibt Fortbildung der Eltern und andere soziale oder kulturelle Veranstaltungen für die Allgemeinheit.

Ähnlich wie bei der Übernahme der Vereinssatzung für die Schulträgerschaft hat die Waldorfschulbewegung zunächst auch die traditionelle Schulvertragsform übernommen, freilich stets mit der Besonderheit, daß der Schulvertrag mit dem Eintritt in den Schulverein verbunden und daß nie von Schulgeld, sondern stets von Elternbeitrag die Rede war und ist. Es stellt sich die Frage, ob dann, wenn Eltern Mitunternehmer der Schule sind, noch Raum für einen Schulvertrag ist, und ob es nicht zutreffender wäre, die spezifischen Rechte und Pflichten der Eltern im Gesellschaftsvertrag oder in einer Schulordnung zu regeln.

Die dargestellten Anfragen rühren an grundsätzliche Fragen des Schulrechts. Sie problematisieren Rechtspositionen, die ungeachtet der Veränderungen des deutschen Verfassungsrechts seit 140 Jahren aus der Tradition des staatlichen Schulwesens entwickelt und verfestigt sind. Es sind die Waldorfschulen, die mit solchen Anfragen das Bewußtsein an die Notwendigkeit freier Initiative im Bildungswesen wachhalten, das in den Augenblicken staatlicher Schwäche bei der Formulierung deutscher Verfassungen bestand. Um so ernster müssen diese Anfragen genommen und beantwortet werden.

*Literaturverzeichnis*

Arbeitsgemeinschaft Freier Schulen (Hrsg.): Freie Schule I. Soziale Funktion der freien Schulen in der Bundesrepublik Deutschland. Stuttgart 2/1976.
Arbeitsgemeinschaft Freier Schulen (Hrsg.): Handbuch Freie Schulen. Reinbek 2/1988.
Bader, H.-J.: Zur Rechtsstellung des Lehrers. Vorschläge für eine Neugestaltung der Mitarbeiterverhältnisse. In: Berichtsheft des Bundes der Freien Waldorfschulen. Advent 1986, S. 25 ff.
Bundesverfassungsgericht: Amtliche Sammlung der Entscheidungen. Bd. 27, S. 195 ff., Bd. 75, S. 40 ff.
Deutscher Bildungsrat, Empfehlungen der Bildungskommission: Zur Reform von Organisation und Verwaltung im Bildungswesen. Teil I: Verstärkte Selbständigkeit der Schule und Partizipation der Lehrer, Schüler und Eltern. Bonn 1973.
Deutscher Juristentag, Bericht der Kommission Schulrecht: Schule im Rechtsstaat, Bd. I., Entwurf für ein Landesschulgesetz. München 1981.

Hardorp, B.: Ein initiatives Schul- und Erziehungswesen: Wäre es möglich, ist es bezahlbar? In: Björn Engholm (Hrsg.): Demokratie fängt in der Schule an. Frankfurt 1985.

Leber, S.: Die Sozialgestalt der Waldorfschule. Frankfurt 1984.

Leber, S.: Weltanschauung, Ideologie und das Schulwesen (Artikelserie zur Entstehung des Art. 7 (5) GG und zur Frage, ob Waldorfschulen Weltanschauungsschulen sind). In: Erziehungskunst Hefte 11 und 12/1988, 1–4/1989.

Müller, F.: Das Recht der freien Schule nach dem Grundgesetz. Berlin 2/1982.

Müller, F. (Hrsg.): Zukunftsperspektiven der freien Schule. Berlin 1988.

Oelkers, J.: Öffentlichkeit und Bildung: Ein künftiges Mißverhältnis? In: Zeitschrift für Pädagogik. 1988, S. 580ff.

Vogel, J. P.: Der Bildungsgutschein – Eine Alternative der Bildungsfinanzierung. In: Neue Sammlung 1972, S. 514ff.

Vogel, J. P.: Goldener Käfig oder Förderung freier Initiativen? Die staatliche Finanzhilfe für Privatschulen. In: D. Goldschmidt/P. M. Roeder (Hrsg.): Alternative Schulen? Stuttgart 1979, S. 131ff.

Vogel, J. P.: Verfassungswille und Verwaltungswirklichkeit im Privatschulrecht. In: Recht der Jugend und des Bildungswesens 1983, S. 170ff.

Vogel, J. P.: Die Privatschulbestimmungen des Grundgesetzes – Ein Verfassungsmodell für das gesamte Schulwesen? In: Neue Sammlung 1988, S. 367ff.

Vogel, J. P.: Anmerkungen zu Art. 7 (5) GG. In: Recht der Jugend und des Bildungswesens. 1989, S. 299ff.

Vogel, J. P.: Funktion und Bedeutung der Schulen in freier Trägerschaft – nach 40 Jahren Grundgesetz. In: Neue Sammlung 1989, S. 344ff.

Christoph Lindenberg

# Riskierte Schule –
# Die Waldorfschulen im Kreuzfeuer der Kritik

Von den 7,15 Millionen Schülern, die in der Bundesrepublik im Schuljahr 1985/86 allgemeinbildende Schulen besuchten, gingen etwa 0,6% auf Waldorfschulen. In der nicht sehr bunten und an Alternativen nicht überreichen deutschen Schullandschaft einige etwas farbenreichere Punkte. Man muß kaum befürchten, daß der Anteil von sechs Promille Waldorfschülern die Fahrtüchtigkeit des deutschen Bildungssystems ernsthaft beeinträchtigen kann. Da auch an Waldorfschulen Lehrer beschäftigt werden, vermehren diese Schulen auch nicht die Zahl arbeitsloser Lehrer. Dennoch sind die etwa 115 deutschen Waldorfschulen zum Anlaß von mancherlei Irritationen geworden.

Die Zahl der Bücher, Zeitschriften und Zeitungsartikel, die sich höchst kritisch mit der Waldorfschulpädagogik beschäftigen, ist zwar noch nicht zum Sturm im Blätterwald angeschwollen, aber die wohlwollende Windstille, die Mitte der siebziger Jahre herrschte, ist einem vernehmbaren Säuseln gewichen: Waldorfpädagogik wird verurteilt, vor Waldorfpädagogik wird gewarnt.

Die Kritik ist insgesamt von sehr verschiedenem Gewicht und kommt aus den verschiedensten Richtungen. Es gibt Äußerungen, die im Namen divergenter moderner Haltungen und Ansprüche die Schwächen oder vermeintlichen Schwächen des Waldorfalltags geißeln. Eine ganz andere Kritik kommt von konfessioneller Seite, wo man annimmt, daß die sich auch heute noch ausbreitenden Waldorfschulen ein Instrument zur Propaganda der Anthroposophie sind. Die dritte Form der Kritik wird im Namen „der Wissenschaft" – was immer das auch sein mag – oder der Erziehungswissenschaft erhoben.

Die individuelle eklektizistische Kritik, die sich z. B. mit der Praxis der Strafe durch einzelne Waldorflehrer an einzelnen Waldorfschulen oder Repressionsmechanismen – wirklichen oder eingebildeten – sowie mit dem ganzen Fragenkreis, der durch das Wort „heile Welt" angedeutet wird, muß entsprechend im Detail abgehandelt werden. Dabei sind vorhandene Mißstände weder zu leugnen noch zu entschuldigen.

Die Besorgnisse der Konfessionen, die sich in einer Zeit zunehmender Kirchenmüdigkeit der Konkurrenz östlicher und westlicher Weltanschauungen und religiöser und antireligiöser Bewegungen ausgesetzt sehen, sind durchaus verständlich. Zwei Dinge sind jedoch nicht verständlich. Das eine ist die Tatsache, daß man sich von konfessioneller Seite offensichtlich kaum Gedanken über die Bedeutung und Wirkung des eindeutig materialistischen Weltbildes macht, das heute an den staatlichen Schulen den Schülern vermittelt wird. Wo bleibt der laute Protest gegen das biologistische Menschenbild, das den Menschen als Produkt eines genetischen Codes deutet? Macht man sich keine Gedanken über die sozialen Folgen derartiger Auffassungen? Hat man nicht begriffen, daß Auschwitz auch eine Konsequenz des Sozial-Darwinismus war? Haben die Kirchen, nachdem die Schlachten mit Galilei und Darwin verloren gegangen sind, ihren Mut verloren? Sind sie sich über die Wirkungen des heutigen naturwissenschaftlichen Weltbildes für Religion, soziales Leben und für das Leben der Erde nicht im klaren? Sollten sie nicht zumindest das Bemühen um eine andere Art, die Welt anzuschauen, wohlwollend tolerieren?

Das zweite, was nicht verständlich ist, ist ein Teil der Argumente, die gegen die Anthroposophie vorgebracht werden. Von vornherein soll hier eingeräumt werden, daß es auf dem Felde der Theologie Differenzen der Anthroposophie mit den Konfessionen gibt. Diese gibt es aber auch unter den Konfessionen. Man sollte aber bedenken, daß der an Steiner sich orientierende anthroposophische Christ das Apostolikum ebenso bejahend bekennen kann wie der Papst in Rom. – Wenn jedoch zum Beispiel schlicht und unkritisch gegen die Anthroposophie der Vorwurf des „Synkretismus" erhoben wird, so sollte man doch zumindest bedenken, daß einem Religionswissenschaftler wie Rudolf Bultmann auch das Urchristentum als synkretistisches Phänomen erscheint (vgl. Bultmann 1962, S. 163 ff.). Noch viel stärker müßte dieser Vorwurf das spätere Christentum treffen, das griechische Philosophie und römisches Recht in Praxis und Theorie integrierte. In ein Wort zusammengefaßt: die historische Kontingenz der gewordenen Konfessionen und die vergessenen (überwundenen?) Fragestellungen sollten bei der Beurteilung der Anthroposophie oder im Gespräch zwischen den Konfessionen und der Anthroposophie nicht übersehen werden.

Die dritte Art der Kritik wird im Namen „der Wissenschaft", „der Wissenschaftlichkeit" oder „der Erziehungswissenschaft" geäußert. Es wird im Verfolg darauf eingegangen werden, inwieweit, wieso und inwiefern vorwissenschaftliche, unwissenschaftliche und abergläubische Elemente im Alltag der Waldorfschulen spuken. Hier soll zunächst auf das geringe Reflexionsniveau der sich wissenschaftlich gerierenden Kritik hingewiesen werden. Wenn man im Namen der Wissenschaft spricht, so sollte man deutlich sagen, im Namen welcher Wissenschaft und welches Wissenschaftsverständnisses man spricht, welche Voraussetzungen man in die Kritik einbringt. Die schlichte Berufung auf Kant, Marx oder Freud sowie auf „die Erkenntnisse der modernen Psychologie" ist schlechthin dogmatisch. Man kann nämlich von Anfang an wissen, daß Steiner nicht mit Marx oder den Auffassungen der Psychoanalyse übereinstimmt. Das besagt aber noch gar nichts, es würde nur zu dem Urteil berechtigen, daß Steiner, wie Tausende anderer Denker, in die Klasse der Nicht-Marxisten einzuordnen ist. Es ist jedenfalls im Rahmen freier Wissenschaften nicht üblich, jemanden dadurch zu „erledigen", daß man feststellt, er stimme mit Kant oder der evolutionären Erkenntnistheorie nicht überein. – Ein anderer Typus der Kritik bezeichnet – sachlich falsch – die Anthroposophie als wiederaufgewärmte Gnosis, als ein Ragout aus Neuplatonismus und Mystik, als modernisierte vedische Philosophie oder als paracelsisch. Diese Vorwürfe werden seit den zwanziger Jahren von Generation zu Generation weitergereicht. Dabei fällt auf, daß diejenigen, die solche „Vorwürfe" zu Papier bringen, in aller Regel keine ausgewiesenen Kenner der Gnosis, des Neuplatonismus oder des Paracelsus sind. Man kennt die Veden oder Paracelsus vom Hörensagen. Man hat im Zusammenhang der Gnosis vielleicht den Begriff der Emanationslehre zur Hand, und man vermutet Strukturähnlichkeiten mit der Evolutionslehre der Anthroposophie (die sich nur bei alleroberflächlichster Betrachtung als haltbar erweisen). Man dringt aber nicht einmal bis zu der Fragestellung vor, ob vielleicht ein Forscher wie Paracelsus, der Mensch und Natur noch nicht durch das Raster nach-cartesianischer Begriffe betrachtet hat, vielleicht etwas Ähnliches entdeckt hat wie Steiner und ob nicht gewisse Ähnlichkeiten der Aussagen von Steiner und Paracelsus ihren Grund darin haben, daß sie dieselbe Sache gesehen haben. Jedenfalls sollte man uninformierte Ahnen- und Sippenforschung nicht mit wissenschaftlicher Kritik verwechseln.

Schließlich zur Kritik im Namen der Erziehungswissenschaft. Wenn man von der Geschichte der Pädagogik absieht, die eine historische, aber keine pädagogische Wissenschaft ist, kann heute im Rahmen der Erziehungswissenschaften am ehesten die deskriptiv vergleichende Erziehungswissenschaft, die Erziehung, Schulen und Unterricht im internationalen Vergleich behandelt, den sicheren Status einer Wissenschaft beanspruchen. Ansonsten erscheint der Status der verschiedenen erziehungswissenschaftlichen Ansätze problematisch. Ist die Erziehungswissenschaft eine deskriptive Wissenschaft, die Schulforschung betreibt und beschreibt, was auf den unterschiedlichen Feldern der gewollten und ungewollten Erziehung vor sich geht? Oder ist sie eine normative Wissenschaft, die die Lehre von der richtigen Erziehung verkündet, oder ist sie nur eine kritische Wissenschaft, die nach freiem Belieben Fragen aufwirft und Probleme formuliert? Jedenfalls sollte das Vorhandensein von Lehrstühlen für Pädagogik und die wissenschaftliche Zitierweise in der reichen erziehungswissenschaftlichen Literatur nicht über die Tatsache hinwegtäuschen, daß es „die Erziehungswissenschaft" bisher noch nicht gibt.

Dennoch ist ein Gespräch zwischen Erziehungswissenschaftlern und Vertretern der Waldorfschulpädagogik möglich. Die Frage ist, wo man ansetzen soll. Eine Verständigung über Grundfragen von Pädagogik und Wissenschaft wird immer wieder versucht werden, allein, man wird nicht hoffen dürfen, hier zu schnellen Ergebnissen zu gelangen. Wenn man wechselseitiges Verständnis anbahnen kann, ist bereits viel erreicht. Bisher ist von beiden Seiten zunächst versucht worden, zumindest eine gemeinsame Sprache zu finden, davon zeugt eine Reihe diskutabler Publikationen. – Es scheint aber auch sinnvoll, neben den Gipfeltreffen auf theoretisch höchster Ebene eine Unterhaltung auf empirischem Felde zu beginnen und über die Probleme der real-existierenden Waldorfschulen zu reden. Man wird sich dabei in vorwissenschaftlicher Weise zunächst auf den common sense verlassen müssen, aber im Laufe der Zeit klären sich auch in der empirischen Forschung die Begriffe und Maßstäbe. Jedenfalls aber leistet man einen Beitrag zur deskriptiven Pädagogik.

Ein Gespräch setzt Offenheit und in unserem Zusammenhang auch die Fähigkeit zur Selbstkritik voraus. In diesem Sinne wird im folgenden versucht, einige Themen zu umreißen, wo die Praxis der Waldorfschulen heute dem Waldorflehrer fragwürdig erscheinen muß. Indem diese wunden Punkte offen angesprochen werden, ist keine präventive „Nestbeschmutzung" beabsichtigt, vielmehr soll das offene Wort auch Anregung zur Selbstbesinnung sein.

Die Selbstkritik, die hier vorgebracht wird, setzt bewußt nicht auf einem hohen theoretischen Niveau an. Das hat verschiedene Gründe: Erstens wäre der theoretische Standpunkt, von dem ausgehend kritisiert wird, ausführlich zu klären. Schon das würde den Umfang dieser Abhandlung sprengen. Zweitens können auch nicht in Kürze alle Diskussionen, die es über den Epochenunterricht und die 45-Minuten-Unterrichtseinheit oder über den Fremdsprachenunterricht gibt, eingeholt werden. Drittens scheint es mir legitim zu sein, die Selbstkritik in der Praxis, gleichsam waldorf-immanent, anzusetzen und die Schwierigkeiten zu diskutieren, die sich prinzipiell aus bestimmten Formen der Waldorfschulpädagogik ergeben. Es gibt nämlich Probleme, die sich aus *Formen* ergeben: die Form der Selbstverwaltung, die Form des Epochenunterrichts oder die Form des Unterrichts ohne Lehrbuch, stellen hohe Anforderungen. Wo diese nicht erfüllt werden, degeneriert die Form. So nimmt diese Selbstkritik den Charakter einer Kritik der Form an, die die Gefahren aufzeigt, die mit bestimmten Formen gegeben sind. Insofern ist die Kritik der Praxis auch theoretisch relevant.

## Die rasche Zunahme der Zahl der Waldorfschulen

Von 1951 bis 1974 stieg die Zahl der Waldorfschulen von 25 auf 37 an, innerhalb von 24 Jahren wurden 12 neue Schulen begründet. Von 1975 bis 1988 jedoch vermehrte sich die Zahl der Waldorfschulen um etwa 75 weitere Schulen, damit verdreifachte sich die Zahl der Schulen in 14 Jahren. Dieses schnelle Wachstum war weder beabsichtigt noch geplant. Es ergab sich aus lokalen Initiativen von Eltern und Lehrern, die entschlossen waren, je an ihrem Ort eine Waldorfschule zu begründen. Gegenüber diesen Initiativen konnte der Bund der Waldorfschulen, der nicht nach Art des Staates über unmittelbare Macht verfügte, nur ratend, Maßstäbe setzend, manchmal bremsend eingreifen. Die Gründe für die überaus große Eigendynamik der lokalen Initiativen sind im einzelnen schwer auseinanderzudividieren, daß aber derart viele Schulen wirklich gegründet werden konnten, hängt wesentlich mit den durch die Bildungsdiskussion erweckten Erwartungen der Eltern, mit den nach Alternativen suchenden jüngeren Lehrern und mit der Privatschulgesetzgebung der deutschen Bundesländer zusammen, die von vornherein in Aussicht stellte, daß ein Teil der finanziellen Lasten aus Steuermitteln bezahlt werden würden.[1]

Die wichtigsten Leistungen, die von seiten des Bundes der Waldorfschulen in dieser Situation erbracht wurden, war einerseits die intensive Beratung der Gründungsinitiativen und Neugründungen. Das extrem föderalistische Prinzip, das der Organisation des Bundes der Freien Waldorfschulen zugrunde liegt, und das Fehlen jeglichen Aufsichtspersonals („Schulräte") ließ jedoch gegenüber den prinzipiell autonomen Schulen nur sehr beschränkte Kontroll- und Eingriffsbefugnisse zu. Fast ausschließlich in krisenhaften Situationen wurden Beauftragte des „Bundes" um Rat und Hilfe gebeten. So konnte andererseits die rasche Ausdehnung nur indirekt auf dem Wege über die Ausbildung künftiger Waldorflehrer beeinflußt werden. Mit nicht unerheblichen finanziellen Opfern aus den Haushalten – namentlich der älteren Schulen – wurde die Lehrerbildung ausgeweitet, in Stuttgart wurde die Zahl der Lehrerbildungskurse vermehrt, in Witten-Annen und Mannheim entstanden neue Lehrerbildungsstätten. Diese Einrichtungen waren bisher weitgehend in der Lage, den Lehrerbedarf der neuen und auch der alten Schulen zu befriedigen, obwohl keineswegs alle Absolventen der Lehrerbildungskurse schließlich Waldorflehrer wurden.

Die Fragen, die sich aus der schnellen Vermehrung der Zahl der Waldorfschulen ergeben, sind vielfältig. Die anthroposophischen Kritiker dieses Vorgangs verwenden gerne den nicht sehr reflektierten, angstbeladenen Begriff der „Verwässerung der Waldorfpädagogik", wenn sie auf die schnell wachsende Zahl der Schulen zu sprechen kommen. Nicht-Anthroposophen sehen in dem Vorgang jedoch eine planvolle Strategie „der Anthroposophen", die über die Waldorfschulen neue Anhänger für ihre Lehre gewinnen wollen. Beide Kritikergruppen kennen die Prozesse, die zur Gründung einer neuen Waldorfschule führen, kaum oder gar nicht, sie kennen nicht die Entschlossenheit junger Eltern oder junger Lehrer, die oft nach Jahren der Vorbereitung endlich „ihre" Schule gründen wollen; sie wissen nicht, wie oft und wie dringend vor Gründungen gewarnt wird und wie dann Situationen eintreten, in denen bestimmte Fakten – eine große Zahl bereits fest für die neue Schule angemeldeter Kinder, ein bereitstehendes junges Kollegium oder auch nur ein angebotenes, leerstehendes Gebäude – einen Entscheidungsdruck schaffen, dem nur widerstanden werden kann, wenn man entschlossen ist, große Enttäuschungen zu bereiten und in Kauf zu nehmen, daß diese möglicherweise lokale Initiative für immer zugrunde geht.

Auch wenn die pauschale Kritik an der Ausdehnung der Waldorfschulen so nicht genügend begründet ist, bleiben Fragen genug. Die Krisen an neu gegründeten Schulen, die relativ geringe Stabilität einzelner Kollegien (Lehrerwechsel!) und die in jüngster Zeit auftretenden Probleme mit dem Lehrernachwuchs in einigen Fächern, deuten ebenso auf das Problematische des raschen Wachstums wie die Tatsache, daß sich manche Schulen veranlaßt sehen, Lehrer einzustellen, die mit den Grundlagen der Waldorfpädagogik wenig vertraut sind. Bei den Schulgründungen wird man heute veranlaßt sein, in weiteren Zeiträumen als bisher zu denken. Es genügt nicht, daß die ersten vier Klassen einer neuen Schule „stehen", man muß sich auch fragen, woher man in fünf Jahren den Mathematiklehrer für die Oberstufe nehmen will. Bei Initiativen im ländlichen Raum muß man fragen, ob dieser Raum auf die Dauer eine Waldorfschule tragen will. Vor allem aber geht es um die bei einer Gründung beteiligten Personen, um ihre Qualifikation zum Waldorflehrer und um ihre Fähigkeiten zur dauernden Kooperation. Dieses Problem dürfte das schwierigste sein. Es gibt keine formalen Kriterien für die Befähigung zum Waldorflehrer: Die Lehrerbildungsstätten führen aus guten Gründen keine Examina durch und erteilen keine Noten. Alle Entscheidungen fallen in persönlichen Gesprächen und durch persönliche Beratung, mit denen jeweils kein Zwang verbunden ist. Die Fragen, die sich hier stellen, sind: Ist es möglich, in den beratenden Gesprächen, die über Stellenbesetzungen zu gründender Schulen geführt werden und die immer Lebensentscheidungen sind, noch deutlicher und offener zu sprechen? Ist es möglich, im Gesamtrahmen des Bundes der Waldorfschulen den Beratungsverfahren einen höheren Grad der Verbindlichkeit zu geben und besteht die Möglichkeit, diese Prozesse im Hinblick auf ihre Effizienz zu verfolgen?

Ferner scheint es sinnvoll, die neuen Gründungen intensiver zu begleiten und zu beraten. Nach dem Kriege, als es nur 25 Waldorfschulen gab, waren eine kleine Zahl älterer qualifizierter Lehrer gebeten worden, die einzelnen Schulen zu besuchen und zu beraten: Sie besuchten den Unterricht der einzelnen Lehrer und besprachen ihn mit den Kollegen; sie nahmen an den Konferenzen teil und berieten das Kollegium. Heute fehlt eine zureichende Zahl „Waldorf-Schulräte" namentlich zur Beratung junger Schulen und zur individuellen Betreuung der Lehrer. Die Probleme der Kollegiumsarbeit und der Weiterbildung der Lehrer überfordern oft die einzelnen „Gründungslehrer", die ihre langjährige Erfahrung als Lehrer in eine neue Schule einbringen sollen. Die „Gründungslehrer" stehen in der Regel ganz in der Schularbeit, sie haben bisweilen zu wenig Zeit, um Unterrichtsbesuche durchzuführen, und sind überdies in Probleme und etwaige Konflikte der Schule involviert. Ein von außen kommender Berater, der einen gewissen Abstand von den Fragen hat, kann aus Übersicht und Erfahrung helfen und zugleich für den Bund der Waldorfschulen wahrnehmen, was an und in den Schulen vorgeht. Es scheint erforderlich, daß die Ausdehnung der Waldorfpädagogik auf diese Weise intensiv begleitet wird. Bevor nicht die Frage der Beratung der bestehenden Schulen durch erfahrene Lehrer geklärt und die Versorgung der in Aufbau begriffenen Schulen mit qualifizierten Pädagogen als wirklich möglich erscheint, ist ein zeitweiliger „Gründungsstopp" durchaus zu erwägen.

## Probleme und „Kosten" der Selbstverwaltung

Bekanntlich ist an staatlichen Schulen der Raum für die Selbstverwaltung sehr eng, die meisten wichtigen Fragen von Unterricht und Schulleben sind durch Vorschriften und Erlasse geregelt, die Kompetenzen des Schulleiters, der Lehrer, der Eltern sind genau definiert, durch den Schulrat führt das zuständige Oberschulamt die Aufsicht über die Schulen, die Personalfragen (Lehrernachwuchs, Beförderungen) werden gleichfalls durch die zuständigen Behörden entschieden, der Staat hält das Schulgebäude vor, er besoldet die Lehrer und stellt einen Etat für Unterrichtszwecke zur Verfügung. Alle diese Aufgaben müssen an Waldorfschulen im Rahmen einer Selbstverwaltung entschieden werden, und überall, wo überhaupt Entscheidungen fallen, sind Fehlentscheidungen möglich. Wenn im folgenden offen von Schwierigkeiten der Selbstverwaltung gesprochen wird, darf aber keinesfalls vergessen werden, daß es in der staatlich verwalteten Regelschule sehr viele Schwachstellen gibt, die manchmal weniger deutlich zutage treten, weil sie als systembedingt hingenommen werden, die aber auch Lehrer und Eltern empören oder in die murrende Resignation treiben.

Sinn und Notwendigkeit der Selbstverwaltung der Schule ergeben sich zuvörderst aus der Tatsache, daß Erziehen und Unterrichten personale Vorgänge zwischen Lehrer und Schülern sind. Die wesentlichen Elemente: Engagement und Zuwendung, Interesse und Anteilnahme sowie die Beurteilung im individuellen Einzelfall können nicht allgemein vorgeschrieben und geregelt werden. In der erzieherischen Wirklichkeit ist der Lehrer immer auf sich selbst gestellt und muß selbst entscheiden. So kann der Lehrer nie ein Funktionär eines allgemeinen Systems sein. Gewiß bedarf der Lehrer Stütze und Anregung, Rat und Ideen. Aber die letzte Verantwortung liegt immer bei ihm. Der Lehrer darf sich nicht als Funktionär eines Systems empfinden, in welchem die Entscheidungen offiziell bei den politischen Instanzen liegen – in Wirklichkeit bei der Kultusbürokratie. Schließlich kann man die selbstverwaltete Schule durch die Idee begründen, daß Erziehung zu Freiheit und Verantwortung nur durch freie und selbstverantwortliche Lehrer möglich ist. Gewiß sind die Lehrer an staatlichen Schulen als Privatmenschen frei – als Lehrer jedoch sind sie heute durch Normen, Lehrpläne und Erlasse in ihrem Handeln gebunden und behindert – auch dann, wenn sie es nicht spüren, weil sie die Pläne und Kontrollen verinnerlicht haben, oder weil sie im Rahmen einer verrechtlichten Schule zu ihrer Absicherung nach weiteren Erlassen rufen.

Im Rahmen einer kollegialen Selbstverwaltung mit Einbezug der Elternschaft müssen alle genannten Probleme eigenverantwortlich geregelt werden. Das bedeutet in der Praxis, daß ständig Entscheidungen zu treffen und Verantwortungen zu übernehmen sind. Bereits dieser Tatbestand läßt vermuten, daß Selbstverwaltung einen hohen Grad von Kooperationsfähigkeit erfordert, daß ständig ein gewisses Konfliktpotential schlummert und daß der Umgang mit Konflikten gelernt werden muß. Im Rahmen der Waldorfschulen kommt hinzu, daß es kaum formale Regeln für die Selbstverwaltung gibt. Jedes Kollegium muß die Verfahren und Regeln der Selbstverwaltung selbst entwickeln; dabei geht es um so zentrale und manchmal brisante Themen wie um Personalfragen (Anstellung oder Entlassung), um Investitionsentscheidungen (Schulbau), die die Schule über Jahrzehnte belasten können, um die Gehaltsordnung oder um den Umgang mit der Elternschaft.

Die Entscheidungsprozesse verlaufen meist in Gesprächen und Beratungen des Lehrerkollegiums und des Schulvereinsvorstandes. Da das ganze System auf Personen beruht, werden alle Fragen und Probleme leicht zu persönlichen Fragen und Konflikten. Das Bestreben im Rahmen der spezifischen Waldorf-Selbstverwaltung geht dahin, alle Beteiligten in die gemeinsamen Beratungen und Überlegungen einzubeziehen und, wo irgend möglich, Einmütigkeit zu erreichen. Nur äußerst selten werden Entscheidungen durch formale Abstimmungen herbeigeführt.

Nun ist evident, daß Selbstverwaltung zeitaufwendig ist und aufreibend sein kann. Fast in jeder Konferenz stehen Fragen der Schulordnung, der Schulveranstaltungen, der Kontakte zur Schulumwelt oder Schülerfragen zur Debatte. Wenn ein Kollegium in diesen Dingen noch wenig geübt ist, kann hier viel Zeit, die besser zur Unterrichtsvorbereitung dienen sollte, vertan werden. Konflikte entstehen aber zumeist bei den schwierigen Personalfragen, bei Bauentscheidungen oder im Verhältnis zur Elternschaft. Solange diese Konflikte punktuell bleiben, d. h. sich auf eine Person oder eine Einzelfrage beziehen, können Konflikte verdaut werden. Sobald sich aber Fronten oder Fraktionen bilden, kann es zu scharfen Auseinandersetzungen kommen, die viel Zeit kosten und für Lehrer und Eltern gleichermaßen leidvoll sind. Aber die Konflikte sind nicht das einzige Problem. In dem personalen System der Waldorfschulen muß alles persönlich geregelt werden. Es gibt da die nicht seltenen Fälle, daß ein oder mehrere Kollegen in einer Schule besonderes Vertrauen genießen und daß sie den Mut haben, schwierige Probleme anzufassen, die Zeit aufwenden, langwierige Gespräche zu führen und daß sie bei Personalentscheidungen sich für vielleicht schwierige, aber talentierte Bewerber einsetzen oder rechtzeitig unfähigen Mitarbeitern den freundschaftlichen Rat geben, sich anderen Aufgaben zuzuwenden. Es können aber in einem Kollegium solche Mitarbeiter zunächst nicht vorhanden sein. Die Aufgabe der inneren Schulaufsicht und der Betreuung junger Kollegen wird nur ungenügend wahrgenommen, wenig befähigte Mitarbeiter können zum Schaden der Schüler über Jahre mitgeschleppt werden, bei Personalentscheidungen kann der Instinkt für Mittelmäßigkeit siegen, und in der muffigen Luft wechselseitiger Kameraderie vegetiert eine Schule vor sich hin. Das Kollegium nimmt die eigenen Probleme nicht wahr oder bagatellisiert sie. Wenn begabte Schüler die Schule verlassen, um an die Staatsschule überzuwechseln, verweist man auf den Tatbestand, daß – dank der allgemeinen Beliebtheit der Waldorfschulen – ja noch immer genügend viel Anmeldungen vorliegen.

Wo derartige und verwandte Symptome vorliegen, handelt es sich um ein Mißverständnis der von Steiner intendierten Selbstverwaltung. Die freie Lehrer-Republik, von der Steiner 1919 gesprochen hat, ist in Gefahr, zu einer höchst mittelmäßigen Demokratie zu degenerieren. Das Bemühen Steiners galt einer freien Republik, die auf den Fundamenten geistig produktiver Leistung und wirklicher Selbstverantwortung aufgebaut ist. Steiner förderte, wo er konnte, Leistung durch Anerkennung, und die Lehrerschaft der ersten Waldorfschule war weit über den Kreis des unmittelbaren Schullebens hinaus ständig vor Aufgaben unterschiedlicher Art gestellt: sie war sozial im Kampf für die Dreigliederung des sozialen Organismus engagiert, sie hatte die Waldorfschulpädagogik in der Öffentlichkeit zu vertreten und sich der anthroposophisch orientierten wissenschaftlichen Forschung zu widmen. Dabei profilierten sich wie von selbst die Tüchtigsten, die auch das Schulleben impulsierten.

Es ist gewiß schwer, über viele Jahrzehnte hin den Impuls pädagogischer Erneuerung lebendig-tätig zu erhalten, aber eine wirkliche Selbstverwaltung kann nur existieren, wenn sie im Strom ständiger Erneuerung durch Zielsetzung, im Gespräch mit der sozialen Umwelt, in wissenschaftlichen Bemühungen und im Ergreifen der dringendsten Aufgaben im eigenen Bereich sich täglich neu begründet. Deshalb sei im folgenden auf die nicht erfundenen, sondern vor der Haustür und in der Schule liegenden Aufgaben, an denen sich die Waldorfschulpädagogik, an denen sich die einzelnen Schulen erneuern können, hingewiesen.

## Der Epochenunterricht

Der Epochenunterricht ist eine Einrichtung, die die Waldorfschule mit anderen Schulen der Reformpädagogik gemeinsam hat. Der Epochenunterricht entspringt der Einsicht, daß die Stückelung des Unterrichts in Kurzstunden von 45 Minuten – von denen fünf am Tag aufeinander folgen – nur selten wirkliche Vertiefung und Konzentration ermöglichen, sondern eher einer Häppchen- und Zerstreuungsmethodik dienen, wenn der Schüler an einem Vormittag nacheinander sich der Mathematik, der Literatur, der Physik, Religion und der Geographie zuwenden muß, wobei die Unterrichtsinhalte zudem durch kein gemeinsames Thema verbunden sind.

In der waldorfspezifischen Form findet der Epochenunterricht in einer etwa hundert Minuten dauernden Doppelstunde täglich zu Unterrichtsbeginn statt. Die „Epoche", die drei oder vier Wochen dauert, steht unter einem Thema. Das bedeutet, daß Schüler wie Lehrer sich wirklich in ein Thema vertiefen können. Der Epochenunterricht ermöglicht eine erfahrbare Kontinuität. Der Schüler, der morgens zur Schule geht, weiß nicht nur, was ihn erwartet, er weiß, daß das Thema des gestrigen Tages fortgesetzt wird, er erfährt, daß das Gestrige vertieft aufgegriffen wird, daß Neues hinzukommt. So rundet sich im Lauf einer Epoche das Bild zusammenhängender Tatsachen. Der Lehrer hat nicht vier oder fünf verschiedene Unterrichtseinheiten für den jeweils kommenden Tag vorzubereiten: Er kann sich in den Stoff einarbeiten, kann gegebenenfalls neue Literatur zum Thema zur Kenntnis nehmen oder die Experimente für den Chemieunterricht gründlich vorbereiten und ausprobieren.

Die Einwände, die für gewöhnlich erhoben werden, betreffen das Vergessen der Inhalte. Man sagt: nach acht Wochen haben die Schüler die Inhalte vergessen, wenn sie nicht ständig gepflegt werden. Nun trifft dieser Einwand jeden Unterricht. Wenn man in Geschichte bei Otto III. angelangt ist, hat man Mohammed vergessen, denn man kann auch im Unterricht der 45-Minuten-Stunde die Themen, die vor acht Wochen behandelt wurden, nicht ständig wachhalten. Der Epochenunterricht hat viel bessere Chancen als die 45-Minuten-Stunde, wirkliche Eindrücke zu hinterlassen. Die Probleme des Epochenunterrichts liegen auf anderen Gebieten.[2]

Diese Form des Epochenunterrichts stellt aber auch besondere Anforderungen an den Lehrer: Zunächst muß er den Stoff überblicken und einen Plan für die Stoffverteilung und Stoffgestaltung ausarbeiten. Hier ist methodische, didaktische und fachliche Kompetenz gefragt. Ferner muß die jeweilige Unterrichtsstunde so geplant werden, daß sie sich zu einer wirklichen „Unterrichtseinheit" abrundet. Drittens muß das Lernen der einzelnen Schüler veranlagt, gefördert und beobachtet werden. Dies alles trifft – mutatis mutandis – auch für den Unterricht an Regelschulen zu, aber Mängel des Unterrichts können scheinbar durch ein gutes Lehrbuch leichter kompensiert werden.

Diese sachlichen Anforderungen verdeutlichen durch sich selbst die Gefahren des Epochenunterrichts. Der Waldorflehrer, der am Samstag eine Epoche abgeschlossen hat, muß – wenn er es nicht schon in den Ferien getan hat – am Wochenende eine Epoche planen. Diese Aufgabe stellt nicht nur den Klassenlehrer, von dem anzunehmen ist, daß er über keine spezifische Fachausbildung (z.B. für Ernährungslehre oder Physik) verfügt, vor große Anforderungen. Hat ein Kollege, der hier besser Bescheid weiß, Zeit, ihm zu raten? Findet er die richtige Literatur zur Einarbeitung ins Thema? Hat er überhaupt ein Talent, sich Überblicke zu schaffen? Besteht nicht immer die Gefahr, daß er in der Planung Wichtiges übersieht, dessen Bedeutung ihm im Laufe der Epoche dergestalt aufgeht, daß er seine ganze Planung umstößt? Insgesamt kann man sagen, daß diese Fragen durch Vorarbeit in der Lehrerausbildung, durch kollegiale Hilfe und durch Zuhilfenahme einer umfangreichen Literatur gelöst werden, doch das Risiko soll nicht verschwiegen werden.

Die zweite Frage, die an die erste anschließt, heißt: Gelingt es dem Lehrer, seinen Epochenplan durchzuführen? In der Praxis zeigt sich immer wieder, daß der Einstieg in ein Thema, besonders dann, wenn es methodisch nicht sehr geschickt gegriffen wird, sehr viel Zeit in Anspruch nehmen kann: Auf einmal ist die erste Woche der Epoche vorbei, und man muß feststellen, daß man gerade das „Pensum" der ersten drei Tage „erledigt" hat. Der Fortgang der Epoche wird dann zu einer Temperamentsfrage: Der eine Kollege beginnt zu hetzen und eilt durch den Stoff – die Vertiefung bleibt auf der Strecke –, der andere macht ruhig weiter und schafft nur die Hälfte dessen, was er vorhatte.

Das dritte Problem ist die Gestaltung der einzelnen Epochenstunde von 100 oder 105 Minuten. Diese relativ lange Zeit erfordert, je nach Altersstufe verschieden, eine Gestaltung des Unterrichts, in der die Schüler in den verschiedensten Formen angesprochen und beansprucht werden sollen: Eigentätigkeit, Aufnahme und Besinnung sollen zu ihrem Recht kommen. Im Prinzip soll der Unterricht keine Leerstellen haben, im Prinzip (wohlgemerkt: im Prinzip) sollen die Schüler nicht „durchhängen" oder „abschlaffen". Der Wechsel von Eigentätigkeit, Aufnahme und Besinnung muß wohl dosiert sein. Wenn der Übungs-, Wiederholungs- und Gesprächsteil des Unterrichts zu lange dauert, kommt die Aufnahme des Neuen zu kurz, die Besinnung fällt ganz weg, dem Unterricht am folgenden Tage fehlt die Grundlage, die wiederholt, gedanklich bearbeitet und diskutiert werden soll. Aber da es immer irgendwelchen Gesprächsstoff gibt, zerfasert dann der Unterricht leicht zur bloßen Dauerdiskussion, bei der nichts gelernt wird. Auch das Gegenteil ist möglich: der Stoff dominiert; Kapitel nach Kapitel wird abgehandelt: Lehrervortrag, Kurzwiederholung Lehrervortrag usf. Der große Spielraum und die (scheinbar) lange Zeit der Doppelstunde und der Epoche können bei mangelnder Selbstkontrolle des Lehrers die großen Vorzüge des Epochenunterrichts in Nachteile umschlagen lassen. Dies wird dann vor allem deutlich, wenn man bedenkt, daß per saldo den einzelnen Unterrichtsfächern im Jahr durch den Epochenunterricht doch relativ wenig Zeit zur Verfügung steht: Eine Epoche von drei Wochen entspricht einer Wochenstunde im Jahr. Wenn also dem Deutschunterricht manchmal nur zwei Epochen im Jahr „zustehen", so bedeutet das: Deutsch ist in zwei Wochenstunden zu erteilen.

Damit wird bereits das nächste und hier letzte Thema berührt: das Lernen und die Eigentätigkeit der Schüler. Dieser (sehr umfangreiche) Fragenkomplex sei an einem Beispiel verdeutlicht: am Epochenheft des Schülers. Der Schüler führt und gestaltet im Laufe einer Epoche sein eigenes Schulbuch, das „Epochenheft". In diesem Epochenheft sollen wichtige Inhalte der Epoche, wo irgend möglich, in eigenen Aufsätzen oder Protokollen der Schüler zusammengefaßt werden. Wird das Epochenheft in diesem Sinne richtig geführt, so kann die Aufsatzübung im Epochenheft fehlende Deutschstunden durchaus vollgültig ersetzen: der Schüler übt sich in sachlicher Darstellung von Experimenten, Geschichtsabläufen oder im Kunst-(Geschichts-)Unterricht in der Beschreibung von Kunstwerken.

Mir persönlich sind die Chancen, die mit der Führung eines Epochenheftes verbunden sind, erst ganz klar geworden, als ich zwei Jahre hindurch nicht ständig mit den Korrekturen für den Sprachunterricht belastet war und die Gelegenheit hatte, mich der Betreuung der Epochenhefte intensiv zuzuwenden. Meine spät gewonnenen Ansichten möchte ich persönlich so formulieren:

Die Führung des Epochenheftes erfordert eine ständige Kontrolle, Anregung, Betreuung durch den Lehrer, wenn das Ganze nicht zu einer sinnlosen Schreiberei verkommen soll. In der Praxis heißt das: Aufsatzentwürfe für oder Aufsätze aus dem Epochenheft sind laufend mit der Klasse zu besprechen. Die Fehler oder Schwächen der Aufsätze geben dem Lehrer Anlaß, seinen eigenen Unterricht zu überprüfen, beim Schüler die inhaltliche Erfassung des Themas, Stil und Darstellungsweise zu verbessern. Dieses Geschäft muß während der Epoche erfolgen, d.h., der Lehrer muß während der Epoche sämtliche Epochenhefte mindestens dreimal einsammeln und durchsehen, weil nur so der mit dem Epochenheft intendierte Lernprozeß begleitet werden kann. Nun ist es notorisch, daß das nicht immer geschieht. Epochenhefte werden oft erst viele Tage nach der Epoche eingesammelt, sogenannte „schwächere" Schüler schreiben von „besseren" Schülern die Aufsätze aus dem Epochenheft ab, der Lehrer, der beispielsweise in einer Fremdsprache laufend Korrekturarbeiten zu erledigen hat, kommt nur knapp zur Durchsicht des Epochenheftes, eine wirkliche Korrektur, eine Besprechung findet dann nicht statt, das betreute, individuelle Lernen bleibt auf der Strecke.

Dieser Mißstand kann durch die Überlastung der Lehrer (sei es durch Korrekturen in Fremdsprachen, sei es durch Verwaltungsaufgaben oder durch Veranstaltungen) mehr oder weniger entschuldigt oder erklärt werden, aber solche Erklärungen oder Entschuldigungen übersehen die geistige Seite dieses Problems: Man hat sich an den Mißstand gewöhnt, man interessiert sich nicht dafür. Das Problem wird verdrängt und nicht thematisiert. Gewiß sollen die Waldorfschulen nicht mit einem Regelwerk methodischer Vorschriften überzogen werden. Ein wenig Schulmeisterei und einige methodische Anregungen könnten auf dem Felde des Epochenunterrichts jedoch nicht allzu großen Schaden stiften.

## Persönlichkeit und künstlerischer Unterricht

Die Waldorfpädagogik beansprucht „Erziehungskunst" zu sein. Aus der Idee der Erziehungskunst ergeben sich mannigfache Anforderungen, die hier nicht alle kurz besprochen werden sollen. Einer der wichtigen Impulse der Idee der Erziehungskunst verbirgt sich in dem Gedanken, daß erlebte Kunst den Menschen tiefer ergreift und bildet als bloße Wissensvermittlung. Bloßes Wissen informiert, künstlerisch gestalteter Unterricht impulsiert und bildet. Kunst unterscheidet sich von dem gut Gemeinten durch handwerkliche Kompetenz und schöpferische Produktivität. Das ist gewiß ein hoher Anspruch, aber dieser Anspruch kann auch im kleinen verwirklicht werden, weil der Anlage und Bestimmung nach das Schöpferische – oder milder ausgedrückt: das Originelle und Produktive – in jedem Menschen schlummert. Die Originalität und Produktivität müssen nicht allein in den etablierten oder weniger etablierten Künsten zum Ausdruck kommen, auch das Experiment, das ein Physiklehrer vorführt, kann originell und produktiv erdacht und arrangiert sein. So kommt in der Erziehungskunst die produktive Persönlichkeit ins Spiel: Der sich entwickelnde junge Mensch soll durch den sich produktiv entfaltenden Menschen gebildet werden.

Wie steht es nun an den Waldorfschulen mit dem künstlerischen Unterricht im engeren Sinne? Wer in der Waldorfschule in X ein Schulkonzert, eine Monatsfeier oder eine Ausstellung von Schülerarbeiten besucht, kann bedeutende Leistungen bewundern: Das Schulorchester glänzt durch eine fast konzertreife Wiedergabe einer Symphonie von Schubert, Beethoven oder Mozart. Auf der Monatsfeier kann man Eurythmiedarbietungen wirklich *genießen,* in der Ausstellung von Schülerarbeiten sieht man Plastiken in Ton, Holz und Stein, die das Stümperhafte weit hinter sich gelassen haben, Malereien sind individuell und ausdrucksvoll gestaltet, auf Skizzenblättern kann man

Übungsschritte deutlich verfolgen. Geht man über den Schulhof, so hört man musikalische Übungen, aus den Werkstätten hämmert es, ein Blick durch ein Fenster zeigt eine Gruppe von Schülern, die hingebungsvoll mit Wasserfarben malen.

Der Eindruck ändert sich schlagartig, wenn man die Waldorfschule in Y besucht. Wieder eine Monatsfeier: einige der dargebotenen chorischen Rezitationen zeigen noch, was gemeint ist, andere läßt man noch über sich ergehen, aber schon im Auftreten zeigen die Schüler einen gewissen Widerwillen gegen den Auftritt. Die Eurythmie erscheint als ein Dressurakt, mechanisch signalisieren die Schüler eurythmische Zeichen. Chor und Orchester schließlich sind mit dem Versuch, ein anspruchsvolleres Werk zu Gehör zu bringen, deutlich überfordert, obwohl einige Lehrer als Stützen mitwirken. Einigen Trost findet der Betrachter in ausgestellten Handarbeiten, in aquarellierten Landschaften und an Erzeugnissen des handwerklichen Unterrichts. Insgesamt aber hatte man den Eindruck, daß an dieser Schule der künstlerische Unterricht sein Ziel nicht erreicht hatte. Geht man den angedeuteten Tatsachen – die sich auch für andere Unterrichtsfächer beschreiben ließen – nach, so findet man, daß der künstlerische Unterricht mit den Persönlichkeiten, die ihn erteilen, steht und fällt. Natürlich ist in einem personalen System wie dem der Waldorfschulen die Lehrerpersönlichkeit auch in allen anderen Fächern von entscheidender Bedeutung. Da jedoch gerade in den Waldorfschulen auf den künstlerischen Fächern ein viel größerer Nachdruck liegt als in den Regelschulen, da beispielsweise mit der Eurythmie eine Kunst unterrichtet wird, die im außeranthroposophischen Kulturleben keine Rolle spielt, muß sich das Neue und Ungewohnte ständig legitimieren, und für die Schüler besteht die Legitimation nicht in theoretischen Erwägungen, sondern im erlebten Unterricht. Dieses Erlebnis kann nur durch den Lehrer vermittelt werden.

Angesichts dieser Situation stellt sich für die Waldorfschulen die Frage, ob sie heute für künstlerisch produktive und zugleich pädagogisch fähige Menschen attraktiv ist. Ist das Bild, das durch die gewollte oder ungewollte Selbstdarstellung der Waldorfschulen entsteht, so, daß künstlerisch-pädagogisch talentierte Persönlichkeiten es reizvoll finden, an einer Waldorfschule mitzuarbeiten? Hier kann man an ein Gespräch erinnern, das in den zwanziger Jahren stattfand. Nach einer Demonstration des Waldorf-Mathematik-Unterrichts durch den hochbegabten Dr. Hermann von Baravalle bemerkte ein Vertreter der Staatsschule: „Nun, das ist ja kein Kunststück, mit einem Baravalle könnte man auch an der Staatsschule einen solchen Unterricht durchführen." Darauf entgegnete der Vertreter der Waldorfschulpädagogik: „Das Entscheidende ist aber, daß der Baravalle zu uns kommt, weil er sich hier frei und wirksam entfalten kann." Ferner kann hier an ein durchaus zorniges Diktum Steiners aus dem Jahre 1923 – es fiel in einer Diskussion im vertrauten Kreise – erinnert werden: „Talente muß man in den Dienst der Sache stellen, nicht sie abstoßen! Wenn das in der Waldorfschule wirklich versucht wird, ist es nur auf den Umstand zurückzuführen, daß ich mir selbst die Besetzung der Stellen vorbehalten habe. Wo ich aber nichts zu sagen hatte, ist das System befolgt worden, Talente herauszuschmeißen. Talente sind oft höchst unbequeme Wesenheiten. ... In den letzten vier Jahren ist fortwährend Inzucht getrieben worden, mit Ausnahme derjenigen Menschen, die ich selbst berufen habe." – Durch diese Bemerkungen ist auf das Problem einer zweifachen Selektion verwiesen, die für die Gewinnung von Mitarbeitern – namentlich für die künstlerischen Fächer – heute wichtig ist.

Die eine Auswahl findet durch diejenigen statt, die als befähigte, talentierte Mitarbeiter in Frage kommen, die andere durch die bestehenden Lehrerkollegien der Schulen. Die Frage für künstlerisch-pädagogisch begabte Menschen lautet: kann ich in der Waldorfschule ein Arbeitsfeld, kann ich dort mir entsprechende Wirkungsmöglichkeiten finden? Diese Frage beantwortet sich für die entsprechenden Menschen durch das Bild, das sie von der Waldorfschule gewinnen. Wenn die Waldorfschule ihnen als eine Schule erscheint, in der ein strenger Kanon von Kunstinhalten und Kunstformen vorgegeben und zu erfüllen ist, in der über alle künstlerischen Fragen bereits entschieden ist, dann wird die Waldorfschule für die in Frage kommenden Menschen nicht anziehend sein. Erscheint hingegen die Waldorfschule als ein entwicklungsfähiges Unternehmen, das freien Raum für künstlerische Produktivität bietet, so ist sie für produktive Menschen attraktiv. Die zweite Wahl wird durch die Lehrerkollegien getroffen. Ist das Lehrerkollegium in erster Linie an unkomplizierten, anspruchslosen und „linientreuen" Mitarbeitern interessiert, so kann oft nur durch Zufall oder Mißverständnis ein wirkliches Talent gewonnen werden. Ist jedoch ein Kollegium seiner eigenen Sache sicher, fühlt es sich stark, ist es zum Risiko bereit und geneigt, auch einige Unbequemlichkeiten in Kauf zu nehmen, so kann es sich für produktive Persönlichkeiten entscheiden. Was ein solches Kollegium leiten wird, ist der Sinn für die produktive Individualität. Es kann sich bei solchen Entscheidungen, die wie alle Entscheidungen auch Fehlentscheidungen sein können, auf Steiner berufen, der 1888 in einem Aufsatz über das österreichische Schulwesen schrieb: „Wir haben in Österreich eine Periode gehabt, wo man in der Heranziehung guter Lehrerindividualitäten die Hauptaufgabe der Unterrichtsverwaltung sah. Damals erstreckte sich die Fürsorge freilich mehr auf das höhere Schulwesen, das aber einen Aufschwung nahm, der in der Geschichte des österreichischen Unterrichtswesens nicht seinesgleichen hat. Und merkwürdigerweise fällt diese Periode in die Regierungszeit des – klerikalen – Ministers Thun. Es ist noch in aller Erinnerung, welcher Geist damals in unser Gymnasialwesen drang, und wie Thun, selbst mit Außerachtlassung seiner persönlichen Meinungen und seines klerikalen Standpunktes, es sich angelegen sein ließ, daß er die Individualität, wo er sie finden konnte, heranzog." (GA 31, S. 123 f.)

## Probleme im Umgang mit der Anthroposophie Rudolf Steiners

Es ist zutreffend, daß die Anthroposophie beansprucht, Geisteswissenschaft zu sein, es ist aber unzutreffend zu meinen, daß Anthroposophie im Sinne der heute üblichen Theorien eine wissenschaftliche Theorie sein will, die protokollierbare Aussagen über faktische Verhältnisse macht. Faßt man sie in diesem Sinne auf, „dann ist sie oft gar nicht eine bessere, sondern eine schlechtere Theorie als andere" (Steiner, GA 260a, S. 86). Das angemessene Auffassen anthroposophischer Wahrheiten ist immer mit der geistigen Entwicklung dessen verbunden, der sie auffaßt und damit neue Gedanken als Fragen, als Hinleitung zu eigenen Beobachtungen und als geistiges Organ ausbildet.

Der hier gemeinte Umgang mit anthroposophischen Wahrheiten sei an dem Beispiel der Idee der wiederholten Erdenleben verdeutlicht. Faßt man als Lehrer oder Erzieher diesen Gedanken, so ergibt sich eine bestimmte Einstellung zur eigenen Berufstätigkeit, die sich vielleicht folgendermaßen umschreiben läßt. Man sagt sich: die Schulkinder, die mir anvertraut sind, sind nicht einfach unbelehrte Wesen, denen ich Kulturtechniken und Lerninhalte beizubringen habe. Es sind Menschen, die eine lange Entwicklung bereits hinter sich haben. Ich bin einige Jahre oder Jahrzehnte früher als sie geboren, aber es ist denkbar, daß in den Schulkindern, die vor mir auf der Schulbank sitzen, Menschen anwesend sind, die mich in einem früheren Erdenleben an Weisheit oder Güte weit überragt haben. Meine Aufgabe ist es, ihnen zu helfen, sich in diesem Leben voll zu entfalten. Der Lehrer wird sich durch solche Gedanken nicht als ein „Beibringer" oder als ein Beurteiler verstehen, sondern als jemand, der die Entwicklung dieser Person zu schützen und Entfaltungshindernisse wegzuräumen hat. – In diesem Sinne wird aus der bloßen Theorie der Reinkarnation ein lebendiges Ideal. Man kann der Auffassung sein, daß im Grunde alle menschenkundlichen Aussagen Steiners, etwa über die Bedeutung des Schlafes, über die Lebensorganisation (Ätherleib) der Schüler, über Wirkungen von Lernvorgängen im Lebenslauf, in diesem Sinne aufgefaßt werden können, daß sie zu Fragen, Beobachtungen und schließlich zu pädagogischen Einstellungen führen können, die aus der bloßen Idee ein lebenspraktisches Ideal machen.

Nun könnte hier ein Mißverständnis drohen. Man könnte meinen, daß die Wahrheiten der Anthroposophie gar keine Wahrheiten seien, sondern eine Philosophie des „als ob", regulative Prinzipien im Verstande der „Kritik der reinen Vernunft", die man wegen ihrer wohltätigen Wirkungen auf das moralische und praktische Leben annehmen müsse – „der rechte Ring vermutlich ging verloren". So ist es nicht gemeint. Vielmehr geht es hier um einen experimentell beobachtenden Weg zu Wahrheit und Erkenntnis. Damit entspricht die Anthroposophie den Anforderungen des gegenwärtigen Bewußtseins, für welches das Experiment ein entscheidendes Wahrheitskriterium ist. Freilich unterscheidet sich die anthroposophische Methode insofern von der heute üblichen Naturwissenschaft, als jeder die Experimente selber durch sich und in sich beobachtend durchführen muß. Sie werden nicht von jemandem am Experimentiertisch vorgeführt.

Wer in Steiners „Theosophie" das Kapitel „Wiederverkörperung des Geistes und Schicksal" liest, wird bei genauer Lektüre nicht umhin können zu bemerken, daß die gesamte Argumentation Steiners auf Beobachtungshinweisen aufgebaut ist. Versucht man, diese Beobachtungen zu vollziehen und ihnen weiter nachzugehen, so kann das Individuelle, um das es dabei geht, schrittweise deutlicher in den Blick kommen. Entsprechende geistige Übungen können dazu führen, die geistige Person durch ihre Äußerungen wahrzunehmen. Ähnlich verhält es sich, wenn man den Beobachtungs- und Übungsanregungen folgt, die Steiner z. B. zur Erforschung des Schlafes gibt (vgl. GA 36, S. 349 ff.). Durch die individuell-experimentelle Forschung kann man zur Erkenntnis der Wahrheit kommen. Zugleich jedoch ergibt sich aus dem Umgang mit diesen Wahrheiten ihre Bedeutung für das praktische Leben.

Als letzter, an das aktuelle Interesse appellierender Hinweis sei eine Frage gestattet: Zeigt nicht der von einzelnen naturwissenschaftlichen Erkenntnissen geleitete heutige technische Umgang mit der Natur – beispielsweise in der Landwirtschaft (im Gegensatz zu dem auf geisteswissenschaftlichen Erkenntnissen beruhenden Umgang mit der Natur - beispielsweise durch die biologisch-dynamische Anbauweise) – in den ökologischen Katastrophen das objektiv Unzureichende heutiger Erkenntnisse? Hat man durch die bisherige Forschungsweise nicht wichtigste Zusammenhänge übersehen? Fordert nicht die Zeit selber neue Erkenntnismethoden?

Hat man einmal erlebt und verstanden, daß die Aussagen Steiners ihre Wahrheit nicht als theoretisches Kleingeld haben, dann wird man mit besonderer Behutsamkeit an das – teilweise in fragwürdiger Form überlieferte – Vortragswerk Steiners herangehen. Man wird bei einiger Aufmerksamkeit bemerken, daß Steiner in seinen Vorträgen keineswegs in erster Linie „zur Sache" gesprochen hat, sondern immer in erster Linie zu den anwesenden Menschen, Augen öffnend und Anregungen, Impulse gebend. – Löst man die Aussagen Steiners aus diesen Zusammenhängen, behandelt man sie als Glaubenssätze, als theoretische Wahrheiten, als Rezepte, so geht man zumeist an ihrer Intention vorbei.

Nun geht es hier nicht darum, das angedeutete Mißverständnis der Anthroposophie durch Nicht-Anthroposophen zu beklagen. Es geht vielmehr um die Frage, welchen Gebrauch Anthroposophen und Waldorflehrer von der Anthroposophie machen, und da muß man bemerken, daß sich immer wieder ein dogmatisch-theoretisches Verstehen der Anthroposophie einschleicht. Das ist psychologisch unschwer zu verstehen: man trägt die heute übliche Art des Auffassens und Vorstellens in das Auffassen der Anthroposophie hinein, denn man kommt aus den heutigen Vorstellungsweisen, man wurde in ihnen erzogen. Man versucht demgemäß, sich von den Aussagen Steiners Vorstellungen zu bilden, man legt sich gewissenhaft Schemata oder Synopsen an, und je gutwilliger man ist, desto eher ist man geneigt, das Nicht-Erlebte, nicht innerlich Verstandene durch abergläubische Konstruktionen zu ergänzen, die gegensätzlichen Aussagen im Werk Steiners durch harmonisierende Interpretation zu überbrücken. Was sich so vollziehen kann, ist ein schlechter, unkritischer Rückfall in die Scholastik. Das Werk Steiners wird, wie in der Scholastik die christliche Überlieferung und die antike Philosophie, zur geoffenbarten Wahrheit. Während man jedoch in der Scholastik nach streng logischen und systematischen Prinzipien mit der Technik des „sic et non" die Überlieferung bearbeitete, sichtete und ordnete, droht namentlich das Vortragswerk Steiners mit derzeit etwa 3 600 gedruckten Vorträgen zum Steinbruch für Argumente zu werden, derer man sich nach Belieben bedient.

Innerhalb der Waldorfschulbewegung sind solche Tendenzen glücklicherweise nur vereinzelt zu beobachten. In der Lehrerausbildung sowie in den Tagungen, die der Fortbildung der Waldorflehrer dienen, bemüht man sich nicht nur um den angemessenen Umgang mit dem Werk Steiners, sondern auch um selbständig errungene neue Erkenntnisse sowie um die Auseinandersetzung mit Ergebnissen gegenwärtiger Wissenschaft. Eine nicht geringe Anzahl von Publikationen (die unter anderem in der von der Pädagogischen Forschungsstelle beim Bund der Freien Waldorfschulen herausgegebenen Schriftenreihe „Menschenkunde und Erziehung" erschienen sind) dokumentieren diese Bemühungen. Man kann erfreulicherweise beobachten, daß sich die Lehrerschaft der Waldorfschulen dieser Anregungen nicht ohne Erfolg bedient. So darf wohl gesagt werden, daß die Gefahren der Verwilderung des Denkens in mancher Hinsicht in den Waldorfschulen partiell gebannt sind.

Dafür aber gibt es andere Probleme, die in der Praxis eine Rolle spielen. Zu diesen gehören: die traditionelle Überlieferung erzieherischer Methoden und unterrichtlicher Inhalte; die relative geistige Autarkie der einzelnen Schulen und die geringe Bereitschaft, sich mit der Umwelt zu befassen und Neues aufzunehmen; ein gewisses blindes Vertrauen auf die Wirksamkeit der „richtigen Methode" ohne kritische Kontrolle ihrer Erfolge und schließlich eine Vernachlässigung der von Steiner empfohlenen psychologischen Ausbildung der Lehrer durch gründliche Schülerbesprechungen. Dazu einige Hinweise.

*Die traditionelle Methode:* Es hat sich z. B. die Überzeugung gebildet, daß es zur Waldorfschulpädagogik gehöre, keine Hausaufgaben zu geben, namentlich nicht in den unteren Klassen. Man kann für diese Ansicht soziale Gründe anführen: Es gibt Elternhäuser, in denen die Eltern den Schülern nicht beistehen können, Hausaufgaben fördern eine klassenspezifische Selektion. Man kann sich durch solche und andere Erwägungen als Lehrer z. B. gegenüber der Tatsache blind machen, daß sehr viele Schüler von einer „richtigen Schule" erwarten, daß Hausaufgaben gestellt werden, man kann so die Tatsache übersehen, daß Hausaufgaben zur Übung und Befestigung von Fähigkeiten erforderlich sein können und daß bei vielen Schülern Lernerfolge ausbleiben. Man vertraut dann auf die gütige Zeit und auf den Grundsatz: man solle das Kind nicht überlasten. Gibt es aber nicht auch eine Unterforderung? Schließlich schlägt man in den gedruckten Protokollen der Konferenzen des ersten Waldorfkollegiums mit Steiner nach und findet dort sehr differenzierte Aussagen über Hausaufgaben; unter anderem aber auch die Aussage: „Ein Hauptgrundsatz ist der, daß wir sicher sind, daß sie die Hausaufgaben machen, daß wir niemals erleben, daß die Kinder sie nicht machen" (GA 300/2, S. 40). Der Gesamtüberblick über Steiners Aussagen zum Thema zeigt schließlich, daß Steiner meinte, daß ein wirklich guter und perfekter Unterricht so wirkt, daß die Schüler von sich aus Hausaufgaben machen. Die Tradition ist also erstens stets angesichts der Tatsachen und zweitens im Hinblick auf ihren Ursprung zu überprüfen.

*Blindes Vertrauen auf die „richtige Methode".* In der Waldorfschule werden von der ersten Klasse an zwei Fremdsprachen unterrichtet. In direkter Methode (d. h. ohne Übersetzung und Einschaltung der deutschen Sprache) sollen sich die Kinder durch Nachsprechen, Nachspielen, Nachsingen, durch kleine dramatische Szenen etc. in die fremde Sprache einleben, Aussprache, Intonation, Satzmelodie etc. spielend erlernen. Vokabeln sollen nicht gelernt werden. Erst in der vierten Klasse erlernen die Schüler die fremde Sprache in schriftlicher Form. Es gibt nun eine hinreichend große Anzahl von Beispielen, daß diese Methode vorzüglich funktionieren und zu guten Lernerfolgen führen kann. Es gibt aber auch Beispiele, an denen man erkennen kann, daß nach vielen Jahren Unterricht kaum sprachliche Kompetenz und Sicherheit gewonnen worden ist. Hier ist nun kritische Leistungskontrolle dringend erforderlich; man muß sich fragen, was man bei Anwendung der „richtigen Methode" falsch gemacht hat: hat man zu wenig wirklich geübt und wiederholt, hat man es beim Nachsprechen belassen und zu wenig auf Einzelleistungen geachtet, ist man zu unsystematisch vorgegangen, hat man den Wortschatz nicht gepflegt etc. etc.? Man tut dann als Lehrer gut, einmal ein Sprachlehrbuch der staatlichen Schulen zur Hand zu nehmen und sich nicht über den Stumpfsinn mancher Beispiele, Bilder und Inhalte aufzuregen (was nicht weiter schwerfällt), sondern sich die Systematik der Sache zu vergegenwärtigen. Jedenfalls ist es Unsinn, wenn nach acht Jahren Sprachunterricht die fremde Sprache von den Schülern nicht einmal in den Anfangsgründen wirklich beherrscht wird, eine fragwürdige Metaphysik zu bemühen und zu erklären: das Kind sei dem Wesen der Sprache begegnet und dieses Wesen habe bildend gewirkt.

Als letzter Hinweis noch einige Bemerkungen zur Schulung des individuell-psychologischen Erkennens. Rudolf Steiner hat die Waldorfschullehrerschaft oft auf die Bedeutung gründlicher psychologischer Studien hingewiesen. Er forderte sie auf, „psychologische Bilder" von den Schülern zu entwerfen. Die Konferenz, in der Beobachtungen aus den verschiedenen Unterrichtsfächern zusammengetragen werden können und in der der Schularzt die Beobachtungen der Lehrer durch den geschulten medizinischen Blick sowie durch Untersuchungsergebnisse ergänzen kann, ist der geeignete Ort für diese Bemühungen. Nun zeigt sich oftmals zweierlei: erstens verdrängen schultechnische und Verwaltungsfragen diese psychologischen Besprechungen. In vielen Schulen dauert die „Verwaltungskonferenz" zu lange – man hat nicht gelernt, hier ökonomisch zu verfahren –, und der pädagogischen Konferenz wird zu wenig Zeit eingeräumt. Innerhalb der pädagogischen Konferenz selber, wo oft allgemein inhaltliche Betrachtungen den Anfang machen, kommen die Schülerbesprechungen zu kurz. Sie werden pauschal als Klassenbesprechungen durchgeführt. Innerhalb dieser Besprechungen werden oft Leistungsbeurteilungen abgegeben, gewisse Verhaltensauffälligkeiten drängen sich in den Vordergrund. Die verwendete Begrifflichkeit wird oft aus der „Kleinen Taschenpsychologie" von Vulgarius bestritten. Manchmal wird das Vokabular alternativer Psychologeme eingebracht. Die von Steiner angeregte bildhaft beobachtende Psychologie bleibt ungeübt. So wird dann nicht zu Beobachtungen, zu Forschungen und zur genaueren Betrachtung angeregt, die dazu führt, Schüler individuell zu verfolgen, es werden Beurteilungen abgegeben. Gerade durch solche Verfahren wird Anthroposophie nicht zu einer konkret-individuellen Erfahrung, zu einem Schulungsweg der Lehrerschaft, sondern sie wird in den Herrgottswinkel der verehrungswürdigen Wahrheiten verbannt.

Durch diese kurzen Bemerkungen soll deutlich werden, daß ein angemessenes Verstehen der Anthroposophie nicht zur Errichtung eines ideologischen Domes führt, daß Anthroposophie auch kein unreflektiertes traditionelles Handeln begründet oder als metaphysisches Ruhekissen gegen die kritische Kontrolle des Erfolgs abpolstert. Recht verstanden ist sie ein Weg zu individueller und experimenteller Erforschung von Wirklichkeiten.

*Anmerkungen*

1 Wobei anzumerken ist, daß aber auch in Bayern, wo der Gründung freier Schulen erhebliche Hindernisse im Weg stehen, die Gründung neuer Waldorfschulen zwar verzögert, aber nicht verhindert wurde.
2 In welch hohem Maße der allgemeine Unterrichtsstoff dem Vergessen oder dem Nicht-Aufge-

nommenwerden anheimfällt, ist in einigen Untersuchungen, namentlich zu den Geschichts-
kenntnissen, die die jüngere deutsche Vergangenheit betreffen, nachgewiesen worden. Hier sei
ergänzend eine private Erfahrung mitgeteilt. Als Lehrbeauftragter an der Universität Tübingen
im Fach Zeitgeschichte habe ich regelmäßig Studenten vor Aufnahme in das Proseminar die
Standardfrage aus dem Abitur nach dem Ermächtigungsgesetz gestellt. Von diesen an Geschichte und Zeitgeschichte interessierten Studenten, die in der Regel gute Noten in Geschichte
aufzuweisen hatten, konnten nur 40% die Frage beantworten.

## Literatur

Bultmann, R.: Das Urchristentum. Reinbek 1962.
Steiner, R.: Der Goetheanum-Gedanke inmitten der Kulturkrisis der Gegenwart, GA
36. Dornach 1961.
Steiner, R.: Gesammelte Aufsätze zur Kultur- und Zeitgeschichte 1887–1901, GA 31.
Dornach 1966.
Steiner, R.: Die Konstitution der Allgemeinen Anthroposophischen Gesellschaft und
der Freien Hochschule für Geisteswissenschaft, GA 260a. Dornach 1966.

Peter Paulig

# Hat die kinder-, lehrer- und elternschwierige Staatsschule eine Zukunft?
# Oder:
# Sind die Waldorfschulen die besten Schulen, „die wir heute haben"?

## 1. Einführung

Die Geschichte der Staatsschule im deutschsprachigen Raum ist aus der Sicht der Kinder und der Lehrer eine unendlich traurige Geschichte. Seit Generationen arbeitet sie außer Takt nicht nur mit den Heranwachsenden. Die „Schule vom Kinde aus" ist bisher nicht einmal in Ansätzen realisiert. Auch die „innere Schulreform" steht aus. Die Staatsschule hat eine Tradition, aber sie wird keine Zukunft haben. Sie darf keine Zukunft haben, wenn es nicht endlich gelingt, eine neue Vision der Staatsschule zu entwickeln und zu realisieren, deren wichtigste Leitorientierung lautet: Auch in der Schule hat das Kind das Recht, ein Kind zu sein.

Was „Schule vom Kinde aus" konkret bedeutet, kann die Staatsschule u. a. von den Waldorfschulen lernen. Allein aus diesem Grunde ist es wichtig, daß es diese und andere „freie" Schulen in der Bundesrepublik gibt. Martin Wagenschein äußert sich in seinem 1983 erschienenen Buch „Erinnerungen für morgen" wiederholt positiv über die Waldorfschulen. Die im Hinblick auf das Thema dieses Beitrages wichtigste Feststellung lautet: „Ich kann nicht beurteilen, ob die Waldorfschulen die besten aller möglichen Schulen sind. Aber ich halte sie für die besten, die wir heute haben, und wünschte, die gewännen die Zukunft" (a. a. O., S. 25).

Wagenscheins Eingeständnis (1. Satz) gilt auch für mich; seiner Beurteilung folge ich, möchte aber auch einige Montessorischulen zu den besten Schulen zählen; in seinen Wunsch möchte ich alle die „freien" Schulen einbeziehen, in denen auf der Grundlage einer fundierten pädagogischen Konzeption „vom Kinde aus" gedacht und gehandelt wird.

Warum sind die Waldorfschulen die besten Schulen, die wir heute haben? Wie und wodurch unterscheiden sie sich von den Staatsschulen? Was ist – im Vergleich zu den Staatsschulen – anders, was ist besser in diesen Schulen? Inwiefern versagen die Staatsschulen? Was ist überhaupt eine gute, was eine schlechte Schule? Meine Darlegungen stellen den Versuch dar, diese Fragen nur unter schulpolitischen und vor allem pädagogischen Aspekten zu beantworten. Dabei kann auch das mir wesentlich Erscheinende oft nur angedeutet und nicht ausführlich dargelegt werden. Auch kann ich die Interdependenz der Probleme nicht auflösen, und daher ist dieser Beitrag kein abgeschlossenes Ganzes, nicht einmal ein Fragment, schon eher ein Kaleidoskop.

Praxisorientiert und nicht theoretisch möchte ich die oben gestellten Fragen beantworten. Dabei orientiere ich mich zum einen an dem Imperativ „An ihren Früchten sollt ihr sie erkennen!" und weniger z. B. an den Schriften Rudolf

Steiners, in denen die philosophisch-anthropologischen Begründungen seiner pädagogisch-didaktischen Auffassungen dargelegt werden.

Die andere Orientierung für die Beurteilung der Waldorf- und der Staatsschulen ist die Vision der Staatsschule, die von den Reformpädagogen der 20iger Jahre unter dem Schlagwort „Schule vom Kinde aus" formuliert worden ist. Diese Vision hat bis 1933 nur vereinzelt zur radikalen Veränderung der staatlichen Schulpraxis geführt. Nach 1945 und bis heute hat sie bei der Rotation der Schulreformen keine Rolle gespielt. Die kindgerechte, die humane Schule war für die Schulpolitiker bisher nur in Fest- und Wahlreden ein erstrebenswertes Ziel.

Über 20 Jahre habe ich als Lehrer, Schulleiter und Schulaufsichtsbeamter in bzw. für die Staatsschule gearbeitet und behaupte auf der Grundlage dieser Praxiserfahrungen: Die staatlichen Regelschulen sind zu „Lernfabriken" verkommen. Nein, in diesen Schulen hat das Kind nicht das Recht, ein Kind zu sein. Uneingeschränkt stimme ich folgender Situationsbeschreibung zu: „So wie der Vater morgens in einen großen Betrieb fährt, tut es auch der Schüler. Die Schule stellt sich ihm als Großbetrieb dar, gut organisiert, technisch durchgebildet nach dem Grundsatz der Rationalisierung, aber eben auch so anonym wie große Betriebe und Fabriken sind. Es klingt hart, entspricht aber an vielen Stellen der Wirklichkeit, wenn wir feststellen: Manche Großschulen sind Lernfabriken ... Die Schule ‚fabriziert' Verhaltensweisen, Lernergebnisse, gesellschafts- und berufsbezogene Fähigkeiten und Fertigkeiten ... Zeugnisse und Zensuren haben einen klar geregelten gesellschaftlichen ‚Marktwert' – wie Produkte einer Fabrik ... Ist der Schüler nicht zu sehr zur Nummer in einem Räderwerk geworden, das vielen pädagogischen Auffassungen widerspricht?"

Das schrieb der Pädagoge Franz Pöggeler, bisher nicht bekannt als weltfremder Träumer oder radikaler Systemveränderer, in seinem 1981 erschienenen Buch „Thema Schule".

## 2. Zur schulpolitischen Bedeutung der Waldorfschulen

Die Waldorfschulen folgen pädagogischen und didaktisch-methodischen Intentionen, die auf einer spezifischen Anthropologie basieren. Erziehung und Unterricht, das Schulleben wie die äußere und innere Gestaltung der Schulräume, die Arbeit in den wöchentlichen Konferenzen der Lehrer und die Zusammenarbeit mit den Eltern sind Ausdruck dieser Intentionen; kurzum: Die Waldorfschulen gehen ihren eigenen pädagogisch differenziert begründeten Weg, und es würde unserer Demokratie gut anstehen, wenn man sie nicht nur gewähren läßt, sondern diese Schulen, aber auch alle anderen freien Schulen mit fundierten pädagogischen Konzeptionen, nach Kräften unterstützt. Die staatlichen Regelschulen können von diesen Schulen viel lernen, und man sollte wenigstens versuchsweise z.B. die wöchentliche pädagogische Konferenz, den Epochalunterricht, die Freiarbeit und anders strukturierte Lehrpläne in ausgewählten Schulen einführen, denn wir brauchen Innovationen im Regelschulwesen dringend.

Wir brauchen Innovationen im staatlichen Schulwesen, denn niemand bestreitet das vielschichtige Dilemma. Ich habe in den vergangenen Jahren zahlreiche Gespräche mit Schulpolitikern aller Parteien, von rabenschwarz über kardinalrot bis jägergrün, geführt. Meine Fragen nach den Ursachen der Schulmisere, die keiner bestritten hat, wurden im allgemeinen etwa so beantwortet: Die Orientierungslosigkeit in der Schulpolitik ist vor allem darauf zurückzuführen, daß es in einer Demokratie keine Schulkonzepte geben kann, denen alle wichtigen sozialen Gruppen der Gesellschaft zustimmen. Diese Zustimmung ist nicht erreichbar, weil es unmöglich geworden ist, quasi allgemeinverbindlich zu bestimmen, was heute unter Bildung zu verstehen ist. Somit ist die Ursache der Schulkrise eine Sinnkrise. Mit anderen Worten: Ein Minimalkonsens ist in der Schulpolitik nicht zu erreichen, denn wesentliches Merkmal einer Demokratie ist der Ideen- und Wertpluralismus. Daher ist die „Rotation der Konzepte" und, davon abgeleitet, die immer wieder neuen Aufgabenstellungen für die Schulen und ihrer Lehrer quasi der Preis der freiheitlichen Ordnung.

Diese Argumentation ist, wie jeder engagierte Lehrer weiß, hinsichtlich der Auswirkungen katastrophal, vor allem aber ist sie unredlich: Man beruft sich auf den Ideen- und Wertpluralismus in dieser Demokratie, aber gleichzeitig hält man am staatlichen Schulmonopol fest. Man rechtfertigt unausgegorene, vom Staat verordnete Schulreformen mit dem Ideen- und Wertpluralismus, aber gleichzeitig wird auf äußerst subtile Weise vieles unternommen, um den existierenden freien Schulen das Leben schwerzumachen und Neugründungen möglichst zu verhindern. Ich bin der Überzeugung, daß sich der Ideen- und Wertpluralismus unserer Demokratie im Schulwesen widerspiegeln muß. Diese Demokratie braucht neben den Staatsschulen Schulen mit einem eigenen pädagogischen Profil. Wir brauchen die Konfessionsschulen, Freinet-, Petersen- und Montessorischulen wie die Waldorfschulen dringend!

Nach meiner Auffassung ist es eine beispiellose Borniertheit, die dem Ansehen und der Glaubwürdigkeit unseres demokratischen Staates schadet, wie man den freien Schulen, in denen auf der Grundlage eines bestimmten Ideen- und Wertsystems Kinder erzogen und unterrichtet werden, in Politik und Verwaltung begegnet. Man preist die freiheitliche Rechtsordnung dieses Staates und kritisiert die Unfreiheit in den sozialistischen Staaten, aber man ist nicht bereit zuzugeben, daß sich das staatliche Schulmonopol bundesrepublikanischer Prägung formal eben nicht radikal z. B. von dem der DDR unterscheidet. Glasnost und Perestroika hatten bisher keine Chance im staatlichen Schulwesen unseres demokratischen Rechtsstaates. Ob die Schulpolitiker in der Bundesrepublik durch die aktuellen Vorgänge in der Sowjetunion, Ungarn, Polen und der DDR zu einem Umdenken ermutigt werden?

Nach meinem Eindruck haben die „freien" Schulen vor allem Alibicharakter für Schulpolitiker und Kultusminister. Ein Ministerialrat im Bayerischen Kultusministerium sagte mir einmal: „Es sind vereinzelte Blümchen auf der großen grünen Wiese der einheitlichen Schullandschaft, die wir blühen lassen. Sie erlauben jedem Minister, auf seine liberale Einstellung hinzuweisen."

Allein die Schulpolitik ist es, die bis heute erfolgreich verhindert hat, daß die staatlichen Regelschulen in der Bundesrepublik von den Erfahrungen der Odenwald-Schule und ihrer „Ableger", von den Jena-Plan-, den Montessori- und den Waldorfschulen lernen durften. Dabei wäre allein von diesen Schulen, ich denke also noch nicht einmal z. B. an das Schulsystem in Dänemark oder in den Niederlanden, mehr zu lernen als von den staatlich verordneten Bildungs-plänen der letzten 20 Jahre.

## 3. Zur pädagogischen Bedeutung der Waldorfschulen

Kinder sind neues Sein im Kontinuum des Lebens. Sie sind weder unser Eigentum noch unser Besitz, auch nicht unser Abbild. Nur über das Kind kann die Gesellschaft erneuert und vervollkommnet werden. Je verständnisvoller wir uns ihnen zuwenden, je sorgfältiger und liebevoller wir sie in ihrer Einzigartigkeit annehmen und in Elternhaus und Schule erziehen, um so größer ist die Chance jeder Gesellschaft, sich kulturell weiterzuentwickeln. Insofern ist die Erziehung und Bildung junger Menschen die wichtigste soziale Aufgabe überhaupt. Das bedeutet: Die Gesellschaft hat die Aufgabe, jede erdenkliche Vorsorge zu treffen, um in den Familien und Schulen einen möglichst ungestörten Ablauf der geistigen, seelischen, körperlichen und sozialen Entwicklung der Kinder zu gewährleisten.

Daraus folgt für die Schule: In einer am kindlichen Sein orientierten Schule erfahren junge Menschen, daß lernen – in einem umfassenden Sinne verstanden – etwas Begeisterndes, Sinnstiftendes und Welterschließendes ist. Sie können das deshalb erfahren, weil in dieser Schule vom Kinde aus über das nachgedacht wird, was geschehen muß, damit sich junge Menschen ihren individuellen Möglichkeiten gemäß entwickeln können. Das heißt z. B. bei der Festlegung der Aufgaben der Schule konkret: Ziel ist es, den Schülern

- die Welt der Literatur und der Musik, der Mathematik, der Geschichte und der Biologie usw. auf eine Weise zu erschließen, daß sie auch als Erwachsener noch gern Goethe, Heinrich Heine, Stifter oder Konrad Lorenz lesen, selbst musizieren, die Klavierkonzerte von Mozart hören und Stockhausen nicht rundweg ablehnen;
- durch Ermutigung und Ansporn, Freiheit für eigenverantwortliches Handeln und verständnisvoll-gütige Strenge wird der Leistungswillen junger Menschen gestärkt und dadurch ihre Leistungsfähigkeit entwickelt;
- Fehler sind kein Makel, sondern bieten die Chance, daraus zu lernen; daher muß kein Schüler ängstlich darauf bedacht sein, Fehler zu vermeiden oder gar zu vertuschen;
- Junge Menschen müssen die Erfahrung machen können, daß Rücksichtnahme auf Schwache, Toleranz gegenüber Andersdenkenden, konstruktive Kritik beim Versagen von Schülern und engagiertes Eintreten von Lehrern für das Anderssein bestimmter Schüler Selbstverständlichkeiten sind, die das gemeinsame Leben und Arbeiten von Lehrern und Schülern über Jahre hinweg entscheidend prägen;
- Alles, was in diesem Lebensraum Schule geschieht, muß dazu beitragen, daß junge Menschen die Zustimmung zum Ich, dem Du und der Welt finden.

Das sind die grundlegenden pädagogischen Leitorientierungen für die „Schule vom Kinde aus". Nach meinen Erfahrungen und Beobachtungen orientieren sich die Waldorfschulen auf besondere Weise an diesen umfassenden Aufgabenstellungen. Folglich werden der Unterricht und die Konferenzarbeit, die

Zusammenarbeit mit den Eltern und das Schulleben überhaupt entsprechend gestaltet. In den Waldorfschulen wird auf pädagogisch sinnvolle Weise der Forderung entsprochen: Auch in der Schule hat das Kind das Recht, ein Kind zu sein.

Die staatliche Regelschule ist jedoch von der „Schule vom Kinde aus" noch weit entfernt. Eine andere Leitorientierung beherrscht alle und alles. Das heißt: All das, was in den staatlichen Regelschulen gelehrt und gelernt werden muß, wird maßgebend von der Auffassung geprägt, daß die Schule vor allem die Aufgabe hat, einen Dienst für etwas Zukünftiges, das spätere Leben eben, zu erbringen. Und weil man bis heute so oberflächlich denkt, wurde und wird die Schule als eine Einrichtung verstanden, in der heute das gelernt, geübt, abgefragt und beurteilt werden muß, was vermutlich morgen gebraucht wird. Was aber Heranwachsende in der Gegenwart gerade in der Schule für ihre Entwicklung brauchen, das war und ist in der Staatsschule relativ unwichtig. Schule ist, so verstanden, etwas Zweck- und Zukunftsorientiertes, das in der Kindheit und Jugend möglichst schadlos und erfolgreich durchgestanden werden muß, damit man später als Erwachsener das sogenannte „richtige Leben" leben kann.

Wenn Rudolf Affemann in seinem lesenswerten Buch „Der Mensch als Maß der Schule" darauf hinweist, daß heute im Mittelpunkt des sogenannten Schullebens die Wissensvermittlung, Noten und Berechtigungsscheine stehen, aber nicht die Grundbedürfnisse des jungen Menschen, so beschreibt er damit exakt die Folgewirkungen, die sich einstellen müssen, wenn bei der Festlegung der Aufgaben der Schule immer nur das zählt, was in der Welt der Erwachsenen und Arbeitswelt von Bedeutung zu sein scheint oder auch ist.

Diese ausschließliche Zukunftsorientierung wird in den Waldorfschulen bewußt abgelehnt. In der Staatsschule wird dagegen nach wie vor die gefährliche Zweckorientierung mit den Erfordernissen vor allem der Arbeitswelt begründet. Die Folge war und ist, daß die Schule zum Tummelplatz unterschiedlichster Ansprüche und Forderungen geworden ist. Und weil man bis heute glaubt, die Schule müsse laufend auf all diese Ansprüche reagieren, die von außen an sie herangetragen werden, üben die Handwerkskammern und die Kirchen, Gewerkschaften und Industrie- und Handelskammern, Organisationen des Sports und politische Parteien Einfluß auf die Schule aus. Im Blick auf die Situation unserer Zeit bedeutet das z. B. konkret:

– der Staat wünscht sich die Erziehung des verantwortungsbewußten und politisch engagierten Staatsbürgers,
– die Wirtschaft erwartet den leistungsfähigen und zur Kooperation bereiten Arbeitnehmer – disponibel muß er sein,
– die Kirchen legen Wert auf die christliche Bildung und Erziehung,
– seit Bundesverteidigungsminister Apel soll die Schule für ein wenig mehr „Bundeswehrbewußtsein" bei Schülern sorgen,
– Automobilclubs fordern mehr Verkehrserziehung, die Juristen das Fach Rechtskunde,
– Sportverbände fordern mehr Sportunterricht,
– andere mehr Rechts- und Erziehungskunde, mehr Medienunterricht,
– wieder andere wollen mehr Sexualerziehung und noch mehr Wirtschaftslehre,

– bald wird vermutlich in allen Bundesländern ein neues Computerfach verbindlich eingeführt.

Bedauerlich ist, daß die Philosophen aus mangelnder Einsicht oder weiser Zurückhaltung bisher noch nicht gefordert haben, das Fach „Denken" – oder nur „Nach-Denken!" – in der Schule einzuführen. Es wäre höchste Zeit!

Grundsätzlich ist gegen diese unterschiedlichen Ansprüche nichts einzuwenden. Das heißt: Die Ansprüche der sogenannten „objektiven Mächte", wie Herman Nohl sagt, sind natürlich von Bedeutung für die Festlegung der Aufgaben der Schule. Sie sind legitim. Aber ebenso legitim sind die Erwartungen und Ansprüche der Heranwachsenden.

In den Waldorfschulen bemüht man sich, wie ich glaubte, auf beispielhafte Weise um die Herstellung des Gleichgewichts der Berücksichtigung subjektiver Interessen und Bedürfnisse des einzelnen jungen Menschen und den objektiven Ansprüchen und Forderungen der Gesellschaft, in der wir leben. Dieses Gleichgewicht bzw. die gleichwertige Achtung der Bedeutsamkeit von individuellen und objektiven Ansprüchen hat es in den Staatsschulen des deutschsprachigen Raumes bis heute nicht einmal annähernd gegeben. Dieses Defizit ist folgenreich. Ich sehe in dieser Ignoranz des Individuellen oder einseitigen Berücksichtigung des Objektiven, die zwangsläufig dazu führt, daß die Lebensbedürfnisse der Kinder und Jugendlichen, ihre Neigungen und Interessen in diesem Lebensraum Schule so gut wie keine Rolle spielen, eine wesentliche Ursache für das verbreitete Unbehagen junger Menschen an der Schule.

Im Hinblick auf die Beurteilung der Staatsschule sind zwei vielfach belegte Fakten alarmierend:

1. Nur verhältnismäßig wenige Menschen – das war früher nicht anders als heute! – beurteilen rückblickend ihre Schulzeit als eine für ihr ganzes Leben hilfreiche, anregende oder sogar segensreiche Zeit.
2. Das Verständnis dafür, daß Lernen und Leistungen-Vollbringen etwas ist, das Menschen bereichert, sie auf spezifische Weise erfüllt, wurde in der Schule nur bei relativ wenigen angebahnt. Eine 1989 veröffentlichte wissenschaftliche Untersuchung kommt zu dem Ergebnis, daß 47% aller Schüler die Schulzeit negativ beurteilen.

Wie ist das zu erklären, da doch die für das staatliche Schulwesen Verantwortlichen, auch die Eltern und Lehrer – früher wie heute! – immer nur das Beste für die Kinder wollen? Woran orientieren sie sich aber, wenn sie sagen: Ich will für meine Kinder, die nachwachsende Generation, das Beste? Die beste Schule? Die beste Erziehung und die besten Lehrer?

Wenn das Ergebnis dieser besten Absichten z. B. heute ist, daß ein relativ großer Teil der Schüler, die Staatsschulen besuchen, schon in der Grundschule nicht mehr gern zur Schule geht, Leistungen verweigert, verhaltensauffällig, aggressiv oder gar krank wird, wenn in den Schulen Sachen zerstört und Wände beschmiert, von älteren Schülern Lehrer angegriffen oder auf subtile Weise „fertig" gemacht werden, dann muß eine Diskrepanz zwischen dem bestehen, was Erwachsene in bester Absicht wollen, und dem, was junge Menschen auch in der Schule brauchen, wollen und sich wünschen.

Das Plädoyer, auch in der Schule hat das Kind das Recht, ein Kind zu sein, bedeutet, daß in den Staatsschulen endlich versucht werden muß, das Allgemeine mit dem Individuellen zu versöhnen. Wie das möglich ist, beweisen die Waldorfschulen seit 70 Jahren und bis heute täglich. Nach meiner Überzeugung sind es Schulen, in denen auf pädagogisch anspruchsvolle Weise „vom Kinde aus" gedacht und gehandelt wird. Insofern sind sie kindgerechtere Schulen. Diese Orientierung an der Entwicklung des Kindes, an den individuellen Möglichkeiten und an kindgemäßen Bedürfnissen, wie sie Rudolf Steiner dargelegt hat und bis heute in den Waldorfschulen praktiziert wird, führt dazu, daß es in diesen Schulen besser als in den Staatsschulen gelingt, ein Gleichgewicht herzustellen von einerseits der Berücksichtigung subjektiver Interessen und Bedürfnisse der jungen Menschen und andererseits der objektiven Ansprüche und Forderungen der Gesellschaft, in der wir leben.

## 4. Die zerstörerische Wirkung der Selektionsfunktion

Die in der Staatsschule alle und alles beherrschende Zweckrationalität findet auch in der Selektion ihren Ausdruck. Nicht nur Kultusminister rechtfertigen die Selektionsfunktion der Schule mit den Ansprüchen der Leistungsgesellschaft. Aber jeder Lehrer weiß, daß Stoffülle und der verordnete, nach wie vor überzogene Leistungsdruck, das permanente Aussortieren von „Schlechten", das Abschieben von „Schulversagern" in Sonder- oder „freie" Schulen usw., die Leistungsbereitschaft auch der lernwilligen Schüler äußerst negativ beeinflußt und oft zerstört. Ich habe den Verdacht, daß vielerlei „Störungen", die Lehrer in den Staatsschulen beklagen, durch die bzw. von den kinderschwierigen Staatsschulen selbst verursacht werden. Bei der Suche nach den Ursachen der „Störungen" von Schülern konzentriert man sich in der Regel nur auf die außerschulischen negativen Einflüsse und übersieht, daß die Schule oft selbst das verursacht, was sie beklagt.

Dazu zwei Zitate aus Stellungnahmen von „Institutionen", die nicht im Verdacht stehen, maßlos – kritisch zu urteilen. So hat „Lehrerpräsident" Wilhelm Ebert folgendes festgestellt:

„Was lernen die Schüler an unseren Schulen tatsächlich? Sicher vieles Nützliche: Deutsch und Mathematik. Physik und Englisch. Sie erwerben Wissen und entwickeln Fähigkeiten, orientieren sich an Normen. Neben dem Positiven lernen sie aber auch dies:

– Übe keine tätige Nächstenliebe! Sie bringt nicht dich voran!
– Was du dem geringsten deiner Brüder tust, das ist umsonst getan!
– Der Schwache muß mit dem Starken verglichen werden, damit er sich beizeiten bescheidet!
– Interessiere dich nicht für die Wahrheit und Erkenntnis, sondern für Belohnungen: Noten, Punkte, Anerkennung, Geld!
– Scheinen ist wichtiger als Sein!
– Die Note zählt, nicht der Charakter!

Dies alles also lernen unsere Schüler durch die Art und Weise, wie wir sie zwingen, Leistung nur noch um der Leistung und des eigenen Vorteils willen zu erbringen. Dies ist der heimliche, in Wahrheit aber sehr wirksame Lehrplan" (Ebert 1979, S. 254).

Im Bericht der Enquete-Kommission des Deutschen Bundestages heißt es: „Wer in der Schule eine gute Leistung erreichen will, muß zwangsläufig daran interessiert sein, daß viele andere Schüler schlechte Leistungen erbringen. Diese ruinöse Leistungskonkurrenz macht die Schule vielfach zu einem Ort der Angst. Lernen sollte als freudige Erprobung der eigenen Fähigkeiten und Leistungen erlebt werden. Angst vor dem Versagen lähmt aber eher, als daß sie zur Leistung beflügelt" (Wissmann 1983, S. 43).

Diese beiden Beurteilungen stehen für zahllose andere, die in der völlig unangemessenen Leistungsorientierung und pädagogisch unsinnigen -bewertung die Hauptursache für unterschiedlichste schulinterne Fehlentwicklungen sehen, die auch über die Schule hinaus wirksam sind. Die pädagogische Leitidee Pestalozzis: „Vergleiche nie ein Kind mit einem anderen, sondern immer nur mit sich selbst!" bestimmt den Schulalltag der Staatsschule nicht.

In den Waldorfschulen gibt es keine „ruinöse Leistungskonkurrenz", und dennoch lernen die Schüler. Lange vor der Zeit, da Ingenkamp seine wissenschaftlichen Untersuchungen zur Ziffernbetonung vorgelegt und die Fragwürdigkeit dieses Bewertungssystems bewiesen hat, haben die Waldorfschulen auf dieses Selektions- und Disziplinierungsinstrument verzichtet. Allein aus diesem Grunde, aber auch durch den Verzicht auf Versetzungen bzw. Sitzenbleiben der Schüler, wird verhindert, daß die Waldorfschulen zu „Orten der Angst" werden.

Mit anderen Worten: Selektion, wie sie in den Staatsschulen praktiziert werden muß, gibt es in Waldorfschulen nicht. Was in diesen Schulen gelehrt wird, wie zu erziehen ist, was die Lehrer zu tun haben und wie man die Eltern in diese Verantwortungsgemeinschaft von Elternhaus und Schule einbezieht, orientiert sich an einer einzigen Frage: Was ist in dem einzelnen jungen Menschen veranlagt, und was kann in ihm und von ihm entwickelt werden? Der Lehrer hat sich einzig und allein in den Dienst der Lösung dieser Aufgabe zu stellen. Also nicht der Staat oder die Wirtschaft hat die Anweisung zu geben: So brauchen wir den Menschen für ein bestimmtes Amt, prüft daher die Menschen, wie wir sie brauchen, und sorgt dafür, daß sie das wissen und können, was wir brauchen! Diese Einflußnahme wird abgelehnt, und daher hat Rudolf Steiner schon 1919 die völlige Loslösung des Unterrichtswesens vom Staats- und Wirtschaftsleben gefordert. Andere sind nicht so weit gegangen, die völlige Auflösung des Regelkreises Schule – Wirtschaft zu fordern. Wenn ich mir aber heute ansehe, was in den Staatsschulen mit der nachwachsenden Generation geschieht, wenn ich mir ansehe, zu welchen Auswirkungen der Wahnsinn der Selektion Jahr für Jahr führt, und wenn ich wissenschaftliche Untersuchungen zum Thema „Die Schule in der Kritik der Betroffenen" studiere, dann muß ich ohne Wenn und Aber Rudolf Steiner zustimmen. Niemand darf gutheißen, selbst seelenblinde Pauker nicht, daß Kinder schon in der Grundschule lernen, im Mitschüler den Konkurrenten zu sehen.

## 5. Die Gängelung der Lehrer in der verwalteten Staatsschule

Ein Thema von besonderer pädagogischer und gesellschaftlich-politischer Bedeutung ist schließlich die entmündigende Gängelung der Lehrer an den Staatsschulen. Was mich an der lehrerschwierigen Staatsschule immer wieder aufs Neue beschäftigt, weil ich es mir bis heute nicht erklären und mich damit abfinden kann, ist folgendes: Nicht Auschwitz, nicht Stalingrad und der 20. Juli 1944, auch nicht die Lebenszeugnisse der Heiligen des Alltags, von Pater Kolbe, Carl von Ossietzky, Stefan Zweig, Inge Scholl, Anne Frank, Janusz Korczak und anderen, schon gar nicht die Forderungen der Reformpädagogen vor 1933 haben nach 1945 zu einem radikalen Umdenken in Schulpolitik und -verwaltung geführt. Die „Unfähigkeit zu trauern" bewirkte zweierlei: zum einen konnten nicht nur Schulpolitiker unwidersprochen sagen: „Trotz allem: Nur weiter so!" Zum anderen sorgten die Ignoranten für die Unterstützung der Bornierten, die es bis heute verhindert haben, daß die innere Schulreform auch nur versucht wurde. Die Folgen sind u. a.:

1. Das staatliche Schulwesen in der Bundesrepublik wird formal auch in unserer Demokratie nach Prinzipien verwaltet, die in vordemokratischer Zeit für das „klassische Bürokratiemodell" (Max Weber) entwickelt wurden. Das heißt: Die noch heute maßgebenden Strukturen der Schulverwaltungshierarchie, auch die Verantwortungsbereiche (= „Generalia") der Schulverwaltungsbeamten mit verbindlich vorgeschriebenen Führungs- und Handlungsgrundsätzen, im Kaiserreich eingeführt, dann verfeinert in der Weimarer Republik sowie im Dritten Reich, wurden auch von unserer Demokratie – wie von der DDR! – übernommen. – Staatsrechte vergehen, Verwaltungsstrukturen und -prinzipien bestehen!
2. In der Staatsschule wird auch in dieser Demokratie zum Untertanengeist erzogen, denn nach wie vor haben sich direkt Lehrer, Schulleiter und Schulverwaltungsbeamte, indirekt Schüler und Eltern der „Willensübertragung durch Befehl" (Max Weber) zu beugen. Positive und negative Sanktionen, die nicht nur im Schulwesen eine lange Tradition haben, sorgen dafür, daß diese spezifische Entmündigung in der Regel auch heute noch reibungslos funktioniert.
3. Blinde Loyalität wird in der Staatsschule von Lehrern und Schülern gefordert, aber nicht mitdenkender Gehorsam und schon gar nicht – im Sinne von Guardini – „vorauseilender Gehorsam", der in kritischer Loyalität zum Ausdruck kommt. Das bedeutet: Die verwaltete Staatsschule deformiert auch die Engagiertesten. In ihr wirken interdependent-geheimnisvolle Kräfte, die nahezu unbemerkt, aber beängstigend zuverlässig, aus lebensvollen Originalen farblose Kopien machen können. Und bei vielen dieser Kopien, die man in allen Schulen und Schulbehörden findet, hat man den Eindruck, daß sie dieser Anpassung auf Rezept nichts mehr entgegensetzen und sich als Menschen mit ihrem pädagogischen Wissen, Können und Wollen aufgegeben haben.
4. Die verwaltete Staatsschule kann weder für Lehrer und Schüler noch für Eltern eine – im umfassenden Sinne – humane Schule sein, weil die tödliche Sehnsucht nach Perfektion immer wieder dazu führen muß, alle und alles zu vereinheitlichen, weil man glaubt, nur so Vergleichbarkeit herstellen zu

können. So ist das bis heute ungelöste Problem der verwalteten Staatsschule die ausschließliche Orientierung am Formalisierten und Festgeschriebenen, die ein Eingehen auf das Individuelle, das Lebendige und Ursprüngliche bei Schülern, Lehrern und Eltern nicht erlaubt. Folglich werden z. B. pädagogische Innovationen, wird alles Neue und Andersartige von vornherein als Fremdes, oft sogar Feindliches betrachtet, das potentiell immer die Gefahr birgt, das Bestehende in Frage zu stellen.

„Verwaltete Schule" heißt konkret, daß in einem traditionsreichen Verfahren die Schulverwaltungshierarchie auch in dieser Demokratie nach folgendem Motto arbeitet und auf allen Ebenen qualitativen Leerlauf produziert: Innerhalb klar abgegrenzter Kompetenzbereiche haben *viele wenig* zu sagen, *wenige viel* zu sagen und *sehr wenige alles* zu sagen. Und wenn sich Unverbesserliche dann doch einmal mit Vorschlägen an die sehr wenigen wenden, die alles zu sagen haben, dann müssen sie damit rechnen, daß ihnen gesagt wird:

> Das haben wir *noch nie* so gemacht! Das geht unter keinen Umständen!
> Das haben wir *schon immer so* gemacht!
> Das geht auf keinen Fall!
> Da könnte *ja jeder* kommen! Abgelehnt!
> Wo kämen wir denn hin! Nur keinen Präzedenzfall!

Mein wichtigster Kronzeuge für die Kritik an der verwalteten Schule ist der ehemalige Kultusminister von Niedersachsen, Werner Remmers: „Man mag über die Bildungsreform ... denken, was man will. Es lohnt keinen Blick zurück im Zorn ... Zornig aber kann und muß man werden über die Bürokratisierung des Schulwesens, die heute alles beherrscht ... Wir kommen aus der pädagogisch tödlichen Regelungsflut nur wieder heraus, wenn der einzelnen Schule einschließlich ihres örtlichen Umfeldes eine erlaßfreie Selbständigkeit – innerhalb einiger weniger Rahmenbedingungen wiedergegeben und zugemutet wird" (Remmers 1981, S. 21).
Vermutlich hat Bundespräsident von Weizsäcker auch an diese Zusammenhänge gedacht, als er in einer Rede zum Thema „Erziehung und Bildung als öffentliche Aufgabe" am 21. März 1988 u. a. feststellte: „Die Bürokratie darf die Initiative des Erziehers nicht lähmen. Zur öffentlichen Verantwortung der Pädagogen gehört ihre Freiheit."
Ich bin der Überzeugung, daß jedem Lehrer weitgehende pädagogische Freiheit gegeben werden muß. Als Erzieher und Unterrichtender wird man seinen vielfältigen, seinen überaus verantwortungsvollen, oft sehr schwierigen Aufgaben – und ich vermute: zunehmend noch schwierigeren Aufgaben! – nur dann annähernd gerecht werden können, wenn man in einer freien, selbstverantworteten, individuellen Weise dem zu Erziehenden und zu Unterrichtenden gegenüberstehen darf. Der Lehrer darf sich bei seinem Tun und Lassen nur abhängig wissen von den Erkenntnissen, die das Wesen der Erziehung und das pädagogische Verhältnis zu den ihm anvertrauten Schülern ausmachen, nicht aber von Vorschriften und Gesetzen, die am Individuum orientiertes Handeln behindern.
In den Waldorfschulen wird von diesen Leitorientierungen ausgegangen,

und dem entspricht, daß jeder Lehrer einer Waldorfschule weitgehende pädagogische Freiheit hat. Und trotzdem – oder sollte ich besser sagen: gerade deswegen? – geht es in diesen Schulen nicht, wie man so sagt, drunter und drüber, gibt es in diesen Schulen kein organisiertes Chaos. Ich habe den Eindruck gewonnen, daß man in den Waldorfschulen sehr genau weiß und Konsequenzen aus der Erkenntnis gezogen hat, daß Vorschriften und „einschlägige" Bestimmungen niemals eine Art Berufsethik-Ersatz sein können. Vielleicht liegt die hervorragende Bedeutung der Waldorfschulen für die Staatsschulen überhaupt darin, daß sie täglich den Beweis erbringen: Lehrer können durchaus mit der pädagogischen Freiheit eigenverantwortlich umgehen. Vielleicht weckt aber gerade diese Beweislage bei den für die Staatsschule Verantwortlichen Ängste, weil man fürchtet, der „Virus Freiheit" könnte sich ausdehnen.

Auf der Grundlage meiner Erfahrungen in und mit der staatlichen Schulverwaltung bin ich der Überzeugung, daß permanent gegängelte Schulleiter und Lehrer den Erziehungsauftrag der Schule im allgemeinen weder erfüllen können noch wollen. Und zwar können sie die in Schulgesetzen festgelegten Erziehungsziele nur zum Teil nicht erfüllen, weil die Rahmenbedingungen für Schule und Unterricht das daran orientierte Handeln aus vielfältigen Gründen behindern, verhindern oder mindestens nicht opportun erscheinen lassen. Sie wollen aber auch häufig nicht einmal mehr den Versuch machen, im Sinne dieser Zielsetzungen zu arbeiten, weil sie an sich selbst kaum erfahren, was der Artikel 1 des GG konkret für sie bedeutet: Die Würde des Menschen ist unantastbar.

Die politisch Verantwortlichen übersehen bis heute, daß der verantwortungsbereite, kritikfähige und engagierte, kurzum, der mündige Bürger nicht von Menschen erzogen werden kann, die durch den Zwang zur Befolgung zahlloser Vorschriften selbst in einer spezifischen Form von Unmündigkeit gehalten werden. Erziehungsziele überzeugen nur, wenn sie für Erzieher und die zu Erziehenden aus der Wirklichkeit begreifbar, wenn sie erlebbar sind. Diese Einsicht sollte die Art und Weise bestimmen, in der unsere Gesellschaft mit den Lehrern umgeht. Insbesondere die Schulverwaltungsbeamten müssen wissen, daß gerade die engagierten Lehrer Ermutigung und Anerkennung für ihre schwierige Arbeit brauchen. Das stärkt ihr Selbstbewußtsein und ermutigt zum eigenverantwortlichen Handeln. Nur der selbstbewußte Lehrer ist offen genug für die kritische Auseinandersetzung mit Schülern, Eltern, Kollegen, Wissenschaftlern und Bürokraten. Verunsicherte und verdrossene Lehrer, die keine Möglichkeit sehen, sich dem Dirigismus zu entziehen, können keine mündigen Bürger erziehen. Sie suchen oft ihren persönlichen Ausweg in übermäßiger Strenge oder in kumpelhafter Anbiederung. Wirkliche Autorität können sie damit nicht entwickeln. Sie bleiben ihren Schülern nicht nur diese Autorität schuldig, sie können ihnen ohne Selbstbewußtsein auch nicht Vorbild sein.[1]

Wenn ich die verwaltete Schule auf der Grundlage meiner Erfahrungen in der Schulverwaltung konkretisiere, so bedeutet das z. B. folgendes: Es gab und gibt in der Schulverwaltungshierarchie immer noch zu viele, die in nahezu blinder Loyalität stets nur das tun, was „von oben" angeordnet wird; sie begegnen auch jeder berechtigten Kritik „von unten" oft mit schroffer Zurückweisung. Bei Zurückweisungen, die nach dem Motto zum Ausdruck gebracht werden: „Was bilden Sie sich denn eigentlich ein!", entsteht beim Kritiker nicht selten der Eindruck, daß er sich einer Majestätsbeleidigung schuldig gemacht habe. Außerdem: diejenigen reagieren am schärfsten auf jede Art von Kritik „von unten", die die eindrucksvollsten Demutsgebärden „nach oben" zu machen in der Lage sind. Es sind also, um einen Begriff aus der Verhaltensforschung zu verwenden, die sog. Angstbeißer, vor denen gewarnt werden muß. Ja, die unselige Neigung, Eigenwilligkeit mit Widerspenstigkeit zu verwechseln und Opportunismus für Loyalität zu halten, ist in der Staatsschule weit verbreitet. Diese Neigung hat schon manchen ursprünglich engagierten Lehrer und Schulleiter abgeschreckt und in die Resignation getrieben.

Wenn ich nur von den Rahmenbedingungen ausgehe, die die verwaltete Schule dem einzelnen Lehrer, Schulleiter usw. vorschreibt und mit denen der Lehrer an Waldorfschulen vergleiche, dann muß ich feststellen: Waldorflehrer sind freie Lehrer. Jeder Lehrer an einer Staatsschule hat es allein wegen der administrativen „Vorgaben" unendlich viel schwerer, eigenverantwortlich zu arbeiten und an der normativen Kraft des Faktischen nicht zu zerbrechen.

Die Verantwortlichen für die Staatsschule dürfen nach meiner Auffassung nicht weiterhin zweierlei übersehen:

1. In den Schulen eines demokratischen Staates ist vor allem von den Schulleitern und Lehrern kritische Loyalität gefordert, weil insbesondere dadurch Innovationen möglich sind. Und Innovationen brauchen wir gerade im staatlichen Schulsystem dringend, weil es für die Lehrerschaft selbst, aber auch für die nachwachsende Generation geradezu verhängnisvoll ist, wenn man ständig gezwungen wird, dieselben Rollen zu spielen, obwohl sich die Kulissen längst verändert haben.
   Die kritische Loyalität hat viele Gesichter, mir gefällt das Gesicht, die Haltung und Gesinnung am besten, aus der pädagogisches Engagement und die Orientierung am Kind spricht. Engagierte Lehrer und Schulleiter müssen sich die Freiheit nehmen, alles zu sagen, damit Vorgesetzte und Politiker nicht weiterhin die Freiheit haben, mit ihnen und der Schule alles zu tun.
2. Spätestens seit der „großen Unordnung" (Adorno) des Dritten Reiches müssen die Beamten in unserer Demokratie wissen, daß durch eine Anordnung oder einen Befehl „von oben" ihnen niemals die eigene Verantwortung abgenommen werden kann. Gerade für die Lehrer gilt daher: Mit dem Hinweis auf irgendwelche Vorschriften darf keiner mehr pädagogisch Unsinniges, nicht zu Verantwortendes rechtfertigen wollen! Für die Lehrer der Staatsschule und überhaupt gilt: Schluß mit dem offenbar unsterblichen Wort „Der Klügere gibt nach", denn es begründet die Weltherrschaft der Dummheit!

Es geht also darum, den Lehrern der Staatsschulen die gleiche weitreichende pädagogische Freiheit zu geben und auch zuzumuten, die für Waldorflehrer eine Selbstverständlichkeit ist. Das Argument des möglichen Mißbrauchs lasse ich nicht gelten: „Pädagogische Freiheit kann mißbraucht werden. Gewiß! Aber seit wann ist die Gefahr des Mißbrauchs ein Argument gegen die Freiheit? ... Das Mittel, der Gefahr des Mißbrauchs zu entgehen, kann nicht sein, die pädagogische Freiheit der Schwindsucht auszusetzen, sondern Lehrer heranzubilden, die mit ihrer pädagogischen Freiheit verantwortungsvoll und gewissenhaft umzugehen verstehen. Mit dem dann noch verbleibenden, unvermeidbaren Rest von Mißbrauch dieser Freiheit müssen wir leben. Wir ertragen es ja auch, andere, größere und gefährlichere Mißstände hinzunehmen, die eine freie Gesellschaft nur verhindern könnte, wenn sie auf das Prinzip Freiheitlichkeit verzichten würde (Geiger 1985, S. 10f.).[2] Diese Auffassung von Willi Geiger teile ich uneingeschränkt. Auf die Kritik an der Schulverwaltung reagieren die Kritisierten u. a. mit folgenden Argumenten: Es sind die unselbständigen Lehrer und Schulleiter selbst, die ständig nach Vorschriften und verbindlichen Bestimmungen rufen. Ängstlich und unselbständig und nicht bereit, selbstverantwortlich zu handeln, versuchen sie, sich abzusichern und Verantwortung „nach oben" abzuschieben. Auf der einen Seite fordern sie Freiräume für pädagogisches Handeln, auf der anderen Seite werden die vorhandenen Freiräume nicht oder nur unzulänglich genützt. Die Verwaltung ist gar nicht das Problem, sondern die Lehrer selbst schaffen sich die Probleme, weil sie sich so verhalten. Außerdem: Weil nur durch Vereinheitlichung Vergleichbarkeit möglich ist, müssen ihnen von der Verwaltung Regelungen gegeben werden, brauchen sie die formalisierten Kontrollen, brauchen sie Lehrpläne mit detaillierten Angaben über Lernziele usw. Die vielfältigen Anweisungen sind also zum einen „hausgemacht", weil Schulleiter und Lehrer danach verlangen, zum anderen sind sie erforderlich, damit in den Schulen zufriedenstellend gearbeitet wird. Es gibt zahlreiche Beispiele dafür, so wird weiter gesagt, daß jeder Versuch, die Formalisierung zu lockern, vor allem von den desinteressierten und weniger engagierten Lehrern sofort ausgenutzt wird, um noch weniger zu tun. Die Ängstlichen und Verunsicherten reagieren auf ein solches Angebot mit dem Ruf: Gebt uns unsere Krücken in Form von Bestimmungen wieder, denn das relativ freiere Arbeiten erfordert von uns in zu starkem Maße Eigenverantwortung, eigenes Nachdenken und Planen.

Die Argumentation derjenigen, die in den Lehrern usw. quasi die Verursacher des rigiden Dirigismus sehen, ist zynisch oder dumm. Zynisch ist sie, wenn sie die Frage unbeantwortet läßt, aus welchen Gründen die Lehrer und Schulleiter sich „nach oben" absichern wollen. Dumm ist sie, wenn Wirkungen beklagt werden, die man selbst verursacht hat.

Die Kritik an der verwalteten Schule hat eine lange Tradition, aber grundlegend geändert hat sie bis heute nichts. Die Funktionalreform der Schulverwaltung, wie sie der Deutschen Bildungsrat 1973 gefordert hat, steht bis heute aus. Das ist wegen der nicht meßbaren, verheerenden Auswirkungen auf Lehrer, Schüler und unsere Demokratie überhaupt, ein durch nichts zu entschuldigendes Versäumnis.

Die folgende Kritik wurde 1915 formuliert. Sie trifft im wesentlichen auch heute noch zu: „Im Wesen des Bureaukratismus liegt die Herrschaft der Schablone. Seine genau abgestufte Beamtenfolge funktioniert wie eine große Verwaltungsmaschine nach der von oben kommenden Weisung; jeder fordert von seinem Untergebenen nicht persönliche Entfaltung seiner Anlagen und Kräfte, sondern genaueste Ausführungen seiner Anweisungen, um den Vorgesetzten gegenüber gedeckt zu sein. Wo der Bureaukratismus seinen Einzug in die Schule gehalten hat, da ist der Lehrer nur noch ausführendes Organ seiner Aufsichtsbehörde. Durch Erlasse, Verfügungen, Anweisungen, Lehr- und

Schulordnungen ist seine Tätigkeit genau vorgeschrieben; in Heften, Listen, Nachweisungen hat er zwecks Kontrolle die gewissenhafte Erfüllung aller Vorschriften darzutun. In der Schule herrscht nicht die Pädagogik, sondern der im Verwaltungszentrum wirkende, in erster Linie auf die Zwecke des Staates abzielende Wille des Verwaltungschefs. Ihm gerecht zu werden, muß des Lehrers erste Sorge sein ... Für Selbständigkeit, Freiheit der Bewegung, schöpferische Kraft ist dem Lehrer kein Raum gelassen, auch nicht seinem Schulleiter oder Schulrat; jeder ist nur ein Rad in der Schulverwaltungsmaschine. Kann das Ergebnis solcher Bildungsarbeit über Schablonenarbeit und Fabrikware hinausgehen?" (Willmann, Roloff 1915, S. 919).

Ähnlich hatte sich Friedrich Paulsen geäußert, der 1912 „die immer straffere Regulierung des Unterrichtswesens" kritisierte, die „längst im Sinne fortschreitender Einengung der Freiheit und Selbständigkeit" wirkt (Paulsen 1912, S. 180). Auch Eduard Spranger ist in seiner berühmten Akademieabhandlung „Die wissenschaftlichen Grundlagen der Schulverfassungslehre und Schulpolitik" (1928) der Frage der Autonomie von Erziehung und Schule nachgegangen.

Diese historische Kritik an der verwalteten Schule belegt, daß es irreführend ist, wenn heute immer wieder versucht wird, die Juridifizierung des Schulwesens monokausal als ein Problem darzustellen, das sich in der Gegenwart zwangsläufig ergeben hat, weil die Schule zu einem Chancenverteilungsinstrument geworden ist. Die Kontrollierbarkeit von Leistungsbeurteilungen usw., wie sie die Gerichte fordern, hat die Reglementierung nur noch weiter verschärft. Im Grunde ist der staatliche Dirigismus in der Schule eine unheilbare, sich immer mehr ausbreitende Krankheit mit vielen Nebenwirkungen. In der Weimarer Republik konnte sie nicht geheilt werden, die Nazis wollten sie aus naheliegenden Gründen nicht heilen, und die Kultusminister in unserer Demokratie, unterstützt von den etwa 5000 (!) Beamten und Angestellten (Stand 1988) in den Kultusministerien der Bundesländer, unternehmen alles, um zu beweisen, daß es diese Krankheit letztlich gar nicht gibt: In einem demokratischen Rechtsstaat müssen nun einmal Verwaltungsakte justiabel sein, und daher ist die Verrechtlichung der Schule der Preis der Freiheit, sagt man.

Ich bekämpfe diese menschenverachtende Auffassung seit Jahrzehnten, weil ich die konkreten Auswirkungen – auf Lehrer und Schüler vor allem! – kenne. Überhaupt nichts kann rechtfertigen, daß sich der demokratische Staat der Bundesrepublik im Schulwesen ein „letztes Reservat absolutistischer Gebarung erhalten" (Pöggeler 1960, S. 8) hat. Nein, niemals, auch heute nicht, hat die Mehrheit der Lehrer die staatlichen Auftraggeber und Kontrolleure gebeten: „Macht uns zu euren Sklaven, aber füttert uns!" (Dostojewski: „Die Brüder Karamasow", Kap. „Der Großinquisitor").

## 6. Quo vadis Staatsschule?

Die Staatsschule wird und darf keine Zukunft haben, wenn sie als kindgerechte Schule weiterhin versagt. Sie muß aber eine Zukunft haben, wenn sie sich in bewußter Abkehr von der Tradition der Pauk- und Selektionsschule radikal wandelt und nicht ständig neue organisatorische und strukturelle Maßnahmen, sondern endlich neue pädagogische Maßstäbe für Erziehung und Unterricht maßgebend werden. Entscheidender Maßstab für die *not*-wendige neue Vision der Staatsschule ist das Kind mit seinen individuellen Möglichkeiten und Bedürfnissen. Folgende Leitideen müssen das pädagogische Fundament der neuen Staatsschule darstellen:

1. Ziel aller Erziehung und jedes Unterrichts ist die Ermutigung des Heranwachsenden zu sich selbst.
2. Das Individuelle und das Allgemeine wird gleichwertig. Dabei sind aber die Ansprüche der „objektiven Mächte" (H. Nohl) stets unter folgendem Gesichtspunkt zu überprüfen: Dient diese Anregung, Forderung oder Aufgabenstellung dem jungen Menschen? Der Erzieher muß sich fragen: Erfolgen die verschiedenen Maßnahmen der Erziehung und des Unterrichts um des jungen Menschen willen und sind sie vor dem jungen Menschen selbst zu verantworten? (H. Nohl).
3. Für das individuelle Fördern durch Fordern gilt: Vergleiche nie ein Kind mit einem anderen, sondern immer nur mit sich selbst!
4. Nicht Wissensvermittlung ist primäre Aufgabe der Schule, sondern die Be-*geist*-erung für selbständiges und angeleitetes Lernen zu erhalten und zu entwickeln.
5. Die Schule ist keine Selektionsinstanz und somit keine Vergabestelle für soziale Aufstiegschancen. Sie ist Personalisations-, Sozialisations- und Qualifikationsinstanz, die sich an den individuellen Möglichkeiten und Bedürfnissen des Kindes orientiert.
6. Die pädagogische Freiheit der Lehrer ist wesentliches Merkmal der Schule in der Demokratie.

Bei diesen pädagogischen Leitorientierungen für eine neue Staatsschule gehe ich davon aus, daß die Leistungsgesellschaft die Leistungsschule braucht. Das entscheidende Problem im Hinblick auf den status quo der Staatsschule ist jedoch, daß diese Schulen nur in einem formalen Sinne Leistungsschulen sind. Wenn also Kultusminister die Staatsschule als Leistungsschule bezeichnen, so halte ich diese Bezeichnung, um es in freundlicher Mißstimmung zu sagen, für eine absichtsvolle Übertreibung mit Alibicharakter. Nach meinen Erfahrungen in der Staatsschule, und auch wissenschaftliche Untersuchungen belegen das, wird das ein Leben lang andauernde Interesse, selbständig und angeleitet zu lernen und zu entdecken, zu forschen und zu erfinden, nicht auf eine befriedigende Weise aktiviert und entwickelt. Die Folge ist, aufgeschlossene, leistungsbereite, optimistische, kooperationsfähige sowie für eine Sache begeisterte junge Menschen, die bereit sind, im Rahmen ihrer Möglichkeiten engagiert Verantwortung zu übernehmen und immer wieder zu fragen, um Bekanntes zu vertiefen und Neues zu lernen, so gebildete junge Menschen, die wir in der Arbeitswelt und in den Universitäten dringend brauchen, verlassen die Staatsschulen nur relativ selten.

Die Verantwortlichen für das staatliche Schulwesen müssen umdenken, wenn sie „ihre" Schule erhalten wollen. Die „Abstimmung mit den Füßen" hat begonnen. Vielleicht sind es gerade die „Flüchtlinge", die zur Revolution der Staatsschule beitragen. Vielleicht tragen exakt die Waldorfschulen, die als „freie" Schulen in der Bundesrepublik am weitesten verbreitet sind, zu diesem *not*-wendigen Metanoeite in der Schulpolitik bei. Allein diese Möglichkeit rechtfertigt ihre Existenz und Weiterentwicklung. Mögen einsichtsvolle Schulpolitiker doch endlich erkennen, daß wir in unserer pluralistischen Demokratie die Waldorfschulen aus pädagogischen und politischen Gründen unbedingt brauchen; man sollte sie nicht dulden, sondern unterstützen; sie nicht mit dubiosen Vorwürfen bekämpfen, sondern an dem messen, was sie für jedes einzelne Kind und damit für diese Gesellschaft leisten.

## 7. Mein Plädoyer für die Waldorfschulen

Das bisher zur Sprache Gebrachte hat deutlich gemacht, daß ich ein „Anwalt der Waldorfschulen" bin. Aus zwei Gründen habe ich im Verlauf der vergangenen zwei Jahrzehnte diese Rolle angenommen: Der erste, aktuelle Grund ist: Außer Schulbehörden und kirchlichen Institutionen beider Konfessionen üben einzelne Eltern und Wissenschaftler gelegentlich Kritik an diesen Schulen, die ich nahezu ausnahmslos für unhaltbar, überzogen oder unangemessen halte. Ohne hier differenziert auf bestimmte Kritikpunkte eingehen zu können, habe ich oft den Eindruck, daß diese Kritiker, insofern sie das Ganze der Waldorfschulen beurteilen, in der Regel nicht wissen, wovon sie sprechen. Schlag- und abwertende Stichworte sollen fundierte Argumente ersetzen, das hämisch-süffisant ausgebreitete Versagen Einzelner soll anderen den Schluß suggerieren, daß das Gesamte abzulehnen, nein: zu verteufeln sei. Wer bestreitet eigentlich, daß es natürlich auch in jeder dieser Schulen „menschelt?"

Wer mit den gleichen kritischen Maßstäben, die er für die Beurteilung der Waldorfschulen für gerechtfertigt hält, die Staatsschulen beurteilt, der muß zu dem Ergebnis kommen. Jeder, der der Gefahr ausweichen möchte, daß Kinder in der Schule Schaden an Geist und Seele nehmen, der darf sie nicht in eine Staatsschule schicken.

Ich bin der Auffassung, daß im Blick auf die den Waldorfschulen seit Jahrzehnten anvertrauten Kinder niemand begründet von einem allgemeinen Versagen dieser Schulen sprechen kann und darf. Bemerkenswert ist übrigens, daß z. B. in Stuttgart und München auffallend viele Ministerialbeamte aus dem Kultusministerium ihre Kinder in Waldorfschulen schicken.

Die zweite Begründung meiner Fürsprecherrolle: Neben meinen häufigen Besuchen von Konfessions- und Montessori-Schulen habe ich während der letzten 30 Jahre von den gegenwärtig etwa 110 Waldorfschulen in der Bundesrepublik etwa 20 immer wieder besucht; außerdem 6 in der Schweiz. In jeder dieser Schulen wird auf jeweils eigentümliche Weise täglich der Beweis erbracht, daß die kind- und lehrergerechte Schule möglich, also keine Utopie ist. Bei meinen kontinuierlichen Beobachtungen habe ich mich vor allem für das interessiert, was in diesen Schulen konkret im Unterricht, in den wöchentlichen pädagogischen Konferenzen, bei der Elternarbeit und im Schulleben überhaupt getan wird. In zahllosen Gesprächen habe ich zu ergründen versucht, wie dieses pädagogische und didaktisch-methodische Handeln begründet wird und zu welchen Ergebnissen es führt. Es war also nicht zuerst die pädagogische Theorie Rudolf Steiners, deren Veröffentlichungen ich nur zum Teil gelesen und verstanden habe, die mich interessierte, auch nicht die Anthroposophie.

Die für mich zunächst wichtigen Fragen waren ebenso naiv wie undifferenziert: Was tun die „Waldörfer" eigentlich? Wie begründen sie das, was sie tun? Wie ist ihr oft grenzenloses Engagement für Kinder und „ihre" Schule, ihre unendliche Geduld mit Sorgenkindern, auch ihre anteilnehmende Hilfsbereitschaft letztlich zu erklären? Warum sind diese Schulen und ihre Lehrer so ganz anders als viele Staatsschulen? Was können wir in den Staatsschulen von den Waldorfschulen lernen? Oder muß man erst Anthroposoph sein, um ein guter Lehrer zu werden? Wie ist es zu erklären, daß eigentlich alle Lehrer dieser Schulen, die ich kenne, sich permanent auf das Rendezvous mit sich selbst einlassen, um ihr Wissen und Können zu vervollkommnen und ihr Wollen zu läutern?

Teilweise habe ich auf diese Fragen Antworten gefunden. Aber darauf kann ich hier nicht eingehen. Christoph Lindenberg hat für mich, den seit etwa 1960 Suchenden und Fragenden, sein Buch über die Waldorfschulen (Lindenberg 1975), leider erst 1975 vorgelegt. Es ist ein aufschlußreiches und interessantes Buch, in dem viele meiner Fragen beantwortet werden. Vor allem aber ist es ein ehrliches Buch.

Auf besondere Weise haben mich immer wieder die Lehrer dieser Schulen beeindruckt. Eine eigentümliche Spiritualität findet ihren Ausdruck in einer nur schwer beschreibbaren Haltung und Ge-*sinn*-ung, die ihr gesamtes pädagogisches Handeln durchdringt. So bewußt, wie sie offenbar den Beruf des Pädagogen gewählt haben, handeln sie im Unterricht, wenden sie sich den Unterrichtsinhalten zu, vor allem aber den Schülern und auch Eltern. Diese bewußte Haltung bleibt nicht auf das Pädagogische beschränkt, sondern spiegelt sich in ihren Beziehungen zum Du und der Welt auf vielfältige Weise wider. Man bezieht klare Positionen und begründet Überzeugungen. In Gesprächen habe ich oft den Eindruck gehabt, daß sich viele dieser Lehrer ein fundiertes pädagogisches Wissen und Können erarbeitet haben, das das Fundament darstellt, um in der Auseinandersetzung z. B. mit Bürokraten, maßlos fordernden Eltern oder „gestörten" Schülern, Politikern oder Wissenschaftlern bestehen zu können. Diese eigentümliche Spiritualität, die ich mir für jeden Lehrer wünsche, hilft im Schulalltag, das jeweils Wesentliche nie aus den Augen zu verlieren; sie wird einem aber nicht geschenkt, sondern ist Ergebnis eines niemals abgeschlossenen, aber erfüllenden Selbstbildungsprozesses.

Auch in den Waldorfschulen gibt es inkompetente Pädagogen, von denen man sich aber – auch um ihrer selbst willen! – trennen kann. Diese Möglichkeit gibt es an den Staatsschulen leider nicht. Auch gibt es die von mir so genannten „Steiner-Fundis", deren bedingungslose Hingabe an den großen Geist Steiners mich deswegen oft stört, weil sie jedem Noch-Nicht-Erleuchteten durch Worte und Gesten seine Erbärmlichkeit kundtun. Diese Dogmatiker, die den staatlichen Unterrichtsbeamten mit ihrem Paradegehorsam in vielem ähnlich sind, findet man aber in allen sozialen Systemen. Man erkennt sie u. a. daran, daß sie schon ein herzhaftes, gewiß ein lautes Lachen für ein Sakrileg halten.

Vermutlich hat auch mein großes Interesse allgemein für das Leben und Wirken der Orden, insbesondere der Salesianer und der Jesuiten, dazu geführt, daß ich die Lehrer der Waldorfschulen, verbunden durch das geistige Band der Anthroposophie, in einer Art weltlicher Glaubensgemeinschaft sehe. Da gab es eben bei den Jesuiten den überaus laut-stürmischen Pater Leppich neben dem behutsam abwägenden Pater Nell-Breuning. Don Bosco begeisterte seine

„verkommenen Subjekte" mit Zauberkunststücken, andere Patres „zauberten" anders und begeisterten auch, wie ich es selbst in einem Internat über Jahre hinweg erlebt habe. Die Gleichgearteten sind immer auch die Verschiedengesinnten (M. Buber). Das kann auch bei den „Waldörfern" nicht anders sein. Wer wirft also den ersten Stein?

Mein Plädoyer für die Waldorfschulen ist subjektiv, aber ich bin weit davon entfernt, diese Schule zu idealisieren. Wer jedoch die Staatsschule kennt, von der nicht meßbaren Not vieler Schüler weiß, die allein durch den kinderfeindlichen „Schulbetrieb" verursacht wird, wer die unerträgliche, entmündigende Gängelung der Lehrer durch Vorschriften usw. durchlitten hat, wer den Zwang erlebt hat, ständig gute und schlechte Schüler „machen" zu müssen, für den ist die Versuchung groß, in den Waldorfschulen den Himmel der Pädagogen zu sehen. Ich bemühe mich ständig darum, dieser Versuchung zu widerstehen. Dabei hilft mir u. a. das, was ich in diesen Schulen auch kritisch beurteile. So habe ich z. B. Bedenken, daß in der Regel ein Lehrer seine Klasse acht Jahre „führt". Ich weiß auch, daß relativ viele der älteren Schüler nicht mehr für die Eurythmie zu begeistern sind und im allgemeinen dennoch an diesem Unterricht teilnehmen müssen. Ich kenne engagierte Eltern, deren Engagement als unangemessenes „Reinreden" interpretiert wurde usw. Dieses Fehlverhalten Einzelner, das niemals und nirgends vermieden werden kann, ist aber eben nicht systembedingt, sondern das Versagen Einzelner.

Ehemalige Schüler von Waldorfschulen sitzen seit 13 Jahren in meinen Vorlesungen und Seminaren. Ich sehe und erlebe sie so, wie es Martin Wagenschein beschrieben hat: „Auffällig war mir, wie ehemalige Waldorfschüler reagierten. Sie ‚guckten' so vertraut (wo die anderen sich befremdet zeigten). Es scheint, daß sie ihre Schule pädagogisiert verlassen hatten, insofern dort nicht der Wettbewerb regierte, sondern das sachliche miteinander Denken und Sprechen. Sie hatten auch nicht die Angewohnheit, die ich an Studenten allerorten bemerkte: sich mit sicherndem Blick nur an den ‚Lehrer' zu wenden. Sie sprachen zu Allem und auch nicht gleich im Fach-Jargon" (a. a. O., S. 31).

Fazit: Ich sehe die Bedeutung der Waldorfschulen für das allgemeinbildende Schulwesen der Bundesrepublik allgemein darin, daß in diesen Schulen pädagogische und didaktisch-methodische Wege beschritten werden, die sich von denen der Staatsschule positiv grundlegend unterscheiden. Damit beweisen diese Schulen täglich, daß das Schulleben und der Unterricht auch ganz anders gestaltet werden können, als man es von den Regelschulen kennt. Nun ist diese Andersartigkeit nicht von vornherein etwas Gutes, aber vieles, was ich beobachtet habe, halte ich aus pädagogischen Gründen für nachahmenswert und auch in der Regelschule für realisierbar. Kurzum: Ich sehe die Bedeutung der Waldorfschulen darin, daß sie den staatlichen Schulen wichtigste Anregungen, Beispiele, ja Vorbilder dafür geben können, wie Schule vom Kinde aus zu gestalten ist.

Diese Schulen erfüllen auf ihre Weise den Auftrag Pestalozzis, den jede Schule zum Maßstab ihres Handelns machen muß: „Es ist für den sittlich, geistig und bürgerlich gesunkenen Weltteil keine Rettung möglich als durch Erziehung, als durch die Bildung zur Menschlichkeit, als durch Menschenbildung" (Pestalozzi 1948, S. 39).

## Anmerkungen

1 Siehe dazu auch Jürgen Schmude in: „Zeitschrift für Pädagogik", 1981, 17. Beiheft, S. 13–20.
2 Willi Geiger hat sich wiederholt zum Thema „Pädagogische Freiheit" geäußert, u. a. in: „Pädagogische Freiheit des Lehrers in juristischer Sicht", in: „Engagement-Zeitschrift für Erziehung und Schule", Münster, 1/1983; und in: „Die kindgerechte Schule", in: Zeitschrift „Fragen der Freiheit", Koblenz 1985, Heft 177.
Ist es ein „Zeichen der Zeit", daß der Begriff „Pädagogische Freiheit" gegenwärtig in zwei wichtigen pädagogischen Publikationen fehlt? So im „Lexikon der Pädagogik", Freiburg 1977, sowie im „Wörterbuch der Pädagogik", Freiburg 1977. Willi Geiger war bis 1982 Senatspräsident des Bundesgerichtshofs und Honorarprofessor an der Hochschule für Verwaltungswissenschaft in Speyer.

## Literaturverzeichnis

Ebert, W. (Hrsg.): Lehrer – Gefangener oder Gestalter der Schule! München 1979.
Geiger, W.: In: Mitteilungen und Nachrichten. Deutsches Institut für internationale pädagogische Forschung. Heft 104/105. Frankfurt 1985.
Lindenberg, Chr.: Waldorfschulen – angstfrei lernen, selbstbewußt handeln. Reinbek 1975.
Paulsen, F.: Das deutsche Bildungswesen in seiner geschichtlichen Entwicklung. Leipzig ³1912.
Pestalozzi, J. H.: An die Unschuld, den Ernst und den Edelmut meines Zeitalters und meines Vaterlandes (1815). In: Sämtliche Werke, Bd. 24, S. 39. Berlin 1948.
Pöggeler, F.: Der pädagogische Fortschritt und die verwaltete Schule. Freiburg 1960.
Remmers, W.: In: Zeitschrift für Pädagogik. 1981, 17. Beiheft.
Wagenschein, M.: Erinnerungen für morgen. Weinheim 1983.
Willmann, O./Roloff, E. M. (Hrsg.): Lexikon der Pädagogik. Freiburg 1915.
Wissmann, M.: Jugendprotest im demokratischen Staat. Bericht der Enquete-Kommission des Deutschen Bundestages. Stuttgart 1983.

Gerhard Herz

# Waldorfpädagogik als Innovationsimpuls?

## 1. Vorbemerkung

Der nachfolgende Beitrag – und dies muß zu seinem besseren Verständnis vorangestellt werden – ist aus der spezifischen Form meines Engagements für das hier dokumentierte Gespräch entstanden. In der Zeit, in der ich mich als Erziehungswissenschaftler an einer Hochschule nach Alternativen zum staatlichen Schul- (und Pädagogik-)Monopol und als Vater nach einer Schule für (meine) Kinder umsah, stieß ich – u. a. durch Studenten, die sich über dieses, weder mir noch meinen damaligen Kollegen sehr vertraute Thema prüfen lassen wollten – auf die Waldorfpädagogik. Im weiteren Umkreis gab es keine Waldorfschule, und so bekam ich bald Gelegenheit, im Kreise einer Reihe von ebenfalls interessierten Eltern, meine schulpädagogisch-theoretischen Interessen mit einer mehrjährigen Arbeit an einer Gründungsvorbereitung zu verbinden. Diese praktische schulpolitische Aktivität verschaffte mir einige wichtige und erstaunliche Erfahrungen:

- Zunächst stellte ich – auch bei mir selbst – fest, daß damals die Kenntnis der Waldorfpädagogik nicht zu den Qualifikationsmerkmalen eines Hochschulpädagogen zu gehören brauchte.
- Darüber hinaus war deutlich, daß trotz der intensiven Schulreform der späten 60er Jahre die Waldorfschule als eine der wenigen existierenden Alternativen zur Staatsschule in der Diskussion kaum eine Rolle spielte.
- Obwohl mein primäres Interesse rein schulreformerischer Art war, wurde mir klar, daß diese Pädagogik nicht ohne Beschäftigung mit ihrem anthroposophischen Hintergrund zu verstehen sei. Die damit aufgeworfenen neuen Erkenntnisprobleme und Fragen der Wissenschaftlichkeit erschwerten mir zunächst die Auseinandersetzung, boten letztlich aber auch neue Perspektiven.
- Während dieser Zeit wurde die Waldorfpädagogik Thema in der erziehungswissenschaftlichen Diskussion. Nachdem sie über Jahre hinweg nur marginal behandelt worden war (vgl. Herz, Schaeffer 1984), konnte man nun den Beginn einer Diskussion erleben, die durch einen deutlichen Abwehrgestus gekennzeichnet war.
- Auffallend und erstaunlich zugleich war die Zeitüberschneidung und die Ähnlichkeit des Grundtopos in der erziehungswissenschaftlichen und in der kirchlichen Argumentation: Während auf der einen Seite die Wissenschaftlichkeit in Frage gestellt wurde, erhob man auf der anderen Seite den Vorwurf der mangelnden Übereinstimmung mit der kirchlichen Dogmatik.

– Schließlich stammt aus diesen Erfahrungen der Ärger darüber, daß einige erziehungswissenschaftliche Kritiker mit diesem Gegenstand in einer Weise „wissenschaftlich" umgehen, die sie sich bei anderen Themen kaum erlauben würden.

Diese Situation scheint mir inzwischen, zumindest auf erziehungswissenschaftlicher Seite, entspannter, aber noch nicht überwunden zu sein. Aus der Sicht eines Menschen, der an der Weiterentwicklung der ohnehin nicht besonders veränderungsoffenen Schullandschaft praktisch und theoretisch interessiert ist, kann ich die damit vergebene Entwicklungsanregung vor der eigenen Haustür nur mit großer Verwunderung zur Kenntnis nehmen. Dies um so mehr, als in meinem derzeitigen Arbeitsfeld, der beruflichen Aus- und Weiterbildung in der Industrie, wo die raschen und tiefgreifenden Veränderungen unserer Arbeits- und Qualifikationsstruktur viel unmittelbarer erlebt und bewältigt werden müssen als etwa im allgemeinbildenden Schulwesen, eine außerordentliche Offenheit und Bereitschaft gerade für diesen persönlichkeitsorientierten Ansatz festzustellen ist.

Auf diesem Erlebnishintergrund bekommt mein Beitrag einen gewissen appellativen Charakter, wenn er versucht, Felder aufzuzeigen, auf denen gemeinsam fruchtbar weitergearbeitet werden könnte.

Ich bin keineswegs der Meinung, die Waldorfpädagogik oder ihre schulische Konkretion sei das einzige Modell für zukünftige pädagogische Innovationen. Dennoch sehe ich, daß der darin enthaltene potentielle bildungstheoretische und -politische „Modellcharakter" seiner Entdeckung erst noch harrt.[1]


## 2. Grundüberlegungen

Bei Peter Handke findet sich eine Beschreibung zweier Zugangsweisen zu pädagogischen Fragen, die die Unterschiedlichkeit des Herangehens zwischen der Waldorfpädagogik und den aus der Schulpädagogik und der Erziehungswissenschaft gewohnten Denk- und Verfahrensweisen auf literarische Weise formuliert:

„Sie (die Mutter des Kindes, G. H.) hielt sich an die Bücher und die Verhaltensregeln der Fachleute, die er (der Vater, G. H.) allesamt, so erfahrungsbestimmt sie auch sein mochten, verachtete. Sie empörten ihn sogar, als unerlaubte und vermessene Eingriffe in das Geheimnis zwischen ihm und dem Kind. War denn nicht schon der erste Augenschein – das von den eigenen Fingernägeln zerkratzte und doch wie friedfertige! Gesicht des Neugeborenen hinter der Glasscheibe – so weltbewegend wirklich gewesen, daß jeder, der es nur sah, wissen mußte, was zu tun war?" (Handke 1981).

*Theorie- bzw. Konzeptorientierung* auf der einen Seite, *Phänomen- bzw. Situationsorientierung* auf der anderen Seite könnte man polarisiert die beiden unterschiedlichen Zugangsweisen nennen, die hier dargestellt werden. Schließt man an die Ausführungen von Paschen in diesem Band an, so kann man auch sagen, Handke schildert hier das problematische Verhältnis von erziehungswissenschaftlich orientiertem Denken und praktisch-pädagogischem Handeln: Der eine Weg, zu Erkenntnissen über das zu kommen, was „zu tun ist", führt über die interessierte Betrachtung eines Kindes und seiner Situation, ein anderer geht über „die Bücher und Verhaltensregeln der Fachleute".

Selbstverständlich gibt es auch in der Waldorfpädagogik Bücher, und es gibt Menschen, die als Fachleute angesehen werden. Dennoch soll pädagogisches Handeln seinen Ausgangspunkt nicht bei den Erfahrungen anderer und schon gar nicht bei Rezepten und Vorschriften nehmen. Genau der bei Handke angedeutete Weg, nämlich hinzusehen und „zu wissen, was zu tun ist", ist gemeint, wenn Steiner davon spricht, den Lehrplan immer wieder neu von den konkret vorhandenen Kindern her zu realisieren. Damit ist indirekt die Frage der Wissenschaftlichkeit bzw. der wissenschaftlichen Fundierbarkeit des Erzieherhandelns angesprochen. Das Regelschulwesen hält dies, zumindest seit der „realistischen Wende" der Erziehungswissenschaft, für eine Selbstverständlichkeit. Sie manifestiert sich u. a. darin, daß sich die Art und Weise, wie man ein Kind betrachtet, das Verfahren der Lehrplanentwicklung, die Auswahl der einzelnen Inhalte, aber auch die Ausbildung der Lehrer an wissenschaftlichen Methoden und Erkenntnissen orientiert. Die „Verfahrensweisen der Fachleute", die die von ihnen mitstrukturierte Praxis gar nicht tragen bzw. realisieren müssen, geben also die Richtung an. Abgesehen davon, daß die Waldorfpädagogik mit der ihr zugrundeliegenden anthroposophischen Geisteswissenschaft einem anderen Wissenschaftsverständnis folgt (das in diesem Band bezüglich der Erziehungswissenschaft vor allem von Paschen thematisiert wird) und der Tatsache, daß die allermeisten Waldorflehrer vor ihrer waldorfpädagogischen Zusatzausbildung ebenfalls eine erziehungswissenschaftlich geprägte Lehrerausbildung durchlaufen haben, ist die Waldorfpädagogik von einem anderen Verhältnis von Theorie und Praxis geprägt. Selbstverständlich unterliegen Erkenntnisprozesse den Ansprüchen der Wissenschaftlichkeit. Das pädagogische Handeln, der erzieherische Prozeß selbst aber gelingt nur dann, wenn Erkenntnisse nicht einfach formal oder rezeptartig angewendet werden. Sie müssen von der Persönlichkeit des Erziehenden durchdrungen und ins eigene Handeln integriert sein, wenn sie zwischen Menschen wirksam, vor allem aber lebendig werden sollen. Dementsprechend ist die Waldorflehrerausbildung weniger theorie- und konzeptbezogen, sondern deutlich handlungsorientiert gestaltet und daraufhin angelegt, das eigene Handeln möglichst intensiv und objektiv kennenzulernen. Sie strebt einen Persönlichkeitsbildungsprozeß im umfassenden Sinne an. Kiersch stellt das Selbstverständnis, das diesen Prozeß leitet, unter der von Steiner formulierten Zielperspektive des „artistischen Könnens" dar.[2]

Bei aller Einschränkung, die dieser Lehrerausbildung durch die organisatorischen und finanziellen Bedingungen auferlegt ist, entspricht sie in ihrer Intention der Sprangerschen „Bildnerhochschule" bzw. der pädagogischen Hochschule, die den Gedanken der Bildung zur Grundidee des ganzen Berufes und der zu ihrer Ausbildung zu schaffenden Hochschulform machte.[3]

Pädagogische Gestaltungsfähigkeit könnte man heute das Handlungsziel bezeichnen, das damit angestrebt wird. Gemeint ist damit die Fähigkeit, sich seelisch in gegebene Situationen einlassen, unbefangen und ohne vorgängige Begriffe wahrnehmen und aus deren Bedingungen heraus einen aufgabenbezogenen Prozeß in Gang setzen und weiter gestalten zu können. Das Grundparadigma dieses Handlungstyps ist das künstlerische Schaffen. Der künstlerische Prozeß wird damit zum Schulungsmedium. Die Dimension des künstlerischen Handelns als eines praktischen Bildungsprozesses ist dem Fach Kunsterziehung an staatlichen Schulen aufgrund seiner vorwiegend ästhetischen, politischen oder an künstlerischen Techniken und Aktionen orientierten Ausrichtung nur schwer zugänglich. Ansätze, diese Dimension wieder aufzuspüren, sind allerdings sichtbar (vgl. Selle 1988).

Künstlerische Übungen als Medium für die Entwicklung von Gestaltungsfähigkeit bilden deshalb einen zentralen Bestandteil der Ausbildung zum Waldorflehrer und gewinnen zunehmend auch in anderen Bereichen (Berufliche Bildung, Weiterbildung, Managementschulung) Bedeutung als persönlichkeitsorientiertes Schulungselement (Brater/Büchele/Fucke/Herz 1989 u. 1988).[4]

Der Kern der Beschreibung Handkes und damit seine Verbindung mit den Grundorientierungen der Waldorfpädagogik liegt in der konsequenten Ausrichtung auf das allgemeine Wesen des Menschen. Das Kind in seiner speziellen Alters- und Entwicklungssituation wird auf dem Hintergrund dieser „allgemeinen Menschenkunde" (Steiners grundlegende pädagogische Vorträge) zu der zentralen pädagogischen Erkenntnisquelle. Daß es das Regelschulwesen aufgrund seines pädagogischen Pluralismus und seiner vielfältigen gesellschaftlich-politischen Einbindungen diesbezüglich nicht erst seit heute schwer hat, wird in dem folgenden Zitat des scharfzüngigen Neuhumanisten Jachmann sichtbar:

„Kaum hat das Zeitbedürfnis oder die Mode irgendeine Sprache, Disziplin oder Geschicklichkeit der Welt als nützlich oder angenehm empfohlen, so zeigt sie sich auch schon als Lehrobjekt in dem Lektionsverzeichnisse dieser geschmeidigen Schulen" (Jachmann 1811).

Auf die aktuellen Zeitverhältnisse bezogen, stellt Bohnsack in diesem Band die Auswirkungen dieser „Geschmeidigkeit" dar. Was man in den letzten 25 Jahren intensiv beobachten konnte, daß nämlich die Schule immer als ein Mittel angesehen wird, „Zeitbedürfnisse", „Moden" und damit gesellschaftliche Probleme lösen zu helfen, hat also lange Tradition, und das Lösungsmuster scheint bis heute dasselbe geblieben zu sein:

„Kunde" verschiedener Art, neue Fächer, neue Bildungselemente (Gemeinschaftskunde, Arbeitslehre, Sexualkunde, Informationstechnische Grundbildung etc.) entstehen. Die grundlegende Fragestellung, die hinter dieser Entwicklung steht, macht den Unterschied zum waldorfpädagogischen Denken sichtbar.

Aus dem Blickwinkel der „Konzeptorientierung" wird gefragt, was der zukünftige Erwachsene zur Bewältigung seines *späteren* Lebens an Wissen braucht; waldorfpädagogisch gedacht lautet die Frage, ob es in der aktuellen gesellschaftlichen Situation Inhalte oder Verfahrensweisen (z. B. im Bereich der Informatik, Arbeitslehre, Sozialkunde, Latein etc.) gibt, die notwendige (zusätzliche) Lernerfahrungen und -erlebnisse vermitteln. Sollten die im vorhandenen Kanon enthaltenen Möglichkeiten nicht ausreichen, ist zu prüfen, in welcher Altersstufe und in welchem vorbereitenden und begleitenden Zusammenhang des Lehrplangefüges sie zu stehen und in welcher „Übersetzung" praktischer, bildhafter und begrifflicher Art diese dann zu vermitteln wären.[5] Gerade die letzte, zentrale didaktische Frage kann aber nicht wissenschaftlich, sondern nur aus der *konkreten* pädagogisch-gesellschaftlichen Situation der *jeweiligen* Schule entschieden werden. Die Antwort fällt in München sicher anders aus als in Evinghausen! Wenn es möglich ist, in diesen Fragen statt „flächendeckender" Konzepte situationsorientierte individuelle Lösungen zu entwickeln, kann auch der Blick auf die aktuelle Situation der jungen Menschen im Schulalter nicht so leicht verlorengehen. Die heutige Arbeitsmarkt- und Qualifikationsentwicklung zeigt, daß die *Entwicklung* breit angelegter Fähigkeiten notwendig ist. Spätere vielfache Spezialisierungen in verschiedenen (berufs-)biografischen Lebenslagen werden dadurch erst ermöglicht. Solche Fähigkeiten sind aber ganz individuell angelegt und deshalb nur durch individualisierte Entwicklungswege zu erreichen.[6] Aus der Tatsache, daß die Waldorfschule im Laufe ihrer jetzt siebzigjährigen Geschichte nicht so „geschmeidig" reagiert und so gut wie keine neuen „Fächer" (sehr wohl aber neue Inhalte) eingerichtet hat, kann man natürlich auch schließen, daß sie hoffnungslos veraltet und dogmatisch „versteinert" oder in inselhafter Absonderung von den gesellschaftlichen Problemen verblieben ist. Bei genauerer Betrachtung läßt sich aber zeigen, daß diese scheinbare Unbeweglichkeit eine notwendige Konsequenz ihrer pädagogischen Konzeption, nämlich dieser Suche nach Wegen der Fähigkeitenentwicklung darstellt:

– Sie verfolgt eine konsequent anthropologische Orientierung und macht damit die Entwicklungsbedingungen und -voraussetzungen der Schüler zur Grundlage pädagogischer und didaktischer Entscheidungen. In Begriffen der lerntheoretischen Didaktik (Heimann/Otto/Schulz 1965) wird dadurch der didaktische Entscheidungsrahmen grundlegend verändert: eines der beiden dort genannten „Bedingungsfelder", nämlich die „anthropogenen Voraussetzungen", rückt als zentrales „Entscheidungsfeld" in den Vordergrund und bestimmt damit die vier Faktoren, die dort als „Entscheidungsfelder" genannt sind (Intentionen, Themen, Verfahren, Medien), ganz neu in ihrem Stellenwert! Gerade auf dem Hintergrund dieses verbreiteten didaktischen Ansatzes wird besonders deutlich, welche grundlegende Umorientierung eine derartige Denk- und Verfahrensweise für das pädagogische Handeln bedeutet.
Mit dieser didaktischen Entscheidung ist ein direkter und unmittelbarer Niederschlag gesellschaftlich-politischer Veränderungen bewußt ausgeschlossen. Darin drückt sich aber keine unpolitische Haltung, sondern eine klare Prioritätensetzung zugunsten pädagogischer Argumente aus.
– Neben dieser klaren pädagogischen Priorität gibt es eine weitere Entscheidung, die hinter diesem scheinbaren Mangel an Anpassung an die Zeitläufte steckt: Wie jede Bildungseinrichtung will auch die Waldorfschule ihre Schüler für ihr zukünftiges Leben „ausrüsten". Entsprechend ihrem anthropologischen Ansatz legt sie aber den Schwerpunkt nicht auf die Vermittlung von (scheinbar jeweils aktuellen) Stoffen, von abrufbaren Wissensbeständen. Ihr Ziel ist es, die Entwicklung von körperlichen, empfindungsmäßigen und geistigen Fähigkeiten konsequent zu ermöglichen. So hat Steiner eine Lehrplanstruktur entwickelt, die sowohl einen rhythmischen Wechsel zwischen den Fähigkeitsbereichen und ihrer Durchdringung als auch eine Breite von Erfahrungen ermöglicht, die über die stark intellektuell geprägten Angebote der Regelschulen hinausgeht. Hier ist wieder die künstlerische Durchdrin-

gung des pädagogischen Handelns als wesentliches methodisches Element zu nennen. Es hat ziemlich wenig mit dem zu tun, was gemeinhin mit „musisch" bezeichnet wird, sondern ist direkt auf die breite Entwicklung „menschlicher" Fähigkeiten gerichtet. Daß die Waldorfschule damit einen Bildungsweg anbietet, der verspricht, den Anforderungen an die Persönlichkeit zu begegnen, die sich aus den teils recht problematischen Folgen der anhaltend rasanten technologischen Entwicklung ergeben, wurde bereits mit dem Stichwort Gestaltungsfähigkeit angedeutet und wird unter dem Begriff der „Schlüsselqualifikationen" noch einmal aufgenommen.

– Entsprechend konsequent hat Steiner von Anfang an die Waldorfschule als Einheitsschule eingerichtet. Leber stellt dar, daß damit nicht nur die Überwindung der verschiedenen Schultypen des allgemeinbildenden Schulwesens, sondern auch die Integration der beruflichen und der allgemeinen Bildung als „zukunftsweisendes Element" gemeint war (Leber 1989b, S. 693).

Am Beispiel des Lehrplans sollen im folgenden einige Konsequenzen der anthropologischen Fundierung (die von Kranich in diesem Band grundlegend dargestellt wird) weiter ausgeführt und das darin enthaltene Innovationspotential beleuchtet werden.

## 3. Der Lehrplan

Der Lehrplan der Waldorfschule ist gestuft bzw. spiralig aufgebaut. Die Stufen seiner inneren Struktur richten sich nach den anthropologischen Bedingungen der Entwicklung des Bewußtseins, beginnend beim bildhaften Erfassen des Weltinhalts über die konkret anschauliche – aber nicht platt naturalistische – Erfahrung bis zur Abstraktion und dem Durchschauen von Gesetzmäßigkeiten.[7] Sucht man nach historischen Parallelen, so fällt eine äußere Ähnlichkeit mit dem Zillerschen „Spirallehrplan" auf. Diesen Lehrplan kann man als eine Art Endprodukt einer langen abendländischen Lehrplantradition betrachten, in dem noch das in den septem artes enthaltene künstlerische Übungsmoment aufscheint. In seiner historisch letzten, auf dem Herbartianismus aufbauenden zillerschen Form war er aber formalistisch erstarrt und damit überlebt. Steiner, der sich mit Herbart intensiv auseinandergesetzt hat (Steiner 1975 und 1980), lag offensichtlich daran, ganz bewußt einen Kontrapunkt zu dem das damalige Schulwesen entscheidend bestimmenden „intellektualistischen" Herbartianismus zu entwickeln. Dafür aber mußte diese traditionsreiche Lehrplanstruktur ganz neu gegriffen und belebt werden.[8]

Im Blick auf das in den vergangenen Jahren heftig diskutierte Thema Curriculum wäre ein intensiver Vergleich der unterschiedlichen „Grundmuster der Unterrichtsplanung" (Strukturgitter-Ansatz; Ansatz von der Struktur der Disziplin; Funktionsansatz; Situationsansatz; Sozialisationsansatz; vgl. Brügelmann 1980) mit diesem Lehrplankonzept sicher fruchtbarer als der – für eine handlungsbezogene Pädagogik ohnehin müßige – Streit um die Wissenschaftlichkeit. Hier sei lediglich ein zentraler Vergleichspunkt angeführt. P. Buck macht in seinem Beitrag am Beispiel der Montage eines Automobils und des Werdeprozesses eines Schmetterlings auf „Konstruktion" und „Evolution" als zwei grundsätzlich unterschiedliche Bildeprinzipien aufmerksam. Gerade in der Entwicklung der Lehrpläne hat sich in den siebziger Jahren das Konstruktionsprinzip deutlich in den Vordergrund geschoben. Im Vergleich etwa zur Lehrplantheorie der geisteswissenschaftlichen Pädagogik (vgl. etwa Weniger 1960), die von ihrer Tradition her „den Zögling" noch als Objekt vertieften hermeneutischen Interesses im Blick hatte, ist dieser im Zusammenhang der Curriculumtheorie – etwas überspitzt – zu einem lernpsychologisch bestimmten Faktorenbündel geschrumpft, das in einen planerisch-konstruktiv bestimmten Funktionszusammenhang eingebaut wird. Wenn auch die Extremformen dieser Vorgehensweise in der Schule kaum Eingang gefunden haben, bestimmt das konstruktivistische Grundmuster dennoch Auswahl und Anlage von Inhalten. In Verbindung mit der hierarchisch organisierten bürokratischen Struktur der Regelschule ergeben sich an vielen Stellen recht problematische, wenn auch „ungewollte Nebenwirkungen" (Spranger). Unter dem Stichwort des „heimlichen Lehrplans" und aus kritischem erziehungswissenschaftlichem Blickwinkel sind zahlreiche solcher Phänomene beschrieben worden (Reinert/Zinnecker 1978 oder Rumpf 1986).

Waldorfpädagogik ist bestrebt, im Verlauf des schulischen Lernprozesses Entwicklungen in Gang zu setzen, „lebendige Begriffe", nicht Abstraktionen und Modellvorstellungen anzulegen: „Waldorf-Lehrstoff ... geht ganz andere Wege als kurzfristig abrufbarer Examensstoff. Er bildet Fähigkeiten und steht dem Schüler nach Jahren scheinbaren Vergessens in ganz unerwarteter Form wieder zur Verfügung, nicht als Wissensleichnam, als überholtes Vorurteil, wie jeder prüfbare Stoff, sondern als neu gewonnene Einsicht, zu freier Disposition." (Kiersch 1976) Diese Entwicklungsorientierung schlägt sich – im Buckschen Schmetterlingsbeispiel wird darauf hingewiesen – in der Form des spiralig aufgebauten Lehrplans nieder, der – gerade im naturwissenschaftlichen Unterricht wird dies deutlich – Stoffe in der Unterstufe bildhaft anlegt, in der Mittelstufe auf eine konkrete, faß- und handhabbare Form bringt und in der Oberstufe begrifflich durchdringt.

Die inzwischen siebzigjährige Tradition dieses Lehrplans und die Tatsache, daß die heftigen pädagogischen Diskussionen der vergangenen zwanzig Jahre scheinbar an der Waldorfpädagogik vorübergegangen sind, wirft selbstverständlich Fragen nach seiner Aktualität, seiner Gültigkeit und seiner Bewährung auf. Die Ursache für diese Unberührtheit von dieser Entwicklung liegt sicher nicht daran, daß Steiner, wie Prange zynisch bemerkt, zuviel gewußt habe, „als daß noch ein Bedarf für die Begründungs-, Forschungs- und Legitimationsprobleme der Curriculumexperten bestünde" (Prange 1985, S. 112).

Sicherlich ist es so, daß die Legitimation ihres Lehrplans nicht an der Spitze des Klärungsbedarfs der Waldorfpädagogen steht.[9] Er bietet ihnen bis jetzt eine Arbeitsbasis, deren Entwicklungsmöglichkeiten noch nicht ausgeschöpft sind. Steiners Interesse konnte es nicht sein, dieses Lehrplankonzept gegenüber Curriculumexperten theoretisch abzusichern. Daß sich von diesen bisher noch keiner ernsthaft und konstruktiv dieser Anstrengung unterzogen hat, ist bedauerlich. Die Waldorfpädagogen sollte man dafür aber nicht verantwortlich machen.

Der Grund, daß die Waldorfpädagogik weder von der Curriculumdiskussion noch von anderen pädagogischen Modeerscheinungen – vom Frühlesenlernen über den programmierten Unterricht bis zur Mengenlehre – beeindruckt werden konnte, liegt in ihrem anthropologischen Ansatz, der genügend stichhaltige Argumente geliefert hat, diesen Strömungen nicht zu folgen (vgl. Kranich 1969 und Schuberth 1971). Ähnliches wird man möglicherweise in einigen Jahren auch bezüglich der Rolle der Informatik in der Schule feststellen können (vgl. Gergely/Goldmann 1988).

Vieles spricht dafür, daß es gerade an dieser pädagogischen Verfahrensweise der Waldorfpädagogik liegt, daß sich eine immer noch nicht kleiner werdende Anzahl von Eltern diesen angeblich aus „vorwissenschaftlichem" und „mythischem" Denken (Ullrich 1986) stammenden Ideen zuwendet. Offensichtlich erwarten sie sich davon eine Erziehung, die näher an den Entwicklungsbedürfnissen und -notwendigkeiten von Kindern steht und damit lebendiger bleibt, als sie dies der durch die pädagogische Wissenschaft immer wieder neu aufgeklärten Pädagogik des staatlichen Schulwesens zutrauen. Selbst wenn man all diesen Eltern pädagogische Naivität, wissenschaftliche Unaufgeklärtheit, Irrationalismus, Sehnsucht nach einer heilen Welt, Angst vor dem Leistungsdruck des staatlichen Schulwesens oder die Hoffnung auf den „Bonus eines beschwerdefreien Abiturs" (Prange, a. a. O., S. 113) unterstellt, ist damit auch wissenschaftlich nichts über die Wirkung der anthroposophischen Pädagogik und ebensowenig über die pädagogische Berechtigung ihrer Ansätze ausgesagt.[10]

Daß diese Art der Lehrplangestaltung das Weltinteresse der Lernenden ganz bewußt wachzuhalten versucht, weil in ihrer gestuften Anlage die Welt- und Lebens-„Geheimnisse" nicht von Anfang an auf Modelle, Schemata und vordergründige Informationen reduziert werden, ist zentrale pädagogische Intention. Selbstverständlich steckt hier, ebenso wie in dem methodisch ganz anders angelegten erziehungswissenschaftlichen Postulat nach der wissenschaftlichen Orientierung allen Unterrichts, die Frage, *wie die Welt anzuschauen* sei! Die beiden Positionen schließen sich nur bei dogmatischer Betrachtung aus. Für den pädagogischen Prozeß ist es letztlich von Bedeutung, ob ein lebendiger Erfahrungs- und Erkenntnisprozeß für den Schüler ermöglicht, vor allem aber nicht vorschnell durch vermeintliche oder tatsächliche Erkenntnisgrenzen abgebrochen wird. Rumpf (1986) spricht von der „Wahrheitsgleichgültigkeit" als einer fatalen Folge allzufrüher Erkenntnisreduktion.

Daß im didaktischen Grundgerüst der Waldorfschule auch für die Oberstufe die Möglichkeit des „Weltinteresses" offengehalten wird, geht aus einem Beitrag von Spies über didaktische Prinzipien einer integrierten Oberstufe hervor. Spies beschreibt den Spirallehrplan – ohne diesen Begriff zu gebrauchen – und entwickelt am Beispiel der Hibernia-Schule vier didaktische Prinzipien, die in anderen Worten hier bereits beschrieben sind und deshalb nur noch aufgezählt werden. Sie sind für ihn Basis einer in der Didaktik der Waldorfschule verwirklichten „Lebenspropädeutik":

– Vielfältige Vorbereitung und langfristige Entwicklung
– Hermeneutik individueller Präzisierung
– Ganzheitliche Einbindung
– Bezug auf die soziale Realität (Spies 1987, S. 119ff.)

In seinem Versuch einer normativen Bestimmung der Aufgaben von Schule heute beleuchtet Bohnsack (in diesem Band) diese Strukturprobleme der Schule unter dem Aspekt einer Erziehung zur Verantwortung. Er nennt in diesem Zusammenhang zwar die „alternativen Lehr- und Lernverfahren" der Waldorfschulen, von denen man lernen könne. Dieser Blick erscheint mir allerdings verkürzt, weil er die Lehr- und Lernverfahren von der umfassenderen Intention des Lehrplans löst. Wendete man den von Blankertz geforderten „Implikationszusammenhang" von Didaktik und Methodik auf die Waldorfpädagogik an, so würde dadurch deutlich, daß Lehr- und Lernverfahren nicht für sich selbst interessant sind, sondern ihren Sinn erst im Zusammenhang einer Lehrkonzeption als ganzer gewinnen. Dazu gehört aber neben der Anlage des Lehrplangefüges und seiner Inhalte und den damit verbundenen Methoden noch ein weiteres. Gerade unter dem Gesichtspunkt einer Erziehung zur Verantwortung ist die *Form ihrer sozialen Vermittlung* zu bedenken, die mit der Methode keineswegs gleichzusetzen ist. Es handelt sich um die *kommunikativen* Aspekte des Vermittlungsprozesses, die ihrerseits einer gestalteten Form bedürfen. Im Zusammenhang der Waldorfpädagogik kann man sie unter dem Begriff der „Sozialgestalt" zusammenfassen, obwohl dieser auch von Waldorfpädagogen selbst (vgl. Leber 1984) zunächst und vorwiegend für die organisatorische Seite des Schulgeschehens gebraucht wird. Die Ergebnisse der weiter unten aufzunehmenden Diskussion um die „gute Schule" legen es nahe, von einer durchaus wirksamen *Gesamtkommunikationsstruktur* des Schulgeschehens auszugehen. Außer den Ansätzen in der Jena-Plan-Schule P. Petersens sehe ich nur in der Waldorfschule eine entwickelte Sozialstruktur, deren Bestimmungsmomente konsequent aus pädagogisch-anthropologischen Überlegungen heraus gedacht und gestaltet sind. Gerade aus dem Bruch oder der nicht genügend bewußten Beachtung und Gestaltung dieses – allerdings auch von Blankertz nicht so umfassend gesehenen – Implikationszusammenhangs resultiert strukturell nicht nur das von Bohnsack artikulierte „Problem staatlicher Bevormundung". Die Schule ist als Verwaltungsbehörde in ihrem Organisationszusammenhang eben einer *nicht-pädagogischen* Kommunikationsstruktur verpflichtet. Auch das „Problem der Verlebendigung schulischer Lernprozesse" in der staatlichen Schule ist nicht ablösbar von dieser Spaltung der Gesamtkommunikationsstruktur in eine pädagogische und eine bürokratische.

Zumindest konzeptionell bietet hier die Waldorfschule einen zwar bereits 70 Jahre gepflegten, aber offenbar immer noch innovativen Lösungsweg zur Gestaltung eines pädagogischen Gesamtzusammenhangs. Daß sie selbst einer Verwirklichung auch nur annäherungsweise nahekommt, ist eher ein menschliches, nicht unbedingt ein konzeptionelles Problem.

## 4. Bildung

Ein Schulkonzept muß sich immer auch daran messen lassen, wie weit es seine „Zöglinge" in die Lage versetzt, den Herausforderungen der jeweiligen Epoche tatkräftig, interessiert und phantasievoll zu begegnen. Obwohl den Waldorfschulen das Vorurteil anhängt, sie vermitteln eine heile, selbstgestrickte Welt, sehen die realen Erfahrungen der Schulen mit ihren Abgängern so aus, als seien diese durchaus in der Lage, sich in unserer Welt zurechtzufinden, ohne eine völlig neue Identität aufbauen zu müssen (Gessler 1988 oder Hofmann/Prümmer/Weidner 1981).

Die oben bereits erwähnte Orientierung an der Fähigkeitenbildung, die für den Außenstehenden über bestimmte Strecken des zwölfjährigen Lehrplans so aussieht, als hätte sie mit dem wirklichen Leben fast nichts zu tun (Märchen, nordische Sagen, Parzival, Korbflechten, Eurythmie, Schmieden, Spinnen etc.), befindet sich heute deutlicher denn je auf einem Weg, der durch die Entwicklung der neuen Technologien, der Umweltproblematik, der Veränderung der Arbeitsorganisation und die durch den veränderten Arbeitsmarkt gegebenen Qualifikationsverschiebungen als erstaunlich modern angesehen wird.

Was oben bereits unter dem Stichwort Gestaltungsfähigkeit als Forderung an eine Persönlichkeitsbildung genannt ist, wird in einem etwas engeren Sinne aber in gleicher Zielrichtung unter dem Begriff der Basis- oder Schlüsselqualifikationen heute besonders im traditionell spezialistischen fach- und fertigkeitenorientierten beruflichen Bildungswesen sehr breit diskutiert. Gemeint ist damit die bereits beschriebene fach- und einzelkenntnisübergreifende Fähigkeitenorientierung. In der Diskussion um die sogenannten Schlüsselqualifikationen wird zunehmend klarer, daß es sich dabei genau um jenes Fähigkeitenbündel handelt, das den einzelnen mehr oder weniger gut in die Lage versetzt, gelernte und trainierte Spezialkenntnisse in unterschiedlichen Situationen und Problemlagen aufgabenbezogen einsetzen zu können. Die erziehungswissenschaftlich orientierte Berufspädagogik nähert sich bei ihrer Suche nach Möglichkeiten, solche „Ich-Fähigkeiten" auch in die traditionell fertigkeitenorientierte Berufserziehung einzugliedern, an verschiedenen Stellen den „ganzheitlichen" Konzepten an, die sich auf waldorfpädagogischer Grundlage schon von den 50er Jahren an entwickelt haben (Leber 1989a, S. 694f.).

Damit ist eine Situation entstanden, die es in der jüngeren Geschichte der Bildungspolitik so noch nicht gegeben hat: Eine zentrale pädagogische Bildungsidee, nämlich die breite Förderung der Persönlichkeit und ihrer Fähigkeiten, wird aufgrund gesellschaftlicher Notwendigkeit zur bildungstheoretischen und bildungspolitischen Forderung. Damit bahnt sich im Vergleich zur bisher vorherrschenden partikularistischen Stofforientierung eine Art Trendwende in eine Richtung an, die von der Waldorfpädagogik immer schon gegangen worden war. War bisher in der faktisch bestehenden Bildungsorganisation und im Bewußtsein einer breiten Öffentlichkeit eine deutliche Trennung zwischen der „eigentlichen" allgemeinen und der (beruflichen) Aus-Bildung vollzogen worden, so zeigt sich jetzt, daß diese Trennung unter unseren heutigen Bedingungen deshalb besonders problematisch wäre. Eine Beherrschung und Durchdringung der durch hochentwickelte Technologie geprägten Lebens- und Arbeitswelt ist nur denkbar durch die eigentlich menschlichen, d. h. die nicht-computerisierbaren Fähigkeiten: Überblick behalten, in Zusammenhängen denken, Probleme erkennen, soziale Situationen gestalten etc. Fähigkeiten also, die spezifische Fachkenntnisse zwar voraussetzen, diese für sich genommen aber mehr oder weniger wirkungslos werden lassen. Erschwerend kommt hinzu, daß die von der modernen Technologie erforderte streng algorithmische Denk- und Handlungsweise die Entwicklung eines derartigen gestalterischen Handlungspotentials vielfach erschwert (Brater/Herz 1986).[11]

Die hier sichtbar werdende Veränderung des Bildungsbegriffs kommt zurück auf den Kern der neuhumanistischen Bildungsidee Humboldts, die sich die „proportionierliche" Entfaltung aller menschlichen Fähigkeiten zum Ziel gesetzt hatte, in seiner praktischen Durchsetzung aber zu einer vorwiegend bürgerlich bestimmten Gymnasialität deformiert wurde. Obgleich die Gymnasialität das Moment des Zweckfreien und Persönlichkeitsbildenden in sich trug, hat sich in der Praxis nicht dieses, sondern das damit verbundene Element der „höheren" Bildung gegenüber den dann konsequenterweise „niederen" restlichen Bildungsgängen und eine fast ausschließliche Orientierung an Zwecken, Abschlüssen nämlich, durchgesetzt.

Die Waldorfschule hat aufgrund ihres Menschen- und Bildungsverständnisses nie eine gymnasiale Bildungskonzeption verfolgt, und sie nennt sich, zumindest in einigen Bundesländern, noch heute einheitliche „Volks- und höhere Schule". Auffällig ist außerdem, daß es gerade Waldorfschulen (Wanne-Eickel und Kassel) sind, die Formen einer Integration beruflicher und allgemeiner Bildung in der Sekundarstufe II entwickelt haben, die heute noch als modellhaft gelten (Bojanowski/Brater 1989, Leber 1989 b, Spies 1987).

Betrachtet man die geschilderten bildungstheoretischen und bildungspolitischen Tendenzen, so kann die Waldorfpädagogik vor allem in folgenden Bereichen innovatorische Impulse setzen:

– Im Bereich des Bildungsdenkens, wo die Pädagogik insgesamt auf der Suche nach einem neuen Bildungsbegriff ist (vgl. Heid/Herrlitz 1987), kann die „Persönlichkeitstheorie" der anthroposophischen Pädagogik die Auseinandersetzung um einen substantiellen Bildungsbegriff anregen – und befruchten.
– Bei der Suche nach zukunftsträchtigen und praktikablen Bildungskonzepten kann die Waldorfschule, sowohl im Blick auf Gesamt- bzw. Einheitsschulkonzepte als auch in der Frage der Integration beruflicher und allgemeiner Bildung, auf langjährige Erfahrung zurückgreifen.[12]
– Zu nennen wäre in diesem Zusammenhang auch die an den Waldorfschulen geübte Selbstverwaltung durch Lehrer und Eltern. Sie kann als organisatorische Voraussetzung für ein Bildungskonzept gesehen werden, das Lehrer, Eltern und Schüler zur Handlungs- und Entscheidungsfähigkeit führt.
– Betrachtet man Gestaltungsfähigkeit als ein Bildungsziel, das gerade unter unseren hochtechnisierten Lebensbedingungen zunehmende Bedeutung gewinnt, so kann man von der Anthropologie, auf der die Waldorfpädagogik beruht (vgl. Kranich und Leber in diesem Band), eine bisher nicht geleistete Differenzierung und Konkretisierung erwarten. Der künstlerische Duktus, der dem Unterricht speziell und dem pädagogischen Konzept als Ganzem zugrunde liegt, enthält in sich das Handlungsparadigma des Gestaltungshandelns, so daß eine intensive handlungstheoretische Auseinandersetzung ein weiterer Impuls sein kann, der von dieser Schulform und ihren pädagogischen Grundlagen ausgeht (Brater/Büchele/Fucke/Herz 1989).

Auf einen Aspekt der pädagogischen Tradition sei hier noch hingewiesen. Anthroposophisch fundierte Pädagogik ist letztlich eine Methode der Bewußtseins- bzw. der Ich-Entwicklung. Damit setzt sie, wenn man eine Arbeit von C. Rittelmeyer (1986) zugrunde legt, eine spezifisch christliche Bildungstradition fort. Bildungsprozesse sind in dieser Tradition immer verstanden worden als gestaltende Aktivitäten des Ich, und zwar nicht nur im geistigen, sondern durchaus im seelischen und körperlichen Bereich. Diese konkreten Bildeprozesse werden, soweit man heute noch – oder wieder – Kenntnis davon bekommen kann (vgl. dazu Kranich und Schad in diesem Band), den methodischen und didaktischen Überlegungen in der Waldorfpädagogik zugrundegelegt.

## 5. Gute Schule

Zumindest indirekt stellt jede bildungs- oder schulpolitische Diskussion die Frage, was eine gute Schule sei. Innerhalb der Deutschen Gesellschaft für Erziehungswissenschaft gibt es seit langem – konsequenterweise – eine Arbeitsgruppe, die dieser Frage explizit nachgeht. Wenn hier einige Aspekte dieser Diskussion aufgegriffen werden, geschieht dies durchaus in dem Bewußtsein, die dort entwickelte Breite des Themas nicht bearbeiten zu können. Es soll aber gezeigt werden, an welchen Stellen die Waldorfschulen die Diskussion bereichern können.[13]

Bezogen auf die *Fachleistungen* ihrer Schüler führt Steffens (zit. nach Berg 1988, S. 183) folgende Merkmalsbereiche an, die gute Schulen charakterisieren können:

1. Leistungsorientierung der Schule
2. Forderndes Lernen
3. Pädagogisches Engagement der Lehrer
4. Kontrollierte Beobachtung und Begleitung des Lernfortschrittes der Schüler
5. Sicherung der Disziplin
6. Führungsqualitäten des Lehr- und Leitungspersonals
7. Klima des Vertrauens
8. Arbeitsorganisatorisches Funktionieren
9. Lehrerkooperation
10. Innovationsbereitschaft
11. Einbeziehung der Eltern
12. Flankierende Stützmaßnahmen der Schulaufsicht (u. a. Autonomie)

Diese Merkmale enthalten so noch kein *pädagogisches* Profil, sondern stellen eine Art Faktorenbündel eines guten Betriebsklimas dar, die auch in Unternehmen, Arbeits- und Forschungsgruppen etc. eine Rolle spielen. Vielleicht gerade deshalb läßt sich dieser Katalog aus der Praxis der Waldorfschulen heraus in seiner allgemeinen Form bestätigen. Als „pädagogisches Unternehmen" muß sie aber – das ist inzwischen unter Stichworten wie „corporate identity" oder „Unternehmenskultur" Basiswissen der Organisationslehre – ein Profil entwickeln, das den Mitarbeitern Identifikation ermöglicht (Personalführung 1986, Lernfeld Betrieb 1989). Bohnsack zitiert auf die Schule bezogen Ziehe mit dem Begriff der Aura, die eine Schule haben oder schaffen müsse, und ergänzt, man könne dies auch die Welt-Anschauung nennen, unter der die Mitarbeiter ein gemeinsames Ziel anstreben. Was man in wirtschaftlich ausgerichteten Unternehmungen inzwischen als Selbstverständlichkeit begreift, nämlich, daß ein Produkt nur dann erfolgreich verkauft werden kann, wenn die Produzenten und Distributoren ein ausreichend scharfes Bewußtsein vom „Profil" dieses Produkts haben, ist in der „Unternehmung Schule" offensichtlich noch nicht ins Bewußtsein der Beteiligten gedrungen. Es sei allerdings zugestanden, daß in Wirtschaftsunternehmungen durch den klaren Zusammenhang von Produkt und Profit eine derartige Profilierung leichter zu bewerkstelligen und darüber hinaus lebensnotwendig ist. Im Schulbereich unterliegen nur die Schulen in freier Trägerschaft einem existentiellen Zwang zum Profil. Staatliche Schulen können es sich durchaus leisten, den Verlauf der Gaußschen Normalverteilungskurve als ausreichendes Profil zu betrachten.

Hier können die Waldorfschulen aus ihrem anthroposophischen Hintergrund auf zwei Erkenntnisse zurückgreifen, die auf dem Weg zu einem – selbstverständlich pädagogischen – Profil hilfreich waren. Sie spielen unter anderem Betrachtungsaspekt auch bei Paschen (in diesem Band) eine Rolle:

– Aus dem gesellschaftstheoretischen Hintergrund, der unter dem Begriff der „Dreigliederung" gesellschaftliche Funktionen nach geistig-ideenmäßigen, wirtschaftlichen und rechtlichen Bereichen differenziert, gehört die Waldorfschule in den Bereich des „Geisteslebens". Während für das „Rechtsleben" das Prinzip der Gleichheit und für das „Wirtschaftsleben" das Brüderlichkeitsprinzip gilt, nimmt das Geistesleben das Prinzip der Freiheit für sich in Anspruch (Steiner 1961). Das bedeutet konkret, daß zunächst einmal alle Mitglieder eines Lehrerkollegiums als solche gleichgestellt sind. In der Entwicklung ihrer gemeinsamen pädagogischen Grundlage, die ja eine geistige Größe darstellt, muß das Kollegium als Ganzes und der einzelne Lehrer Freiheit für den Ideenbildungsprozeß besitzen. Beschlüsse werden nach dem Konsensprinzip gefaßt (Zimmermann 1985, S. 441). In der Praxis bedeutet dies, daß alle Lehrer in den Konferenzen an der Erarbeitung der Grundlagen und ihrer konkreten Ausgestaltung in ein Schulprofil beteiligt sind. Dennoch ist für jeden ein individueller Zugang möglich. Damit wird falschem „Corps-Geist" oder einer Zwangsidentifizierung vorgebeugt. Es besteht zumindest eine hohe Wahrscheinlichkeit, daß die Art der Handhabung dieser gemeinsamen Arbeit nicht ganz ohne Wirkung auf den Umgang mit dem Schüler bleiben wird.
– Als zweites Element, das die Erarbeitung einer gemeinsamen Identifikationsbasis unterstützt, kann die von Steiner (1975) in ihren Grundzügen dargestellte Menschenkunde und die in den Konferenzniederschriften erhaltenen, gemeinsam mit den ersten Lehrern erarbeiteten Lösungsansätze für die vielfältigen pädagogischen und sozialen Probleme gesehen werden. Darin zeigt sich die Qualität eines pädagogischen Unternehmens: Alle angesprochenen Probleme, seien sie pädagogischer oder organisatorischer Art, werden primär unter pädagogischen Gesichtspunkten betrachtet und entschieden, so wie etwa ein Wirtschaftsunternehmen seine Entscheidungen nicht politisch oder pädagogisch, sondern, seiner Zielsetzung entsprechend, unter wirtschaftlichen Gesichtspunkten fällt. Lindenberg macht (in diesem Band) sehr deutlich, daß es auch den Waldorfschulen nicht immer leicht fällt, angesichts wirtschaftlicher oder schulpolitischer Zwänge dieses Prinzip und die eigenen Ansprüche zu erfüllen. Unter dem Gesichtspunkt einer guten Schule aber ist dies für sie der einzige Weg:
Zum einen sind die Kriterien dessen, was jede einzelne Schule selbst für eine gute Schule hält, aus diesem Hintergrund erarbeitet und beziehen sich durch-

aus sowohl auf die rechtlichen und wirtschaftlichen wie auf die ideellen Bereiche. Zum anderen ist nicht nur Waldorflehrern klar, daß der Bedarf an solcher Pädagogik nur besteht, wenn es ein pädagogisches Profil ist, das auf dem Wege der gemeinsamen Arbeit entwickelt wurde. Erst auf dieser Basis werden die bei Steffens genannten Merkmale gefüllt, und die Schule kann eine „gute Schule" und damit mehr sein als eine gut funktionierende Organisation.

Gerade diese „Schulgüte"-Diskussion zeigt, daß man die Bedingungen sehr genau kennt. Trotz eines wegweisenden Bildungsratsgutachtens (1973) zu den Fragen der Reform von Organisation und Verwaltung, intensiver Forschung (etwa Bohnsack und Fend 1987), überzeugender juristischer Argumentation (z. B. durch den Deutschen Juristentag 1981) und des Engagements zahlreicher Lehrer ist aber wenig Veränderung sichtbar. Vielmehr stellt Bohnsack (1987, S. 59) Forschungsergebnisse dar, aus denen hervorgeht, daß Schüler heute sehr viel unzufriedener mit der Schule sind als ihre Vorgänger vor 20 Jahren. Obwohl nach diesen Ergebnissen für die Einzelschule offenbar Innovationsspielraum vorhanden ist, wird er nicht genutzt (Bohnsack a.a.O., S. 95)! Mangelnde Motivation von Lehrern oder Eltern dürfte als Erklärung nicht ganz ausreichen. Nach den schon bisher angeführten analytischen (Fend, Bohnsack) oder kritischen (Rumpf) Auseinandersetzungen mit diesen Fragen kann man annehmen, daß mindestens zwei Faktorenkomplexe diesen theoretisch vorhandenen Spielraum praktisch wieder einschränken:

– Die von Bohnsack (in diesem Band) aufgezählten ungelösten Problembereiche (Motivation, Leistungsbeurteilung, Lebendigkeit der Lernprozesse etc.) müssen offensichtlich nicht nur im Blick auf die Schüler und die unmittelbare Unterrichtsaufgabe betrachtet, sondern sollten auch auf die Lehrer und die über ihnen angeordneten zwei bis drei Hierarchiestufen der Unterrichtsverwaltung bezogen werden. Nur eine realistische Betrachtung der Strukturen der Gesamtorganisation läßt eine Einschätzung der Innovationsfähigkeit der Schule selbst zu. Die Diskrepanz zwischen denjenigen Ebenen, die die Inhalte und die Strukturen vorgeben, und der Ebene, die „vor Ort" für Schüler und Eltern sichtbar und für die pädagogischen Prozesse verantwortlich ist, bestimmt die gegebene Struktur der Motivation, der Leistungserbringung, der Möglichkeit lebendiger Lernprozesse im Bereich der Kollegien entscheidend mit und scheint eine innovative Haltung wenig zu fördern.
– Ein zweiter Komplex ist durch die Prinzipien und Verfahren bestimmt, die derzeit zur Lösung dieser Probleme angewendet werden. Aufgrund der oben genannten Strukturbedingungen ist es naheliegend, daß nicht-pädagogische Maßstäbe, vor allem rechtliche, politische und bürokratisch-verfahrensmäßige, sehr dominant sind. So ist die Schule, obwohl ihre Aufgabe eine pädagogische ist und damit individuelle Freiheit braucht, in ein dichtes, vom „Rechtsleben" gewobenes Vorschriftennetz eingespannt. Sie ist faktisch eine mittlere Verwaltungsebene und arbeitet deshalb nach Prinzipien (Gleichartigkeit und Wiederholbarkeit der Verfahren etc.), die ihren an der Einzelpersönlichkeit und ihrer Förderung ausgerichteten Aufgaben prinzipiell entgegengesetzt sind.

Die Waldorfschulen sollen hier nicht zum allgemeingültigen Modell gemacht werden. Weil sie aber eine weitgehende Einheit von pädagogischer und organisatorischer Selbstverwaltung und Selbstverantwortung praktizieren, sei im folgenden an einigen ihrer Struktur- bzw. Organisationselemente auf offensichtlich notwendige Bedingungen für einen dynamischen Schulentwicklungsprozeß hingewiesen.

Waldorfschulen – und in diesem Punkt sind sie vergleichbar mit anderen freien Schulgründungen – werden betrieben auf der Basis eines gemeinsam von Eltern und Lehrern getragenen pädagogischen Konzepts. Es gehört zu den – meines Wissens nur auf die Waldorfschulen zutreffenden – Spezifika einer solchen gemeinsamen Gründung, daß pädagogische, organisatorische und finanzielle Konzepte auf einer gemeinsamen methodischen Basis entwickelt werden.

Daraus ergeben sich folgende Merkmale:

– Die Schule muß als „freie Schule" organisiert sein, weil nur so die nötige pädagogische „Autonomie" für die Schule selbst und ihre Lehrer gesichert werden kann (vgl. Steffens, zit. nach Berg 1988). Diese pädagogische Argumentation läßt sich schul- und verfassungsrechtlich „vervollständigen", wenn man dem Vorschlag J. P. Vogels folgt, in der Traditionslinie von Schleiermacher und Dörpfeld eine an den Freien Schulen orientierte Änderung der Schulverfassung anzustreben (Vogel 1988 und in diesem Band).
– Lehrer und Eltern verwalten die Schule selbst. Sie verstehen diese Arbeit auch als Beitrag zur Entwicklung moderner Sozialformen und verwirklichen damit – nicht ohne Probleme! – eine von vielen innovatorischen Gruppierungen versuchte, an den objektiven, sprich rechtlichen, verwaltungsmäßigen und finanziellen Realitäten aber öfter gescheiterte als gelungene Organisationsform.
– Die Waldorfschule ersetzt die übliche formale Leitungshierarchie durch aufgabenbezogenes Management. Es gehört geradezu zu ihren innovatorischen Aufgaben als Einrichtung des „freien Geisteslebens" (vgl. Leber 1984, Leist 1986), den äußerst schwierigen Prozeß einer herrschaftsfreien Kommunikation und Kooperation einzuüben. Eine notwendige Konsequenz der fehlenden hierarchischen Stufung und ein weiteres soziales Übungsfeld ist eine an Bedürfnissen des einzelnen ausgerichtete Gehaltsordnung.
– Entscheidungsprozesse laufen im Rahmen dieser Organisationsform nicht in mehrheitsbestimmten Abstimmungsverfahren oder auf dem Verordnungsweg ab. Sie werden nach dem praktisch sehr viel schwierigeren Konsensprinzip gestaltet. Auch damit unterwerfen sich die Beteiligten einem Lernprozeß, der in der Praxis unserer Gesellschaft an kaum einer anderen Stelle in der Biographie der meisten Beteiligten eingeübt werden konnte.[14]
– Die Waldorfpädagogik verzichtete konsequent auf Begabtenauslese und Leistungsselektion. Damit räumt sie dem humanistischen Ideal der Fähigkeitenentwicklung, das heute – wie oben gezeigt wurde – mehr denn je zur produktiven Lebensbewältigung gefordert ist, höhere Priorität als der Wissensvermittlung ein. Sie praktiziert damit einen veränderten, individualisierten Leistungsbegriff.

Trotz dieser vielfältigen Anregungsmöglichkeiten, auch auf Gebieten, die unter dem Stichwort Waldorfpädagogik nicht ohne weiteres sichtbar sind, führt die Waldorfpädagogik in der pädagogischen Diskussion immer noch eine Art Sektendasein (vgl. Huber 1979). Es wäre wünschenswert, wenn sich die Auffassung R. Winkels in der Erziehungswissenschaft etwas verbreiten würde, die Waldorfpädagogik sei viel zu wichtig, um sie allein den Waldorfpädagogen überlassen zu können (Winkel 1987, S. 258).

## Anmerkungen

1 In der gekennzeichneten Weise ist auch das jüngste Werk über Reformpädagogik charakteristisch: Ohne daß an irgendeiner Stelle eine immanente Darstellung der Gestalt der Waldorfschule und ihrer Pädagogik erfolgt, steht im Anschluß an die Beschreibung des Jena-Plans die Behauptung, Petersen, und nicht Steiner oder Montessori, beschreibe mit seinem Modell „eine Quintessenz der reformpädagogischen Schuldiskussion" (Oelkers 1989, S. 120).

2 Vgl. Kiersch, J.: Freie Lehrerbildung. Zum Entwurf Rudolf Steiners. Stuttgart 1978. Es wirft ein Licht auf die beinahe paradoxe Anerkennungspraxis den inzwischen immerhin fünf Lehrerbildungseinrichtungen gegenüber, wenn man weiß, daß sie zwar alle nicht als solche anerkannt sind, in einem Bundesland aber zur Lehreranerkennung ihr Besuch zusätzlich zu den staatlichen Examina gefordert wird!

3 Vgl. Becker, H.: Wissenschaft und Lehrerbildung; und Reble, A.: Die philosophische Idee der Lehrerbildung. Beide Beiträge in: de Rudder, H. (Hrsg.): Die Lehrerbildung zwischen Pädagogischer Hochschule und Universität. Die spätere Wendung zu einer wissenschaftlichen Lehrerausbildung ist ja nicht in erster Linie pädagogisch begründet, sondern hängt eng mit dem Bemühen der Lehrerschaft zusammen, akademischen Status zu gewinnen. Es gibt allerdings auch gute entwicklungsbezogen-biographische Argumente dafür, daß sich junge Menschen in dieser Altersstufe intensiv wissenschaftlich mit Welt- und Lebensfragen auseinandersetzen. Das hat aber mehr mit ihrer Persönlichkeitsentwicklung als mit einer unmittelbaren beruflichen Notwendigkeit zu tun (vgl. Brater/Bockemühl 1988, S. 173 ff.).

4 Das ist der Hintergrund für die Verwendung des Begriffes der *Erziehungskunst*, mit dem Steiner zusammenfassend den für pädagogisches Handeln geforderten Fähigkeitenkomplex bezeichnet.

5 Daß die Antworten in der altersmäßigen Einordnung ziemlich übereinstimmend, methodisch aber sehr unterschiedlich und keineswegs „waldorfeinheitlich" ausfallen, zeigt bezüglich der Computertechnik Mackensen, M. v. (Hrsg.): Einführung in die Computertechnik. Kassel 1987.

6 Bezüglich der erstaunlichen biographischen Folgen mancher individuellen Wege der Fähigkeitenentwicklung sei auf die im Beitrag von Oltmann (in diesem Band) geschilderten Erfahrungen Darwins und Goethes hingewiesen.

7 Vgl. zur Konkretisierung dieser Hinweise den Beitrag von Gögelein in diesem Band.

8 Es mag an der äußeren Ähnlichkeit mit dem Zillerschen Spirallehrplan liegen, vielleicht aber auch an einem früheren Hinweis in der Literatur (vgl. Herz 1984), daß Prange (1985) den Nachweis zu führen versucht, waldorfpädagogische Methodik und Didaktik seien nicht mehr als überlebter Herbartianismus. Zunächst einmal handelt es sich bei dieser Kritik um einen Analogieschluß, der die Substanz der Waldorfpädagogik nicht berührt, aber Hinweise auf Pranges Arbeitsweise gibt: Nicht einmal in seinen Literaturhinweisen nimmt er Steiners eigene – fundamentale – Kritik an Herbarts intellektualistischer Pädagogik, die nichts zu einer „bewußten Persönlichkeitsentwicklung" beitragen könne, zur Kenntnis (vgl. Steiner 1980, S. 17 ff.). Eine produktive Auseinandersetzung mit diesem historischen Lehrplan und seiner durch Steiner neu gefaßten inneren Begründung ist von der Erziehungswissenschaft bisher nicht geleistet worden.

9 Man müßte ja auch fragen, ob dies von den äußeren materiellen Bedingungen her überhaupt möglich ist. Als relativ kleine Gruppe, die mit ihrer praktischen und theoretischen Arbeit ohnehin permanente Schulreform betreibt und einen Lehrplanrahmen besitzt, der im Prozeß der Bildung praktischer und theoretischer Fähigkeiten bisher außerordentlich erfolgreich ist, sind ihren Möglichkeiten, zusätzliche Legitimationsanstrengungen zu unternehmen, sehr enge Grenzen gesetzt: Jeder einzelne Waldorfpädagoge, der von der Unterrichtstätigkeit in der

Schule freigestellt wird, um solche Arbeit zu leisten, muß von der Elternschaft finanziert werden. Damit ist schon von den äußeren Bedingungen her keinerlei Chancengleichheit mit den staatlich alimentierten universitären Kritikern gegeben.

10 Gerade der Vorwurf des Irrationalismus und der Vor- bzw. Unwissenschaftlichkeit muß im Blick auf die Realität der pädagogischen Prozesse einer ernsthafteren, vor allem aber voraussetzungsloseren Auseinandersetzung unterzogen werden, als dies bei Prange und Ullrich geschieht. Vgl. dazu auch Prange in diesem Band oder das Gesprächsbemühen von Hansmann (1987).

11 Daß gerade im Zusammenhang des Umweltschutzes ein ganz besonderer und dringlicher Bedarf nach solchen Fähigkeitspotentialen besteht, wird von Tag zu Tag deutlicher (vgl. dazu Schad in diesem Band).

12 Es gibt derzeit allerdings Tendenzen in der *schulrechtlichen* Diskussion, das pädagogische Konzept der Waldorfschulen auf eine Weltanschauungsschule hin einzuengen. Die dadurch erhoffte Einschränkung ihrer Entwicklung zielt zwar auf die Finanzierungsseite, kann aber gerade unter dem Gesichtspunkt der Bildungsdiskussion ebenso einschränkend wirken. Ausführlich dazu Leber 1989 a.

13 In die bisherige Arbeit dieser Gruppe fand die Waldorfschule bereits durch einen Besuch in der Hibernia-Schule Eingang. Allerdings kann diese Schule, sowohl von ihrer Gründungsgeschichte her als auch durch ihre spezifische berufliche Ausrichtung, nicht als Beispiel für die Waldorfschulen insgesamt gelten.

14 Dieses, aber auch die anderen organisationsbezogenen Merkmale, konkretisieren den von J. Beuys häufiger verwendeten Begriff der „Sozialkunst". Gemeint ist damit, statt der gesellschaftlich vertrauten und von früher Jugend an eingeübten, normierten und an den Verfahren der Verwaltung orientierten Organisationsformen solche zu entwickeln, die dem Charakter der jeweils zu lösenden Aufgabe und den damit befaßten Menschen am besten entspricht. Dem künstlerischen Handlungstypus entsprechend kann es sich dabei niemals um endgültige Formen, sondern immer nur um Entwicklungsstufen handeln (vgl. Lievegoed 1974).


*Literaturverzeichnis*

Bai, S./Barkhoff, W. E./Bockemühl, M., u. a.: Die Rudolf-Steiner-Schule Ruhrgebiet. Reinbek 1976.

Beck, K./Herrlitz, H.-G./Klafki, W. (Hrsg.): Erziehung und Bildung als öffentliche Aufgabe. 23. Beiheft der Zeitschrift für Pädagogik. Weinheim u. Basel 1988.

Berg, H. C.: Bericht über das Saarbrücker „Schulgüte"-Symposion. In: Beck, K./Herrlitz, H.-G./Klafki, W.: Erziehung und Bildung als öffentliche Aufgabe. 23. Beiheft der Zeitschrift für Pädagogik. Weinheim u. Basel 1988.

Becker, H.: Wissenschaft und Lehrerbildung. In: de Rudder: Die Lehrerbildung zwischen pädagogischer Hochschule und Universität. Bad Heilbrunn 1982.

Blankertz, H.: Theorien und Modelle der Didaktik. München 1970.

Bohnsack, F.: Strukturen einer „guten" Schule heute. In: Loccumer Protokolle: „Gute Schule" – was ist das? Evangelische Akademie Loccum 1986.

Bojanowski, A./Brater, M./Dedering, H.: Gutachten für die Enquete-Kommission „Zukünftige Bildungspolitik – Bildung 2000". München, Bonn 1989.

Brater, M./Büchele, U./Fucke, E./Herz, G.: Berufsbildung und Persönlichkeitsentwicklung. Stuttgart 1988.

Brater, M./Büchele, U./Fucke, E./Herz, G.: Künstlerisch Handeln. Die Förderung beruflicher Handlungsfähigkeit durch künstlerische Prozesse. Stuttgart 1989.

Brater, M./Bockemühl, M. (Hrsg.): Studium und Arbeit. Lernen im 4. Jahrsiebt. Stuttgart 1988.

Brater, M./Herz, G.: Persönlichkeitsbildung und Technologiebewältigung. Zu den Aufgaben der Berufsvorbereitung im Computerzeitalter. In: Erziehungskunst, H. 6, 1986.

Brügelmann, H.: Curriculum – eine Einführung. Studienbrief der Fernuniversität Hagen 1980.

Deutscher Bildungsrat: Empfehlungen der Bildungskommission. Zur Reform von Organisation und Verwaltung im Bildungswesen. Teil I: Verstärkte Selbständigkeit der Schule und Partizipation der Lehrer, Schüler und Eltern. Stuttgart 1973.

Fucke, E.: Lernziel: Handeln können. Frankfurt/Main 1981.

Gergely, E./Goldmann, H. (Hrsg.): Mensch, Computer, Erziehung. Wien, Köln, Graz 1988.

Gessler, L.: Bildungserfolg im Spiegel von Bildungsbiographien: Begegnungen mit Schülerinnen und Schülern der Hiberniaschule (Wanne-Eickel). Studien zur Bildungsreform, Bd. 15. Frankfurt, Bern, New York, Paris 1988.

Handke, P.: Kindergeschichte. Frankfurt/M. 1981.

Hansmann, O. (Hrsg.): Pro und Contra Waldorfpädagogik. Akademische Pädagogik in Auseinandersetzung mit der Rudolf-Steiner-Pädagogik. Würzburg 1987.

Heid, H./Herrlitz, H.-G. (Hrsg.): Allgemeinbildung. 21. Beiheft der Zeitschrift für Pädagogik. Weinheim u. Basel 1987.

Heimann, P./Otto, G./Schulz, W.: Unterricht – Analyse und Planung. Hannover 1965.

Herz, G.: Das Unwahrscheinliche wahrscheinlich machen. Zur neuen Anziehungskraft der Waldorfpädagogik. In: Pädagogische Rundschau 38 (1984) 4, S. 425ff.

Hofmann, U./Prümmer, C. V./Weidner, D.: Forschungsbericht über Bildungslebensläufe ehemaliger Waldorfschüler. Stuttgart 1981.

Huber, J.: Astral-Marx. Über Anthroposophie, einen gewissen Marxismus und andere Alternatiefen. In: Kursbuch 55: Sekten. Berlin 1979, S. 139ff.

Jachmann, R. B.: Über die Verhältnisse der Schule zur Welt (Berlin 1811). In: Dokumente des Neuhumanismus I, hrsg. v. R. Joerden. Weinheim 1962.

Kiersch, J.: Lehrplanfreiheit in eigener Verantwortung. In: Bai, S., u. a., a. a. O., S. 88ff.

Kiersch, L.: Freie Lehrerbildung. Zum Entwurf Rudolf Steiners. Stuttgart 1978.

Klafki, W.: Hermeneutische Verfahren in der Erziehungswissenschaft. In: Klafki, W., u. a.: Erziehungswissenschaft 3. Frankfurt/M. 1971.

Kranich, E. M.: Pädagogische Projekte und ihre Folgen. Stuttgart 1971.

Leber, S. (Hrsg.): Die Pädagogik der Waldorfschule und ihre Grundlagen. Darmstadt 1983.

Leber, S.: Die Sozialgestalt der Waldorfschule. Frankfurt/Main 1984.

Leber, S.: Weltanschauung, Ideologie und Schulwesen. Ist die Waldorfschule eine Weltanschauungsschule? Stuttgart 1989 (a).

Leber, S.: Die Waldorfschulen in der Bildungslandschaft der Bundesrepublik. 1945–1989. In: Erziehungskunst, H. 8/9, 1989.

Leist, M.: Eltern und Lehrer. Ihr Zusammenwirken in den sozialen Prozessen der Waldorf-Schule. Stuttgart 1986.

Lernfeld Betrieb: Themenheft: Unternehmenskultur. Heft 2, 1989.

Lievegoed, B. C. J.: Organisation im Wandel. Die praktische Führung sozialer Systeme in der Zukunft. Bern 1974.

Lindenberg, C.: Waldorfschulen: Angstfrei lernen, selbstbewußt handeln. Reinbek 1975.

Mackensen, M. v.: Einführung in die Computertechnik. Kassel 1987.

Mollenhauer, K./Rittelmeyer, C.: Methoden der Erziehungswissenschaft. München 1977.

Personalführung: Themenheft: Unternehmenskultur. Heft 7, 1986.

Prange, K.: Erziehung zur Anthroposophie. Bad Heilbrunn 1985.

Reble, A.: Die philosophische Idee der Lehrerbildung. In: de Rudder, H., 1982.

Reinert, G.-B./Zinnecker, J. (Hrsg.): Schüler im Schulbetrieb. Berichte und Bilder vom Lernalltag, von Lernpausen und vom Lernen in den Pausen. Reinbek 1978.

Rist, G./Schneider, P.: Die Hibernia-Schule. Reinbek 1977.

Rittelmeyer, C.: Gestalten der Bildung in der christlichen Trinitätslehre. In: Heid, H./Herrlitz, H.-G., a. a. O.

Rudder, H. de (Hrsg.): Die Lehrerbildung zwischen pädagogischer Hochschule und Universität. Bad Heilbrunn 1982.

Rumpf, H.: Die künstliche Schule und das wirkliche Lernen. Über verschüttete Züge im Menschenlernen. München 1986.

Schuberth, E.: Gesichtspunkte zum Informatikunterricht. In: Gergely u. a.: a. a. O., S. 231 ff.

Selle, G.: Gebrauch der Sinne. Eine kunstpädagogische Praxis. Reinbek 1988.

Spies, W. E.: Didaktische Prinzipien einer integrierten Sekundarstufe II. In: Hansmann, O. (Hrsg.): Pro und Contra Waldorfpädagogik. Würzburg 1987.

Steiner, R.: Die Kernpunkte der sozialen Frage. GA 23. Dornach 1961.

Steiner, R.: Allgemeine Menschenkunde als Grundlage der Pädagogik. GA 293. Dornach 1975.

Steiner, R.: Erziehungskunst. Methodisch-didaktisches. GA 294. Dornach 1975.

Steiner, R.: Die Waldorf-Schule und ihr Geist. GA 297. Dornach 1980.

Ullrich, H.: Waldorf-Pädagogik und okkulte Weltanschauung. Weinheim und München 1986.

Vogel, J. P.: Schulrecht aus der Sicht guter Schulen – Gute Schulen aus der Sicht des Schulrechts. In: Beck, K./Herrlitz, H.-G./Klafki, W., a. a. O.

Winkel, R.: Sympathie und Distanz: (Fast) vierzig Jahre Erfahrungen mit der Waldorfpädagogik. In: Hansmann, O. (Hrsg.): Pro und Contra Waldorfpädagogik. Würzburg 1987.

Zeitschrift für Pädagogik, 23. Beiheft: Erziehung und Bildung als öffentliche Aufgabe. Weinheim und Basel 1988.

Zimmermann, H.: Die Selbstverwaltung der Schule als Übungsfeld. In: Erziehungskunst. H. 7/8, 1985.

Hans Christoph Berg

# Nun sag, wie hast du's mit der Bildung?

Die Heidelberger Gretchenfrage '86 an Erziehungswissenschaft,
Normalschulen und Waldorfschulen

## Einleitung

(1) Zwanzig Jahre lang hatte die Erziehungswissenschaft den zweihundertjäh-
rigen Bildungsbegriff totgesagt – bis zu seiner Renaissance auf dem Heidelberger Allgemeinbildungskongreß 1986 der Deutschen Gesellschaft für Erziehungswissenschaft. Damals hielt Wolfgang Klafki (1986) den Hauptvortrag
über „Die Bedeutung der klassischen Bildungstheorien für ein zeitgemäßes
Konzept allgemeiner Bildung". Schon ein Jahr vorher hatte er den Argumenten gegen den Bildungsbegriff – er sei idealistisch überhöht, sei historisch
überholt, sci politisch blind – entgegengehalten: „Diese und ähnliche Einwände enthalten gewiß partielle Wahrheitsmomente. Indessen rechtfertigen sie
meines Erachtens nicht den Verzicht auf den Bildungsbegriff als Grundkategorie im Hinblick auf unsere pädagogischen Gegenwarts- und Zukunftsaufga-
ben ..." (Klafki 1985, S. 13). Auf dem an diesen Hauptvortrag anschließenden
Allgemeinbildungssymposion wurde Klafkis These von allen Referenten –
Rolff (vgl. Klemm/Rolff/Tillmann 1985), von Hentig (vgl. 1980), Berg (1987,
1988) und von anderen Diskussionsteilnehmern bestätigt: So ist seit Heidelberg
'86 Bildung wieder als *die* Grundkategorie der Erziehungswissenschaft anerkannt.

(2) Aber die Realität der 25000 Schulen: werden die Schulen durch diese
Kongreßschlacht der Pädagogikprofessoren nun mehr im Bildungssinn gestaltet, notfalls umgestaltet? Zweifel sind angebracht; denn das Verhältnis zwischen Erziehungswissenschaft und Schulen ist seit Generationen ein Unver-
hältnis – weder gut noch schlecht, sondern garnicht – denn von den fast 1500
Pädagogikprofessoren hat nur der eine, Hartmut von Hentig, eine Universi-
tätsschule aufgebaut und war als wissenschaftlicher Leiter auch formell verantwortlich und entscheidungsbefugt für Konzeptionen und Organisation. Wir
anderen Pädagogikprofessoren bilden im Regelfall Lehrer aus für Schulen, in
denen wir oft nicht einmal Lehrbefugnis haben, geschweige Entscheidungsbe-
fugnis – Medizinprofessoren, Musikprofessoren, Architekturprofessoren,
Theologieprofessoren finden das einen Zustand zum Kopfschütteln. Aber so
ist es nun einmal in der Pädagogik; und so müssen wir uns der Frage stellen,
welches Bildungsverhältnis in den Schulen herrscht, für deren Lehrerbildung
wir zuständig sind.

(3) Erst mit diesen beiden Vorzeichen, erst im Bewußtsein unserer zwanzigjährigen erziehungswissenschaftlichen Bildungsverbannung und im Bewußt-

sein unserer generationenlangen schulpädagogischen Ohnmacht kommen wir zu einem fairen und fruchtbaren Bildungsgespräch mit den Waldorfpädagogen. Zwar haben wir als Erziehungswissenschaftler nicht nur das Recht, sondern auch die Pflicht zu neugierigen und kritischen Rückfragen und zu Hinweisen auf die weiß Gott auch vorhandenen Schwachstellen – auch in Waldorfschulen ist nicht alles Gold was glänzt –, aber wir Erziehungswissenschaftler sollten in diesem Bildungsgespräch mit Waldorfpädagogen besonders sorgfältig Heinemanns Hinweis beherzigen: Wer mit dem Finger auf andere zeigt, sollte beachten, daß drei Finger derselben Hand auf ihn selber zurückweisen.

(4) Aus diesen Vorüberlegungen ergibt sich der Grundriß dieses Aufsatzes: Im ersten Teil werde ich die klassische Bildungsfrage entfalten in ihren drei Teilfragen nach Bildungsprozeß, Bildungsphilosophie und Schulverwirklichung; ich werde das tun möglichst dicht am erziehungswissenschaftlichen Konsens. Im zweiten Teil werde ich – allerdings nur ganz knapp – Hinweise auf den real existierenden Bildungszustand unseres Schulwesens referieren – hier werde ich riskieren müssen, daß viele Schönfärber mir Schwarzmalerei vorwerfen werden. Meine Rechtfertigung: die Verteidiger des herrschenden Schulwesens haben weder die Bringeschuld eines qualitativen Bildungsberichtes erbracht, noch gar eine freie und chancengleiche Schulwahl ermöglicht. Im dritten Teil werde ich mich dann in mehreren Schritten den Bildungsaussagen unserer Stuttgarter Gesprächspartner annähern und dann diese Aussagen als waldorfpädagogische Antworten auf die erziehungswissenschaftlichen Bildungsfragen des ersten Teils resümieren.

# I. Wiedervorlage der klassischen Bildungsfragen innerhalb der Erziehungswissenschaft

## 1. Zur Struktur und Dynamik des Bildungsprozesses

(5) Immer wieder sind in der Geschichte der Bildungstheorie formale und materiale Bildung einander gegenübergestellt worden. So resümiert Paulsen (²1897) als eines der Gymnasialziele: „Unter formaler Bildung versteht man die Leichtigkeit und Sicherheit in der Ausübung der höheren intellektuellen Funktionen; es gehören dazu: rasche und sichere Auffassung geistiger Dinge, vor allem die Fähigkeit, verwickelte Probleme oder Gedankenzusammenhänge scharf und klar zu zergliedern und aufzufassen; ferner ein richtiges, sachliches, in die Tiefe dringendes Urteil, das sich durch Schein und Sophistik nicht täuschen, durch Vorurteile und überkommene Denkgewohnheiten nicht Fesseln anlegen läßt; endlich die Gabe klarer und wirksamer Rede und Gewandtheit in der logisch-stilistischen Darlegung seiner Gedanken" (S. 644).

Aber keine formale ohne materiale Bildung, erinnert der Gymnasialdirektor Hegel (1807): „Der Anfang der Bildung und des Herausarbeitens aus der Unmittelbarkeit des substantiellen Lebens wird immer damit gemacht werden müssen, Kenntnisse allgemeiner Grundsätze und Gesichtspunkte zu erwerben, sich nur erst zu dem Gedanken der Sache überhaupt heraufzuarbeiten, nicht weniger sie mit Gründen zu unterstützen oder zu widerlegen, die konkrete und reiche Fülle nach Bestimmtheiten aufzufassen und ordentlichen Bescheid und ernsthaftes Urteil über sie zu erteilen zu wissen." An dieser Gegenüberstellung hat Klafki bei seiner Entwicklung der Theorie der kategorialen Bildung eingesetzt und hat in Absetzung zu den an den Produkten des Gesellschaftsprozesses orientierten materialen Bildungstheorien einerseits und den allein auf den psychischen Funktionsaufbau gerichteten formalen Bildungstheorien andererseits die dialektische Verbindung beider Momente herausgearbeitet: Demnach wäre es zum Beispiel unzulänglich, nur die bisherige Evolutionstheorie als Lernaufgabe zu setzen, ohne zugleich die psychische Entwicklung der Denkkategorie Evolution zu fordern; andererseits ist dieses nicht zu realisieren unter Umgehung des Werkes von Darwin und seiner Weiterentwicklung. Ausbildung subjektiver Qualifikation in der Aneignung zentraler Ergebnisse der historischen Entwicklung – dies ist der Grundgedanke, den so verschiedene Autoren wie Piaget, Spranger, Rubinstein, Leontjew, Galperin, Wagenschein und Klafki entfalten, gelegentlich beinahe als eine pädagogische Umformulierung des psychogenetischen Grundgesetzes. Wagenschein (1980; und ähnlich Roth, 1949) hat unter dem Begriff des genetischen Lehrens und Lernens diesen Prozeß beschrieben: Präsentation des Lehrstoffes möglichst im Stadium seiner menschlichen und geschichtlichen Konstruktionsphase, Evokation der diesbezüglichen Eigenerfahrungen (im weitesten Sinne, bis hin zu magischen Theorien), sorgfältige und umfassende wechselseitige Einarbeitung des historischen Konstruktionsprozesses und des individuellen Erfahrungsprozesses. Hierbei werden die Gefahren der Zweisprachigkeit, der psychischen Desintegration, der Verdinglichung und Entfremdung sichtbar, die bei einer Vermittlung unaufgeschlossener historischer Produkte und unaufgeschlossener Eigenerfahrungen entstehen.

(6) Eine zweite Spannung, die der Vermittlung bedarf, ist die von universeller gegenüber individueller Bildung. „Was man humane Bildung nennt, kann man erklären als ein weites und tiefes Verständnis für menschliche Dinge, eine lebhafte und freie Teilnahme für alle großen Angelegenheiten der Menschheit; und damit wäre als sittlicher Habitus gegeben: Freiheit von kleinem und kleinlichem Sinn, Hingebung für große und geistige Interessen, lebhafte Empfindung für alles, was wahr und gut und schön ist. Ein Mensch mit solcher inneren Wesensgestaltung, das wäre ein Mensch im vollen und wahren Sinne des Wortes" (Paulsen [3]1918, S. 645f.).

Die Gegenseite betont den personalen, individuellen, existentiellen Charakter der Bildung, so Nohl: „Bildung ist die subjektive Seinsweise der Kultur, die innere Form und geistige Haltung der Seele, die alles, was von draußen an sie herankommt, mit eigenen Kräften zu einheitlichem Leben in sich aufzunehmen und jede Äußerung und Handlung aus diesem einheitlichen Leben zu gestalten vermag. Die verschiedenen Kultursysteme, Kunst, Wissenschaft, Staat verlangen überall Leistungen von uns und Einstellung in bestimmte Zusammenhänge, die Bildung dagegen lebt im Individuum, will in ihm Kräfte und Fähigkeiten entbinden und zu einer Gestalt bringen, die nach einer Richtung den immanenten Sinn unseres Daseins, ein Telos der Geschichte, darstellt. Unabhängig von den Ansprüchen, die der Beruf oder sonst irgendwelche objektiven Mächte des Lebens an uns stellen, soll hier das Menschliche sich erfüllen" (Nohl 1933,

S. 140 f.). Wiederum sei Klafkis Vermittlungsversuch zitiert, aus dem ebenfalls die Dynamik genetischen Lehrens ersichtlich wird: „Herausbildung von Individualität, von personaler Einmaligkeit ist im Bildungsprozeß also gerade nicht in der Isolierung des Einzelnen von den andern möglich, sondern in der Kommunikation mit ihnen ..." (1986, S. 464) ... und in Kommunikation mit der Welt: „Vernünftigkeit, Selbstbestimmungsfähigkeit, Freiheit des Denkens und Handelns gewinnt das Subjekt nur in Aneignungs- und Auseinandersetzungsprozessen mit einer Inhaltlichkeit, die zunächst nicht ihm selbst entstammt, sondern Objektivation bisheriger menschlicher Kulturtätigkeit im weitesten Sinne des Wortes ist, Objektivation von Aktivitäten, in denen Möglichkeiten menschlicher Selbstbestimmung, menschlicher Vernunftentwicklung, menschlicher Freiheit oder aber ihrer Widerparte Gestalt angenommen haben: zivilisatorische Errungenschaften der Bedürfnisbefriedigung, Erkenntnisse über die Natur und die menschliche Welt, politische Verfassungen und Aktionen, sittliche Ordnungen, Normsysteme und sittliches Handeln, soziale Lebensformen, ästhetische Produkte bzw. Kunstwerke, Sinndeutungen der menschlichen Existenz in Philosophien, Religionen, Weltanschauungen" (Klafki 1986, S. 439 f.).

(7) Zwei szenische Inbilder bildenden Unterrichts seien noch angeführt und an ihnen die Präsenz materialer und formaler, universeller und individueller Bildungskomponenten verdeutlicht: „... und so ward ich Philosoph auf dem Schiffe – Philosoph aber, der es noch schlecht gelernt hatte, ohne Bücher und Instrumente aus der Natur zu philosophiren. Hätte ich dies gekonnt, welcher Standpunkt, unter einem Maste auf dem weiten Occan sitzend, über Himmel, Sonne, Sterne, Mond, Luft, Wind, Meer, Regen, Strom, Fisch, Seegrund philosophiren, und die Physik alles dessen, aus sich herausfinden zu können. Philosoph der Natur, das sollte dein Standpunkt seyn, mit dem Jünglinge, den du unterrichtest! Stelle dich mit ihm aufs weite Meer, und zeige ihm Fakta und Realitäten, und erkläre sie ihm nicht mit Worten, sondern laß ihn sich alles selbst erklären. Und ich, wenn ich Nollet, und Kästner und Newton lesen werde, auch ich will mich unter den Mast stellen, wo ich saß, und den Funken der Elektricität vom Stoß der Welle, bis ins Gewitter führen, und den Druck des Waßers, bis zum Druck der Luft und der Winde erheben, und die Bewegung des Schiffes, um welche sich das Waßer umschließt, bis zur Gestalt und Bewegung der Gestirne verfolgen, und nicht eher aufhören, bis ich mir selbst alles weiß, da ich bis jetzt mir selbst Nichts weiß" (Herder: Journal ... 1769; 1976, S. 13/14).

Nun noch ein Geometrie- und Zeichenunterricht aus einer der reformpädagogischen Berufsschulen (vgl. Essig in Hilker, 1924): „Im Jahre 1928/29, also zwei Semester lang, hatte der theoretische Unterricht für freie Gestaltung ‚das Räumliche' zum Thema. Als sinnfälliges Beispiel hatte der Lehrer den Kubus gewählt. Er erläuterte dieses Phänomen derart, daß es seinen Ding-Charakter aufgab und zur teils aktiven, teils passiven Persönlichkeit sich wandelte. In kleinsten Teiloperationen von außen und innen her, vom Teilbegriff zum Ganzen, vollzog sich ein Abtasten, Untersuchen jedes Teilgebietes; Hineingehen in den Raum, vom Mittelpunkt des errichteten Raumkreuzes zu den Außenflächen hin, und zuletzt Betrachten des nunmehr vertrauten Raumgebildes von draußen; aber was war inzwischen alles geschehen: Unterteilung in kleinste

Kammern, Feststellung ihres speziellen Charakters von innen und außen her, Flächenverspannung zu Raumknotenpunkten, Scheidewände gezogen von allen Seiten, Diagonaltreppen erbaut und erstiegen, Zusammenwirkenlassen von Kuben verschiedener Position innerhalb des Hauptkubus – alles mit den Mitteln des Malers, mit Punkt, Linie und Fläche, Hell-Dunkel und Farbe (Maß, Gewicht und Qualität, die diesen Mitteln eigen sind). Das Resultat entsprach dem des rechnenden Wissenschaftlers, war aber voller Leben, weil mit den Mitteln der Kunst gewonnen" (Schmidt-Nonne über Paul Klees Unterricht am Weimarer bzw. Dessauer Bauhaus, 1964, S. 54f.).

In beiden Bildungsszenen – auf Herders Schiff wie bei Klees Würfel – wird deutlich: Erstens: ohne materiale Bildung keine Bildung – Herder will endlich „Himmel, Sonne, Sterne ..." kennenlernen; Klee will den Würfel allseitig bringen. Und zweitens: diese Bildungsmaterie hat selber und erweckt beim Lerner Formkräfte, sie hat und bringt Formalbildung – Herder wird seinem Schüler nichts beibringen, sondern die gezeigten Realitäten werden sich selbst erklären, werden die entsprechenden richtigen Gedanken selbst formen; auch Klee bringt nicht seine eigenen Erklärungen, sondern läßt den Würfel sich selbst in den Geist einzeichnen. Beidemal formt der Würfel und formen die Schüler, beidemal formen sich die Erkenntniskräfte der Schüler ein- für allemal angemessen aus: Formalbildung. Drittens und viertens: weltkundig, ja welthaltig will Bildung werden – vom Schiffsmast bis zu den Gestirnen – und zugleich individuell zentriert: „mir selbst" will Herder dies alles wissen.

(8) Diese vier Bildungskomponenten werden nun zur Komposition in der Prozeßdynamik genetischen Lehrens, dessen Ausformung zur Lehrmethode dem Wesen des Bildungsprozesses in besonderem Maße entspricht (vgl. Berg 1990). Schon bei Comenius aufweisbar, bei Mager ausdrücklich entwickelt, bei Willmann im Anschluß an Aristoteles als „Organisch-Genetische Methode" ausgeprägt, bei Wagenschein als „Genetisch-Sokratisch-Exemplarisches Lehren" gezeigt – überall finden wir die Ausgestaltung der Stammformel „der Werdegang als Lehrgang". Willmann definiert: „Der Lehrgang gewinnt organisch-genetische Gestaltung, wenn er die Macht des gestaltenden Prinzips, welches die betreffende Wissenschaft oder Kunst ins Leben gerufen hat, welches ihre Entwicklung leitet und darum auch ihre Überlieferung regeln soll, an dem mannigfaltigen Stoffe aufweist, und wenn er im einzelnen solche Partien, in denen ein Ganzes als herrschend und in den Teilen reflektiert erscheint, und solche, welche ein Wachsen, Werden, Entwickeln im überschaulichen Umkreise aufweisen, zur Geltung bringt, d. h. wenn er die organischen Einheiten und die genetischen Reihenfolgen hervorzieht und zu Mittelpunkten für das Übrige macht" (Willmann [7]1957, S. 461). – Auch in den beiden Bildungsszenen finden wir genetische Bildung: Herder will sein eigenes Wissensgebäude errichten in Fühlung mit dem gleichzeitigen Aufschwung der klassischen Naturwissenschaft; Klees Würfel dagegen, im Gang der Geometrie seit zwei Jahrtausenden erforscht und erkannt, wird hier durch Klees Lehrkunst aktualgenetisch nachgeschaffen.

## 2. Zur Bildungsphilosophie als normativer und kritischer Instanz

(9) Zustimmend zitiert Klafki Kant und Schleiermacher: „„Kinder sollen nicht dem gegenwärtigen, sondern dem zukünftig möglich besseren Zustand des menschlichen Geschlechts, das ist: der Idee der Menschheit, und deren ganzer Bestimmung angemessen, erzogen werden', oder, in der dialektischen Variante Schleiermachers, der Kant vermutlich nicht widersprochen hätte: die Jugend solle ‚tüchtig‘ werden ‚einzutreten in das, was sie vorfindet, aber auch tüchtig, in die sich darbietenden Verbesserungen mit Kraft einzutreten‘‘‘ (Klafki 1986, S. 463). Klafki selbst hat in diesem Sinn eine Liste der gewaltigen „Schlüsselprobleme unserer Zeit" vorgelegt, auf deren Durcharbeitung Allgemeinbildung heute anzusetzen sei (vgl. Klafki 1985, S. 20 ff.). Eine berechtigte Forderung, vollends auf dem Hintergrund der Stimmen der „Klassiker der Pädagogik" (vgl. Scheuerl 1979) – einerseits. Andererseits – angesichts der real existierenden Erziehungswissenschaft und Schulrealität eine gefährliche Überforderung. So wie die Verhältnisse sich in der zwanzigjährigen Periode einer „Bildungsreform ohne Bildungsbegriff" nun einmal faktisch entwickelt haben, muß solch ein gutgemeintes Unternehmen derzeit mit der Gefahr einer kurzschlüssigen Ideologisierung und Politisierung der Bildung auch aufgrund jahrzehntelang vernachlässigter Bildungsphilosophie rechnen.

(10) Nehmen wir als Beispiel die für jede Bildungsphilosophie zentrale Frage nach dem Menschenbild, nach der „pädagogischen Menschenkunde". Nohls Programm war: „... jedes Kultursystem besitzt eine Anzahl von menschenkundlichen Erfahrungen, die ihm aus seinen besonderen Zwecken erwachsen sind. So hat die Heilkunst schon in der Antike die Lehre von den Temperamenten und Konstitutionen gefunden; die Politik die Lehre von den Affekten in der besonderen realistisch-pessimistischen Gestalt, wie sie zunächst in der Rhetorik der Antike erscheint und dann im 16. und 17. Jahrhundert wieder lebendig wird; die Religion erfuhr immer von neuem die Zweiseitigkeit des Menschen, aber auch die Stufen seines geistigen Aufstiegs; und die Kunst ließ in das Getriebe des menschlichen Herzens sehen, in den Zusammenhang von Charakter, Motiv und Handlung, in den Ablauf der Passionen und die Formen ihres Ausdruckes und entwickelte im Zusammenhang damit ihre eigene Art von Anthropologie und Physiognomik – man denke nur an Shakespeare oder Lionardo; die Philosophie entdeckte den Gegensatz von Imaginatio und Ratio und die Stufe der Intuitio (intellectio) darüber, die Macht der Illusionen und den Fortgang von Sinnlichkeit und Leidenschaft zu Vernunft und Freiheit; die Wissenschaft das Verhältnis von Anschauung und Verstand und die Bedeutung des methodischen Verfahrens im Aufbau des geistigen Daseins. – Die Erziehungskunst mußte in sich alle diese Einsichten sammeln, zugleich sich doch aus ihrer besonderen Aufgabe auch eine eigene Form solcher Menschenkenntnis entwickeln" (Nohl [7]1970, S. 14 f.).
Im Sinne der geisteswissenschaftlichen Pädagogik gibt sich Nohl außerordentlich viel Mühe, die Frage nach dem Wesen des Menschen aus der gängigen Alternative von Biologismus oder Soziologismus, Erbe oder Umwelt herauszuheben, und diese gängige problemverkürzende Alternative als untergeordnete positivistische Alternative der geisteswissenschaftlichen Fragestellung nach Geist und Freiheit jedes Menschen gegenüberzustellen: „Die kausale

Psychologie wird darum immer dazu neigen, die Gebundenheit des Menschen an die kausalen Prozesse möglichst stark erscheinen zu lassen, die Pädagogik aber, wo sie nicht rein positivistisch dem Menschen gegenübersteht, wird gerade umgekehrt die Beziehung der Seele zu einer gehaltvollen Wirklichkeit und ihre schöpferische Freiheit suchen. Damit wird aber noch einmal sichtbar, was wir gleich am Anfang gezeigt hatten: die Gebundenheit dieser Wissenschaft selbst an weltanschauliche Einstellungen. Die Psychologie, die die allgemeingültige Grundlage der Pädagogik abgeben will, ist selbst keine allgemeingültige Wissenschaft in dem Sinne, daß sie über den Gegensatz der weltanschaulichen Grundstellungen des Menschen erhaben wäre. Unsere Seele enthält die Spannung, die als Dualismus von Notwendigkeit und Freiheit bestimmt wird, eine kausalbestimmte und sinnbestimmte Schicht. Die kausale Psychologie gründet sich auf den einen Bestandteil dieser Zweiheit und sucht von ihm aus vorwärts das Ganze des seelischen Lebens, auch das Leben der sinnbezogenen Akte, zu erklären. Eine andere Psychologie stellt sich umgekehrt in die Sinnbezüge ein und sucht von ihnen aus rückwärts die Akte der Seele aufzuhellen, in denen sie solche Gehalte subjektiv realisiert" (Nohl, 1933, S. 117f.). Nohl hat sich vergeblich gemüht – vergeblich wenigstens für Mühle in Roth (1969) und für Wolf in Klafki: „... erscheint überhaupt die Frage, ob Begabungen vererbt sind, falsch gestellt. Sinnvoll kann nur gefragt werden, in welcher Weise Erbe und Umwelt bei der Ausprägung der Begabung zusammenwirken" (Mühle, in Roth, 1969, S. 76). Ganz ähnlich Wolf (in Klafki: Funkkolleg III, S. 26): „Wir sind zu der Einsicht gekommen, daß die Frage, ob Anlage oder Umwelt stärker auf die Entwicklung eines Genotyps zum Phänotyp einwirken, falsch gestellt ist und daß wir nun fragen müssen, auf welche Weise in jeder konkreten Situation Genotyp und Umwelt bei der Entwicklung des Phänotyps zusammenwirken."

Dem ersten Teil beider Aussagen würde Nohl zustimmen: die Frage – Erbe oder Umwelt – ist falsch und verkürzt gestellt. Aber dem zweiten Teil der Aussage würde Nohl nicht zustimmen: Mit einem Interaktionsmodell von Erbe und Umwelt ist die vorgängige und grundlegende Problemverkürzung von der Triplative Erbe – Geist – Umwelt zur Alternative Erbe – Umwelt nicht behoben.

(11) Für eine zugleich realistische, tiefgründige und freiheitliche Wiedereröffnung der bildungsphilosophischen Fragestellung muß die Erziehungswissenschaft auch die kritischen Ergebnisse der Heidelberger Bildungsdiskussion berücksichtigen: Erstens hat gegenwärtig kein Erziehungswissenschaftler einen allgemeingültigen Bildungsbegriff vorlegen können. Zweitens müssen wir innerhalb der Erziehungswissenschaft zunächst in aller Bescheidenheit die Folgen unserer zwanzigjährigen Problemverkürzung ausheilen. Beide Punkte seien kurz erläutert: Allgemeinbildung als Verbindung von flächendeckender Allgemeingeltung einerseits und tiefgründigem Bildungsprozeß andererseits ist problematisch: Klafkis Neukonzeption des klassischen Allgemeinbildungsbegriffs unternimmt trotz seiner Rücknahme allgemeingültiger Schlüsselkategorien auf allgemeingültige Schlüsselprobleme immer noch die Quadratur des Zirkels. Der klassische Bildungsbegriff – „Bildung war Religion. Bildung war Natur. Bildung war Kunst" – reicht hinunter bis in metaphysische Grundwasserströme (er wurzelt auch in der mittelalterlichen Imago-Dei-Mystik, Nach-

weise auch bei Klafki), und in diesen weltanschaulichen Grundfragen ist unsere Gesellschaft tiefgründig gespalten und duldet keine Allgemeingeltungsansprüche und schon gar keine Zwangseinigung. In unserer verfassungsmäßig garantierten „freien Entfaltung der Persönlichkeit" lassen wir uns zwar an Verkehrsregeln binden, nicht aber (positiv oder negativ) an Ordensregeln, auch nicht an weltliche Ordensregeln. Angesichts dieser tiefgründigen Spaltung unserer Gesellschaft in Weltanschauungsfragen und ihrer verfassungsmäßigen Anerkennung einerseits und der Weltanschauungstiefe des Bildungsbegriffs andererseits erscheint mir Klafkis Neukonzeption eines allgemeingültigen Bildungsbegriffs zugleich eine hilfreiche Utopie und ein hinderliches Programm. So wie die Idee der Wiedervereinigung der tausendjährig getrennten christlichen Kirchen eine gute Jahrhundertvision ist und ein schlechter Fünfjahresplan wäre. Wie in der kirchenpolitischen (und übrigens auch parteipolitischen) so haben wir auch in der bildungspolitischen Gegenwart zu wählen zwischen Allgemeingeltung oder Bildung, zwischen allgemeingültigem Oberflächenlernen oder pluralistischer Bildungstiefe. Der Deutsche Bildungsrat wählte Allgemeingeltung und wurde konsequent zum Deutschen Lernrat; die Freien Schulen wollen Bildungstiefe wählen, und konsequent könnte keine Richtung ein flächendeckendes Monopol anstreben. Wie könnte Klafki Allgemeingeltung und Bildung verbinden – und doch wohl in der Staatsschule? Aber ist vielleicht die Staatsschule (ähnlich wie die Staatskirche) ein historischer Irrweg der deutschen Geschichte – zeigt vielleicht Holland einen historischen Ausweg? Das Fazit: Entweder tiefgründige Bildung in freier Schulvielfalt oder oberflächliches Lernen in flächendeckender Schuleinerleiheit!

In Heidelberg '86 wurde die Wiederzuwendung der Diskussion zum Bildungsbegriff von allen Seiten mit einer fast merkwürdigen Zustimmung begrüßt. Klafkis spezielle Wendung des Bildungsbegriffs allerdings wurde nur teilweise mitvollzogen. Seinem Versuch eines allgemeingültigen Allgemeinbildungsbegriffs hatte ich entgegenzuhalten: Allgemeinbildung muß auch die Bildung sein können, die die Allgemeinheit will, und zwar jeder für sich: Nicht nur „Bildung für alle", sondern „Bildung für alle und jeden": Im Sinne der grundgesetzlichen Garantie einer freien Persönlichkeitsentfaltung ist zu respektieren die jeweilige „Bildung, die ich meine". Als Erziehungswissenschaftler haben wir darüber zu wachen, ob das auch wirklich „Bildung" ist – aber wir müssen dieses Wächteramt mit dreifacher Vorsicht ausüben: erstens sind wir nicht Erfinder, sondern nur Treuhänder des Bildungsbegriffs; wir müssen zweitens selbstkritisch prüfen, ob wir auch wirklich mit der Legitimation des traditionsreichen Bildungsbegriffs argumentieren (oder ob bloß aus parteipolitischen, schulparteipolitischen Interessen her); wir müssen drittens in Rechnung stellen, daß wir dieses Wächteramt zwanzig Jahre versäumt haben und uns für dieses Amt erst wieder legitimieren und qualifizieren müssen.

## 3. Zur schulischen Verwirklichung von Bildung

(12) Läßt sich Bildung in den Schulbetrieb bringen: in den Unterricht, in die Schulorganisation, in die Schulverfassung? Diese Frage hat vor fünfundzwanzig Jahren zwei repräsentative Antworten erhalten: die Antwort des Deutschen Ausschusses für das Erziehungs- und Bildungswesen war positiv appellierend;

die Antwort Heimanns war skeptisch verneinend: Einerseits: „Unbeschadet seiner gesellschaftlichen Funktion soll das Bildungswesen im Rahmen seiner Institutionen jedem einzelnen die Möglichkeit geben, sich zum Menschen zu bilden. In der europäischen Bildungstradition lebt die Erkenntnis, daß der Mensch sich zu dem, der er eigentlich ist, erst bilden muß. Es geht also in dem Geschehen, das wir Bildung nennen, darum, zu erfahren, was die Bestimmung des Menschen in seinem eigentlichen Wesen und vor dem Anspruch der Wahrheit ist. Die niemals ganz vorgegebene Antwort auf diese Frage läßt sich nicht aus den gesellschaftlichen Verhältnissen oder aus den Funktionen des Bildungswesens ableiten, denn diese Frage ist an jeden einzelnen gerichtet, so wie er sich als dieser und kein anderer in seiner bestimmten Situation vorfindet. Erziehung und Bildung bleiben ihrem Wesen nur so lange treu, wie sie es ermöglichen, daß in jedem einzelnen die Frage nach der Bestimmung des Menschen im Horizont der Wahrheit aufbricht. Das Erziehungs- und Bildungswesen muß also so eingerichtet sein, daß es für dieses elementare Ereignis vor allen übrigen Bildungsanforderungen Raum gibt" (Deutscher Ausschuß ... 1960, S. 143).

Andererseits Heimanns skeptische Antwort: „Schule kann Bildung nicht schaffen; wir müssen schon froh sein, wenn sie sie wenigstens nicht verhindert" (nach Lennert 1981, S. 521). Konsequent spottete die Berliner Lerndidaktik (Heimann/Otto/Schulz 1965) dann über das „bildungstheoretische Stratosphärendenken" und stellte den handfesten Lernbegriff anstelle des wolkigen Bildungsbegriffs ins Zentrum der Didaktik. Erfolgreich und folgenreicher war nicht der idealistische Appell des Deutschen Ausschuß', sondern die pragmatische Skepsis Heimanns u. a. Für die gegenwärtige Renaissance der Bildungsdiskussion ist daher entscheidend, ob sie auch wirklich durchgreift bis in die möglichst bildungsförderliche, mindestens bildungsverträgliche Durchgestaltung von Unterricht, Schulorganisation und Schulverfassung. Hierzu drei ermutigende und wegweisende Zurufe: Zum Unterricht: „... die Zersplitterung des Unterrichts, die Überlastung oder richtiger die falsche Belastung der Schüler, die hastige Betriebsamkeit in der Oberstufenarbeit und der mangelnde Erfolg, der mit der Zahl der Fächer und der Gegenstände zusammenhängt – dieser pädagogische Notstand macht eine innere Umgestaltung des Unterrichts, ja eine Neuordnung unerläßlich. Ein Mißverständnis der im Jahre 1945 mit Recht erhobenen Forderung nach Leistungssteigerung hat diese Gefahr von neuem heraufbeschworen. Leistung ist nicht möglich ohne Gründlichkeit und Gründlichkeit nicht ohne Selbstbeschränkung. Arbeiten-Können ist mehr als Vielwisserei. Ursprüngliche Phänomene der geistigen Welt können am Beispiel eines einzelnen, vom Schüler wirklich erfaßten Gegenstandes sichtbar werden, aber sie werden verdeckt durch eine Anhäufung von bloßem Stoff, der nicht eigentlich verstanden ist und darum bald wieder vergessen wird" (Deutscher Ausschuß, 1964/Tübinger Beschlüsse, 1951).

Zur Schulorganisation: „Der Schule wird, so lange es sie gibt, immer wieder vorgehalten, nicht ‚für das Leben‘, sondern für sich selbst, ‚für die Schule‘ zu lehren; das heißt, die Lebenszwecke zu vergessen, für die sie eigentlich eingerichtet war, und eine autonome ‚Schulkultur‘ zu entwickeln. So wie dem sagenhaften König Midas alles zu Gold geworden sein soll, was er berührte, und er damit einem elenden Hungertod entgegenging, so gerät der Schule alles zum ‚Unterricht‘ und zum Buchwissen, was doch Erfahrung, Deutung des

Lebens oder Ausübung praktischen Könnens sein sollte. – Muß Schule so sein? Ist das ihr inneres, ihr unumstößliches Gesetz?" (Fauser/Fintelmann/Flitner 1983).

Zur Schulverfassung: „Dieser Überblick über die gegenwärtige Verteilung der Verantwortung und die institutionelle Ordnung im Bildungswesen zeigt das Ausmaß der Spannungen, die zwischen den rechtlichen Prinzipien und der tatsächlichen Entwicklung entstanden sind. Die mangelnde Sachgerechtigkeit dieser Verteilung läßt daran zweifeln, daß die Strukturreform des Bildungswesens innerhalb der bestehenden Organisationsformen bewältigt werden kann. Die Bildungskommission regt deshalb eine neue Ordnung an, die von den folgenden Prinzipien ausgeht: ‚Neuordnung unserer bislang staatlichen und privaten Schulen zu einem öffentlichen Bildungswesen mit selbständigeren und demokratischeren Schulen in chancengleicher und produktiver Konkurrenz'" (Deutscher Bildungsrat: Strukturplan ... 1970).

(13) Fassen wir die Ausführungen zum erziehungswissenschaftlichen Bildungsbegriff zusammen unter Bezug auf den klassischen Unterrichtsbericht von Wagenschein über das Nichtabbrechen der Primzahlreihe (in: Wagenschein ²1988, S. 228–236): Erstens: Im Bildungsprozeß geht es um eine Begegnung zwischen Subjekt und Objekt, in der einerseits der Gegenstand in seinen inneren Gestaltungskräften erschlossen und in der andererseits Bildungswille und Bildungskräfte des Lerners herausgefordert werden. Diese wechselseitige Erschließung und Durchdringung gelingt am besten, wenn der Gegenstand in seiner Entwicklung dem sich entwickelnden Geist dargeboten wird. In Wagenscheins Primzahlexempel: Es kommt weder allein darauf an, Euklids alten Primzahlbeweis zu lernen, noch in einer heutigen Lernergruppe die Primzahlprobleme ganz neu aufzurollen, sondern daß zwischen Euklid und heutigen Jugendlichen der Funke springt. Zweitens: Bildung als Begegnung und tiefgründige wechselseitige Erschließung von Mensch und Welt ist nicht möglich ohne (mindestens implizite) Glaubensentscheidungen über Mensch und Welt, und nicht möglich ohne Wertentscheidungen über Gut und Böse in Mensch und Welt. An Wagenscheins Primzahlexempel: Beim Rätseln über die Endlichkeit oder Unendlichkeit der Primzahlreihe muß das Rätseln über meine und aller Menschen Endlichkeit oder Ewigkeit mitschwingen können und dabei muß sich mein Verhältnis von Gefühl und Verstand einspielen können – sonst habe ich den Primzahlsatz nur oberflächlich gelernt statt tiefgründig ihn und mich gebildet. Drittens: Schule darf sich in Unterrichtsgestaltung, Schulkultur und Schulverfassung nicht bloß mit der Ermöglichung irgendwelcher Lernprozesse begnügen, sondern muß anspruchsvoller Bildung genügen: von einem Orchester erwarten wir auch mehr als das Herunterspielen aller Noten, wir erwarten die Gestaltung aller Noten zur Musik. In Wagenscheins Primzahlexempel: Wenn das Aufwerfen und Durchleben und Durchdenken der Unendlichkeitsfrage bei den Primzahlen erfahrungsgemäß zwei Stunden braucht und das eine Woche lang, dann müssen wir eben für den Primzahllehrgang eine Wochenepoche organisieren; und wenn keiner unserer Unterrichtsbeamten dazu willig oder fähig sein sollte, dann holen wir uns eben einen Lehrbeauftragten in die Schule; und wenn irgendein ministerieller oder auch parlamentarischer Lehrplan für dergleichen keinen Raum lassen sollte ...: dann müßten wir unseren Einsatz für Bildungsfreiheit verstärken, auch unter Berufung auf einen der

Mitverfasser der „Erklärung der Menschen- und Bürgerrechte" von 1789, Condorcet: „Schließlich ist die Unabhängigkeit des Unterrichts in gewisser Weise ein Teil der Rechte des Menschengeschlechts."

## II. Dient unser real existierendes Schulwesen der Bildung?

(14) Seit vielen Jahren werden in aller Öffentlichkeit begründete Klagen geführt gegen die staatseigenen Pflichtschulbetriebe wegen vielfach erwiesener mangelhafter Bildungsqualität. Seit Jahren bleiben diese Klagen in der Sache unbeantwortet. Ich werde mich daher kurz fassen und hier einfach die alte Klage von Horst Rumpf erneut einreichen.

---

Belanglose „Erfolgs"-Statistiken kaschieren die wahren Schulprobleme

## Verlorene Lebenszeit

Es gibt neuerdings Bildungsforscher, die sich mit den in der offiziellen Bildungspolitik gehandelten Daten nicht mehr zufriedengeben. Sie wollen herausbekommen, wie sich Schule von unten, von innen anfühlt. Zu diesem Zweck sitzen sie zuweilen wochenlang im Unterricht dabei, reden mit Schülern, Lehrern, Hausmeistern, schauen sich in Schulheften und Vorschriften um. Sie wittern die Atmosphäre. Hier drei Äußerungen solcher Kundschafter.

„Wenn man neben den Schülern den Unterricht mitverfolgt, dann stellt man bald fest, wieviel Einsamkeit ein Schüler in dieser Schule erlebt, wieviel Hilflosigkeit er nicht überwinden kann, wieviel von seinen Interessen verkannt wird." So Lothar Krappmann, nachdem er über 150 Stunden in Grundschulen verbracht hatte.

Hans Christoph Berg schreibt, einen sorgfältig berichteten Unterrichtsvormittag in einer elften Klasse resümierend: „Nach diesen sechs Stunden bin ich völlig zerschlagen – wie früher als Schüler – und bin hilflos und zornig. Ohne daß einer der beteiligten Lehrer oder Schüler es wollte, haben alle ihre kostbare Zeit und Chance mit Unerheblichkeiten und Unfruchtbarkeiten vertan. Ohne Terror oder Gemeinheit ist einfach ein stiller unaufhaltsamer Betrug um Glück und Vernunft im Gang, und das angesichts dringlichsten Bedarfs an energischer Konzentration."

In der Fallstudie „Gesamtschulalltag" von Jürgen und Ursula Diederich und Christoph Wulf, die das Leben in einer großstadtfernen Gesamtschule mit einem sehr jungen Kollegium darstellt, liest man: „Wenn jemand verhindern wollte, daß Schüler sich in eine Sache vertiefen, Interessen entwickeln, versunken arbeiten, er könnte sich kein perfekteres System ausdenken als unsere gegenwärtigen Schulen."

Solche Diagnosen werden auch durch eine nicht mehr zu übersehende Zahl meist tagebuchartiger Veröffentlichungen von Schulbetroffenen gestützt – und sie liegen quer zu den Erfolgsmeldungen und Parade-Streitthemen der Bildungspolitik. Denn was für einen Erfolg soll es eigentlich bedeuten, daß weniger Schulstunden ausfallen, daß die Anzahl der ausgegebenen höheren Abschlußzeugnisse steigt, daß mehr Kinder und Jugendliche eine steigende Anzahl von Lebensstunden in Schulsälen verbringt, der Instruktion und Benotung seitens einer steigenden Zahl von Lehrern ausgesetzt – wenn gar nicht sicher ist, ob Menschen unter den Bedingungen dieses Schulunterrichts überhaupt lernen können, sich ihrer Vernunft und ihrer Erfahrung zu vergewissern.

Der Verdacht greift um sich, daß es eine Bildung, die Bildungspolitik zu begünstigen beansprucht, gar nicht gibt. Schulen werden in beklemmendem Ausmaß als Stätten verwirrter, vollgestopfter, teilnahmsloser Lebenszeit empfunden – ich kann keine Fraktion erkennen, die da Anlaß hätte, entrüstet auf die jeweils anderen mit dem Finger zu zeigen.

Wie sähen Bildungsreformen aus, deren Akteure die Erfahrungen von unten und innen in ihr Sichtfeld eindringen ließen?

Einige Qualitäten ließen sich schon ausdenken: die Nüchternheit hinsichtlich dessen, was in einer vom Leben getrennten Unterrichtsanstalt möglich ist und was nicht; eine nachhaltige Sensibilität gegenüber den Suchbewegungen derer, die Schule machen und über die pure Instruktion

hinauszukommen versuchen; eine wirksame Opposition gegen die Homogenisierung von Schul-
geschehnissen und Schulen unter der Norm ihrer besseren Verwaltbarkeit.

Die Erfolgsbilanz einer solchen Bildungsreform sähe anders aus als die Erfolgsbilanz der letzten
zehn Jahre. Gibt es dafür Interessenten?

*Horst Rumpf*

(Aus: Die Zeit, vom 17.10.1980)

---

Meines Erachtens wäre die angemessene Antwort in einem freiheitlichen Kul-
turstaat, solche Anklagen entweder durch den positiven Nachweis der Bildungsqualität der staatlichen Pflichtschulbetriebe zu entkräften (oder mindestens als verzeihliche Ausnahmen zu relativieren) oder aber die faktische
Staatsschulpflicht zur Schulpflicht zu lockern durch Abbau der massiven
Staatsschulprivilegien und durch Rücknahme der dirigistischen Beschränkun-
gen bürgerrechtlicher Schulwahlfreiheiten in Richtung „Schulpluralismus unter Staatsaufsicht statt Schuldirigismus in Staatshoheit" (Berg/Klafki/Knab
1983). Denn in eine Schule, die man für schlecht hält, schickt man seine Kinder
ungern – doppelt ungern, wenn man dazu auch noch gezwungen oder mindestens genötigt wird – dreifach ungern, wenn man das alles auch noch mit seinen
Steuergeldern finanzieren und mit seiner Wählerstimme legitimieren soll.
Ähnlich führe auch ich das Gespräch über die erziehungswissenschaftliche
Renaissance des Bildungsbegriffs und mögliche schulische Folgerungen lieber
mit Schulen, die seit vielen Jahren ihr Bildungskonzept vorlegen, ihre Bildungsqualität nachweisen und sich der Schulwahl der Bürger redlich stellen.

## III. Bildungsantworten unserer waldorfpädagogischen Gesprächspartner

Vorbemerkung: Im Folgenden wird nicht der Versuch gemacht, die Bildungs-
*theorie* der Waldorfschulen darzustellen und zu befragen, sondern ihre Bil-
dungs*praxis,* und zwar nicht anhand der zahlreichen programmatischen
Äußerungen, sondern anhand zwei der seltenen praxisnahen Berichte.

### 1. Schaufenster und Werkstatt der Waldorfschulen

(15) Vor Gögeleins und Gesslers neuartiger und vielversprechender Ge-
sprächsweiterführung zunächst kurz zurück zur Gesprächseröffnung durch
Carlgren/Klingborg, die – gewissermaßen als schriftliche und bildliche Monatsfeier – das repräsentative Schaufenster der Waldorfschule zeigen. Ich kann mir
kein sachgemäßes und fruchtbares Gespräch oder Seminar über Waldorfschule
denken, ohne den Besuch einer Monatsfeier oder eben das aufmerksame Betrachten und Bedenken dieser Schaufensterauslage. Und wenn ich einen Schul-
oder Hochschulkollegen an diesen schönen Schaufenstern vorbeigehen und
direkt auf die anthropologischen Grundlagen und curricularen Konstruktions-
prinzipien und bildungstheoretischen Leitlinien losgehen sehe, dann halte ich
ihn entweder für einen Kulturbanausen, der auch beim Italienischen Salat die

Kunst des Anrichtens mißachtet und bloß nach den Vitaminen fragt, oder für einen Fuchs, der die allzu hohen Trauben für sauer erklärt. Und dann – gemäß Heinemanns Fingerzeig – frage ich ihn erstmal nach seinem eigenen Schaufenster und erbitte seinen Gesamtschul- oder Gymnasial- oder Montessori-„Carlgren/Klingborg" (bisher meist Fehlanzeige, außer bei Montessorischulen: Renhild Montessori/Karin Schneider-Henn 1983). Und dann berichte ich, daß ich in Waldorfschulen immer wieder Lehrerinnen und Lehrer getroffen habe, die ihre eigenen Fächer und den gesamten Waldorflehrplan faszinierend darstellen konnten, sei es im Grundriß (vgl. Schaub 1974) oder als Toccata (vgl. Guttenhöfer auf den Herborner Lehrkunsttagen, 1989), sei es im kollegialen Ensemble (vgl. die Tradition der jährlichen Klassenlehreransprachen bei Schuljahrsbeginn, dokumentiert beispielsweise in den Mitteilungen der Freien Waldorfschule/Marburg [2]1985, [2]1986, [2]1987), sei es in der Form systematischer Tabellen (vgl. Fintelmann, nach Gessler 1988) mit narrativen Exkursen (vgl. Rist/Schneider [2]1982). Schon im Hilker (1924) und im Flitner/Kudritzki (1961) fielen ja die Waldorfschulen dadurch auf, daß ihre Repräsentanten ihren gesamten Lehrplan darstellen konnten – ein gutes Erbstück der Reformpädagogik, im O-Ton Seyferts: „Das Ganze seines Lehrplans muß der Lehrer einmal im Geiste vor sich schauen ... er muß den papiernen Lehrplan zum geistigen Organismus erwecken ... muß sich mit den anderen in die Harmonie des Lehrplans einfügen."

(16) Dann aber führen Gögelein (1990, in diesem Band) und Gessler (1988) vom Schaufenster aus weiter bis in die Werkstatt der Waldorfschule: Gögelein skizziert an seiner eigenen Person die Vorbereitung eines Waldorflehrers auf eine Botanikepoche; Gessler studiert die Epochenhefte und Zeugnisse von Schülern einer Abgangsklasse der Hibernia-Waldorfschule und befragt sie intensiv nach ihrem Schullebenslauf. Gögeleins Essay ist in diesem Band nachzulesen; Gesslers Studie will ich kurz referieren: Anfang der achtziger Jahre verbrachte Dr. Luzius Gessler – damals Basler Gymnasiallehrer, inzwischen dort Gymnasialrektor – nach 15jähriger Lehrertätigkeit aus dem Gefühl tiefgründiger Brüchigkeit der Normalschule einen zweijährigen Studienurlaub an der Hibernia-Waldorfschule in Wanne-Eickel. Dort wurden ihm großzügig die Schultüren geöffnet – sogar bis zur Konferenzteilnahme – obwohl Gessler kein Waldorfkollege, sondern ein (allerdings verständnisvoller) Gymnasialkollege war und bleiben wollte. Als Deutsch- und Lateinlehrer auch Schultheaterpraktiker hat er dann in der Hiberniaschule gemeinsam mit den Schülern ein Hiberniaschulmärchen erdichtet und aufgeführt und konnte dabei auch unterrichtspraktisch Fühlung nehmen und Maß nehmen an den Stärken und Schwächen der Schülerinnen und Schüler seiner Befragungsklasse. So kann er diese Waldorfschule als Außenseiter und Insider beschreiben, vielmehr: er könnte das; aber er tut zunächst und hauptsächlich etwas Aufschlußreicheres: er beschreibt diese Schule in den Augen von sieben Schülern, mit denen er ihren Schullebenslauf nach dem Studium ihrer bis zu hundert Epochenhefte und ihrer Zeugnisse intensiv durchspricht. Erst nach der einläßlichen Darstellung dieser Schülersichten zeichnet er sein eigenes Bild der Hibernia-Waldorfschule und markiert die Eckpunkte für weitere Übertragungen. „Die Untersuchung Gesslers, der sich ausdrücklich als Nicht-Anthroposoph zu erkennen gibt, stellt deshalb den ermutigenden Beginn eines Gesprächs zwischen anthroposophisch

ausgerichteter Waldorf-, vielleicht besser: Hibernia-Pädagogik, ebenso zwischen privater Waldorf- und öffentlicher Staatsschule dar", so das Urteil des Herausgebers Wolfgang Keim (S. 14). Ich möchte hinzufügen: nach meinem Urteil seit Karsens Waldorfschulbericht von 1923 wohl die beste Außendarstellung – auf dem Hintergrund einer souverän gemeisterten Normalschulpraxis und aus der historischen Tiefe humanistischer Bildung eine anschauliche und begriffsklare Darstellung mit Leidenschaft, Genauigkeit und Witz. Für mich wäre ein Gespräch zwischen Gögelein und Gessler eine faszinierende Aussicht: einerseits Gögeleins Skizze der Unterrichtsvorbereitung ausgeführt zum Unterrichtsbericht aus Lehrersicht, andererseits Gesslers Unterrichtsbericht aus teilnehmender Beobachtersicht, bereichert durch Sichtung der Epochenhefte und Schülergespräche ...?

## 2. Aussagen Gögeleins und Gesslers zum Bildungsprozeß, zur Bildungsphilosophie und zu ihrer schulischen Verwirklichung

(17) Zum Bildungsprozeß: Hier erscheint die Objektseite stark ausgearbeitet, die Subjektseite dagegen erscheint schwächer angesprochen; genauer: bei der Subjektseite ist zwar der anthropologische Grundriß stets präsent, aber Psychologie und Soziologie sind kaum ausgeführt (vgl. dagegen in der Berliner Lerndidaktik: anthropogene und soziogene Voraussetzungen), dagegen gelegentlich wieder eine individuelle Feinzeichnung. Gögelein beispielsweise bemüht sich intensiv und nachvollziehbar und an vorhandener Literatur um die Pflanzenkunde, aber die Schüler seiner Klasse bleiben – wenigstens in dieser Skizze – ganz undeutlich (ähnlich übrigens auch in Reichwein: Schaffendes Schulvolk). Gewiß kann er sich über das Verhältnis von Leib – Seele – Geist und über die Altersstufen orientieren – und er tut das ja auch –; und wahrscheinlich übt er sich auch in individuell charakterisierenden Zeugnissprüchen (obwohl Literatur dazu kaum sichtbar; vgl. dagegen Herzka: Kinderpsychiatrie auf kasuistischer Grundlage), wie bei Gessler berichtet: „Aufmerksam, den Lehrer nicht aus den Augen lassend, sitzt Marianne da und lauscht. Sie kann wunderbar zuhören" (Einleitungssatz zum Zeugnspruch der 1. Klasse). Aber vielleicht ist es charakteristisch für ein Defizit der Waldorfpädagogik, daß Bildungsbiographien erst von außen durch Gessler erforscht und eingebracht worden sind.

(18) Zur Bildungsphilosophie: Gögelein hat ein halsbrecherisch steiles Beispiel gewählt – der Lehrer müht sich um das Verständnis von Steiners Aussagen zur Erdseele – aber er bemüht sich vor allem um sein eigenes Verständnis, kaum um die Vermittlung an die Schüler. (In Klafkis Bildungsdidaktik der zweite Hauptschritt.) Gesslers Gesprächspartner berichten kein weltanschaulich vergleichbar steiles Beispiel; und auch in Grohmanns Pflanzenlesebuch ist dieser Gedanke nur leise und in poetischer Form angespielt. Ich verstehe das als bildungsphilosophische Kunstregel der Waldorfpädagogik so, daß der Lehrer selbst den Unterrichtsgegenstand anthroposophisch verstehen soll, ihn aber nicht anthroposophisch lehren darf. In Steiners Worten, die Gögelein berichtet: „Die Waldorfschule darf keine Weltanschauungsschule werden"; paradox

formuliert, die Waldorfschule soll ohne Weltanschauung die Welt anschauen lehren. In dieser Denkfigur klingt die Nähe zur reformpädagogischen Warnung durch vor jeglicher parteipolitischer und konfessionalistischer Vereinnahmung und Indoktrination der Kinder durch politisch oder religiös entschiedene und überzeugte Lehrer *und* die gleichzeitige Warnung vor saft- und kraftloser Neutralisierung überzeugter Lehrer (vgl. Nohl 1933). Ähnlich stellt sich das Problem auch in kirchlichen Schulen (vgl. Dikow 1984; Potthast u. a. 1984; Nipkow 1985). Aber eine besondere Problemzuspitzung für die Waldorfschulen liegt darin, daß Anthroposophen diese metaphysischen Glaubensüberzeugungen als Wissenschaft, als Geisteswissenschaft ansetzen (ähnlich wie politische Überzeugungen im wissenschaftlichen Sozialismus). In Gesprächen mit Waldorflehrern bin ich immer wieder tief beeindruckt von dem weiten und differenzierten philosophischen Horizont unserer Waldorfgesprächspartner. Offenkundig können schulorganisatorische und fachdidaktische Detailfragen so viel gesünder und richtiger angegangen werden: Ökologieunterricht beispielsweise setzt anders an, wenn die cartesianische Antwort auf Aristoteles mitbedacht und in ihrer biologiegeschichtlichen Konkretion erkannt wird (vgl. Schad 1990, in diesem Band). Aber irritierend ist und bleibt für mich der Anspruch, mindestens die Hoffnung, diesen Zugewinn an Rationalität durch Philosophie, Religion, Kunst als Geisteswissenschaft zu firmieren und damit einen Allgemeingeltungsanspruch zu erheben. Für mich ist das nicht Steiner-Dogmatik, sondern gelegentlich eine Verwechslung von geistvollem Diskurs mit Wissenschaftsdiskurs, eine Verwechslung von Vernunft und Verstand, von Anthroposophie und Anthropologie. Beispielsweise bleibt für mich strittig, ob der Waldorflehrplan geisteswissenschaftlich konstruiert sei oder künstlerisch komponiert. Ich selbst halte diesen mindestens uneingelösten, meines Erachtens sogar uneinlösbaren Anspruch auf geisteswissenschaftliche statt bloß vernünftige und künstlerische Begründung, halte diese vermeintliche Stärke für eine entscheidende Schwäche der Waldorfpädagogik; ich halte den Gestus, mit dem Hellmut Becker Hentigs Bielefelder Lehrplan einführt, für stärker weil bescheidener: sit pro ratione voluntas!

(19) Zur schulischen Verwirklichung von Bildung: Die in der Breite der Reformpädagogik wiederbelebte Auffassung vom Unterrichten als Kunst (vgl. Seyfert: Die Unterrichtslektion als Kunstform 1922, Weber: Kunsterziehung und Erziehungskunst 1921) wird überzeugend deutlich in Gögeleins Darstellung, und meilenweit entfernt die „bildungsreformerische" Pädokratieformel vom „Unterrichten als optimale Steuerung und Steigerung der Lernprozesse durch die Schule" (Flechsig in Roth 1969) mit der Konsequenz der Lernfabriken dieser Jahre. Aber diese Gegenüberstellung erregt sogleich Widerspruch: mit der Entgegensetzung von Lehrkunst und Unterrichtstechnik wird Zusammengehöriges auseinandergerissen – kein Architekt, kein Musiker, kein Maler ohne Technik. Auch weist uns der Genuß an virtuoser Technik und der Ärger über stümpernde Künstler auf den Vermittlungsweg. Orientieren wir uns also an dem komplexeren Verhältnis von Lehrkunst und Unterrichtshandwerk, wie es Reichwein dargestellt hat: „Aus dem Gefüge der Orgelpfeifen Musik zu gestalten, ist in hohem Maße nur dem Künstler gegeben. Also wird unser Erzieher etwas vom Künstler haben müssen. Und doch steckt in diesem Spiel ein handwerkliches Können, das übertrag- und lernbar ist." Und hier beim

Handwerklichen stellen sich nun viele Fragen: Gögelein hat in seiner Skizze noch nicht erkennen lassen, daß ihm eines der alten oder neuen „Unterrichtskochbücher" zur Unterrichtsplanung zu Gebote stand – weder Guyer oder Stöcker, noch Aebli oder Scholz/Bielefeld, schon gar nicht Willmann, dieses umfassende aber singulär gebliebene Didaktiklehrbuch. Hier hat nun endlich Lindenberg glücklicherweise die Weichen auf Selbstkorrektur gestellt: man hört als Normalschuldidaktiker das (berechtige) Preislied des langjährig bei uns verbannten Lehrervortrags unbefangener, wenn daneben in der Waldorfdidaktik auch die Meisterung der Sokratischen Gesprächsmethode, des Gruppenunterrichts, des Projektunterrichts geübt würde und also die Gefahr der Methodenverengung auf Frontalunterricht gebannt wäre (vgl. Hage u.a. 1985).

In der bildungsverträglichen, ja bildungsfreundlichen Schulorganisation ist eine der Hauptstärken der Waldorfschule: entscheidende reformpädagogische Uraltforderungen sind verwirklicht: „Fort mit der Zensurenpeitsche", Schluß mit dem „Fetzenstundenplan", kein „Sitzenbleiberelend". Gögelein setzt diese große Schulsanierungsleistung Steiners als selbstverständlichen Unterrichtsboden unausdrücklich voraus; Gessler dagegen berichtet als Motiv seiner Neuorientierung: „Hinter meinem wachsenden Interesse an Alternativen zu jenen Schulen, die ich selbst besucht hatte und an denen ich unterrichtete, stand der sich immer mehr verdichtende Verdacht, daß das Grundprinzip, nach dem wir unser öffentliches Bildungswesen organisiert haben, d.h. das in gut imperialistischer Tradition stehende Divide-et-Impera-Prinzip (Prinzip der Weltbemächtigung durch systematische Zerschlagung organisch gewachsener Einheiten) unverträglich ist mit dem, was der Begriff „Bildung" seinem eigentlichen Sinn nach meint ..." (S. 45f.).


## Schluß

(20) Als Abschluß möge Martin Wagenscheins, des reformpädagogischen Altmeisters Urteil über die Waldorfschulen stehen; es ist eine der fünfzig Miniaturen seiner pädagogischen Autobiographie „Erinnerungen für morgen" (1983, ²1989, S. 24f.): „Waldorfschulen. Die erste Berührung mit der Anthroposophie erlebte ich 1921 während meiner Referendarzeit. Ich sah und hörte die Schauspieltruppe von Haaß-Berkow in ihrem ‚Totentanz'. Die irrationale Disziplin, das fast somnambule Zusammenspiel traf mich stark und nachhaltig. Fünf Jahre jünger und noch nicht der mathematischen Rationalität verhaftet: und ich wäre diesem Vortrupp vielleicht ‚nachgefolgt'. Mit Waldorf-Schülern und ihren Lehrern hatte ich später manche freundschaftlichen Begegnungen und Aussprachen.

In den metaphysischen Hintergrund ihres Erkenntnisweges einzudringen konnte ich nicht die Energie aufbringen, obwohl ja Steiners genaue Einführung vorlag. Andererseits hat es mich enttäuscht, daß kaum einer auch der ernsthaften und tätigen Anthroposophen, die ich antraf, von sich sagen konnte, diesen Anleitungen bis ans Ende gefolgt zu sein.

Gleichwohl habe ich den größten Respekt vor der Leistung Rudolf Steiners, entgegen dem Zug der Zeit nicht mit den Atomen, sondern mit den Seelen angefangen zu haben. Die pädagogischen und die ärztlichen Auswirkungen beweisen mir die Echtheit dieses Gegenzuges.

Ich kann nicht beurteilen, ob die Waldorfschulen die besten aller möglichen Schulen sind. Aber ich halte sie für die besten, die wir heute haben, und wünschte, sie gewännen die Zukunft."

*Literatur*

Arbeitsgemeinschaft Freier Schulen (Hrsg.): Handbuch Freie Schulen. Pädagogische Positionen, Träger, Schulformen und Schulen im Überblick. Hamburg 1984, ²1988

Berg, H. Chr.: Bildung in Schulvielfalt. Stellungnahmen zu Klafkis Allgemeinbildungs-konzept aus sechs Freien Schulen. – Erziehungswissenschaft/Erziehungspraxis 1/1987, S. 12–17.

Berg, H. Chr./Klafki, W./Knab, D.: Leitfragen und Thesen zur Fortführung der Diskussion über die Zielsetzung und die pädagogische Gestaltungsfreiheit von privaten und staatlichen Schulen besonderer pädagogischer Prägung und über die schulrechtliche Absicherung solcher Schulen. In: ZfPäd., 18. Beiheft (Regensburger Kongreßbeiträge), 1983, S. 136f.

Berg, H. Chr., unter Mitarbeit von H. Ritter: „Gelernt haben wir nicht viel." Porträt einer Schule im Hinblick auf Bildung und Demokratie. (= Gutachten für die Deutsch-Schwedische Mitwirkungskommission). Braunschweig 1976.

Berg, H. Chr.: Schule braucht Bildung. Konzepte der Allgemeinbildung von den Tübinger Beschlüssen (1951) bis zum Heidelberger Allgemeinbildungskongreß (1986). In: Erziehungswissenschaft und Beruf, 8. Sonderheft 1988.

Berg, H. Chr.: Genetisch Lehren mit Wagenschein und Willmann. In: Neue Sammlung ¹1990.

Brinkmann, G./Friedrich, L./Heiland, H./Klaßen, Th. F./Lingelbach, K. Chr. (Hrsg.): Theorie der Schule – Schulmodelle. Kronberg/Ts. 1974.

Carlgren, F./Klingborg, A.: Erziehung zur Freiheit. Die Pädagogik Rudolf Steiners. Bilder und Berichte aus der internationalen Waldorfschulbewegung. Stuttgart 1972.

Deutscher Ausschuß für das Erziehungs- und Bildungswesen: Rahmenplan zur Umgestaltung und Vereinheitlichung des allgemeinbildenden öffentlichen Schulwesens (1959). In: D. A.: Empfehlungen ... Stuttgart 1966.

Deutscher Ausschuß für das Erziehungs- und Bildungswesen: Zur Diskussion des Rahmenplans. Kritik und Antwort (1960). In: D. A.: Empfehlungen ... Stuttgart 1966, S. 143ff.

Deutscher Ausschuß für das Erziehungs- und Bildungswesen: Zur Neuordnung der Höheren Schule (1964). In: D. A.: Empfehlungen ... Stuttgart 1966, S. 530ff.

Deutscher Bildungsrat: Strukturplan für das Bildungswesen. Stuttgart 1970.

Dikow, J.: Katholische Schulen. In: Arbeitsgemeinschaft Freie Schulen (Hrsg.): Handbuch Freie Schulen. Reinbek 1984, ²1988.

Essig, O.: Thüringische Berufsschulversuche. In: Hilker (Hrsg.): Deutsche Schulversuche, 1924.

Fauser/Fintelmann/Flitner (Hrsg.): Lernen mit Kopf und Hand. Berichte und Anstöße zum praktischen Lernen in der Schule. Weinheim 1983.

Flitner, W./Kudritzki, G. (Hrsg.): Die Deutsche Reformpädagogik I/II. Düsseldorf 1961.

Gessler, L.: Bildungserfolg im Spiegel von Bildungsbiographien. Begegnungen mit Schülerinnen und Schülern der Hiberniaschule/Wanne-Eickel. Mit einem Vorwort von Wolfgang Keim. Frankfurt 1988.

Grohmann, G.: Lesebuch der Pflanzenkunde. Stuttgart 1962.

Hegel, G. W. F.: Phänomenologie des Geistes (1807). Herausgegeben von Johannes Hoffmeister. Hamburg ⁶1952.

Heimann, P./Otto, G./Schulz, W.: Unterricht – Analyse und Planung. Hannover 1965.

Hentig, H. v.: Systemzwang und Selbstbestimmung. Über die Bedingungen der Gesamtschule in der Industriegesellschaft. Stuttgart 1968.

Hentig, H. v.: Lernziele der Gesamtschule. Stuttgart 1969.

Hentig, H. v.: Die Krise des Abiturs und eine Alternative. Stuttgart 1980.

Herder, J. G.: Journal meiner Reise im Jahr 1769. Herausgegeben von Katharina Mommsen u. a. Stuttgart 1976.

Herzka, S.: Kinderpsychiatrische Krankheitsbilder. Kasuistisches Lehrbuch mit Testübersicht und Bibliografie für ärztliche, psychologische, pädagogische und soziale Berufe. Basel 1978.

Hilker, F. (Hrsg.): Deutsche Schulversuche. Berlin 1924.

Karsen, F.: Deutsche Versuchsschulen der Gegenwart und ihre Probleme. Leipzig 1923.

Klafki, W.: Studien zur Bildungstheorie und Didaktik. Weinheim 1963.

Klafki, W.: Funkkolleg Erziehungswissenschaft, Teil I–III. Frankfurt 1970/71.

Klafki, W.: Neue Studien zur Bildungstheorie und Didaktik. Beiträge zur kritisch-konstruktiven Didaktik. Weinheim 1985.

Klafki, W.: Die Bedeutung der klassischen Bildungstheorien für ein zeitgemäßes Konzept allgemeiner Bildung. In: ZfPäd. 4/1986, S. 455 ff.

Klemm/Rolff/Tillmann: Bildung für das Jahr 2000. Bilanz der Reform, Zukunft der Schule. Reinbek 1985.

Lennert, R.: Das Drama der Bildungsworte. In: Neue Sammlung 1981, S. 504–529.

Montessori, R./Schneider-Henn, K.: Uns drückt keine Schulbank. Montessori-Erziehung im Bild. Stuttgart 1983.

Mühle, G.: Definitions- und Methodenprobleme der Begabungsforschung (Einführendes Gutachten). In: Roth (Hrsg.): Begabung und Lernen. 1969, S. 69–97

Nipkow, K. E.: Evangelisches Erziehungsverständnis und Evangelische Schulen. Korrespondenzblatt Evangelischer Schulen und Heime, 26. Jahrgang (1985).

Nohl, H.: Die Theorie der Bildung. In: Nohl/Pallat (Hrsg.): Handbuch der Pädagogik, Bd. I. Langensalza 1933.

Nohl, H.: Charakter und Schicksal. Eine pädagogische Menschenkunde (1938). Frankfurt ⁷1970.

Nohl/Pallat (Hrsg.): Handbuch der Pädagogik I–V. Langensalza 1928–1933.

Paulsen, F.: Geschichte des gelehrten Unterrichts. Bd. II. Leipzig ²1897, ³1918.

Potthast, K. H., in Verbindung mit G. Gerth, H. Ochel und H.-J. Schwager: Evangelische Schulen und Heime. In: Arbeitsgemeinschaft Freie Schulen (Hrsg.): Handbuch Freie Schulen. Reinbek 1984, ²1988.

Rein, W. (Hrsg.): Enzyclopädisches Handbuch der Pädagogik. Langensalza 1895 ff.

Rist, G./Schneider, P.: Die Hiberniaschule. Von der Lehrwerkstatt zur Gesamtschule: Eine Waldorfschule integriert berufliches und allgemeines Lernen. Reinbek bei Hamburg 1977, ²1982.

Roth, H.: Die „originale Begegnung" als methodisches Prinzip (1949). In: Roth, H.: Pädagogische Psychologie des Lehrens und Lernens. Hannover ¹²1970.

Roth, H. (Hrsg.): Begabung und Lernen. Ergebnisse und Folgerungen neuer Forschungen. Stuttgart 1969.

Rumpf, H.: 40 Schultage. Tagebuch eines Studienrats. Braunschweig 1966 a.

Rumpf, H.: Die Fließband-Schule. Beschreibung einer bewußtlosen Erziehung. In: Rumpf, H.: Die Misere der Höheren Schule. Erfahrungen, Beobachtungen, Vorschläge. Neuwied 1966 b.

Schaarschmidt, I.: Der Bedeutungswandel der Begriffe „Bildung" und „bilden" in der Literaturepoche von Gottsched bis Herder (1931). In: Klafki, W. (Hrsg.): Beiträge zur Geschichte des Bildungsbegriffs. Weinheim 1965.

Schaub, F.: Zum Lehrplan der Rudolf-Steiner-Schule. 1969. In: Brinkmann u. a.: Theorie der Schule. 1974.

Scheuerl, H. (Hrsg.): Klassiker der Pädagogik I/II. München 1979.

Scheuerl, H.: Pädagogische Anthropologie. Eine historische Einführung. Stuttgart 1982.

Schmidt-Nonne, H.: Der Unterricht von Paul Klee in Weimar und Dessau. In: Klee, P.: Pädagogisches Skizzenbuch (1925). Mainz 1965.

Seyfert, R.: Die Unterrichtslektion als Kunstform. Grundlegung, Ratschläge und Beispiele (1922). Worms ⁷1949.

Tübinger Beschlüsse: I. Resolution. Lehrkräfte der Höheren Schulen (1951). In: Deutscher Ausschuß ...: Empfehlungen. Stuttgart 1966, S. 1027.

Wagenschein, M.: Naturphänomene sehen und verstehen. Genetische Lehrgänge. Herausgegeben von Hans Christoph Berg. Stuttgart 1980, ²1988.

Wagenschein, M.: Erinnerungen für morgen. Eine pädagogische Autobiografie. Weinheim 1983, ²1989.

Weber, E.: Kunsterziehung und Erziehungskunst (1921).

Willmann, O.: Didaktik als Bildungslehre. Nach ihren Beziehungen zur Sozialforschung und zur Geschichte der Bildung (1882/1888). Freiburg ⁷1957.

Wolf, W.: Das Problem von Anlage und Umwelt – Das Wechselwirkungsmodell. In: Klafki u. a.: Funkkolleg Erziehungswissenschaft, III. 1971.